Linguistische Arbeiten 259

Herausgegeben von Hans Altmann, Peter Blumenthal, Herbert E. Brekle, Hans Jürgen Heringer, Heinz Vater und Richard Wiese

Elmar Nöth

Prosodische Information in der automatischen Spracherkennung

Berechnung und Anwendung

Max Niemeyer Verlag
Tübingen 1991

Meiner Frau Jina und meinen Kindern Maria, Eric und Ryan

CIP-Titelaufnahme der Deutschen Bibliothek

Nöth, Elmar : Prosodische Information in der automatischen Spracherkennung : Berechnung und Anwendung / Elmar Nöth. – Tübingen : Niemeyer, 1991
(Linguistische Arbeiten ; 259)
NE: GT

ISBN 3-484-30259-3 ISSN 0344-6727

Printed in Germany.
Druck: Weihert-Druck GmbH, Darmstadt
Einband: Heinr. Koch, Tübingen

Inhaltsverzeichnis

1 Einleitung

1.1 Motivation

Ein sehr bekannter amerikanischer Phonologe soll zu Beginn der sechziger Jahre gegenüber einem deutschen Kollegen bei der Führung durch sein Institut sinngemäß gesagt haben:

> "... und in diesem Zimmer haben wir zwei Jungs - die arbeiten an der automatischen Spracherkennung. Ich nehme an, daß wir das Problem in drei Jahren gelöst haben. ..."

1969 schrieb J. Pierce von den Bell Laboratories zur Frage *"Warum überhaupt Forschungen zur automatischen Spracherkennung"*:

> "THE PURPOSE OF THIS LETTER IS TO EXAMINE BOTH MOTIVATIONS and progress in the area of speech recognition (that is, word recognition). ...
>
> It would be too simple to say that work in speech recognition is carried out simply because one can get money for it. That is a necessary but not a sufficient condition. We are safe in asserting that speech recognition is attractive to money. The attraction is perhaps similar to the attraction of schemes for turning water into gasoline, extracting gold from the sea, curing cancer, or going to the moon. One doesn't attract thoughtlessly given dollars by means of schemes for cutting the cost of soap by 10%. To sell suckers, one uses deceit and offers glamor.
>
> ... When we look further for reasons, we encounter that of communication with computers.
>
> In this general form, the reason is as specious as insisting that an automobile should respond to *gee, haw, giddap, whoa*, and slaps or tugs of the reins. We communicate with children by words, coos, embraces, and slaps. We communicate with people by these means and by nods, winks, and smiles. It is not clear that we should resort to the same means with computers. In fact, we do very well with keyboards, cards, tapes, and cathode-ray tubes. ...
>
> These considerations lead us to believe that a general phonetic typewriter is simply impossible unless the typewriter has an intelligence and a knowledge of language comparable to those of a native speaker of English."
>
> [PIERCE 69, S.1049-1050]

Diese beiden Zitate repräsentieren zwei extreme Standpunkte in einer Diskussion, die - wie das zweite Zitat andeutet - zeitweise außergewöhnlich *emotional* geführt wurde und wird. *Extrem* ist hier im Sinne von *sehr gegensätzlich*, nicht im Sinne von *sehr selten* zu verstehen. Ein Grund dafür, daß die Diskussion um den Sinn und die Machbarkeit von automatischer Spracherkennung (ASE)[1] so sehr emotionsgeladen war, ist sicherlich in der euphorischen Anfangsbegeisterung einiger Forscher zu sehen. Sie gaben ihren Projekten sehr anspruchsvolle, falsche Erwartungen weckende Namen und stellten sehr gewagte Prognosen über zukünftige Erfolge auf. Der Hauptgrund für die von Emotionen geprägte Atmosphäre in dieser Diskussion ist aber sicher darin zu suchen, daß alle Versuche zur ASE eine neue Einschätzung des Systems "Sprache" schlechthin implizieren. Da ja Sprache eine über Jahrtausende erlernte Fähigkeit des Menschen zur Kommunikation darstellt,

---

1 Im folgenden wird ASE als Oberbegriff für die automatische Auswertung von Sprachsignalen verwendet, vgl. Kap.1.2.

die ihn von allen anderen (bekannten) Lebensformen abhebt, ist eine versuchte "Degradierung" dieser wichtigen und komplexen Fähigkeit zu einer Handvoll *if ... then ... else ... - Regeln* sicherlich ein Schritt, der das Bild des Menschen vom Menschen verändert ([TURKLE 84]).

Daher spielen sich ähnlich emotionsgeladene Diskussionen nicht nur in vielen Bereichen der *künstlichen Intelligenz* und der *Mustererkennung/Musteranalyse* ab [DREYFUS 87], zu deren typischen Anwendungsgebieten die ASE zählt, sondern in allen Forschungsgebieten, die vergleichbar grundlegende Themen zum Forschungsgegenstand haben (z.B. die Gen-Manipulation).

Heute - rund zwanzig Jahre nach Fixierung der oben zitierten Standpunkte - kann man sagen, daß die Realität wie so oft den goldenen Mittelweg genommen hat. Auf der einen Seite benötigt man mehr als zwei *"boys"* (s.o.), um die Spracherkennung in den Griff zu bekommen. Auf der anderen Seite ist man der oben erwähnten *universellen phonetischen Schreibmaschine* (*"general phonetic typewriter"*) ein gutes Stück näher gekommen, genauso wie man auf allen Gebieten der ASE beachtliche Fortschritte erzielt hat: Die Frage, ob es sich bei dem IBM-System [JELINEK 85] oder dem Dragon-System [BAKER 87] um den ersten Prototypen einer *universellen phonetischen Schreibmaschine* handelt, hängt nicht nur vom Problem der Erstellung eines *Sprachmodells* für einen neuen Problemkreis ab, sondern auch von der Definition von *universell*. Ist eine *universelle phonetische Schreibmaschine* erst dann realisiert, wenn

- jeder beliebige Text
- über jedes beliebige Thema
- ohne Einschränkung des Vokabulars
- für jeden Sprecher
- fehlerfrei

wiedergegeben wird (dies wäre im übrigen auch für den *Menschen* eine unlösbare Aufgabe), oder ist sie schon realisiert, wenn

- nach einer zumutbaren Trainingsphase
- unter zumutbarer Veränderung der Sprechweise
- für mehrere, nicht zu sehr eingeschränkte Themenbereiche
- unter Benutzung eines nicht zu sehr eingeschränkten, aber (mit zumutbarem Aufwand) erweiterbaren Wortschatzes
- 85% (90%, 95%) der Wörter fehlerfrei

wiedergegeben werden?

Ob eine solche Schreibmaschine in absehbarer Zeit kommerziell verfügbar ist und akzeptiert wird, hängt von den Kosten, den geweckten Erwartungen, dem individuellen Verständnis der Begriffe *zumutbar* und *nicht zu sehr eingeschränkt* und dem Komfort ab, mit dem die vom System abgelieferte "Rohfassung" des zu erstellenden Textes weiterverarbeitet werden kann.

Die Nichtbeachtung der *sozialen Innovation* ist nach [WOHLAND 89] häufig der Grund für das Scheitern von Projekten zur Einführung neuer Techniken (in seinem Fall speziell von CIM-Projekten). Auch im Falle einer phonetischen Schreibmaschine, etwa zum Diktieren von Patientenbefunden, muß der Systementwickler die Arbeitsweise und die Arbeitsumgebung des späteren Benutzers *Arzt* genau untersuchen, damit die beiden notwendigen Stufen

> "Abspaltung formaler Anteile der individuellen und der sozialen, geistigen Arbeit und Übertragung auf eine Maschine"
>
> "Entwicklung einer neuen Arbeitsorganisation für die verbleibende menschliche Arbeit" [WOHLAND 89, S.17]

erfolgreich durchgeführt werden können.

Die Ansicht von Pierce (s.o.), daß wir mit *"Tastaturen, Lochkarten, Magnetbändern und Kathodenstrahlröhren"* gut zurechtkommen, erzeugt eher Schmunzeln in einer Zeit, in der kaum noch Lochkarten benutzt werden. Sie verdeutlicht, daß man die Form der Mensch-Maschine-Interaktion (MMI) nicht als etwas Statisches betrachten sollte.

Das Interesse an der ASE ist vor allem auch deshalb ungebrochen, weil mit zunehmender Leistungsfähigkeit der Hardware immer mehr Anwendungen möglich erscheinen. Das Spektrum der (sich aus den Anwendungen ergebenden) Systemanforderungen reicht von sprecherabhängiger Einzelworterkennung mit kleinem Wortschatz und guten Sprachaufnahmebedingungen (z.B. für Gerätebedienung) bis zum sprecherunabhängigen Verstehen kontinuierlicher Sprache bei großem Wortschatz (z.B. für das Durchführen informationsabfragender Dialoge).

Man kann davon ausgehen, daß ein Spracherkennungssystem umso eher vom Benutzer akzeptiert und damit anderen Interaktionsmitteln wie Tastatur vorgezogen wird, je natürlicher die Interaktion abläuft. So wird eine phonetische Schreibmaschine, bei der die Spracheingabe wie bei einem Diktaphon ablaufen kann, trotz höherer Fehlerrate eher akzeptiert werden als ein System, das monotones Sprechen und Pausen zwischen den Wörtern erfordert.

Selbst wenn also bei vielen Forschungsprojekten zum Zwecke der Erhöhung der Erkennungsraten die zulässige Sprechweise stark eingeschränkt wird, muß eine langfristige Forschungsplanung auf dem Gebiet der ASE auch Forschungen zur Überwindung solcher Beschränkungen vorsehen. Der folgende Ausschnitt aus einem über Telefon geführten Auskunftsdialog (siehe Kap.3.2) enthält mehrere Beispiele für Sprechweisen, die in der Mensch-Mensch-Kommunikation durchaus gebräuchlich sind und die in einem ASE-System explizit verboten sein könnten:

> Ja, hier ist <u>Obermayer</u>, Grüß Gott, ich <u>hätt' 'ne</u> Frage - ich möcht' morgen von Nürnberg nach <u>Ulm</u> fahren und möcht' ungefähr um vier Uhr in <u>Ulm</u> sein. Wann muß ich da in Nürnberg wegfahren?

- Die in Telefon-Dialogen (es fehlt der non-verbale Kommunikationskanal) übliche Nennung des Namens zum Zwecke der Dialogeinleitung muß in einem ASE-System besonders behandelt werden, da Eigennamen normalerweise nicht im Lexikon des Systems enthalten sind.
- Dialektale und überregionale Verschleifungsformen wie die Elision unbetonter Silben an "unwichtigen" Stellen der Äußerung (*"hätt' 'ne* statt *"hätte eine"*) sind sehr gebräuchlich und müssen modelliert werden.
- Das Wort *"Ulm"* wurde in diesem Beispiel beim ersten Mal *sehr stark betont* (der Zielort ist für den Auskunftsbeamten besonders wichtig) und beim zweiten Mal *unbetont* ausgesprochen

(Ulm ist bekannt, die Ankunftszeit ist wichtig und wird daher betont). Man erhält also zwei sehr verschiedene Repräsentanten für *ein* Wort von *einem* Sprecher in *einer* Äußerung.

Es bietet sich an, solche Effekte durch Instruktion der Sprecher zu verhindern. Man kann z.B. den Sprecher anweisen, jedes Wort gleich deutlich auszusprechen, also in einem für den Menschen unüblichen Stil zu sprechen. Auf der anderen Seite ist es intuitiv klar, daß die Betonung (Hervorhebung) bestimmter Stellen einer Äußerung gewissen Konventionen unterliegt und vom Sprecher bewußt eingesetzt wird. Zwar würde die Anfrage u.U. auch verstanden werden, falls der Sprecher als einzige Wörter die drei vorkommenden Wörter *"ich"* hervorheben würde, aber der Auskunftsbeamte würde die Sprechweise vermutlich als "komisch" oder "unnatürlich" empfinden. Der Kunde weiß ja, daß der Beamte für eine richtige Auskunft auf die Anfrage vor allem die Wörter *"morgen"*, *"von Nürnberg"*, *"Ulm"* und *"vier Uhr"* verstehen muß und wird diese Stellen normalerweise besonders deutlich aussprechen. Dagegen ist es unwichtig, wer fährt, so daß der Sprecher das Wort *"ich"* undeutlich aussprechen wird.

Das verschliffene (unbetonte) Sprechen der unwichtigen Stellen und das deutliche (betonte) Sprechen der wichtigen Stellen, sind Gegenstand *prosodischer Untersuchungen*. Das Beispiel verdeutlicht, daß das Wissen über betonte und unbetonte Stellen einer Äußerung für den Verstehensprozeß sehr wichtig ist. Das stark angewachsene Interesse an *prosodischer Information* als Wissensquelle für die ASE ist deshalb unter zwei Gesichtspunkten zu sehen:

- Prosodische Information wird vom Menschen sehr stark eingesetzt, sowohl in der Sprachproduktion als auch in der Sprachperzeption. Ein automatisches System sollte *alle* Wissensquellen benutzen, die auch beim menschlichen Perzeptionsprozeß eingesetzt werden. Insbesondere ist zu erwarten, daß ein enger Zusammenhang zwischen den *betonten* Stellen einer Äußerung und den für die richtige Interpretation einer Äußerung *wichtigen* Stellen besteht.
- Systeme, in denen prosodische Information als unerwünschte Variabilität des Sprachsignals betrachtet wird, und in denen der Benutzer folgerichtig zu einer monotonen, ungewohnten Sprechweise gezwungen wird, werden in einer echten Anwendung vermutlich nur begrenzt akzeptiert werden, inbesondere von ungeübten Benutzern.

Die vorliegende Arbeit befaßt sich mit dem Einsatz prosodischer Information im ASE-System *EVAR*. Bevor dieses System sowie die im Rahmen seiner Entwicklung durchgeführten Untersuchungen zur Prosodie vorgestellt werden, soll kurz darauf eingegangen werden, auf welchen Verarbeitungsebenen welche prosodische Information in automatischen Systemen eingesetzt werden kann bzw. eingesetzt wird. Weitere Literatur zum Einsatz prosodischer Information in der ASE findet sich in [LEA 75], [LEA 80b], [VAISSIÈRE 88], [MUDLER 86] und [KORI 87]. Eine Bibliographie über Veröffentlichungen zur ASE ist in [HOUSE 88] zusammengestellt. Übersichten über aktuelle Systeme und Projekte finden sich in [BAKER 87], [MARIANI 87] und [MARIANI 89].

1.2 Die potentielle Rolle der Prosodie in einem automatischen Spracherkennungssystem

In diesem Kapitel sollen Einsatzmöglichkeiten für prosodische Information in der ASE erörtert werden. Auf die sehr wichtigen Aspekte *Sozialverträglichkeit* und *Ethik* beim Einsatz von ASE-Systemen kann im Rahmen dieser Arbeit nicht eingegangen werden. Es soll aber ausdrücklich betont werden, daß die Nennung einer potentiellen ASE-Anwendung nicht gleichzeitig ihre Billigung beinhaltet. Hinweise auf Veröffentlichungen zu diesen Themen für den Bereich Informatik finden sich z.B. in dem Mitteilungsblatt des "Forum InformatikerInnen für Frieden und gesellschaftliche Verantwortung e.V. (FIFF)", der "FIFF Kommunikation" (siehe auch [WEIZENBAUM 76], [LÖWE 87], das Oktoberheft 1989 des Informatik-Spektrums, das dem Thema "Aufgabe und Verantwortung des Informatikers" gewidmet ist, sowie das Augustheft 1989 der "Communications of the ACM" über das Thema "Social Responsibility").

Zunächst einmal werden die Begriffe *Prosodie* und *automatische Spracherkennung* vorläufig eingeführt. Unter *Prosodie* sollen alle Gegenstände sprachwissenschaftlicher Untersuchungen zusammengefaßt werden, die sich mit lautübergreifenden sprachlichen Eigenschaften befassen. Die wohl wichtigsten Themen prosodischer Untersuchungen sind die Fragen, wie Teile einer Äußerung *betont* werden, wie der *Satzmodus* (Frage, Aussage, usw.) einer Äußerungen markiert wird und wie Äußerungen *gegliedert* werden. Diese grobe Definition von *Prosodie* sowie die intuitive Vorstellung des Lesers darüber, was eine *betonte Stelle* einer Äußerung ist, sollen an dieser Stelle genügen. Eine genaue Begriffsbestimmung findet sich in Kapitel 2.

Unter *automatischer Spracherkennung* sollen alle Verfahren zusammengefaßt werden, die sich mit der automatischen (d.h. in diesem Zusammenhang mit einem digitalen Rechner durchgeführten) Erkennung eines Aspektes der menschlichen Sprache befassen. Unter diese sehr informelle Definition von *automatischer Spracherkennung* würde ein Projekt zur *Sprecheridentifikation* fallen, während Untersuchungen zur *Natürlichkeit synthetisierter Sprache* hier nicht berücksichtigt werden sollen (in einem solchen Projekt steht ja die Erkennung durch den Menschen im Vordergrund).

Wenn man versucht, das Gebiet der ASE zu gliedern, kann dies unter der Fragestellung tun, *was* erkannt werden soll. Damit ergeben sich mindestens vier Teilgebiete:

- Es soll etwas über den *Sprecher* herausgefunden werden (z.B. *Sprecheridentifikation*).
- Es soll etwas über das Gesprochene *herausgefunden* werden (z.B. *Telefonüberwachungssysteme*).
- Das Gesprochene soll *erkannt* werden (z.B. *Einzelworterkennung zur Gerätesteuerung, phonetische Schreibmaschine*).
- Das Gesprochene soll *verstanden* werden (z.B. *Systeme zum Führen von Informations-Dialogen*).

Auf welche Weise *Prosodie* in diesen vier Teilgebieten eingesetzt werden kann, wird im folgenden diskutiert. Systeme, bei denen etwas über den *Sprecher* herausgefunden werden soll, sind häufig für Zugangskontrollen gedacht, etwa um über Telefon Bankauskünfte erhalten zu können.

Der Benutzer muß eine Testäußerung sprechen. Die Aufnahme bzw. die daraus abgeleiteten Merkmale werden mit Daten über den Sprecher verglichen. Zwar kann man zumindest beim Benutzer, der zum Zugang berechtigt ist, i.a. von einem kooperativen Sprecher ausgehen, aber es gibt trotzdem verschiedene Faktoren, die die *Stimmqualität* eines Sprechers verändern können. Hier könnte prosodische Information dazu eingesetzt werden, um systematische Veränderungen der Stimme zu modellieren, wie sie z.B. bei Heiserkeit auftreten. Untersuchungen zur *Stimmqualität* finden sich z.B. in [KLINGHOLZ 88].

Eine weitere Aufgabe neben der Sprecheridentifikation ergibt sich im Zusammenhang mit kriminalistischen Untersuchungen. Paralinguistische Aspekte der Prosodie, wie etwa das Vermitteln von Gemütszuständen, können in diesem Zusammenhang eine Rolle spielen (z.B. Einschätzung des emotionalen Zustandes eines Entführers). Denkbar ist der Einsatz von Untersuchungen zur Stimmqualität auch in gerichtsmedizinischen und medizinischen Anwendungen, etwa um festzustellen, ob der Sprecher unter Alkoholeinfluß steht. In [MUELLER 81] wurde von einem Ansatz berichtet, aufgrund von Beobachtungen über Veränderungen der Stimmqualität Rückschlüsse auf den Heilungsprozeß bei der Behandlung von Kehlkopfkrebs zu ziehen (siehe auch [HECKER 71]). Eine Übersicht über Systeme und Anwendungen der Sprechererkennung findet sich in [CORSI 82].

Bei den Anwendungsgebieten für Systeme, bei denen etwas über das *Gesprochene herausgefunden* werden soll, handelt es sich vorrangig um militärische und geheimdienstliche Fragen, insbesondere um die automatische Überwachung von Telefongesprächen. Aufgrund der Datenflut ergibt sich die Randbedingung, daß eine Entscheidung über das Aufzeichnen des Gespräches innerhalb weniger Sekunden geschehen muß. Mindestens zwei Vorgehensweisen sind denkbar:

- Aufzeichnen eines Gesprächs, sobald ein gewisses Wort gesprochen wird (*word spotting*). Der Einsatz prosodischer Information ist hier auf zwei Ebenen denkbar:
    * Falls ein Zeitbereich gefunden wird, in dem eines der interessierenden Wörter gesprochenen worden sein könnte, wird überprüft, ob das lexikalische Betonungsmuster des Wortes mit einem automatisch berechneten Betonungsmuster der Worthypothese übereinstimmt (im folgenden als *prosodische Wortakzent-Verifikation* bezeichnet).
    * Geht man davon aus, daß sich die interessierenden Wörter an betonten Stellen des Sprachsignals befinden, kann man mit prosodischer Information betonte Stellen suchen und dort das Signal genauer mit den interessierenden Wörtern vergleichen (im folgenden als *prosodische Satzakzent-Suche* bezeichnet).
- Aufzeichnen eines Gesprächs, sobald eine gewisse Sprache gesprochen wird. Da jede Sprache eine eigene Intonation hat, ist der Einsatz prosodischer Information auch hier vorstellbar (siehe hierzu die Ergebnisse von [BLESSER 69], zitiert in [WAIBEL 86], die belegen, daß sieben von elf untersuchten Sprachen aufgrund prosodischer Information von Hörern mit einer Erkennungsrate identifiziert werden konnten, die deutlich über der Zufallsrate lag).

Systeme zur *Erkennung des Gesprochenen* lassen sich in solche für Einzelworterkennung und solche für kontinuierliche Sprache unterteilen. Bei der Einzelworterkennung kann zwischen

Systemen mit *kleinem* und *großem Wortschatz* unterschieden werden. Bei Anwendungen für Systeme mit kleinem Wortschatz handelt es sich vor allem um Systeme zur Gerätesteuerung und Dateneingabe. Neben einem breiten Spektrum industrieller Anwendungen (z.B. Qualitätskontrolle [NELSON 85]; siehe [BAKER 87] und die Proceedings der jährlichen "Speech Tech"-Konferenz in New York für einen Überblick über den industriellen Einsatz von ASE-Systemen) werden bei Einzelworterkennern medizinische (z.B. Gerätesteuerung für Behinderte [AWAD 86]) und militärische Anwendungen (z.B. Gerätesteuerung zur Unterstützung von Kampfflugzeug-Piloten [NORTH 82]) untersucht. Da es sich um wenige zu unterscheidende Wörter handelt (<100), können die zu erkennenden Wörter als Ganzes betrachtet werden. Üblicherweise wird das zu erkennende Befehls- oder Datenwort mit einem oder mehreren in einer Trainingsphase gesprochenen Repräsentanten aller erkennbaren Wörter verglichen. Das Interesse an prosodischen Untersuchungen konzentriert sich in diesem Zusammenhang vor allem auf paralinguistische Aspekte. So können Erkenntnisse über die Eigenschaften der Sprache von Menschen mit speziellen Behinderungen dazu benutzt werden, die Qualität des Befehlswortes bei Behindertensystemen zu verbessern (siehe z.B. [ALIM 87], [TREHERN 87]). Auch bei dem Beispiel Kampfflugzeug-Pilot gibt es Ansätze zum Einsatz prosodischer Information: Wenn ein Wort z.B. unter mehrfacher Erdbeschleunigung gesprochen wird, verändert sich das Signal im Vergleich zum Referenzsignal sehr stark. Da es in dieser Anwendung verschiedene, bekannte und bis zu einem gewissen Grad modellierbare Streßfaktoren gibt, kann die Veränderung der Stimme systematisch erforscht werden (siehe z.B. [HANSEN 89]).

Bei Einzelworterkennung mit großem Wortschatz (>500) bietet sich vor allem die *prosodische Wortakzent-Verifikation* an. Diese Anwendung hat gegenüber kontinuierlicher Sprache (s.u.) den Vorteil, daß man einerseits in vielen Anwendungen davon ausgehen kann, daß jede Wortbetonung realisiert wird, daß andererseits aber die Markierung der Wortbetonung nicht überlagert wird von anderen prosodischen Ebenen, wie der prosodischen Markierung der syntaktischen Struktur einer Äußerung oder der Markierung des Satzmodus (s.u.). Durch die Bestimmung der Silbenanzahl und des Betonungsmusters kann eine schnelle Präselektion möglicher Kandidaten aus dem Lexikon erreicht werden. Untersuchungen zur *prosodischen Wortakzent-Suche* für Einzelworterkenner mit großem Wortschatz finden sich z.B. in [AULL 84], [WAIBEL 86]. In [HUTTENLOCHER 84] wird gezeigt, daß das Wissen über die *Anzahl der Silben* und die grobe Lautzerlegung der *betonten Silben* ein Lexikon mit 20000 Wörtern nur unwesentlich schlechter zerlegt als das Wissen über die *Anzahl der Silben* und die grobe Lautzerlegung *aller Silben.*

Da bei großem Wortschatz kein direkter Ganzwortvergleich mit dem Sprachsignal mehr durchgeführt werden kann, wird das Signal in Wortuntereinheiten zerlegt, und diese werden mit einer symbolischen Repräsentation jedes Lexikoneintrages verglichen. Prosodische Information kann bei der Segmentierung in Wortuntereinheiten sowie bei ihrer Identifizierung eine Rolle spielen (im folgenden als *prosodische Laut-Suche* bezeichnet). Ein Beispiel ist der Grundfrequenzverlauf zu Beginn des Vokals in Plosiv-Vokal-Folgen, der Rückschlüsse auf die Klassenzugehörigkeit des vorangehenden Plosivs zuläßt ([GARTENBERG 87], [MÖBIUS 87]). Eine typische Anwendung für

Einzelworterkennung mit großem Wortschatz ist ein System medizinischer Fachwörter [AKTAS 86], bei dem eine hohe Zahl phonetisch ähnlicher Wörter zu erwarten ist.

Für Systeme zur *Erkennung von Sätzen* mit Einschränkung der Sprechweise (Pausen zwischen den Wörtern, deutliche Aussprache *aller* Wörter) bieten sich dieselben Anwendungen prosodischer Information an wie für die Einzelworterkennung.

Bei Systemen zur *Erkennung kontinuierlicher Sprache* kommen weitere prosodische Ebenen hinzu. Dies macht die Prosodie als Informationsquelle zwar für den Einsatz bei kontinuierlicher Sprache attraktiver, aber gleichzeitig wird die Extraktion der Information wesentlich schwieriger und *fehlerhafter,* da die verschiedenen Rollen der Prosodie zum Teil mit denselben prosodischen Eigenschaften markiert werden und sich somit Überlagerungen ergeben (siehe z.B. Kap.2.10).

Viele paralinguistische Aspekte der Prosodie spielen hier eher eine untergeordnete Rolle, wenn man von dem Gebiet der schnellen Sprecheradaption absieht (z.B. sprechen manche Menschen ungewöhnlich behaucht, was eine zusätzliche Vorverarbeitung günstig erscheinen läßt).

Da in kontinuierlicher Sprache nicht jedes Wort betont, d.h. nicht jeder lexikalische Wortakzent realisiert wird, ist zu erwarten, daß die Wichtigkeit der *prosodischen Wortakzent-Suche* im Vergleich zur Einzelworterkennung zurückgeht: Das Wortbetonungsmuster läßt sich an betonten Stellen einer Äußerung verifizieren, nicht aber an unbetonten (an unbetonten Stellen ist der Wortakzent nicht realisiert, siehe Kap.2.3). Von Interesse ist hier mehr das Betonungsmuster innerhalb einer Phrase oder Äußerung (*prosodische Phrasenakzent-Verifikation* und *Satzakzent-Verifikation*) sowie das Finden der am stärksten betonten Stellen (*prosodische Satzakzent-Suche*). Das Wissen über betonte Stellen kann dazu benutzt werden, gewisse Wortklassen an diesen Stellen zu verbieten (*prosodische Lexikon-Beschränkung,* [NÖTH 89a]). Schließlich kann das Wissen über betonte Stellen dazu benutzt werden, der Analyse auf der *Wort- und Wortuntereinheiten-Ebene* mehr "zu glauben" ("Islands of Phonetic Reliability" [LEA 80b, S.170]), da z.B. in [LEA 73a] und [NÖTH 88b] gezeigt wurde, daß betonte Stellen besser erkannt werden. Diese Stellen können bei Vergleichsverfahren wie der dynamischen Zeitnormierung (Dynamic Time Warping, DTW) zwischen Lexikonrepräsentanten und Hypothesen für Wortuntereinheiten zur Pfadbeschränkung benutzt werden. Bei inselgetriebener Syntaxanalyse können die betonten Stellen als Startpunkte benutzt werden. Die Tatsache, daß betonte Stellen besser erkannt werden, ist kein Widerspruch zu der oben genannten Ansicht, daß monoton gesprochene Äußerungen u.U. besser erkannt werden können. Denn zum Zwecke der Hervorhebung der *betonten Stellen* werden nicht nur diese Stellen besonders deutlich artikuliert, sondern es werden auch die *unbetonten Stellen* reduziert artikuliert und damit schlecht erkannt. Die *Gesamterkennungsrate* (z.B. gemessen in Anzahl erkannter Wörter) kann bei monotonem Sprechen steigen.

Je nach Anwendungsgebiet bzw. zulässiger Sprechweise werden syntaktische Strukturgrenzen mehr oder weniger stark mit prosodischen Mitteln markiert (*prosodische Struktur-Suche*). Sowohl in [LEA 75] als auch in [VAISSIÈRE 82] wird von guten Ergebnissen beim Finden syntaktischer Grenzen berichtet.

Zusätzlich zu diesen Einsatzgebieten kommt bei Systemen zum *Verstehen gesprochener Sprache* ein weiteres, wichtiges Einsatzgebiet prosodischer Information hinzu: Die *prosodische Satzmodus-*

Bestimmung kann die Bestimmung der Sprecherintention unterstützen, wobei vor allem die Unterscheidung zwischen *Fragen* einerseits und *Aussagen und Aufforderungen* andererseits von Interesse ist. Das folgende Beispiel aus dem Anwendungsgebiet des Systems EVAR (Zugauskunft) verdeutlicht, daß es Situationen geben kann, in denen ein richtiges Systemverhalten nur aufgrund *prosodischer Satzmodus-Bestimmung* erreicht werden kann:

		das System generiert eine Antwort auf eine Kundenanfrage
System:	Erlangen ab fünfzehn Uhr einundzwanzig Nürnberg an fünfzehn Uhr einundvierzig Nürnberg ab fünfzehn Uhr neunundvierzig ...	
Kunde:	neunundvierzig	*der Kunde signalisiert, daß er die Information soweit notiert hat, indem er das letzte Wort mit einer fallenden Grundfrequenz-Kontur wiederholt. Das System kann mit der Auskunft fortfahren.*
		vs.
Kunde:	neunundvierzig?	*der Kunde signalisiert, daß er sich nicht sicher ist, ob er die Information soweit richtig notiert hat, indem er das letzte Wort mit einer steigenden Grundfrequenz-Kontur wiederholt. Das System muß den letzten Teil der Information wiederholen und kann dann fortfahren.*

Bei *sprachverstehenden Systemen* kann im Vergleich zu *spracherkennenden Systemen* eine Verschiebung in der *Art* des Einsatzes notwendig sein. Eine *phonetische Schreibmaschine* muß in der Äußerung *"Hiermit möchte ich für den 17.1. einen Flug von Frankfurt nach New York buchen"* das Wort *"buchen"* nur *erkennen*, nicht *verstehen*. Ziel ist es vielmehr, möglichst *wenige Wortfehler* zu erhalten. Anders bei einem *automatischen Buchungssystem*, das die Bedeutung der Wörter *"frei sein"* und *"buchen"* verstehen muß, um auf die Anfragen *"Kann ich für den Flug von Frankfurt nach New York am 17.1. einen Platz buchen?"* und *"Ist für den Flug von Frankfurt nach New York am 17.1. noch ein Platz frei?"* adäquat reagieren zu können. Ziel ist es hier, in einer formalen Darstellung der *semantisch/pragmatischen Bedeutung* von Wörtern wie *buchen* notwendige *Ergänzungen (z.B. Zielort)* zu finden. Die Analyse einer Äußerung kann u.U. nach der Analyse der (mit prosodischen Mitteln) als *wichtig* markierten Stellen bereits beendet werden, obwohl noch nicht alle Teile der Äußerung analysiert sind. In [LEA 75] wird sogar ein *prosodisch kontrolliertes Spracherkennungssystem* vorgeschlagen.

In diesem Abschnitt sollte aufgezeigt werden, daß alle Gebiete prosodischer Untersuchungen in der ASE von Interesse sein können. Je nachdem, *was* erkannt werden soll, treten gewisse Verschiebungen in der Wichtigkeit der Teilgebiete auf, bzw. es werden Teilgebiete explizit ausgeschlossen. Tabelle 1.1 zeigt für die Bereiche *Erkennung* und *Verstehen des Gesprochenen* die angesprochenen prosodischen Teilgebiete, ein beispielhaftes Einsatzgebiet in einem ASE-System sowie die linguistische Verarbeitungsebene des Einsatzgebietes.

Im folgenden Abschnitt wird das sprachverstehende System EVAR kurz vorgestellt, im darauffolgenden werden die prosodischen Teilgebiete vorgestellt. Danach werden die Ziele dieser Arbeit beschrieben.

Untersuchungsgegenstand	Einsatz in ASE	Linguistische Ebene
Sprechergruppeneigenschaften	Sprecheradaption (z.B. an Sprecher mit speziellen Spracheigenheiten wie Lispeln, etc.)	Akustik-Phonetik-Ebene
Eigenschaften der Sprache unter verschiedenen äußeren Bedingungen	Normierung des Sprachsignals (z.B. bei Sprechen unter mehrfacher Erdbeschleunigung)	Akustik-Phonetik-Ebene
Satzmodus-Bestimmung	Unterscheidung von Frage/Nicht-Frage	Dialog-Ebene
Laut-Suche	Identifikation von Wortuntereinheiten	Akustik-Phonetik-Ebene
Wortakzent-Verifikation	Verifikation von Worthypothesen	Lexikalische Ebene
Phrasenakzent-Verifikation	Verifikation von Phrasen-Hypothesen	Syntaktisch-Semantische Ebene
Satzakzent-Verifikation	Verifikation von Satz-Hypothesen	Syntaktisch-Semantische Ebene
Satzakzent-Suche	Finden der am stärksten betonten Stellen eines Sprachsignals	Lexikalische Ebene Syntaktisch-Semantische Ebene Dialog-Ebene
Gliederungs-Suche	Finden von Gliederungsgrenzen in Äußerungen	Syntaktisch-Semantische-Ebene

Tabelle 1.1: Teilgebiete prosodischer Untersuchungen, ihr Einsatz in ASE-Systemen sowie die linguistische Ebene, auf der das prosodische Wissen eingesetzt wird.

1.3 Das System EVAR

Am Lehrstuhl für Informatik 5 (IMMD 5) der Universität Erlangen wird seit 1979 am sprachverstehenden Dialogsystem EVAR gearbeitet. Das Akronym EVAR steht für notwendige Teilschritte bei der Durchführung eines informationsabfragenden Dialogs: Erkennen, Verstehen, Antworten, Rückfragen.

Die Systemstruktur lehnt sich an ein geschichtetes linguistisches Modell an. Das System ist in mehrere Module unterteilt, die verschiedene linguistische Ebenen repräsentieren. Anforderungsziele an das zu entwickelnde System sind unter anderem:

- ein Dialog-System zum Zwecke der Informationsabfrage über einen definierten und eingeschränkten Problemkreis
- Erkennung von kontinuierlich gesprochener deutscher Standardsprache unter Zulassung von Verschleifungen und Ausschluß von Dialekten
- sprecherunabhängige Erkennung
- Beschränkung der Qualität des Sprachsignals auf Telefonbandbreite
- Verwendung eines *großen* Lexikons
- Verwendung einer flexiblen Systemstruktur, die für Grundlagenforschung auf dem Gebiet des automatischen Sprachverstehens geeignet ist
- Trennung zwischen *problemabhängigem* und *problemunabhängigem* Wissen zum Zwecke eines möglichst einfachen Austausches des Anwendungsbereichs.

Als Pilot-Diskursbereich wurden Auskunfts-Dialoge über das Inter-City-Zugsystem der Deutschen Bundesbahn gewählt. Bild 1.1 zeigt das geschichtete Modell für ein sprachverstehendes Dialogsystem, auf dem die Architektur des Systems basiert. Der Analyseprozeß ist grundsätzlich flexibel gehalten und soll sich in einer Kombination von daten- und erwartungsgesteuerten Methoden vollziehen. Die verschiedenen Module können über definierte Schnittstellen direkt miteinander kommunizieren. Daten werden auf Anforderung ausgetauscht.

Im folgenden werden die einzelnen Module (bis auf das Prosodie-Modul) kurz vorgestellt. Eine ausführliche Übersicht des Systems findet sich in [NIEMANN 85, 88b].

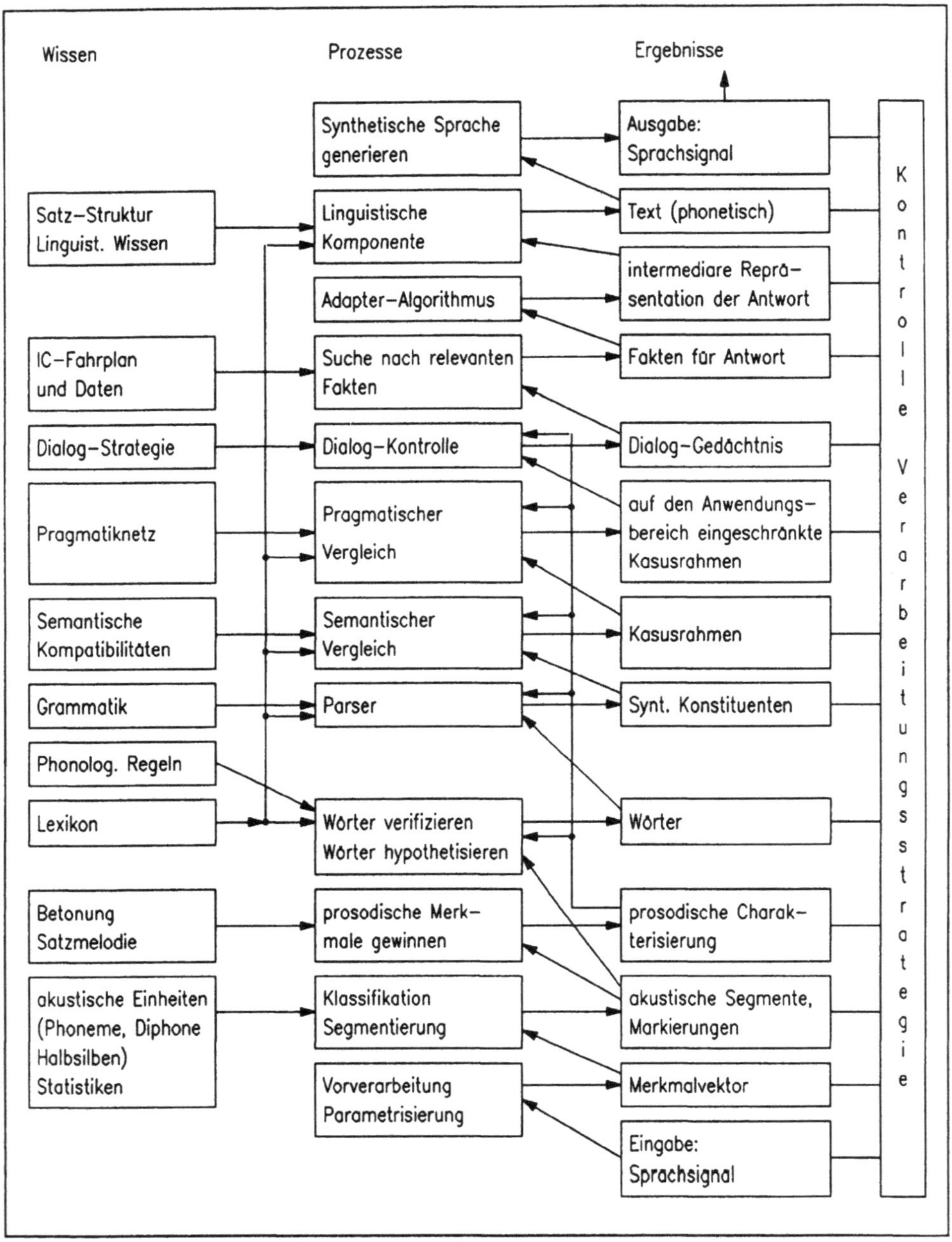

Bild 1.1: Das geschichtete Modell für ein sprachverstehendes Dialogsystem, auf dem die Architektur des Systems EVAR basiert (nach [Niemann 87a]).

Das *Akustik-Phonetik-Modul* ([REGEL 88]) zerlegt das Sprachsignal in äquidistante Zeitscheiben von 12.8 Millisekunden. Diese werden im folgenden als *Frames* bezeichnet. Für jeden Frame werden Merkmale berechnet, die mit einem Bayes-Klassifikator nach Lautkomponenten klassifiziert werden. Die Lautkomponentenhypothesen werden mit Hilfe eines syntaktischen Verfahrens zu *Segmenten (Lauten)* variabler Länge zusammengefaßt. Es werden keine alternativen Segmentgrenzen betrachtet[2].

Das *Worterkennungs-Modul* ([KUNZMANN 90]) erzeugt mit einem statistischen Verfahren (Hidden-Markov-Modell, HMM) *Worthypothesen* durch den Vergleich der Lauthypothesenfolge mit der Standardaussprache eines jeden Wortes eines Lexikons. Eine Worthypothese besteht aus Anfangs- und Endframe des Bereichs, über dem die Hypothese generiert wurde, Wortnummer, Bewertung sowie einem optimalen *Zuordnungspfad* der Standardaussprache zu der Lauthypothesenfolge.

Das *Lexikon* ([EHRLICH 86]) enthält für jedes Wort u.a. eine systemweit eindeutige Wortnummer, die Standardaussprache nach [DUDEN 74] und drei Bitvektoren. Diese repräsentieren die Zugehörigkeit des Wortes zu Wortarten sowie zu semantischen Klassen und pragmatischen Konzepten. Alle (verschiedenen) Wörter mit gleicher orthographischer Umschrift sind unter einem Worteintrag zusammengefaßt. Momentan werden drei Vollformen-Lexika verwendet: *GLEXS* mit ca. 4200 Einträgen, *PLEXS* (ca. 1600 Einträge) und *KLEXS* (ca. 500 Einträge).

Zeitlich aufeinanderfolgende Worthypothesen werden im *Syntax-Modul* auf *syntaktische Konsistenz* überprüft und zu *Syntaxhypothesen* zusammengefaßt [BRIETZMANN 87]. Es werden auch Hypothesen für diskontinuierliche Konstituenten erstellt (z.B. Hypothesen für Verbalgruppen: *"kann ... abfahren"*). Syntaxhypothesen bestehen (analog zu Worthypothesen) aus einer Liste der Wortnummern der enthaltenen Worthypothesen, der Position im Sprachsignal, einer Bewertung sowie einer Darstellung der syntaktischen Struktur. Da zum einen nicht damit gerechnet werden kann, daß alle tatsächlich gesprochenen Wörter hypothetisiert werden, und zum anderen in natürlich-sprachlichen Dialogen Äußerungen teilweise aus unvollständigen Sätzen bestehen, werden nicht nur syntaktisch korrekte Sätze, sondern auch einfachere Konstituenten als Syntaxhypothesen weitergegeben.

Die Syntaxhypothesen werden semantisch verifiziert (*Semantik-Modul*), pragmatisch interpretiert (*Pragmatik-Modul*) und, soweit möglich, zu komplexen Konstituenten und Sätzen zusammengefaßt [EHRLICH 89] (z.B. würden die Hypothesen für die Nominalgruppe *"der nächste Zug"* und die Präpositionalgruppe *"nach Hamburg"* zu der komplexen Hypothese *"der nächste Zug nach Hamburg"* zusammengefaßt, falls die zeitlichen Positionen der beiden Hypothesen gewissen Restriktionen

2 Im folgenden wird für die Lautkomponenten und Laute die Erlanger Kodierung verwendet (siehe Kap.3.2.2). Die Laut- und Lautkomponentensymbole werden durch "/" vom restlichen Text getrennt. Ein Verzeichnis der erkennbaren Klassen sowie ihre Abbildung auf die IPA-Symbole findet sich in Anhang A und B.

genügen). Semantisch verifizierte und komplexe Konstituenten werden als *Semantikhypothesen* bezeichnet.

Unter *pragmatischer Interpretation* ist in EVAR der anwendungsabhängige Teil der semantischen Analyse zu verstehen [BRIETZMANN 84]: Die Hypothese *"mit dem Auto fahren"* würde zwar die semantische Analyse passieren, nicht aber die pragmatische. Zwar handelt es sich bei *Auto* um ein Transportmittel, aber im Anwendungsbereich *Inter-City-Zugsystem* kann ein Auto in dieser Funktion nicht vorkommen. Das Beispiel verdeutlicht, daß pragmatisches Wissen nicht allein durch Ausschluß von Wörtern aus einem anwendungsunabhängigen Lexikon realisiert werden kann. Da man über die Deutsche Bundesbahn an gewissen IC-Bahnhöfen ein Auto mieten kann, gibt es zulässige Fragen, in denen das Wort *Auto* vorkommen kann. Pragmatisch kann jedoch im Anwendungsbereich von EVAR die Klasse *Transportmittel* auf Züge eingeschränkt werden.

Das *Dialog-Modul* ([NIEMANN 88a], siehe auch [BRIETZMANN 84]) hat Aufgaben der Dialogführung; dazu gehört das Reagieren auf Benutzeranfragen mit Antworten und Rückfragen. Hierfür ist unter anderem die Interpretation von metakommunikativen Äußerungen (z.B. *"Grüß Gott, ..."* , *"Ich hätte eine Frage."* , *"Was haben Sie gesagt?"*) notwendig. Diese Äußerungen werden vom Pragmatik-Modul nicht verarbeitet.

Bild 1.2 zeigt für die Module Akustik-Phonetik, Worterkennung und Syntax die Analyse-Ergebnisse (Schnittstellen zu den anderen Modulen):

a) das Sprachsignal für die Wörter *"nach Mainz"* aus der Äußerung *"Wir möchten am Wochenende nach Mainz fahren."*
b) die Handklassifikation auf Lautebene
c) die Handklassifikation auf Wortebene
d) die maximal fünf am besten bewerteten Lautkomponenten-Hypothesen
e) die maximal fünf am besten bewerteten Laut-Hypothesen
f) die am besten bewerteten Wort-Hypothesen (Die richtigen Hypothesen sind mit ### markiert. Das Wort *"fahren"* ist nur partiell im dargestellten Sprachsignal enthalten.)
g) die am besten bewerteten Syntax-Hypothesen (NG ≙ Nominalgruppe, PNG ≙ Präpositionalgruppe und ADJUG ≙ unflektierte Adjektivgruppe).

Bild 1.2 (nächste Seite): Analyse-Ergebnisse für die Module **Akustik-Phonetik, Worterkennung** und **Syntax**.

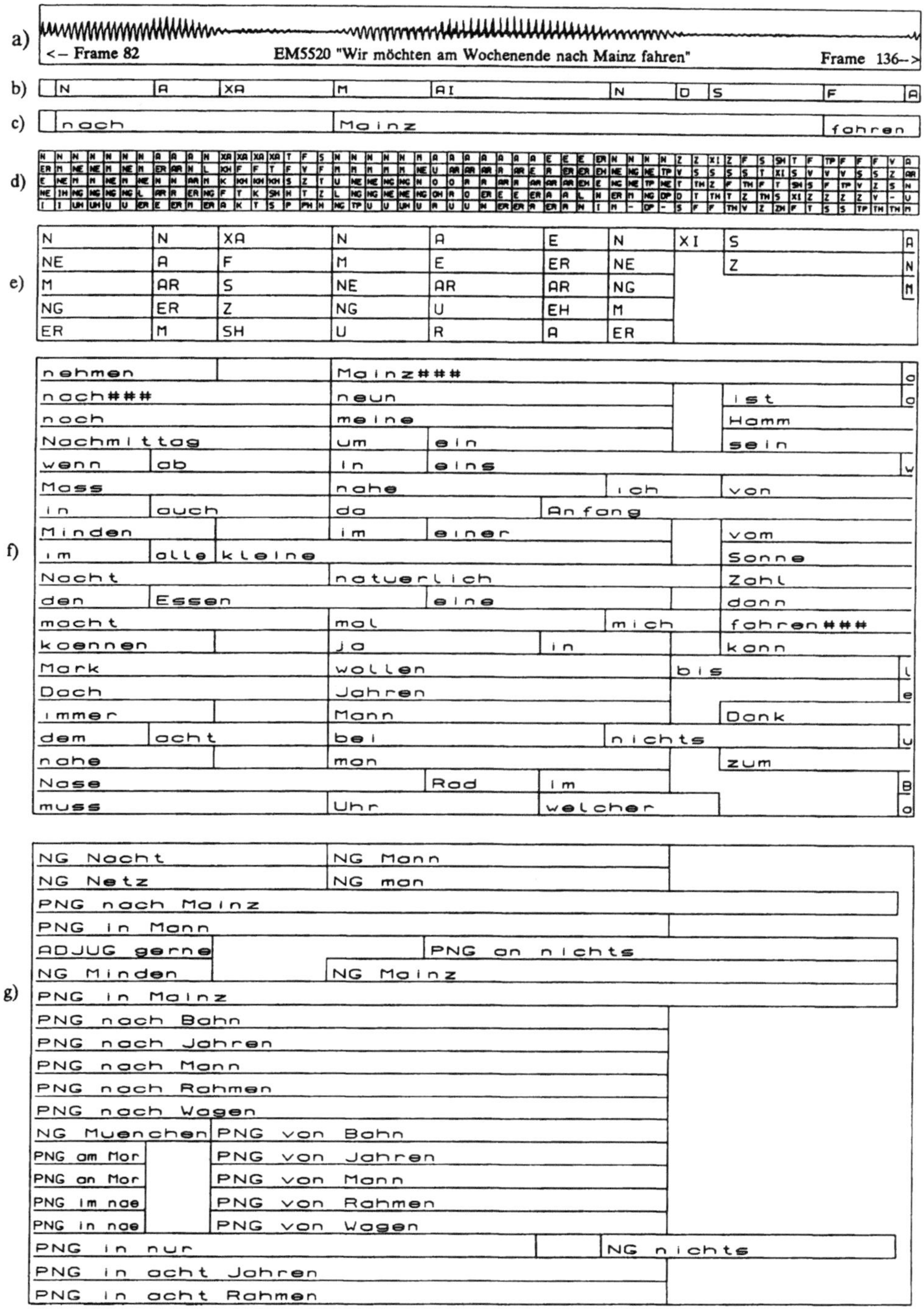
a)
<– Frame 82
EM5520 "Wir möchten am Wochenende nach Mainz fahren"
Frame 136–>
b)
N A XA M AI N D S F A
c)
nach Mainz fahren
d)
e)
N N XA N A E N XI S A
NE A F M E ER NE Z N
M AR S NE AR AR NG M
NG ER Z NG U EH M
ER M SH U R A ER
f)
nehmen Mainz###
nach### neun ist
noch meine Hamm
Nachmittag um ein sein
wenn ab in eins
Mass nahe ich von
in auch da Anfang
Minden im einer vom
im alle kleine Sonne
Nacht natuerlich Zahl
den Essen eine dann
macht mal mich fahren###
koennen ja in kann
Mark wollen bis
Dach Jahren
immer Mann Dank
dem acht bei nichts
nahe man zum
Nase Rad im
muss Uhr welcher
g)
NG Nacht NG Mann
NG Netz NG man
PNG nach Mainz
PNG in Mann
ADJUG gerne PNG an nichts
NG Minden NG Mainz
PNG in Mainz
PNG nach Bahn
PNG nach Jahren
PNG nach Mann
PNG nach Rahmen
PNG nach Wagen
NG Muenchen PNG von Bahn
PNG am Mar PNG von Jahren
PNG an Mar PNG von Mann
PNG im nae PNG von Rahmen
PNG in nae PNG von Wagen
PNG in nur NG nichts
PNG in acht Jahren
PNG in acht Rahmen

1.4 Beitrag dieser Arbeit zur Prosodie-Forschung

In Kap.1.2 wurden verschiedene Möglichkeiten erörtert, prosodische Information in potentiellen ASE-Anwendungen einzusetzen. Ein im zwischenmenschlichen Bereich besonders wichtiger Aspekt der Prosodie, die Übermittlung des eigenen Gemütszustandes, ist für ASE-Systeme so gut wie nicht relevant. Untersuchungen zur Veränderung der Sprache unter verschiedenen äußeren Bedingungen spielen lediglich für sehr spezielle Anwendungen eine Rolle. Sprechergruppeneigenschaften sind für ASE-Systeme mit medizinischen Anwendungen teilweise sehr wichtig (Gerätesteuerung für Behinderte), bei Systemen für einen allgemeinen Benutzerkreis sind diese Eigenschaften jedoch von untergeordneter Bedeutung. Somit verbleiben vier Teilgebiete prosodischer Information für den Einsatz in einem ASE-System: Identifikation der gesprochenen Laute, der Gliederungsgrenzen, des Satzmodus und der betonten Stellen. Bei der Identifikation der betonten Stellen ist zu unterscheiden, ob zusätzliches Wissen über das Gesprochene (die Analyseergebnisse der anderen Module) verwendet wird oder nicht. Der erste Fall wird als *erwartungsgesteuerte* Analyse bezeichnet (die Analyseergebnisse der anderen Module werden verifiziert), der zweite als *datengetriebene* (die interessierenden Stellen werden ohne Berücksichtigung der Ergebnisse anderer Module gesucht).

Diese Arbeit ist ein Beitrag zum Einsatz prosodischer Information im sprachverstehenden System EVAR. Schwerpunkt ist die automatische Erstellung einer Betonungsbeschreibung, also die Identifikation der betonten Stellen. Dabei wird zunächst eine datengetriebene Beschreibung entwickelt. Nach [VAISSIÈRE 88] kann diese Aufgabe in fünf Teilschritte zerlegt werden (in Klammern sind die Kapitel dieser Arbeit angegeben, in denen auf die entsprechenden Teilaufgaben eingegangen wird):

1) Detektion der Silbenstruktur (Kap.4.1 und 6.3.1)
2) Extraktion der prosodischen Merkmale (Kap.4.2 bis 4.4 und 6.1)
3) Normalisierung dieser Merkmale (Kap.4.2.5)
4) Identifikation der betonten Silben (Kap.5 und 6.3.2)
5) Überprüfung des Beitrags der Betonungsbeschreibung zur Gesamtanalyse des ASE-Systems (Kap. 6.4 und 6.5)

Es existieren sehr wenige Ansätze zur Erstellung einer datengetriebenen Betonungsbeschreibung:

- Von den insgesamt 252 bzw. 359 Beiträgen zu der ECST 1987 und ECST 1989 (European Conference on Speech Communication and Technology) beschäftigen sich 24 bzw. 50 (10 bzw. 14 Prozent) im weitesten Sinne mit Prosodie. Davon behandeln jeweils 2 Artikel (3 Prozent) die Erstellung einer vollständigen Intonationsbeschreibung. 72 Prozent (14 bzw. 39 Beiträge), berichten über Untersuchungen zu Teilaspekten (Silbendetektion, F_0-Bestimmung (Pitch), SH/SL-Entscheidung, Dauermerkmale, Bestimmung des Fokus). Lediglich bei jeweils 2 Beiträgen wird die Integration in ein ASE-System berücksichtigt bzw. als Forschungsziel genannt. Beim Anwendungsbereich liegt der Schwerpunkt unter den gesichteten Beiträgen auf dem Nutzen der Prosodie in der Sprachsynthese, insbesondere in der Text-to-Speech-Konvertierung (8 bzw. 10 Artikel, 24 Prozent).

- In [VAISSIÈRE 88], einem ausgezeichneten Überblick über den Einsatz prosodischer Information in ASE-Systemen, werden für kontinuierliche Sprache fünf Literaturstellen für vier Sprachen genannt: [LEA 73b] und [WAIBEL 86] für das Englische, [MARTIN 79] für das Französische, [PIERACCINI 86] für das Italienische und [HOUSE 87] für das Schwedische.

Nach Wissen des Autors handelt es sich bei der in dieser Arbeit beschriebenen Methode um den ersten Versuch einer automatischen datengetriebenen Betonungsbeschreibung für das Deutsche.

Ein Vergleich mit den oben genannten Ansätzen ist sehr schwierig, da eine Veränderung der Aufnahmebedingungen die Erkennungsraten desselben Algorithmus stark verändern kann, wie in Kap.6.3 gezeigt wird. Es stellt sich hier die Frage, auf welche Art der Beitrag der prosodischen Information zum Analyseprozeß in einem ASE-System überhaupt gemessen werden kann (Teilaufgabe 5 in der obigen Aufzählung).

- Ein automatisches Verfahren, etwa zur Extraktion der Grundfrequenz, ist in der Regel fehlerhaft. Die Fehlerhäufigkeit der Algorithmen ist anhand von Referenzdaten zu beurteilen. Da an dieser Stelle die Robustheit und Genauigkeit sowie der Vergleich verschiedener Algorithmen im Vordergrund stehen, kann auf Sprachmaterial zurückgegriffen werden, für das eine weitere Verarbeitung im System EVAR nicht sinnvoll durchgeführt werden kann (siehe die *Leo-* und *Fokussätze,* Kap.3.4). Diese Vorgehensweise ist angebracht, da für das Sprachmaterial bereits Referenzdaten vorliegen und zusätzlich Test- und Lernstichproben separiert werden.
- Die verschiedenen linguistischen Einheiten (Laute, Silben, Wörter, Phrasen, ...) können nicht fehlerfrei aus dem Sprachsignal extrahiert werden. Auf jeder Analyseebene wird daher mit einer Vielzahl bewerteter Hypothesen gearbeitet. Die Bewertung stellt ein Maß dafür dar, wie sicher sich das generierende Modul über die Richtigkeit der Hypothese ist. Eine Möglichkeit, die Leistungsfähigkeit der einzelnen Verarbeitungsmodule zu beurteilen, ist die Beantwortung der Frage, wieviele der nach ihrer Bewertung sortierten Hypothesen im **Durchschnitt** (gemittelt über alle Äußerungen einer Stichprobe) generiert werden müssen, um *n Prozent* der richtigen Hypothesen zu erhalten. Man erhält somit keine *Erkennungsrate,* sondern eine *Erkennungskurve.* Der Beitrag des Prosodie-Moduls zum Analyseprozeß läßt sich daran messen, ob sich die Erkennungskurve verbessert. Das Prosodie-Modul kann also richtige Hypothesen durchaus verwerfen und die Erkennung im Schnitt trotzdem verbessern. Richtige Hypothesen können aufgrund fehlerhafter Berechnung der Korrelate oder aufgrund von heuristischen Ansätzen verworfen werden, die "meistens" zum Erfolg führen (und deswegen auch prozentual mehr falsche Hypothesen verwerfen).

- Während eines Analyseprozesses ist es häufig notwendig, im Suchraum, der durch die *n besten Hypothesen* aufgespannt wird, nach der richtigen Lösung zu suchen. Geht man davon aus, daß bei einer vollständigen Suche für eine gegebene Hypothesenmenge immer die optimale Lösung gefunden wird, so kann eine Beschränkung des Suchraumes das Analyseergebnis nicht verbessern, sondern nur dafür sorgen, daß die richtige Lösung schneller oder mit geringerem Speicheraufwand gefunden wird. Da auch hierbei damit gerechnet werden muß, daß richtige Lösungen durch die Suchraumbeschränkung nicht gefunden werden, kann man die Aufwandsverringerung einer Suchraumbeschränkung mit Hilfe einer *Reduktionskurve* beurteilen. Für jeden Faktor, um den der Analyseaufwand reduziert wird, kann man feststellen, um wieviel sich die Analyse verschlechtert.

Alle drei Beurteilungskriterien werden im Rahmen dieser Arbeit verwendet.

Die Tatsache, daß bei einer datengetriebenen Betonungsbeschreibung kein weiteres Wissen (z.B. segmentale und syntaktische Struktur) über die Äußerung verwendet werden kann, stellt eine sehr starke Einschränkung dar, die unter der Randbedingung des Einsatzes während der Initialisierung der Erkennungsphase in einem ASE-System zu sehen ist. Diese Einschränkung entfällt z.B. bei Forschungen zum Einsatz prosodischer Information für Sprachsynthese. Auch bei der Erstellung von Intonationsmodellen wird meistens "generativ" gearbeitet, d.h. man geht von einer Äußerung aus und erzeugt hierfür eine Beschreibung der prosodischen Eigenschaften (ein Überblick über die verschiedenen Intonationsmodelle bis zum Erscheinungsjahr findet sich in [LADD 83b]). In einem ASE-System steht Wissen über die Äußerung in Form von Hypothesen anderer Module zur Verfügung. Daher sollte die datengetriebene Betonungsbeschreibung während der Analyse einer Äußerung durch eine erwartungsgesteuerte Analyse verifiziert werden, d.h. nachdem (unter Verwendung der datengetriebenen Betonungsbeschreibung) Phrasen- oder Satzhypothesen erstellt wurden, sollte die Betonungsbeschreibung für den entsprechenden Teil des Sprachsignals überprüft werden.

Leider konnte zu Beginn dieser Arbeit auf kein geeignetes intonatorisches Modell des Deutschen zurückgegriffen werden. In einer Einschätzung der deutschen Intonationsforschung schrieb W. Klein 1980 (siehe auch [KLEIN 82]):

> Der Stand der Forschung zur deutschen Satzintonation gibt zum Rühmen keinen Anlaß. ...
> Es scheint mir kein gutes Zeichen für den Stand der deutschen Phonetik, daß völlige Unklarheit darüber herrscht, was das signalphonetische Gegenstück des „Akzents" ist. ...
>
> [KLEIN 80, S.3 und Anmerkung 22, S.32]

Seitdem sind, insbesondere im Rahmen des von 1984 bis 1988 durchgeführten DFG-Schwerpunkts "Formen und Funktionen der Intonation", mehrere Ansätze untersucht worden. Die Ergebnisse der meisten Projekte sind in [ALTMANN 88] zusammengestellt (für Ergebnisse außerhalb des DFG-Schwerpunkts siehe [ADRIAENS 84], [BANNERT 89] und [MUDLER 86]).

Die Untersuchungen zu einer erwartungsgesteuerten Betonungsbeschreibung, die im Rahmen dieser Arbeit durchgeführt wurden (siehe Kap.7 sowie [NÖTH 87] und [BATLINER 89a, 89b]), erfolgten in enger Kooperation mit den Mitarbeitern des Münchner DFG-Projekts "Modus-Fokus-Intonation" ([ALTMANN 88, 89a]). Neben dem zweifellosen Vorteil der geographischen Nähe erschien der Münchner Ansatz für eine Darstellung in einem maschinellen Wissensrepräsentationsschema am geeignetsten:

- Es werden wenige, einfach extrahierbare Merkmale untersucht.
- Die Merkmale beschränken sich nicht allein auf Tonhöhenkorrelate.
- Die Relevanz der Merkmale wird an einem großen Korpus mit statistischen Methoden überprüft.
- Die im Deutschen möglichen intonatorischen Minimalpaarkonstellationen (siehe Kap.3.4) sind so gut wie vollständig erfaßt.
- Zwar handelt es sich bei dem untersuchten Datenmaterial - ebenso wie beim Material fast aller Intonationsprojekte - um gelesene Äußerungen, eine Erweiterung des Modells auf spontan gesprochene Äußerungen war aber von vorneherein geplant und wird zur Zeit im Rahmen des DFG-Projekts "Intonation - Register - Modus/Fokus" durchgeführt.

Die im Rahmen dieser Zusammenarbeit durchgeführten Untersuchungen in Erlangen konzentrierten sich auf den Aspekt der automatischen Extrahierbarkeit der verwendeten Merkmale und auf Möglichkeiten zur Darstellung des erstellten Modells in einem automatischen Wissensrepräsentationsschema. Die korrekte automatische Bestimmung der Betonung aufgrund eines Intonationsmodells kann als letzter Prüfstein für die Validität des Modells angesehen werden, so daß die im Ausblick aufgezeigte Vorgehensweise nicht nur für die ASE, sondern auch für die Intonationsforschung an sich einen wichtigen Beitrag leistet.

Die weitere Arbeit ist folgendermaßen gegliedert:

In Kapitel 2 werden die für diese Arbeit wichtigen sprachwissenschaftlichen Begriffe eingeführt. Gleichzeitig werden Ergebnisse aus der Literatur vorgestellt, wie sich die drei im Zusammenhang mit ASE-Systemen bedeutendsten Rollen der Prosodie im akustischen Signal ausdrücken. Die verschiedenen Sprachstichproben, mit denen experimentelle Untersuchungen durchgeführt wurden, werden in Kapitel 3 vorgestellt. Auf prosodische Eigenschaften, die bei der Markierung von *Betontheit* eingesetzt werden, wird unter dem Aspekt der Berechnung von korrespondierenden Merkmalen aus dem Sprachsignal in Kapitel 4 eingegangen. Dabei wird ein neuer Grundfrequenz-Algorithmus vorgestellt, der im Rahmen der Arbeiten am Prosodie-Modul entwickelt wurde. In Kapitel 5 wird ein Verfahren vorgestellt, mit dem eine automatische datengetriebene Betonungsbeschreibung aus diesen Merkmalen berechnet wird. Die Ergebnisse der experimentellen Untersuchungen werden in Kapitel 6 präsentiert: Der eigene Grundfrequenz-Algorithmus wird mit zwei aus der Literatur bekannten Algorithmen verglichen. Die automatische Betonungsbeschreibung wird mit dem Ergebnis eines Perzeptionsexperimentes verglichen, in dem 15 Hörer die Silben einer

Sprachstichprobe in betont/unbetont einteilen mußten. Die Auswirkungen auf den Analyse-Prozeß im System EVAR werden diskutiert. Es werden Ergebnisse zu den folgenden Einsatzbereichen prosodischer Information präsentiert: *Satzmodus-Bestimmung, Laut-Suche, Wortakzent-Verifikation* und *Satzakzent-Suche.* Der Erfolg des Einsatzes prosodischer Information wird anhand der oben genannten Auswertungskriterien gemessen. In Kapitel 7 wird ein grundsätzlich neuer Ansatz zur Modellbildung für eine erwartungsgesteuerte automatische Betonungsbeschreibung vorgestellt. In Kapitel 8 schließlich werden die Ergebnisse dieser Arbeit zusammengefaßt.

2 Definitionen, Begriffe und sprachwissenschaftliche Grundlagen

Ziel dieses Kapitels ist es, einige sprachwissenschaftliche Begriffe im Sinne dieser Arbeit zu definieren. Dies ist notwendig, da Begriffe wie *Prosodie, Intonation* oder *Fokus* von Autoren verschiedener sprachwissenschaftlicher Schulen unterschiedlich verwendet werden (siehe z.B. [ARTEMOV 78], der einige der verschiedenen Begriffsbildungen für die beiden Begriffe *Prosodie* und *Intonation* ausführlich behandelt). Dieser "Sprach-" oder besser "Begriffswirrwarr" ist sicherlich auch darauf zurückzuführen, daß die Prosodie ein Bindeglied zwischen verschiedenen sprachwissenschaftlichen Disziplinen darstellt. Somit werden prosodische Themenbereiche von Autoren verschiedener sprachwissenschaftlicher Schulen und Disziplinen behandelt. Weiterhin wird die notwendige Trennung der verschiedenen Abstraktionsebenen nicht immer konsequent eingehalten. So stehen z.B. in [WAIBEL 86, S.6] zu Beginn *"duration"*, *"intensity"*, *"pitch"* und *"stress"* als sogenannte *"prosodic cues"* scheinbar gleichberechtigt nebeneinander, während später [WAIBEL 86, S.105] *"pitch"*, *"duration"* und *"intensity"* als *"acoustic manifestations of stress"* bezeichnet werden.

Die im weiteren vorgestellten Definitionen sollen keinen Beitrag zur Vereinheitlichung der Nomenklatur darstellen. Sie haben sich im Rahmen dieser Arbeit als sinnvoll erwiesen und lehnen sich an die folgenden Literaturstellen an: [ALTMANN 88, 89a], [BUSSMANN 83], [KOHLER 77], [LEHISTE 70], [SCHMÖLZ 87], [BECKMANN 86] und [TILLMANN 80]; für sprachwissenschaftliche Begriffe, die nicht explizit eingeführt werden, sind im Rahmen dieser Arbeit die Definitionen in [BUSSMANN 83] maßgebend. Die Ausführungen beziehen sich, sofern nicht anders angegeben, auf die *deutsche* Sprache bzw. sie sind auf die deutsche Sprache übertragbar, da viele der Aussagen universeller Natur sind oder für ganze Sprachenklassen gelten.

Bei den angeführten Beispielen wurde, soweit möglich, bewußt darauf verzichtet, die Mittel der prosodischen Markierung mit Hilfe einer symbolischen Darstellung anzugeben, da diese oft stark sprecherspezifisch sind. Der Leser möge also, seiner eigenen Intuition folgend, die Beispiele laut sprechen, um sich die *Unterschiede* bzw. die *Funktion* der intonatorischen Markierungen anhand der Beispiele zu veranschaulichen. Betonte Silben werden im folgenden durch Großbuchstaben und Fettdruck gekennzeichnet.

2.1 Prosodie

In [BUSSMANN 83] wird *Prosodie* folgendermaßen definiert:

"**Prosodie/Prosodik** [engl. *polysystematic phonology*]. Untersuchung sprachlicher Eigenschaften wie →Akzent, →Intonation, Sprechpausen u.a., die sich auf größere Einheiten als einzelne Phoneme beziehen bzw. diese überlagern. Man bezeichnet sie daher auch als →suprasegmentale Merkmale. Die P. kann als Verbindung zwischen →Phonologie und →Syntax bezeichnet werden, insofern →Silben, Wörter und Sätze ihr Untersuchungsgegenstand sind."

[BUSSMANN 83, S.417]

Diese Definition soll im folgenden übernommen werden. Untersuchungsgegenstand der Prosodie sind die prosodischen Eigenschaften eines lautsprachlichen Ereignisses: *Tonhöhe, Lautheit, zeitliche Strukturierung, Sprechtempo, Stimmlage, Stimmqualität, Klangfarbe, Rhythmus* und auch das Fehlen eines sprachlichen Ereignisses, die *Pause*. Sprachliche Einheiten, denen diese Eigenschaften zuzuordnen sind, umfassen mehr als einen Laut, weshalb die prosodischen Eigenschaften insbesondere in der angelsächsischen Literatur auch als *suprasegmentale Merkmale* bezeichnet werden. Diese sprachlichen Einheiten werden häufig als *Prosodeme* bezeichnet. Es kann sich dabei um *Silben, Wörter, Phrasen, Sätze* oder *Redebeiträge* handeln.

Die oben genannten prosodischen Eigenschaften sind *perzeptive Einheiten*. Den perzeptiven Einheiten entsprechen *akustische Parameter*. So ist z.B. die *Grundfrequenz* des Sprachsignals (siehe Kap.2.7.2 und Kap.4.2) das akustische Korrelat der Tonhöhe. Die Abbildung der akustischen auf die perzeptive Ebene ist i.allg. nicht eindeutig, da auch subjektive Eindrücke des Hörers eine Rolle spielen[1]. Im weitesten Sinne läßt sich dies z.B. mit der Eigenschaft eines Menschen vergleichen, *alt zu sein:* Das eindeutig meßbare Korrelat dieser Eigenschaft, das *Lebensalter*, läßt sich zwar genau angeben, aber ob ein Mensch von jemanden als *alt* angesehen wird, hängt auch von anderen Faktoren wie dem Lebensalter des Beobachters selbst ab.

Eine exakte Definition der prosodischen Eigenschaften ist daher teilweise nicht möglich. Für einige prosodische Eigenschaften, wie z.B. die *Stimmqualität*, sind sogar die akustischen Korrelate noch nicht vollständig bestimmt worden (Warum wird eine Stimme als *rauh* empfunden und wie läßt sich die *Rauhigkeit* einer Stimme im Sprachsignal messen?).

---

1 Im speziellen Fall der prosodischen Eigenschaft *Tonhöhe* ist die Abbildung wohl noch am besten erforscht.

2.2 Intonation

Der Begriff Intonation soll enger gefaßt werden als in [BUSSMANN 83]:

"Gesamtheit der prosodischen Eigenschaften von sprachlichen Äußerungen, die nicht an einen Einzellaut gebunden sind. ..."

[BUSSMANN 83, S.219]

Unter *Intonation* wird in dieser Arbeit die ***distinktive*** *Verwendung prosodischer Eigenschaften zur* ***Bedeutungsdifferenzierung*** *ganzer Äußerungen* verstanden, *und zwar sowohl in der Darstellungsfunktion (die intellektuelle Bedeutung) als auch in der Ausdrucks- und Appellfunktion (die emotionale Bedeutung)*. Diese Definition stimmt im wesentlichen mit der von [KOHLER 77, S.126] überein. *Intonation* soll jedoch nicht nur als *distinktive Verwendung der* ***Tonhöhe*** (wie bei Kohler), sondern als *distinktive Verwendung* ***aller*** *prosodischen Eigenschaften* verstanden werden.

Eine Äußerung kann einen oder mehrere Sätze (im grammatikalischen Sinn) umfassen, aber auch nur ein Wort, wenn es sich um elliptische Sätze handelt:

Frage:	*"Wann kommen Sie?"*	Elliptische Antwort: *"Morgen"*
Elliptische Frage:	*"Morgen?"*	Elliptische Antwort: *"Morgen!"*

Die Tatsache, daß die kleinste als selbständige Äußerung verwendbare linguistische Einheit ein Wort, normalerweise sogar ein vollständiger Satz ist, deutet an, daß dem *zeitlichen Verlauf* der prosodischen Eigenschaften eine besondere Bedeutung zukommt.

Da diese Definition von *Intonation* in der Literatur nicht üblich ist, soll im folgenden auf einige wichtige Unterschiede eingegangen werden: Im Gegensatz zu [BUSSMANN 83] trennt diese Definition zwischen dem gezielten Einsetzen einer prosodischen Eigenschaft und artikulatorisch bedingten Variationen der physikalischen Korrelate dieser Eigenschaften. Diese Variationen, die von [LEHISTE 70] als *phonetic conditioning factors* bezeichnet werden, sind Gegenstand *mikroprosodischer* Untersuchungen. Den durch diese Faktoren bedingten Variationen im Verlauf der prosodischen Eigenschaften (bzw. ihrer Korrelate) kann i.allg. keine funktionale Rolle zugeordnet werden.

Die in der Literatur weit verbreitete Beschränkung von Intonation auf Untersuchungen des Tonhöhenverlaufs (siehe u.a. [BANNERT 85], [KOHLER 77], [PIERREHUMBERT 80], [WUNDERLICH 88]) mag für viele intonatorische Untersuchungen ausreichen, kann aber sicher nicht alle prosodischen Aspekte der Bedeutungsdifferenzierung von sprachlichen Äußerungen abdecken. Beschränkt man sich z.B. bei der Untersuchung der Intonation auf Sätze, die anhand einer schriftlichen Vorlage nachgesprochen wurden, so kann man davon ausgehen, daß *Pausen* für die Intonation keine Rolle spielen. Dies ist aber nicht der Fall, wenn man ganze Redebeiträge, z.B. die *freie politische Rede*, zum Untersuchungsgegenstand macht. Hier kann gezielt gesetzten Pausen durchaus eine funktionale Rolle zugewiesen werden, sie können beispielsweise der besonderen Hervorhebung der im Satz davor getroffenen Aussage dienen (siehe das Beispiel in Kap.2.9).

In Diskussionen werden Pausen häufig ebenfalls ganz bewußt gesetzt, insbesondere von geübten Sprechern. Allerdings haben sie hier u.U. eine ganz andere funktionale Rolle, die mit der *Bedeutungsunterscheidung* und somit (im Sinne dieser Arbeit) mit *Intonation* nicht mehr viel zu tun hat: Legt ein Sprecher seine Atempausen in ein Wort bzw. in eine Phrase, so gibt er die Kontrolle über die Diskussion nicht aus der Hand. Sein Diskussionsgegner kann ihm nicht ins Wort fallen (siehe [ROYÉ 83], der für eine Fernsehdiskussion u.a. die Verteilung von Pausen in freier Rede empirisch untersucht). Wenn man die verschiedenen Situationen untersucht, unter denen die sprachliche Kommunikation stattfindet, kann man genaugenommen nicht von ***der** Intonation des Deutschen* sprechen, sondern eher von der *Intonation der .. (öffentlichen Rede, usw.) im Deutschen.* (Es handelt sich also hier um verschiedene Register oder Stilebenen.)

Die Tatsache, daß hier unter Intonation der distinktive Einsatz *aller* prosodischen Eigenschaften verstanden wird, ist dahingehend zu verstehen, daß beim momentanen Stand der Intonationsforschung keine Eigenschaft ausgeschlossen werden kann. Es gibt sicher Kommunikationssituationen, in denen die eine oder andere Eigenschaft keine oder nur eine sehr untergeordnete Rolle spielt oder in denen der Tonhöhenverlauf so stark dominiert, daß man sich auf die Untersuchung dieser Eigenschaft beschränken kann. Eine Verallgemeinerung der Untersuchungsergebnisse auf alle Kommunikationssituationen erscheint dann allerdings nicht gerechtfertigt. In diese Richtung geht die sehr vorsichtige Begriffsklärung in [ALTMANN 89b]:

> "Der Begriff 'Intonation' wird hier im weiteren Sinn gebraucht: Er umfaßt die nichtsegmentalen lautlichen Eigenschaften von Äußerungen, also **mindestens** (*Hervorhebung nicht im Original*) die Grundfrequenz(Fo)/Tonhöhe, die Intensität/Lautstärke und die zeitliche Strukturierung von Äußerungen."
>
> [ALTMANN 89b, S.2]

Die Darstellungsfunktion der Intonation gliedert sich in mindestens drei Bereiche ([KOHLER 77, S.127]):

1) **Markierung des Akzents**

*Der **LEO** säuft.* vs. *Der Leo **SÄUFT**.*

Im ersten Satz wird die Tatsache hervorgehoben, daß es sich bei dem Säufer um den *Leo* handelt und nicht um eine andere Person. Im zweiten Satz wird die Tatsache hervorgehoben, daß der Leo *Alkoholprobleme* hat.

2) **Markierung des Satzmodus**

neunundvierzig. vs. *neunundvierzig?*

(siehe das Beispiel in Kap.1.2)

bzw. *Der Zug fährt durch.* vs. *Der Zug fährt durch?*

(Beispiel mit grammatikalisch vollständigen Satz)

3) **Gliederung der Äußerung**

Das folgende Beispiel aus dem Englischen ist ohne Interpunktion (Gliederung in der geschriebenen Form) bzw. Intonation (Gliederung in der gesprochenen Form) nicht verständlich:

John where James had had had had had had had had had had been correct.

Zwei Interpretationen sind möglich:

John, where James had had "had had", had had "had"; "had had" had been correct.

oder

John, where James had had "had", had had "had had"; "had had" had been correct.

Der Rest dieses Kapitels beschäftigt sich mit diesen drei Rollen der Intonation in der zwischenmenschlichen Kommunikation: In Kap.2.3 wird der Begriff *Akzent* eingeführt. Der semantische Begriff *Fokus,* der phonetisch durch den Akzent gekennzeichnet wird, wird in Kap.2.4 behandelt. Kap.2.5 beschäftigt sich mit dem *Satzmodus* und Kap.2.6 mit der *Gliederung von Äußerungen.* Die prosodischen Mittel, mit denen Akzent und Satzmodus markiert und Äußerungen gegliedert werden, werden in Kap.2.7-2.9 näher vorgestellt. Kap.2.10 schließlich geht auf die Interaktionen zwischen den drei Rollen der Intonation ein.

2.3 Akzent

Der Begriff *Akzent* soll im Rahmen dieser Arbeit synonym mit *Betonung* verwendet werden. Abgesehen von der intuitiven Gleichsetzung von *akzentuiert* mit *hervorgehoben* herrscht keine Einigkeit darüber, was Akzent ist und wie Akzent markiert bzw. perzipiert wird. In [SCHMÖLZ 87] wird anhand von sechs Zitaten mit Definitionsversuchen eindrucksvoll demonstriert, daß diese *Intuition* vom Betrachterstandpunkt abhängt. Hervorhebung wird vom Standpunkt der *Produktion* (1, 2), der *Perzeption* (3, 4) und *signalphonetisch* (5, 6) betrachtet:

1) "Akzent (Druck) ist Energie, intensive Muskeltätigkeit ... soll eine starke Silbe ausgesprochen werden, wird in allen Organen die größte Energie aufgewandt."
[JESPERSEN 32, S.119]

2) "When the speaker's activity in producing stressed syllables is in focus, stress may be defined in terms of greater effort that enters into the production of stressed syllables as compared to an unstressed syllable."
[LEHISTE 70, S.106]

3) "In zahlreichen Sprachen ist in jedem Wort ... eine bestimmte Silbe gegenüber allen anderen durch das Vorhandensein eines phonologischen Merkmals 'akzentuiert' ausgezeichnet, das sich in verschiedenen Kontexten in unterschiedlicher Weise durch einen größeren Grad der phonetischen Prominenz, d.h. des perzeptiv stärkeren Hervortretens, manifestiert."
[KOHLER 77, S.122]

4) "Unter Schwere verstehen wir das Gewicht, mit dem eine Silbe ins Ohr fällt."
[WINKLER 73, S.642]

5) "Syllabic prominence is a product of length, loudness, pitch (and pitch movement) and quality (or 'timbre') of a syllabic nucleus. These auditory properties correlate in a complex manner with the acoustic parameters: duration, intensity, frequency (and frequency change) and spectral structure."
[BARRY 81, S.322]

6) "Stress ... is reflected in at least four acoustical parameters: speech power, fundamental voice frequency, phonetic quality, and duration."
[LEHISTE 59, S.428]

zitiert in [SCHMÖLZ 87, S.5-6]

Schmölz selbst versucht, die verschiedenen Teilaspekte zusammenzufassen, indem sie die *Intention des Sprechers* in den Vordergrund stellt:

> "Berücksichtigt man die Intention des Sprechers, so läßt sich ein möglicher Zusammenhang zwischen den eben beschriebenen Teilaspekten des Akzents denken: Durch die Akzentuierung will der Sprecher die Aufmerksamkeit des Hörers auf bestimmte Stellen seiner Rede lenken. Zu diesem Zweck gestaltet er diese Stellen perzeptiv auffällig, indem er dort die akustischen Parameter Tonhöhe, Dauer, Intensität und Lautqualität ändert; für diese Veränderungen ist erhöhter Kraftaufwand erforderlich."
> [SCHMÖLZ 87, S.6]

Man unterscheidet allgemein zwischen *Wort-*, *Phrasen-* und *Satzakzent*. Isoliert gesprochen hat jedes Wort eine Silbe, die Träger des Wortakzents ist (zum Begriff der Silbe siehe z.B. [KOHLER 77, S.79ff], [TILLMANN 64] und [LINDNER 81]). Die Position der Wortakzentsilbe ist nicht fixiert (das würde beispielsweise bedeuten, daß immer die erste Silbe Träger des Wortakzents ist). Sie liegt aber für jedes einzelne Wort fest und läßt sich i. allg. mit einigen Regeln (siehe z.B. [KOHLER 77, S.191-196]) vorhersagen.

Innerhalb eines Satzes wird nicht jede Wortakzentsilbe auch tatsächlich akzentuiert produziert, sondern nur solche, die Träger des Phrasen- bzw. Satzakzents sind. Man spricht daher von der *potentiellen Realisierung* des Wortakzents:

> "It appears probable that word-level stress is in a very real sense an abstract quality: a potential for being stressed. Word-level stress is the capacity of a syllable within a word to receive sentence stress when the word is realized as part of the sentence."
>
> [LEHISTE 70, S.150]

Im Falle von *emphatischem* Akzent (*"das ist einfach **UNERHÖRT**, daß man für diesen Bummelzug auch noch Zuschlag bezahlen muß"*) und *kontrastivem* Akzent (*"Ich möchte nach **HOM**burg fahren, nicht nach **HAM**burg"*), kann auch eine Nicht-Wortakzentsilbe Träger des Phrasen- oder Satzakzents sein.

Einem Satz wird *ein* Satzakzent und, je nach Länge der Äußerung, *ein* bis *mehrere* Phrasenakzente zugeordnet. Jeder Satzakzent ist auch Phrasenakzent, die Umkehrung gilt jedoch nicht. Dem Satzakzent wird eine *höhere Prominenzstufe* zugeordnet, man spricht daher auch von *Primär-* und *Sekundärakzent* (die Zuordnung ist etwas problematisch, da nicht klar ist, wieviele Stufen produziert bzw. perzipiert werden, siehe [LIEBERMAN 65]).

In der Vergangenheit wurden immer wieder Versuche unternommen, die Position des Satzakzents und der Phrasenakzente aufgrund der *syntaktischen Oberflächenstruktur* zu bestimmen (für das Deutsche z.B. in [KIPARSKY 66], [BIERWISCH 66]; für neuere Ansätze, bei denen auch die Ebene der Semantik mit einbezogen wird, siehe z.B. [UHMANN 88]). Diese Akzentstruktur wird *Normalbetonung* genannt. Sie tritt beim Sprechen von Sätzen ohne Kontextwissen auf, etwa wenn man aufgefordert wird, einen isolierten Satz vom Blatt zu lesen. Solche Äußerungen werden in der Literatur auch als *"out of the blue"-Sätze* bezeichnet.

> "Wir berücksichtigen durchaus nur die normale, affektfreie Betonung von Sätzen. Emphatische oder kontrastive Betonung lassen wir konsequent beiseite. Entgegen der Normalbetonung, die strengen Regeln unterliegt, kann diese ein beliebiges Wort des Satzes treffen und stellt daher keine besonderen Probleme."
>
> [KIPARSKY 66, S.79]

In dieser sogenannten *Normalbetonung* liegt z.B. in dem Satz

"Mein Bruder wohnt in München."

aufgrund der syntaktischen Struktur der Satzakzent auf *München* und ein Phrasenakzent auf *Bruder*. In dem Satz

"Es ist mein Bruder, der in München wohnt."

ist die Verteilung der Akzentstellen gerade umgekehrt.

Da die zwischenmenschliche Kommunikation in gesprochener Sprache jedoch so gut wie nie "kontextfrei" abläuft, wird diese *Normalbetonung* auch ohne Einbezug des *kontrastiven* und *emphatischen* Akzents aufgrund eines gegebenen Kontextes so häufig durchbrochen, daß man an sich nicht von einer *Normalbetonung* sprechen kann. Daher sind diese "strengen Regeln" für sich alleine auch unzureichend für einen Einsatz in einem ASE-System.

In [LÖTSCHER 83, S.40-53] wird auf die Problematik der unzureichenden Wiedergabe der Realität durch die Normalbetonung ausführlich eingegangen. Lötscher schlägt den Begriff *neutraler Akzent* vor. Als Musterbeispiele für neutral akzentuierte Sätze führt Lötscher u.a. Sätze an, die Rundfunknachrichten eröffnen können.

In *neutraler Betonung* besteht ein enger Zusammenhang zwischen den Positionen der Phrasenakzente und dem rhythmischen Aufbau der Sprache. Im Deutschen besteht die Tendenz,

> "... die rhythmischen Hebungen, die akzentuierten Silben, in approximativ gleichen Abständen aufeinander folgen zu lassen (vorausgesetzt natürlich, daß der Sprechfluß nicht durch Häsitationen unterbrochen oder das Tempo verändert wird)."
>
> [KOHLER 77, S.123]

Die Länge dieser Einheiten, die Kohler *Takte* nennt (*Phrasierungseinheit* bei [BIERWISCH 66]), hängt sehr stark vom *Sprechtempo* und dem sprecherspezifischen *Sprechstil* ab. Beispielsweise sind in dem Satz ([LÖTSCHER 83, S.21])

Fritz untersuchte Johanns linke Zehe.

zwei intonatorische Zerteilungen in Phrasen (mit "/" markiert) möglich:

Fritz / untersuchte / Johanns / linke Zehe.

Fritz / untersuchte / Johanns linke Zehe.

2.4 Fokus

Die bisherigen Ausführungen haben gezeigt, daß es zwar so etwas wie eine *neutrale Betonung* gibt, für die sich auch die Akzentsteuerung generativ erzeugen läßt. Sie kann jedoch nur einen Teilaspekt der sprachlichen Kommunikation wiedergeben (*Leseintonation*) und ist insbesondere für die Repräsentation von Betonungsmustern in *Dialogsituationen* (und somit für den Einsatz in einem ASE-Dialogsystem) inadäquat. Es gibt daher eine ganze Reihe von Ansätzen, in denen ein Satz nicht nur unter dem Aspekt seiner syntaktischen Struktur, sondern unter dem Aspekt seiner Mitteilungsfunktion gegliedert wird. Hierfür wurde von [MATHESIUS 29] der Begriff *Funktionale Satzperspektive* geprägt. Mit diesem Ansatz ist es möglich, situationellen Kontext für die Vorhersage der Akzentpositionen mit einzubeziehen. Jeder Kommunikationspartner hat ein Modell vom Wissensstand seines Dialogpartners. Dieses Modell wird bestimmt vom bisherigen Verlauf der Kommunikation, von der Beziehung zwischen den Kommunikationsteilnehmern (gut bekannt, befreundet, unbekannt, ...) und den gemeinsam zugänglichen Sinneseindrücken (Hintergrundabläufe, nonverbale Kommunikationsmittel, ...). Aufgrund dieses Modells ordnet der Dialogpartner jedem Teil seiner Äußerung einen *Informationsgehalt* zu, wobei zwischen *alter, d.h. gegebener* und *neuer Information* unterschieden wird:

> "Virtually every sentence a speaker utters is a mixture of what ... I will call GIVEN material, which the speaker assumes is already in the addressee's consciousness, and NEW material, which he assumes is not. As he converts this mixture into sound, the speaker does not treat the given and new material in the same way: typically, he will attenuate the given material in one way or another, e.g. by pronouncing the items that convey such material with **lower pitch and weaker stress** (*Hervorhebung nicht im Original*) or by the attenuated specification or pronominalization of such items."
>
> [CHAFE 74, S.112]

Die *neue Information* kann aus einer Menge von Alternativen ausgewählt werden, die durch den situationellen Kontext bzw. das daraus abgeleitete Modell vorgegeben ist. Die *bekannte Hintergrundinformation* wird auch als *Topik*, die *neue* als *Fokus* bezeichnet. Der *Fokus* kann außer durch den *Akzent* auch (zusätzlich) durch die *Wortstellung* markiert werden:

"Mein Bruder wohnt in München" vs. *"Es ist mein Bruder, der in München wohnt."*

(siehe das Beispiel in Kap.2.3)

Die Konstituente des Fokus ist Träger des Satzakzents. Somit besteht ein sehr enger Zusammenhang zwischen dem *Informationsgehalt* und dem Grad der *Akzentuierung*. Aus diesem Grund wurden in Perzeptionsexperimenten ([LEA 80b]) fast immer Inhaltswörter (Substantive, Verben, Adverbien und Adjektive) und nicht Funktionswörter (Artikel, Präpositionen, Konjunktionen und Pronomina) von Versuchspersonen als *betont* markiert.

Etwas problematisch sind in diesem Zusammenhang *metakommunikative* Äußerungen wie:

"Müller, Grüß GOTT. Ich hätte eine FRAge. ..."

Das Wort *Frage* ist zweifellos Träger des *Satzakzents,* aber man kann nicht immer davon reden, daß es *fokussiert* ist. Selbst wenn man argumentiert, daß an dieser Stelle die gesamte Äußerung *"Ich hätte eine Frage."* fokussiert ist, kann man ihr häufig nur einen sehr geringen semantischen Informationsgehalt zuweisen. Wie in [HITZENBERGER 86] gezeigt wird, ist diese Floskel eine übliche Dialogeinleitung, selbst wenn, wie in den dort untersuchten Dialogen, ein Dialogpartner ein Bundesbahn-Auskunftsbeamter ist und die Floskel vom Informationsgehalt her absolut überflüssig ist. Diese Frage soll hier nicht weiter verfolgt werden (siehe aber Kap.3.2.3).

2.5 Satzmodus

Der Begriff *Satzmodus* wird im Sinne von [ALTMANN 84] und [ALTMANN 87] verwendet. Die folgende kurze Charakterisierung aus [ALTMANN 89b] ist in diesem Zusammenhang vollkommen ausreichend:

> "Satzmodi werden ... verstanden als komplexe syntaktische Strukturen (Beispiele: Aussagesatz, Entscheidungsfragesatz, Wunschsatz), denen regelhaft bestimmte abstrakte Funktionstypen zugeordnet sind. Die jeweiligen Formtypen ergeben sich aus dem Zusammenspiel von Merkmalen aus vier verschiedenen Merkmalsmengen:
>
> a) Kategoriale Füllung (Beispiel: *w*-Ausdrücke in *w*-Fragesätzen und *w*-Exklamativsätzen)
>
> b) Stellungseigenschaften (Beispiele: Stellung des finiten Verbs an erster, zweiter oder letzter Position, Stellung des *w*-Frage-Ausdrucks in Versicherungsfragen)
>
> c) morphologische Markierung (Beispiel Konjunktiv II in Wunschsätzen)
>
> d) intonatorische Markierung."
>
> [ALTMANN 89b, S.1]

Diese Definition deutet an, daß die intonatorische Markierung mehr oder weniger stark ausgeprägt sein kann. So ist z.B. der Satz

"Wo muß ich umsteigen?"

bereits durch das *w*-Element eindeutig als Frage gekennzeichnet, eine intonatorische Markierung also fakultativ. In anderen Fällen kann der Satzmodus nur durch die intonatorische Markierung bestimmt werden, z.B. bei Versicherungsfragen:

"Da muß ich gar nicht umsteigen?"

Da die Markierung des Satzmodus und des Satzakzents teilweise mit den gleichen prosodischen Eigenschaften erfolgt, muß für eine detaillierte Analyse der intonatorischen Markierung die gegenseitige Beeinflussung berücksichtigt werden (siehe [BATLINER 88b, 89c] und Kap.2.10).

2.6 Gliederung von Äußerungen

Die gliedernde Funktion der Intonation hängt eng mit dem rhythmischen Aufbau der Sprache an sich und mit der syntaktischen Struktur der Äußerung (und somit der neutralen Betonung) zusammen. Die gliedernde Rolle ist vor allem dann wichtig, wenn eine Unterbrechung oder Veränderung angezeigt werden soll, also insbesondere bei Ergänzungen und Einschüben:

"Mein Arbeitskollege, der Gerhard Schuhmann - der kennt Dich übrigens - hat sich letzte Woche einen Porsche gekauft."

Eine weitere sehr wichtige gliedernde Rolle hängt gerade nicht mit der syntaktischen Struktur und dem rhythmischen Aufbau zusammen: Die Markierung eines *gestörten Sprech-Denk-Ablaufs* in der freien Rede. In den Demonstrationsbeispielen des folgenden Zitats aus [ROYÉ 83] bedeutet die Notation "/" eine *Kurzpause* (bis 0,4 Sek.), "//" eine *Normalpause* (bis 1 Sek.) und das Zusatzzeichen "+" eine Pause mit *Atmung*. Das Kapitel, aus dem das Zitat entnommen ist, beschäftigt sich mit der Funktion der Pause zur Formulierungskorrektur und Wortfindung. Daher sind außer der Pause keine prosodischen Eigenschaften markiert. Der Begriff *Proposition (Pp.)* wird in Kap.2.9 erläutert.

> "Im gesprochenen Text sind Pausen festzustellen, die durch ihre Länge und ihre Häufigkeit innerhalb der Pp. auffallen. Es handelt sich hier offensichtlich nicht um eine vom Sprecher intendierte Segmentierung, sondern um eine Störung im Sprech-Denkablauf. Indizien dafür sind:
> 1. Pausen in Verbindung mit Formulierungskorrekturen des Sprechers,
> 2. auffällige Pausen an nicht sinngemäßen Stellen innerhalb der Proposition.
>
> Demonstrationsbeispiele
>
> Pp 4651 ich stimme Herrn R. /
> 2 damit // eh
> 3 durch... durchaus darin zu //+
>
> Nach dem Präpo-Ausdruck "damit" macht der Sprecher eine komb. Pause, gewinnt noch etwas Zeit durch eine Teilwiederholung des folgenden "durchaus" und formuliert dann das passende Wort im Sinne der verbalen Wortkette: Herrn R. darin zustimmen.
>
> Pp 3371 jetzt müssen wir uns mal über die Funk... überhaupt über die /+ eh /
> 2 meinetwegen Rolle des Richters überhaupt in unserer Rechtsordnung /
> 3 klar werden
>
> Die ursprünglich geplante verbale Wortkette hieß wahrscheinlich: sich über die Funktion des Richters klar werden. Der Sprecher korrigiert sich in folgender Weise: er unterbricht seine Rede mitten im Wort "Funktion" und setzt mit dem Präpo-Akk., erweitert durch das Situativ "überhaupt", nochmals an, findet aber nicht sofort das Wort, das er anstelle von "Funktion" setzen wollte, macht deshalb eine Pause und schiebt vor dem Ersatzwort "Rolle" noch "meinetwegen" ein, das in diesem Zusammenhang als "Füllwort" gedeutet werden kann."
>
> [ROYÉ 83, S.90-91]

2.7 Akzentuierungsmittel

Im folgenden soll auf einige Untersuchungen zur Bestimmung der Akzentuierungsmittel eingegangen werden. Ein ausgezeichneter Überblick findet sich in [LEHISTE 70], sowie in [SCHMÖLZ 87, Kap. 2] und [BECKMANN 86]. Auf eine Darstellung vom Standpunkt der *Produktion* (erhöhte Muskeltätigkeit, usw.) wird hier verzichtet, da bei den eigenen Untersuchungen nur das Sprachsignal zur Verfügung steht.

Entscheidend für die Bestimmung der Akzentuierungsmittel sollte das Urteil von *phonetisch untrainierten Hörern* sein, d.h. die Frage, ob von einer ***Gruppe*** eine Stelle im Sprachsignal als *hervorgehoben* perzipiert wird. Auf eine *Gruppe* von *untrainierten* Hörern sollte zurückgegriffen werden, damit

- die Zahl der Fehlkategorisierungen verringert wird (die Wahrscheinlichkeit, daß *n* Versuchspersonen beim *exakt gleichen* Stimulus eine falsche Zuordnung aufgrund von Unkonzentriertheit usw. treffen, ist gering),
- nicht die *intuitive Vorstellung* von Betonung eines einzelnen Hörers benutzt wird,
- nicht (*unbewußt!*) Kategorisierungen vorgenommen werden, die die eigene Hypothese über die Markierung des Akzents unterstützen,
- nicht Einflußfaktoren als Akzentuierungsmittel interpretiert werden, die zwar von einem trainierten Hörer (z.B. von einem Phonetiker oder von einer Person mit musikalischer Ausbildung) noch wahrgenommen werden, die aber in der zwischenmenschlichen Kommunikation keine Rolle spielen, da von der Mehrheit der Kommunikationspartner die "Hervorhebung" gar nicht perzipiert wird.

Allerdings ist zu bedenken, daß eine ganze Reihe von Faktoren beim Versuchsaufbau das Urteil der Hörer systematisch beeinflussen können. So wird die Mehrheit der Hörer in der Äußerung

"Ich möchte morgen ähh übermorgen nach Hamburg fahren"

den signalphonetisch prominentesten Teil, das *"ähh"*, nicht als betont empfinden. Zwar hat das *"ähh"* in diesem Beispiel sehr wohl eine wichtige kommunikative Rolle, nämlich zu signalisieren

"Einen Moment, ich habe mich versprochen, ich korrigiere mich sofort",

aber in das Hörerurteil geht in diesem Beispiel vor allem die Bedeutung der Äußerung mit ein, so daß die Mehrheit der Hörer dazu tendieren wird, dem Wort *"übermorgen"* den Satzakzent zuzuweisen (siehe Kap.3.3). Dieser Effekt ist auch in der anderen Richtung beobachtbar. Aufgrund der Bedeutung und des Gedächtniseindrucks der zugehörigen Normbetonung weist der Hörer den Akzent einer Stelle zu, die signalphonetisch nicht hervorgehoben ist. Diese Tatsache ist sogar nach Entfernung der Bedeutung zu beobachten:

> "Man muß zweifellos von einem linguistischen Faktum sprechen, wenn beispielsweise im gleichen sinnlosen Zweisilber /apa/ einmal von einem Hörer, in dessen Sprache Anfangsbetonung vorliegt, die erste Silbe betont gehört wird und andererseits von einem Hörer einer Sprache mit Endbetonung die zweite Silbe als betont aufgefaßt wird, obwohl die akustisch meßbare Intensität beider Silben identisch ist."
>
> [HEIKE 69, S.15]

Heikes Ergebnisse zeigen eine Bevorzugung der ersten Silbe in den Betonungsurteilen deutscher Hörer, was sich vermutlich damit erklären läßt, daß Heike mit Vokalpaaren gearbeitet hat und daß im Deutschen die Tendenz besteht,

> "... im nicht-abgeleiteten und unflektierten Wort die Pänultima, also die vorletzte Silbe, zu akzentuieren, ..."
>
> [KOHLER 77, S.191]

Ein weiterer bekannter Einflußfaktor ist der Ordnungseffekt: Die Beurteilung eines Paares von Stimuli kann von seiner Anordnung abhängen (z.B. wird die Frage, ob zwei Laute gleich lang sind, für die Anordnung AB der beiden Stimuli i.allg. anders beantwortet als für die Anordnung BA; siehe [BATLINER 87a], [SCHIEFER 88]).

Auch die Tatsache, daß manipuliertes Testmaterial beim Hörer den Eindruck einer *"Hervorhebung"* hervorrufen kann, und zwar aufgrund des ungewohnten Höreindrucks und nicht aufgrund eines intonatorischen Phänomens, kann bei Perzeptionsexperimenten mit synthetischem Material eine Rolle spielen.

Als Mittel zur Markierung der Betonung wurden vor allem die prosodischen Eigenschaften *Tonhöhe, Lautheit, zeitliche Strukturierung* und *Klangfarbe* systematisch untersucht. Dabei beschränkte man sich häufig auf die Ebene des Wortakzents und untersuchte, wie sich die Veränderung dieser Eigenschaften signalphonetisch manifestiert. Dies hat verschiedene organisatorische und systematische Vorteile:

- Es existiert eine ganze Reihe von Wörtern, bei denen es sich, abgesehen von der Position des Wortakzents, um Homophone handelt (z.B. Substantiv/Verb-Paare im Englischen wie *PERmit* vs. *perMIT*, Wortpaare wie *UMfahren* vs. *umFAHren* im Deutschen). Mikroprosodische Einflußfaktoren können somit konstant gehalten werden.
- Eine kontrollierte Stichprobe von Sprachaufnahmen ist einfacher zu erstellen. Man kann die Position des Akzents über vergleichsweise einfache Perzeptionsexperimente bestimmen.
- Die Überlagerung mit den weiteren Rollen der Intonation kann ausgeschlossen werden. (Das soll nicht heißen, daß die Überlagerungen auch tatsächlich immer ausgeschlossen werden.)
- Benutzt man als Testwörter Logatome (Unsinnswörter wie *"sisi", "sasa"*, usw.), so kann man das semantische Wissen der Testpersonen ausschalten.

Die Ergebnisse aus der Literatur sind sehr widersprüchlich. Während z.B. in [BOLINGER 58b] die *Grundfrequenz* als wichtigstes Akzentkorrelat bezeichnet wird, die *Dauer* als Kovariable der Grundfrequenz und die *Intensität* als bedeutungslos eingestuft wird, kommt [BECKMANN 86] zu der Schlußfolgerung, daß die *Intensität* das wichtigste Akzentkorrelat ist, und [ADAMS 78] zu der, daß die *Dauer* das häufigste Korrelat darstellt.

2.7.1 Intrinsische Eigenschaften und Koartikulation

Als kleinste betonbare Einheit gilt die *Silbe.* Veränderungen zum Zwecke der Betonung betreffen insbesondere den *Silbenkern,* so daß hier nur *Sonoranten* (Vokale, Liquide und Nasale) betrachtet werden müssen. Den prosodischen Eigenschaften *Tonhöhe, Lautheit, zeitliche Strukturierung* und *Klangfarbe* auf der perzeptiven Ebene entsprechen die akustischen Parameter *Grundfrequenz (F_0), Intensität, Lautdauer* und *spektrale Struktur.* Bevor das Verhalten dieser Parameter bei der Akzentmarkierung untersucht werden kann, müssen intrinsische (dem Laut eigene) und koartikulatorische Einflüsse bestimmt werden, welche die Parameterwerte beeinflussen. Folgende Einflüsse wurden festgestellt:

- Für Dauer und spektrale Struktur: die Zugehörigkeit zur Klasse der *Langvokale* oder *Kurzvokale.* Außer in der Dauer (Dauerwerte für das Deutsche finden sich z.B. in [MAACK 49a]) unterscheiden sich *kurze Vokale* von *langen* durch eine Verschiebung der ersten beiden Formanten in Richtung Zentralvokal /ER/ ([WODARZ 71]). Bild 2.1 veranschaulicht diese Verschiebung für die Vokale aus der EVAR-Stichprobe (Kap.3.1), sowie die Verschiebung beim Übergang von *isoliert gesprochenen Vokalen* nach solchen aus *kontinuierlich gesprochener Sprache.*
- Für F_0, Dauer und Intensität: die Zungenstellung des Vokals (siehe Bild 2.1). Vokale mit tiefer Zungenlage haben eine niedrigere F_0 ([LEHISTE 70], [MOHR 71], [ANTONIADIS 81]), sind länger ([MOHR 71], [ANTONIADIS 84d]) und haben eine höhere Intensität als solche mit hoher Zungenlage ([LEHISTE 59], siehe auch Bild 2.4 in Kap.2.7.4).
- Für F_0, Dauer und Intensität: die Konsonantenumgebung. Nach *stimmlosen* Konsonanten ist die F_0 höher als nach *stimmhaften,* nach *aspirierten* höher als nach *nicht aspirierten* ([HOUSE 53], [MOHR 71], [THORSEN 79]). Vokale in stimmloser Konsonantenumgebung sind kürzer als in stimmhafter ([BELASCO 53], [KIM 70], [DOMMELEN 82], [KOHLER 82]). Je näher die Artikulationsstellen des Vokals und des folgenden Konsonanten sind, umso kürzer ist der Vokal ([MAACK 53], [FISCHER-JØRGENSEN 64]). Stimmlose Plosive dämpfen die Intensität stärker als stimmlose Frikative und diese stärker als Gleitlaute, Nasale und stimmhafte Frikative. Den geringsten Einfluß auf die Intensität haben Halbvokale und stimmhafte Plosive ([LEHISTE 59]).
- Für F_0 und Dauer: die Silbenstruktur. Vokale in offenen Silben haben eine höhere F_0 und sind länger als in geschlossenen ([MOHR 71]).
- Die Dauer der Vokale sinkt mit zunehmender Anzahl von Silben im Wort ([RIETVELD 75]) und Wörtern im Takt ([LEHISTE 70], [KOHLER 82]) sowie mit zunehmender Sprechgeschwindigkeit ([KOHLER 81]).

- Die F_0, Dauer und Intensität werden von der Stellung der Silbe in der Äußerung beeinflußt: In einer Atmungsgruppe ("breath-group", d.h. einem Äußerungsteil zwischen zwei Atmungsstellen) existiert die Tendenz des F_0-Verlaufs, im Mittel abzufallen ([MAEDA 76], [PIERREHUMBERT 79], [VAISSIÈRRE 83], [ANTONIADIS 84b]). Dies wird mit *Deklination* bezeichnet. Die genaue Form des Abfalls und die Art der Berechnung ist stark umstritten (siehe die sehr emotional geführte Diskussion im JASA [LIEBERMAN 85a, 85b, 86], [REPP 85], ['T HART 86]).

  Am Ende einer Phrase oder einer Äußerung besteht die Tendenz, die Vokale des letzten Wortes und insbesondere den letzten Silbenkern zu dehnen ([LEHISTE 72], [KLATT 76], [KOHLER 82, 83]).

  Die Intensität nimmt zum Ende einer Äußerung hin ab ([ADAMS 78]).
- Die F_0 hängt vom Geschlecht und der Altersstufe des Sprechers ab ([LEHISTE 70]). Der Grund dafür liegt in der unterschiedlichen Länge der Stimmbänder. Daher ist die F_0 bei Kindern am höchsten, niedriger bei Frauen und am niedrigsten bei Männern.

  Es gibt allerdings auch Untersuchungen, die zumindest einen Teil des geschlechtsspezifischen F_0-Unterschieds mit gesellschaftlichen Verhältnissen erklären (siehe die bei [SPENDER 80, S.38-41] zitierten Untersuchungen).

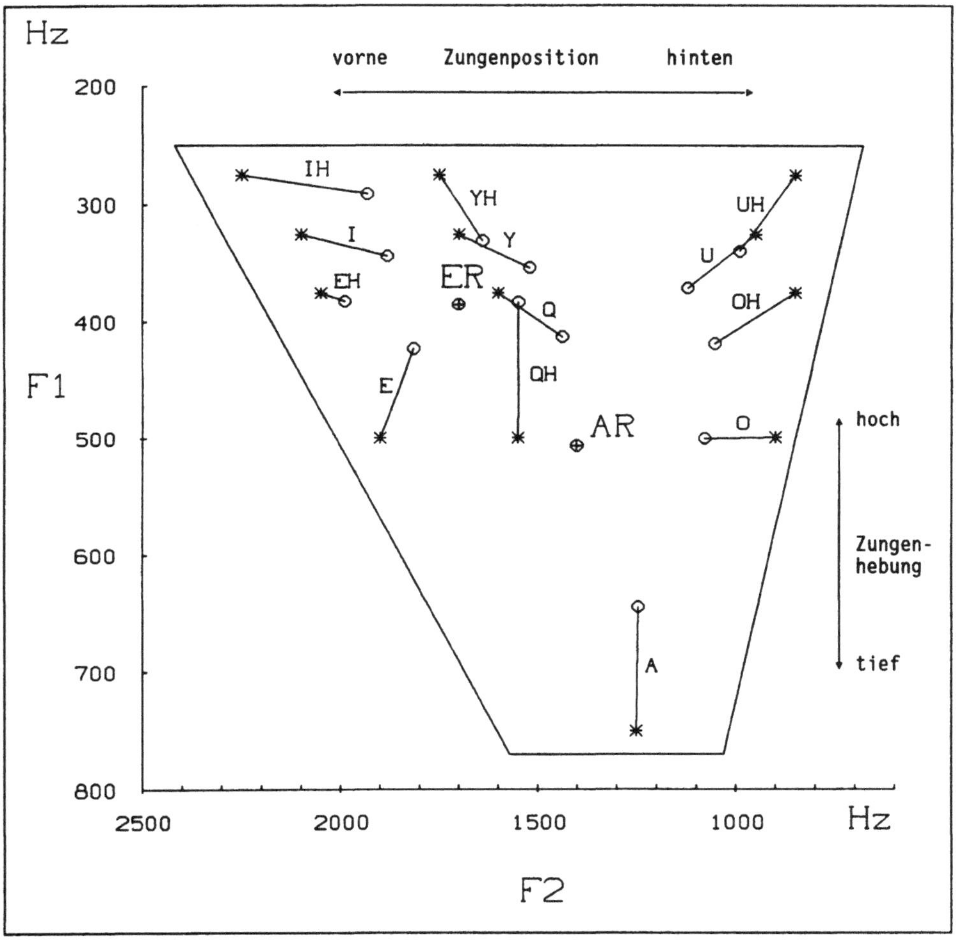

Bild 2.1 **Vokalviereck des Deutschen.** In X-Richtung ist die Position des zweiten Formanten bzw. die horizontale Zungenstellung dargestellt, in Y-Richtung die Position des ersten Formanten sowie die Zungenhöhe.

*: Mittelwerte für isoliert gesprochene Vokale nach [DELATTRE 65]
O: Mittelwerte für Vokale in kontinuierlich gesprochener Sprache nach [NÖTH 85]
⊕: Mittelwerte für Zentralvokal (/ER/) und abgeschwächtes A (/AR/) nach [NÖTH 85]

Man erkennt deutlich die Tendenz der Verschiebung zum Zentralvokal, sowohl für den Übergang von isoliert nach kontinuierlich gesprochenen Vokalen, als auch für den Übergang von geschlossenen (≙ langen) nach offenen (≙ kurzen) Vokalen. (Die geschlossenen Vokale sind durch ein H gekennzeichnet, siehe Anhang A.)

2.7.2 Das Akzentuierungsmittel Tonhöhe

Von vielen Autoren wird die Tonhöhe bzw. das akustische Korrelat Grundfrequenz als wichtigstes Akzentuierungsmittel genannt[2]. Es besteht die Tendenz, daß eine *höhere* Tonhöhe mit Betontheit assoziiert wird. Ist die Tonhöhenveränderung deutlich wahrnehmbar, so scheint eine weitere Vergrößerung des Tonhöhenunterschiedes keine Auswirkungen auf die Perzeption zu haben:

> "Change in fundamental frequency differs from change of duration and intensity in that it tends to produce an all-or-none effect, that is to say the magnitude of the frequency change seems to be relatively unimportant while the fact that a frequency change has taken place is all-important. The experiments ... show that a higher syllable is more likely to be percieved as stressed; the experiments with more complex patterns of fundamental frequency change suggest that sentence intonation is an over-riding factor in determining the perception of stress and that in this sense the fundamental frequency may outweigh the duration cue."
>
> [FRY 58, S.151]

Frys Ergebnisse sind unter anderem konsistent mit [MORTON 65], [ISAČENKO 66] und [LIEBERMAN 60] (beispielsweise wiesen 90 Prozent der als betont perzipierten Silben in zweisilbigen Wörtern bei Lieberman eine höhere Grundfrequenz auf). In [LEHISTE 70] wird der Zusammenhang zwischen höherer F_0 und Betonung vom Standpunkt der Produktion her erklärt:

> "Stress, on the other hand, is frequently associated with higher fundamental frequency. The conditioning seems to proceed from stress to fundamental frequency. As was discussed above, one of the factors causing the rate of vocal fold vibration to increase is increased rate of airflow. Since stress has been shown to be associated with increased subglottal pressure, the increase in vocal fold vibration may be considered automatic."
>
> [LEHISTE 70, S.82]

Dieses Zitat kann aber höchstens erklären, warum an betonten Stellen öfter eine steigende als eine fallende Grundfrequenzbewegung zu beobachten ist (für das Deutsche siehe z.B. [MAACK 37], [BLEAKLEY 73], [WINKLER 73]). Betrachtet man das Untersuchungsmaterial für viele der Untersuchungen zur Betonungswahrnehmung, so stellt man fest, daß nur maximal eine betonte Stelle pro Stimulus vorhanden ist. In einer solchen Situation ist es sicherlich die "natürliche" Art der Produktion, die betonte Stelle durch erhöhte Grundfrequenz hervorzuheben bzw. durch erhöhten subglotttalen Druck, welcher die höhere F_0 nach sich zieht. Folgen mehrere betonte Stellen aufeinander, so kann die F_0 jedoch nicht beliebig weiter steigen. Nun kann die Grundfrequenz an den dazwischen liegenden, unbetonten und mit niedrigerem subglottalen Druck produzierten Stellen wieder langsam absinken, so daß durch die langsame Veränderung über den unbetonten Stellen nicht der Eindruck einer Hervorhebung hervorgerufen wird.

Allerdings kann der Mensch die Grundfrequenz auch unabhängig vom subglottalen Druck kontrollieren (man denke nur an die bekannte Tatsache, daß die meisten Menschen mit Kindern

---

2 Im Rahmen dieser Arbeit werden die Begriffe *Markierung des Akzents* und *Akzentuierung* synonym verwendet.

in einer höheren Stimmlage sprechen als mit Erwachsenen). In Abhängigkeit von der Sprechgeschwindigkeit, der Stilebene und der persönlichen Sprechweise kann der Sprecher nach *Erhöhung* der Grundfrequenz (zum Zwecke der Markierung einer Stelle der Äußerung) mit der Stimme "oben" bleiben, um an der nächsten zu akzentuierenden Stelle die Hervorhebung durch *Erniedrigung* der Grundfrequenz hervorzurufen (Brückenakzent bei [WUNDERLICH 88], Hutkontur bei [COHEN 67]). In einigen Fällen ist auch eine nochmalige Erhöhung der Grundfrequenz zu beobachten (siehe die Transkription im Anhang von [ROYÉ 83]).

In [ROYÉ 83] werden die Grundfrequenzverläufe von fünf Sprechern aus einer 45-minütigen Fernseh-Diskussion untersucht. Royé unterteilt den Grundfrequenzbereich sprecherabhängig in vier Bereiche (Stufen). Die intonatorisch relevanten Grundfrequenzveränderungen, also u.a. die mit der prosodischen Eigenschaft Tonhöhe markierten Akzentstellen, beschreibt er in Anlehnung an [STOCK 76] durch ein Liniensystem und unterscheidet zwischen Sprüngen (Tonbruch) und gleitenden Übergängen (Schleifton). Bei dieser Vorgehensweise ergeben sich kombinatorisch folgende Beschreibungsmöglichkeiten, die Royé *Stimmführungsfiguren* nennt:

- einstufig vs. mehrstufig
- in eine Richtung verlaufend vs. gegenläufig (steigend / fallend vs. steigend-fallend / fallend-steigend bzw. einfache vs. doppelte Stimmführungsfigur)
- Vorakzent- vs. Nachakzentfigur (bei einfachen Stimmführungsfiguren)
- Schleifton vs. Tonbruch.

Bild 2.2 zeigt die im Royé-Korpus beobachteten Stimmführungsfiguren. Bei den leeren bzw. mit einem Strich markierten Kästchen handelt es sich um Stimmführungsfiguren, die im Untersuchungsmaterial nicht auftreten.

In dem untersuchten Material überwiegt die Akzentmarkierung durch die Tonhöhe (93 Prozent der Fälle, in 70 Prozent ausschließliche Markierung durch die Tonhöhe).

In [BATLINER 89c] wird gezeigt, daß die Tonhöhe das wichtigste Betonungsmittel ist, und daß eine gesonderte Behandlung von Fragen und Nicht-Fragen die (statistisch gemessene) Relevanz der Tonhöhenkorrelate verbessert (siehe Kap.2.10).

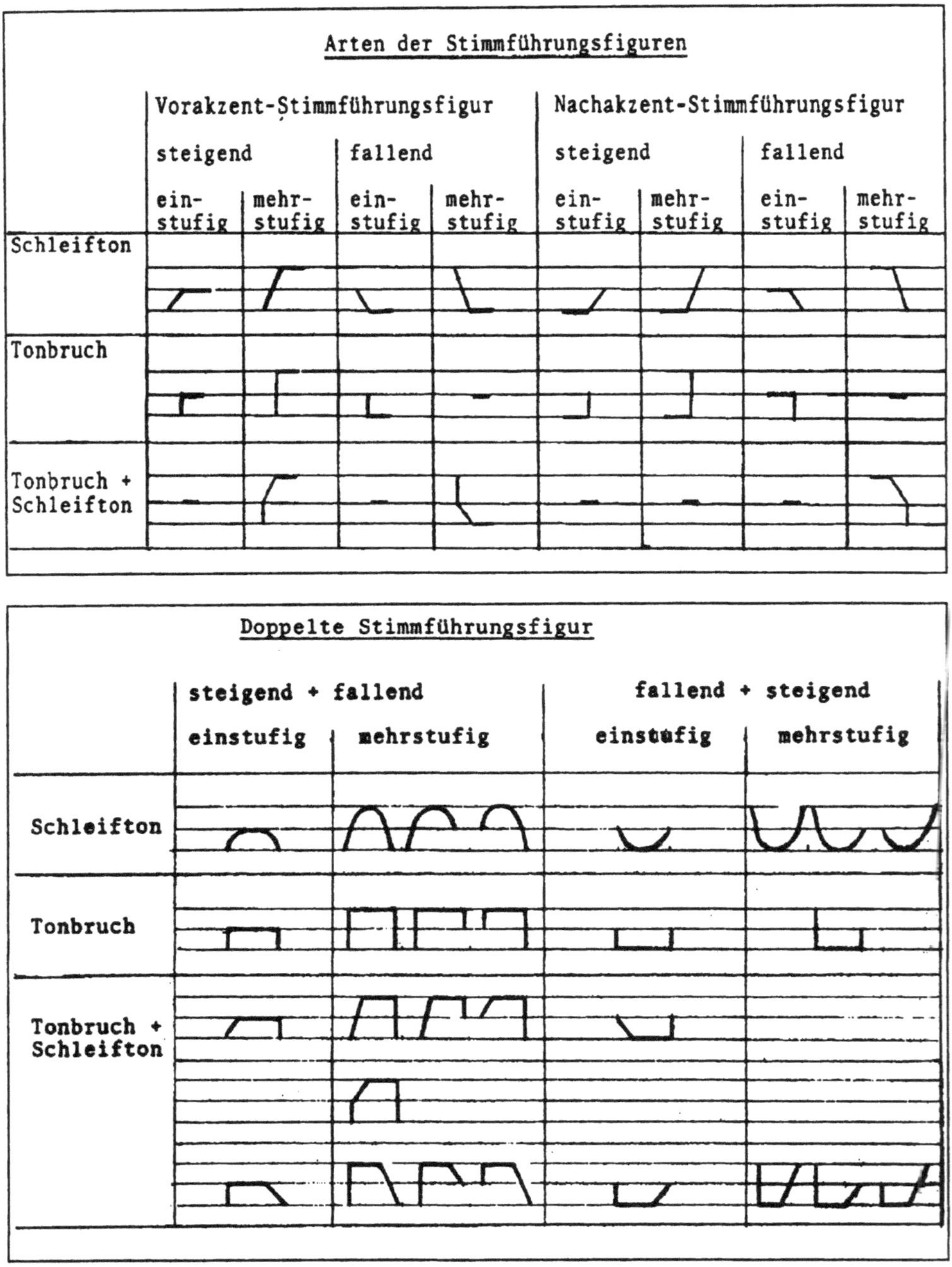

Bild 2.2 Arten der einfachen und doppelten Stimmführungsfiguren (aus [ROYÉ 83, S.144-145])

2.7.3 Das Akzentuierungsmittel zeitliche Strukturierung

Als zweitwichtigstes Akzentuierungsmittel wird in der Regel die zeitliche Strukturierung bzw. das akustische Korrelat Lautdauer angeführt (z.B. [FRY 55, 58], [BATLINER 89c]). In betonter Stellung sind Silben i.allg. länger als in unbetonter, wobei die Akzentuierung hauptsächlich die Dauer des Vokals beeinflußt ([KOHLER 82]). Das temporale intonatorische Akzentuierungsmittel wird hier als *zeitliche Strukturierung* bezeichnet, da eine Verkürzung der unbetonten Umgebung (in Verbindung mit reduzierter Klangfarbe) den Eindruck der Hervorhebung verstärken kann.

In [MAACK 49b] wird für die *"Sonanten"* des Deutschen (Vokale und Diphtonge) ein Lautdauer-Betonungsfaktor B als Maß für ihre relative Dehnung in betonter Stellung angegeben (die Mittelwerte beziehen sich auf das dort untersuchte Datenmaterial):

$$B_S = \frac{L_{S/}}{L_{SU}}$$

mit S : Sonant
$L_{S/}$: mittlere Lautdauer von S in betonter Silbe
L_{SU}: mittlere Lautdauer von S in unbetonter Silbe

Der Betonungsfaktor hängt von der Zungenstellung ab (kleiner bei hoher Zungenstellung) und von der Zugehörigkeit zur Klasse der Lang- und Kurzvokale (kleiner bei Kurzvokalen). Gedehnte Kurzvokale sind i.allg. kürzer als ungedehnte Langvokale. Weiterhin treten im Deutschen mehrsilbige Wörter mit der Silbenstruktur *Silbe mit Langvokal gefolgt von Wortakzentsilbe* so gut wie nie auf ([DUDEN 73, S.36]).

In [LIEBERMAN 60] wird festgestellt, daß 90 Prozent der betonten Silben eine höhere F_0 hatten, 92 Prozent ein höheres Amplituden-Integral, aber nur 66 Prozent eine höhere Dauer. In [AULL 84] wird jedoch darauf hingewiesen, daß Lieberman die *äußerungsfinale Dehnung* (siehe Kap.2.7.1 und Kap.2.9) offensichtlich nicht kompensiert hat, die nach [KLATT 75] für die letzte Silbe einer Äußerung durchschnittlich 30 Prozent beträgt. Aull selbst konnte zeigen, daß in ihrem Korpus nach einer Kompensierung der äußerungsfinalen Dehnung 90 Prozent der betonten Silben eine größere Dauer aufweisen.

In [MORTON 65] wird von einem interessanten Effekt im Zusammenhang mit dem akustischen Korrelat Dauer berichtet: Eine *Verkürzung* eines Vokals in zweisilbigen Logatomen führte bei einem Teil der Testpersonen konsistent zur Zuweisung der Betonung an die kürzere Silbe. Eine mögliche Erklärung könnte sein, daß ein enger Zusammenhang zwischen Dauer und Lautreduktion besteht ([LINDBLOM 63], siehe auch Kap.2.7.4), der vom Hörer bereits "einberechnet" und somit kompensiert wird. Da in [MORTON 65] mit synthetischem Material gearbeitet wurde, kann die Kombination von unreduzierten Vokalen und starker Verkürzung diesen Eindruck ausgelöst haben. Unabhängig davon, ob es sich bei dem beschriebenen Ergebnis um ein Artefakt des Versuchsaufbaus handelt, kann die Kombination von Dauer und Lautreduktion aber in Wörtern mit betonten Kurzvokalen eine Rolle spielen. Dies ist insbesondere dann der Fall, wenn der Kurzvokal

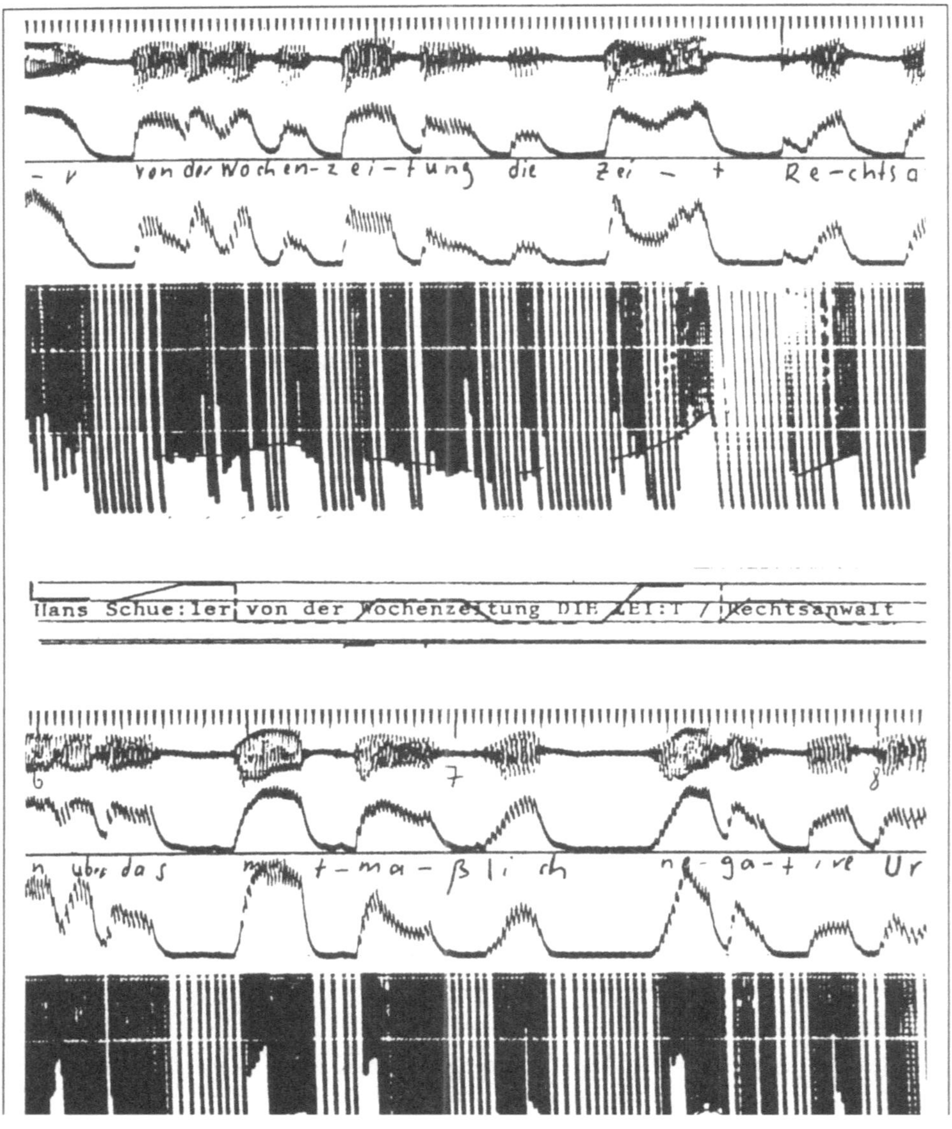
Hans Schue:ler von der Wochenzeitung DIE ZEI:T / Rechtsanwalt

2.7.4 Das Akzentuierungsmittel Lautheit

Die Untersuchungsergebnisse zum Akzentuierungsmittel Lautheit sind wohl am widersprüchlichsten (s.S.36). Hierfür können folgende Gründe aufgeführt werden (vergleiche auch Kap.4.):

- Wie bereits oben erwähnt, wird meistens ein aus dem Sprachsignal berechnetes Korrelat mit Hörerurteilen verglichen. Der Einfluß der intrinsischen Eigenschaften (siehe Kap.2.7.1) ist bei der Intensität als Lautheitskorrelat stärker als bei den Tonhöhen- und Dauerkorrelaten, da meßbare Energiewerte stark von den Abstrahlungseigenschaften der für jeden Vokal typischen Vokaltraktform abhängen.
- Im Gegensatz zu Tonhöhe und zeitlicher Strukturierung ist die Abbildung auf das entsprechende Korrelat nicht so eindeutig: Soll das Korrelat im Zeit- oder Frequenzbereich gemessen werden? Ist die Gesamtenergie oder ein Energieband relevant? Ist der Maximalwert, der Durchschnittswert oder der Integralwert zu nehmen?
- Für die Lautheit als Akzentuierungsmittel spricht, daß die automatische Extraktion von Lautheitskorrelaten nicht so fehleranfällig wie für Tonhöhen- und Dauerkorrelate ist. Interessant ist an dieser Stelle, daß gute Ergebnisse für die Bestimmung der richtigen Akzentstelle vor allem auch bei automatischer Parameterextraktion angeführt werden ([AULL 84], [WAIBEL 86]). Von mehreren Autoren (z.B. [LIEBERMAN 60], [BECKMANN 86]) werden für Korrelate, bei denen über den Silbenkernbereich integriert wird, bessere Ergebnisse angeführt als für Durchschnitts- oder Maximalwerte. Da betonte Silben tendenziell länger sind als unbetonte, werden durch die Integralbildung die betonten Silben bevorzugt.

Bild 2.4 zeigt die intrinsischen Energiewerte der Vokale in Abhängigkeit von ihrer Formantlage. Die Pfeile gehen vom Vokal mit der niedrigsten (/IH/) in steigender Reihenfolge zum Vokal mit der höchsten intrinsischen Energie (/O/). Die Graphik kann nur eine grobe Abschätzung der Realität sein, da die Formantlage für deutsche Vokale gilt (aus [NÖTH 85]) und die intrinsischen Energiewerte für die entsprechenden englischen Vokale gelten (die Zahlen hinter den Vokalklassen geben die intrinsische Energie in dB an, entnommen aus [LEHISTE 59]). In derselben Untersuchung, aus der die intrinsischen Werte entnommen sind, wurden Substantiv/Verb-Minimalpaare (z.B. *INcline* vs. *inCLINE)* unter denselben Aufnahmebedingungen und in derselben Satzakzent-Position gesprochen. Der Unterschied zwischen den Energiewerten der identischen Silben in betonter und unbetonter Position betrug im Mittel 2 dB und lag somit deutlich unter den intrinsischen Unterschieden von maximal 5.5 dB. Nach Abzug des jeweiligen intrinsischen Wertes konnte die Position des Wortakzents aufgrund des Energiewertes in allen Fällen richtig bestimmt werden. Lehiste und Peterson kommen zu der Schlußfolgerung, daß der Mensch während der Perzeption die intrinsischen Unterschiede zurückrechnen kann:

"These observations suggest that the listener associates a certain intrinsic relative amplitude (or perhaps average power) with each vowel spectrum, and applies a corresponding "correction factor" to the incoming signal. Assuming that duration and fundamental voice frequency are held constant, this procedure would enable a listener to identify a stressed syllable, even if the average or peak power of that syllable were less than that of an adjacent unstressed syllable containing a more open vowel. If such perceptual corrections are made, an automatic device for identifying linguistically stressed syllables should contain a set of such built-in correction factors."

[LEHISTE 59, S.429]

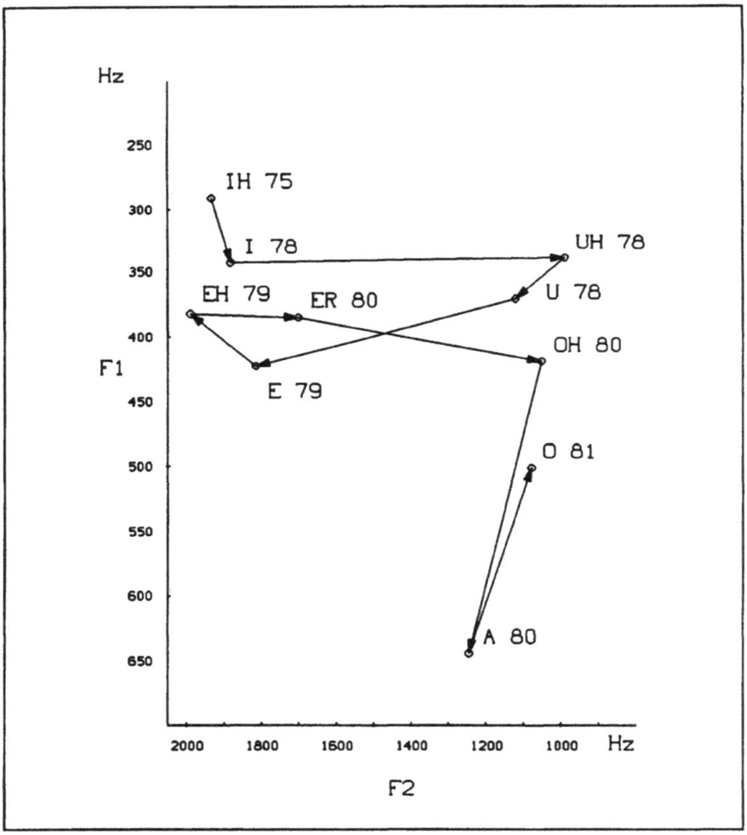

Bild 2.4: Intrinsische Energiewerte für Vokale in Abhängigkeit von ihrer Formantlage bzw. der Zungenposition. In Pfeilrichtung nimmt die Energie nicht ab (Formantwerte aus [NÖTH 85], Energiewerte aus [LEHISTE 59]).

2.7.5 Das Akzentuierungsmittel Klangfarbe

In der soeben erwähnten Untersuchung ([LEHISTE 59], siehe auch [LEHISTE 70, S.120-122]) wurde neben der Vokalenergie auch die *spektrale Struktur* oder *Vokalqualität* als akustisches Korrelat der Klangfarbe untersucht. Unter 15 Substantiv/Verb-Minimalpaaren war nur eines (*PERvert* vs. *perVERT*), in dem die Vokalqualität der Silbenkerne beider Silben und beider Produktionen relativ konstant blieb. Dies ist nicht überraschend, da die Tendenz besteht, daß sich die Vokalqualität in unbetonter Stellung der Qualität des Zentral-Vokals (Schwa-Laut) annähert ([LEHISTE 70, S.139], siehe auch [STETSON 51], [TIFFANY 59]). Zu den beiden Zentralisierungstendenzen, die in Bild 2.1 dargestellt wurden (isoliert gesprochen → kontinuierlich gesprochen und Langvokal → Kurzvokal), kommt also noch eine dritte (betont gesprochen → unbetont gesprochen) hinzu. Es besteht ein offensichtlicher Zusammenhang zwischen der Intensität und Dauer, mit der ein Silbenkern produziert wird, und dem Grad der Reduktion ([LINDNER 69, 81]). In [LINDBLOM 63] wird die Reduktion hauptsächlich auf die Dauerverhältnisse zurückgeführt und von der artikulatorischen Seite her erklärt: Die Vokalposition wird als Ziel (target) gesehen, das in unbetonter Position nicht erreicht wird (undershoot).

Über die Zentralisierung hinaus kann es auch zur Elision des Silbenkerns bzw. der Silbe kommen. Vor Nasalen und /L/ kann der Schwa-Laut vollständig elidiert werden:

/R.EH:.D.ERN./ → /R.EH:.D.NE/ (reden)

Insbesondere bei Formwörtern kann, je nach Sprechstil und Sprechsituation, eine fortschreitende Reduktion zur Löschung des Wortes führen. In [TILLMANN 80, S.99-102] werden die fortschreitenden Reduktionsstufen anhand des Wortes *"und"* im Zahlwort *"99"* demonstriert:

Vokal → entrundeter Vokal → Schwa → silbischer Nasal → Silbenelision

/N.OYN.+.U.N.T.N.OYN.TSI.XI/ → ... → /N.OYN.OYN.TSI.XI/ (neunundneunzig)

Die Aussprache der am stärksten reduzierten Form ist mit der Aussprache von 9,90 (z.B. bei Preisangaben) identisch. Die Zweideutigkeit ist nur durch den Kontext auflösbar, bzw. die am stärksten reduzierte Form wird normalerweise nur benutzt, wenn die Interpretation vom Kontext her eindeutig ist. Tillmann bezeichnet die verschiedenen Realisierungsformen als *alphabetisch explizite* und *im Kontext reduzierte Formen* (zur Beschreibung von Reduktionserscheinungen siehe auch [KOHLER 77, Kap.6.3] und [MÜHLFELD 86]).

Die zunehmende Reduktion ist ein Indikator für zunehmend *unbetont* produzierte Silben und führt gleichzeitig zum verstärkten Eindruck der Betonung für die nicht reduziert produzierten Nachbarsilben.

In [AULL 84] wird die Vokalqualität als prosodisches Merkmal für die automatische Akzentberechnung insoweit ausgenutzt, als für einen Silbenkern ein Maß für die Veränderung im Frequenzspektrum berechnet wird (spectral change). Diese Veränderung ist in betonten Silben geringer, da im Sinne von Lindbloms artikulatorischer Theorie eine stabile Zielposition länger konstant eingehalten wird.

2.8 Intonatorische Markierung des Satzmodus

Die intonatorische Markierung des Satzmodus geschieht mit der prosodischen Eigenschaft Tonhöhe, wobei die Eigenschaften zeitliche Strukturierung und Lautheit eine sekundäre Rolle spielen (z.B. bei der Markierung des Exklamativs, siehe [NÖTH 87], [BATLINER 88a]; man denke auch an den Gebrauch von Lautstärke beim Erteilen von Befehlen an Dienstuntergebene im Militär, also der Markierung des Satzmodus *Imperativ* in einer sehr speziellen Kommunikationssituation). Zur Betrachtung der intonatorischen Markierung des Satzmodus ist eine weitere Unterscheidung der Satzmodi *Frage, Aussage, Imperativ, Wunsch* und *Exklamativ* notwendig. Eine solche Differenzierung bietet das Satzmodus-System nach [ALTMANN 84, 87]. In [BATLINER 89g] (siehe auch Kap.3.4) finden sich Beispielsätze für intonatorische Minimalpaare, d.h. Äußerungen, deren Satzmodus nur aufgrund der intonatorischen Markierung bestimmbar ist.

Die intonatorische Markierung des Modus kann geringer ausgeprägt oder fakultativ sein, wenn andere (grammatische) Merkmale wie z.B. die Verb-Position den Modus ganz oder teilweise bestimmen. Die genaue Form der Modus-Markierung kann i.allg. nur unter Einbezug der Position des Fokus beschrieben werden. So kann eine Entscheidungsfrage *nicht, in der fokussierten Phrase und/oder am Satzende* markiert werden (siehe Kap.2.10).

Es existieren sehr viele unterschiedliche Ansätze zur Beschreibung des Tonhöhenverlaufs, die von impressionistischen, schwer nachvollziehbaren perzeptiven bis zu sehr oberflächengetreuen und auf instrumentell meßbaren Kurven beruhenden meßphonetischen Beschreibungsformen reichen. In [OPPENRIEDER 88a] werden satzmodustypische intonatorische *Prototypen* präsentiert (zur Modellierung der Intonation mit dem Prototypenkonzept siehe auch [BATLINER 89c] und Kap.7). Das Modell beruht auf der Annahme, daß für jede mögliche Kombination von Satzmodus und Fokus eine oder mehrere Standard-Realisierungen existieren, die als *Prototypen* bezeichnet werden. Die intonatorische Form einer konkreten Äußerung entspricht dann mehr oder weniger genau einem dieser Prototypen. Die Prototypen werden aus Perzeptionsexperimenten und aus statistischen Größen von akustischen Parameterwerten gewonnen. Diese Parameter (z.B. der F_0-Wert am Ende der Äußerung) sollen den Verlauf der Korrelate beschreiben.

Im Tonsequenzansatz ([PIERREHUMBERT 80], für Übertragungen auf das Deutsche siehe z.B. [FÉRY 88], [UHMANN 88] und [WUNDERLICH 88]) werden lokal bestimmte Töne fortlaufend verkettet. Dabei werden die möglichen Töne *Hochton* und *Tiefton* weiter kategorisiert, z.B. als *Grenzton*.

Ein kritischer historischer Überblick bis zum Erscheinungsjahr über die verschiedenen Beschreibungsformen, speziell für das Deutsche, findet sich in [KLEIN 80, 82].

In [BATLINER 88c, 89d, 89e, 89f] werden unterschiedliche aus der F_0-Kontur abgeleitete Merkmale (z.B. die Position und Höhe des Grundfrequenzgipfels) auf ihre Relevanz für die Satzmodusmarkierung hin untersucht (zur Rolle der Position des F_0-Gipfels siehe auch [KOHLER 87]).

Im Zusammenhang mit der ASE ist insbesondere die Unterscheidung von *Fragen* und *Nicht-Fragen* von Interesse (siehe Kap.1.2). In [BATLINER 89a] (siehe auch Kap.6.2) wird an einem großen Korpus untersucht, inwieweit der *F_0-Wert am Äußerungsende (Offset)* als Frage/Nicht-Frage-Indikator ausreicht, wie dieser Wert aussehen soll und ob es specherspezifische Strategien beim Einsatz dieses Parameters gibt. In dem dort untersuchten Material reicht der Offset in 87 Prozent der Fälle als Frage/Nicht-Frage Indikator aus. [WAIBEL 86] berichtet von einer Erkennungsrate von 78 Prozent.

In Kap.4.2.2 wird auf eine "Tonhöhenbewegung" genauer eingegangen, die u.a. bei der Satzmodus-Markierung eingesetzt werden kann: die *Laryngalisierung* ([LEHISTE 70, S.60]). Es handelt sich dabei um einen Sprung in eine äußerst *tiefe Stimmlage* (vocal fry), der außer an Wortgrenzen vor allem am Ende von Aussagesätzen beobachtet werden kann und dort sowohl als Grenzsignal als auch zur Markierung des Satzmodus *Aussage* benutzt wird.

2.9 Intonatorische Gliederungsmittel

Die gliedernde Rolle der Intonation hängt sehr stark von der Stilebene der Äußerung ab. Als intonatorische Gliederungsmittel gelten insbesondere die Tonhöhe, die zeitliche Strukturierung und die gezielte Pausensetzung. In Kapitel 2.7.1 wurde die Stellung der Silbe in einer Äußerung als Einflußfaktor auf das Akzentkorrelat Silbendauer genannt. Im Grunde genommen ist dieser Einflußfaktor natürlich nichts anderes als eine Überlagerung der beiden Rollen *Akzentuierung* und *Gliederung* der Intonation. Die satz- bzw. phrasenfinale Dehnung markiert ja gerade das Ende einer "Sinneinheit".

In [ROYÉ 83] wird u.a. die intonatorische Gliederung mit den prosodischen Eigenschaften Tonhöhe und Pausensetzung untersucht. Im Sinne von [GLINZ 79] versteht Royé den Begriff *Proposition* als eine *grammatisch-strukturelle (morphosyntaktische) Gliederungseinheit, als*

> "das Stück Text, das von einem Verb aus strukturiert ist (auf einer und nur einer verbalen Wortkette beruht) oder das als eigene Einheit neben solchen vom Verb aus strukturierten Einheiten steht, wie z.B. eine Anrede, eine Grußformel, ein Ausdruck der Bejahung oder Verneinung ohne Verb ("ja - nein - auf keinen Fall - vielleicht") oder auch eine Überschrift"
> [GLINZ 79, S.180-181], zitiert in [ROYÉ, S.43]

Royé unterteilt die von ihm untersuchte Fernsehdiskussion in Propositionen und untersucht u.a. den Einsatz der *phonodischen Parameter Pause* und *Stimmführung. Phonodie* kann im Sinne dieser Arbeit ungefähr als *Intonation oberhalb der Wortakzentebene,* also *Satzakzent, Melodiebildung, Pausenbildung* verstanden werden, siehe [GLINZ 65]. Royés Untersuchungen belegen, daß die isolierte Betrachtung der Pause zum Zwecke der Gliederung in grammatische Einheiten kein einheitliches Bild ergibt und nur unter Einbezug der Stimmführung betrachtet werden sollte (siehe Kap.2.6 und [ROYÉ 83, S.90-93] zur Funktion der Pause bei der Formulierungskorrektur und Wortfindung, die eben nicht an grammatischen Grenzen, sondern u.U. mitten in einem Wort stattfindet). Es werden fünf verschiedene Stimmführungsarten unterschieden, und zwar die *Stimmhebung,* die *Stimmschwebe* und drei Stufen der *Stimmsenkung:*

> "Die Pausen allein sind aber für die phonodische Gliederung nicht aussagekräftig genug, denn an den Pausenstellen entscheidet die Stimmführung durch ihre Grundstrukturen (Stimmhebung bis volle Stimmsenkung), ob eine Pause (etwa mit Stimmschwebe) spannungsvoll eine mittlere Einheit mit der nächsten verbindet oder mit voller Stimmsenkung abschließt und von der nächsten trennt. Im ersten Fall kann eine höhere phonodische Einheit entstehen, indem 2 bis x mittlere Einheiten durch Pausen mit den entsprechenden Grundstrukturen der Stimmführung aneinandergefügt und erst am Ende der letzten mittleren Einheit durch Pause mit voller Stimmsenkung abgeschlossen sind."
> [ROYÉ 83, S.100]

Im Material von Royé ist an jedem dritten Propositionsende eine Pause zu beobachten, wobei diese Zahl auch für Grenzstellen zu eingeschobenen Propositionen gilt. Nur 44 Prozent der Pausen fallen mit einem Propositionsende zusammen. Innerhalb der Propositionen können Pausen an jeder

Stelle beobachtet werden, wobei 73 Prozent der Pausen an Satzglied- oder Ausdrucksgrenzen auftreten, die gliedernde Rolle also überwiegt.

Betrachtet man die Stimmführung an Propositionsenden, so stellt man fest, daß 50 Prozent der Stimmfiguren im oberen Stimmbereich bleiben (Hebung, Schwebe oder Senkung in Stufe 3 und 4), was einer weiterweisenden Funktion entspricht. An Pausenstellen innerhalb von Propositionen bleiben rund 40 Prozent im oberen Stimmbereich, in rund 20 Prozent der Fälle ist eine volle Stimmsenkung zu beobachten. Die Funktion der Lautdehnung zum Zwecke der Gliederung wird von Royé leider nicht untersucht.

Bild 2.5 zeigt zwei Beispiele für Stimmführungsfiguren mit Pausen aus [ROYÉ 83]. Um dem Leser einen Eindruck über die Dauerverhältnisse zu vermitteln, ist auch der dazugehörige Meßstreifen wiedergegeben. Für die beiden Beispiele ist von oben nach unten zu sehen:

- Zeitmarken im 20 Millisekunden-Abstand
- Oszillogramm des Zeitsignals
- Schallpegel (in dB)
- Schalldruck
- Tonhöhenkurve (logarithmisch von 65 Hz bis 522 Hz; die beiden weißen Linien in der Mitte entsprechen 130 und 261 Hz)
- Transkription von Royé mit Stimmführungsfiguren (durchgezogene Linien) und dazwischenliegende neutrale Zonen (gestrichelte Linien), Markierung von Lautdehnung bei allen Silben, die länger als 0,2 Sek sind (:), und Markierung von Pausen und Atmung (/, //, + ; s. S.28).

Das erste Beispiel (die Pause zwischen *DIE ZEIT* und *Rechtsanwalt*) stammt aus einer unterbrochenen Proposition, von der im folgenden der zweite Teil wiedergegeben wird:

> "Hans Schue:ler von der Wochenzeitung DIE ZEI:T / Rechtsanwalt und Journalist //+ und // Joachim Sobotta / den Chefredakteur der RHEINISCHEN POST"
>
> Proposition AAA 32b aus [ROYÉ 83, S.186-187]

Es handelt sich um eine Kurzpause mit Stimmschwebe (weiterweisende Funktion) zur Abgrenzung der nachfolgenden Apposition *"Rechtsanwalt und Journalist"*. Man beachte die Dehnung des Silbenkerns von *ZEIT*, der fast doppelt so lang ist wie der Silbenkern in Wochen*zei*tung. Zweifellos handelt es sich hier um eine Dehnung zum Zwecke der Betonung **und** der Gliederung.

Das zweite Beispiel (die Pause zwischen *mutmaßlich* und *negative*) ist ein Beispiel für eine Sprechpause ohne gliedernde Funktion. Sie ist der folgenden Proposition entnommen:

> "seit der Indiskretio:n über das mutmaßlich / negative Urteil seines ersten Senats zur Frage der Straffreiheit der Abtreibung in den ersten drei Monaten //+ ist das höchste deutsche Gericht wieder einmal //+ Ziel verhaltener / und offener Kritik auch vor allem von Politikern geworden //"
>
> Proposition AAA 5 aus [ROYÉ 83, S.183]

Obwohl die Pause ca. 40 Prozent länger ist als im ersten Beispiel und mit einer Stimmsenkung zur Stufe zwei verbunden ist, dient sie nicht der Gliederung, sondern dem Spannungsaufbau zum Zwecke der besonderen Hervorhebung des nachfolgenden Wortes *"negative"*.

In [VAISSIÈRE 88] wird ein Überblick über Untersuchungen zum automatischen Finden syntaktischer Grenzen gegeben. Im Gegensatz zu Leas Untersuchungen, in dessen Material 94 Prozent der syntaktischen Grenzen durch eine fallend-steigende F_0-Kontur markiert sind [LEA 72, zitiert in VAISSIÈRE 88], belegen Vaissières eigene Untersuchungen ([VAISSIÈRE 82]), daß die phrasenfinale Lautdehnung der zuverlässigste Indikator für die "Hauptgrenze" (main boundary) in Sätzen ist, und daß die gedehnte Silbe entweder durch eine steigende, weiterweisende F_0-Kontur (continuation rise) oder einen hohen F_0-Wert markiert ist. Eine mögliche Erklärung für die unterschiedlichen Ergebnisse ist die Tatsache, daß Leas Ergebnisse auf englischem Sprachmaterial basieren und Vaissières auf französischem. Hier wurden also eventuell sprachabhängige intonatorische Phänomene betrachtet.

Bild 2.5 (nächste Seite): Zwei Beispiele für Pausen mit Stimmführung innerhalb von Propositionen (aus [ROYÉ 83], Erklärung siehe Text).

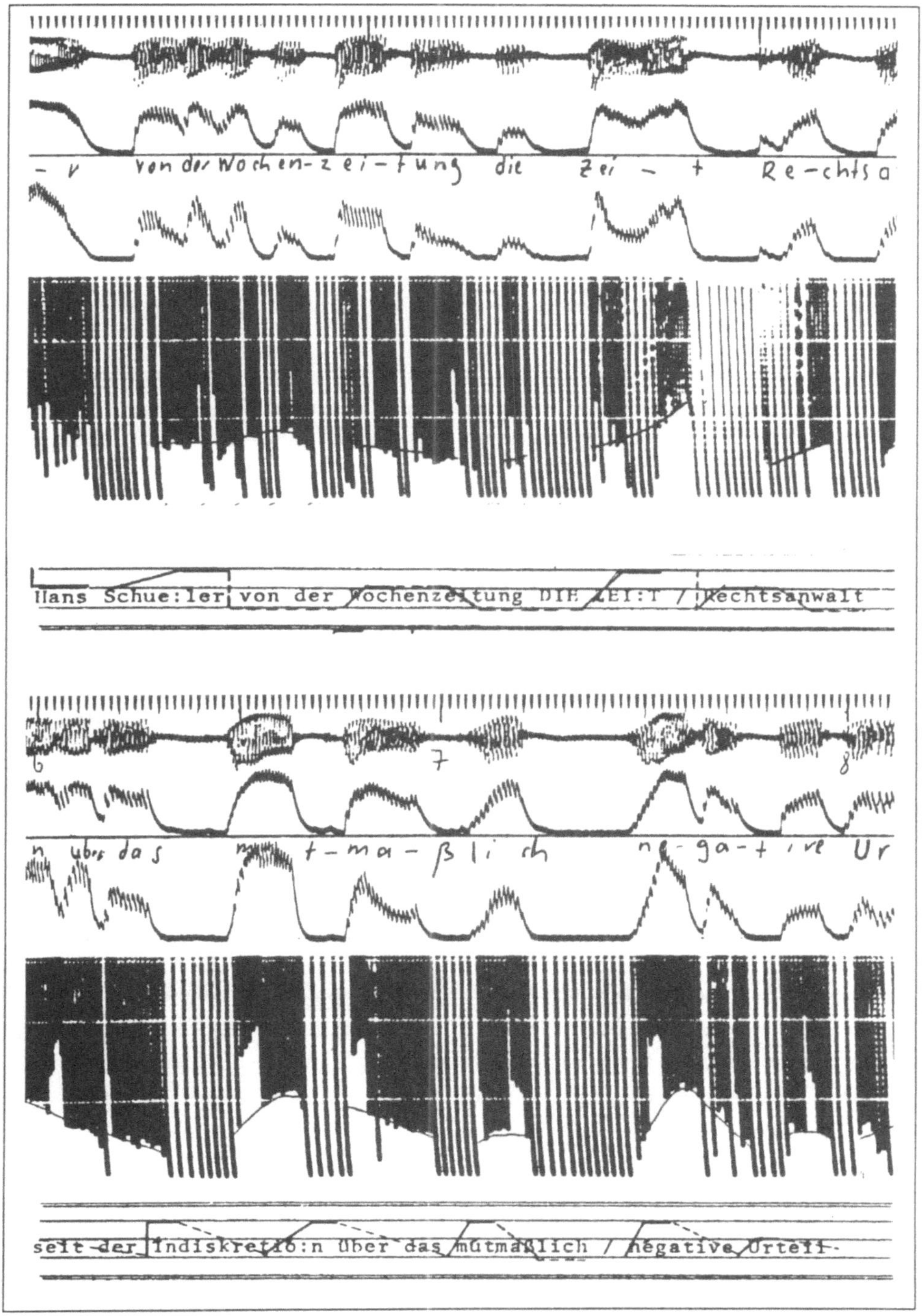
Hans Schue:ler von der Wochenzeitung DIE ZEI:T / Rechtsanwalt
seit der Indiskretio:n über das mutmaßlich / negative Urteil

2.10 Intonation als Komplexphänomen

Bei der Besprechung der Mittel zur intonatorischen Markierung von Akzent und Satzmodus wurde immer wieder deutlich, daß es sich in allen drei Rollen der Intonation um ein Komplexphänomen handelt. In den häufigsten Fällen spielen mehrere prosodische Eigenschaften zusammen, sei es als unabhängige Variable, die durch ihre gleichzeitige Benutzung die jeweilige funktionale Rolle der Intonation verstärken (z.B. die gleichzeitige Markierung einer Akzentstelle durch die Tonhöhe und die Lautheit), sei es als mehr oder weniger stark abhängige Variable (z.B. die Klangfarbe als Kovariable der zeitlichen Strukturierung), oder sei es, daß erst das gemeinsame Auftreten mehrerer Eigenschaften den vom Sprecher intendierten Eindruck bewirkt (z.B. die Gliederung einer Äußerung durch Pausen **und** Tonhöhenverlauf).

Da der Hörer normalerweise nicht in der Lage ist, zu begründen, warum er an einer gewissen Stelle einer Äußerung eine *Betonung*, eine *Frage-Markierung* oder eine *Phrasengrenze* hört, beruhen Abschätzungen der Wichtigkeit der einzelnen Eigenschaften auf Arbeiten mit synthetischem Material und systematischem Variieren der akustischen Korrelate ([MORTON 65]), auf Häufigkeitszählungen ([ROYÉ 83]) sowie auf statistischen Korrelationsmaßen zwischen Parameterwerten und Hörerurteilen ([BATLINER 89c]).

Im folgenden wird auf eine Untersuchung eingegangen, die beispielhaft belegt, daß zur Untersuchung einer Funktion der Intonation die anderen Funktionen nicht ausgeschlossen werden dürfen, sondern daß gerade die Wechselbeziehungen zwischen den Funktionen mit einbezogen werden müssen.

In [BATLINER 89b, 89c] (siehe auch Kap.7) wird ein Korpus von 355 Äußerungen untersucht, die aufgrund der vorgegebenen Modus/Fokus-Konstellation in vier "Klassen" eingeteilt werden können:

Frage vs. *Nicht-Frage*

und

Fokus auf der letzten Phrase vs. *Fokus auf der vorletzten Phrase.*

Aufgrund der Konstruktion der Testsätze ist eine intonatorische Markierung des Satzmodus *Frage* obligatorisch. Die Bilder 2.6a - 2.6c zeigen die F_0-Kontur der letzten beiden Phrasen für verschiedene Realisierungen derselben Konstellation *Frage mit Fokus auf der vorletzten Phrase* von drei verschiedenen Sprechern. Bild 2.6d zeigt eine Realisierung der Konstellation "Nicht-Frage mit Fokus auf der vorletzten Phrase" vom selben Sprecher wie Bild 2.6a. Bei diesen Äußerungen herrschte in Perzeptionsexperimenten eine starke Übereinstimmung der Hörer in Bezug auf

- Position des Fokus
- Satzmodus
- hohe Natürlichkeit der Produktion.

Es handelt sich hier also im Sinne von [BATLINER 89c] um *Prototypen* der Modus/Fokus-Konstellation *Frage/Fokus auf vorletzter Phrase* bzw. *Nicht-Frage/Fokus auf vorletzter Phrase.* Der größtenteils produzierte Typ 2.6a wird dort als *Kern-Prototyp,* die selteneren, aber akzeptablen Typen 2.6b und 2.6c werden als *Rand-Prototypen* bezeichnet. Typ 2.6d ist der *Kern-Prototyp* der Konstellation *Nicht-Frage/Fokus auf vorletzter Phrase.*

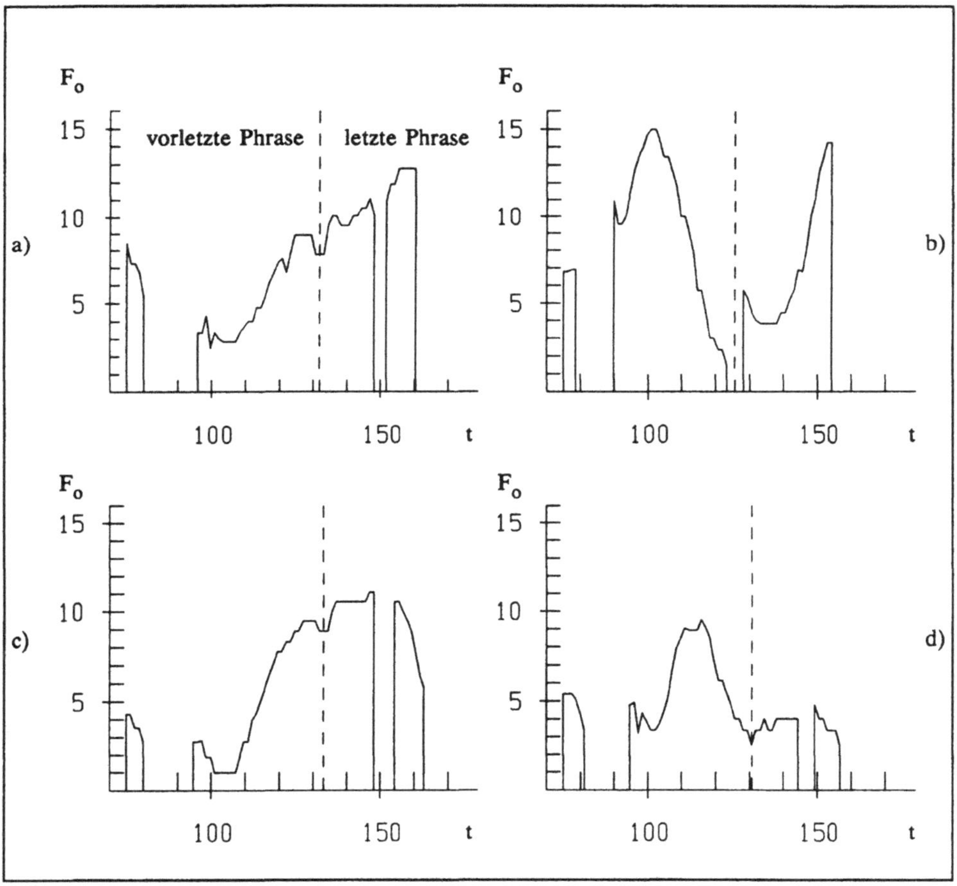

Bild 2.6: Grundfrequenzkonturen für vier Äußerungen mit Fokus auf der vorletzten Phrase. Die X-Achse zeigt die Zeit in Centisekunden vom Beginn der Äußerung, die Y-Achse die Grundfrequenz in Halbtönen über dem sprecherspezifischen Basiswert (siehe Kap.7).

	vorletzte Phrase	letzte Phrase
a) Kern-Prototyp Frage/Fokus auf vorl. Phrase (Sprecher 5)	*das Leinen*	*weben*
b) Rand-Prototyp Frage/Fokus auf vorl. Phrase (Sprecher 6)	*die Bohnen*	*schneiden*
c) Rand-Prototyp Frage/Fokus auf vorl. Phrase (Sprecher 1)	*das Leinen*	*weben*
d) Kern-Prototyp Nicht-Frage/Fokus auf vorl. Phrase (Sprecher 5)	*das Leinen*	*weben*

Während Sprecher 6 den Fokus auf der vorletzten Phrase bei Fragen (b) ähnlich wie bei Nicht-Fragen markiert (d), wenden die anderen Sprecher für die Markierung des Fokus bei Fragen (a, c) eine andere Strategie an als bei Nicht-Fragen (d). Die zusätzliche Markierung des Satzmodus in der letzten Phrase ist zwar üblich, aber fakultativ, so daß Sprecher 1 fast immer den Modus lediglich auf der fokussierten Phrase markiert (c).

Benutzt man aus dem F_0-Verlauf abgeleitete Merkmale wie *F_0-Maximum der i-ten Phrase und seine zeitliche Position* als Eingangsgrößen für einen statistischen Klassifikator zur Prädiktion der fokussierten Phrase, so verbessern sich die Ergebnisse, wenn man zuerst den Modus bestimmt und dann den Fokus.

Die Prototypen aus Bild 2.6 zeigen beispielhaft für die prosodische Eigenschaft *Tonhöhe* die Überlagerungen, die dadurch entstehen, daß sowohl der *Satzmodus* als auch der *Fokus* mit dieser prosodischen Eigenschaft markiert werden. Ähnlich wie die Beispiele, die in [KLEIN 82] angeführt werden, zeigen sie, daß bei isolierter Betrachtung *einer* funktionalen Rolle der Intonation *"fast alles geht"* ([KLEIN 82, S.295]). Die Tatsache, daß es sich um "prototypische" Realisierungen handelt, deutet allerdings auch an, daß in gewissen Kontext-Situationen (d.h. unter anderem bei Betrachtung der anderen Rollen der Intonation) *"nur manches geht"*. In dieser Arbeit soll versucht werden, sowohl das *"alles"* als auch das *"manche"* zu berücksichtigen:

- Bei der *datengetriebenen Betonungsbeschreibung* (Kap.5) muß davon ausgegangen werden, daß über das Gesprochene noch nichts bekannt ist (Existenz eines W-Fragewortes, syntaktische Struktur, usw.). Daher wird die Betonungsbeschreibung aufgrund von Merkmalen erstellt, welche in bezug auf die prosodische Eigenschaft *Tonhöhe* sowohl eine Erhöhung als auch eine Senkung der Grundfrequenz als Indiz für Betonung zulassen (das Merkmal STG, siehe Kap.4.2.5). Gleichzeitig wird die Tatsache berücksichtigt, daß die Markierung einer Betonung häufiger eine Erhöhung der Grundfrequenz zur Folge hat (das Merkmal NIVFO, siehe Kap.4.2.5). Durch den geplanten Einsatz der Betonungsbeschreibung während der Erkennungsphase eines sprachverstehenden Systems ist vorgegeben, daß weitere Wissensqellen für die Betonungsbeschreibung nicht verwendet werden können. Deren Nichtberücksichtigung führt zwangsläufig zu einer höheren Fehlerrate. Es wird sich aber zeigen (Kap.6.3 bis Kap.6.5), daß die Betonungsbeschreibung trotzdem zu einer Verbesserung der Worterkennungsleistung eingesetzt werden kann.
- In Kap.7 wird gezeigt, wie die intonatorische Markierung des Fokus unter Einbeziehung der hier erläuterten Überlagerungen durch die Erweiterung des in [BATLINER 89b,89c] entwickelten *intonatorischen Modells des Deutschen* in der Verstehensphase eines sprachverstehenden Modells eingesetzt werden kann.

3 Stichproben

Da bei der Beschreibung der Algorithmen in Kapitel 4 und 5 an verschiedenen Stellen Abbildungen von Äußerungen gezeigt werden, werden bereits hier die Sprachstichproben beschrieben, die für die durchgeführten Experimente (Kapitel 6) verwendet wurden. Neben Einzelheiten über die Aufnahmesituation für jedes Korpus wird auf die Motivation für ihre Erstellung, ihre Größen sowie die vorhandenen Handklassifikationen bezüglich der verschiedenen linguistischen Ebenen eingegangen.

3.1 Die EVAR- und die Pragmatik-Stichprobe

Im Rahmen der Erstellung des Akustik-Phonetik-Moduls [REGEL 88] wurden von 12 Sprechern (6 männlich, 6 weiblich) Sprachaufnahmen erstellt. Die Aufnahmen wurden in Büroräumen des IMMD 5 auf Band gesprochen (Philips N4415, 19 m/Sek.). Die Sprecher waren "naive" Versuchspersonen (Studenten der Informatik und Mitarbeiter des IMMD 5). Die Äußerungen wurden vom Blatt gelesen, wobei es sich fast ausschließlich um mögliche Fragen an ein Zugauskunftssystem und um Texte aus Prospekten der Deutschen Bundesbahn handelt. Zusätzlich wurden die Namen der Städte mit IC-Anschluß isoliert gesprochen. 250 dieser Äußerungen mit durchschnittlich 6 Wörtern liegen in digitalisierter Form vor. Die Äußerungen haben eine durchschnittliche Dauer von 2.5 Sekunden. Die Abtastrate beträgt 10 kHz. Das Sprachsignal ist bandpaßgefiltert (0.1-3.4 kHz; 48 dB/Oktave Flankensteilheit). Dieses Korpus wird im folgenden als *EVAR-Stichprobe* bezeichnet. Tabelle 3.1 zeigt einige typische Beispiele.

BD2121	"Wo muß ich umsteigen?"
BR2066	"Wechselstuben finden Sie in größeren Bahnhöfen."
BR2072	"Das GKA für Großkunden, Behörden und Verbände."
CI0018	"Bremen" "Hamburg-Altona" "Osnabrück" "Münster" "Essen" "Bochum" "Dortmund" "Hamm" "Bielefeld" "Minden"
EM5520	"Wir möchten am Wochenende nach Mainz fahren."
JA245F	"Guten Morgen, am Donnerstag Vormittag um sieben Uhr muß ich in München sein."
UT2001	"Abfahren, entspannen, ankommen, ausgeruht sein ..."
UT2019	"Die Welt ist schöner ohne Scheibenwischer."
UT2026	"Ihr Büro auf Schienen!"

Tab. 3.1: Beispielsätze aus der EVAR-Stichprobe.

Die zu den Äußerungen existierenden Handklassifikationen auf der Ebene der Lautkomponenten, Laute und Wörter sind in [REGEL 88] beschrieben. Die Länge einer Lautkomponente (Frame) wurde so festgelegt, daß sie einerseits kurz genug ist, um das Signal als quasistationär betrachten zu können, andererseits lang genug, um genügend lauttypische Information zu enthalten. Sie ist mit

12.8 Millisekunden deutlich kürzer als ein Laut, dessen durchschnittliche Länge in der EVAR-Stichprobe 83 Millisekunden beträgt. Bis auf die diskontinuierlichen Laute (Plosive und Affrikate) und die Gleitlaute (Diphthonge) stimmen die Lautkomponentenklassen mit Lautklassen überein. Die Plosive werden auf Lautkomponentenebene nach ihren Phasen *Verschluß*, *Burst* und (bei den Fortis-Plosiven) *Behauchung* transkribiert (z.B. zerfällt der Laut /P/ in die Lautkomponenten /PP/, /PB/ und /PH/). Die Affrikate werden als Plosiv und Frikativ transkribiert (z.B. zerfällt das /PF/ in die Komponenten /PP/, /PB/ und /F/). Bei den Gleitlauten existiert auf Lautkomponentenebene nur dann ein Label, wenn der Frame entweder dem Start- oder Ziellaut zugeordnet werden kann (z.B. /A/,/E/ bei /AI/). Ein Verzeichnis der verwendeten Laute und Lautkomponenten findet sich in Anhang A und B.

Zum Zeitpunkt der Digitalisierung der EVAR-Stichprobe war die Leistungsfähigkeit und Speicherkapazität des Rechners (nach heutigem Maßstab) sehr beschränkt. Somit kam es mehrfach vor, daß die auf Analogband gesprochene Äußerung länger war als der bereitgestellte A/D-Puffer. Da die Stichprobe in erster Linie für die Dimensionierung des Akustik-Phonetik-Moduls und des Worthypothesen-Moduls digitalisiert wurde, wurden auch diese unvollständigen Aufnahmen verwendet. Im Rahmen eines Inter-City-Auskunftssystems können allerdings die meisten der unvollständigen Äußerungen und einige der DB-Werbetexte aus der EVAR-Stichprobe (z.B. UT2019) pragmatisch nicht analysiert werden. Daher wurden im Rahmen der Arbeiten am Pragmatik-Modul aus der EVAR-Stichprobe diejenigen Äußerungen ausgewählt, für die eine Pragmatikanalyse sinnvoll erscheint. Diese Stichprobe umfaßt 62 Äußerungen mit insgesamt 354 Wörtern und wird im folgenden als *Pragmatik-Stichprobe* bezeichnet.

3.2 Die Dialog-Stichprobe

3.2.1 Erstellung der Dialog-Stichprobe

Die Äußerungen der EVAR-Stichprobe sind für Untersuchungen in bezug auf Intonation nur bedingt geeignet. Da die Sätze vom Blatt abgelesen wurden, können gewisse für freie Rede typische Effekte, wie gefüllte Pausen ("... *ääh* ..."), systematisch nicht beobachtet werden (siehe Kap.2 und [ROYÉ 83]). Aus diesem Grund wurde im Rahmen der vorliegenden Arbeit eine neue Sprachstichprobe erstellt. Das neue Material sollte verschiedene Bedingungen erfüllen:

1) Es sollte sich um freie Rede handeln.
2) Die Aufnahmen sollten in Dialogsituationen gemacht werden.
3) Das Material sollte aus dem Anwendungsbereich (Intercity-Zugauskunft) stammen.
4) Die Aufnahmen sollten so gut sein, daß sie für akustisch-phonetische sowie für prosodische Analysen geeignet sind. (Das bedeutet u.a., daß der Testperson aus aufnahmetechnischen Gründen die Aufzeichnung des Dialogs bewußt wird.)

Es wurden Aufnahmen mit vier Sprechern (zwei männlich, zwei weiblich) erstellt. Die Sprecher waren wiederum "naive" Versuchspersonen. Zwei der Personen waren auch für die EVAR-Stichprobe Testsprecher. Es wurden Dialograhmen in drei Schwierigkeitsstufen etwa der folgenden Art entworfen:

1. Leichte Dialoge
   Von Nürnberg nach Ulm
      nachmittag ankommen, morgen

2. Mittelschwere Dialoge
   Von Nürnberg nach Hamm
      nächster Sonntag
      Zusatzinformation: Direktverbindung?

3. Schwere Dialoge
   Von Nürnberg nach Dortmund mit Fahrtunterbrechung in Köln
      Köln Ankunft: Nachmittag
      Zusatzinformationen: Gibt es früheren/späteren Zug?
      Wie lange kann Fahrtunterbrechung dauern?

Die Testpersonen wurden aufgefordert, bei der Zugauskunft der DB oder bei einem Reisebüro die gewünschte Information telefonisch einzuholen. Die Dialograhmen wurden *absichtlich* ungenau gehalten, da sich gezeigt hatte, daß sonst die Anrufer die Fragen exakt in der vorgegebenen Form stellten. Fehlende Information bei Rückfragen des Auskunftspersonals konnte der Anrufer nach eigenem Gutdünken einsetzen. Die Dialoge wurden doppelt aufgenommen, zum einen der gesamte Dialog mit einem Gerät zur Aufzeichnung von Telefongesprächen (sehr schlechte akustische

Qualität; diese Aufnahme wurde lediglich zur Transkription des Dialoges verwendet), zum anderen der Teil des Anrufenden mit einem handelsüblichen Mikrofon auf Analogband (relativ gute akustische Qualität; diese Aufnahme wurde später teilweise digitalisiert, s.u.). Die Aufnahmen fanden in Büroumgebung statt.

Es wurden insgesamt 19 Dialoge aufgenommen, die Dauer der Dialoge lag zwischen 40 Sekunden und 4 Minuten (je nach Komplexität des vorgegebenen Dialograhmens).

Die Dialoge wurden orthographisch transkribiert, wobei auffällige Verschleifungen markiert wurden, wie z.B. in folgendem Dialogteil:

> Auskunftsbeamter:
> "Also da könnt'mer fahr'n ab Erlangen um 10 Uhr 2 ..."

Im Rahmen einer Zusammenarbeit mit der Universität Regensburg wurden die in Erlangen aufgenommenen Dialoge in das dort erstellte Korpus informationsabfragender Dialoge (FACID) aufgenommen. Die Transkripte von sämtlichen in Erlangen erstellten Dialogen finden sich in [HITZENBERGER 86].

Die Dialog-Teile der Anrufenden von acht Dialogen (je zwei pro Sprecher) wurden digitalisiert. Die Abtastrate beträgt 16 kHz, das Sprachsignal ist bandpaßgefiltert (0.1-6.4 kHz; 48 dB/Oktave Flankensteilheit). Ingesamt handelt es sich um 17 Passagen mit einer Gesamtdauer von ca. 100 Sekunden. Zu den digitalisierten Dialogteilen wurde eine Handklassifikation auf der Lautkomponenten-Ebene (Kap.3.2.2) sowie eine Betonungs-Bewertung (Kap.3.2.3) erstellt.

3.2.2 Das erweiterte Erlanger Transkriptionssystem

In [FISCHER 88] wird die Fortschaltzeit und Breite des Analysefensters bei der akustisch-phonetischen Analyse, die bei [REGEL 88] jeweils 12.8 Millisekunden betragen, variiert. Eine genaue Analyse der Klassifikationsergebnisse in [FISCHER 88] zeigt, daß bei anderen Analysebedingungen (veränderte Fortschalt- und Analysefensterraster) die Transkription der Lautkomponenten mit angepaßt werden muß[1]. Daher und um bei der Weiterentwicklung des Akustik-Phonetik-Moduls *koartikulatorische Effekte* besser untersuchen zu können, wurde das Erlanger Transkriptionssystem für die *enge* Transkription der Dialog-Stichproben in einigen Punkten erweitert (enge Transkription bedeutet, daß zusätzlich zu der Umschrift nach Lauten auch Details der Artikulation beschrieben werden, wie z.B. */AR/* vs. *behauchtes /AR/*, siehe [TILLMANN 80, S.102ff):

- Die Transkription erfolgt punktgenau, d.h. nicht in einem festen Fortschaltraster.
- Die ersten beiden Symbole dienen der weiten Transkription, danach können beliebig viele Zeichen folgen, die der engeren Transkription dienen.

[1] Problematisch kann z.B. der Burst eines Plosivs sein, der oft nur zwei bis drei Millisekunden lang ist.

Beispiele:	EH1	*linksrandige (→ 1)* Transition eines *geschlossenen E (→ EH)*
	A.C	*laryngal (creaky, → C)* artikuliertes *helles A (→ A.)*
	ERT2	*rechtsrandige (→ 2)* Transition eines *entstimmten (→ T) Schwa-Lautes (→ ER)*

- Zusätzlich zu den in Anhang B angegebenen Symbolen zur weiten Transkription (1. und 2. Stelle) werden einige weitere Symbole vereinbart:

Beispiele:	IR	*hoher Schwa*
	RF	*Flap*

Eine komplette Liste der zusätzlich vereinbarten Symbole für die enge und weite Transkription findet sich in Anhang C.

Die Dialog-Stichprobe wurde von einer Phonetikerin des Instituts für Phonetik und Sprachliche Kommunikation der Universität München transkribiert.

3.2.3 Erstellung einer Betonungsbeschreibung

Um die automatische Intonationsbeschreibung beurteilen zu können (Kap.6), mußte eine Referenzkontur erstellt werden. Für diesen Zweck wurden die digitalisierten Dialog-Teile 15 Versuchspersonen zusammen mit der orthographischen Mitschrift zur Beurteilung vorgelegt. Das ca. 100 Sekunden umfassende Sprachmaterial enthält 307 Wörter mit 458 Sprechsilben[2]. Die Hörer konnten sich die Sätze beliebig oft anhören. Es handelte sich wiederum um "naive" Versuchspersonen (Informatik-Studenten bzw. Mitarbeiter des IMMD 5).

Die Testpersonen hatten die Anweisung, die Silben in *unbetont* und *betont* einzuteilen. Auf weitere Angaben (z.B. wieviele Silben pro Satz zu betonen sind) wurde mit Absicht verzichtet, da die intuitive Vorstellung der Testperson von "betont/unbetont" erfaßt werden sollte. Eine differenziertere Beurteilung des Betonungsgrades einer Silbe sollte sich dann aus der Summe der Beurteilungen ergeben (wobei natürlich keine 16-stufige Abstufung des Betonungsgrades erwartet werden konnte). Bild 3.1 zeigt die Summe der Beurteilung durch die Testpersonen für eine Passage, Bild 3.2 zeigt die prozentuale Verteilung der Summenbewertung der Silben in allen Dialogen.

---

2 Die Anzahl der gesprochenen Silben läßt sich nur ungefähr angeben, da sich insbesondere in Wörtern mit der End-Lautfolge "Liquid / Schwa-Laut / Nasal" durch Elision des Schwa-Lautes und an Vokal / Wortgrenze / Vokal durch Lautverschmelzungserscheinungen die Anzahl der gesprochenen Silben verändert. Allerdings spielt z.B. bei der Frage, ob ein Hörer eine spezielle Realisierung des Wortes "vie<u>len</u>" als ein- oder zweisilbig perzipiert, nicht nur der Grad der Reduziertheit der zweiten Silbe eine Rolle (/L.ERN./ → /L.N./), sondern auch der Gedächtniseindruck der eigenen Aussprache. Auf diese Problematik wird in Kap.6 noch genauer eingegangen, siehe auch z.B. [LINDNER 81].

Dialog 21:

```
 10  1          10   1   2          13 1       10
Bichler,Grüß Gott. Ich möchte am Montag von Nürnberg nach

 14  4               1      12                 12    2
Köln fahr'n, so daß ich am Nachmittag in Köln  bin.
```

Bild 3.1: Summe der Beurteilungen durch 15 Testpersonen.

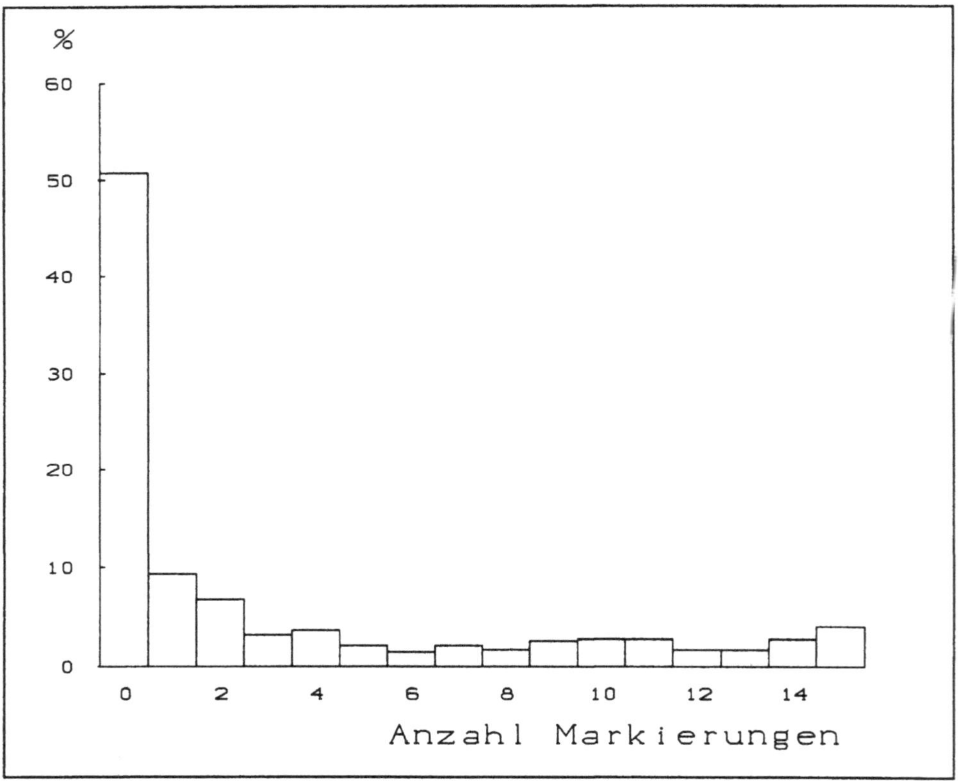

Bild 3.2 Verteilung der Summenbewertung für die betrachteten Silben bei der Beurteilung durch 15 Testpersonen. Nach rechts sind die möglichen Bewertungsstufen aufgetragen, nach oben der jeweilige prozentuale Anteil.

Bei einer Beurteilung des Ergebnisses ist zu bedenken, daß verschiedene Fehlerquellen das Ergebnis verfälschen können:

- Unkonzentriertheit der Testperson
- Fehler beim Auszählen
- Gedächtniseindruck der eigenen Aussprache
- kleine Stichprobe.

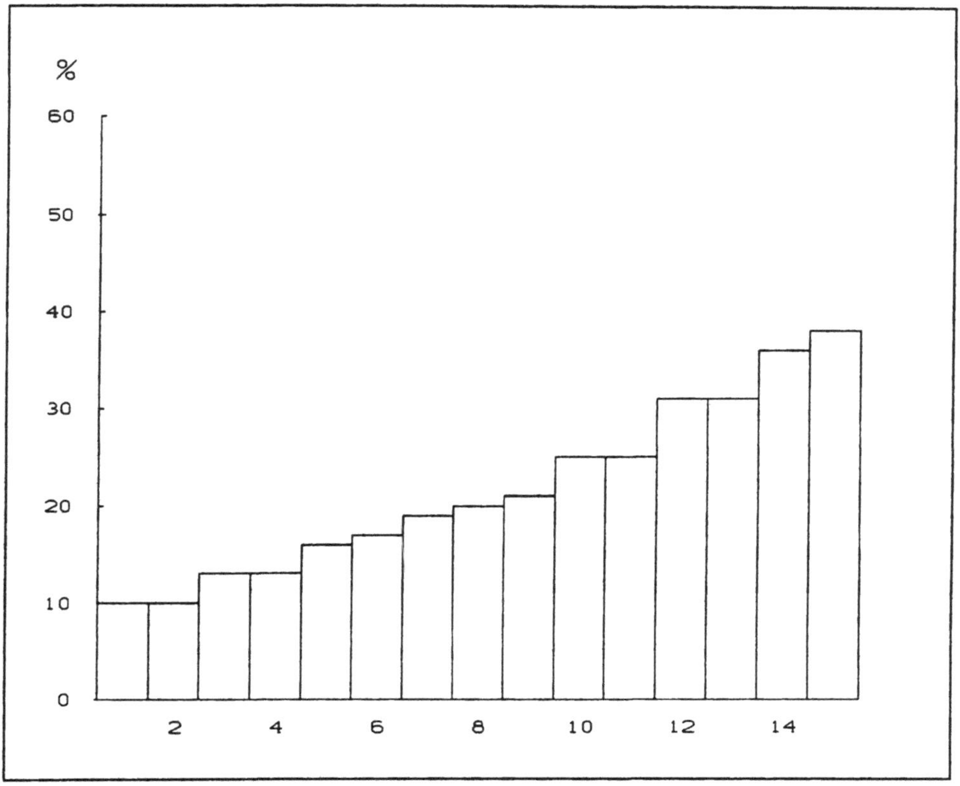

Bild 3.3: **Anteil der markierten Silben. Nach rechts sind die Testpersonen aufgetragen, nach oben der jeweilige prozentuale Anteil markierter Silben.**

Es zeigt sich, daß die Anzahl der Silben, die von den einzelnen Personen als betont perzipiert wird, relativ stark schwankt. Bild 3.3 zeigt für jede Testperson die Anzahl der als betont empfundenen Silben in Prozent. Wie man sieht, liegt der Anteil zwischen 10 und 38 Prozent, im Mittel werden 22 Prozent markiert.

Die Stichprobe wurde zum Vergleich auch einem ausgebildeten Phonetiker vorgelegt. Bild 3.4 zeigt für jede der 16 Betonungsstufen, wieviel Prozent der Silben jeder Stufe auch von dem Phonetiker als betont markiert werden. Zusätzlich ist die Regressionsgerade zwischen der Bewertungsstufe und der Übereinstimmung in Prozent als gestrichelte Linie aufgetragen. Der Korrelationskoeffizient zwischen den beiden Zahlenreihen beträgt 0.87 und belegt den engen Zusammenhang zwischen den beiden Urteilen. Auch die Zahl der von dem Phonetiker markierten Silben (23 Prozent) unterscheidet sich von der Zahl der im Mittel von den 15 Testpersonen markierten Silben (22 Prozent) nur geringfügig.

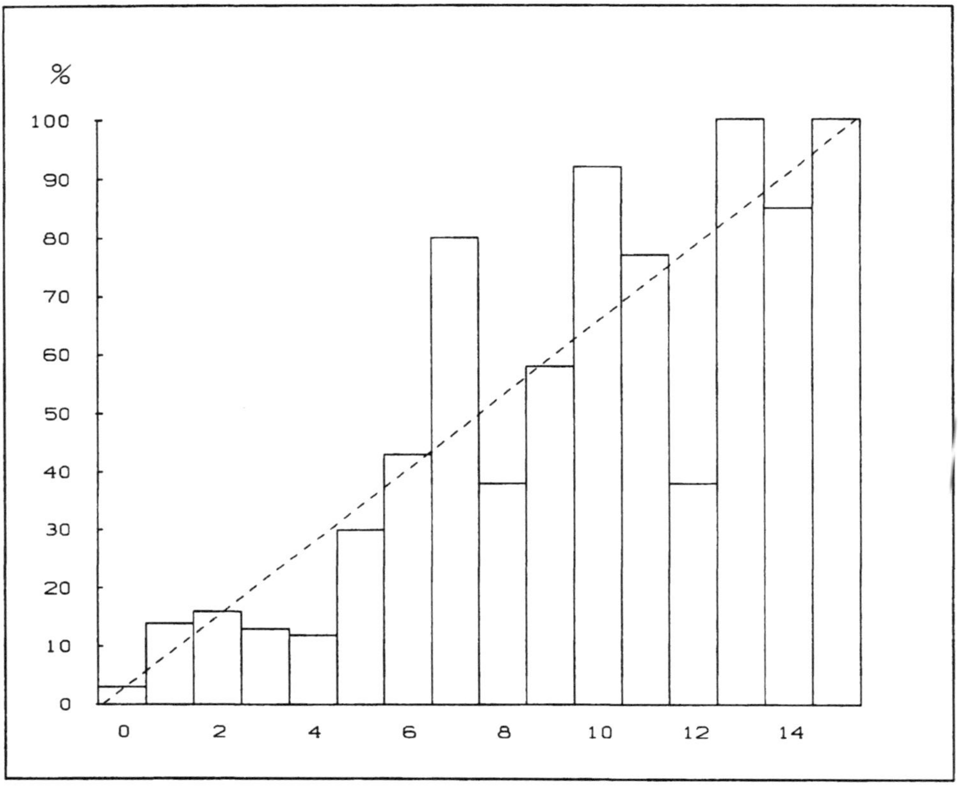

Bild 3.4: Übereinstimmung der Beurteilung durch die 15 Testpersonen und durch einen ausgebildeten Phonetiker. Nach rechts sind die Summenbewertungen aufgetragen, nach oben der jeweilige prozentuale Anteil der Silben, die auch von dem Phonetiker als betont markiert wurden. Die gestrichelte Linie ist die Regressionsgerade zwischen der Bewertungsstufe und der Übereinstimmung in Prozent.

Es ist, wie oben bereits erwähnt, sicherlich nicht angebracht, die Zahlen dahingehend als Betonungsmaß anzusehen, daß man zwei Silben mit derselben Zahl als gleich hervorgehoben betrachten kann und etwa eine Bewertung sieben von einer Bewertung acht unterscheiden kann. Trotzdem läßt sich sagen, daß die Summe der Beurteilungen den Verlauf der Hervorhebung innerhalb der Äußerung gut wiedergibt, und eine Einteilung der Silben z.B. in zwei oder vier Stufen ({unbetont, betont} oder {unbetont, neutral, betont, stark betont}) auf der Basis dieses Betonungsmaßes durchaus möglich ist.

Pragmatische Relevanz der Silben mit einer hohen Betonungszahl:

Um mögliche Auswirkungen einer automatisch erstellten Betonungsbeschreibung für die pragmatische Analyse zu untersuchen, werden zunächst einmal alle Wörter betrachtet, die den Nukleus der Phrasen darstellen, die für die pragmatische Analyse ([EHRLICH 89]) besonders wichtig sind. In der Dialog-Stichprobe sind dies 21 Prozent aller Wörter. Die durchschnittliche Betonungszahl der Wortakzent-Silbe dieser Wörter ist zwölf, während die durchschnittliche Betonungszahl *aller* Silben einen Wert von zwei hat.

Betrachtet man die Silben näher, die von mehr als 50 Prozent der Testpersonen als betont markiert werden, also eine Bewertung von mindestens acht haben, so erhält man eineinhalb mal soviele Wörter (31 Prozent aller Wörter der Stichprobe). Es stellt sich jedoch heraus, daß sich in allen Fällen das dazugehörige Wort in ein für die Anwendung *Zugauskunft* relevantes Pragmatik-Konzept[3] einordnen läßt, bzw. daß es sich um einen metakommunikativen (d.h. dialogsteuernden) Dialogschritt handelt. Tabelle 3.2 zeigt den prozentualen Anteil der verschiedenen Konzepte. In den angegebenen Beispielen sind die Silben mit einer Bewertung von mindestens acht unterstrichen. Außer bei den metakommunikativen Dialogschritten handelt es sich ausnahmslos um relevante Pragmatik-Konzepte.

Bei den metakommunikativen Dialogschritten, insbesondere am Anfang eines Auskunftsdialoges (Name, Begrüßungsformel, Einleitungsfloskeln wie "ich hätte eine Frage"), ist es noch nicht geklärt, in welchem Maß sie in einem Mensch-Maschine-Dialog überhaupt auftreten würden. Hier spielen auch Faktoren wie Dialogsteuerung durch die Maschine, Kompetenz des Systems und Akzeptanz durch den Benutzer eine Rolle. Falls sie auftreten, sollten sie sicherlich mit einer anderen Verarbeitungsstrategie behandelt werden als der restliche Dialog. Zum einen wären dann Wörter zu erwarten, die mit Sicherheit nicht im Lexikon sind (Eigennamen), zum anderen bietet die Position (Anfang des Dialoges) die Möglichkeit der Sprecheradaption.

---

3 In EVAR wird das Wissen über den Anwendungsbereich als *Semantisches Netz* repräsentiert. Begriffe des Problemkreises wie z.B. *Fahrplanauskunft* werden als Konzepte modelliert. Einzelheiten hierzu finden sich z.B. in [EHRLICH 89] und [SAGERER 89].

Einteilung der Bewertungen ≥ 8	%
metakommunikativer Dialogschritt: z.B. Bichler, Grüß Gott	31
Pragmatik-Konzept Fahrplanauskunft: z.B. zurückfahren	18
Pragmatik-Konzept Abfahrts-/Zielort: z.B. nach Hamburg	24
Pragmatik-Konzept Abfahrts-/Ankunftszeit: z.B. morgen früh	22
sonstige Pragmatik-Konzepte: z.B. mit demselben Zug	4

Tab. 3.2: Zuordnung der Wörter, die eine Silbe mit einer Bewertung ≥ 8 enthalten, zu Konzepten, die im Pragmatik-Modul des Erlanger Spracherkennungssystems Verwendung finden.

3.3 Das Roy̆é-Korpus

In dieser Arbeit wurde schon mehrfach auf die in [ROYÉ 83] durchgeführte Analyse einer Fernsehdiskussion eingegangen. Über das Institut für deutsche Sprache in Mannheim ist ein Tonband lieferbar, das den Mitschnitt dieser Fernsehdiskussion enthält. Zusätzlich stellte Herr Royé seine Tonhöhenkurven zur Verfügung[4].

Aus dem Analogband wurden Beispiele für verschiedene Hervorhebungsarten ([ROYÉ 83, Kap.4.1]) mit den identischen Filter- und Abtastratenwerten wie bei der Dialog-Stichprobe digitalisiert. Insgesamt handelt es sich um 22 Passagen mit einer Gesamtdauer von ca. 120 Sekunden. Aus den von Royé per Hand korrigierten F_0-Verläufen auf den Tonhöhenkurven (siehe die Beispiele in Kap.2.9 und [ROYÉ 83, Kap.1.4.2]) wurden mit Hilfe eines Digitalisierbretts Grundfrequenz-Referenzwerte erstellt.

[4] An dieser Stelle sei Frau Knetschke vom Institut für deutsche Sprache und Herrn Royé noch einmal ausdrücklich für ihre kollegiale Hilfe gedankt.

3.4 Die Modus-Fokus-Korpora

Im Rahmen des DFG-Projekts "Modus-Fokus-Intonation" an der Ludwig-Maximilians-Universität in München wurde Testmaterial auf dem Hintergrund des in [ALTMANN 84, ALTMANN 87] entwickelten Satzmodussystems erstellt (siehe Kap.2.5).

Das Korpus ist in vier Teilkorpora unterteilt, die in [BATLINER 89g] ausführlich beschrieben sind. Sprecher waren wiederum "naive" Versuchspersonen (Studenten der Germanistik). Die Testsätze waren in modus- und fokussteuernde Kontexte eingebettet, d.h. die Versuchspersonen hatten die Aufgabe, sich aufgrund des Kontextsatzes und/oder einer Situationsbeschreibung in eine Situation hineinzudenken und die Testsätze entsprechend zu intonieren. Das Material ist auf Verwechslungen ausgelegt, da bei identischer segmentaler Struktur der Satzmodus sowie die im Fokus stehende Phrase allein durch intonatorische Merkmale indiziert wird. Es handelt sich also um *intonatorische Minimalpaare*. Für alle Äußerungen wurden mit einem mechanischen Tonhöhenschreiber Grundfrequenzverläufe erzeugt (Mingogramme). Von den Mingogrammen wurden intonatorische Parameter, wie z.B. der Offset der Grundfrequenz, extrahiert. Zwei Sprechergruppen, bestehend aus je drei weiblichen und drei männlichen Sprechern, produzierten die insgesamt 155 Testsätze zwei- bis viermal (2074 Äußerungen). Da in 75 Fällen die Sprecher laryngalisierten, blieben 1999 Äußerungen übrig.

Die Untersuchungen im Rahmen der Arbeiten am EVAR-Prosodie-Modul wurden in sehr enger Kooperation mit Mitarbeitern der Münchner Intonationsgruppe durchgeführt. Daher liegen alle Daten zu diesen Korpora vor, bzw. sie wurden teilweise in Erlangen erstellt.

Tabelle 3.3 zeigt einer kurze Charakterisierung der vier Teilkorpora K1, K2, Fokus und Leo.

Korpus	Sprecher-gruppe	Test-sätze	Anzahl	syntaktische Strukturen	Minimal-paare
K1	1	71	896	Verb-Erst- Verb-Zweit-	Modus
K2	2	45	573	Verb-Letzt-	Modus
Fokus	2	26	355	Verb-Erst- Verb-Zweit-	Modus+ Fokus
Leo	2	13	175	Verb-Erst- Verb-Zweit-	Modus+ Fokus

Tab. 3.3: Kurze Charakterisierung der vier Modus-Fokus-Korpora.

Zwei Teilkorpora, das *Leo-Korpus* und das *Fokus-Korpus*, stehen in digitalisierter Form zur Verfügung (16 kHz; 0.1-6.4 kHz Bandpaßfilter). Obwohl die Analogaufnahmen im schallarmen Raum des Instituts für Phonetik in München erstellt wurden, sind einige der digitalisierten Aufnahmen durch mehrfaches Schneiden und Umkopieren des Analogbandes qualitativ nicht hochwertig.

3.4.1 Das Fokus-Korpus

Bei diesem Korpus handelt es sich um intonatorische Modus- und Fokus-Minimalpaare mit drei unterschiedlichen, aber ähnlich aufgebauten segmentalen Strukturen. Durch verschiedene Kontextsätze ergeben sich 26 verschiedene Konstellationen, von denen insgesamt 357 Realisierungen mit einer Gesamtdauer von ca. zwölf Minuten zur Verfügung stehen. Tabelle 3.4 zeigt die drei segmental unterschiedlichen Testsätze und die intendierten Satzmodi.

Testsatz				indizierter Satzmodus	
Matrixsatz	1.Phrase	2. Phrase	3. Phrase	Fragen	Nicht-Fragen
Sie läßt	die Nina	das Leinen	weben	Assertive Frage	Aussage
Lassen Sie	den Manni	die Bohnen	schneiden	Verb-Erst-Frage	Imperativ
Lassen wir	den Leo	die Blumen	düngen	Verb-Erst-Frage	Adhortativ

Tab. 3.4: Die segmental unterschiedlichen Testsätze des Fokus-Korpus sowie die intendierten Satzmodi.

Beispiel:

Modus-Fokus-Konstellation:

Aussagesatz, Fokus auf "Leinen"

Situationsbeschreibung:

In einem Textilbetrieb; eine Mutter erkundigt sich bei einer Angestellten nach den handwerklichen Fortschritten ihrer Tochter.

Kontextsatz:

Mutter: *"Was läßt die Meisterin meine Nina denn gerade weben?"*

Testsatz:

Angestellte: *"Sie läßt die Nina das Leinen weben."*

3.4.2 Das Leo-Korpus

Bei diesem Korpus handelt es sich um zwei Testsätze, einen mit Verb-Erst- und einen mit Verb-Zweit-Stellung (*"Säuft der Leo"* und *"Der Leo säuft"*), mit denen viele unterschiedliche Modus- und Fokus-Strukturen erzeugt werden können ([BATLINER 88b]). Das Korpus ist also sehr konsistent. Durch die verschiedenen Kontextsätze ergeben sich 13 Konstellationen, von denen insgesamt 180 Realisierungen von Kontext- und Testsatz mit einer Gesamtdauer von ca. 15 Minuten zur Verfügung stehen.

Beispiele:

Modus-Fokus-Konstellation: Aussagesatz, Fokus auf Leo
Kontextsatz: *"Ihr fragt mich, wer säuft?"* Testsatz: *"Der Leo säuft."*

Modus-Fokus-Konstellation: Aussagesatz, Fokus auf säuft
Kontextsatz: *"Was soll schon mit dem Leo sein?"* Testsatz: *"Der Leo säuft."*

Modus-Fokus-Konstellation: Verb-Erst-Fragesatz, Fokus auf säuft
Kontextsatz: *"Stimmt das mit dem Leo?"* Testsatz: *"Säuft der Leo?"*

4 Akzentuierungsmittel und Merkmalextraktion

In Kapitel 2 wurden die wichtigsten prosodischen Eigenschaften, die bei der Perzeption von Betonung eine Rolle spielen, sowie ihre physikalischen Korrelate eingeführt. In diesem Kapitel wird noch einmal - unter dem Aspekt der automatischen Merkmalextraktion - auf die physikalischen Korrelate eingegangen. Ziel der Merkmalextraktion ist es, das in digitalisierter Form vorliegende Sprachsignal in Untereinheiten zu zerlegen, die für die Erstellung einer automatischen Betonungsbeschreibung geeignet sind. Für diese Untereinheiten sind Merkmale zu berechnen, die den für die Betonungsempfindung relevanten Teil des Verlaufs der physikalischen Korrelate gut wiedergeben. Aufgrund dieser Merkmale ist dann eine Betonungsbeschreibung für das gegebene Sprachsignal zu erstellen (siehe Kap.5).

In diesem Kapitel werden nur Algorithmen zur Merkmalextraktion besprochen, die im Rahmen dieser Arbeit entwickelt bzw. implementiert wurden. In Kap.4.1 wird auf die Segmentierung des Sprachsignals in Pausen, Silbenkerne und Silbenrandbereiche eingegangen. Verfahren zur Berechnung von Merkmalen für die prosodischen Eigenschaften Tonhöhe, Lautheit und zeitliche Strukturierung werden in Kap.4.2-4.4 vorgestellt.

4.1 Silbenkerndetektion

Als kleinste betonbare Einheit gilt die Silbe, Träger der Betonung ist insbesondere der Silbenkern. Daher ist der erste Schritt bei der Betonungsberechnung die Lokalisation von Silbenkernen. Dabei werden in der Regel Energiemaße im Zeit- ([MILLER 75]) oder Frequenzbereich ([MERMELSTEIN 75], [WILLIAMS 88]) oder die Hypothesen eines groben ([AULL 84]) oder feinen Akustik-Phonetik-Klassifikators ([MERCIER 88]) verwendet. Die Grenzen zwischen dem, was als *akustisch-phonetische* und was als *prosodische* Information bezeichnet wird, sind hier sehr verschwommen: Es gibt mehrere ASE-Systeme, bei denen *silbenorientierte Einheiten* die unterste Segmentierungsebene des Akustik-Phonetik-Moduls darstellen, so daß die Extraktion der Silbenstruktur einer Äußerung als das Analyse-Ergebnis des Akustik-Phonetik-Moduls gilt (siehe z.B. [RUSKE 88, S.106ff] sowie die dort angegebenen Literaturstellen).

Im Rahmen dieser Arbeit wird ein zweistufiger Ansatz zur Silbenkerndetektion verfolgt:

1) Die Silbenkerne werden aufgrund der logarithmierten spektralen Energie in drei verschiedenen Frequenzbändern detektiert. Das Modul ist in Kap.4.1.2 beschrieben (weitere Einzelheiten in [SCHMÖLZ 85, 87]). Analyse-Ergebnis ist eine Zerlegung des Sprachsignals in Pausenbereiche, Silbenkernbereiche und Silbenrandbereiche.
2) Für die weitere Analyse kann es sinnvoll sein, die Silbenkerngrenzen mit den Segmentgrenzen (Lautgrenzen) des Akustik-Phonetik-Moduls abzugleichen: z.B. werden die Worthypothesen in EVAR über dem Segmentraster erzeugt, nicht über dem Frameraster. Möchte man jetzt an den betonten Stellen das Lexikon einschränken (siehe Kap.6.5), dann sollten die Grenzen der "verbotenen" Gebiete mit Segmentgrenzen zusammenfallen. In Kap.4.1.3 (weitere

Einzelheiten in [FISCHER 89] und [KUNZMANN 90]) wird alternativ zu dem in [REGEL 88, Kap.4.3] beschriebenen syntaktischen Segmentierer ein Segmentierungs-/Klassifikationsverfahren für Wortuntereinheiten beschrieben. Das Verfahren benutzt als Eingangsdaten die Lautkomponenten-Klassifikation und optional das Segmentierungsergebnis aus Punkt 1. Das Analyse-Ergebnis ist eine Zerlegung des Sprachsignals in klassifizierte, homogene Bereiche. Bei Benutzung der prosodischen Segmentierungs-Daten werden diese mit einem regelbasierten Ansatz korrigiert (Verschiebung der Silbenkerngrenzen und Auftrennung verschmolzener Silbenkerne).

4.1.1 Berechnung der Energie in verschiedenen Frequenzbereichen

In diesem Kapitel wird die Berechnung der Energie eines Sprachsignals in einem beliebigen, aber festen Frequenzbereich besprochen. (Das Verfahren ist natürlich auf beliebige eindimensionale Signale anwendbar.) Hierzu wird zunächst das Kurzzeitspektrum eines Sprachsignals definiert. (Eine ausgezeichnete Einführung in die Theorie der Fouriertransformation unter besonderer Berücksichtigung der Verarbeitung von Sprachsignalen findet sich z.B. in [RABINER 78], siehe auch [OPPENHEIM 75], [HESS 83].)

Seien $f_k, k=0,\ldots,M-1$ die mit einem Fenster gewichteten, mittelwertfreien Abtastwerte eines Sprachsignals S (es gilt $-2^{B-1} \leq f_k \leq 2^{B-1}-1$, wobei B die Auflösung des A/D-Wandlers ist); dann sind die Fourierkoeffizienten F_μ definiert als

$$F_\mu = \sum_{k=0}^{M-1} f_k \cdot e^{(-i2\pi\mu k/M)}$$

Es werden nur die Fourier-Koeffizienten $F_\mu, \mu=0,\ldots,(M-1)/2$ berechnet, da es sich um ein symmetrisches Spektrum handelt. Die Koeffizienten von 0 bis $(M-1)/2$ sind Stützpunkte des Spektrums im Bereich von 0 bis π bzw. von 0 bis $\mathrm{Abtastrate}/2$ Hz. Somit entspricht der Koeffizient F_μ der Frequenz $(\mu \cdot \mathrm{Abtastrate})/M$ Hz. Man erkennt sofort, daß die Frequenzauflösung des Kurzzeitspektrums umgekehrt proportional zur Zeitauflösung[1] ist.

Analog zur Definition des Schallpegels L ([ZWICKER 67])

$$L = 20 \cdot \lg(p_{eff}/p_0) \text{ dB}$$

soll nun für den betrachteten Zeitbereich die logarithmierte Energie $E_{ugf,ogf}$ in einem Frequenzband von ugf Hz bis ogf Hz berechnet werden. Hierzu werden die Koeffizienten F_μ mit $ugf \leq (\mu \cdot \mathrm{Abtastrate})/M \leq ogf$ aufaddiert. Der Wertebereich für diese Summe hängt ab von der Breite des Energiebandes, der Breite des Analysefensters, der Abtastrate und der Auflösung des A/D-Wandlers. Da nicht die absoluten Werte, sondern die Energieunterschiede zwischen verschiedenen Bereichen des Sprachsignals interessieren, kann man den Bezugsenergiewert in

[1] Die Zeitauflösung ist bestimmt durch die Abtastrate und die Breite des Analysefensters.

Abhängigkeit von diesen Werten so wählen, daß $E_{ugf,ogf}$ in einem gut darstellbaren Zahlenbereich liegt. Sei norm der Bezugsenergiewert, u der Koeffizient, der der unteren Grenzfrequenz ugf entspricht und o der für die obere Grenzfrequenz ogf, so gilt

$$E_{ugf,ogf} = 2000 \cdot \lg\left(\left(\sum_{\kappa=u}^{\kappa=o} F_\kappa\right) / \text{norm}\right) \quad \text{rmB} \quad \text{(relative Millibel)}$$

norm wurde so gewählt, daß $E_{ugf,ogf}$ für die benutzten Framelängen und Energiebänder ungefähr mittelwertfrei ist und im Bereich ±5000 liegt (so bewegen sich z.B. für das in Kap.4.1.2 benutzte Energieband 300-2300 Hz die Werte für die EVAR-Stichprobe zwischen -4800 und 3100 bei einem Mittelwert von 104). Die so berechneten Energiewerte haben einerseits eine gute Auflösung und können andererseits als 16 Bit-Integer-Werte speichergünstig dargestellt werden. (Die Benutzung eines anderen Bezugsenergiewertes norm' entspricht der Addition einer Konstanten.)

4.1.2 Lokalisierung von Silbenkernen aufgrund der spektralen Energie

Das im folgenden vorgestellte Verfahren zur Bestimmung der Silbenkerne basiert auf der *Schallfülletheorie* nach [SIEVERS 85], die z.B. in [KOHLER 77] beschrieben ist. Eine Lautfolge ist demnach nur dann eine Silbe, wenn ihre *natürliche Schallfülle* vom Anfang zur Mitte (Silbengipfel) hin ansteigt und zum Ende hin wieder abfällt. Unter *natürlicher Schallfülle* oder *Sonorität* ist (weitestgehend) die Schallintensität zu verstehen, wie sie das menschliche Ohr empfindet. Bild 4.1 zeigt für die einzelnen Lautoberklassen den Grad ihrer Schallfülle.

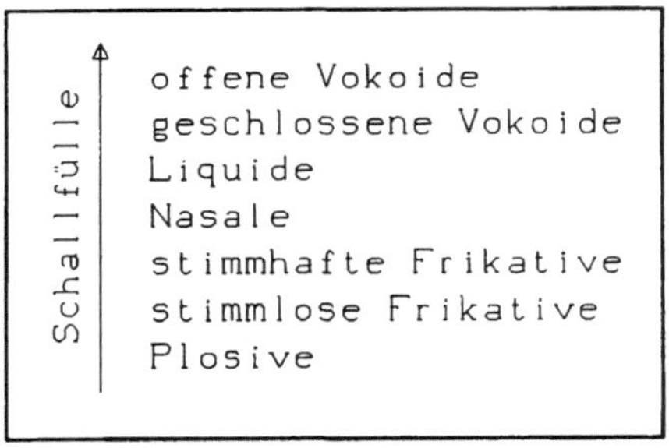

Bild 4.1 **Schallfülleskala der Lautklassen (nach [KOHLER 77, S.80]).**

Während die Bestimmung des Silbengipfels als Schallfülle-Gipfel vergleichsweise einfach durch Abbildung auf das lokale Maximum einer Energie-Kontur geschehen kann und auch die hier interessierenden Silbenkerngrenzen im akustischen Signal zu finden sind (allerdings nicht notwendigerweise in Energie-Konturen, siehe 4.1.3), ist die Bestimmung der Silbengrenzen allein aufgrund des akustischen Signals (also ohne Kenntnis der gesprochenen Äußerung) nicht immer möglich. (Man denke an Beispiele wie *tiefliegende Wolken* vs. *tieffliegende Flugzeuge.*)

Bei dem in [SCHMÖLZ 85] beschriebenen Verfahren wird die logarithmierte spektrale Energie im Frequenzbereich zwischen 300 und 2300 Hz zur Bestimmung des Silbengipfels und der Silbenkerngrenzen benutzt. In diesem Frequenzband liegt mit den ersten beiden Formanten der Vokale der Hauptteil der *sonoranten Energie,* so daß die Schallfülleabstufung aus Bild 4.1 vergleichsweise gut nachgebildet wird.

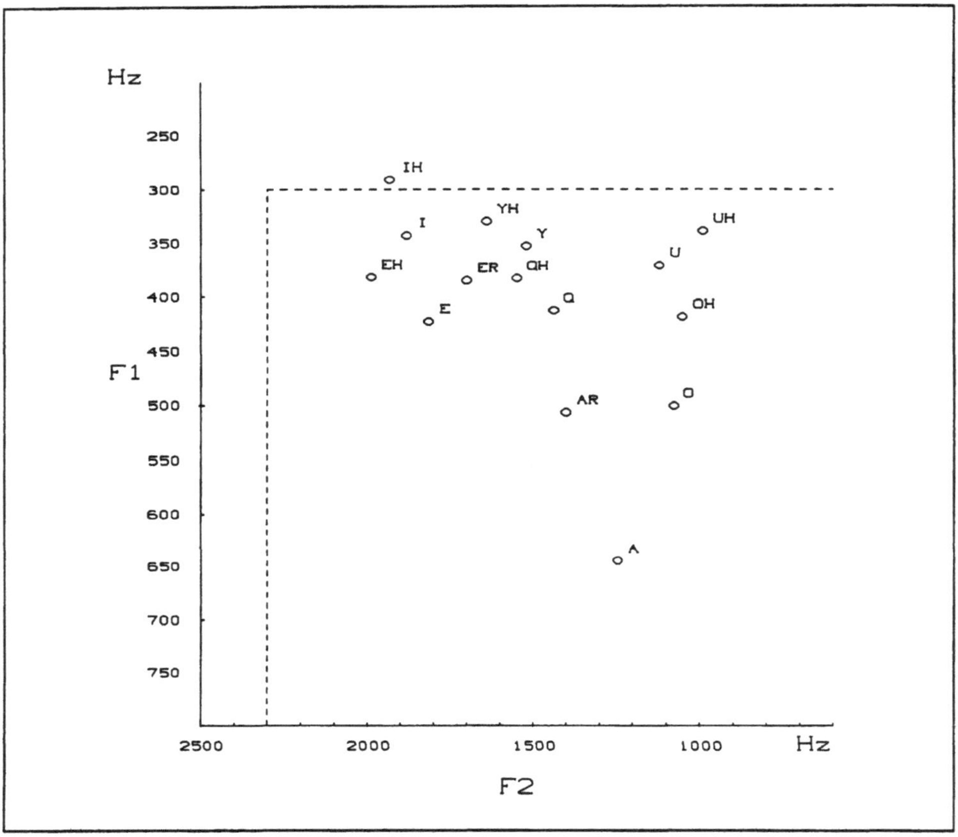

Bild 4.2 **Mittlere Lage der ersten beiden Vokalformanten der EVAR-Stichprobe (nach [NÖTH 85]). Die gestrichelten Linien deuten die Grenzen des "sonoranten" Energiebandes an.**

Bild 4.2 zeigt die mittlere Lage der Vokalformanten im Material des Erlanger Spracherkennungssystems. Die obere und untere Grenzfrequenz des Bandpasses sind gestrichelt eingezeichnet.

Während die obere Grenzfrequenz problemlos ist, stellt die untere einen Kompromiß dar. Bei den hohen Vorderzungenvokalen (/IH/, /I./, /YH/) liegt der erste Formant in der Nähe der unteren Grenzfrequenz (beim /IH/ sogar darunter). Auf der anderen Seite zeichnen sich Nasale und Liquide durch einen starken ersten Formanten im Bereich zwischen 250 und 300 Hz aus. Legt man die untere Grenzfrequenz des Bandpasses zu niedrig, so werden diese Lautklassen nicht genügend gedämpft.

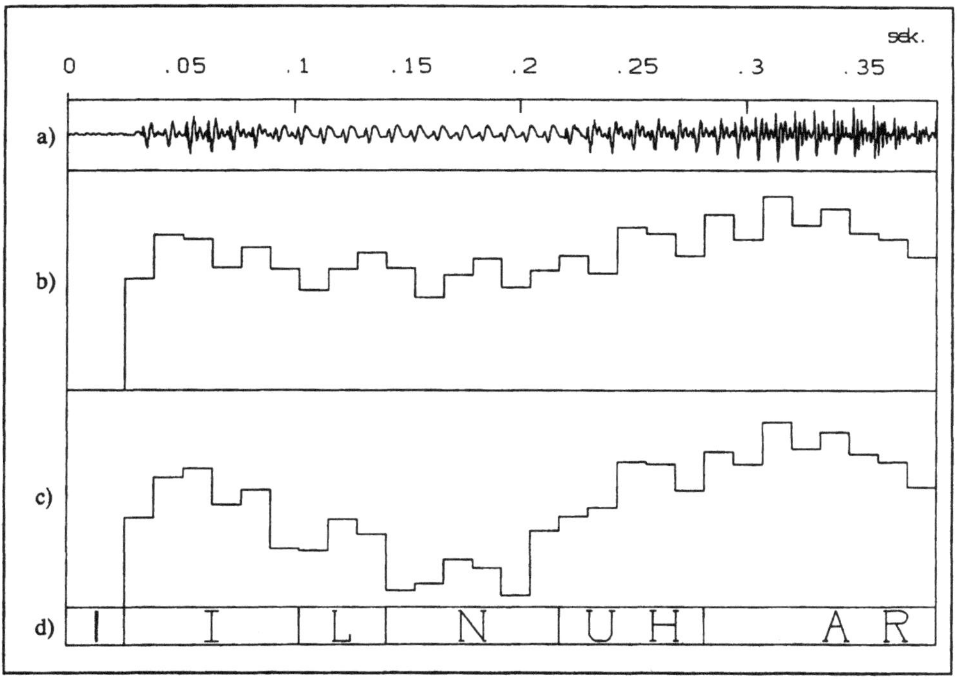

Bild 4.3 Einfluß der unteren Grenzfrequenz auf das Dämpfungsverhalten des Bandpasses bei Nasalen und Liquiden am Beispiel der Wortfolge *"will nur"*:

a) Sprachsignal
b) ungeglätteter Bandpaßausgang (100 Hz - 2300 Hz)
c) ungeglätteter Bandpaßausgang (300 Hz - 2300 Hz)
d) Handklassifikation nach [REGEL 88]

Bild 4.3 verdeutlicht dies für die Wortfolge *"will nur"*. Bild 4.3a zeigt das Zeitsignal, 4.3b den Energieverlauf für den Frequenzbereich zwischen 100 und 2300 Hz, 4.3c den Energieverlauf für den Frequenzbereich zwischen 300 und 2300 Hz, Bild 4.3d zeigt die Handklassifikation. Wie man sieht, wird beim 300-2300-Hz-Band sowohl das /L./ als auch das /N./ durch die höhere untere Grenzfrequenz besser gedämpft als beim 100-2300-Hz-Band.

Zum Finden der Silbenkerne werden in dem mit einem Medianfilter geglätteten Ausgangssignal des Bandpaßfilters folgende Punkte gesucht:

- lokale Maxima MAX_i
- benachbarte lokale Minima MIN_i^L und MIN_i^R
- die Positionen $SKGR_i^L$ und $SKGR_i^R$, an denen vom Maximum MAX_i aus gesehen die Werte $SKS_i^L = (MAX_i+MIN_i^L)/2$ bzw. $SKS_i^R = (MAX_i+MIN_i^R)/2$ erstmals unterschritten werden.

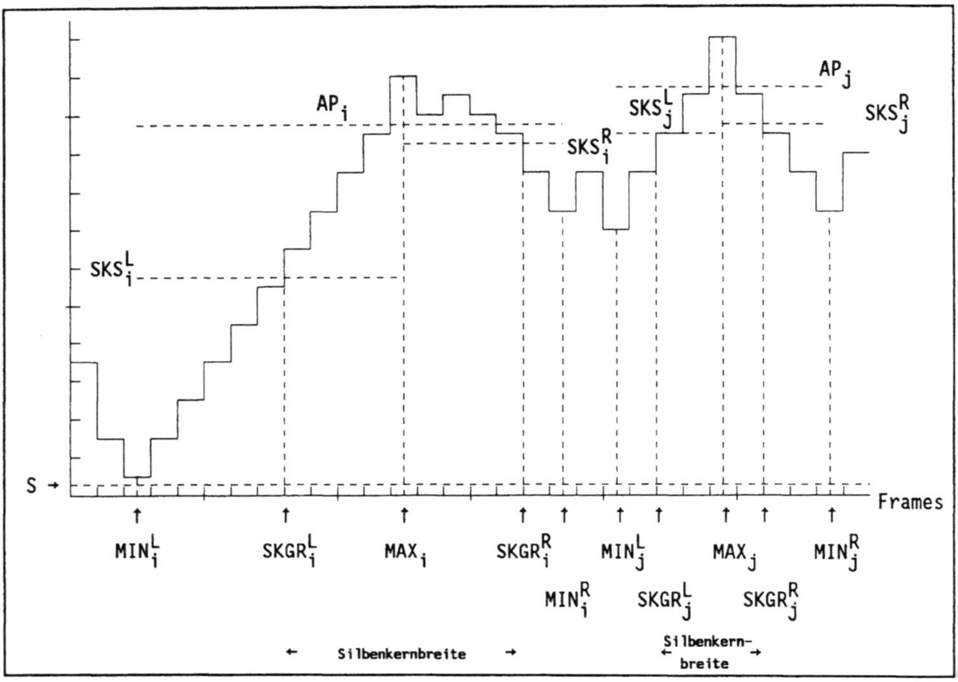

Bild 4.4: Für die Segmentierung des Sprachsignals in Silbenkern- und Silbenrandgebiete notwendige Positionen und Bedingungen.

Es werden nur Punkte berücksichtigt, die folgenden Bedingungen genügen:

- Signifikanz: Die Maxima müssen eine globale Schwelle S überschreiten. Die Schwelle entspricht ungefähr dem Mittelwert des sonoranten Energiebandes zwischen 300 und 2300 Hz über alle Äußerungen aus der EVAR-Stichprobe (siehe Kap.4.1.1).
- Mindestausprägung: Für jedes Maximum MAX_i wird eine lokale Schwelle $AP_i = (1-x)*MAX_i$, $0<x<1$ festgelegt, die von den beiden Minima unterschritten werden muß.
- Mindestbreite: Die Anzahl Frames zwischen $SKGR^L_i$ und $SKGR^R_i$ muß über einer vorgegebenen Schwelle MBR liegen.
- Mindestabstand: Die Anzahl Frames zwischen der rechten Grenze $SKGR^R_i$ und der linken Grenze $SKGR^L_j$ des nachfolgenden Silbenkernbereichs muß über einer vorgegebenen Schwelle MAB liegen.

Von allen so gefundenen Maxima MAX_i wird angenommen, daß es sich um Silbengipfel handelt, die dazugehörigen Silbenkerngrenzen sind durch $SKGR^L_i$ und $SKGR^R_i$ markiert. In Bild 4.4 sind die markierten Punkte sowie die Bedingungen, denen diese Punkte genügen müssen, für zwei Silbenkerne beispielhaft angedeutet. (Das Bild zeigt keine echte Kontur.)

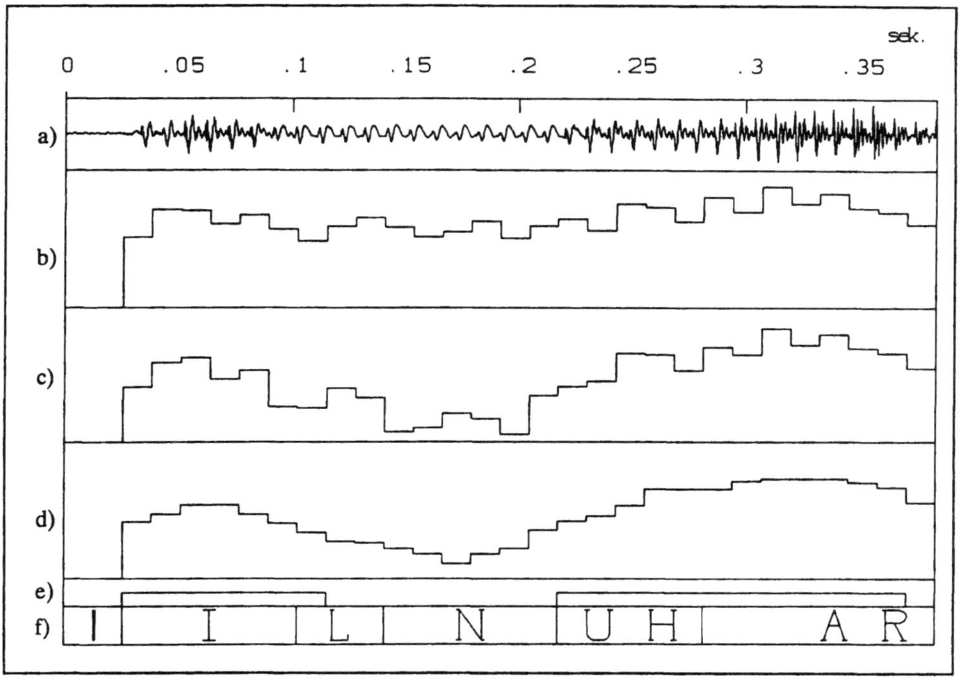

Bild 4.5 Die einzelnen Stadien bei der Silbenkernbestimmung am Beispiel der Wortfolge *"will nur"*:
a) Sprachsignal
b) ungeglättete Gesamtenergie (0 Hz - 5000 Hz)
c) ungeglätteter Bandpaßausgang (300 Hz - 2300 Hz)
d) mit einem Medianfilter der Länge 5 geglätteter Bandpaßausgang (300 Hz - 2300 Hz)
e) markierte Silbenkernbereiche
f) Handklassifikation nach [REGEL 88]

Bereiche, in denen die sonorante Energie länger als eine Schwelle P unter der Signifikanzschwelle S liegt, werden als Sprechpause markiert.

Bild 4.5 verdeutlicht noch einmal das Vorgehen beim Lokalisieren der Silbenkerne für denselben Signalausschnitt wie in Bild 4.3. Für das Zeitsignal (4.5a) wird nicht-überlappend für jeden Frame (12.8 Millisekunden) aus der Gesamtenergie (4.5b) das Frequenzband zwischen 300 und 2300 Hz (4.5c) betrachtet. Der Energieverlauf wird mit einem Medianfilter der Länge 5 geglättet (4.5d). In dem geglätteten Verlauf werden lokale Maxima als Silbenkerne markiert. Als Grenze eines Silbenkerns gilt dabei der Frame, bei dem der Bandpaßausgang den Wert SKS = (Maximum+Minimum)/2 unterschreitet (4.5e). Bild 4.5f zeigt die Handklassifikation.

Eine Weiterentwicklung des soeben beschriebenen Verfahrens in drei Punkten ist in [SCHMÖLZ 87] beschrieben:

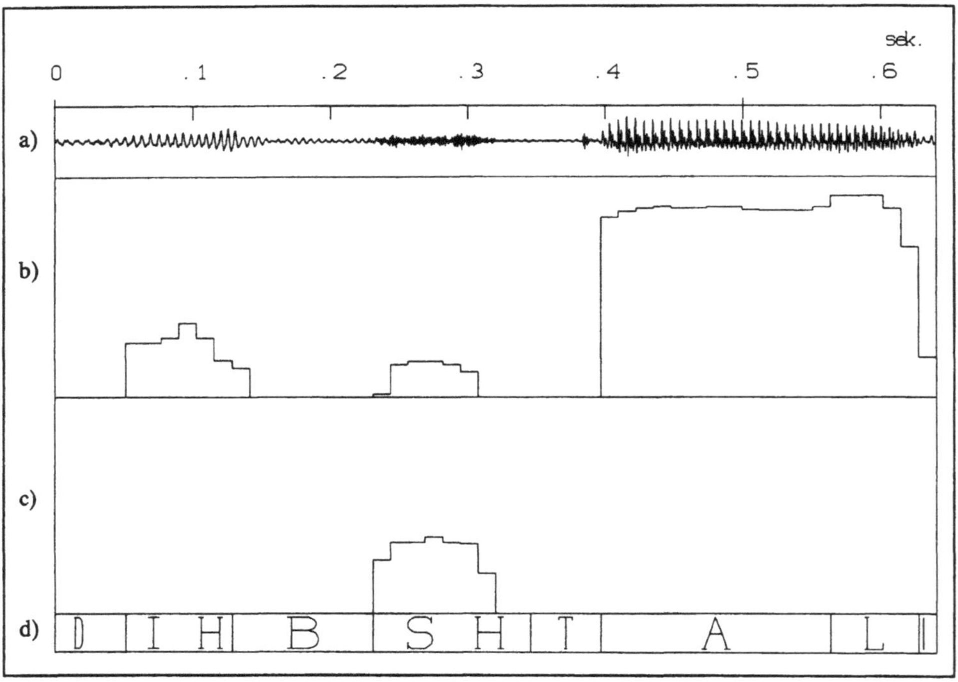

Bild 4.6: Identifikation eines stark ausgeprägten Frikativs durch Vergleich des *"sonoranten"* (300-2300 Hz) und *"frikativen"* (2300-5000 Hz) Energiebandes am Beispiel des Wortes *"Diebstahl"*:
a) Sprachsignal
b) geglätteter Bandpaßausgang (300 Hz - 2300 Hz)
c) geglätteter Bandpaßausgang (2300 Hz - 5000 Hz)
d) Handklassifikation nach [REGEL 88]

1) Ein vielzitiertes Gegenbeispiel zu der Schallfülletheorie ist das Wort "Obst". Obwohl es einsilbig perzipiert wird, weist es bei dem Frikativ /S./ ein weiteres Maximum auf. In [SCHMÖLZ 85] wird ein Drittel der fälschlicherweise eingefügten Silbenkerne auf stark ausgeprägte Frikative zurückgeführt. Problematisch ist allerdings nicht das /S./, sondern das /SH/. Das /S./ hat den Hauptteil seiner Energie im Bereich über 3000 Hz, während der Schwerpunkt der Energie des /SH/ ca. 1000 Hz niedriger liegt ([NÖTH 85]). Somit kommt es beim /SH/ vor, daß im sonoranten Band noch genügend Energie vorhanden ist. Um fälschlicherweise als Silbenkern identifizierte Frikative zu eliminieren, werden die *"sonorante"* Energie im Bereich zwischen 300 und 2300 Hz und die *"frikative"* Energie zwischen 2300 und 5000 Hz verglichen: Silbenkerne, die im *"frikativen"* Energieband mehr Energie aufweisen als im *"sonoranten"* Band, werden aus der Silbenkernliste entfernt. Bild 4.6 veranschaulicht dieses Vorgehen für das Wort *"Diebstahl"*.

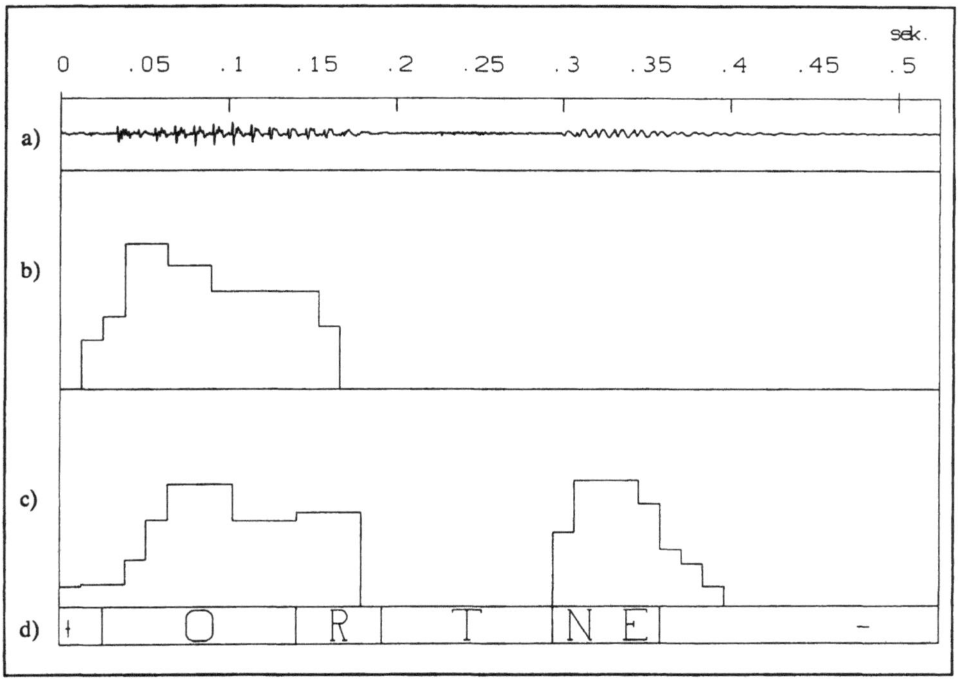

Bild 4.7: **Identifikation eines konsonantischen Silbenkerns durch Vergleich des *"sonoranten"* (300-2300 Hz) und *"nasalen"* (100-300 Hz) Energiebandes am Beispiel des Wortes *"Orten"*:**

- a) **Sprachsignal**
- b) **geglätteter Bandpaßausgang (300 Hz - 2300 Hz)**
- c) **geglätteter Bandpaßausgang (100 Hz - 300 Hz)**
- d) **Handklassifikation nach [REGEL 88]**

2) Die untere Grenzfrequenz von 300 Hz führt nicht nur dazu, daß die an- und auslautenden Nasale, sondern auch die silbischen Nasale und das silbische L (/LE/) gut gedämpft werden. In Silben, in denen der Reduktionsvokal /ER/ Silbenträger ist, kann durch Elision des Vokals ein direkt danach folgender Nasal die Silbenträgerfunktion übernehmen, wie z.B. in *"reden"* (/D.ERN./ → /D.NE/) oder *"Schnabel"* (/B.ERL./ → /B.LE/). Nasale und /L./, /LE/ haben, wie oben bereits erwähnt, einen hohen ersten Formanten mit schmaler Bandbreite im Bereich unter 300 Hz. Durch den Vergleich der *"sonoranten"* Energie im Bereich zwischen 300 und 2300 Hz mit der *"nasalen"* Energie zwischen 100 und 300 Hz sollen die konsonantischen Silbenkerne besser gefunden werden: Gipfel im unteren Energieband, die keinen im mittleren Energieband identifizierten Silbenkern berühren, werden als konsonantische Silben in die Silbenkernliste eingereiht. Da silbische Konsonanten immer unbetont sind, sind auch Konsequenzen für die zu erstellende Akzentbewertung aus dieser Information zu erwarten. Bild 4.7 veranschaulicht dieses Vorgehen für das Wort *"Orten"*.

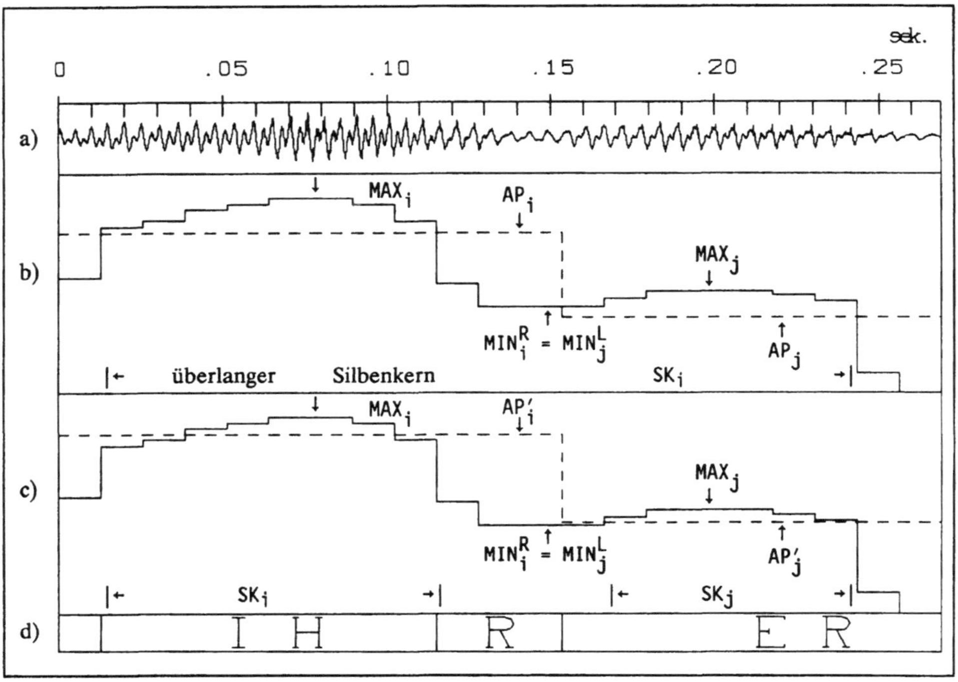

Bild 4.8: Bearbeitung eines überlangen Silbenkerns mit einer weicheren Schwelle AP' am Beispiel des Wortes *"ihre"*:

a) Sprachsignal
b) geglätteter Bandpaßausgang (300 Hz - 2300 Hz) mit der normalen Schwelleneinstellung AP=0.9*MAX
c) geglätteter Bandpaßausgang (300 Hz - 2300 Hz) mit der weicheren Schwelle AP'=0.95*MAX
d) Handklassifikation nach [REGEL 88]

3) Bei Vokal-Liquid-Vokal-Folgen, wie z.B. in dem Wort Best<u>ellu</u>ng, wird der Liquid oft nicht genügend gedämpft. Damit wird das Minimum zwischen den beiden Vokal-Maxima als nicht signifikant behandelt. Die beiden Silbenkerne werden zu einem Silbenkern verschmolzen. Daher werden überlange Silbenkerne - unter Benutzung eines weicheren Schwellwertes $AP'_i = (1-x')*MAX_i$, $0<x'<x$ - noch einmal getrennt betrachtet. Bild 4.8 veranschaulicht dieses Vorgehen für das Wort *"ihre"*.

Das lokale Maximum MAX_j wird zunächst nicht als signifikant eingestuft, da das linke lokale Minimum MIN_j^L größer als die Schwelle für die Mindestausprägung AP_j ist. Dadurch ergibt sich ein überlanger Silbenkern SK_i, der mit einer weicheren Schwelle AP'_j noch einmal untersucht wird. Da das Minimum MIN_j^L unter der Schwelle AP'_j liegt, wird der überlange Silbenkern in zwei Silbenkerne SK_i und SK_j aufgeteilt.

4.1.3 Korrektur der Silbenkerngrenzen durch Vergleich mit dem Analyseergebnis des Akustik-Phonetik-Moduls

Die Lokalisierung von Silbenkernen aufgrund der spektralen Energie hat den Vorteil der Robustheit, wie die folgende episodenhafte Beobachtung vermuten läßt: Aufgrund eines inzwischen behobenen Fehlers im Digitalisiergerät des IMMD5 wurde eine Reihe von Testsätzen digitalisiert, die von einem relativ starken hochfrequenten Rauschen überlagert waren (diese Äußerungen sind nicht Teil der in Kap.3 beschriebenen Stichproben). Der Fehler fiel auf, da das Akustik-Phonetik-Modul für diese Äußerungen sehr schlechte Ergebnisse brachte. Durch die unverhältnismäßig hohe und plausible Vokal/Frikativ-Verwechslung (z.B. /A/ → /XA/) auf Lautkomponentenebene wurden Silbenkerne vom Segmentierer häufig aufgetrennt, so daß bei der Generierung der Worthypothesen die sonst sehr sicher gefundenen Vokale auf drei Lauthypothesen abgebildet werden müssen. Bei den für die Lokalisierung der Silbenkerne verwendeten sehr groben Energie-Bändern konnte dagegen keine Störung beobachtet werden. Für die betreffenden Äußerungen wurden sogar alle Silbenkerne gefunden. (Dies ist selbstverständlich kein Argument gegen die im Akustik-Phonetik-Modul verwendeten Merkmale, denn für das vom Akustik-Phonetik-Modul zu lösende Klassifikationsproblem von 49 Klassen sind die im Prosodie-Modul verwendeten drei Bandpässe sicher ungeeignet.)

Wegen der höheren Empfindlichkeit gegenüber Veränderungen des akustischen Signals kann andererseits unter normalen Bedingungen ein mit sehr feiner Unterscheidung arbeitender Akustik-Phonetik-Analysator die akustische Oberfläche des Signals wesentlich besser wiedergeben als das sehr grobe *Sonorantenband*. Dies ist insbesondere bei zunehmender Sprechgeschwindigkeit und bei starken Verschleifungserscheinungen wichtig. In solchen Fällen sind zwischen Silbenkernen häufig keine relevanten Minima im Bandpaß-Ausgang zu beobachten, während eine feine akustisch-phonetische Analyse noch Veränderungen anzeigt. Bild 4.9 zeigt für einen Ausschnitt aus dem Wort *"verschiedenen"* die Handklassifikation nach Lautkomponenten, das Sprachsignal, die geglättete Energie des mittleren Energiebandes, die Silbenkernbestimmung nach Kap.4.1.2 sowie die Lautkomponenten-Hypothesen. Während das intervokalische /N/ auf der Ebene der Lautkomponentenhypothesen klar zu erkennen ist, sind in dem Energie-Verlauf keine markanten Veränderungen zu beobachten.

In [FISCHER 89] wird eine Segmentierung in lautähnliche Einheiten beschrieben, bei der eine Korrektur des Segmentierungsergebnisses mit Hilfe der Silbenkern-Detektion sowie auch umgekehrt eine Korrektur der Silbenkerndetektion mit Hilfe der akustisch-phonetischen Segmentierung möglich ist. Im folgenden wird zunächst das Prinzip der Segmentierung kurz beschrieben und danach die Vorgehensweise bei der Verknüpfung der akustisch-phonetischen und der prosodischen Segmentierung erläutert.

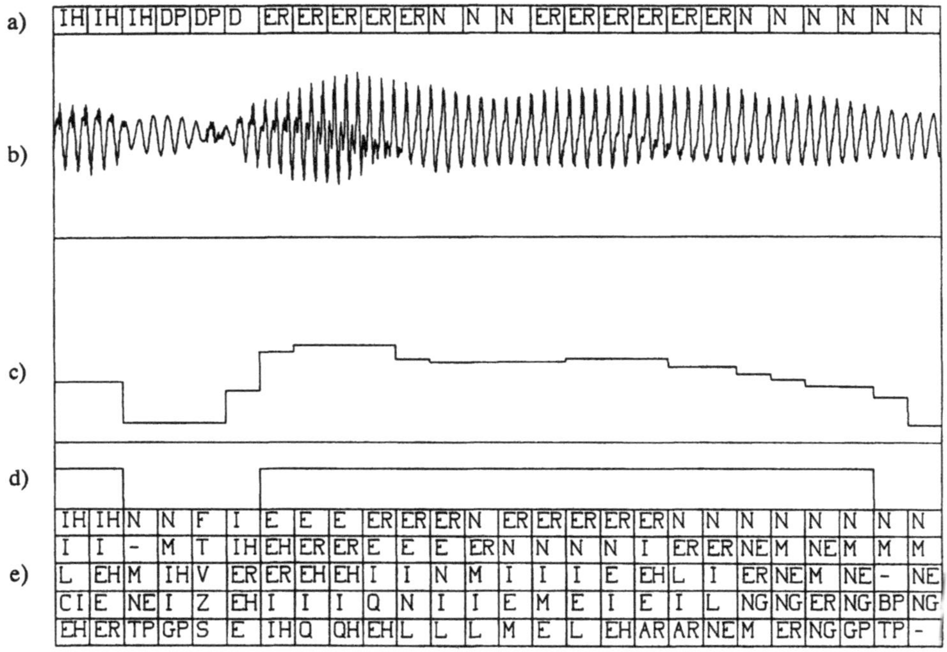

Bild 4.9: Mögliche Auftrennung verschmolzener Silbenkerne mit Hilfe der akustisch-phonetischen Segmentierung am Beispiel des Wortes *"(versch)iedenen"*

a) Handklassifikation auf Lautkomponenten-Ebene nach [REGEL 88]
b) Sprachsignal
c) geglätteter Bandpaßausgang (300 Hz - 2300 Hz)
d) aufgrund der Energie-Bänder berechnete Silbenkerngrenzen (Kap.4.1.2)
e) Lautkomponenten-Hypothesen

Ziel des neuen Segmentierers ist eine Zerlegung des Sprachsignals in lautähnliche Einheiten, wobei die Zahl der nicht gefundenen Laute so gering wie möglich zu halten ist. Dies ist sinnvoll, da Untersuchungen zur Worterkennung gezeigt haben, daß die Worthypothesen-Generierung auf Auslassungsfehler wesentlich empfindlicher reagiert als auf Einfügungsfehler (beim elementaren Hidden-Markov-Modell (HMM) mit zwei Zuständen entsprechen diese Fehler den Übergängen *Delete* und *Insert,* siehe [KUNZMANN 90]). Die Zahl der Auslassungsfehler kann aber i.allg. nur auf Kosten einer Erhöhung der Einfügungsfehler minimiert werden.

Ein grobes Maß für das Verhalten des Segmentierers ist der Grad der *Übersegmentierung,* d.h. die Anzahl der im Schnitt pro Laut hypothetisierten Segmente. Das für die Worthypothesen-Generierung benutzte Positionierungsverfahren (vertikale Summation) arbeitet erfahrungsgemäß dann am besten, wenn die Zahl der hypothetisierten Segmente ungefähr gleich der Zahl der zu vergleichenden elementaren HMM ist. Somit kann die Zahl der Auslassungsfehler nicht beliebig stark minimiert werden. Dies würde eine zu starke Übersegmentierung zur Folge haben.

Der Segmentierer beruht auf der Annahme, daß sich die Lautklasse, für die sich der Lautkomponentenklassifikator entscheidet (die beste der fünf Lautkomponentenhypothesen), oberflächengetreu verhält: In "konstanten" Bereichen, d.h. in der Mitte eines Lautes, ändert sich die Klassifikatorentscheidung nicht; an Lautübergängen schlägt sie mindestens einmal um. Ein Bereich, in dem sich die erste Alternative des Klassifikators nicht ändert, wird im folgenden als *Lauflänge* bezeichnet. Unter dieser Annahme reduzieren sich die potentiellen Lautanfänge (Segmentgrenzen) von jedem Frame auf jeden Beginn einer Lauflänge. In der EVAR-Stichprobe führt dies zu einer dreieinhalbfachen Übersegmentierung. Diese Übersegmentierung hat zwei Gründe:

1) Durch Klassifikationsfehler kann auch in der Mitte eines Lautes die Lauflänge umschlagen.
2) An den Lautgrenzen findet aufgrund kontextueller (koartikulatorischer) Einflüsse ein häufigerer Wechsel der Lauflängen statt.

Da zudem die Plosivlaute aus unterschiedlichen Lautkomponenten aufgebaut werden müssen, werden auf den Lauflängen *Segmentierungsalternativen* in Form eines *Segmentgraphen* gebildet. Bild 4.10 verdeutlicht das Vorgehen anhand zweier potentieller Lautanfänge:

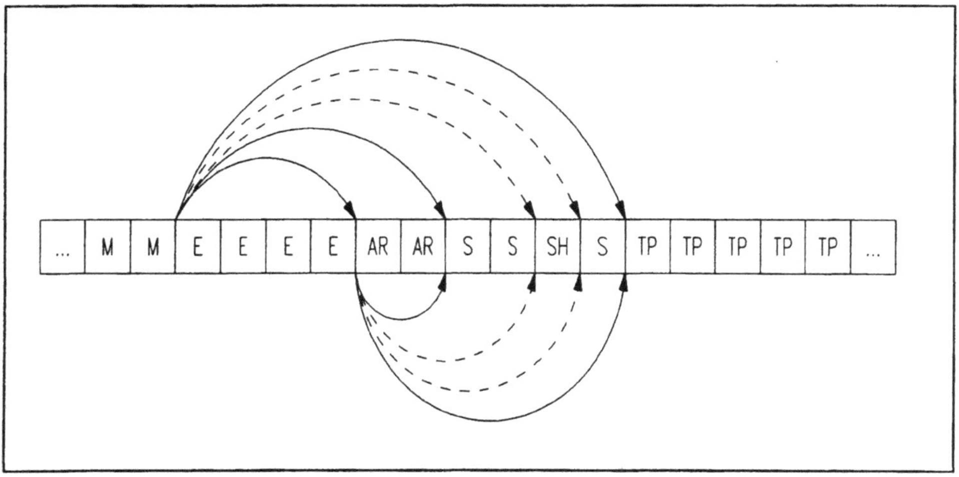

Bild 4.10: Mögliche Endpunkte für zwei Lautanfänge bei einer Beschränkung der Suchumgebung auf zehn Frames

Die Pfeile deuten Segmentkandidaten an, die innerhalb einer bestimmten Umgebung (hier: zehn Frames) angenommen werden. Sie stellen Alternativen dar, über denen alle Laute aus einem Lautinventar verifiziert werden ([FISCHER 89, Kap.3]). Die gestrichelt eingezeichneten Pfeile entfallen nach der Anwendung einer Glättungsoperation, bei der Lauflängen, die genau ein Frame lang sind und den gleichen linken und rechten Nachbarn besitzen, als Störungen aufgrund des Klassifikatorverhaltens interpretiert und eliminiert werden. Durch verschiedene Glättungsoperationen und den festzulegenden maximalen Suchbereich kann somit Einfluß auf die Größe des Segmentgraphen und den Grad der Übersegmentierung genommen werden.

Bei der Lautverifikation wird jeder Segmentkandidat mit dem Lautinventar verglichen. Die Bewertung der besten Lautalternative wird als Gewichtung in den Segmentgraphen eingetragen, d.h. nach der Verifikation liegt ein bewerteter Graph vor. Mit dem A^*-Algorithmus wird in dem Graphen der optimale Pfad gesucht, wodurch eine optimale Zuordnung zwischen den verifizierten Lautalternativen und dem Sprachsignal erzeugt wird. Der A^*-Algorithmus wurde verwendet, da in [KUHN 89] mit diesem Graphsuchverfahren Syntaxhypothesen erzeugt werden (siehe auch [KUNZMANN 90, Kap.10]). Somit ist eine durchgängiger Ansatz für die gesamte Erkennungsphase[2] in EVAR möglich.

Die Grenzen der Silbenkerne und Pausen, die mit dem in Kap.4.1.2 beschriebenen Verfahren erzeugt werden, können auf zwei Arten zur Aufwandsreduktion und Beeinflussung des Segmentierungsergebnisses eingesetzt werden:

1) Lauflängen, die Bereiche überdecken, die das Prosodie-Modul als Silbenkern oder Pause markiert hat, werden zu einer Lauflänge zusammengefaßt, wobei die Ränder dieser Gebiete, wenn nötig, angeglichen werden (siehe Bild 4.11).
2) Silbenkerne und Pausen werden als Begrenzungen des Segmentnetzes verwendet, d.h. über diesen Bereichen wird keine alternative Segmentierung erstellt. Dadurch reduziert sich nicht nur die Anzahl der zu verifizierenden Lauthypothesen, sondern es wird vor allem auch der Suchraum für den A^* -Algorithmus eingeschränkt. Zusätzlich kann man dafür sorgen, daß über den Silbenkernen nur solche Lauthypothesen erzeugt werden, die potentiell Silbenkernträger sein können.

Bild 4.11 zeigt die Aufwandsreduktion exemplarisch anhand der Baumentwicklung eines Beispiel-Suchgraphen (es handelt sich um einen Ausschnitt aus einer Äußerung der EVAR-Stichprobe): Über dem Frameraster (Bild 4.11a) sind in Bild 4.11b die Lauflängen und in Bild 4.11c die Silbenkerngrenzen eingezeichnet. Die gestrichelt eingezeichneten Pfeile in Bild 4.11e zeigen die Segmentkandidaten aufgrund der Lauflängen, die durchgezogenen Pfeile zeigen die Segmentkandidaten, die nach Einbezug der Silbenkernsegmentierung übrigbleiben. Die Bilder 4.11d und 4.11f zeigen die Baumentwicklung der beiden Suchgraphen.

---

2 Nach [NIEMANN 88a] kann die Verarbeitung einer Benutzeranfrage in einem sprachverstehenden Dialog-System in die drei Verarbeitungsphasen *Erkennung, Verstehen* und *Dialog* eingeteilt werden. Die Erkennungsphase kann in die Aufgaben *Segmentierung des Sprachsignals, Generieren und Verifizieren von Worthypothesen* sowie *Verkettung von Worthypothesen* unterteilt werden.

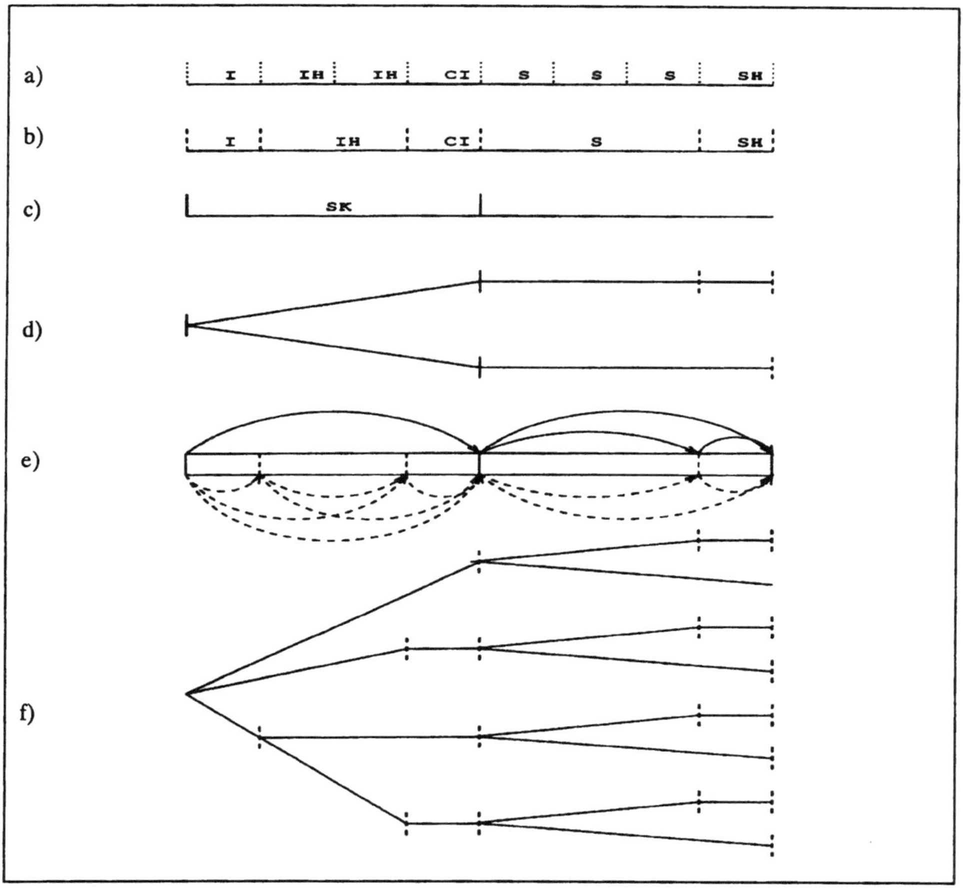

Bild 4.11: Suchraumreduktion für die Graphsuche durch den Einsatz prosodischer Information.

Bei der beschriebenen Vorgehensweise muß daran gedacht werden, daß sich insbesondere die Verschmelzung von Silbenkernen in Hinblick auf die intendierte Übersegmentierung und die Worterkennungsleistung negativ auswirken, da mindestens zwei Silbenkerne und eventuell vorhandene Laute im Silbenaus- und Silbenanlaut zu einer Lauthypothese verschmolzen werden. Man kann dieses Problem umgehen, indem man Silbenkernen ab einer gewissen Länge nicht mehr "glaubt", d.h. nach Angleichung der Silbenkerngrenzen an die Lauflängen auch innerhalb eines Silbenkernbereichs ein Segmentnetz aufbaut.

Aufgrund des mit dem A^*-Algorithmus gefundenen optimalen Pfades innerhalb des Silbenkerns läßt sich die Segmentierung nach Kap.4.1.2 korrigieren, indem linksrandige und rechtrandige sonorante Konsonanten abgetrennt werden und Vokal-Vokal- bzw. Vokal-Konsonant-Vokal-Folgen in zwei Silbenkerne aufgetrennt werden.

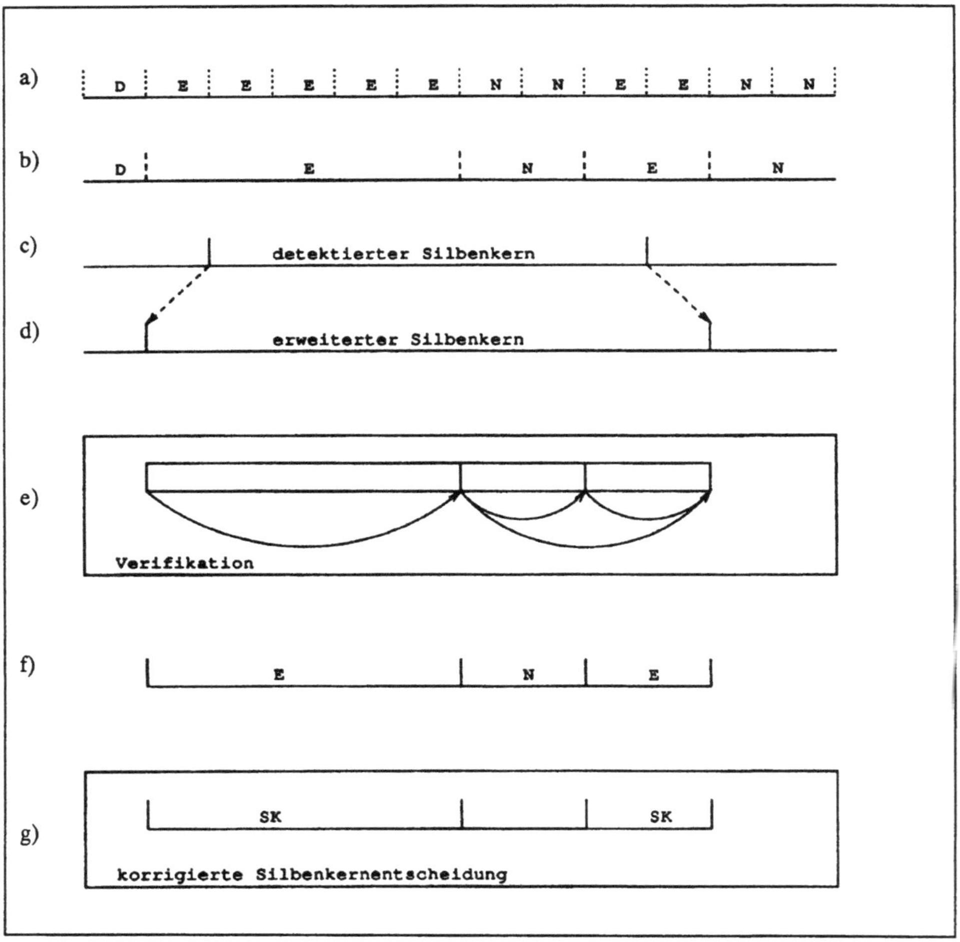

Bild 4.12: Auftrennung eines Silbenkerns aufgrund des optimalen Pfades der Lautsegmentierung innerhalb des Silbenkerns.

Bild 4.12 zeigt die Korrektur der Silbenkernsegmentierung exemplarisch für die Auftrennung von zwei verschmolzenen Silbenkernen. Über dem Frameraster (Bild 4.12a) sind in Bild 4.12b die Lauflängen und in Bild 4.12c die Silbenkerngrenzen eingezeichnet. In Bild 4.12d ist die Angleichung der Silbenkerngrenzen an die Lauflängen gezeigt. Innerhalb des Silbenkerns wird ein Segmentgraph aufgebaut (Bild 4.12e) und der optimale Pfad gesucht (Bild 4.12f). Aufgrund der Lautklassifikation wird die Silbenkern-Segmentierung korrigiert (Bild 4.12g).

4.2 Tonhöhenmerkmale

Im Rahmen der Arbeiten am Prosodie-Modul von EVAR wurden umfangreiche Untersuchungen zur Berechnung des Tonhöhenkorrelats *Grundfrequenz* und zur Berechnung signifikanter Merkmale aus dem F_0-Verlauf durchgeführt: In [HEUNISCH 86] werden verschiedene aus der Literatur bekannte Grundfrequenzalgorithmen auf ihre Brauchbarkeit für das Prosodie-Modul hin untersucht. In [KOMPE 89b] wird auf der Basis der in [HEUNISCH 86] implementierten Algorithmen ein eigener Grundfrequenzalgorithmus entwickelt. In [KIESSLING 89] wird eine interaktive Arbeitsumgebung zum periodenweisen Segmentieren des Sprachsignals beschrieben. Methoden zur Stilisierung der F_0-Kontur mit Linienelementen finden sich in [LANG 87] und [STALLWITZ 89]. In [NÖTH 87], [BATLINER 89a, 89b] werden verschiedene aus der F_0-Kontur abgeleitete Merkmale und Transformationen auf Brauchbarkeit für die Modus- und Fokusklassifikation hin untersucht.

Im folgenden wird die Grundfrequenz vom Standpunkt der Produktion her definiert (Kap.4.2.2). Hierfür ist vorher eine kurze Darstellung des Vorgangs der Spracherzeugung und seiner Modellierung durch ein lineares System notwendig (Kap.4.2.1). Danach wird anhand der beiden in [HEUNISCH 86] implementierten Algorithmen zur F_0-Bestimmung das prinzipielle Vorgehen bei der F_0-Berechnung dargestellt (Kap.4.2.3). In Kap.4.2.4 wird auf das Prinzip des in [KOMPE 89b] implementierten Mehrkanalverfahrens eingegangen. Normierungsoperationen und Extraktion von Merkmalen aus der F_0-Kontur werden in Kap.4.2.5 behandelt.

Eine genaue Darstellung des Vorgangs der Spracherzeugung und ein sehr ausführlicher Überblick über die verschiedenen Geräte und Algorithmen zur Berechnung der Grundfrequenz finden sich in [HESS 83] (einschließlich einer nach den verschiedenen Aspekten und Methoden der Grundfrequenzbestimmung klassifizierten Bibliographie).

4.2.1 Ein Modell der Spracherzeugung

Bild 4.13 zeigt eine schematische Darstellung des Atmungs- und Artikulationssystems. An der Lauterzeugung sind im wesentlichen die Atmungsorgane und Stimmbänder (zur Erzeugung des Anregungssignals), Mund- und Nasenraum (als Resonanzraum) sowie Lippen, Zunge, Zähne, Gaumen und Zäpfchen (als Artikulatoren) beteiligt. Die Stimmbänder können mindestens zwei Stellungen einnehmen: Weit geöffnet (bei der Artikulation von stimmlosen Lauten) oder quasi-periodisch geöffnet und geschlossen (bei der Artikulation der stimmhaften Laute). Ist bei stimmhafter Artikulation die Glottis geschlossen, so wird durch die Atmungstätigkeit ein Druck aufgebaut. Durch den ansteigenden Druck wird der Verschluß gesprengt. Die Luft entweicht vom *subglottalen* in den *supraglottalen* Bereich, der dadurch entstehende Druckabfall führt aufgrund des Bernoulli-Effekts zu einem erneuten Verschluß.

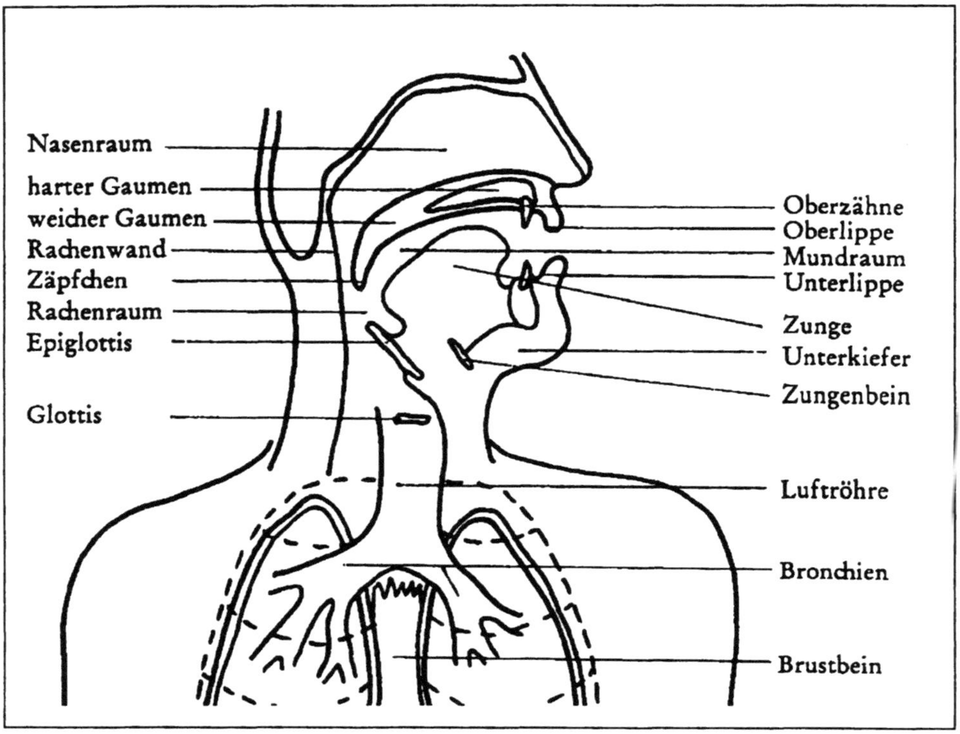

Bild 4.13: Atmungs- und Artikulationssystem (aus [Kohler 77]).

Dieser Vorgang wiederholt sich quasi-periodisch und erzeugt ein oberwellenreiches Signal. Als *glottaler* Zyklus wird der Zeitraum von einem vollständigen Verschluß der Glottis bis zum nächsten vollständigen Verschluß bezeichnet.

Der Mund- und Rachenraum bilden eine zeitlich variable akustische Röhre, die als *Ansatzrohr* oder *Vokaltrakt* bezeichnet wird. Durch Heben oder Senken des weichen Gaumens kann der Nasenraum "dazugeschaltet" werden. Unter Vernachlässigung des Nasenraumes kann der Vorgang der Spracherzeugung in guter Näherung durch ein zeitvariantes lineares Filter H modelliert werden (Bild 4.14). Das Filter, das die Resonanzeigenschaften des Vokaltrakts nachbildet, wird für stimmhafte Laute durch die Impulsfolge und für stimmlose Laute durch weißes Rauschen angeregt. Die Maxima im Modellspektrum H(z) entsprechen den für jede Vokaltraktstellung charakteristischen Resonanzfrequenzen (*Formanten*). Bild 4.15 zeigt das Schema der Lauterzeugung nach diesem Modell:

Das Spektrum (4.15d) des Anregungssignals (4.15a) wird mit dem Spektrum (4.15e) des Vokaltrakts multipliziert und ergibt das Spektrum (4.15f) des Sprachsignals (4.15c).

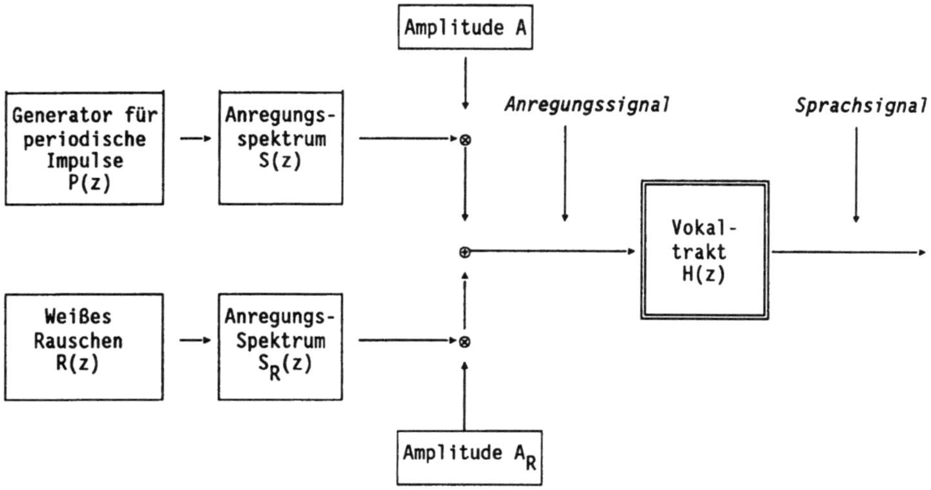

Bild 4.14: Lineares Modell der Spracherzeugung (nach [HESS 83]).

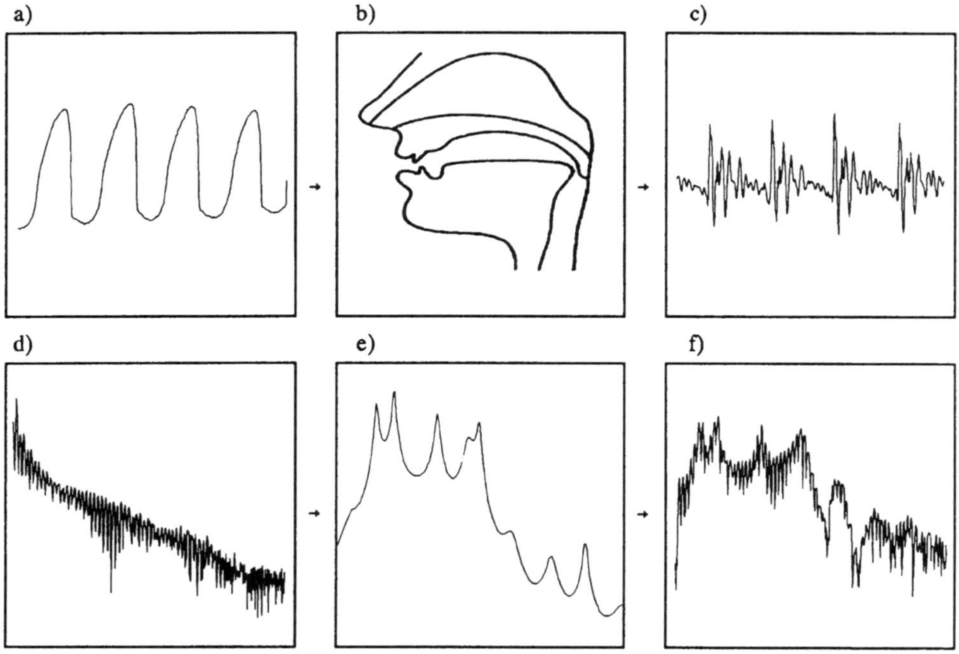

Bild 4.15: Schema zur Lauterzeugung:
a) Anregungssignal b) Vokaltrakt c) Sprachsignal
d) Spektrum des Anregungssignals e) Spektrum des Vokaltrakts f) Spektrum des Sprachsignals

4.2.2 Grundperiode und Grundfrequenz

Von der Produktion aus gesehen ist die *Grundperiode* T_0 eines stimmhaften Lautsignals als die *Dauer eines glottalen Zyklus* eindeutig definiert. Die *Grundfrequenz* F_0 des Lautsignals ergibt sich dann zu jedem Zeitpunkt t zu $1/T_0$. Die Stimmbandschwingungen (und damit die Grundfrequenz) lassen sich mit Hilfe eines Laryngographen eindeutig bestimmen ([HESS 83, S.116ff], [INDEFREY 88]). Bild 4.16 zeigt für einen 37.5 Millisekunden langen Ausschnitt aus dem ersten /A/ des Logatoms *"aba"* (4.16a) das Laryngogramm (4.16b) und in 4.16c das differenzierte Laryngogramm. Zum Ausgleich der Laufzeit des Sprachsignals vom Mund des Sprechers zum Mikrophon wurde das Sprachsignal um eine Millisekunde verschoben[3].

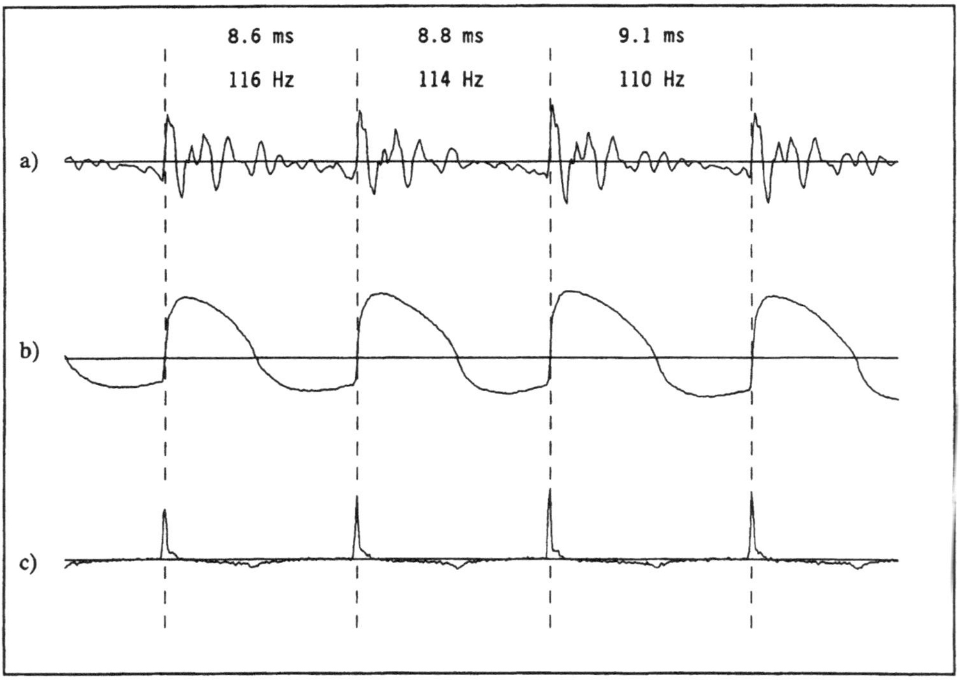

Bild 4.16: **Ausschnitt aus dem ersten /A/ des Logatoms *"aba"*. Der Beginn eines glottalen Zyklus ist jeweils durch die gestrichelten Linien markiert.**

a) Sprachsignal
b) Laryngogramm
c) Differenziertes Laryngogramm

---

3 An dieser Stelle sei Herrn Ruske von der Technischen Universität in München noch einmal ausdrücklich für die Bereitstellung des Sprach- und Laryngosignals gedankt.

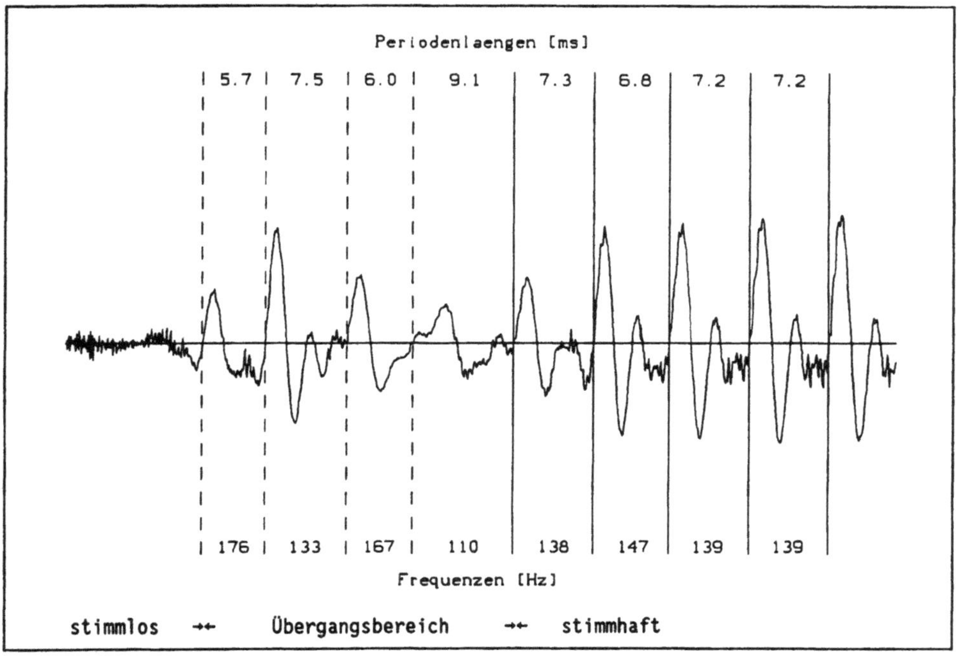

Bild 4.17: Typische Unregelmäßigkeit beim Stimmlos/stimmhaft-Übergang.

Der Zeitpunkt des vollständigen Verschlusses der Glottis ist im differenzierten Laryngogramm durch das Maximum deutlich gekennzeichnet ([INDEFREY 88, S.28]). Der größte positive Ausschlag im Laryngogramm zeigt den größten Kontakt der Stimmbänder (das Laryngogramm verhält sich also gerade umgekehrt zum supraglottalen Luftstrom; siehe [HESS 83, S.43] und die dort zitierte Untersuchung von [LECLUSE 77]). Die Dauer der drei vollständig dargestellten Grundperioden in Bild 4.16 sowie die entsprechende Grundfrequenz sind über dem Sprachsignal eingezeichnet. Man sieht sofort, daß es sich hier nur um ein quasi-periodisches Signal und nicht um ein periodisches Signal im mathematischen Sinne handelt. Den Maxima im differenzierten Laryngosignal (das i.allg. nicht zur Verfügung steht) entsprechen periodisch wiederkehrende Strukturmerkmale. Häufig werden die Grundperioden am positiven Nulldurchgang vor der *Leitamplitude* (die maximale Amplitude einer Grundperiode) markiert ([KIESSLING 89]). Da i.allg. nicht der exakte Beginn des glottalen Zyklus interessiert, werden auch andere Strukturmerkmale, insbesondere die Leitamplitude selbst, verwendet.

Das in Kap.4.2.1 vorgestellte Modell ist in mehreren Punkten zu vereinfachend, um den Vorgang der Spracherzeugung korrekt zu beschreiben. Die Transition von stimmhaften zu stimmlosen Lauten und umgekehrt geschieht nicht verzögerungsfrei, so daß es zu Einschwingvorgängen kommen kann. Bild 4.17 zeigt einen Ausschnitt aus einem Satz der Fokus-Stichprobe, gesprochen wurde *"(S) ie (läßt die Nina ...)"*.

Man erkennt deutlich (zumindest im Zeitsignal; das Laryngosignal liegt zu den Modus-Fokus-Korpora leider nicht vor) das Einschwingen beim Stimmlos/stimmhaft-Übergang von /S/ zu /I/. Die Striche deuten die "Grundperioden" an, wenn man am positiven Nulldurchgang vor der Leitamplitude schneidet.

Auch innerhalb von stimmhaften Bereichen kann es durch Lautübergänge und Formant-Transitionen vorkommen, daß ein Strukturmerkmal (Nulldurchgang vor der Leitamplitude, Leitamplitude, ...) nicht konsistent zum Markieren der Grundperiode verwendet werden kann, wie das Bild 4.18 verdeutlicht.

Obwohl die periodische Struktur des Signals deutlich zu erkennen ist, können die Grundperioden nicht konsistent an einem Strukturmerkmal (Nulldurchgang, Maximum der Periode, Minimum der Periode) markiert werden. Die durchgezogenen Linien zeigen die Grundperioden an, wenn man am Nulldurchgang vor der Leitamplitude schneidet, die gestrichelten zeigen eine mögliche Fortführung der periodenweisen Markierung im Transitionsbereich an.

Weiterhin können die Stimmbänder i.allg. mehr als die zwei beschriebenen Stellungen *stimmlos* und *stimmhaft* einnehmen. Neben *Flüstern* und *behauchter Phonation* sind dies der *Glottisverschluß (harter Vokaleinsatz)* und die *Laryngalisierung*. Die letzten beiden Phonationsarten sind hier von starkem Interesse, da sie bei der automatischen Grundfrequenzberechnung starke Probleme aufwerfen (siehe Kap.6.1). Der *Glottisverschluß* ist ein phonetisches Grenzsignal, das vor vokalischen Wort- oder Morphemanfängen auftreten kann (z.B. bei *"da ich"* vs. *"Deich"*). In [KOHLER 77] wird die Produktion des Glottisverschlusses folgendermaßen beschrieben:

> "Ein Sonderfall ist das einfache Unterbrechen des Luftstroms durch ein Verschließen der Glottis, die dann anschließend wieder geöffnet wird oder übergeht in eine periodische Öffnungs- und Schließbewegung, ...
>
> [KOHLER 77, S.60]

Bild 4.19 zeigt einen Ausschnitt aus der Äußerung *"(... ich möcht)e a(m nächsten Sonntag ...)"*. Über dem Zeitsignal ist die Dauer der Verschluß- und Lösungsphase des Glottisverschlusses in Millisekunden aufgetragen, die benachbarten Vokale sind nicht vollständig dargestellt.

Die *Laryngalisierung* (andere Bezeichnungen sind *"creaky voice"* und *"vocal fry"*) kann alternativ zum *Glottisverschluß* als Grenzsignal eingesetzt werden oder alternativ zum *tiefen Offset* bei der Markierung des Satzmodus. In [LEHISTE 70] wird die Produktion einer *Laryngalisierung* folgendermaßen beschrieben:

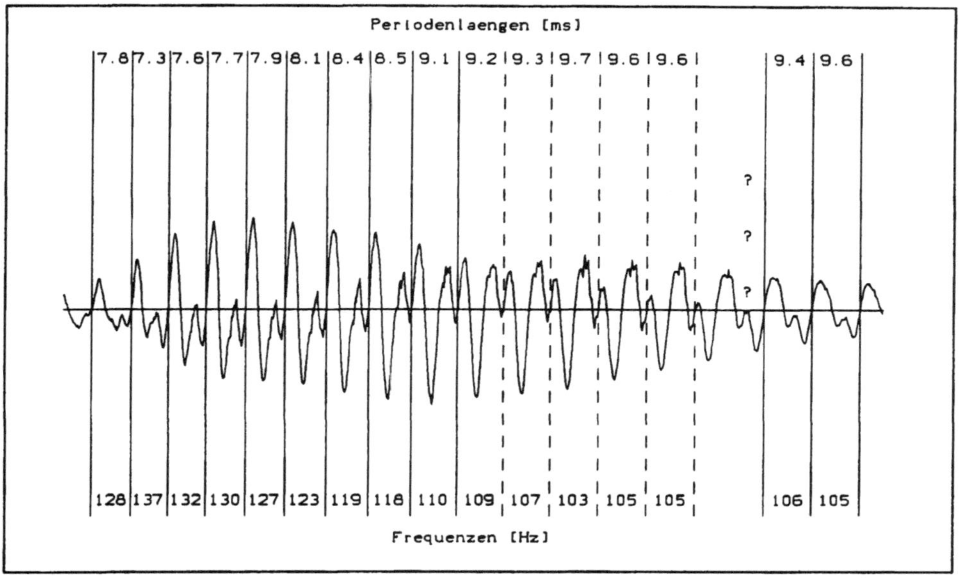

Bild 4.18: Stimmhaftes Sprachsignal, bei dem sich die Grundperioden nicht konsistent an einem Strukturmerkmal schneiden lassen.

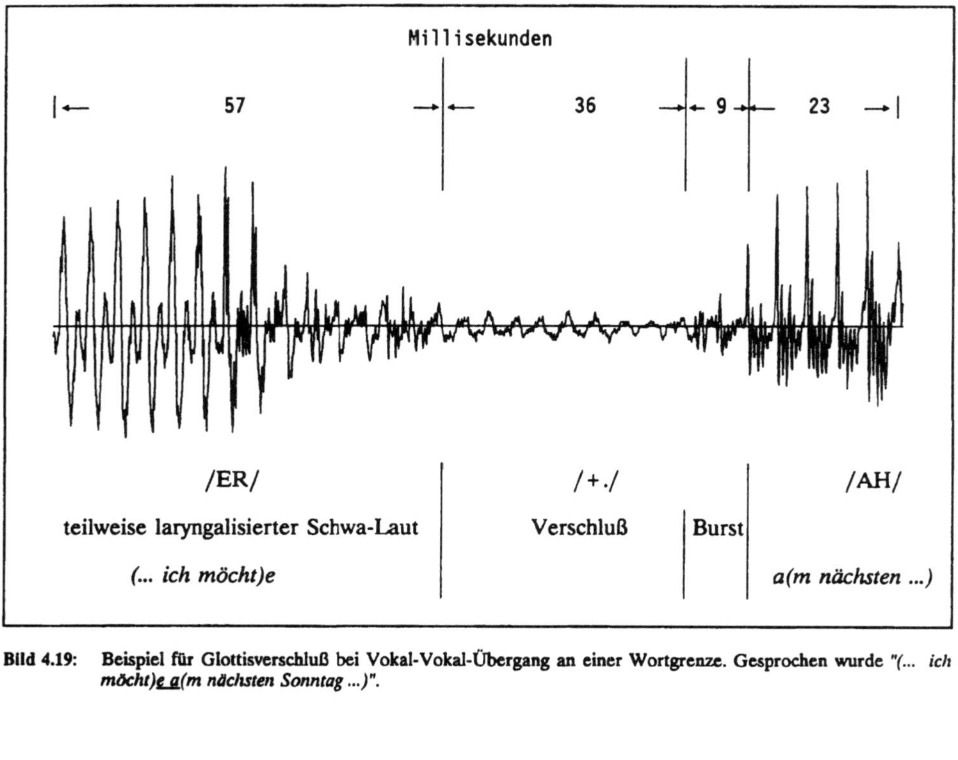

Bild 4.19: Beispiel für Glottisverschluß bei Vokal-Vokal-Übergang an einer Wortgrenze. Gesprochen wurde *"(... ich möcht)e a(m nächsten Sonntag ...)"*.

"... It is the type called 'creak' by Catford, who describes the physiological process involved as a low-frequency periodic vibration of a small section of the vocal folds. Catford assumes that only a very small section of the ligamental glottis, near the thyroid end, is involved, and that the mean rates of airflow are very small. The vibrations have a frequency of about 40 cycles per second, ...

When these modes of vibration are used in a linguistically significant way, I prefer to use the term *laryngealization*, referring to irregular, biphasic, or unusually slow vibration of the vocal folds.

[LEHISTE 70, S.58-60]

Bild 4.20 zeigt einen Ausschnitt aus der Äußerung *"(Wer säuft de)nn ei(gentlich?)"*. Am oberen Bildrand sind die Periodenlängen eingezeichnet, am unteren die entsprechenden Grundfrequenzwerte (die Perioden wurden am Nulldurchgang vor der Leitamplitude geschnitten). Die ersten drei Perioden gehören zum /N/ und sind in normaler Phonation gesprochen, ebenso wie die letzten vier dargestellten Perioden des /AI/. In dem laryngal artikulierten Teil des /AI/ fällt die Grundfrequenz innerhalb weniger Perioden um eine Oktave.

Genaugenommen kann man nicht von einem alternativen Einsatz von Glottisverschluß und Laryngalisierung als Grenzsignal sprechen, denn der vollständige Glottisverschluß ist nur sehr selten zu beobachten, und der Übergang zwischen den beiden Phonationsarten ist fließend. Es handelt sich also nicht um zwei klar getrennte Kategorien, sondern um ein Kontinuum, wie Bild 4.21 verdeutlicht. Dargestellt ist ein Ausschnitt aus der Äußerung *"(... möchten S)ie a(breisen?)"*. Der "Glottisverschluß" ist im Zeitsignal deutlich erkennbar. Die relativ hohen Amplitudenwerte während der "Verschlußphase" und die teilweise laryngale Realisierung des nachfolgenden Vokals lassen allerdings vermuten, daß hier kein vollständiger Verschluß der Glottis vorlag.

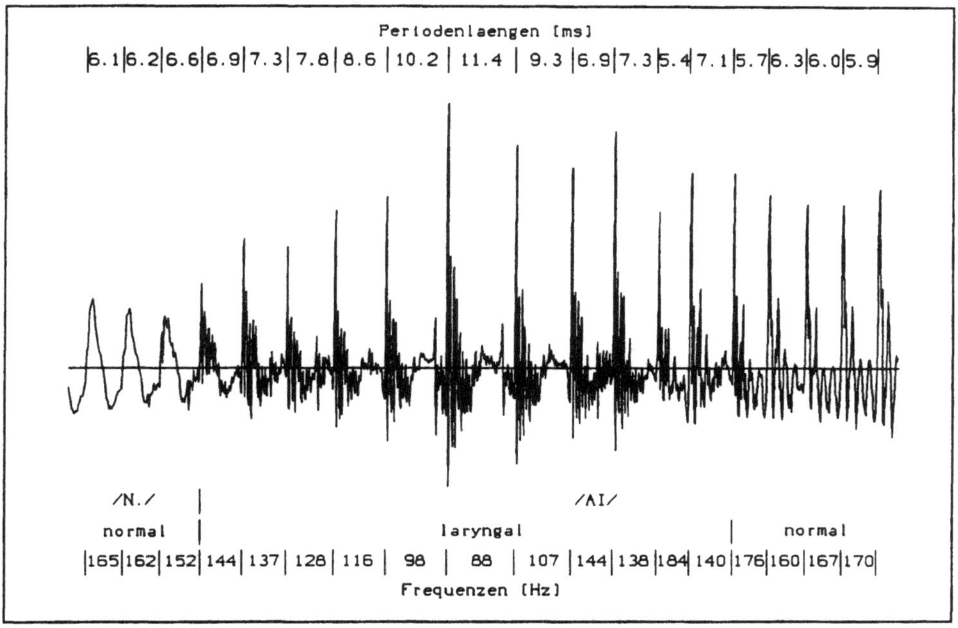

Bild 4.20: Wortgrenzenmarkierung durch laryngale Artikulation des Vokalanfangs an der Wortgrenze zwischen *"denn"* und *"eigentlich"*.

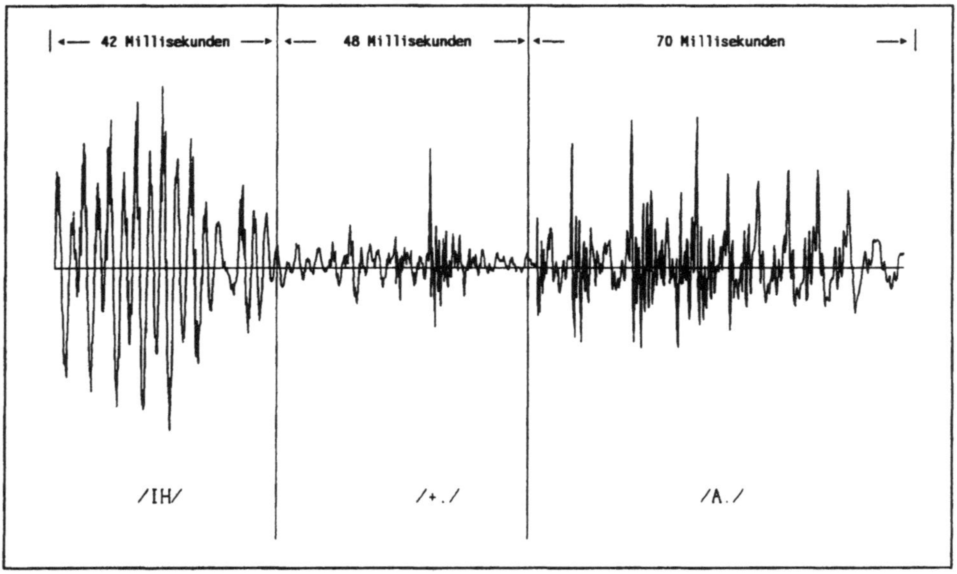

Bild 4.21: Beispiel für Glottisverschluß bei Vokal-Vokal-Übergang an einer Wortgrenze. Gesprochen wurde *"(Zu welcher Zeit möchten S)ie a(breisen?)"*.

4.2.3 Berechnung von Grundfrequenzschätzwerten im Zeit- und Frequenzbereich

Die Definition der Grundfrequenz als Kehrwert der aktuellen Grundperiode ist für diese Arbeit nicht brauchbar. Zum einen wird der F_0-Wert im festen Zeitraster (Frame) benötigt, zum anderen ist die Abbildung der Glottisbewegungen auf die Strukturmerkmale im Zeitsignal durch Lautübergänge (Einfluß energiereicher Formanten) zu stark gestört, wie in Bild 4.18 dargestellt ist. Für die automatische Grundfrequenzbestimmung werden deshalb meist *Kurzzeitanalyse-Verfahren* (*short-term analysis pitch determination algorithms* in [HESS 83]) verwendet.

Hierbei wird das Zeitsignal in Analysefenster zerlegt, die lang genug sein müssen, um "einige" Perioden zu enthalten und kurz genug, um die interessierenden F_0-Veränderungen nicht wegzuglätten. Abgesehen von Laryngalisierungen, bei denen die Grundfrequenz auf bis zu 28 Hz abfallen kann ([LEHISTE 70, S.59]), liegt die Grundfrequenz größenordnungsmäßig zwischen 50 (sehr tiefe Männerstimmen) und 550 Hz (sehr hohe Frauen- und Kinderstimmen). Möchte man diesen Bereich abdecken, so benötigt man ein Analysefenster von ca. 40 Millisekunden, um sicherzustellen, daß mindestens zwei volle Perioden im Analysefenster enthalten sind (50 Hz ≙ einer Grundperiodendauer von 20 Millisekunden). Bei sehr hohen Stimmen liegen ca. 10 Perioden in einem 40 Millisekunden-Fenster, so daß auch hier eine ausreichende Genauigkeit gewährleistet ist. Bei den Experimenten, über die in Kap.6 berichtet wird, wurde eine Fensterlänge von 38.4 Millisekunden bei den mit 10 kHz digitalisierten Signalen verwendet und eine Fensterlänge von 37.5 Millisekunden für die 16-kHz-Signale. Die Fortschaltzeit betrug 12.8 bzw. 12.5 Millisekunden. Für jedes Analysefenster wird ein Schätzwert für die im Fenster enthaltenen Grundperioden berechnet.

In [HEUNISCH 86] wurden verschiedene Grundfrequenzalgorithmen auf ihre Brauchbarkeit im Rahmen von EVAR untersucht. Dabei wurde insbesondere auf die Ergebnisse in [HESS 83, Kap.9.3], [RABINER 76], [HETTWER 85], und [MCGONEGAL 77] zurückgegriffen. Es zeigte sich, daß keines der dort untersuchten Verfahren für alle Stimmlagen (die durchschnittliche Grundfrequenz), Sprecher, Fehlerarten und Aufnahmebedingungen am besten abschnitt. Jedes Verfahren hatte seine Schwachpunkte. Daher wurden im Hinblick auf eine Mehrkanallösung (siehe Kap.4.2.4) das AMDF-Verfahren ([ROSS 74]) und das Seneff-Verfahren ([SENEFF 78]) implementiert. Für das SIFT-Verfahren ([MARKEL 72]) und das CEPSTRUM-Verfahren standen Implementierungen im ILS-Software-Paket[4] zur Verfügung.

Unter der für ein Auskunftssystem wichtigen Randbedingung von Beschränkung des Zeitsignals auf Telefonqualität (simuliert über einen Hochpaß-Filter mit Grenzfrequenz 300 Hz) zeigte das Seneff-Verfahren in [HEUNISCH 86] das beste Grobfehlerverhalten (siehe Kap.6.1 für eine Definition der verschiedenen Fehlerarten). Das SIFT-Verfahren zeigte in Vorversuchen ein sehr schlechtes Feinfehler-Verhalten und wurde nicht weiter untersucht. Das CEPSTRUM-Verfahren war bei Simulation von Telefonqualität nicht ganz so gut wie das Seneff-Verfahren. In weiteren

[4] ILS ist eingetragenes Warenzeichen der Firma Signal Technology Inc.

Versuchen für die Implementierung des in Kap.4.2.4 beschriebenen eigenen Grundfrequenzverfahrens (unveröffentlicht) zeigte das CEPSTRUM-Verfahren bei Veränderung der Stimmhaft/stimmlos-Entscheidung ein schlechteres Fehlerverhalten (siehe hierzu auch [MCGONEGAL 77]). Das AMDF-Verfahren schnitt schlechter ab als das Seneff-Verfahren, wurde aber weiterentwickelt, da es nach [RABINER 76] für hohe Stimmlagen gute Ergebnisse zeigte (das Fehlerverhalten in Abhängigkeit von der Stimmlage wurde im Rahmen dieser Arbeit nicht weiter untersucht).

Da das AMDF- und das Seneff-Verfahren aufgrund der Ergebnisse in [HEUNISCH 86] für den eigenen Mehrkanal-Grundfrequenz-Algorithmus verwendet werden, und da es sich bei den beiden Verfahren um typische Vertreter von Zeit- und Frequenzbereichsverfahren handelt, werden im folgenden die notwendigen Verarbeitungsschritte bei der Berechnung der Grundfrequenzschätzwerte anhand dieser beiden Verfahren erläutert. Das im Zeitbereich arbeitende *AMDF-Verfahren* (Kap.4.2.3.5) ist eine Korrelationstechnik. Die Korrelationsverfahren beruhen auf der Tatsache, daß die Autokorrelationsfunktion einer periodischen Funktion für ganzzahlige Vielfache der Grundperiode ein Maximum annimmt. Das im Frequenzbereich arbeitende *Seneff-Verfahren* (Kap.4.2.3.6) führt eine harmonische Analyse durch. Es beruht auf der Tatsache, daß ein periodisches Signal nur Frequenzanteile für ganzzahlige Vielfache der Grundfrequenz besitzt (Oberwellen).

Die zur Erläuterung verwendeten Abbildungen beziehen sich auf den 37.5 Millisekunden langen Ausschnitt aus dem ersten /A/ des Logatoms *"aba"*, der in Bild 4.16 dargestellt ist.

Eine genauere Beschreibung der Algorithmen wird hier verzichtet, da es sich um bekannte Verfahren handelt, die außer in den Original-Veröffentlichungen auch in [HESS 83] ausführlich beschrieben sind.

4.2.3.1 Bestimmung der stimmhaften Bereiche eines Zeitsignals

Die Bestimmung der Grundfrequenz ist nur in stimmhaft angeregten Teilen des Sprachsignals sinnvoll möglich. Daher muß das Sprachsignal zunächst in stimmhafte Bereiche (*SH*) sowie in stimmlose Bereiche und Sprechpausen (*SL*) zerlegt werden (*SH/SL-Entscheidung*). Hierzu eignen sich Parameter wie Energie, Nulldurchgangsrate, maximale Amplitude oder das Ergebnis des Akustik-Phonetik-Moduls, d.h eine Klassifikation nach Lauten oder Lautkomponenten.

Da in SL-Bereichen die Grundfrequenzanalyse i.allg. zufällige Werte erzeugt, hängt die Zahl der fehlerhaften Schätzwerte stark von der SH/SL-Entscheidung bzw. von den verwendeten Schwellwerten ab. Sind die SH-Schwellen zu weich eingestellt, so steigt die Zahl der fehlerhaften (konturverfälschenden) Werte; ist sie zu hart eingestellt, so wird die Kontur durch fehlende Werte verfälscht (siehe hierzu jedoch die Ergebnisse in Kap.6.1).

Im Rahmen der Arbeiten am EVAR-Prosodie-Modul wurden vier unterschiedliche SH/SL-Entscheidungen mit verschiedenen Schwellen untersucht (das Fehlerverhalten der beiden besten SH/SL-Entscheidungen - der dritten und der vierten - ist in Kap.6.1.1 beschrieben):

1) F_0-Werte nur über den Silbenkern-Bereichen

2) F_0-Werte in Bereichen, in denen die Energie im Bereich zwischen 300 und 2300 Hz eine Schwelle S überschreitet

3) F_0-Werte in Bereichen, in denen die Summe der abgeschätzten *a posteriori-Wahrscheinlichkeiten* der sonoranten Lautkomponentenklassen eine Schwelle S übersteigt.

4) F_0-Werte in Bereichen, in denen die Strukturmerkmale *Anzahl Nulldurchgänge, Amplitudenquadrat* und *Amplitudenmaximum* eines Frames gewisse Schwellwert-Bedingungen erfüllen. Diese SH/SL-Entscheidung ist in [KIESSLING 89] für einen interaktiven periodensynchronen Grundfrequenzalgorithmus entwickelt worden und brachte bei dem in Kap.4.2.4 beschriebenen Verfahren die besten Ergebnisse. Es wird daher kurz erläutert.

Sei $a_i(k)$, $k=1,...,N$ der k-te Abtastwert des i-ten Frames und W der Wertebereich des Signals, also die Differenz zwischen größter positiver Amplitude und kleinster negativer Amplitude der Äußerung (das Signal wird vor der SH/SL-Klassifikation global mittelwertfrei gemacht). Bei der SH/SL-Entscheidung nach [KIESSLING 89] wird das Frame i als *stimmhaft* klassifiziert, wenn die drei folgenden Bedingungen erfüllt sind:

1) Relative Anzahl Nulldurchgänge	$ZeroX/N$	$<$	VUV_1
2) Amplitudenquadratmittel	$(\sum a_i^2(k))/N/W$	$>$	VUV_2
3) Amplitudenbetragsmaximum	$\max\|a_i(k)\|/W$	$>$	VUV_3

Sehr kurze stimmhafte Bereiche werden häufig mit einem Median-Filter weggeglättet. Hier werden zunächst stimmlose Bereiche der Länge eins mit den benachbarten stimmhaften Bereichen verschmolzen und danach stimmhafte Bereiche der Länge eins mit den benachbarten stimmlosen.

4.2.3.2 Tiefpaßfilterung

Da die maximale Grundfrequenz bei ca. 500 Hz liegt, wird das Sprachsignal meistens mit einer Grenzfrequenz von ca. ein kHz tiefpaßgefiltert und mit ca. zwei kHz neu abgetastet (downsampling). Durch diese Datenreduktion ist eine erhebliche Aufwandsreduktion gewährleistet (z.B. bei der für die Frequenzbereichsverfahren notwendigen *schnellen Fouriertransformation*). Zusätzlich werden der Einfluß der höheren Formanten und Rauschanteile im Signal unterdrückt.

Bei einer Grenzfrequenz von ca. 1 kHz ist gewährleistet, daß i.allg. mindestens zwei Harmonische (ganzzahlige Vielfache der Grundfrequenz) im Spektrum des reduzierten Signals vorhanden sind, selbst wenn durch die Beschränkung auf Telefonbandbreite (0.3-3.4 kHz) die Grundfrequenz nicht im Spektrum enthalten ist.

Bild 4.22 zeigt den oben erwähnten Ausschnitt aus dem Logatom *"aba"* vor (4.22a) und nach der Tiefpaßfilterung (4.22b). Es wurde ein digitales Bandpaßfilter (100-1100 Hz) verwendet.

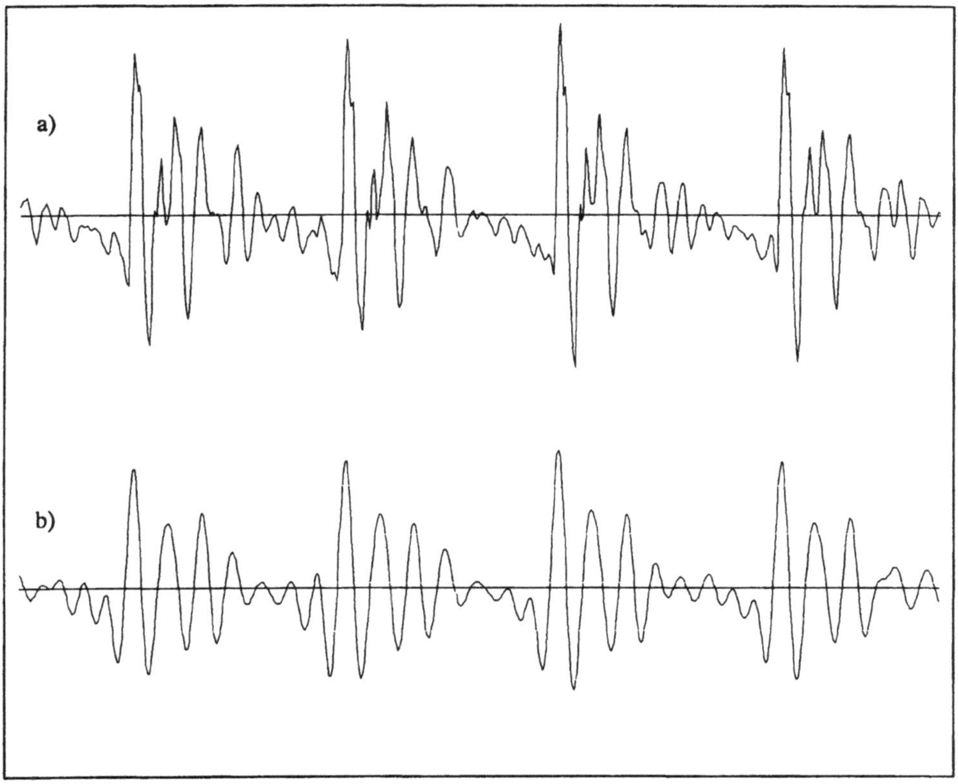

Bild 4.22: Analysefenster (37.5 Millisekunden) vor (a) und nach (b) der Tiefpaßfilterung (0.1-1.1 kHz).

4.2.3.3 Center Clipping und dreistufige Quantisierung

Center Clipping ([SONDHI 68]) ist eine nichtlineare Verzerrungstechnik mit dem Ziel, die Formantstruktur zu zerstören, aber die Periodizitäten im Sprachsignal unverändert zu lassen. Durch das Entfernen der Resonanzfrequenzen sollen die Harmonischen der Grundfrequenz auf gleiche Amplitudenhöhe gebracht werden (*spectrum flattening*). Hierzu werden die lokalen Extremwerte, die nicht auf den glottalen Verschluß, sondern auf die Impulsantwort des Vokaltrakts zurückzuführen sind, aus dem Spektrum entfernt:

In Abhängigkeit vom Maximalwert des Analysefensters wird ein lokaler Schwellwert bestimmt. Alle Signalwerte, deren Betrag unter dieser Schwelle liegt, werden auf Null gesetzt. Eine weitere Vereinfachung erhält man durch eine dreistufige Quantisierung, d.h. alle Signalwerte, die nach dem Center Clipping noch ungleich Null sind, werden auf +1 bzw. -1 gesetzt (Peak Clipping, [DUBNOWSKI 76]). Bild 4.23 zeigt das Zeitsignal vor (4.23a) und nach (4.23b) dem Center Clipping mit dreistufiger Quantisierung.

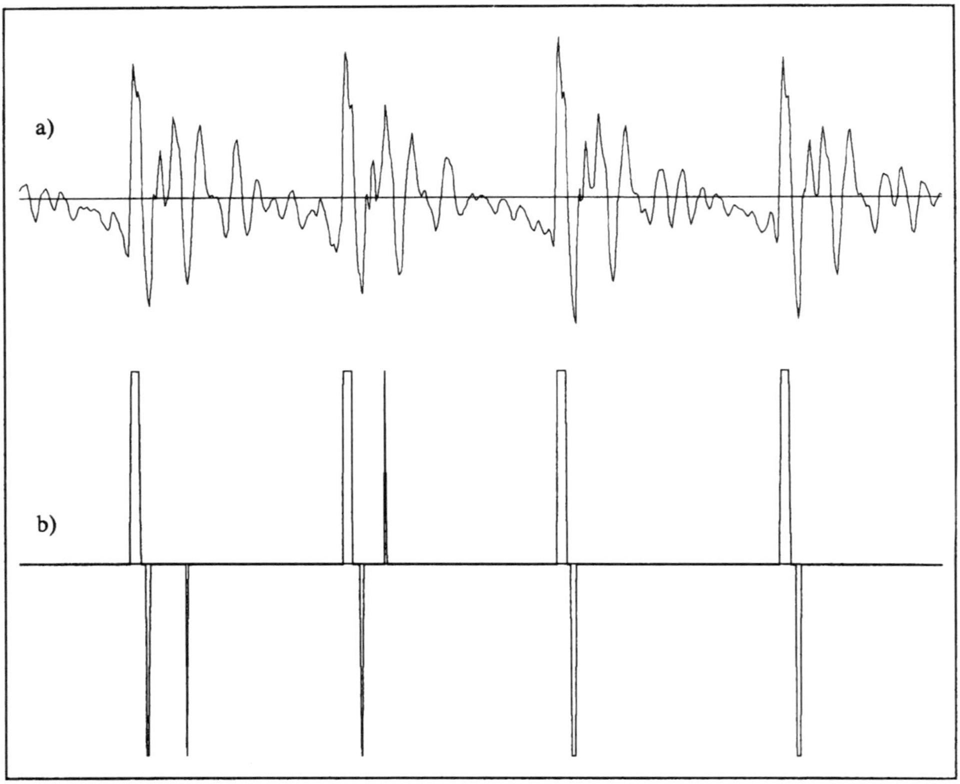

Bild 4.23: **Analysefenster (37.5 Millisekunden) vor (a) und nach (b) dem Center Clipping mit dreistufiger Quantisierung.**

Bild 4.24 zeigt das Spektrum desselben Signalausschnitts, wiederum vor (4.24a) und nach (4.24b) dem Center Clipping mit dreistufiger Quantisierung. Man erkennt deutlich die Dämpfung der mit "↓" markierten ersten vier Formanten.

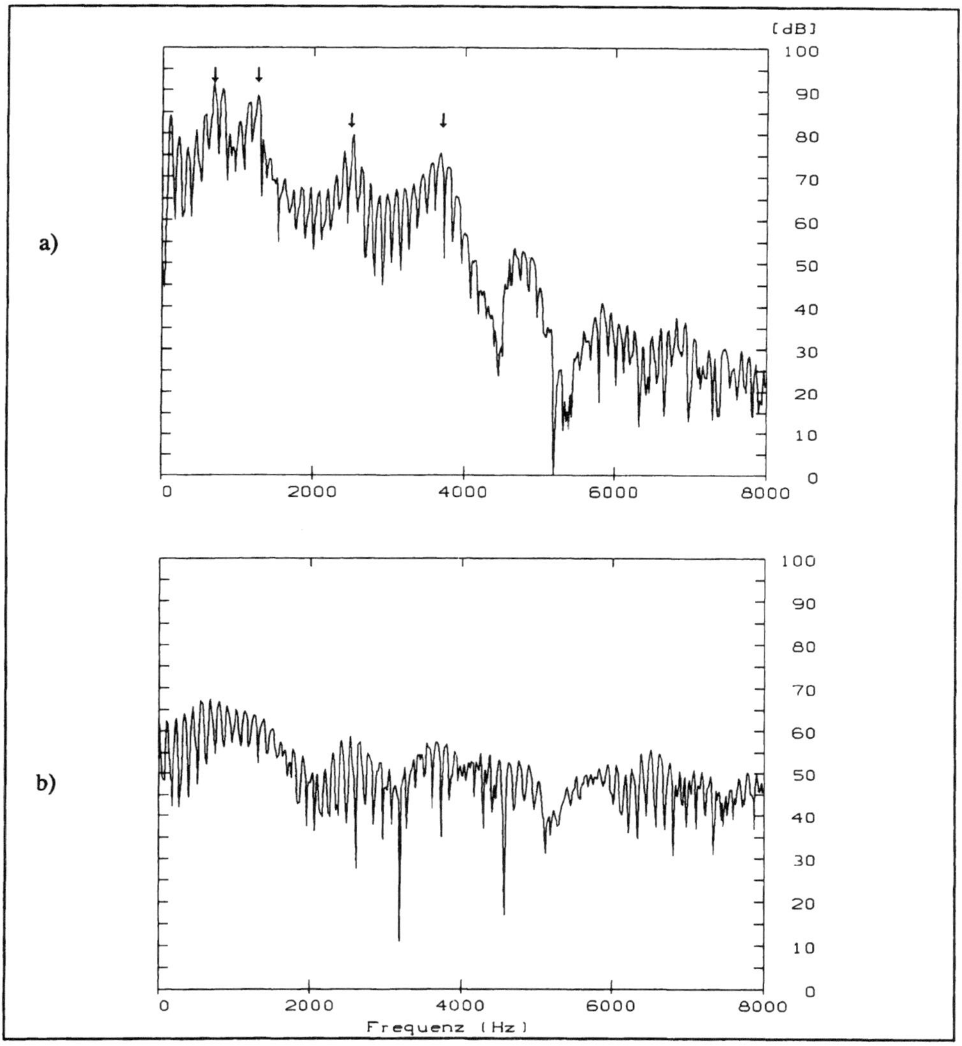

Bild 4.24: Spektrum des Analysefensters aus Bild 4.22 vor (a) und nach (b) dem Center Clipping mit dreistufiger Quantisierung. Die ersten vier Formanten sind mit einem "↓" gekennzeichnet.

4.2.3.4 Fensterfunktionen

Bei den auf dem Zeitsignal arbeitenden Korrelationsverfahren werden die Werte des Analysefensters in der Regel unverändert aus dem Signalstrom genommen (Rechteckfenster). Bei den auf dem Spektrum arbeitenden Methoden werden dagegen die Signalwerte am Rand des Analysefensters gedämpft, wobei meistens das Hamming-Fenster benutzt wird. Bild 4.25 zeigt für den Signalausschnitt des /A./ das Spektrum im Frequenzbereich zwischen 100 und 1100 Hz. In Bild 4.25a wurde das Rechteckfenster verwendet, in Bild 4.25b wurde das Hamming-Fenster verwendet. Durch das Hamming-Fenster werden die Harmonischen zwar breiter, aber die beim Rechteckfenster beobachtbaren Nebenmaxima zwischen den Harmonischen werden gedämpft.

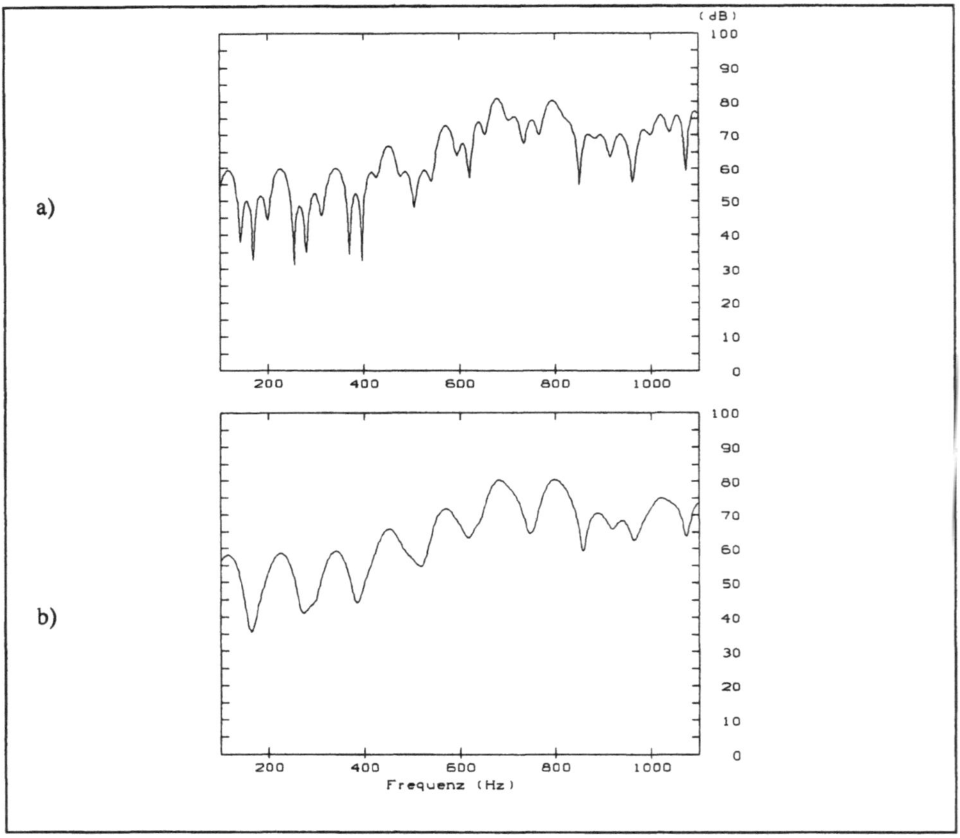

Bild 4.25: Spektrum des Analysefensters aus Bild 4.15 im Bereich von 100 bis 1100 Hz, wenn das Analysefenster mit dem Rechteckfenster (a) bzw. dem Hamming-Fenster (b) gewichtet wird.

Anschaulich läßt sich die Notwendigkeit der Dämpfung der Randbereiche damit begründen, daß i.allg. Beginn und Ende des Fensters nicht mit dem Beginn bzw. dem Ende einer Grundperiode zusammenfallen. Somit treten an den Rändern Unstetigkeiten auf, wenn man sich den Signalausschnitt unendlich periodisch fortgesetzt denkt (eine ausführliche Diskussion der Eigenschaften verschiedener Fensterfunktionen sowie eine theoretische Begründung für die Dämpfung der Randbereiche findet sich z.B. in [OPPENHEIM 75, Kap.5]).

4.2.3.5 Das AMDF-Verfahren

Berechnet man von einer periodischen Funktion $f(t)$ mit Periode P die Autokorrelationsfunktion $\phi(k)$, so nimmt $\phi(k)$ für $k = \pm nP$, $(n = 0,1,2,\dots)$ maximale Werte an. Somit kann die Periode einer Funktion aus ihrer Autokorrelationsfunktion berechnet werden.

Die sehr aufwendige Berechnung der Autokorrelation (hohe Zahl von Multiplikationen) kann man vermeiden, indem man die Abtastwerte nicht zeitversetzt multipliziert, sondern subtrahiert. Die sich daraus ergebende Funktion nimmt für periodische Funktionen für ganzzahlige Vielfache der Grundperiode einen minimalen Wert an, weshalb man von einer *"Antikorrelationsfunktion"* ([HESS 83, S.372]) spricht. Die bekannteste Antikorrelationsfunktion ist die AMDF-Funktion (Average Magnitude Difference Function, [ROSS 74]). Die für die Kurzzeitanalyse angepaßte Version der AMDF-Funktion ist folgendermaßen definiert (nach [HEUNISCH 86, S.71], für die F_0-Berechnung leicht modifiziert):

Seien $f(1),\dots,f(N)$ die Funktionswerte des Analysefensters, GP_u die kürzeste zu erwartende Grundperiode, GP_o die längste. Dann ergibt sich die AMDF-Funktion zu

$$AMDF(d) = \sum_{n=1}^{N-GP_o} |f(n) - f(n+d)|$$

Die Funktion $AMDF(d)$ muß nur für $GP_u \leq d \leq GP_o$ berechnet werden. Handelt es sich bei dem Analysefenster um einen Ausschnitt aus einem periodischen Signal mit Periode P, so gilt

$$AMDF(d) = 0 \Leftrightarrow d = nP$$

Für quasiperiodische stimmhafte Sprachsignale nimmt die Funktion bei Vielfachen der Grundperiode i.allg. ein Minimum an. Vor der Berechnung der AMDF-Funktion sollte das Center Clipping mit dreistufiger Quantisierung durchgeführt werden. Bild 4.26 zeigt für das Analysefenster des /A./ die AMDF-Funktion nach Anwendung des Center Clipping. Aus Darstellungsgründen wurde die AMDF-Funktion soweit verschoben, daß der (nicht berechnete) Funktionswert für $d=0$ zeitsynchron zum positiven Nulldurchgang vor der ersten dargestellten Leitamplitude liegt. Aufgrund der Tatsache, daß es sich hier nur um ein quasiperiodisches Signal handelt, erhält man häufig das absolute Minimum bei einem Vielfachen der Grundperiode, wie dies auch für das dargestellte Analysefenster in Bild 4.26 der Fall ist.

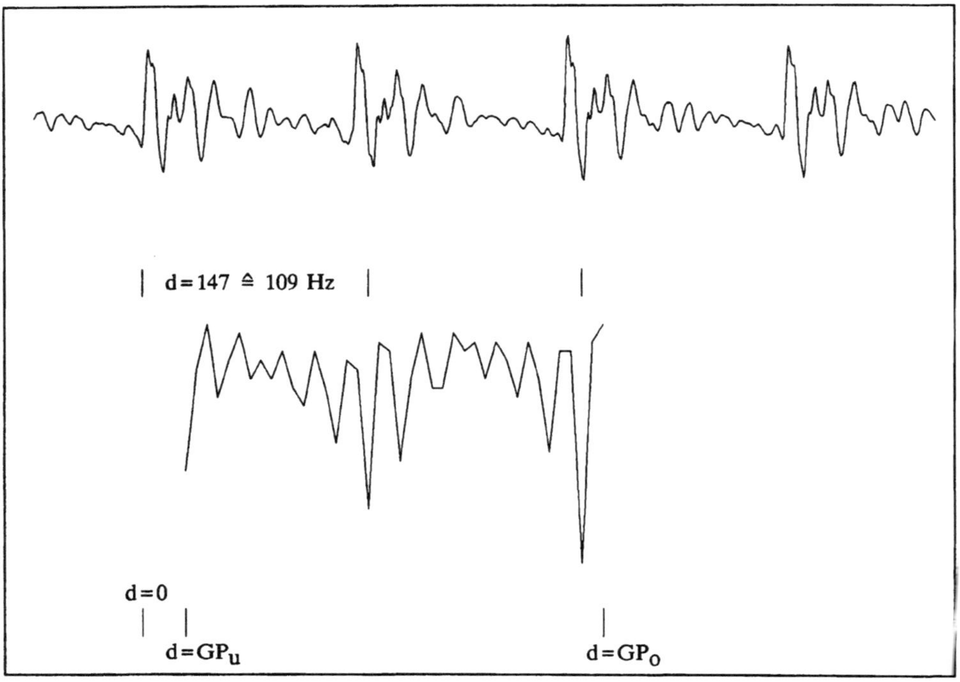

Bild 4.26: Analysefenster (600 Abtastpunkte = 37.5 Millisekunden) und AMDF-Funktion für die potentiellen Grundperioden zwischen 28 Abtastpunkten (≙ 571 Hz) und 300 Abtastpunkten (≙ 53 Hz). Die Zahlen beziehen sich auf 16 kHz. Die AMDF-Funktion wurde mit dem Nulldurchgang vor der ersten Leitamplitude synchronisiert.

4.2.3.6 Das Seneff-Verfahren

Im folgenden wird das Seneff-Verfahren ([SENEFF 78]) als Beispiel für die Vorgehensweise bei der harmonischen Analyse vorgestellt. Die harmonische Analyse basiert auf der Tatsache, daß die meisten der Harmonischen (ganzzahlige Vielfache der Grundfrequenz) im Spektrum enthalten sind, da es sich beim Erregungssignal um ein oberwellenreiches Signal handelt und die überlagerte Formantstruktur des Vokaltrakts zwar die Amplituden der Harmonischen stark verändert, aber die feine wellige Struktur beibehält. Für die auf die harmonische Struktur zurückzuführenden Maxima gilt, daß der Abstand zwischen zwei benachbarten Maxima gleich der Grundfrequenz ist. Bild 4.27 zeigt noch einmal das Spektrum des /A./ für den Frequenzbereich von 100 bis 1100 Hz. Die lokalen Maxima sind mit einem Strich gekennzeichnet und bezüglich der Größe des Amplitudenwertes durchnumeriert. Bis auf das 7. und 9. Maximum entsprechen alle lokalen Maxima einer Harmonischen. Die 8. Harmonische würde zwischen dem 7. und 9. Maximum liegen.

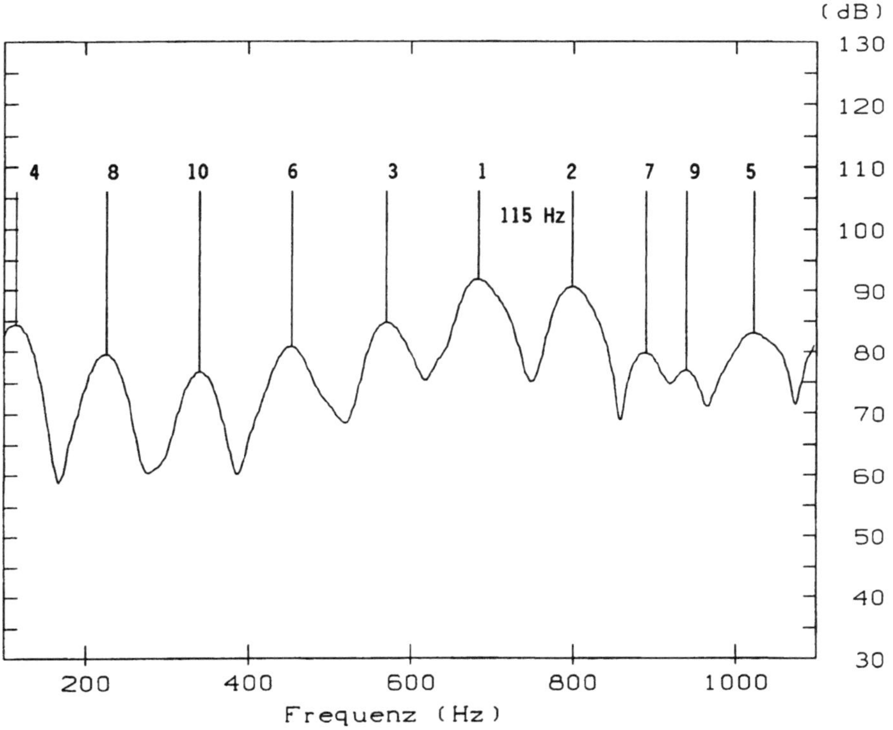

Bild 4.27: **Ausschnitt aus dem Spektrum des Lautes /A./ im Bereich von 100 bis 1100 Hz. Die lokalen Maxima sind der Größe nach numeriert. Bis auf das 7. und 9. Maximum handelt es sich bei den Maximas um Harmonische.**

Der Abstand zwischen zwei Harmonischen entspricht der Grundfrequenz. Beispielhaft wurde der Abstand zwischen den beiden größten Maxima angegeben. Den drei vollständigen im Analysefenster enthaltenen Grundperioden würden die Grundfrequenzen 116, 114 und 110 Hz entsprechen (siehe Bild 4.16).

Bei dem Seneff-Verfahren wird die Grundfrequenz folgendermaßen iterativ ermittelt: Im Spektrum des tiefpaßgefilterten und mit dem Hamming-Fenster multiplizierten Analysefensters werden für k=2,3,4... die k größten signifikanten Amplitudenmaxima geordnet. Als Maß für die Größe eines Maximums wird, anders als in Bild 4.27 dargestellt, das Integral der Amplitudenwerte zwischen den links und rechts von einem lokalen Maximum liegenden lokalen Minima gewählt. Ob ein lokales Maximum signifikant ist, wird über Schwellen für Kriterien wie *"Abstand zum nächsten lokalen Maximum"* gesteuert. In jedem Iterationsschritt werden die Abstände zwischen den benachbarten signifikanten Maxima in ein Histogramm eingetragen. Für das Analysefenster in Bild 4.27 wären dies die Differenzen

$k=2 \quad M_1 - M_2$

$k=3 \quad M_3 - M_1, \; M_1 - M_2$

...

Das Verfahren bricht spätestens ab, wenn alle signifikanten Maxima abgearbeitet sind, meist jedoch früher, wenn sich ein Histogrammeintrag stabilisiert hat.

Problematisch erweisen sich bei der harmonischen Analyse irrelevante "falsche" Maxima und fehlende Harmonische. Da allerdings i.allg. nur einzelne Harmonische fehlen und durch den Einfluß des ersten Formanten die größten Harmonischen nebeneinander liegen, werden bei dem Seneff-Algorithmus normalerweise pro Iterationsschritt mehr richtige als falsche Abstände in das Histogramm eingefügt.

4.2.4 Berechnung der Grundfrequenzkontur mit der Dynamischen Programmierung

Im Rahmen der Arbeiten am Prosodie-Modul von EVAR wurde ein Grundfrequenzalgorithmus entwickelt, der sich durch eine hohe Zuverlässigkeit auszeichnet und trotzdem auch noch sehr feine Grundfrequenzveränderungen feststellen kann. Der Algorithmus wurde in [KOMPE 89b] implementiert und in bezug auf Grob- und Feinfehlerverhalten mit dem in Kap.4.2.3.5 beschriebenen AMDF- und dem in 4.2.3.6 beschriebenen Seneff-Verfahren verglichen. Die wichtigsten Ergebnisse dieser Fehlerauswertung sind in Kap.6.1 beschrieben.

Genaugenommen handelt es sich bei dem neuen Algorithmus um eine Klasse von Algorithmen bzw. um eine Vorgehensweise: Mit einem Standard-Grundfrequenzalgorithmus wird Information über die globale und lokale Stimmlage (die mittlere Grundfrequenz über einem gewissen zeitlichen Bereich) der Äußerung gewonnen. Danach werden für jedes Analysefenster mehrere mögliche Grundfrequenz-Schätzwerte bestimmt (hierfür wird die globale Stimmlageninformation benutzt). In jedem stimmhaften Bereich wird in der Folge der möglichen Grundfrequenzwerte nach einer optimalen Folge von Grundfrequenz-Schätzwerten gesucht (hierfür wird die lokale Stimmlageninformation benutzt). Für das Verfahren werden keine Annahmen darüber gemacht, wie die globale und wie die lokale Stimmlageninformation gewonnen werden. Daher wird der Algorithmus so weit wie möglich unabhängig von der in [KOMPE 89b] gewählten Realisierung beschrieben (Einzelheiten zur besten Version aus [KOMPE 89b] können dem Struktogramm in Bild 4.29b entnommen werden).

Der Algorithmus basiert auf der Annahme, daß das absolute Maximum im Kurzzeitspektrum eines stimmhaften Signalbereichs ein ganzzahliges Vielfaches der Grundfrequenz, also eine Harmonische, ist. Da das Sprachsignal aufgrund der Tiefpaßfilterung nur noch Frequenzanteile im Bereich von 100 bis 1100 Hz enthält, liegt das Maximum meist in der Nähe des ersten Formanten; so hat in Bild 4.27 die 6. Harmonische die maximale Amplitude.

Unter der Voraussetzung, daß das Maximum im Spektrum des Analysefensters eine Harmonische ist, besteht das Problem darin, den richtigen Teiler zu finden. Sei $GM_{i,j}$ die Frequenz des größten Amplitudenmaximums des i-ten Analysefensters $f_{i,j}$ im j-ten stimmhaften Bereich eines Sprachsignals und GR ein globaler Grundfrequenz-Schätzwert für dieses aktuelle Sprachsignal.

Bestimmt man nun den Teiler $n_{i,j} = \lfloor GM_{i,j}/GR + 0.5 \rfloor$, so kann man bei richtiger Wahl von m davon ausgehen, daß sich für $t_{i,j,k} = k+n_{i,j}$ $(k=-m,..,m)$ unter den sich ergebenden $2m+1$ Grundfrequenzkandidaten $K_{i,j,k} = GM_i/t_{i,j,k}$ der richtige Grundfrequenz-Schätzwert befindet.

Einen globalen Grundfrequenz-Schätzwert erhält man, indem man an einigen wenigen Stellen SB_j, von denen man annimmt, daß sich die Grundfrequenz an diesen Stellen gut berechnen läßt, mit einem sehr zuverlässigen Standard-Grundfrequenzalgorithmus bzw. einem aus mehreren Algorithmen abgeleiteten Mehrkanalverfahren die Grundfrequenz berechnet. Aus diesen Grundfrequenz-Zielwerten Z_j (lokale Stimmlageninformation) läßt sich über eine Mittelungsoperation (Median oder Mittelwert) ein globaler Stimmlagen-Schätzwert GR berechnen. In [KOMPE 89b] wird eine Stelle SB_j pro stimmhaftem Bereich für die lokale Zielwert-Bestimmung benutzt.

Die Grundfrequenzkandidaten $K_{i,j,k}$ eines stimmhaften Bereichs SH_j bilden eine Matrix, in der der Anteil dieses stimmhaften Bereichs an der Grundfrequenzkontur der Äußerung als Pfad gesucht werden muß. Die i-te Spalte der Matrix besteht aus den $2m+1$ Grundfrequenzkandidaten $K_{i,j,k}$ des i-ten Frames. Unter der Annahme, daß sich die Grundfrequenz innerhalb eines SH-Bereichs zwar sehr stark ändern kann, die Veränderung von Analysefenster zu Analysefenster aber dazu tendiert, geringe Werte anzunehmen, kann man den Abstand zwischen zwei Grundfrequenzkandidaten $K_{i,j,k}$ und $K_{i-1,j,k'}$ als Kosten ansehen und den Pfad mit minimalen Kosten durch die Matrix suchen. Zusätzlich geht der Abstand zwischen dem Grundfrequenzkandidaten $K_{i,j,k}$ und dem lokalen Grundfrequenz-Zielwert Z_j in die Kosten jedes Pfades durch diesen Grundfrequenzkandidaten mit ein. Zur Normierung der Abstände empfiehlt es sich, den Logarithmus der Grundfrequenzkandidaten bzw. Zielwerte für die Abstandsberechnung zu benutzen, da sonst Pfade auf niedrigem Frequenzniveau zu stark bevorzugt werden (siehe auch Kap.4.2.5):

$$|\ln(K_{i,j,k}/K_{i-1,j,k'})| \quad \text{bzw.} \quad |\ln(K_{i,j,k}/Z_j)|$$

Da der Abstand zum Zielwert für jedes Analysefenster berechnet wird und der Zielwert somit mehrfach in die Kosten des Gesamtpfades eingeht, wird eine gewichtete Summe der beiden Abstände als Kostenfunktion gebildet. Mit der Dynamischen Programmierung (DP, siehe z.B. [BELLMAN 72]) läßt sich unter Vorgabe der eben beschriebenen lokalen Kosten der optimale Pfad durch die Matrix der Grundfrequenzkandidaten effizient berechnen.

Bild 4.28 erläutert das Vorgehen bei der Suche nach dem optimalen Pfad anhand des Beginns der Matrix für einen stimmhaften Bereich SB_j. Für jeden Frame i sind die Frequenz des größten Amplitudenmaximums $GM_{i,j}$ und der Teiler $n_{i,j}$ sowie die sich daraus ergebenden Grundfrequenzkandidaten $K_{i,j,k}$ dargestellt. Der globale Richtwert GR der Äußerung, aus der dieser stimmhafte Bereich entnommen wurde, beträgt 180 Hz, der lokale Zielwert Z_j dieses stimmhaften Bereichs SB_j beträgt 170 Hz.

Sucht man für jeden Knoten den Vorgänger mit dem geringsten Abstand (Logarithmus des Quotienten der beiden Hz-Werte), so ergeben sich fünf Pfade (gestrichelt). Werden in Bild 4.28 entlang der gestrichelten Pfade diese Abstände aufsummiert, so ergeben sich an den Endpunkten der unteren vier Pfade die gleichen Kosten. Die richtige Lösung (den durchgezogenen Pfad) erhält man, wenn in jedem Knoten der Abstand zum Vorgänger und der Abstand zum Zielwert Z_j gewichtet aufaddiert werden.

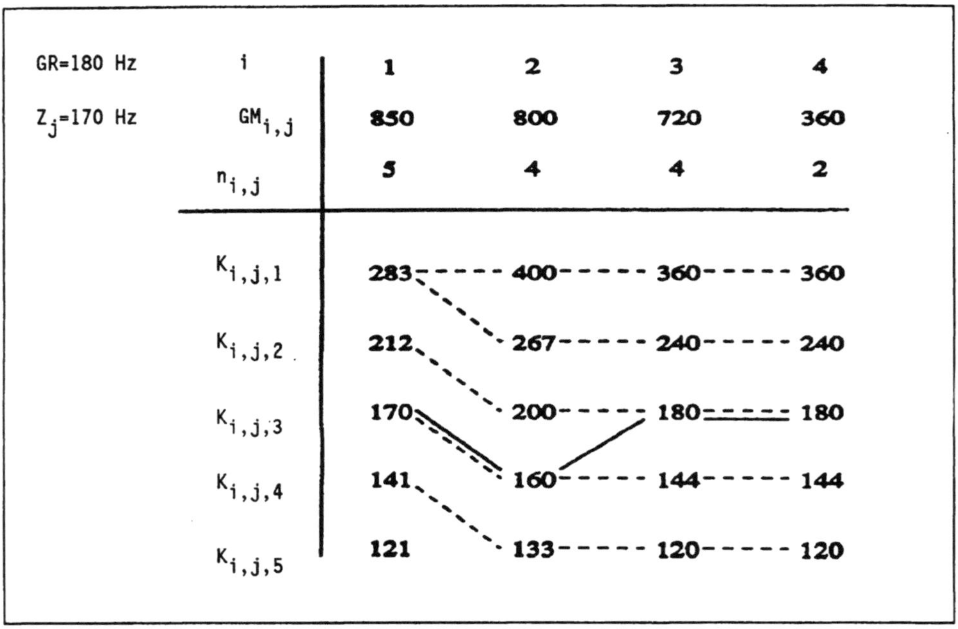

Bild 4.28: Matrix der Grundfrequenzkandidaten für den Beginn eines stimmhaften Bereichs. Der optimale Pfad ist durchgezogen eingezeichnet.

Bei der in [KOMPE 89b] beschriebenen Implementierung wird für jeden stimmhaften Bereich SH_j als "stabiler" Bereich SB_j die Stelle mit der maximalen sonoranten Energie (300-2300-Hz-Band) bestimmt. Da die Energie bereits für die Silbenkernbestimmung berechnet werden muß, fällt hier kein zusätzlicher Berechnungsaufwand an. Ein anderes brauchbares Kriterium ist z.B. die maximale Summe der abgeschätzten *a posteriori-Wahrscheinlichkeiten* der sonoranten Lautkomponentenklassen, falls die dritte SH/SL-Entscheidung aus Kap.4.2.3.1 verwendet wird.

Die Grundfrequenz-Zielwerte werden mit einem Mehrkanalverfahren berechnet, welches das AMDF- und das Seneff-Verfahren kombiniert.

Bei dem für die Implementierung benutzten Trainings- und Testmaterial, das mit einem Wertebereich von 85-500 Hz (ohne Laryngalisierungen) und bis zu 315 Hz Stimmumfang pro Äußerung einen sehr großen Bereich abdeckt, erwiesen sich fünf Grundfrequenzkandidaten pro Frame als ausreichend.

Durch die Verknüpfung von lokaler und globaler Stimmlagen-Information (Richtwert und Zielwert) und einen sehr großen Grundfrequenzbereich können einerseits starke Grundfrequenzschwankungen innerhalb eines stimmhaften Bereichs noch erfaßt werden (bei der Verwendung von fünf Teilern wird in dem Beispiel im Bild 4.28 für das zweite Frame der Bereich von 133 bis 400 Hz abgedeckt). Andererseits ist es bei kurzen stimmlosen Bereichen, bei denen das Frequenzmaximum eher zufällige Werte annimmt, durch die Kostenfunktion bei der Pfadsuche meistens möglich, einen Grundfrequenzwert zu finden, der die Gesamtkontur nicht verfälscht. Im Gegensatz zu vielen anderen Verfahren (vergleiche [MCGONEGAL 77], wo für das Cepstrum-Verfahren ein starkes Ansteigen der Fehlerrate bei Veränderung der SH/SL-Entscheidung berichtet wird) produziert der Algorithmus auch für sehr "weiche" Stimmhaft-Entscheidungen meistens noch korrekte F_0-Konturen.

Während bei den Standardverfahren (AMDF- und Seneff-Verfahren), die zu jedem Zeitpunkt nur Information über ein Analysefenster zur Verfügung haben, eine Glättung der harmonischen Fehler z.B. mit einem Medianfilter i.allg. unbedingt notwendig ist, ist die Glättung bei dem hier beschriebenen Verfahren nicht so wichtig. Ein harmonischer Fehler liegt vor, wenn das Doppelte der Grundfrequenz (Oktav-Fehler) oder die Hälfte der Grundfrequenz (subharmonischer Fehler) als Grundfrequenzschätzwert berechnet wird. Dies tritt z.B. bei Lautübergängen aufgrund des Einflusses der Formanten auf. In einem solchen Fall wird durch die Kostenfunktion schon eine Art Glättung durchgeführt. Da auch bei dem DP-Verfahren durch eine Glättung (Medianfilter der Länge 3, gefolgt von Medianfilter der Länge 5) eine leichte Senkung der harmonischen Fehler erzielt wurde (im Gegensatz zu einer drastischen Senkung beim AMDF- und Seneff-Verfahren), wurde für die meisten der in Kapitel 6 beschriebenen Versuche die F_0-Kontur mediangefiltert.

Als problematisch erwiesen sich bei den Untersuchungen die stimmhaften Bereiche, bei denen der Zielwert in einem laryngalisierten Bereich berechnet wurde (siehe Kap.6.1.3). In solchen Fällen wurde für den ganzen SH-Bereich eine zu niedrige Grundfrequenz-Kontur berechnet. Lag dagegen ein korrekter Zielwert vor, so wurde durch die Pfadkosten des DP häufig über die Laryngalisierung "hinweggeglättet". Für die Betrachtung der F_0-Kontur ist ein solches Verhalten sehr wünschenswert, auch wenn im laryngalen Teil die Grundfrequenzschätzwerte genaugenommen falsch sind, zumindest wenn man die Grundfrequenz vom Standpunkt der Produktion her definiert.

Der Algorithmus setzt nicht voraus, daß das gesamte Sprachsignal vorliegt, da sich der globale Richtwert GR bereits nach wenigen stimmhaften Bereichen stabilisiert und sich pro Sprecher von Äußerung zu Äußerung nicht stark ändert.

Es sollte noch einmal betont werden, daß der Grundfrequenzalgorithmus weitestgehend methodenunabhängig ist, d.h. keine Anforderungen an die Module zur SH/SL-Entscheidung, zur Bestimmung der stabilen Bereiche und zur Bestimmung der Zielwerte stellt.

Bild 4.29 zeigt das Flußdiagramm des eben beschriebenen Algorithmus. In Bild 4.29a ist das prinzipielle Vorgehen gezeigt, Bild 4.29b zeigt Details zur besten Version des Algorithmus aus [KOMPE 89b].

Tiefpaßfilterung und Neuabtastung (downsampling)

SH/SL-Entscheidung

für jeden SH-Bereich SH_j

- Bestimmung eines "stabilen" Bereichs SB_j

  (Von den stabilen Bereichen wird angenommen, daß dort die Grundfrequenz sicher bestimmt werden kann.)

- Bestimmung eines Grundfrequenz-Zielwertes Z_j durch Grundfrequenzbestimmung im stabilen Bereich SB_j mit einem sicheren Standard-Grundfrequenzalgorithmus bzw. mit einem aus Standard-Algorithmen entwickelten Mehrkanalverfahren

Bestimmung eines globalen Schätzwertes GR aus den Zielwerten (z.B. Median der Zielwerte Z_j)

für jeden SH-Bereich SH_j

- für jedes Analysefenster $f_{i,j}$

  - Berechnung des Fourierspektrums und Bestimmung des Amplitudenmaximums $GM_{i,j}$ im Spektrum des Analysefensters

  - Berechnung von 2m+1 geeigneten Teilern $t_{i,j,k} = k+n_{i,j}$ mit $k=-m,\ldots,m$ und $n_{i,j} = \lfloor GM_{i,j}/GR + 0.5 \rfloor$

  - Berechnung von 2m+1 Grundfrequenzkandidaten $K_{i,j,k} = GM_{i,j}/t_{i,j,k}$

- Bestimmung des optimalen Pfades durch die Matrix der Grundfrequenzkandidaten $K_{i,j,k}$ von SH_j mit Hilfe der Dynamischen Programmierung. Die Kosten eines Pfades durch einen Matrixpunkt $K_{i,j,k}$ ergeben sich als die gewichtete Summe der Kosten des Vorgängers $K_{i-1,j,k'}$, dem logarithmischen Abstand vom Vorgänger zum Knoten und dem logarithmischen Abstand des Knotens zum Zielwert Z_j.

a)

Bild 4.29: Flußdiagramm zur Grundfrequenzberechnung mit der Dynamischen Programmierung
a) prinzipelle Vorgehensweise b) (nächste Seite) Details zur Implementierung in [KOMPE 89b]

Bandpaßfilterung (100-1100 Hz Bandbegrenzung) und
Neuabtastung im Verhältnis 1:4 (10 kHz) bzw. 1:7 (16 kHz)

SH/SL nach [KIESSLING 89] (Kap.4.2.3.1): $VUV_1=0.3$ $VUV_2=0.0004\cdot M^2$ $VUV_3=0.017\cdot M$

für jeden SH-Bereich SH_j

> Bestimmung des Frames M mit maximaler Energie im 300-2300-Hz-Band
>
> Bestimmung eines Grundfrequenz-Zielwertes Z_j
> (Median der 9 folgendermaßen bestimmten Grundfrequenz-Schätzwerte)
> Grundfrequenzbestimmung mit dem AMDF-Verfahren für den Frame M
> Grundfrequenzbestimmung mit dem Seneff-Verfahren für die Frames
> M-2 bis M+2 (Breite des Analysefensters jeweils 3 Frames) und
> M-1 bis M+1 (Breite des Analysefensters jeweils 5 Frames)

Bestimmung eines globalen Schätzwertes GR (Median der Zielwerte Zj)

für jeden SH-Bereich SH_j

> für jedes Analysefenster $f_{i,j}$
>
> > Berechnung des Fourierspektrums und Bestimmung des Amplituden-
> > maximums $GM_{i,j}$ im Spektrum des Analysefensters (Länge 3 Frames)
> >
> > Berechnung von 5 geeigneten Teilern $t_{i,j,k} = k+n_{i,j}$
> > mit $k=-2,\ldots,2$ und $n_{i,j} = \lfloor GM_{i,j}/GR + 0.5 \rfloor$
> >
> > Berechnung von 5 Grundfrequenzkandidaten $K_{i,j,k} = GM_{i,j}/t_{i,j,k}$
>
> Bestimmung des optimalen Pfades durch die Matrix der Grundfrequenz-
> kandidaten $K_{i,j,k}$ von SH_j mit Hilfe der Dynamischen Programmierung.
> Die Kosten eines Pfades durch einen Matrixpunkt $K_{i,j,k}$ ergeben sich
> als die gewichtete Summe der Kosten des Vorgängers $K_{i-1,j,k'}$, dem
> logarithmischen Abstand vom Vorgänger zum Knoten und dem logarithmi-
> schen Abstand des Knotens zum Zielwert Z_j. Der Abstand zum Zielwert geht
> mit der Gewichtung $\gamma_3=0.1$ für $SH_j \leq 200$ Millisekunden und $\gamma_3=0.01$ für
> SHj>200 Millisekunden in die Kosten ein. Die anderen beiden Summanden
> gehen mit der Gewichtung $\gamma_1=\gamma_2=1$ in die Kosten ein.

b)

4.2.5 Normierungsoperationen und Extraktion der Tonhöhenmerkmale

Nach der frameweisen Berechnung der Grundfrequenzschätzwerte müssen aus diesen Werten für jeden Silbenkern Merkmale abgeleitet werden, die Veränderungen der Tonhöhe wiedergeben. Vorher können verschiedene Normierungsmaßnamen durchgeführt werden, z.B. um einige der intrinsischen Eigenschaften auszugleichen. Da das Prosodie-Modul in EVAR als eigenständiges Modul konzipiert ist, sollte eine datengetriebene (bottom up) Erstellung der Betonungsbeschreibung ermöglicht werden. Daher sind lautspezifische Normierungsmaßnahmen an dieser Stelle sehr schwierig, selbst unter Verwendung der Ergebnisse des Akustik-Phonetik-Moduls. Sie können aber z.B. in einer Verifikationsphase (z.B. prosodische Verifikation und Interpretation einer Satzhypothese) berücksichtigt werden.

Hier soll nur auf eine globale Normierungsoperation eingegangen werden: die **Halbtontransformation.** Ansätze zur Entfernung mikroprosodischer Effekte an SL/SH-Grenzen sowie zur Normierung der F_0-Kontur in Bezug auf die Deklination (Kap.2.7.1) werden zur Zeit implementiert und in [STALLWITZ 89] beschrieben.

Für die weitere Verarbeitung werden die Hz-Werte nach der Formel

$$HT(i) = \frac{12}{\ln(2)} \cdot \ln(F_0)$$

in Halbtöne bezüglich der Frequenz 1 Hz umgewandelt. Man erkennt sofort, daß die Differenz zwischen einem Hz-Wert hz und dem um eine Oktave höheren doppelten Hz-Wert $hz' = 2 \cdot hz$ zwölf Halbtöne beträgt.

Für diese Normierung spricht, daß in Wahrnehmungsexperimenten für den Bereich unter 500 Hz (also dem Bereich der Grundfrequenz der menschlichen Stimme) ein Ton mit doppelter Frequenz als doppelt so hoch empfunden wurde ([ZWICKER 67, S.78ff]). Weiterhin ist der Stimmumfang (range) für Sprecher mit hoher Stimmlage höher als für Sprecher mit niedriger. Bild 4.30 zeigt für 1999 Äußerungen der vier Modus-Fokus-Korpora (Kap.3.4) den Stimmumfang der Äußerung in Abhängigkeit von der Stimmlage der Äußerung. Die restlichen 75 der insgesamt 2074 Äußerungen wurden wegen Laryngalisierung ausgesondert. Der Stimmumfang wurde mit der Differenz aus maximalem und minimalem Grundfrequenzwert abgeschätzt, die Stimmlage mit dem Mittelwert aus Onset (F_0 am Äußerungsanfang), Offset (F_0 am Äußerungsende), F_0-Maximum und F_0-Minimum. In Bild 4.30a sind Stimmlage und Stimmumfang in Hz aufgetragen, in Bild 4.30b in Halbtönen. Die durchgezogene Linie ist jeweils die Regressionsgerade. Durch die Halbtontransformation werden Stimmumfang und Stimmlage weitestgehend dekorreliert: Der Korrelationskoeffizient beträgt für die Hz-Werte 0.7 und für die Halbton-Werte -0.07.

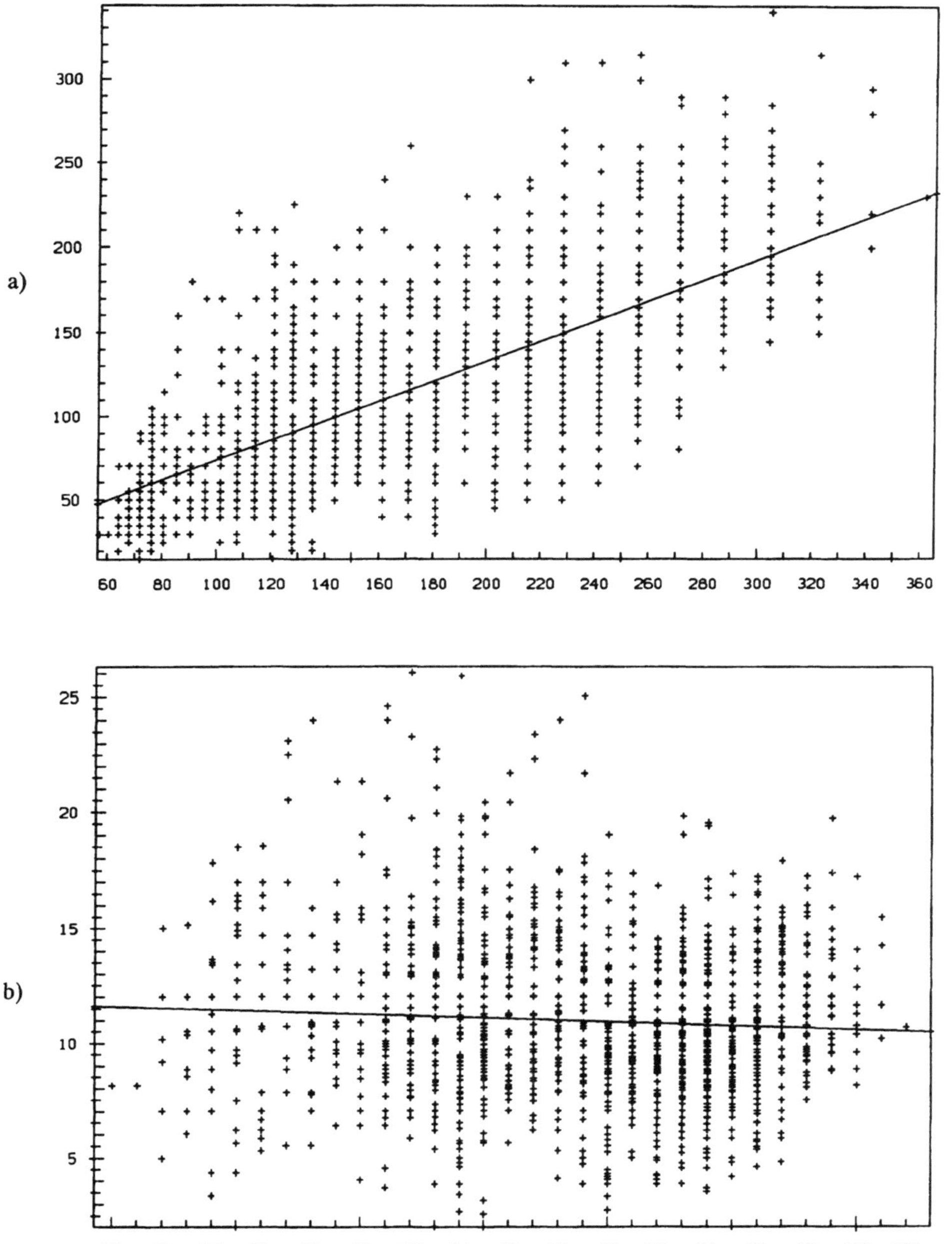

Bild 4.30 Darstellung des Stimmumfangs (Y-Achse) in Abhängigkeit von der Stimmlage (X-Achse) für 1999 Äußerungen von 12 Sprechern. Bild 4.30a zeigt die Werte in Hz, Bild 4.30b in Halbtönen.

Ob die "gehöradäquate" Halbtontransformation tatsächlich eine bessere Repräsentation des Tonhöhenkorrelats Grundfrequenz gewährleistet, ist allerdings noch Gegenstand der Forschung. Betrachtet man für dasselbe Korpus von 1999 Sätzen den Stimmumfang getrennt für Frauen und Männer, so beträgt er bei den Frauen 146 Hz bzw. 10.3 Halbtöne, bei den Männern 91 Hz bzw. 11.7 Halbtöne, was ein Hinweis auf eine "Übernormierung" sein könnte (siehe Kap.6.2 und [BATLINER 89a] zur Klassifikation von Fragen und Nicht-Fragen mit Hz- und Halbton-Werten sowie [RIETVIELD 85] zur Frage, ob die Betonungswahrnehmung eher einer Hz- oder Halbton-Skala folgt). Ob die Grundfrequenz-Werte in Hz oder Halbtönen weiterverarbeitet werden, ist daher in dem hier beschriebenen Modul über eine Option steuerbar.

Es wurde schon mehrfach erwähnt, daß für die Wahrnehmung der Betonung nicht so sehr die absoluten Werte, sondern die relativen Werte im Vergleich zur direkten Umgebung entscheidend sind. Daher werden für jeden Silbenkern Merkmale berechnet, die dann in Relation zu den Merkmalen der beiden benachbarten Silbenkerne betrachtet werden.

Zur Beurteilung der prosodischen Eigenschaft Tonhöhe werden für die Silbenkerne zwei Merkmale berechnet, mit denen die Stimmführungsfiguren *Tonbruch* und *Schleifton* modelliert werden sollen:

1) Eine Tonhöhenveränderung, die innerhalb weniger Perioden sehr abrupt verläuft, wird in [ROYÉ 83] als Tonbruch bezeichnet. Ein Tonbruch im eigentlichen Sinn, d.h. ein Sprung in der Grundfrequenzkontur von einer Periode zur nächsten, kommt fast nie vor. Die meisten Tonbrüche lassen sich so charakterisieren, daß zu Beginn/Ende eines SH-Bereiches in einem sehr kurzen Bereich von ca. 30 Millisekunden sich die Grundfrequenz auf ein deutlich höheres/tieferes Niveau bewegt und im restlichen Teil des SH-Bereich vergleichsweise konstant ist. Somit läßt sich der Tonbruch dadurch modellieren, daß die durchschnittliche Grundfrequenz für jeden Silbenkern berechnet wird und mit den Durchschnittswerten der benachbarten Silbenkerne verglichen wird.

   Sei SK_i ein Silbenkern, der von Frame $fr_{i,1}$ bis Frame $fr_{i,n}$ geht. Sei $f0_{i,j}$ der Grundfrequenzschätzwert in Hz oder Halbtönen für Frame $fr_{i,j}$. Dann ist

$$AVF0_i = \frac{1}{n} \sum_{j=1}^{n} f0_{i,j}$$

   der Mittelwert der Grundfrequenzschätzwerte für den Silbenkern SK_i, und

$$NIVF0_i = MAX((AVF0_i - AVF0_{i-1}), (AVF0_i - AVF0_{i+1}))$$

   nimmt positive Werte an, falls die durchschnittliche Grundfrequenz des Silbenkerns SK_i höher ist als die von mindestens einem der beiden direkt benachbarten Silbenkerne. Mit diesem Maß können die beiden mit Abstand am häufigsten auftretenden relevanten Tonbrüche, der steigende Vorakzent-Stimmbruch und der fallende Nachakzent-Tonbruch, erfaßt werden.

2) Weit häufiger als der Tonbruch ist der Schleifton zu beobachten. Dabei ändert sich die Grundfrequenz innerhalb des Silbenkerns. Die Veränderung kann *steigend, fallend, steigend-*

fallend und *fallend-steigend* verlaufen. Um diese Tonhöhenveränderung zu beschreiben, wird der Verlauf der Grundfrequenzschätzwerte innerhalb einer Silbe durch Liniensegmente approximiert. Dabei wird das in [LANG 87] beschriebene Verfahren eingesetzt. Bei diesem Ansatz wird zunächst die Ausgleichsgerade durch die Grundfrequenzschätzwerte eines Silbenkerns berechnet. Mit dem in [NIEMANN 74, S.63ff] beschriebenen Verfahren werden die optimalen Koeffizienten a,b und c der allgemeinen Geradengleichung

$$ax + by = c, \qquad a^2 + b^2 > 0$$

berechnet. Nimmt man als X-Koordinate den Index eines Frames und als Y-Koordinate den Grundfrequenzschätzwert des Frames (Nomenklatur wie unter Punkt 1), so ergibt sich der mittlere quadratische Ordinatenabstand d_i der Grundfrequenzschätzwerte des Silbenkerns SK_i von der Ausgleichsgeraden als

$$d_i = \frac{1}{n} \sum_{j=1}^{n} \left(\frac{a_i}{b_i} fr_{i,j} + f0_{i,j} - \frac{c_i}{b_i}\right)^2$$

Überschreitet dieser Abstand eine vorgegebene Schwelle, so wird angenommen, daß in dem Silbenkernbereich eine doppelte Stimmführungsfigur vorliegt. In diesem Fall werden zwei Geraden iterativ berechnet, indem für $1 < j < n$ zwei Linien durch die Punkte $(fr_{i,1}, f0_{i,1})$, $(fr_{i,j}, f0_{i,j})$, $(fr_{i,n}, f0_{i,n})$ gelegt werden. Ausgewählt wird das Geradenpaar mit den Koeffizienten $a_{i,1}$, $b_{i,1}$, $c_{i,1}$ und $a_{i,2}$, $b_{i,2}$, $c_{i,2}$, für das der Ordinatenabstand minimal wird. Als Maß STG_i für die Grundfrequenzveränderung innerhalb eines Silbenkerns wird der Absolutwert der größten Steigung der für die Approximation benutzten Geraden verwendet, also

$$STG_i = \begin{cases} |a_i/b_i| & \text{falls eine Gerade verwendet wird} \\ MAX(|a_{i,1}/b_{i,1}|, |a_{i,2}/b_{i,2}|) & \text{falls zwei Geraden verwendet werden} \end{cases}$$

Durch die Betragsbildung wird der Tatsache Rechnung getragen, daß die Akzentuierung sowohl durch Anheben als auch durch Absenken der Stimme markiert werden kann.

Im Gegensatz zu den anderen Merkmalen, die für die Akzentbewertung berechnet werden, wird das Merkmal STG nicht in Relation zum Verhalten des Merkmals in den beiden benachbarten Silbenkernen gesetzt.

In [LANG 87] wird aufgrund dieser Approximation noch eine Gesamtkontur erstellt. Dabei wird mit Hilfe von Schwellwerten entschieden, ob der Bereich zwischen dem Endpunkt $(fr_{i,n}, f0_{i,n})$ eines Silbenkerns und dem Anfangspunkt $(fr_{i+1,1}, f0_{i+1,1})$ des nachfolgenden Silbenkerns "schleifend" durch eine Linie verbunden wird oder "tonbruchartig" durch eine Linie von $(fr_{i,n}, f0_{i,n})$ nach $(fr_{i+1,1}, f0_{i,n})$ sowie durch eine Linie von $(fr_{i+1,1}, f0_{i,n})$ nach $(fr_{i+1,1}, f0_{i+1,1})$. Bereiche, in denen ein Schleifton angenommen wird, werden zusätzlich geglättet. Auf diesen Teil der Kontur-Stilisierung soll hier nicht weiter eingegangen werden.

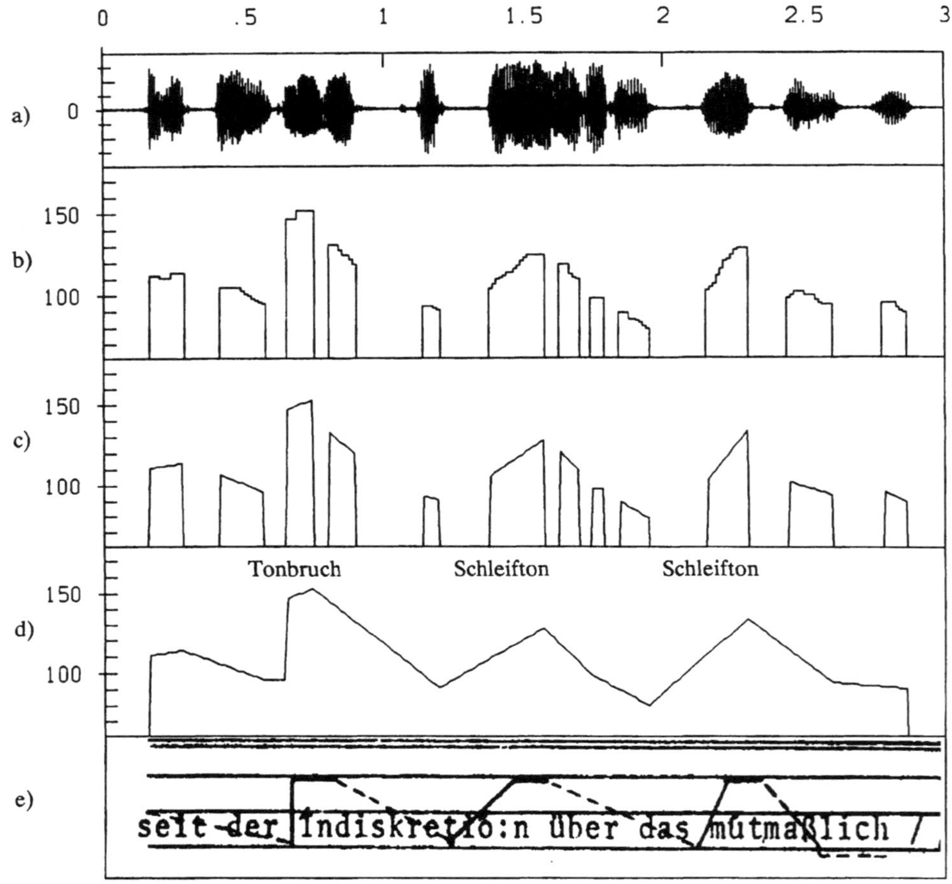

Bild 4.31: Stilisierung der Grundfrequenzkontur mit stückweise linearen Funktionen am Beispiel der Äußerung *"seit der Indiskretion über das mutmaßlich ..."*

a) Sprachsignal
b) geglättete Grundfrequenzschätzwerte in Hz (die Grundfrequenzwerte sind nur für die Silbenkernbereiche dargestellt)
c) mit maximal 2 Linien approximierter Grundfrequenzverlauf innerhalb der Silbenkerne
d) daraus abgeleitete Stilisierung der Grundfrequenzkontur mit Linienelementen
e) Transkription des Tonhöhenverlaufs aus [ROYÉ 83, S.183]

Bild 4.31 zeigt einen Ausschnitt aus dem Royé-Korpus, in dem ein Tonbruch und zwei Schleiftöne zu sehen sind. Unter dem Sprachsignal (4.31a) sind die Grundfrequenz-Schätzwerte für die Analysefenster innerhalb der Silbenkerne aufgetragen (4.31b). Die Approximation der F_0-Kontur innerhalb der Silbenkerne mit maximal zwei Linien ist in 4.31c zu sehen (aus der Steigung der Linien ergibt sich das Merkmal STG). Die Transkription des Tonhöhenverlaufs nach [ROYÉ 83] ist in 4.31e dargestellt. Bild 4.31d zeigt zusätzlich die nach [LANG 87] berechnete Stilisierung der Grundfrequenzkontur mit Linienelementen.

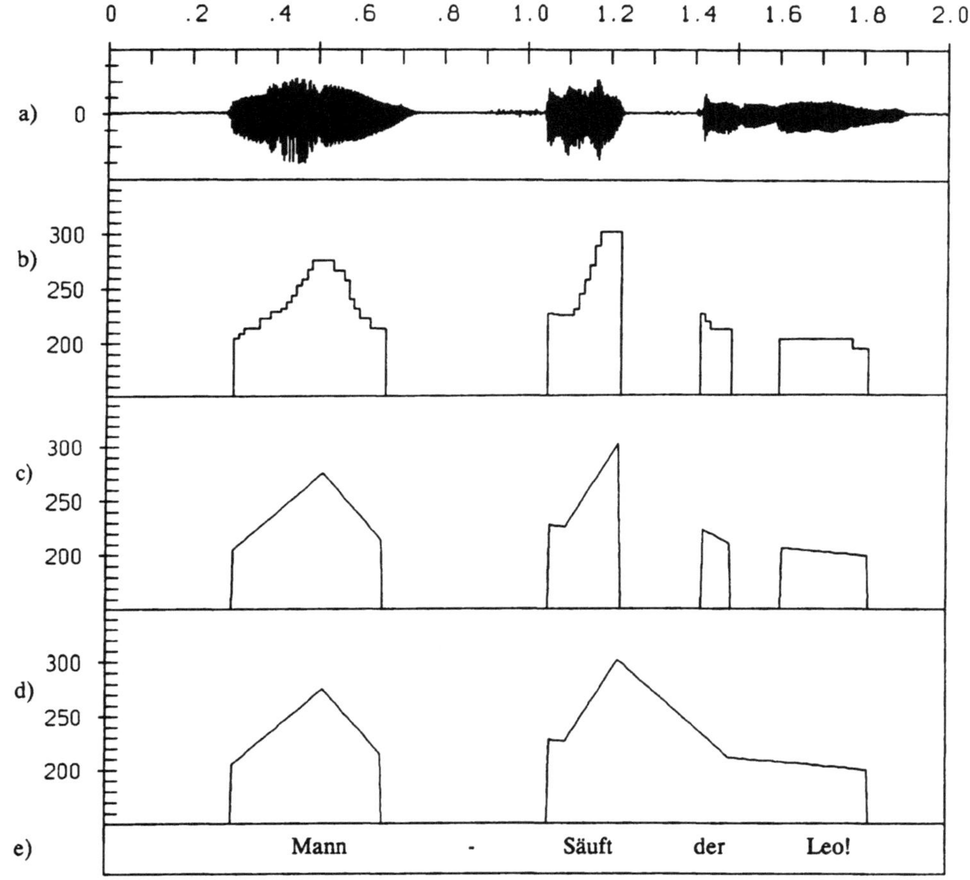

Bild 4.32: Stilisierung der Grundfrequenzkontur mit stückweise linearen Funktionen am Beispiel der Äußerung *"(Gestern war ich mit dem Leo im Wirtshaus.) Mann - säuft der Leo!"*

a) Sprachsignal
b) geglättete Grundfrequenzschätzwerte in Hz (die Grundfrequenzwerte sind nur für die Silbenkernbereiche dargestellt)
c) mit maximal 2 Linien approximierter Grundfrequenzverlauf innerhalb der Silbenkerne
d) daraus abgeleitete Stilisierung der Grundfrequenzkontur mit Linienelementen
e) orthographische Transkription der Äußerung

Bild 4.32 zeigt mit derselben Bildaufteilung eine Äußerung aus dem Leo-Korpus als Beispiel für einen steigend-fallenden Schleifton, der innerhalb eines Silbenkerns verläuft und mit zwei Linien approximiert werden muß. Dargestellt ist der Verb-Erst-Exklamativsatz *"Säuft der Leo!"* sowie das Wort *"Mann"* des zugehörigen Kontextsatzes *"Gestern war ich mit dem Leo im Wirtshaus. Mann - "*. (In Bild 4.32e ist lediglich die orthographische Transkription dargestellt.)

4.3 Dauermerkmale

Im Vergleich zur Besprechung der Merkmalberechnung für das Akzentuierungsmittel Tonhöhe sind die Unterkapitel für die Merkmale zur zeitlichen Strukturierung und zur Lautheit sehr kurz. Damit soll keine Wertung der Wichtigkeit ausgedrückt werden. Vielmehr werden durch die Silbenkerndetektion (Kap.4.1) schon mehrere sehr wichtige Schritte bei der Berechnung von Dauer- und Lautheitsmerkmalen durchgeführt.So sind die Silbenkernlänge und die sonorante Energie schon besprochen worden.

Grundlage der Merkmalberechnung für die prosodische Eigenschaft *zeitliche Strukturierung* ist die Länge des Silbenkerns. Ausgehend von den Tatsachen, daß

- betonte Silben i.allg. gedehnt werden
- die meisten der kurzen geschlossenen Vokale nie in betonter Stellung auftreten ([DUDEN 73, S.36])
- im Deutschen bei mehrsilbigen Wörtern die Silbenstruktur *Silbe mit Langvokal gefolgt von Wortakzentsilbe* so gut wie nie auftritt (Kap.2.7.3)

wird als Dauermerkmal gemessen, ob der aktuelle Silbenkern länger ist als der Durchschnitt der Silbenkernlängen der beiden benachbarten Silbenkerne.

Sei n_i die Länge des aktuellen Silbenkerns, dann ist das Dauermerkmal DAU_i definiert als

$$DAU_i = 2n_i - n_{i-1} - n_{i+1}$$

Eine getrennte Betrachtung von Lang- und Kurzvokalen sowie eine Normierung der Einflüsse der Lautumgebung wird nicht durchgeführt. Da das Prosodie-Modul als eigenständiges Modul eine datengetriebene Analyse durchführen soll, liegt die Information zur Korrektur der Kontexteinflüsse nicht vor. Auch nach dem Vergleich der Silbenkerne mit der Segmentierung durch das Akustik-Phonetik-Modul (Kap.4.1.3) ändert sich an dieser Tatsache nichts. Eine bessere Betrachtung von Kontextinformation ergibt sich in einer Verifikationsphase, da hier (unter der Annahme, daß eine zu verifizierende Hypothese zutrifft) nicht nur Information über die Lautumgebung, sondern auch syntaktische, semantische und pragmatische Information über die Hypothese vorliegt. Somit kann die Dauer eines Silbenkerns in einer Verifikationsphase z.B. unter der Annahme betrachtet werden, daß es sich um ein *langes offenes e* in einem *Verb* handelt, die Nachbarsilbe zu einem *Funktionswort* gehört und die Äußerung mit der *Sprechgeschwindigkeit* "Anzahl Silben in der Standardaussprache der Hypothese / Dauer der Hypothese" gesprochen wurde.

4.4 Lautheitsmerkmale

Für die Lautheitsmerkmale gilt ähnliches wie für das Dauermerkmal. Auch hier ist mit dem sonoranten Bandpaß von 300 bis 2300 Hz bereits ein Energiemaß pro Frame beschrieben worden, das für die Berechnung von Lautheitsmerkmalen verwendet werden kann.

Die Berechnung der Kurzzeit-Energie ist bei weitem nicht so kompliziert wie die Berechnung der Grundfrequenz und die Segmentierung des Sprachsignals. Daher ist der Parameter *sonorante Energie* auch mit wesentlich weniger Fehlern behaftet. Dem steht allerdings gegenüber, daß die Unterschiede in den intrinsischen Werten der einzelnen Vokale sich für die Energie am stärksten auswirken (siehe Kap.2.7.4).

Problematisch sind insbesondere der systematisch unbetonte Zentralvokal (/ER/ wie z.B. in *"bitte"*) und das vokalisierte R-Allophon (/AJ/ wie z.B. in *"nur"*). Der Zentralvokal hat eine hohe intrinsische Energie, ist aber im Deutschen systematisch unbetont. Das vokalisierte R-Allophon ist datengetrieben so gut wie nicht vom Silbenkern trennbar. Dies führt häufig zu einem zu hohen Wert für die Lautheitsmerkmale (und für das Dauermerkmal).

Als Merkmale zur Beschreibung der Lautheit werden zwei Parameter pro Silbenkern berechnet und mit derselben Verarbeitungsvorschrift in Relation zu den Nachbarsilbenkernen gesetzt: die maximale Energie und das Energie-Integral. Sei $E_{i,j}$ die sonorante Energie des j-ten Frames im i-ten Silbenkern (Nomenklatur wie oben). Dann sind ME_i und SE_i definiert als

$$ME_i = Max(E_{i,1}, \ldots, E_{i,n})$$

$$SE_i = \sum_{j=1}^{n} E_{i,j}$$

Mit der Verknüpfungsvorschrift

$$MAXE_i = ME_i/ME_{i-1} + ME_i/ME_{i+1} - 2$$

bzw.

$$SUME_i = SE_i/SE_{i-1} + SE_i/SE_{i+1} - 2$$

werden zwei Lautheitsmerkmale berechnet, die angeben, ob die maximale Energie bzw. das Energie-Integral der aktuellen Silbe größer ist als der Durchschnitt der beiden benachbarten Silbenkerne.

5 Erstellung einer Betonungsbeschreibung

Im letzten Kapitel wurden Algorithmen zur Merkmalberechnung vorgestellt. In diesem Kapitel wird die Erstellung einer Betonungsbeschreibung besprochen, die auf den beschriebenen fünf Merkmalen aufbaut. Die Aufgabe, für jeden Silbenkern i eine Abbildung

$$\text{Merkmal1}_i \times \text{Merkmal2}_i \times \text{Merkmal3}_i \times \text{Merkmal4}_i \times \text{Merkmal5}_i \rightarrow \{ \textit{betont} , \textit{unbetont} \}$$

zu erstellen, wird stufenweise gelöst. Zunächst werden die Merkmalausprägungen mit Hilfe der *Theorie der vagen Mengen (fuzzy set theory)* bewertet (zum Einsatz von vagen Mengen in der Sprachverarbeitung siehe [DE MORI 83]). Die Bewertungsfunktionen $U1_{BR}, \ldots, U5_{BR}$ sind Trapezfunktionen und können als *charakteristische Funktionen (fuzzy membership functions)* verstanden werden: Die Wertebereiche der Merkmale

- NIVFO — die durchschnittliche Grundfrequenz im Vergleich mit dem Durchschnitt der benachbarten Silben
- STG — die Veränderung der Grundfrequenz innerhalb des Silbenkerns
- DAU — die Länge des Silbenkerns im Vergleich mit der Länge der benachbarten Silbenkerne
- MAXE — die maximale Energie im 300-2300-Hz-Band im Vergleich zum entsprechenden Maximum der benachbarten Silbenkerne
- SUME — das Energie-Integral im 300-2300-Hz-Band im Vergleich mit dem entspechenden Integral der benachbarten Silbenkerne

sind mit Hilfe je einer charakteristischen Funktion Uj_{BR} auf die Menge "**B**etonungs**R**elevanz von Merkmalwerten" abzubilden.

Nimmt z.B. die Funktion $U2_{BR}(STG_i)$ einen Wert von 0 an, so steht dies für die Aussage:

> Die Veränderung der Grundfrequenz innerhalb der Silbe i, repräsentiert durch das Merkmal STG_i, liefert keinen Beitrag zur Betonungsmarkierung mit der prosodischen Eigenschaft Tonhöhe.

Nimmt $U2_{BR}(STG_i)$ einen Wert von 1 an, so steht dies für die Aussage:

> Die Veränderung der Grundfrequenz innerhalb der Silbe i, repräsentiert durch das Merkmal STG_i, liefert einen sehr starken Beitrag zur Betonungsmarkierung mit der prosodischen Eigenschaft Tonhöhe.

Die Bewertungen der Parameter, die eine prosodische Eigenschaft repräsentieren, werden mit der *Vereinigungsfunktion für vage Mengen* zu einer weiteren charakteristischen Funktion zusammengefaßt. Diese gibt an, welchen Beitrag die prosodische Eigenschaft zur Gesamtbetonung leistet. Aus den drei Einzelbewertungen für die prosodischen Eigenschaften Tonhöhe, zeitliche Strukturierung und Intensität wird, wiederum über eine charakteristische Funktion, eine Bewertung des Grades der Akzentuierung der jeweiligen Silbe erstellt.

Bei dieser Vorgehensweise kann über eine einfache Intervallbildung eine Einteilung in n Betonungsstufen erstellt werden, also z.B.

für n=2 [0,1] → { *betont* , *unbetont* }

oder für n=4 [0,1] → { *stark betont* , *betont* , *neutral* , *unbetont* }

Im Gegensatz zu einer direkten Abbildung

Parameterausprägungen ⟶ Bewertungsstufen

bleibt die Information über den Beitrag der einzelnen prosodischen Eigenschaften erhalten, da neben der Gesamtbewertung auch die Bewertung der drei prosodischen Eigenschaften weitergegeben wird. Die stufenweise Ermittlung der Betonungsbeschreibung bietet außerdem den Vorteil der einfachen Erweiterung und Änderung. So ist z.B. bei der Verwendung von Hz- statt Halbton-Werten bei den Tonhöhen-Merkmalen lediglich die entsprechende Funktion zur Merkmalbewertung zu ändern, die beiden anderen Bewertungsebenen bleiben unberührt.

Bei der Verwendung von *vagen Mengen* werden die charakterischen Funktionen üblicherweise heuristisch festgelegt. Es sind auch Parametertraining und -adaption möglich ([DE MORI 83]).

Bild 5.1 zeigt das Vorgehen bei der Erstellung der Betonungsbeschreibung für jeden Silbenkern aufgrund der Merkmalausprägungen.

Merkmal-ausprägung	Merkmal-bewertung	Bewertung der prosodischen Eigenschaft	Bewertung der Gesamtbetonung
NIVFO →	0 ... 1 ↘	0 ... 1 ↘	
STG →	0 ... 1 ↗		
DAU →	0 ... 1 →	0 ... 1 →	0 ... 1
MAXE →	0 ... 1 ↘	0 ... 1 ↗	
SUME →	0 ... 1 ↗		
	↑ ↑ nicht ... sehr relevanter Merkmalwert	↑ ↑ kein ... starker Beitrag zur Gesamtbetonung	↑ ↑ unbetont ... sehr stark betont

Bild 5.1: Stufenweise Berechnung der Betonungsbeschreibung mit der Theorie der vagen Mengen.

5.1 Bewertung der Merkmale

Da die Vorgehensweise bei der Abbildung der Merkmalausprägungen auf die charakteristischen Funktionen Uj_{BR} für alle Merkmale identisch ist, wird im folgenden lediglich die Abbildung des Merkmals MAXE besprochen, d.h. die maximale Energie eines Silbenkerns im sonoranten Energieband im Vergleich zu der maximalen Energie der beiden benachbarten Silbenkerne. Wie in Kap.4.4 bereits ausgeführt, nimmt $MAXE_i$ positive Werte an, wenn die maximale Energie eines Silbenkerns i größer ist als der Durchschnitt der maximalen Energie der benachbarten Silbenkerne. Daher wird die charakteristische Funktion $U4_{BR}(MAXE_i)$ für $MAXE_i \leq 0$ auf 0 gesetzt. Ist die maximale Energie eines Silbenkerns um den Faktor 1.3 größer als der Durchschnitt der maximalen Energie-Werte der benachbarten Silbenkerne ($MAXE_i \geq 0.3$), so wird angenommen, daß es sich um einen relevanten Merkmalwert handelt. Ist $MAXE_i \geq 4$, so sinkt die charakteristische Funktion wieder, da bei einem solch hohen Unterschied zum linken und zum rechten Nachbarn vermutet wird, daß es sich um einen Fehler in der Silbenkerndetektion handelt. Für $MAXE_i \geq 5$ wird angenommen, daß es sich sicher um einen Berechnungsfehler handelt. Somit ergibt sich die charakteristische Funktion zu

$$U4_{BR}(MAXE_i) = \begin{cases} 0 & \text{für } MAXE_i \leq 0 \\ MAXE_i \cdot 10/3 & \text{für } 0 < MAXE_i < 0.3 \\ 1 & \text{für } 0.3 \leq MAXE_i \leq 4 \\ -MAXE_i + 5 & \text{für } 4 < MAXE_i < 5 \\ 0 & \text{für } 5 \leq MAXE_i \end{cases}$$

Bild 5.2 zeigt die charakteristische Funktion für das Merkmal MAXE. Die Berechnung der charakteristischen Funktionen für die anderen Merkmale geschieht analog.

5.2 Bewertung der prosodischen Eigenschaften

Aus den Bewertungsfunktionen für die Merkmale sind Bewertungsfunktionen für die Akzentuierungsmittel Tonhöhe, zeitliche Strukturierung und Lautheit zu erstellen. Das Prosodie-Modul soll auch als eigenständiges Modul arbeiten können, d.h. ohne auf das Wissen des Akustik-Phonetik-Moduls über die Vokalklasse der zu bewertenden Silbenkerne zuzugreifen. Daher wird das Akzentuierungsmittel Klangfarbe bei der datengetriebenen Betonungsbeschreibung nur soweit berücksichtigt, als konsonantische Silbenkerne automatisch als unbetont eingestuft werden. Konsonantische Silbenkerne sind solche, die aufgrund der Energie im Frequenzband 100-300 Hz detektiert werden (siehe Kap.4.1.2).

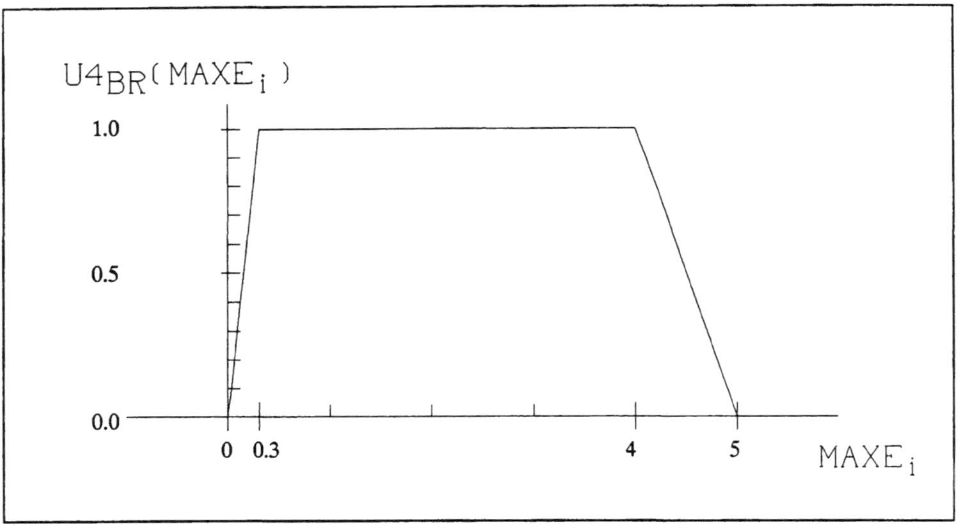

Bild 5.2: Charakteristische Funktion für die Bewertung des Energiemaximums eines Silbenkerns im Vergleich mit den Energiemaxima der beiden benachbarten Silbenkerne.

Die charakteristischen Funktionen $U_{MA}(i)$ (≙ der prosodischen Eigenschaft *Tonhöhe*), $U_{TA}(i)$ (≙ der prosodischen Eigenschaft *zeitliche Strukturierung*) und $U_{DA}(i)$ (≙ der prosodischen Eigenschaft *Lautheit*) für die Mengen der Melodisch, Temporal und Dynamisch Akzentuierten Silbenkerne werden ebenfalls mit der Algebra der vagen Mengen gebildet. Sie ergeben sich aus der Vereinigung der charakteristischen Funktionen für die entsprechenden Merkmale (im Fall der zeitlichen Strukturierung, bei der nur ein Merkmal berechnet wird, handelt es sich um die identische Abbildung):

$$U_{MA}(i) = MAX(U1_{BR}(NIVFO_i) , U2_{BR}(STG_i))$$

$$U_{TA}(i) = U3_{BR}(DAU_i)$$

$$U_{DA}(i) = MAX(U4_{BR}(MAXE_i) , U5_{BR}(SUME_i))$$

5.3 Bewertung der Gesamtbetonung

Aus den Bewertungen der einzelnen Akzentuierungsmittel ist eine Bewertung der Gesamtbetonung der Silbe zu erstellen. Da i.allg. nicht alle Akzentuierungsmittel eingesetzt werden, wird die charakteristische Funktion $U_{BET}(i)$ der Menge der **BET**onten Silben folgendermaßen berechnet:

- Wurde bei der Silbenkerndetektion ein konsonantischer Silbenkern hypothetisiert, so wird die Betonungsbewertung 0 zugewiesen.
- Falls mindestens zwei der drei Einzelbewertungen eines vokalischen Silbenkerns über einer Signifikanzschwelle S (S wurde heuristisch auf 0.85 festgelegt) liegen, wird die Gesamtbewertung auf 1 gesetzt. Ansonsten wird das arithmetische Mittel der drei Einzelbewertungen gebildet.

Somit ergibt sich $U_{BET}(i)$ zu

$$U_{BET}(i) = \begin{cases} 0 & \text{falls ein konsonantischer Silbenkern hypothetisiert wurde} \\ 1 & \text{falls MEDIAN}(U_{MA}(i), U_{TA}(i), U_{DA}(i)) \geq S \\ (U_{MA}(i)+U_{TA}(i)+U_{DA}(i)) \,/\, 3 & \text{sonst} \end{cases}$$

Bild 5.3 verdeutlicht noch einmal das Vorgehen bei der Silbenkerndetektion (ohne Abgleich mit den Ergebnissen des Akustik-Phonetik-Moduls) und bei der Berechnung der Betonungsbeschreibung.

Sprachsignal

↓

Berechnung der logarithmischen spektralen Energie in drei Frequenzbändern:

300-2300 Hz 2300-5000 Hz 100-300 Hz

↓

Glättung mit einem Medianfilter der Länge 5

↓

Detektion lokaler Maxima im 300-2300-Hz-Band und Markierung als Silbenkerne

↓

Elimination von Kernen mit höherer Energie im 2300-5000-Hz-Band

↓

Ermittlung lokaler Maxima im 100-300-Hz-Band und Markierung als reduzierte Silbenkerne (falls sie keinen vokalischen Silbenkern berühren)

↓

für jeden Silbenkern:

Berechnung einer Betonungszahl zwischen

0 ≙ unbetont und

1 ≙ stark betont

aufgrund der folgenden Merkmale des Silbenkerns:

- Durchschnittliche Grundfrequenz im Vergleich mit dem Durchschnitt der benachbarten Silbenkerne
- Veränderung der Grundfrequenz innerhalb des Silbenkerns

--> prosodische Eigenschaft **Tonhöhe**

- Länge des Silbenkerns im Vergleich mit der Länge der benachbarten Silbenkerne

--> prosodische Eigenschaft **zeitliche Strukturierung**

- Maximale Energie im 300-2300-Hz-Band im Vergleich zum Maximum der benachbarten Silbenkerne
- Energie-Integral im 300-2300-Hz-Band im Vergleich mit dem Integral der benachbarten Silbenkerne

--> prosodische Eigenschaft **Lautheit**

(konsonantischen Silbenkernen wird die Betonungszahl 0 zugewiesen)

Bild 5.3: Detektion der Silbenkerne und Berechnung einer Betonungszahl für jeden Silbenkern.

6 Experimentelle Untersuchungen zum Einsatz der prosodischen Information in einem sprachverstehenden System

In diesem Kapitel werden einige Untersuchungen vorgestellt, die im Rahmen der Arbeit am Prosodie-Modul des sprachverstehenden Systems EVAR durchgeführt wurden. In Kap.6.1 werden Ergebnisse zu den in Kap.4.2.3 und Kap.4.2.4 beschriebenen F_0-Algorithmen beschrieben. Die Klassifikation von Fragen und Nicht-Fragen anhand intonatorischer Mittel, genauer gesagt anhand von aus dem Grundfrequenzverlauf extrahierten Merkmalen, ist in Kap.6.2 beschrieben. Kap.6.3 befaßt sich mit den Ergebnissen zur Silbenkerndetektion aufgrund der spektralen Energie (Kap.4.1.2) sowie den Ergebnissen zur automatischen Betonungsbeschreibung. Untersuchungen zur prosodischen Wortakzent-Verifikation sowie zur prosodischen Lexikoneinschränkung an Satzakzent-Stellen werden in Kap.6.4 und Kap.6.5 diskutiert. Kap.6.6 geht auf die Auswirkung des in Kap.4.1.3 beschriebenen Segmentierers auf die Worterkennung ein.

6.1 Fehleranalyse für die Grundfrequenzbestimmung

Im Rahmen von [HEUNISCH 86] wurden das AMDF- (Kap.4.2.3.5) und das Seneff-Verfahren (Kap.4.2.3.6) implementiert. Aufbauend auf diesen Verfahren wurde in [KOMPE 89b] ein eigenes Mehrkanalverfahren entwickelt (Kap.4.2.4). Eine Fehleranalyse für die drei Algorithmen wurde in [KOMPE 89b] durchgeführt. Hier soll nur auf die wichtigsten Ergebnisse eingegangen werden.

Bei der Betrachtung von Grundfrequenzalgorithmen sind drei Fehlerklassen zu unterscheiden:

1) Von SH/SL-Fehlern spricht man, wenn stimmhaft erzeugte Teile einer Äußerung als stimmlos klassifiziert werden bzw. wenn stimmlose als stimmhaft klassifiziert werden. Beispielhaft wird das Verhalten der dritten (die *Sonoranten-Entscheidung* ergibt sich aus der Summe der abgeschätzten *a posteriori-Wahrscheinlichkeiten* der sonoranten Lautkomponenten) und vierten (das in [KIESSLING 89] implementierte Schwellwertverfahren arbeitet auf Strukturmerkmalen des Zeitsignals) SH/SL-Entscheidung aus Kap.4.2.3.1 für die EVAR-Stichprobe (Kap.3.1) vorgestellt.
2) Von Feinfehlern spricht man, wenn der Grundfrequenzschätzwert zwar von dem tatsächlichen Grundfrequenzwert abweicht, aber die Grundfrequenzkontur nicht verfälscht wird. Feinfehler sind in erster Linie auf Auflösungsungenauigkeiten zurückzuführen. So beträgt z.B. der Abstand zwischen zwei Fourier-Koeffizienten bei den für die Untersuchungen verwendeten Parametereinstellungen (FFT-Länge, etc.) 8.9 Hz. Mit dem in [KIESSLING 89] beschriebenen interaktiven Verfahren wurden bei 24 Äußerungen des Fokus-Korpus die Grundperioden markiert. Die Werte wurden von zwei Phonetikern korrigiert. Anhand dieser Referenzkonturen wird das Feinfehlerverhalten der drei Grundfrequenzalgorithmen diskutiert.
3) Als Grobfehler werden die Fehler bezeichnet, bei denen durch den Fehler die Grundfrequenzkontur verfälscht wird. Die Grobfehler der drei Algorithmen werden für die Dialog-

(Kap.3.2), die Fokus- (Kap.3.4.1) und die Leo-Stichprobe (Kap.3.4.2) diskutiert. Als Referenzkonturen wurden die per Hand korrigierten Mingogramme der Äußerungen verwendet.

6.1.1 SH/SL-Fehler

Zur EVAR-Stichprobe existiert für jeden Frame eine Handklassifikation nach Lautkomponenten, die in [REGEL 88] ausführlich beschrieben ist. Zusätzlich zu der Lautkomponentenklasse ist für jeden Frame vermerkt, ob es sich bei dem Frame um einen Signalausschnitt aus einem Übergangsbereich zwischen zwei Lauten handelt oder nicht (Rand- und Mitte-Frames). Die Lautkomponenten wurden in drei Klassen eingeteilt:

1) Sonorante Lautkomponentenklassen (Vokale, Nasale und /L./) wurden als stimmhafte Lautkomponenten klassifiziert (SH).
2) Stimmlose Plosive und stimmlose Frikative sowie die Sprechpause wurden als stimmlose Lautkomponenten klassifiziert (SL).
3) Stimmhafte Plosive und stimmhafte Frikative wurden als gemischt angeregt klassifiziert (MIX).

Tabelle 6.1 zeigt die Größe der Stichprobe in Anzahl Frames und in Sekunden, sowie den jeweiligen Anteil der drei Klassen SH, SL und MIX.

	alle Frames				Mitte-Frames			
	SH	MIX	SL	gesamt	SH	MIX	SL	gesamt
Anzahl Frames	24589	6326	14133	45048	15136	3934	10230	29300
Zeit in Sekunden	315	81	181	577	194	50	131	375

Tab. 6.1: Größe der für die Beurteilung der SH/SL-Entscheidungen verwendeten EVAR-Stichprobe in Anzahl Frames und in Sekunden, sowie die Größe der drei Lautoberklassen stimmhaft (SH), stimmlos (SL) und gemischt (MIX) angeregt.

Tabelle 6.2 zeigt für die beiden SH/SL-Entscheidungen, die Sonoranten-Entscheidung und die Schwellwert-Entscheidung nach [KIESSLING 89], den jeweiligen Anteil der drei Lautoberklassen, der als stimmhaft klassifiziert wurde. Dabei wurden folgende Schwellen verwendet (Kap.4.2.3.1):

- SON = 0.1, d.h. die Summe der a posteriori Wahrscheinlichkeiten der sonoranten Lautkomponenten-Klassen muß größer als 0.1 sein
- VUV_1 = 0.3, d.h. ein Frame wird dann als stimmlos klassifiziert, wenn bei mehr als 30 Prozent der Abtastpunkte ein Nulldurchgang vorliegt.

  $VUV_2 = 0.0004 \cdot M^2$, d.h. ein Frame wird dann als stimmlos klassifiziert, wenn das arithmetische Mittel der Amplitudenquadrate weniger als 0.04 Prozent des (theoretisch) maximal möglichen Wertes beträgt.

$VUV_3 = 0.017 \cdot M$, d.h. wenn die größte Amplitude im Frame kleiner als 1.7 Prozent der größtmöglichen ist.

Beide SH/SL-Entscheidungen wurden mit einem Medianfilter der Länge 5 geglättet.

Man erkennt in Tabelle 6.2, daß die SH/SL-Entscheidung nach [KIESSLING 89] bei den verwendeten Schwellwerten wesentlich weicher ist als das Sonoranten-Kriterium. Die Tatsache, daß Sonoranten so gut wie sicher als stimmhaft erkannt werden, erkauft man mit einer höheren Fehlerrate SL nach SH.

Es wird sich zeigen, daß sich diese Tatsache bei dem Mehrkanalverfahren eher positiv auf die Anzahl der Grobfehler auswirkt: Da vor allem sehr kurze stimmlose Bereiche als stimmhaft klassifiziert werden, wird aufgrund der Pfadbeschränkung die F_0-Kontur nicht verfälscht, während die Zahl der Zielwertfehler gesenkt werden kann.

SH/SL Entscheidung		alle Frames			Mitte-Frames		
		SH	MIX	SL	SH	MIX	SL
Sonoranten	SH	94.6	15.3	8.3	98.2	9.0	2.4
Kießling	SH	99.2	49.2	16.6	99.7	44.9	11.1

Tab. 6.2: Anteil der Frames (in Prozent) aus der EVAR-Stichprobe, die gemäß Handklassifikation einer der drei Lautoberklassen stimmhaft (SH), stimmlos (SL) und gemischt (MIX) angehören und vom Sonoranten-Kriterium einerseits und von der SH/SL-Entscheidung nach [KIESSLING 89] andererseits als stimmhaft klassifiziert werden. Alle Frames, die nicht als stimmhaft klassifiziert werden, gehören der Klasse stimmlos an.

6.1.2 Feinfehler

Für die Betrachtung der Feinfehler standen 24 Äußerungen aus der Fokus-Stichprobe als Referenzkonturen zur Verfügung (je zwölf von einem männlichen und einem weiblichen Sprecher). Mit dem in [KIESSLING 89] beschriebenen interaktiven Verfahren wurden automatisch die Grundperioden am positiven Nulldurchgang vor der Leitamplitude markiert. Das Ergebnis wurde von zwei Phonetikern korrigiert. Die Stichprobe umfaßt insgesamt 2474 stimmhafte Frames mit einer Länge von je 12.5 Millisekunden und 5116 markierten Grundperioden, was einer durchschnittlichen Grundfrequenz von 165 Hz entspricht. Da die Grundfrequenz-Schätzwerte über einem Bereich von drei Frames ermittelt werden (37.5 Millisekunden für 16 kHz Signale, 38.4 Millisekunden für 10 kHz Signale), wird der Schätzwert über durchschnittlich neun Grundperioden gebildet. Als Grundfrequenz-Referenzwert R für ein Analyse-Fenster wurde das arithmetische Mittel der Grundfrequenzwerte genommen, die sich aus den vollständigen im Analysefenster enthaltenen Grundperioden ergeben. Als Feinfehler wurden alle Abweichungen angenommen, bei denen der Grundfrequenz-Schätzwert A und der Referenzwert R (in Hz) um weniger als 10 Prozent voneinander abweichen, bei denen also gilt: $0.1 \cdot R > |R-A|$.

Frames mit höheren Abweichungen wurden als Grobfehler klassifiziert. Tabelle 6.3 zeigt für jeden der drei Grundfrequenz-Algorithmen das Feinfehler-Verhalten. Das eigene Mehrkanalverfahren ist mit DPGF (Dynamisch Programmierte GrundFrequenz-Kontur) bezeichnet. Die Feinfehlerauswertung wurde für die ungefilterte Kontur (MED 0) sowie für die mit einem Medianfilter der Länge 3, gefolgt von einem Medianfilter der Länge 5 gefilterte Kontur (MED 3&5) durchgeführt. Als Maß für das Feinfehlerverhalten wurde der Absolutbetrag der Differenz von Referenzwert und Schätzwert in Hz und in Halbtönen verwendet. Die 24 Äußerungen wurden bezüglich der maximalen Abweichung (Max), des Mittelwerts (μ), der Streuung (σ) und der 95%-Schwelle untersucht. Sortiert man die Abstände der Größe nach, so gibt die 95%-Schwelle den größten der 95 Prozent kleinsten Abstände an. Die Spalte "Problem" gibt den prozentualen Anteil der Frames an, bei denen Schätzwert und Referenzwert um mehr als 10 Prozent voneinander abweichen, bei denen also nach dieser vorläufigen Definition ein Grobfehler vorliegt. Diese Fälle gingen in die Spalten Max, μ, σ und 95% nicht ein.

Die Zeile "Periodenschwankg." gibt die "Feinfehler" der Referenzwerte an: Hier wurden für jedes Analysefenster die Abweichungen der Grundfrequenzwerte, die sich aus den einzelnen Grundperioden ergeben, vom jeweiligen Referenzwert R ausgewertet.

Das Feinfehlerverhalten aller drei Algorithmen kann als sehr gut bezeichnet werden; die Abweichungen liegen fast immer unterhalb der Abweichungen der Grundperioden eines Analysefensters, wobei das DPGF-Verfahren die besten Ergebnisse brachte.

		Problem	|R-A|				|HT(R)-HT(A)|			
		%	Max	μ	σ	95%	Max	μ	σ	95%
Med 0	DPGF	1.7	22	3.1	2.7	8.5	1.6	0.31	0.27	0.88
	AMDF	6.7	27	3.7	3.7	11.1	1.7	0.36	0.31	1.01
	Seneff	9.5	25	4.7	3.9	11.7	1.8	0.46	0.37	1.24
Med 3&5	DPGF	1.1	22	3.3	3.0	9.3	1.7	0.33	0.30	0.98
	AMDF	2.9	27	3.7	3.7	11.1	1.8	0.36	0.31	1.01
	Seneff	4.6	32	4.5	4.1	12.2	1.8	0.43	0.36	1.23
Periodenschwankg.		./.	81	5.0	6.2	16.2	4.6	0.43	0.47	1.34

Tab. 6.3: Über alle stimmhaften Analysefenster gemittelte Feinfehler der Grundfrequenzwerte von drei Verfahren bzgl. verschiedener Abstandsmaße für ungeglättete Konturen (*Med 0*). Die mit *Med 3&5* bezeichneten Grundfrequenzkonturen wurden zunächst mit einem Medianfilter der Breite 3 Frames und anschließend mit einem der Breite 5 Frames gefiltert. In der Spalte *Problem* ist der Anteil stimmhafter Frames angegeben, die um mehr als 10 Prozent vom Referenzwert abweichen. Alle anderen Frames gehen in die Werte der übrigen Spalten ein. Die Zeile *Periodenschwankg.* gibt die Abweichungen jeder einzelnen Grundperiode vom Mittelwert des betreffenden Analysefensters an. Mit *R* ist der Referenzwert und mit *A* der automatisch berechnete Grundfrequenzwert, jeweils in Hz bezeichnet. *HT(R), HT(A)* sind die entsprechenden Frequenzen in Halbtönen.

Durch die Medianglättung wird die Zahl der problematischen Fälle um 35 Prozent (DPGF), 57 Prozent (AMDF) und 52 Prozent (Seneff) verringert, ohne daß sich die Feinauflösung der Verfahren nennenswert ändert. In bezug auf die Anzahl der Problemfälle zeigt das DPGF-Verfahren ein deutlich besseres Verhalten als die anderen beiden Verfahren.

In [KOMPE 89b] wurden für die ungeglätteten DPGF-Werte die 1.7 Prozent Problemfälle (42 Frames) genauer untersucht. Aufgrund dieser Analyse kommt Kompe zu dem Ergebnis, daß

- nur 12 der 42 Fälle zu einer echten Verfälschung der F_0-Kontur führen
- zumindest für die (sehr kleine) Stichprobe von 24 Äußerungen sich eine absolute Schwelle von 30 Hz Abweichung zwischen Schätzwert und Referenzwert als geeigneter herausstellte als der relative Wert von 10 Prozent .

6.1.3 Grobfehler

Die Grobfehlerrate ist für den Einsatz der Grundfrequenz-Algorithmen in einem ASE-System sicherlich das wichtigste Fehlerkriterium. In [KOMPE 89b, Kap. 5.3.2] wurde das Grobfehlerverhalten der drei Verfahren für die Leo-, die Fokus- und die Dialog-Stichprobe untersucht. Der stimmhafte Anteil an diesen drei Stichproben beträgt insgesamt ca. 14 Minuten. Die Leo-Stichprobe wurde in [KOMPE 89b] als Lernstichprobe zum Einstellen von Schwellwerten bei der Entwicklung des DPGF-Algorithmus verwendet. Zusätzlich zu den 360 Äußerungen der Leo-Stichprobe (180 Leo- und 180 Kontext-Sätze) der 6 Testsprecher standen 30 Realisierungen des männlichen Sprechers BA zur Verfügung (je eine Realisierung aller Kontext- und Leo-Sätze, siehe die Zeile BA in Tabelle 6.4 und 6.5). Bei diesem Sprecher traten ungewöhnlich viele Oktav-Sprünge auf.

Als Referenz-Konturen lagen von allen Äußerungen Mingogramm-Aufzeichnungen vor. Diese waren im Rahmen der Arbeiten am DFG-Projekt Modus-Fokus-Intonation [ALTMANN 89a] erstellt worden. Zweifelsfälle wurden nach Anhören der Analog-Aufnahmen verifiziert bzw. korrigiert. Da keine frameweisen Referenzwerte vorlagen, mußte die Auswertung durch den Vergleich der berechneten F_0-Konturen mit dem Mingogramm-Verlauf erfolgen. Als Fehlerkriterium wurde die Eigenschaft *grob konturverfälschend* für die Klassifikation von Grobfehlern benutzt. Dieses Kriterium ist sicher sehr subjektiv. Da allerdings die Auswertung von einer Person vorgenommen wurde, ist zumindest die Vergleichbarkeit über die Stichproben und Algorithmen hinweg gewährleistet. Weiterhin wurden zweifelhafte Fälle mit einem Phonetiker des DFG-Projekts besprochen.

Laryngalisierungen, über die eines der Verfahren hinwegglättet (es liefert also während der Laryngalisierung genaugenommen einen falschen, zu hohen Wert), wurden nicht als Grobfehler gezählt. In Bild 4.20 würde eine solche Glättung über der dargestellten Laryngalisierung F_0-Schätzwerten von ca. 160 Hz, also einer Art Interpolation zwischen den normal artikulierten benachbarten Bereichen entsprechen. Diese Vorgehensweise läßt sich damit begründen, daß der Mensch zwar eine Laryngalisierung als Grenzsignal hört, aber der perzipierte Tonhöhenverlauf nicht von der Laryngalisierung beeinflußt wird.

Es stellt sich hier die Frage, wie die Grobfehler zu zählen sind. Da bei der SH/SL-Entscheidung i.allg. nicht zwischen *stimmlos* und *Sprechpause* unterschieden wird, erscheint der prozentuale Anteil der fehlerhaften Analyse-Frames an allen Frames nicht geeignet. Die so gut wie sicher als stimmlos klassifizierbaren Sprechpausen können - je nach Anteil an der Gesamtstichprobe - das Ergebnis verfälschen. Als besser vergleichbares Maß ist der prozentuale Anteil der grob fehlerhaften Schätzwerte an der Anzahl aller *stimmhaften Frames* anzusehen. Für eine automatische Analyse ist es sicherlich sehr wichtig, in wieviel Prozent der Äußerungen mindestens ein Grobfehler zu erwarten ist.

Die Auswertung der drei Stichproben nach diesen beiden Fehlermaßen ist in den Tabellen 6.4 (Prozent fehlerhafter Äußerungen) und 6.5 (Prozent fehlerhafter stimmhafter Frames) zu sehen.

Stich-probe		Anzahl Sätze	SH/SL-Kießling Med 0 DPGF	Med 3&5 DPGF	Med 3&5 AMDF	Med 3&5 Seneff	SH/SL-Sonoranten Med 0 DPGF	Med 3&5 AMDF	Med 3&5 Seneff
Leo	BA	30	33.3	26.6	50.0	76.6	30.0	53.3	56.6
	m	178	6.2	5.1	32.6	5.6	15.2	39.9	6.7
	w	182	14.8	9.8	24.7	20.3	7.6	22.0	17.0
	g	390	12.3	8.9	30.3	17.9	12.8	32.6	15.4
Fokus	m	175	7.9	6.9	45.1	17.7	14.9	62.9	14.9
	w	183	8.2	6.0	38.8	37.7	6.6	28.4	30.6
	g	358	8.1	6.4	41.9	27.9	10.6	45.3	22.6
Dialog	g	16	43.8	43.8	100.0	81.3	31.3	100.0	87.5
Gesamt		764	11.0	8.5	37.2	24.0	12.2	40.0	20.3

Tab. 6.4: Anteil der Sätze in Prozent mit mindestens einem Grobfehler bei einem der drei angegebenen Verfahren. Die Zeilen *m, w* bzw. *g* beziehen sich ausschließlich auf männliche, weibliche bzw. alle Sprecher (gesamte Stichprobe). Die Zeile *BA* bei der Leo-Stichprobe bezeichnet die 30 Sätze des männlichen Sprechers BA. Diese sind in den Werten der Zeile *m* nicht enthalten. Somit wurden die Äußerungen der Zeilen *m* bei Leo- und Fokus-Stichprobe von denselben Sprechern produziert. In der Zeile *Gesamt* ist jeweils die Summe aus allen drei Stichproben eingetragen. Für DPGF, Seneff und AMDF wurden nichtlinear geglättete Konturen verwendet (*Med 3&5*: zuerst Median der Länge 3 Frames, dann der Länge 5 Frames). Für DPGF sind auch die Fehlerraten für ungeglättete Konturen angegeben (*Med 0*).

Stichprobe		SH/SL-Kießling Anzahl Frames	Med 0 DPGF	Med 3&5 DPGF	Med 3&5 AMDF	Med 3&5 Seneff	SH/SL-Sonoranten Anzahl Frames	Med 0 DPGF	Med 3&5 AMDF	Med 3&5 Seneff
	BA	2030	5.7	5.6	2.5	7.8	1901	4.9	3.8	7.3
	m	12141	1.5	1.5	1.8	0.3	10862	2.0	2.3	0.2
Leo	w	12439	1.2	1.0	2.1	2.0	11183	1.0	1.9	1.8
	g	26610	1.7	1.6	1.9	1.7	23946	1.8	2.2	1.5
	m	19023	0.8	0.7	1.9	0.6	16568	1.7	2.6	0.3
Fokus	w	18513	0.5	0.5	1.9	1.9	15879	0.3	1.4	1.3
	g	37536	0.6	0.6	1.9	1.3	32447	1.0	2.0	0.8
Dialog	g	4235	5.5	5.5	5.7	5.0	4038	2.5	5.8	4.8
Gesamt		68381	1.3	1.3	2.2	1.6	60431	1.4	2.3	1.3

Tab. 6.5: Anteil der Frames mit Grobfehler an der Gesamtzahl der stimmhaften Frames der betreffenden Stichprobe (Bezeichnungen wie Tab. 6.4).

Tabelle 6.6 zeigt beispielhaft für drei SH/SL- und Glättungs-Einstellungen die sprecherabhängigen äußerungsweisen Grobfehlerraten für die 6 Sprecher der Leo- und der Fokus-Stichprobe. Zum Vergleich sind auch die Fehlerraten für den männlichen Sprecher BA aufgeführt.

	weiblich LO	weiblich ST	weiblich SC	männlich PA	männlich AU	männlich EB	BA
DPGF Med 0 Sonoranten	5.9	6.3	11.7	8.6	13.3	13.7	30.0
DPGF Med 0 SH/SL-Kießling	5.9	11.0	13.3	7.8	9.2	6.8	33.3
DPGF Med 3&5 SH/SL-Kießling	4.2	4.7	11.7	6.7	7.5	6.8	26.6

Tab. 6.6: Sprecherabhängige Grobfehlerraten (in Prozent der Sätze) für Leo- und Fokus-Stichproben gemeinsam (ca. 120 Äußerungen pro Sprecher) für das DPGF-Verfahren. Zum Vergleich sind die Ergebnisse für die 30 Äußerungen des männlichen Sprechers BA aufgeführt.

Die Grobfehleranalyse für die drei Grundfrequenz-Algorithmen läßt sich wie folgt zusammenfassen:

1) Das DPGF-Verfahren zeigte das mit Abstand beste Fehlerverhalten unter den drei F_0-Algorithmen. Das Seneff-Verfahren war deutlich besser als das AMDF-Verfahren (das letzte Ergebnis steht in Einklang mit den Ergebnissen in [HEUNISCH 86], siehe auch Kap.4.2.3).
2) Das verwendete Medianfilter brachte in allen Fällen eine Verbesserung der Ergebnisse. Während bei AMDF und Seneff die Filterung unbedingt durchgeführt werden sollte, ist die Verbesserung bei DPGF zwar immer noch deutlich, aber nicht so stark (in den Tabellen ist für AMDF und Seneff nur das Ergebnis für die mediangefilterten Konturen angegeben).
3) Die SH/SL-Entscheidung nach [KIESSLING 89] brachte für das DPGF-Verfahren fast durchweg bessere Ergebnisse als das Sonoranten-Kriterium, obwohl im Schnitt 13 Prozent mehr Frames als stimmhaft klassifiziert wurden. Durch die weichere SH/SL-Entscheidung wurden häufig zwei benachbarte stimmhafte Bereiche zu einem Bereich verschmolzen. Im Vergleich zur Sonoranten-Entscheidung wurden daher weniger Zielwertfehler erzeugt.
4) Bei der Auswertung nach Frames war das DPGF-Verfahren den anderen Verfahren nicht so stark überlegen wie bei einer äußerungsweisen Auswertung. Dies liegt daran, daß sich ein falscher F_0-Wert durch die Pfadeinschränkungen der Dynamischen Programmierung über einen längeren Bereich auswirkt. Somit werden mit dem DPGF-Verfahren im Mittel wesentlich weniger fehlerhafte Konturen berechnet, aber ein Fehler wirkt sich stärker aus.
5) Der Sprecher BA schnitt bei allen Verfahren deutlich schlechter ab. Eine mögliche Erklärung könnte die im Vergleich zu den anderen Sprechern ausgesprochen tiefe Stimmlage des Sprechers sein. Diese Vermutung müßte an einem größeren Korpus verifiziert werden. Für die anderen Sprecher konnten keine sprecher- oder stimmlagenspezifischen Fehler beobachtet werden.
6) Die Dialog-Stichprobe zeigte wesentlich schlechtere Ergebnisse als die anderen Stichproben. Eine Erklärung für dieses Verhalten ist die hohe Anzahl der Laryngalisierungen in diesem Material. Im Gegensatz zu den anderen Korpora handelt es sich bei der Dialog-Stichprobe um frei gesprochenes Material mit sehr starken Reduktionsformen und einer vergleichsweise hohen Sprechgeschwindigkeit. 13 Prozent der Vokale wurden zumindest teilweise laryngal artikuliert. Dies erklärt auch das bessere Fehlerverhalten des DPGF-Verfahrens mit der Sonoranten-Entscheidung, während ansonsten das Kießling-Verfahren bessere Ergebnisse brachte: Der Lautkomponenten-Klassifikator klassifizierte einige laryngale Stellen als /XI/ oder /XA/ (ICH- und ACH-Laut) und somit als stimmlos. In den benachbarten normal artikulierten Lauten wurde die korrekte F_0-Kontur gefunden. Bei der SH/SL-Entscheidung nach Kießling wurden diese laryngalen Bereiche als stimmhaft klassifiziert. Wurden diese Stellen für die Zielwertbestimmung benutzt, so sorgten sie dafür, daß dem gesamten SH-Bereich ein deutlich zu niedriger Konturverlauf zugeordnet wurde.

Die Anzahl der Laryngalisierungen ist sprecher- und sprechtempospezifisch. Laryngalisierungen wurden bisher noch nicht sehr gründlich untersucht und häufig als Störfaktor von der Analyse sogar ausgeschlossen. Eine Erweiterung des Mehrkanalverfahrens in Bezug auf Erkennung und Korrektur von Laryngalisierungen ist unbedingt notwendig und dürfte zu einer starken Verbesserung des Grobfehler-Verhaltens führen. Das Wissen über laryngale Stellen kann im übrigen auch für die häufig schwierige Unterscheidung von Vokal-Vokal-Folge vs. Diphthong sehr wichtig sein.

6.2 Prosodische Satzmodus-Bestimmung

Die Untersuchungen zur prosodischen Satzmodus-Bestimmung wurden in enger Zusammenarbeit mit den Mitarbeitern des DFG-Projekts *Modus-Fokus-Intonation* durchgeführt. Weitere Einzelheiten zu den im folgenden präsentierten Ergebnissen finden sich in [BATLINER 89a, 89b, 89c, 89h], [STALLWITZ 89], [NÖTH 87] und [LANG 87]. Um eine möglichst große Datenmenge zur Verfügung zu haben, wurden auch per Hand aus Mingogrammen extrahierte intonatorische Merkmale benutzt. Somit stand das gesamte Modus-Fokus-Korpus (Kap.3.4) zur Verfügung. Für die beiden Teilkorpora, die in digitalisierter Form vorliegen, die Leo- und die Fokus-Stichprobe, wurden zusätzliche Experimente mit automatisch extrahierten Merkmalen durchgeführt. Bei den per Hand extrahierten Merkmalen wurden irreguläre Werte nicht in die Analyse mit einbezogen. Bei diesen Problemfällen handelt es sich um Laryngalisierungen am Äußerungsende, wodurch kein sinnvoller Wert für den satzmodus-relevanten *Offset* (F_0-Wert am Äußerungsende) ermittelt werden konnte. Der Anteil der aussortierten Äußerungen betrug knapp vier Prozent. Somit verblieben 1999 von ursprünglich 2074 Äußerungen in der Analyse. Bei den automatisch extrahierten Merkmalen wurden fehlerhafte Merkmalwerte nicht ausgesondert. Auf diese Weise konnten an einem großen und segmental uneinheitlichen Korpus verschiedene intonatorische Merkmale unter verschiedenen Transformationen auf ihre Relevanz für die intonatorische Markierung des Satzmodus überprüft werden. Gleichzeitig waren Aussagen über die Übertragbarkeit dieser Ergebnisse auf ein vollständig automatisches Verfahren zu erwarten.

6.2.1 Ein einfaches Modell der intonatorischen Markierung des Satzmodus

Gegenstand der im folgenden beschriebenen Untersuchungen ist die für sprachverstehende Dialogsysteme äußerst wichtige intonatorische Unterscheidung von Fragen vs. Nicht-Fragen (siehe das Beispiel in Kap.1.2). Nicht-intonatorische Merkmale (syntaktische, semantische, etc.) werden für die Unterscheidung hier ebensowenig betrachtet wie die im Satzmodus-System nach [ALTMANN 84] mögliche weitere Differenzierung der fünf Satzmodus-Grundtypen *Frage, Aussage, Imperativ, Wunsch und Exklamativ.* Es werden nur Tonhöhen-Merkmale untersucht, obwohl z.B. für die Markierung des *Exklamativ* auch die prosodische Eigenschaft Lautheit eine Rolle spielt.

Es ist bekannt, daß der F_0-Wert am Äußerungsende für die Frage/Nicht-Frage-Unterscheidung eine große Rolle spielt. Viele Intonationsbeschreibungen, insbesondere diejenigen der meisten deskriptiven Grammatiken des Deutschen, stützen sich auf [VON ESSEN 56], der neben der weiterweisenden *progredienten Intonation* die *terminale* und die *interrogative Intonation* unterscheidet. Die terminale Intonation (tiefer F_0-Wert am Äußerungsende bzw. fallender Tonverlauf) charakterisiert Aussagen und W-Fragen, die interrogative (hoher F_0-Wert am Äußerungsende bzw. steigender Tonverlauf) wird bei Entscheidungsfragen eingesetzt. (Der Begriff *Intonation* wird, anders als in dieser Arbeit, bei [VON ESSEN 56] mit Tonhöhenverlauf gleichgesetzt.) Der Parameter *F_0-Wert am Äußerungsende* wird dort als alleiniger Entscheidungsfaktor genannt. [KLEIN 82] belegt die Tatsache, daß die "von Essensche Intonationsanalyse" Eingang in die meisten deskriptiven Grammatiken gefunden hat, anhand eines Zitats aus [HELBIG 74]:

> Im nicht zusammengesetzten Aussagesatz steht das finite Verb gewöhnlich an zweiter Stelle. Die Intonation ist terminal. ...
>
> Das finite Verb tritt in der Entscheidungsfrage an die Satzspitze. Die Intonation ist interrogativ.
> [HELBIG 74, S.541-542]

Kleins Kommentar zu diesem Zitat ist genauso kurz wie die zitierte Intonationsbeschreibung:

> Das ist sehr knapp, sehr klar, vielleicht ein bißchen undifferenziert, aber es gibt im Kern das wieder, was sich auch sonst in den Grammatiken findet. Es ist völlig falsch.
> [KLEIN 82, S.291]

Das Urteil von Klein, das später von ihm differenziert und relativiert wird, ist sicherlich, zumindest quantitativ gesehen, zu hart. Zwar zeigt Klein, daß, qualitativ gesehen, auch ganz andere intonatorische Realisierungsformen für Fragen möglich sind, aber da die terminale und interrogative Form häufig benutzt wird, ist das Modell eben nicht *völlig* falsch. Es soll daher die Frage untersucht werden, *wie* falsch das Modell ist, d.h.

- inwieweit reicht der Grundfrequenzwert am Äußerungsende bzw. die Charakterisierung steigende/fallende Grundfrequenzkontur als Frage-/Nicht-Frageindikator aus?
- wie soll dieser Wert aussehen (Rohwert in Hz oder umgerechnet zu Bezugsgrößen)?
- gibt es sprecherspezifische Strategien beim Einsatz der Parameter?

6.2.2 Quantitative Gültigkeit des Modells für die Modus-Fokus-Korpora

Mit der Diskriminanzanalyse wurden die folgenden Konstellationen für die in der Analyse verbliebenen 1999 Äußerungen benutzt, um den durch den Kontextsatz und die Situationsbeschreibung vorgegebenen Satzmodus zu bestimmen (eine ausführliche Beschreibung der Korpora findet sich in [BATLINER 89g], siehe auch Kap.3.4):

Prädiktorvariablen

- der F_0-Wert am Äußerungsende (*Off*)
- der F_0-Wert am Äußerungsanfang (*Ons*)
- der größte F_0-Wert (*Max*)
- der kleinste F_0-Wert (*Min*)

Transformationen

- F_0-Rohwerte (*Hz*)
- F_0-Werte umgerechnet in Halbtonwerte (*Ht*)
- *Hz*- und *Ht*-Werte minus sprecherspezifischem Basiswert (*Hzbas* bzw. *Htbas*)
- *Hz*- und *Ht*-Werte minus einem Äußerungsmittelwert aus den vier Werten *Ons*, *Off*, *Max* und *Min* (*Hzmit* bzw. *Htmit*)

Lernstichproben

- alle Sprecher (*ln*); hiermit können die interessanten Fälle gefunden werden, die selbst im günstigsten Fall aus dem Modell herausfallen.
- n-1 Sprecher (*ln-1*); mit der "leave-one-out"-Methode kann Sprecherunabhängigkeit simuliert werden.
- ein Sprecher (*l1*); Generalisierung von einem auf andere Sprecher.

Die im weiteren besprochenen Analysen werden wie folgt gekennzeichnet: *'ln/Off/Htbas'* steht für eine Diskriminanzanalyse, bei der Lern- gleich Teststichprobe ist, und als Prädiktorvariable der Offset in Halbtönen umgerechnet zum sprecherspezifischen Basiswert benutzt wurde.

Die Ergebnisse der Diskriminanzanalyse lassen sich wie folgt zusammenfassen:

- Prädiktorvariablen:

  Bei *Hz* und *Ht* verbesserte zwar die Hinzunahme weiterer Prädiktoren die Klassifikation, da damit automatisch die Stimmlage (s.u.) mit in die Berechnung einging, bei *Htbas* und *Htmit* war die Verbesserung aber minimal und immer unter 1 Prozent. Zum einen liegt das an der Korrelation der Variablen untereinander, zum anderen daran, daß diese anderen Variablen für die Unterscheidung von Frage/Nicht-Frage kaum relevant sind. (Das gilt nicht für die Unterscheidung anderer Satzmodi, siehe [NÖTH 87]).

- Transformationen:

  Die im allgemeinen als "gehörsadäquat" angesehene Transformation der *Hz* in *Ht*-Werte zur Normierung des unterschiedlichen *Stimmumfangs (Range)* von Männern und Frauen ergab eher schlechtere Ergebnisse. Bei *Hzmit* und *Htmit* sind die Unterschiede zu vernachlässigen (siehe Tabelle 6.8). Der Range betrug bei den weiblichen Sprechern im Mittel 146 *Hz* bzw. 10.3 *Ht*, bei den Männern 91 *Hz* bzw. 11.7 *Ht*. In *Hz* ist der Range der Frauen im Mittel also größer als der der Männer, in *Ht* ist es umgekehrt. Möglicherweise liegt eine adäquatere Transformation *zwischen* den *Hz*- und *Ht*-Werten.

  Eine Normierung der *Stimmlage* zu einem Bezugswert, egal ob zum Basis- oder Mittelwert, ergab dagegen immer bessere Ergebnisse als bei den *Hz*- oder *Ht*-Werten (siehe

Tab. 6.8). Der Grund wird klar, wenn man z.B. *Ht* und *Htbas* bei *ln-1/Off* miteinander vergleicht und das Ergebnis nach Fragen (F) und Nicht-Fragen (N) sowie nach männlichen (M) und weiblichen Sprechern (W) aufschlüsselt (Tab. 6.7): Wegen der unterschiedlichen Stimmlagen werden ohne die Normierung bei den Frauen viele Nicht-Fragen fälschlich als Fragen klassifiziert und umgekehrt bei den Männern viele Fragen als Nicht-Fragen. (Die beiden Einträge sind in Tabelle 6.7 markiert.)

			klassifiziert als			
			F		N	
			Ht	Htbas	Ht	Htbas
Testsatz	F	W	92	78	8	23
		M	41	83	59	17
	N	W	46	10	55	90
		M	1	8	99	92

Tab. 6.7: **Erkennungsraten für Fragen und Nicht-Fragen bei den Konstellationen *ln-1/Off/Ht* und *ln-1/Off/Htbas*, getrennt nach dem Geschlecht der Sprecher.**

- Sprecherspezifische Strategien:

Tabelle 6.8 zeigt, daß der Unterschied bei *Off* zwischen *ln*, *ln-1* und *l1* bei *Hz* jeweils ca. fünf Prozent beträgt, bei *Hzmit*, *Htmit* und *Htbas* aber vernachlässigbar ist; die einzelnen Sprecher wenden also grundsätzlich die gleiche Strategie an. Ein Blick auf die einzelnen Sprecher bei *ln-1/Off/Htbas* zeigt, daß bei der Prädiktion der Fragen eine Sprecherin deutlich schlechter abschneidet (48 Prozent) als alle anderen Sprecher, die zwischen 75 Prozent und 93 Prozent liegen. Wenn der Fokus nicht auf der letzten Phrase liegt, sondern auf der vorletzten, werden Frage und Fokus normalerweise durch einen F_0-Abfall und einen ausgeprägten F_0-Anstieg auf dieser Phrase indiziert; ein hoher finaler Offset zur Markierung des Satzmodus ***Frage*** ist dann fakultativ und 'normal', wird aber von dieser einen Sprecherin nicht realisiert (20 Fälle aus dem Fokus-Korpus, siehe Bild 2.6c).

Prädiktor-variable	Lernstichprobe		
	ln	ln-1	11
Off/Hz	75	71	65
Off/Ht	68	67	65
Off/Hzmit	87	87	86
Off/Htmit	87	87	86
Off/Htbas	87	87	86

Tab. 6.8: Erkennungsraten für unterschiedliche Lernstichproben.

6.2.3 Automatische Merkmalextraktion - Reproduzierbarkeit der Ergebnisse und weitere Merkmale

Die Erkennungsraten für die automatischen Paramter (z.B. *ln-1/off/htmit:* 91 Prozent für das Fokus-Korpus und 88 Prozent für das Leo-Korpus) sind zwar etwas niedriger, aber mit denen für handextrahierte Merkmale (93 Prozent für Leo- und Fokus-Korpus) durchaus vergleichbar. Bei diesen Experimenten wurden lediglich die Äußerungen der Teilkorpora zum Trainieren und Testen verwendet. Die Einzel- und Gesamtergebnisse für die handextrahierten Merkmale konnten bis auf die leicht schlechteren Erkennungsraten reproduziert werden.

Zusätzlich wurde die Steigung der Ausgleichsgerade der F_0-Werte (*Steig*) als Prädiktorvariable untersucht. Die Annahme, daß sich der fallende Tonverlauf in Aussagesätzen und der steigende Tonverlauf in Fragesätzen in der Steigung der Ausgleichsgeraden über alle stimmhaften F_0-Werte niederschlägt, wurde bestätigt. Für das Fokus-Korpus und die *ln-1/Steig/Hz*-Konstellation z.B. betrug die Erkennungsrate 86 Prozent. Auch bei der Ausgleichsgeraden brachte die Halbton-Transformation keine Verbesserung der Ergebnisse, ebensowenig wie verschiedene Methoden zur Entfernung von mikroprosodischen Einflüssen aus der F_0-Kontur ([STALLWITZ 89]).

6.2.4 Fälle, in denen das einfache Modell nicht zutrifft

Bild 6.1 zeigt die Verteilung in Prozent der *Off/Htbas*-Werte für Fragen und Nicht-Fragen. Für die Fragen zeigt sich eine klare bimodale Verteilung, wobei der kleinere Gipfel im Zentrum der Nicht-Fragen liegt. Im Gegensatz dazu ist die Verteilung der Nicht-Fragen unimodal, aber rechtsschief und reicht nicht ins Zentrum der Fragen. Dies schlägt sich auch in den Erkennungsraten für Fragen und Nicht-Fragen nieder (z.B. für *ln-1/Off/Htbas* 80 Prozent für Fragen vs. 91 Prozent für Nicht-Fragen).

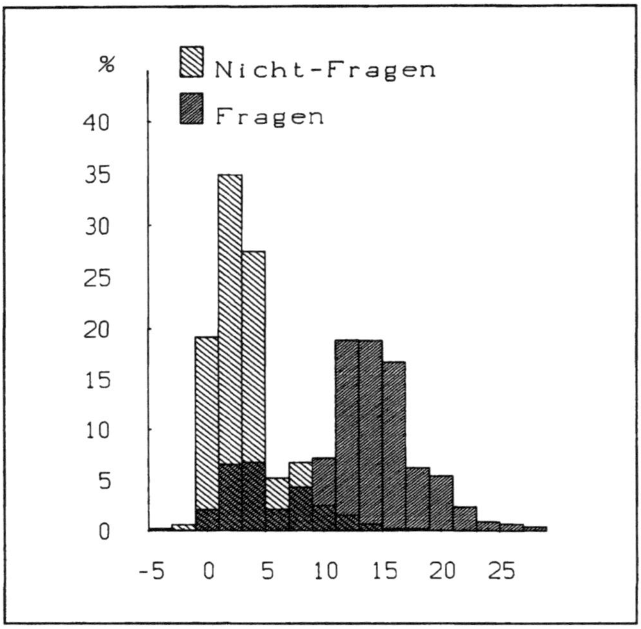

Bild 6.1: *Off/Htbas*-Werte für Fragen und Nicht-Fragen.

		Diskriminanzanalyse (*ln/Off/Htbas*)					
		richtig			falsch		
Hörer-urteil	richtig	I	1625	(81%)	II	221	(11%)
	falsch	III	105	(5%)	IV	47	(2%)

Tab. 6.9: Klassifikation durch Hörer und Diskriminanzanalyse.

Um zu überprüfen, wie oft das einfache Modell der intonatorischen Satzmodus-Markierung zutrifft, wurde das Ergebnis einer Diskriminanzanalyse mit dem Ergebnis eines Hörtests verglichen. Durchschnittlich 12 phonetisch untrainierte Hörer klassifizierten alle Äußerungen ohne Kontext nach den Satzmodus-Grundtypen *Frage, Aussage, Imperativ, Wunsch und Exklamativ* (siehe [OPPENRIEDER 88a]). Diese Klassifizierung wurde umkodiert in einen Wert zwischen 0.0 und 1.0 für Frage/Nicht-Frage. Wie bei der Wahrscheinlichkeit der Gruppenzugehörigkeit, die sich aus der Diskriminanzanalyse ergibt, wurden nun die Werte unter 0.5 als 'falsch' und die über 0.5 als 'richtig' bezeichnet. Damit ergibt sich die Aufteilung der 1999 Fälle in Tabelle 6.9.

Geht man davon aus, daß in Fällen, in denen Hörerurteil und automatische Klassifikation übereinstimmen, der Offset die dominierende Rolle bei der Satzmodus-Markierung spielt, so trifft diese Annahme bei dem untersuchten Datenmaterial in gut 80 Prozent der Fälle zu (Gruppe I). Eine genaue Diskussion der Gruppen II, III und IV findet sich in [BATLINER 89h]. Interessant sind insbesondere die Fälle aus Gruppe II, da hier anzunehmen ist, daß andere Merkmale als der Offset die Klassifikation bestimmen. Die meisten dieser Fälle sind für den linken Gipfel bei der bimodalen Verteilung der Fragen verantwortlich, weisen also einen tiefen Offset auf.

47 Fälle (2.4 Prozent) sind Alternativfragen wie *Möchten Sie Mohn oder Streusel?*, die bei expliziter Angabe aller Wahlmöglichkeiten regulär mit tiefem Offset produziert werden. In diesen wie in ähnlichen Fällen disambiguieren also *nicht-intonatorische Merkmale* wie Verbstellung und Verbsemantik.

20 Fälle (1 Prozent) sind auf die sprecherspezifische Strategie des tiefen Offset bei Fokus in präfinaler Position zurückzuführen (siehe Kap.6.2.2).

In einigen Fällen, besonders aus Gruppe IV, muß der *Kontext* allein disambiguieren, so z.B. bei *Schlafen Sie ?/!* (Frage oder Imperativ). Hier ist auch bei Fragen ein tiefer Offset regulär.

Zusammenfassend läßt sich sagen, daß das sehr einfache Modell der intonatorischen Satzmodus-Markierung mit hohem F_0-Wert am Äußerungsende für Fragen und tiefem F_0-Wert für Nicht-Fragen bei dem untersuchten Datenmaterial quantitativ gut zutraf und daß sich die abweichenden Fälle gut erklären ließen.

6.3 Datengetriebene Silbenkernbestimmung und Betonungszuweisung

Die Ergebnisse zur Silbenkerndetektion beziehen sich auf die Äußerungen von vier Sprechern aus der EVAR-Stichprobe (Kap.3.1) und auf die Dialog-Stichprobe (Kap.3.2). Die Teilstichprobe der EVAR-Stichprobe umfaßt 90 Äußerungen mit insgesamt ca. 1100 Silben. Weitere Einzelheiten zu den im folgenden präsentierten Ergebnissen finden sich in [SCHMÖLZ 85, 87]. Die Äußerungen von drei der vier Sprecher aus der EVAR-Stichprobe dienten als Lernstichprobe für das Einstellen der Schwellwerte bei der Silbenkerndetektion sowie für die Erstellung der Bewertungsfunktionen bei der Betonungszuweisung.

6.3.1 Ergebnisse zur Silbenkerndetektion

Die folgenden Ergebnisse beziehen sich auf die Lokalisierung der Silbenkerne aufgrund der spektralen Energie. Mit dem in [SCHMÖLZ 85] implementierten Verfahren (Kap. 4.1.2) konnten 92 Prozent der Silbenkerne in der EVAR-Stichprobe detektiert werden. Die Zahl der zusätzlich gefundenen Silbenkerne betrug zwei Prozent der gesprochenen Silbenkerne. Durch die in [SCHMÖLZ 87] implementierten Erweiterungen (Kap. 4.1.2) des Algorithmus ergaben sich folgende Veränderungen:

1) Die Zahl der gefundenen konsonantischen Silbenkerne konnte durch die Betrachtung des nasalen Energiebandes von 71 auf 87 Prozent gesteigert werden. Gleichzeitig verdoppelte sich die Zahl der Einfügungen auf fünf Prozent. Eine genaue Analyse dieser zusätzlichen Silbenkerne ergab, daß es sich in erster Linie um Nachhall bei den isoliert gesprochenen Wörtern (die Namen der Städte mit IC-Bahnhof) handelte.
2) Durch die Betrachtung des frikativen Energiebandes konnte ein halbes Prozent der ursprünglichen Einfügungen eliminiert werden, ohne daß ein tatsächlicher Silbenkern gelöscht wurde.
3) Die Korrektur der überlangen Silbenkerne führte ebenfalls zu einer Verbesserung der Ergebnisse um ein halbes Prozent.
4) Die Gesamterkennungsrate stieg auf 94 Prozent gefundene Silbenkerne. Der starke Anstieg der fehlerhaften Einfügungen auf fünf Prozent wurde in Kauf genommen, da es sich in erster Linie um ein Artefakt bei den isoliert gesprochenen Einzelwörtern handelte. Den größten Anteil an den Veränderungen hatte die Bestimmung der konsonantischen Silbenkerne.

Die Erkennungsraten für die Dialog-Stichprobe waren deutlich schlechter als die für die EVAR-Stichprobe. Insgesamt wurden nur 87 Prozent der Silbenkerne detektiert und drei Prozent zusätzliche Silbenkerne eingefügt.

Bild 6.2 zeigt das Erkennungsverhalten der Silbenkerndetektion (V2) bei der EVAR-Stichprobe und der Dialog-Stichprobe in Bezug auf vokalische Silbenkerne, konsonantische Silbenkerne, alle Silbenkerne und Einfügungen. Für die EVAR-Stichprobe sind die Erkennungsraten auch für den Grundalgorithmus aus [SCHMÖLZ 85] mit angegeben (V1).

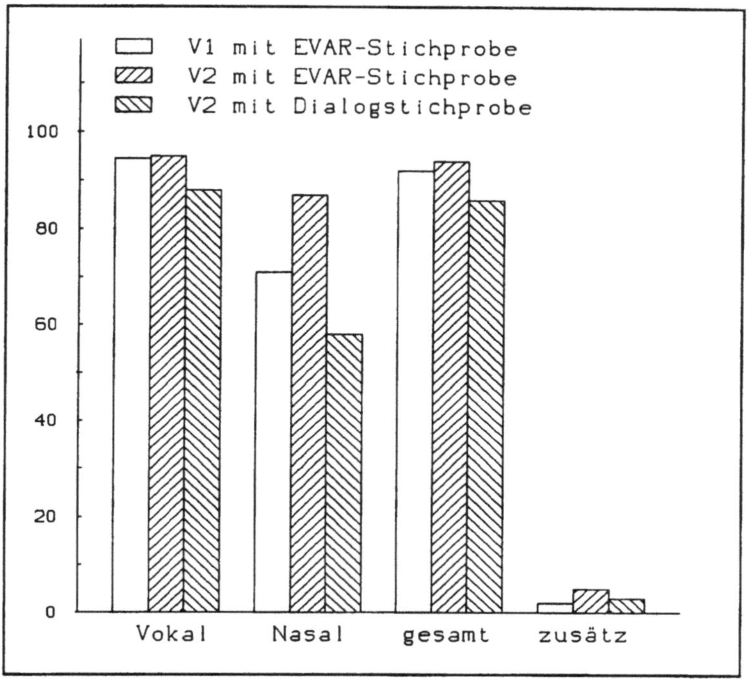

Bild 6.2: Ergebnis der Silbenkernbestimmung für die vokalischen Silbenkerne, für die konsonantischen Silbenkerne, Gesamtergebnis sowie Anzahl der zusätzlich eingefügten Silbenkerne. Nach oben ist der Anteil der identifizierten Silbenkerne in Prozent angegeben, bzw. welcher Prozentsatz der tatsächlich vorhandenen Silbenkerne zusätzlich eingefügt wurde. Bei V1 handelt es sich um den in [SCHMÖLZ 85] beschriebenen Grundalgorithmus, bei V2 um die in [SCHMÖLZ 87] erweiterte Version.

Während die Ergebnisse für die EVAR-Stichprobe vergleichbar mit Ergebnissen aus der Literatur sind, trifft dies für die Dialog-Stichprobe nicht zu. [MERMELSTEIN 75] berichtet von 93 Prozent erkannter Silben und drei Prozent Einfügungen, [LEA 80b] von 91 Prozent erkannter Silben und 1 Prozent Einfügungen. Eine genaue Analyse der nicht gefundenen Silbenkerne in der Dialog-Stichprobe zeigte, daß der Unterschied in den Erkennungsraten fast ausschließlich auf die unterschiedliche Aufnahmesituation für die beiden Stichproben zurückzuführen ist. Während die Sätze der EVAR-Stichprobe nach einer schriftlichen Vorlage gesprochen wurden, handelt es sich bei der Dialog-Stichprobe um freie Rede. Um eine möglichst natürliche Betonung unter Dialogsituation zu erhalten, wurde bewußt auf eine Instruktion der Sprecher verzichtet. Dies hatte allerdings u.a. auch zur Folge, daß sich der Sprecher gelegentlich innerhalb einer Äußerung vom Mikrophon wegdrehte, und daß sehr starke Verschleifungserscheinungen zu beobachten waren. Insbesondere bei Silbengrenzen mit Vokal-Vokal-Übergang, aber auch bei intervokalischen Sonoranten trifft in schneller Sprechweise und bei Verwendung starker Reduktionsformen das Modell der Schallfülle-Theorie mit einem ausgeprägten Gipfel pro Sprechsilbe nicht mehr zu. Dies führt zu Silbenkernverschmelzungen (siehe Bild 2.3):

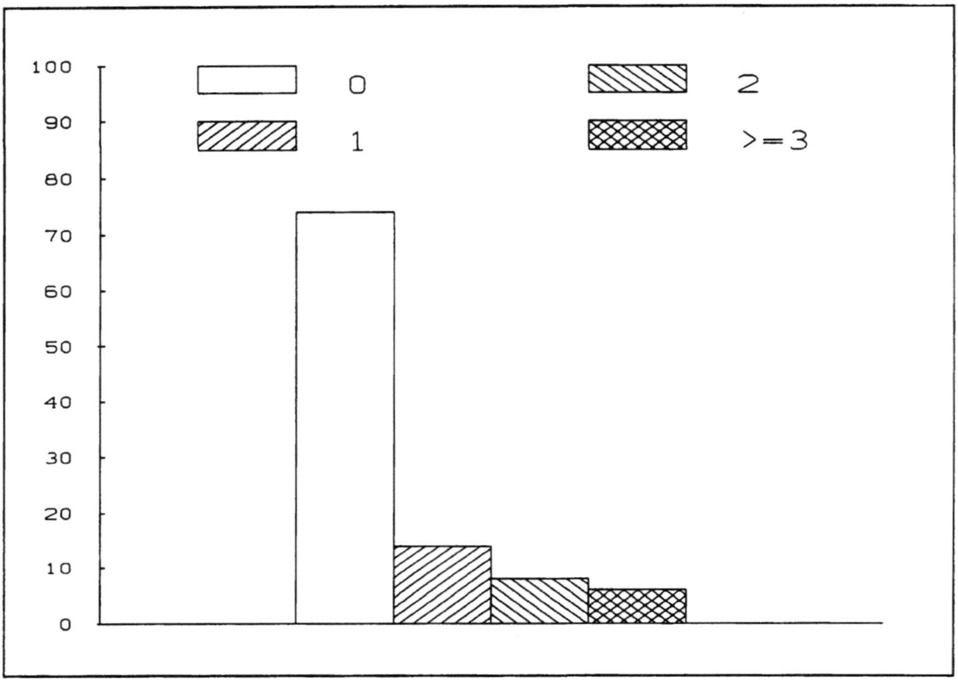

Bild 6.3: **Prozentualer Anteil der nicht gefundenen Silbenkerne in Abhängigkeit von ihrer Summenbewertung.**

Bild 6.3 zeigt für die nicht gefundenen Silben die prozentuale Verteilung in Abhängigkeit von der in Kap.3.2.3 beschriebenen Summenbewertung. Man erkennt, daß ca. 95 Prozent der nicht gefundenen Silbenkerne eine Bewertung ≤ 2 haben. Es besteht somit ein starker Zusammenhang zwischen dem Akzentuierungsgrad bzw. der Reduktionsstufe und der Erkennungsrate.

6.3.2 Ergebnisse zur Betonungsbeschreibung

Zur Beurteilung des automatisch erzeugten Betonungsmaßes wurde das Ergebnis mit dem Resultat des in Kap.3.2.3 beschriebenen Perzeptionstests verglichen. Dabei wurden die beiden Intervalle in jeweils drei Bereiche (unbetont, betont, stark betont) unterteilt. Für die einzelnen Stufen wurden die in Tabelle 6.10 angegebenen Grenzen heuristisch festgelegt.

Bild 6.4 zeigt den prozentualen Anteil der von der automatischen Akzentbestimmung als "unbetont", "betont" und "stark betont" bewerteten Silben in Abhängigkeit von der auditiven Bewertung der Hörer.

Tabelle 6.11 zeigt das Ergebnis eines weiteren Vergleichs der Hörer- und der automatischen Bewertung: Der Wertebereich des automatischen Betonungsmaßes wurde so in vier Intervalle unterteilt, daß ungefähr gleich große Silbenkernmengen entstanden. Für die Silbenkernmengen wurde jeweils die durchschnittliche Hörerbewertung ermittelt.

	Perzeptions-test	automatische Akzentbestimmung
unbetont	0 - 2	0.0 - 0.33
betont	3 - 8	0.34 - 0.66
stark betont	9 - 15	0.67 - 1.0

Tab. 6.10: Einteilung der bei der auditiven Beurteilung und bei der automatischen Akzentbestimmung möglichen Ergebnisse in die drei Klassen "unbetont", "betont" und "stark betont".

automatische Betonungsbewertung	0.0-0.2	0.2-0.4	0.4-0.8	0.8-1.0
durchschnittliche Hörerbewertung	1.9	2.9	4.2	5.2
prozentualer Anteil an der Silbenkernmenge	22	24	25	30

Tab. 6.11: Durchschnittliche Hörerbewertung und prozentualer Anteil an der Gesamtmenge der Silbenkerne für vier nach der automatischen Bewertung geordnete Teilmengen der Silbenkerne.

Bild 6.4 und Tabelle 6.11 zeigen einen deutlichen Zusammenhang zwischen der automatischen Akzentbewertung und der Hörer-Bewertung. Man erkennt auch, daß das momentane Ergebnis noch verbessert werden muß. Die Fehlentscheidungen des Algorithmus sind in [SCHMÖLZ 87] anhand der Fälle mit hohem Hörerurteil und niedriger automatischer Bewertung bzw. mit niedrigem Hörerurteil und hoher automatischer Bewertung ausführlich untersucht worden. Die Fehlerursachen lassen sich in drei Gruppen einteilen:

1) *Fehler in der Hörerbewertung*

Stark ausgeprägte Pausenfüller ("*äh*") wurden von den Hörern aufgrund der semantischen Bedeutung als *unbetont*, von der automatischen Bewertung aufgrund der starken Signalveränderungen jedoch als *stark betont* eingestuft.

2) *Fehlerhafte Eingangsdaten*

Fehlerhafte Grundfrequenzwerte führten zu starken Veränderungen der Parameterwerte zur Bewertung der prosodischen Eigenschaft Tonhöhe (siehe Kap.6.1).

Durch die Verschmelzung von zwei unbetonten Silben wurde diesen eine zu hoher Dauer-Bewertung und (über das Energie-Integral) eine zu hohe Lautheits-Bewertung zugewiesen. Somit wurden diese Silbenkerne als *betont* eingestuft, während ein benachbarter, betonter Silbenkern u.U. gleichzeitig als *unbetont* bewertet wurde.

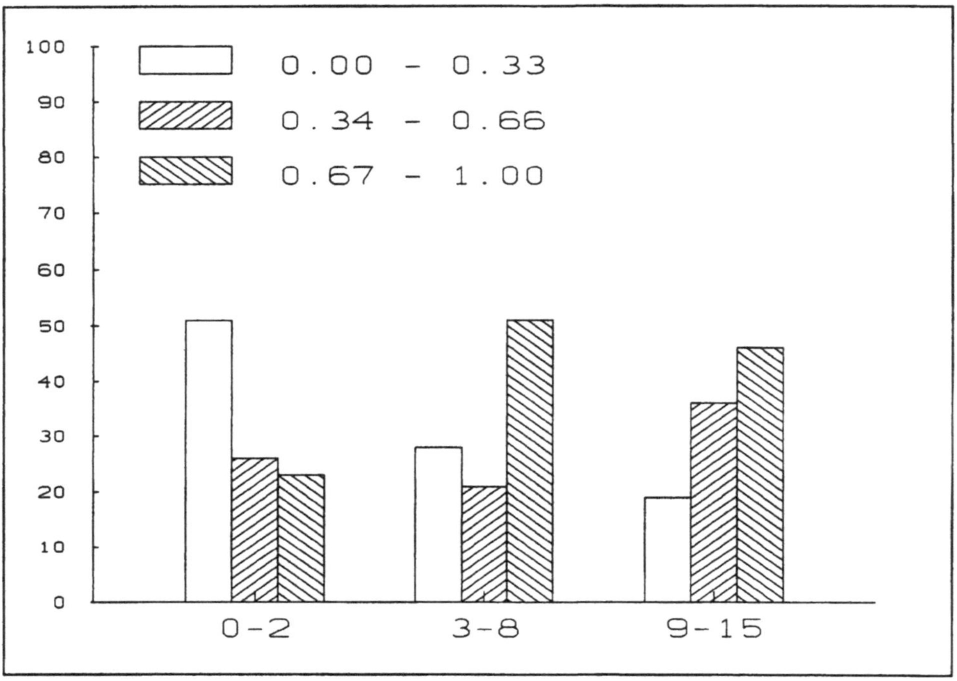

Bild 6.4: Prozentualer Anteil der Silbenkerne sk_i mit einer Akzentbewertung $AKZB_i$ im Intervall [0.0,0.33], [0.34,0.66] oder [0.67,1.0] in Abhängigkeit von einer Summenbewertung durch die Hörer in den Intervallen [0,2], [3,8] und [9,15].

3) *Intrinsische Eigenschaften*

Zu hohe intrinsische Energiewerte für die tiefen Vokale, insbesondere für /A/ und /AR/ führten zu einer Überbewertung der tiefen Vokale in unbetonter Stellung und zu einer Unterbewertung der hohen Vokale in betonter Stellung.

Bei kurzen betonten Vokalen fanden die Tonhöhenbewegungen oft schon im davor gesprochenen als unbetont eingestuften Silbenkern statt. Genaugenommen könnte man diese Fehlerursache auch unter Punkt 1) einordnen, denn signalphonetisch und perzeptiv ist der vom automatischen Verfahren als betont eingestufte Silbenkern auffällig, die Betonungszuweisung an die benachbarte Silbe durch den Hörer geschieht jedoch teilweise auch aufgrund der semantischen Interpretation.

6.4 Prosodische Verifikation der Silbenstruktur und des lexikalischen Wortakzents

Der folgende Abschnitt baut auf den Ergebnissen aus [NÖTH 88b] und [KOMPE 89a] auf. Die Erkennungsraten, über die dort berichtet wird, beziehen sich auf den in [REGEL 88] beschriebenen Segmentierer und die damit generierten Worthypothesen ([KUNZMANN 90]). Die hier präsentierten zusätzlichen Ergebnisse wurden mit dem in Kap.4.1.3 beschriebenen Segmentierer erzielt. Die Verbesserung der Erkennungsleistung durch die Verwendung des neuen Segmentieres wird in Kap.6.6 besprochen. Zum Zeitpunkt der Experimente lag allerdings erst eine Vorversion des Segmentierers vor, die ohne den Abgleich der Lauflängensegmentierung mit der Silbenkernsegmentierung arbeitete. Die Worthypothesen, die für die Untersuchungen in diesem Kapitel und in Kap.6.5 verwendet wurden, sind unter folgenden Bedingungen erzeugt worden:

- Es wurde das GLEXS-Lexikon (ca. 4200 Vollformen) verwendet.
- Es wurden 50 Worthypothesen/Lauthypothese erzeugt.
- Als Teststichprobe wurde die Pragmatik-Stichprobe verwendet, als Trainingsstichprobe der HMM auf Laut-und Wortebene die restlichen Äußerungen der EVAR-Stichprobe.
- Auf Laut- und auf Wortebene wurde jeweils das elementare Markov-Modell SubstituteInsert-Delete (SID-Variante, siehe [KUNZMANN 90, Kap.7-8]) benutzt.
- Bei der Erstellung der Lautsegmentierung wurden Lauflängen der Länge 1 mit gleichen linken und rechten Nachbarn weggeglättet.
- Die maximale zeitlich folgende Umgebung, in der für einen Lautanfang nach potentiellen Endpunkten gesucht wurde, war auf fünf Frames gesetzt.
- Die Silbensegmentierung des Prosodie-Moduls wurde für die Lautsegmentierung nicht verwendet.

6.4.1 Vorbemerkungen zur Leistungsbeurteilung bei der Worthypothesengenerierung und zur Verifikation

Bevor auf die Experimente im einzelnen eingegangen wird, werden einige Erkennungsmaße für die Worterkennung erläutert, weitere Einzelheiten finden sich in [KUNZMANN 90]. Geht man davon aus, daß die Worthypothesen nach einem Bewertungsmaß geordnet sind, so kann man bei einem **Einzelwort-Erkennungssystem** die Leistungsfähigkeit des Systems am *absoluten Rang* einer Worthypothese messen. Dieser ergibt sich für das richtige Wort aus seiner Position plus der Hälfte der gleich bewerteten Hypothesen. Da man für jedes Wort aus dem Lexikon eine Hypothese erzeugen kann, kann man davon ausgehen, daß das richtige Wort immer in der Hypothesenmenge vorliegt. Aussagekräftiger als der mittlere absolute Rang (über alle Wörter der Teststichprobe gemittelt) ist die absolute Rangkurve. Diese gibt für jede Zahl n, $0<n\leq100$ an, wieviele Hypothesen man pro zu erkennendem Wort erzeugen muß, um über alle Äußerungen der Teststichprobe n Prozent der richtigen Wörter zu erhalten.

Bei Erkennung **kontinuierlicher Sprache** ist der mittlere absolute Rang unzureichend. Hier muß man damit rechnen, daß nicht alle gesprochenen Wörter richtig positioniert in der Hypothesenmenge enthalten sind. Um dies zu gewährleisten, müßte man für jeden Teilbereich, d.h. für je zwei Lauthypothesen, alle Wörter des Lexikons hypothetisieren. Weiterhin ist es sinnvoll, den Rang auf die Länge der Äußerung zu normieren (relativer Rang), da man sehr unterschiedlich lange Äußerungen verarbeiten muß. Die Normierungseinheit sollte so gewählt werden, daß sie auch während eines Analyselaufes verwendet werden kann. Ein Kontroll-Modul kann z.B. von der Worterkennungseinheit nicht x Hypothesen pro gesprochenem Wort anfordern, da nicht bekannt ist, wieviele Wörter gesprochen wurden. Im EVAR-System wurde daher als Normierungseinheit die Anzahl der *Lauthypothesen (Segmente)* verwendet. Die *relative Rangkurve* gibt somit für jede Zahl n an, wieviele Worthypothesen pro Lauthypothese erzeugt werden müssen, um n Prozent der gesprochenen Wörter zu hypothetisieren. Da der neue Segmentierer allerdings ca. 15 Prozent mehr Lauthypothesen erzeugt als der Segmentierer nach [REGEL 88], wurde bei den hier vorgestellten Untersuchungen aus Gründen der Vergleichbarkeit für die relativen Rangkurven die Anzahl der mit dem Segmentierer nach [REGEL 88] erzeugten Lauthypothesen verwendet. Somit konnte die Verbesserung durch den Einsatz des neuen Segmentieres im Vergleich zum Segmentierer nach [REGEL 88] exakt dargestellt werden.

Bei der prosodischen Verifikation von Worthypothesen wird im folgenden davon ausgegangen, daß die Hypothesen nach der Güte geordnet vorliegen. Aufgrund prosodischer Information können dann die Hypothesen eine modifizierte Bewertung erhalten oder verworfen werden. Eine Neubewertung entspricht einer Umsortierung der Hypothesenmenge, eine Verwerfung einer Reduktion. Bei der Umsortierung hat man das Problem, eine neue Bewertung erstellen zu müssen. Die Bewertung einer Hypothese ist bei dem im EVAR-System verwendeten HMM das Ergebnis eines statistischen Mustervergleichs, also ein Ähnlichkeitsmaß. Möchte man die Hypothesen neu bewerten, stellt sich die Frage, wie die prosodische Bewertung, in diesem Fall ein Abstandsmaß zwischen einer Fuzzy-Bewertung für die Betonung und der lexikalischen Wortbetonung, mit dem statistischen Ähnlichkeitsmaß verknüpft werden kann. Insbesondere geht die Möglichkeit einer sinnvollen Interpretation u.U. verloren. Im folgenden werden zunächst Experimente zur prosodischen Verifikation beschrieben, bei denen die zu verifizierenden Hypothesen nicht umbewertet, sondern verworfen werden. Es handelt sich also um Filter, die für jede Worthypothese aus einer Hypothesenmenge ein Kriterium überprüfen und die Hypothese entweder unverändert akzeptieren oder verwerfen.

Ein Problem bei diesem Vorgehen ist das Verwerfen richtiger Hypothesen. Die Auswirkung eines Filters soll anhand von drei konstruierten Beispielen erläutert werden, bei denen die Teststichprobe aus einer einzigen Äußerung besteht: Angenommen, es liegt eine Äußerung mit fünf gesprochenen Wörtern und 50 Lauthypothesen vor und es werden 50 Hypothesen/Segment erzeugt. Somit liegen 2500 Worthypothesen vor, die prosodisch zu verifizieren sind. Die richtigen Worthypothesen seien an den Positionen 100, 200, 300, 400 und 500 in der nach der Bewertung geordneten

Hypothesenmenge. Um 60 Prozent der gesprochenen Wörter zu erhalten, müssen also sechs Hypothesen/Segment generiert werden.

Hat man ein Filter F1, das aufgrund einer fehlerhaften Betonungsbestimmung die richtige Hypothese an Position 300 verwirft und im Bereich unterhalb der Hypothese mit Position 500 keine weiteren Hypothesen mehr, dann müssen acht Hypothesen/Segment erzeugt werden, um 60 Prozent der Worthypothesen zu erhalten. Die relative Rangkurve verschlechtert sich also ab sechs Hypothesen/Segment, darunter bleibt sie gleich.

Hat man ein Filter F2, das alle Hypothesen ab Position 501 verwirft, so wird zwar die Hypothesenmenge um 80 Prozent reduziert, aber die relative Rangkurve verbessert sich dadurch nicht. Das Ergebnis ließe sich auch durch Erzeugung von weniger Hypothesen erreichen, d.h., wenn man von vorneherein nur 10 Hypothesen/Segment erzeugt.

Ein drittes Filter F3 verwirft die folgenden Hypothesen: 50-99, 150-199, 251-350 und 450-499; durch dieses Filter wird zwar eine richtige Worthypothese verworfen, aber im Bereich unter acht Hypothesen wird die Erkennungsleistung stark verbessert. Berechnet man die durchschnittliche Verbesserung für die ganzzahligen Stützpunkte 1, 2, ..., 8 Hypothesen/Segment, ergibt sich eine durchschnittliche Verbesserung um 20 Prozentpunkte, d.h. bei gleicher Hypothesenmenge werden im Schnitt 20 Prozent mehr gesprochene Wörter erkannt. Um beispielsweise 60 Prozent der gesprochenen Wörter in der Hypothesenmenge zu haben, benötigt man nur noch vier statt sechs Hypothesen/Segment, so daß das Filter die notwendige Hypothesenmenge um 33 Prozent reduziert. Bild 6.5 zeigt die relative Rangkurve für die gefilterte und ungefilterte Hypothesenmenge, die sich für das Demonstrationsbeispiel mit dem Filter F3 ergeben würde. In den folgenden Auswertungen werden die Stützpunkte für die relativen Rangkurven anhand der 62 Äußerungen der Pragmatik-Stichprobe nach derselben Vorgehensweise erstellt.

6.4.2 Das DEL-Filter

In [NÖTH 88b] wurde die Verifikation der Worthypothesen folgendermaßen durchgeführt: Für alle Hypothesen von mehrsilbigen Wörtern (84 Prozent der Worthypothesenmenge) wurden aus der Standardaussprache und dem Zuordnungspfad der Worthypothese die Silbenkernbereiche bestimmt. Für die so bestimmten Silbenkerne wurde eine Betonungsbeschreibung mit dem in Kap.5 beschriebenen Verfahren erstellt. Es wurden verschiedene Ansätze zur prosodischen Verifikation untersucht. Die besten Ergebnisse wurden mit dem DEL-Filter erzielt, das nicht das Betonungsmuster sondern das Silbenmuster verifiziert: Das DEL-Filter verwirft alle Worthypothesen, bei denen ein Silbenkern im Zuordnungspfad der Worthypothesengenerierung durch einen Delete-Übergang realisiert wird, d.h. bei denen die Zahl der Silben in der Standardumschrift größer ist als die Zahl der hypothetisierten Silbenkerne.

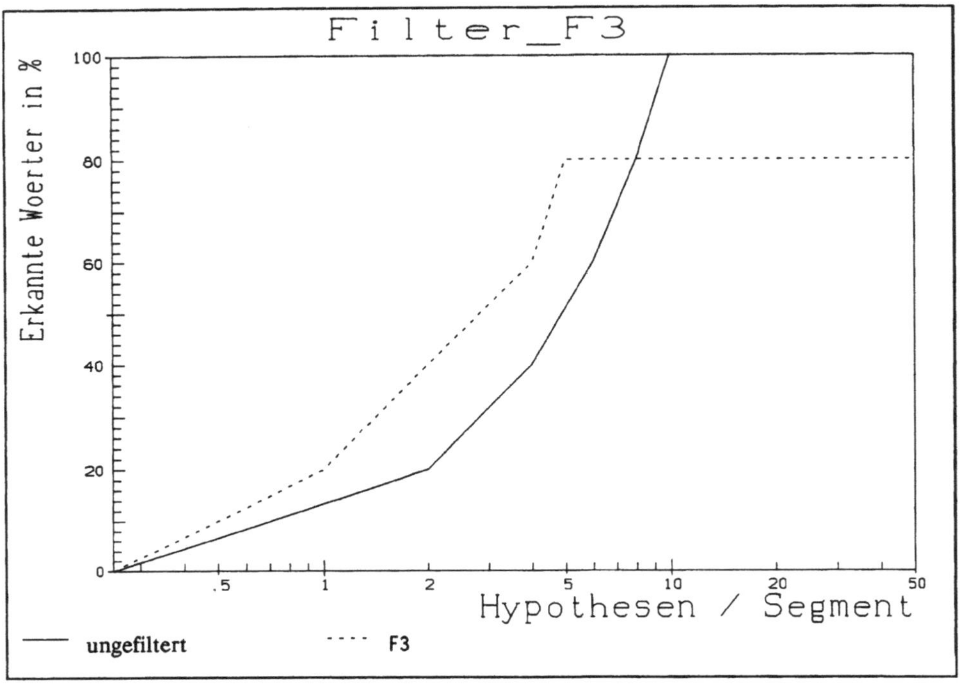

Bild 6.5: Relative Rangkurven für die ungefilterte und die mit dem F3-Filter bearbeitete Worthypothesenmenge des Demonstrationsbeispiels.

Eine Bestimmung der Silbenkerne aufgrund der spektralen Energie (Kap.4.1.2) wurde nicht durchgeführt, da die Fehler der beiden Segmentierungsverfahren Probleme aufwarfen. Trennt z.B. das Akustik-Phonetik-Modul einen Vokal auf, die Silbenkernsegmentierung aber nicht, so liegt für die Worthypothesen, die mit dem zweiten Vokal beginnen, der zur ersten Silbe der Worthypothese gehörende Silbenkern teilweise außerhalb des Worthypothesenbereichs. Neben der Verschlechterung der Silbenkerndetektion bei der Dialogstichprobe war dies der zweite Grund, eine Synchronisierung der beiden Segmentierungen anzustreben (Kap 4.1.3).

Mit dem DEL-Filter wurden in [NÖTH 88b] 31 Prozent der ursprünglichen Hypothesenmenge verworfen, so daß von den ursprünglich 50 Hypothesen/Segment noch 34 Hypothesen/Segment übrigblieben. Bis zu diesem Schnittpunkt lag die relative Rangkurve immer über der ungefilterten Kurve. Betrachtet man die ganzzahligen Stützpunkte der relativen Rangkurven, so wurde im Bereich unter 20 Hypothesen/Segment die Erkennungsrate um durchschnittlich zwei Prozentpunkte verbessert.

Die erfolgversprechendsten Versuche aus [NÖTH 88b] und [KOMPE 89a] wurden noch einmal für die neue Segmentierung durchgeführt. Bei der neuen Segmentierung findet eine stärkere Übersegmentierung statt (s.o.). Wie erwartet, wurden daher weniger Worthypothesen verworfen

(23 Prozent). Allerdings verbesserte sich im Bereich unter 20 Hypothesen/Segment das Verhältnis von richtigen und falschen verworfenen Hypothesen, so daß sich die Wirksamkeit des Filters trotz der geringeren Gesamtzahl von verworfenen Hypothesen verbesserte. Die um acht Prozentpunkte höhere "Wirksamkeit" des DEL-Filters in Bezug auf die Verwerfung von Hypothesen bei der alten Segmentierung ist so zu interpretieren, daß ein Großteil der verworfenen Hypothesen von vorneherein eine schlechte Bewertung hatte.

Bild 6.6 zeigt die relative Rangkurven für die ungefilterte Hypothesenmenge und für die mit dem DEL-Filter bearbeitete Hypothesenmenge bei Verwendung der neuen Segmentierung. Tabelle 6.12 stellt das Erkennungsverhalten des DEL-Filters für die alte und die neue Segmentierung gegenüber.

Es sollte noch einmal darauf hingewiesen werden, daß die Anzahl der verworfenen Hypothesen kein Leistungskriterium darstellt. In [KOMPE 89a] wurden 500 Hypothesen/Segment erzeugt und mit dem DEL-Filter bearbeitet. Obwohl das Ergebnis im Bereich bis zu 34 Hypothesen/Segment identisch ist, da ja die ersten 50 Hypothesen/Segment der ungefilterten Hypothesenmenge gleich sind, stieg bei der großen Hypothesenmenge die Anzahl der verworfenen Hypothesen von 31 auf 47 Prozent. Dieses Ergebnis ist insofern interessant, als das nachträgliche Verwerfen der Worthypothesen mit von der Standardaussprache abweichender Silbenstruktur (DEL-Filter) bei Einzelworterkennung mit großem Wortschatz der Lexikon-Einschränkung während der Generierungsphase entspricht (siehe z.B. [AULL 84]).

Für die Verwerfung der richtigen Worthypothesen sind zwei Hauptgründe zu nennen:

1) Fehler in der Lautsegmentierung
2) Silbenkern-Elisionen durch den Testsprecher (z.B. bei dem Wort *haben*, */H.A.B.ERN./* → */H.A.M./*, siehe Kap.2.7.5), bei denen bereits die Silbenstruktur des gesprochenen Wortes nicht mit der lexikalischen Silbenstruktur übereinstimmt.

Mit zunehmender Sprechgeschwindigkeit (siehe z.B. die Ergebnisse zur Dialogstichprobe) ist zu erwarten, daß sich ohne eine Modellierung der Aussprachevarianten die Ergebnisse für das DEL-Filter stark verschlechtern, da dann zuviele richtige Hypothesen verworfen werden.

In [KOMPE 89a] wurden mehrere Experimente zur Neubewertung statt zur Verwerfung der Hypothesen durchgeführt, die das DEL-Kriterium nicht erfüllen. In einem Koordinatenabstiegsverfahren wurden verschiedene Konstanten auf die Bewertung der Hypothesen addiert, und die Hypothesenmenge wurde neu sortiert. Bis zum Schnittpunkt von 34 Hypothesen/Segment, ab dem das DEL-Filter durch die Verwerfung der richtigen Hypothesen zwangsläufig schlechter werden muß als die Neubewertung der Hypothesen, sind die Kurven für das DEL-Filter mit Verwerfung und das beste DEL-Filter mit Neubewertung praktisch identisch. Aus diesem Grund, und da die Hypothesenbewertungen nach der Neubewertung nicht mehr sinnvoll interpretiert werden können (s.o.), wurde diese Vorgehensweise (Umbewertung statt Verwerfung von Hypothesen) nicht mehr weiter verfolgt.

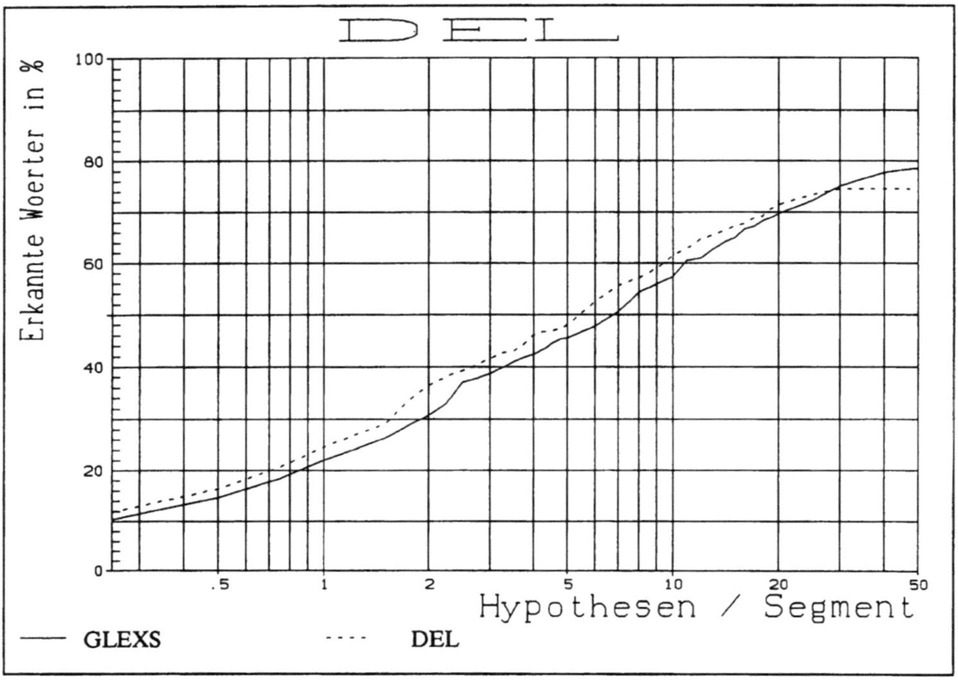

Bild 6.6: Relative Rangkurven für die ungefilterte (GLEXS) und die mit dem DEL-Filter (DEL) bearbeitete Worthypothesenmenge für die Pragmatikstichprobe bei Verwendung der neuen Lautsegmentierung.

DEL-Filter	10H/S	20H/S	50%	Schnitt-punkt	richtige verworf.	insgesamt verworfen
REGEL-Segmentierer	2	2	11	34	4	31
neuer Segmentierer	4	3	20	30	4	23

Tab. 6.12: Erkennungsverhalten des DEL-Filters für Worthypothesen, die mit dem Segmentierer nach [REGEL 88] und dem in Kap.4.1.3 beschriebenen Segmentierer erzeugt wurden. Die Spalten haben folgende Bedeutung:

10H/S	Durchschnittliche Verbesserung der Erkennungsraten unter 10 Hypothesen/Segment
20H/S	Durchschnittliche Verbesserung der Erkennungsraten unter 20 Hypothesen/Segment
50%	Reduktion der ursprünglichen Worthypothesenmenge in Prozent, um 50 Prozent der gesprochenen Wörter zu erhalten
Schnittpunkt	Kleinste Hypothesenmenge (in Hypothesen/Segment), bei der die Erkennungsrate nach der Bearbeitung durch das DEL-Filter schlechter ist als die der ungefilterten Hypothesenmenge
richtige verworf.	Anzahl der insgesamt verworfenen richtigen Hypothesen in Prozent, gemessen an der Zahl aller gesprochenen Wörter (354)
insgesamt verworfen	Anzahl verworfener Hypothesen in Prozent, gemessen an der Ausgangsmenge von 50 Hypothesen/Segment (ca. 85000 Hypothesen für die 62 Äußerungen).

Eine Verifikation des lexikalischen Betonungsmusters mit der automatisch erzeugten Betonungsbeschreibung erbrachte für die Hypothesenmenge, die nach der DEL-Filterung übrigblieb, keine Verbesserung des Ergebnisses. Folgende Gründe waren für die Verschlechterung verantwortlich:

1) Fehler bei der Segmentierung (Kap.6.3) und bei der Grundfrequenzbestimmung (Kap.6.1), die sich auf die Bewertung der prosodischen Eigenschaften *Lautdauer, Lautstärke (es wird das Energie-Integral berechnet)* und *Tonhöhe* auswirken
2) Intrinsisch hohe Energie-Werte für den systematisch unbetonten Zentralvokal (siehe Kap.2.7.4)
3) Nicht realisierter Wortakzent (s. Kap.2.3)
4) Falsch realisierter Wortakzent durch den Testsprecher.

6.5 Einschränkung des Lexikons an betonten Stellen

Im letzten Abschnitt wurde mit dem DEL-Filter ein Hypothesen-Filter vorgestellt, das die Übereinstimmung einer Worthypothese mit dem Zeitsignal unter prosodischen Gesichtspunkten überprüft. Die im folgenden beschriebenen PRAG-Filter verwerfen Worthypothesen nicht aufgrund fehlender Übereinstimmung mit dem Sprachsignal, sondern aufgrund ihrer Zugehörigkeit zu gewissen Wortklassen. Voruntersuchungen zu den hier präsentierten Ergebnissen finden sich in [NÖTH 88b, 89a], [KOMPE 89a]. Ebenso wie für das DEL-Filter beziehen sich die Ergebnisse der Voruntersuchungen auf den Segmentierer nach [REGEL 88]. Die wichtigsten Experimente aus [NÖTH 89a] wurden mit dem neuen Segmentierer noch einmal durchgeführt. Die Ausgangshypothesenmenge stimmt mit der aus dem letzten Abschnitt überein.

Geht man davon aus, daß der Benutzer in einem Mensch-Maschine-Dialog ebenso wie in einem Mensch-Mensch-Dialog (siehe Kap.3.2.3) die für seine Anfrage wichtigen Wörter betont, so können an betonten Stellen Wortklassen ausgeschlossen werden. Dies gilt trotz guter Übereinstimmung mit dem Sprachsignal. So wird z.B. bei der Äußerung: *"Ich möchte am Wochenende nach* ***Mainz*** *fahren."* das Wort *ein* über dem betonten (und damit deutlich artikulierten) Wort *Mainz* sehr gut passen und damit als Worthypothese mit sehr hoher Bewertung vorkommen. Wird jedoch dieser Bereich als stark betont markiert, so kann diese falsche Worthypothese verworfen werden, da es sich um einen unbestimmten Artikel und damit um ein (in dem betrachteten Kontext und von Ausnahmen abgesehen) *erwartungsgemäß nicht betonbares* Wort handelt. Erwartungsgemäß nicht betonbar sind Wörter bestimmter syntaktischer Klassen (Funktionswörter wie z.B. Artikel) und solche Wörter, die keinen Pragmatik-Eintrag besitzen, d.h. alle Wörter, die im Anwendungsbereich des Systems keine wichtige Funktion einnehmen können ([EHRLICH 89a]). So kann z.B. davon ausgegangen werden, daß im Anwendungsbereich von EVAR in dem Satz *"Ich möchte mit meiner Schwester nach Würzburg fahren."* das Wort *"Schwester"* nicht betont wird. *Erwartungsgemäß nicht betonbar* soll aber nicht heißen, daß in Ausnahmefällen oder in anderen Dialogsituationen diese Wörter nicht doch betont sein können. Ein Beispiel wäre das Funktionswort *"auch"* in *"Dürfen wir in München auch den nächsten Zug nehmen?"*. Allerdings ist das Verwerfen dieser Wörter trotzdem akzeptabel, da, wie im letzten Abschnitt bereits erläutert, von einem Hypothesen-Filter nicht gefordert wird, *keine richtigen Worthypothesen* zu verwerfen, sondern *möglichst viele falsche* und *möglichst wenige richtige*. Die eine Aufgabe erfordert ein möglichst rigoroses Verwerfen und die andere ein möglichst vorsichtiges, weshalb ein Verifikations-Filter zwangsläufig einen Kompromiß darstellt. Für die PRAG-Filter gilt zusätzlich, daß die pragmatische Analyse u.U. trotz eines verworfenen richtigen Wortes durchgeführt werden kann, da keine pragmatisch relevanten Wörter verworfen werden.

Die Informationen über syntaktische Klassen und Pragmatik-Einträge sind für jedes Wort im Lexikon kodiert (siehe [EHRLICH 89a] und Kap.1.3). Tabelle 6.13 zeigt die Wortarten, die im Rahmen der Anwendung als *potentiell betonbar* und *erwartungsgemäß nicht betonbar* eingestuft wurden.

potentiell betonbar		erwartungsgemäß nicht betonbar	
Adjektiv Adverb Nomen Nomen_proprium unflektiertes_Adjektiv Verb	} mit Pragmatik-eintrag	Adjektiv Adverb Nomen Nomen_proprium unflektiertes_Adjektiv Verb	} ohne Pragmatik-eintrag
Floskel Frageadverb Fragedeterminans Fragepronomen Konjunktion Koordination Modalverb Negationspartikel Ordinalzahl Satzwort Subjunktion Verbpraefix Zahlwort		Determinans Hilfsverb_"haben" Hilfsverb_"sein" Hilfsverb_"werden" Infinitivpartikel Infinitivsubjunktion Praeposition Praepraeposition Pronomen Reflexivpronomen Relativpronomen Vergleichspartikel	

Tab. 6.13: Wortarten nach [EHRLICH 86], die im Rahmen der Anwendung als *potentiell betonbar* und *erwartungsgemäß nicht betonbar* eingestuft wurden.

In [NÖTH 88b] wurde gezeigt, daß die pragmatisch wichtigen Wörter (Pragmatik-Wörter, siehe Kap.3.1 und Anhang D) wesentlich besser erkannt werden als die restlichen Wörter. Im Bereich unter 10 Hypothesen/Segment ist die Erkennungsrate für die Pragmatik-Wörter um 14 Prozentpunkte höher als die für alle Wörter, im Bereich unter 20 Hypothesen/Segment um elf Prozentpunkte. Geht man von einem Prosodie-Modul aus, das für die Pragmatik-Wörter (24 Prozent aller Wörter) die Position der Wortakzentsilbe fehlerfrei findet, und an diesen Stellen alle Worthypothesen von *erwartungsgemäß nicht betonbaren* Wörtern verwirft, so verbessert sich die Gesamterkennungsrate im Bereich unter 20 Hypothesen/Segment um vier Prozentpunkte (siehe die Zeile MPRAG in Tab. 6.14). Zwar handelt es sich bei den Pragmatik-Wörtern nicht unbedingt um die prominentesten Stellen des Sprachsignals, aber in Kap.3.2.3 wurde ein hinreichender Zusammenhang zwischen Pragmatik-Wörtern und betonten Stellen des Signals festgestellt.

Es wurde nun versucht, an den automatisch als betont eingestuften Stellen des Signals die *erwartungsgemäß nicht betonbaren* Wörter zu verwerfen: Mit dem in Kap.4.1.2 beschriebenen Verfahren (Silbenkern-Detektion aufgrund der spektralen Energie) wurden Silbenkerne detektiert. Für diese Silbenkern-Segmentierung wurde mit dem in Kap.5 beschriebenen Verfahren eine Betonungsbeschreibung erstellt. Heuristisch wurden zwei Kriterien festgelegt, nach denen eine Silbe als betont eingestuft wird: Nach A1 ist eine Silbe betont, falls die Gesamtbetonung U_{BET} gleich 1 ist. Nach A2 müssen zwei der Einzelbewertungen U_{MA}, U_{TA} und U_{DA} gleich 1 und die dritte größer als 0.5 sein.

Anhebung von Lautstärke und Tonhöhe werden zur Betonung von Silben eingesetzt. Aus diesem Grund kann man davon ausgehen, daß es sich bei den größten lokalen Maxima im Energie- und Grundfrequenzverlauf einer Äußerung um betonte Stellen handelt. Um eine möglicherweise fehlerhafte Silbenkerndetektion zu vermeiden, wurden pro Äußerung die zwei stärksten lokalen Energie- (E) und Grundfrequenzmaxima (GF) bestimmt.

An den so markierten Stellen wurde das Lexikon auf die potentiell betonbaren Wörter eingeschränkt. Dies wurde durch das nachträgliche Herausfiltern der Worthypothesen für die erwartungsgemäß nicht betonbaren Wörter realisiert. Das Filter wurde jeweils an den automatisch als prominent markierten Stellen A1, A2, E und GF angewandt. Die Ergebnisse aus [NÖTH 89a] sind in Tabelle 6.14 zusammengestellt. Die Zeile DEL+A1 zeigt das beste Ergebnis, das in [NÖTH 89a] für die Kombination von DEL-Filter und PRAG-Filter erzielt wurde. Die Zeile MPRAG zeigt das Ergebnis bei fehlerfreier Bestimmung der Pragmatik-Wörter.

Bezüglich der Erkennungsraten brachte A1 unter den verschiedenen PRAG-Filtern die größte Verbesserung. Durch das Filtern an den Stellen A2 wurden bedeutend weniger richtige Hypothesen verworfen als bei A1, und die Verbesserung der Erkennungsraten war ebenfalls hoch. Das Filtern an den Stellen E und GF brachte eine geringere Erhöhung der Erkennungsraten und einen wesentlich früheren Schnittpunkt. Der Anteil der verworfenen Hypothesen war, im Gegensatz zum DEL-Filter, von der Größe der Hypothesenmenge nahezu unabhängig.

PRAG-Filter	20H/S	Schnitt-punkt	richtige verworf.	insgesamt verworfen
MPRAG	4	50	0	19
A1	3	34	4	29
A2	2	40	1	16
E	1	17	3	16
GF	1	17	3	15
DEL+A1	4	30	7	49

Tab. 6.14: Erkennungsverhalten der PRAG-Filter A1, A2, E, GF für Worthypothesen, die mit dem Segmentierer nach [REGEL 88] erzeugt wurden (aus [NÖTH 89a]). In der Zeile MPRAG wurden die Pragmatik-Stellen von Hand bestimmt, in der Zeile DEL+A1 wurde das PRAG-Filter A1 auf die Worthypothesenmenge angewandt, die nach der DEL-Filterung übrigblieb. Die Spalten haben folgende Bedeutung:

20H/S	Durchschnittliche Verbesserung der Erkennungsraten unter 20 Hypothesen/Segment
Schnittpunkt	Kleinste Hypothesenmenge (in Hypothesen/Segment), bei der die Erkennungsrate nach der Bearbeitung durch das DEL-Filter schlechter ist als die der ungefilterten Hypothesenmenge
richtige verworf.	Anzahl der insgesamt verworfenen richtigen Hypothesen in Prozent, gemessen an der Zahl aller gesprochenen Wörter (354)
insgesamt verworfen	Anzahl verworfener Hypothesen in Prozent, gemessen an der Ausgangsmenge von 50 Hypothesen/Segment (ca. 85000 Hypothesen für die 62 Äußerungen).

Die besten PRAG-Filter A1, A2 und DEL+A1 wurden auch auf die Hypothesen für die neue Segmentierung angewendet (gleiche Hypothesenmenge wie im letzten Abschnitt). Tabelle 6.15 zeigt das Erkennungsverhalten der beiden PRAG-Filter A1 und A2 für die ungefilterte und die DEL-gefilterte Worthypothesenmenge.

Im Bereich unter 10 Hypothesen/Segment war die Kombination DEL+A1 etwas besser als A1 oder DEL alleine, aber der Abstand war deutlich geringer als bei den mit der Segmentierung nach [REGEL 88] erzeugten Worthypothesen. Tabelle 6.16 zeigt die Erkennungsraten in Prozent aller tatsächlich gesprochenen Wörter für die folgenden Worthypothesenmengen: Die ungefilterte Hypothesen für die Segmentierung nach [REGEL 88] und die neue Segmentierung sowie die PRAG- und DEL-gefilterten Hypothesen für die neue Segmentierung. Die Bilder 6.7 bis 6.9 zeigen die relativen Rangkurven für die Filter A1, A2 und DEL+A1 für die neue Segmentierung im Vergleich zu der ungefilterten Hypothesenmenge für die neue Segmentierung und die Segmentierung nach [REGEL 88].

Filter	10H/S	20H/S	50%	Schnitt-punkt	richtige verworf.	insgesamt verworfen
A1	4	3	20	30	4	21
A2	3	2	15	35	2	12
DEL+A1	5	3	27	20	8	39

Tab. 6.15: Erkennungsverhalten der PRAG-Filter A1 und A2 für Worthypothesen, die mit dem in Kap.4.1.3 beschriebenen Segmentierer erzeugt wurden. In der Zeile DEL + A1 wurde das PRAG-Filter A1 auf die Menge der Worthypothesen angewandt, die nach der Filterung mit dem DEL-Filter übrigblieb. Die Spalten haben folgende Bedeutung:

10H/S	Durchschnittliche Verbesserung der Erkennungsraten unter 10 Hypothesen/Segment
20H/S	Durchschnittliche Verbesserung der Erkennungsraten unter 20 Hypothesen/Segment
50%	Reduktion der ursprünglichen Worthypothesenmenge in Prozent, um 50 Prozent der gesprochenen Wörter zu erhalten
Schnittpunkt	Kleinste Hypothesenmenge (in Hypothesen/Segment), bei der die Erkennungsrate nach der Bearbeitung durch das PRAG-Filter schlechter ist als die der ungefilterten Hypothesenmenge
richtige verworf.	Anzahl der insgesamt verworfenen richtigen Hypothesen in Prozent, gemessen an der Zahl aller gesprochenen Wörter (354)
insgesamt verworfen	Anzahl verworfener Hypothesen in Prozent, gemessen an der Ausgangsmenge von 50 Hypothesen/Segment (ca. 85000 Hypothesen für die 62 Äußerungen).

	Relativer Rang Prozent erkannte Wörter bei Erzeugung von								
Hypothesen/Segment	1	2	3	4	5	7	10	20	50
REGEL-Segmentierer	17	26	32	36	41	46	54	64	77
neuer Segmentierer	22	31	39	42	45	51	57	70	78
PRAG-Filter A1	26	37	41	45	48	55	61	71	74
PRAG-Filter A2	25	36	41	45	47	54	62	71	76
DEL-Filter	25	36	42	46	48	56	62	71	75
DEL+A1	27	37	43	46	50	56	61	69	70

Tab. 6.16: Erkennungsraten für die ungefilterten und die PRAG- und DEL-gefilterten Hypothesen bei unterschiedlich großen Hypothesenmengen. Zum Vergleich ist auch die Erkennungsrate für die ungefilterten Hypothesen, die mit dem Segmentierer nach [REGEL 88] erzeugt wurden, mit angegeben.

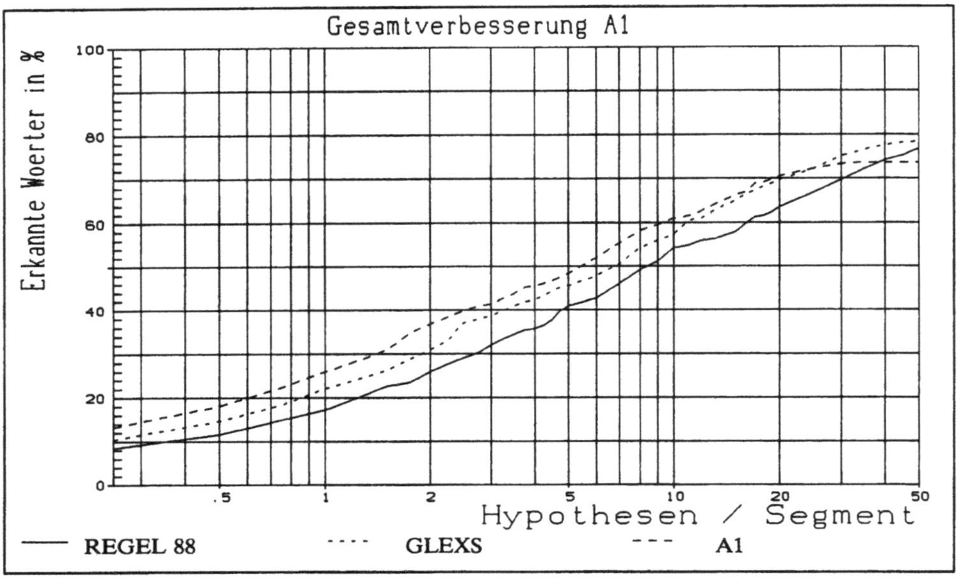

Bild 6.7: Relative Rangkurven für die ungefilterte (GLEXS) und die mit dem A1-Filter (A1) bearbeitete Worthypothesenmenge für die Pragmatik-Stichprobe bei Verwendung der neuen Lautsegmentierung sowie für die ungefilterte Hypothesenmenge bei Verwendung des Segmentierers nach [REGEL 88].

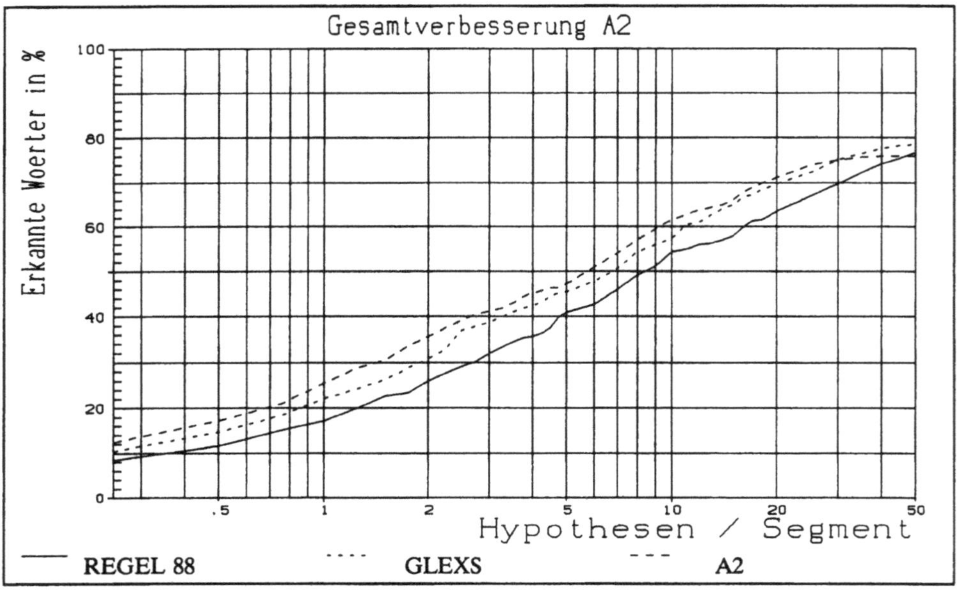

Bild 6.8: Relative Rangkurven für die ungefilterte (GLEXS) und die mit dem A2-Filter (A2) bearbeitete Worthypothesenmenge für die Pragmatik-Stichprobe bei Verwendung der neuen Lautsegmentierung sowie für die ungefilterte Hypothesenmenge bei Verwendung des Segmentierers nach [REGEL 88].

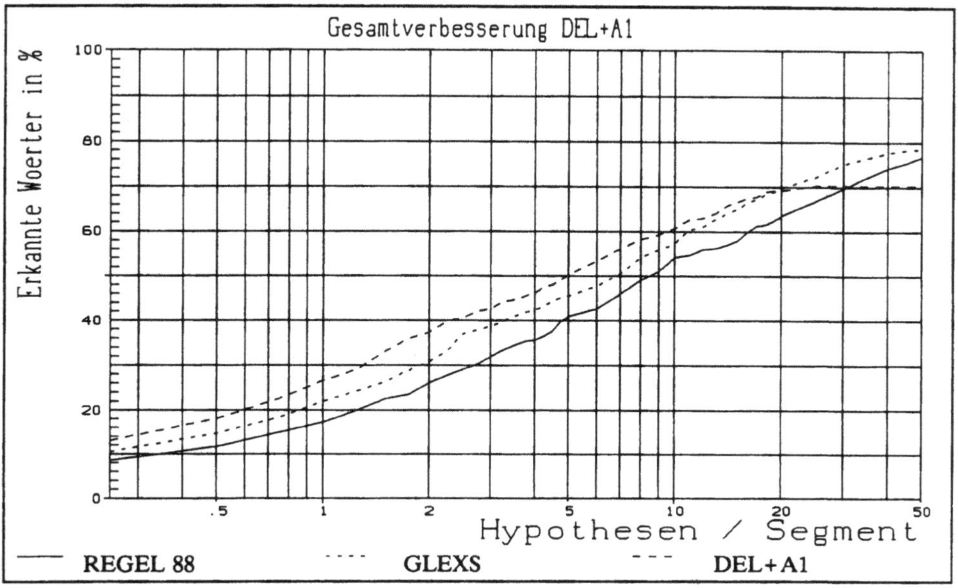

Bild 6.9: Relative Rangkurven für die ungefilterte (GLEXS) und die mit dem DEL+A1-Filter (DEL+A1) bearbeitete Worthypothesenmenge für die Pragmatik-Stichprobe bei Verwendung der neuen Lautsegmentierung sowie für die ungefilterte Hypothesenmenge bei Verwendung des Segmentierers nach [REGEL 88].

6.6 Verbesserung der Worterkennung durch die neue Lautsegmentierung - Ein Zwischenbericht

In diesem Abschnitt wird auf das Verfahren zur Lautsegmentierung eingegangen (Kap.4.1.3), das im Rahmen der Arbeiten am Prosodie-Modul und am Worterkennungs-Modul zur Zeit entwickelt wird. Für die Verbesserung der automatischen Betonungsbeschreibung waren die Arbeiten zur Lautsegmentierung aus den folgenden Gründen sehr wichtig:

1) Fehler bei der Silbenkerndetektion wirken sich auf die Betonungsbeschreibung aus, da fehlerhafte Dauer- und Lautheitsmerkmale berechnet werden. Häufigster Segmentierungsfehler bei der Silbenkerndetektion ist die Verschmelzung von Silbenkernen bei den Lautfolgen *Vokal - Vokal* und *Vokal - sonoranter Konsonant - Vokal.* Insbesondere bei der Verwendung stark reduzierter Ausspracheformen (siehe die Ergebnisse zur Dialog-Stichprobe, Kap.6.3) war ein starker Anstieg der Fehlsegmentierungen zu beobachten. Durch den Vergleich der Silbenkernsegmentierung aufgrund spektraler Energie mit einer auf der Lautkomponenten-Klassifikation basierenden Segmentierung schien es möglich, einen Teil der fehlerhaften Silbenkernverschmelzungen zu korrigieren.
2) Für die prosodischen Wortfilter zur Verifikation der Silbenstruktur und des lexikalischen Akzents (Kap.6.4) sowie zur Einschränkung des Lexikons an betonten Stellen (Kap.6.5) sollten die Silbenkerngrenzen mit Segmentgrenzen zusammenfallen.

3) Die Experimente zur Verifikation der Silbenstruktur für die Worthypothesen, die mit der Lautsegmentierung nach [REGEL 88] erzeugt wurden ([NÖTH 88b] und Kap.6.3), zeigten, daß bei einer sehr großen Zahl von Hypothesen (31 Prozent bei 50 Hypothesen/Segment) ein Silbenkern der Standardaussprache durch einen Delete-Übergang modelliert wurde. Es erschien sinnvoll, das Wissen über die höhere Prominenz von Silbenkernen gegenüber Silbenrändern bereits während der Generierung der Worthypothesen zu verwenden.
4) Es war zu untersuchen, inwieweit die Silbenkerngrenzen für die Lautsegmentierung als Ankerpunkte dienen können.

Um das Verhalten des Segmentierers besser beurteilen zu können, wurde die Silbenkernsegmentierung zunächst nicht verwendet, bei den Entwurfs-Entscheidungen wurde allerdings immer darauf geachtet, daß die Verwendung und Korrektur der Silbenkernsegmentierung möglich sein muß. Als Beurteilungskriterium diente immer die relative Rangkurve für die Worthypothesengenerierung. Da die Experimente in [KUNZMANN 90] ausführlich beschrieben sind, wird hier nur auf die wichtigsten Ergebnisse eingegangen. Für die Experimente wurde das Lexikon KLEXS (549 Wörter) verwendet. Die Äußerungen von sechs der zwölf Sprecher aus der EVAR-Stichprobe wurden für das Training verwendet, die restlichen Äußerungen zum Testen.

In einem ersten Schritt wurden verschiedene Ansätze zur Lautklassifikation untersucht. Bei Verwendung der Segmentgrenzen des Segmentierers nach [REGEL 88] wurden verschieden große Lautinventare (14 bis 39 unterscheidbare Lautklassen) über jedem Segment mit HMM verifiziert. Bei vergleichbarer Erkennungsrate auf der Lautebene wurde eine deutlich bessere Worterkennungsrate erzielt. Die besten Ergebnisse wurden mit 36 Lautklassen erzielt. Die Erkennungsrate auf Lautebene war mit der des Segmentieres nach [REGEL 88] vergleichbar (bei diesem Segmentierer werden ebenfalls 36 Klassen unterschieden), aber die relative Rangkurve der Worterkennung für die neue Lautklassifikation war immer besser als die für die alte Segmentierung (im Schnitt ca. sechs Prozentpunkte). Die zwei notwendigen Schritte bei der Generierung von Lauthypothesen, die *Segmentierung* des Signals und die *Klassifikation* der Segmente, konnten somit getrennt verbessert werden. Die Vorgehensweise bei der Klassifikation erlaubt außerdem die Verwendung anderer Wortuntereinheiten (z.B. Diphone, Halbsilben oder Silben), ohne daß die Algorithmen geändert werden müssen.

Um die Zahl der nicht gefundenen Laute zu verringern, wurde eine möglichst starke Übersegmentierung angestrebt, also eine Zerlegung des Sprachsignals in Einheiten, die im Mittel deutlich kürzer als Laute sind. Diese Initialzerlegung sollte dann in einem zweiten Schritt wieder zu einer Segmentierung nach Lauten zusammengefaßt werden. Realisiert wurde dies durch die Erzeugung eines Segmentgraphen: Jede Grenze der Initialzerlegung wurde als potentieller Anfangspunkt eines Lautes betrachtet. In einem gewissen, zeitlich folgenden Bereich wurden potentielle Endpunkte gesucht. Die Segmentierung nach Lauten ergab sich somit als optimaler Pfad im Segmentgraphen. Als geeignet erwies es sich, die Frames für die Initialzerlegung zu verwenden, bei denen die Entscheidung des Lautkomponentenklassifikators umschlägt (im folgenden wird diese

Zerlegung als Lauflängenzerlegung bezeichnet). Über die Zahl der potentiellen Anfangspunkte in der Initialzerlegung und über die Länge des Suchbereichs für die zugehörigen Endpunkte kann Einfluß auf die Segmentierung genommen werden. Beide Parameter wurden systematisch variiert:

1) Eine feinere Initialzerlegung als die Lauflängenzerlegung erhält man, wenn man jeden Frame als Anfangspunkt einer Initialzerlegung verwendet; gröbere Zerlegungen erhält man, wenn man die Lauflängenzerlegung verschieden stark glättet.
2) Je kürzer der Bereich ist, in dem für jeden potentiellen Anfangspunkt nach zugehörigen Endpunkten gesucht wird, um so stärker ist die Übersegmentierung. Der Suchraum für jeden Anfangspunkt wurde zwischen drei und 25 Frames variiert. Als potentielle Endpunkte wurden alle Frames oder der jeweils letzte Frame einer Lauflänge betrachtet (falls die Lauflänge länger war als der zu untersuchende zeitlich folgende Bereich, wurde das Ende dieser Lauflänge als einziger potentieller Endpunkt betrachtet).

Die Ergebnisse lassen sich wie folgt zusammenfassen:

1) Das Wissen über stabile Bereiche (Betrachtung der Lauflängen) führte zu einer starken Verbesserung gegenüber der Version, bei der alle Frames als potentielle Anfangspunkte zugelassen waren.
2) Eine sehr vorsichtige Glättung (Lauflängen der Länge eins mit gleichem linken und rechten Nachbarn werden eliminiert) führte zu einer Verbesserung der Ergebnisse, eine weitere Glättung zu einer Verschlechterung.
3) Die besten Ergebnisse wurden mit einer Beschränkung des zeitlich folgenden Bereichs auf fünf Frames erzielt. Die Länge des Suchbereichs (64 Millisekunden) lag somit unter der durchschnittlichen Lautlänge in der EVAR-Stichprobe (83 Millisekunden). Dies führte zu der intendierten leichten Übersegmentierung: pro gesprochenem Laut wurden im Schnitt 1.3 Lauthypothesen erzeugt.

Zusammen mit der in [KUNZMANN 90, Kap.6.3] beschriebenen neuen Trainingsmethode führte die durch die Punkte 1) - 3) charakterisierte Lautsegmentierung zu der in Bild 6.10 dargestellten Verbesserung der Worterkennungsleistung.

In [FISCHER 89] wurden Vorversuche zur Einbeziehung der Silbenkernsegmentierung für eine Stichprobe von 26 Sätzen durchgeführt. Dabei wurden die Silbenkerne als Ankerpunkte im Segmentgraphen verwendet, d.h. Segmentierungsalternativen wurden nur zwischen den Silbenkernen zugelassen. Zur Modellierung von Silbenkernverschmelzungen wurden auch Experimente durchgeführt, bei denen nur Silbenkerne bis zu einer gewissen Länge als Ankerpunkte verwendet wurden. Ziel dieser Voruntersuchungen war es, Erfahrungen über den Zusammenhang zwischen Reduktion des Rechenaufwands und Verringerung der Erkennungsleistung bei verschieden starken Einschränkungen des Segmentgraphen zu gewinnen. Eine Verschlechterung der Erkennungsleistung war zu erwarten, da die Silbenkernverschmelzungen der intendierten Übersegmentierung entgegenwirken. Zwar konnte bei der Betrachtung aller Silbenkerne der Rechenzeitaufwand um rund 50 Prozent gesenkt werden, aber dies führte zu einer starken Verschlechterung der

Erkennungsleistung für die Worterkennung. Die besten Erkennungsraten wurden erzielt, wenn nur Silbenkerne bis zu einer maximalen Länge von fünf Frames betrachtet wurden. Die relative Rangkurve lag im Durchschnitt um ca. zwei Prozentpunkte unter der Kurve für die Lautsegmentierung ohne Einbezug der Silbenkernsegmentierung. Der Rechenzeitaufwand sank um ca. 15 Prozent.

Die Ergebnisse der Voruntersuchung lassen erwarten, daß die Synchronisation der Laut- und der Silbenkernsegmentierung nach dem in Kap.4.1.3 beschriebenen Verfahren ohne Verlust der Erkennungsleistung für die Worterkennung möglich ist. Das Verfahren zur Synchronisation ist implementiert; Experimente zur Worterkennung und zur Verbesserung der Betonungsbeschreibung stehen noch aus.

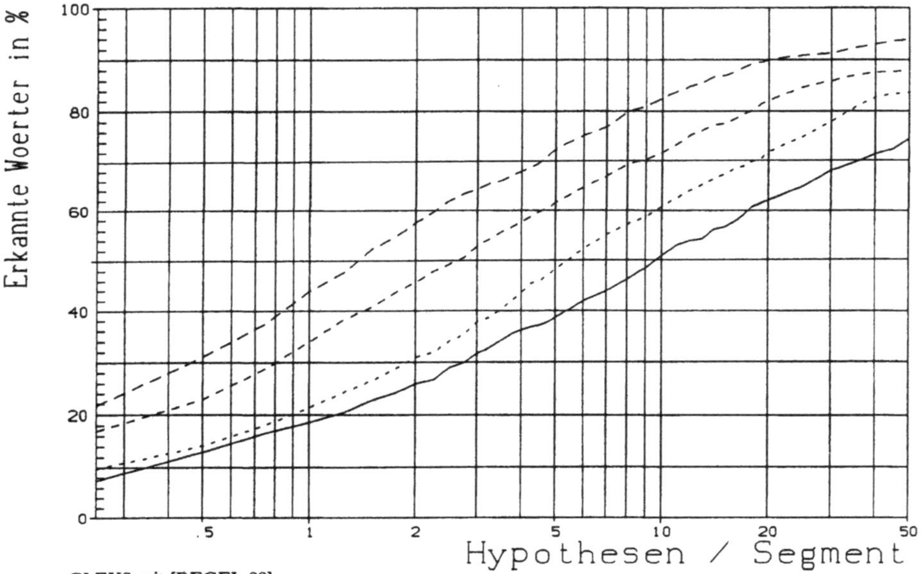

GLEXS mit [REGEL 88] · GLEXS mit neuer Segment. · KLEXS mit [REGEL 88] · KLEXS mit neuer Segment.

Bild 6.10: Momentan beste relative Rangkurven für die Lexika KLEXS und GLEXS bei der neuen Segmentierung im Vergleich zu den Rangkurven bei der Lautsegmentierung nach [REGEL 88]. Die Kurven beziehen sich auf die Äußerungen von sechs Sprechern der EVAR-Stichprobe.

7 Grundlegende Voruntersuchungen zur prosodischen Verifikation von Satzhypothesen - Ein Ausblick

In diesem Kapitel soll noch einmal - unter dem Aspekt der Verwendung in einem ASE-System - auf die Untersuchungen eingegangen werden, über die in Kap.2.10 berichtet wurde. Ebenso wie bei den Untersuchungen zur Bestimmung des Satzmodus mit intonatorischen Mitteln (Kap.6.2) wurden die Untersuchungen in enger Kooperation mit den Mitarbeitern des DFG-Projekts Modus-Fokus-Intonation durchgeführt. Es handelt sich dabei um Untersuchungen zu einem *Modell der intonatorischen Markierung von Modus und Fokus im Deutschen.* Bedingt durch die Komplexität des Untersuchungsgegenstandes *deutsche Sprache* und die Überlagerungen der verschiedenen Rollen der Intonation (siehe Kap. 2) bedingt, kann es sich nur um ein sehr *vorläufiges* und *bruchstückhaftes* Modell handeln.

Der Begriff *Fokus* bezeichnet die *wichtigste* Information einer Äußerung. Akustisch wird der Fokus durch die Position des Satzakzents realisiert (siehe Kap.2.4). Die Akzentuierung geschieht mit prosodischen Eigenschaften. Im folgenden wird dies mit dem Begriff *Markierung des Fokus* bezeichnet.

Eine exakte Begriffsbildung (Was ist ein *Modell*?) und eine Darstellung der verschiedenen Wissensrepräsentationsschemata würde den Rahmen dieser Arbeit bei weitem sprengen. Einführungen in dieses Gebiet unter dem Aspekt der Repräsentation von Wissen im Computer finden sich z.B. in [NIEMANN 81, Kap.7] und [SAGERER 89]. Im Rahmen dieses Abschnitts wird eine maschinelle Darstellung des Intonationsmodells mit *semantischen Netzen* konzipiert. Soweit nicht hier definiert, werden Definitionen und Begriffe im Sinne von [SAGERER 88, 89] verwendet.

7.1 Motivation

Fast alle Fehler bei der automatischen Betonungsbeschreibung (Kap.6.3), der prosodischen Wortakzentverifikation (Kap.6.4) und der prosodischen Lexikoneinschränkung an Satzakzentstellen (Kap.6.5) sind auf

1) fehlerhafte Segmentierung
2) fehlerhafte Grundfrequenzwerte
3) intrinsische Eigenschaften der Vokalklassen (insbesondere bei den Energie-Parametern)
4) Betrachtung eines zu geringen Kontexts

zurückzuführen. Nach der Entwicklung des Algorithmus zur datengetriebenen automatischen Betonungsbeschreibung wurde - neben Untersuchungen zur Verbesserung der Worterkennung aufgrund dieser Betonungsbeschreibung (Kap.6.4 und 6.5) - mit mehreren Ansätzen zur Reduktion der Fehlerpunkte 1) - 3) begonnen:

1) Für den in Kap.4.1.3 beschriebenen Ansatz zur Verbesserung der Silbenkern-Detektion ist eine Verringerung der fehlerhaften Silbenkernverschmelzungen zu erwarten.

2) Mit dem im Rahmen der Arbeiten am Prosodie-Modul entwickelten Grundfrequenz-Algorithmus konnte die Zahl der Äußerungen, bei denen mindestens ein Grobfehler zu beobachten war, um den Faktor 2-3 reduziert werden. Eine weitere Verbesserung ist von einer genaueren Suche nach laryngalisierten Stellen zu erwarten. Vorversuche mit dem in [REETZ 89] beschriebenen periodensynchronen Verfahren zeigten gute Ergebnisse und lassen eine Verbesserung der Zielwertbestimmung und somit eine Verringerung der Grobfehler möglich erscheinen[1].

3) Am Institut für Phonetik und Sprachliche Kommunikation der Ludwig-Maximilians-Universität München werden zur Zeit Perzeptionsexperimente mit Vokalpaaren durchgeführt. Aufgrund dieser Experimente sind Untersuchungen zur Normierung der Energie-Merkmale geplant.

Diese Ansätze zur Verbesserung der existierenden Betonungsbeschreibung können als Verfeinerungen des bestehenden Ansatzes betrachtet werden. Die unter Punkt 4) genannte Fehlerquelle erfordert ein prinzipiell anderes Vorgehen. Es genügt nicht, als größeren Kontext mehr benachbarte Silbenkerne zu betrachten, sondern man muß alles bereits vorhandene Wissen über das Gesprochene verwenden: Sollen während der linguistischen Analyse in einem sprachverstehenden System Satzhypothesen prosodisch verifiziert werden, so liegt i.allg. bereits sehr viel mehr Wissen über das Gesprochene vor als bei der Erstellung einer datengetriebenen Betonungsbeschreibung. Dieses Wissen über die akustisch-phonetische Realisierung und über grammatische Merkmale der gesprochenen Äußerung sollte für die prosodische Verifikation bereit stehen.

Anhand eines Beispiels soll verdeutlicht werden, welche Art von Wissen u.U. bereits zur Verfügung steht: Während eines Auskunftsdialogs aus dem Anwendungsgebiet von EVAR generiert das Dialog-System eine Auskunft, und der Benutzer reagiert mit einer Zusatzfrage. Aufgrund der akustisch-phonetischen, syntaktischen, semantischen und pragmatischen Analyse stehen zwei akustisch sehr ähnliche Satzhypothesen zur Auswahl, die prosodisch zu verifizieren sind:

1) *Da fährt noch einer?*

und

2) *Der fährt um ein Uhr?*

Für die Verifikationsaufgabe kann u.a. folgende Information eingesetzt werden:

- In beiden Fällen ist aufgrund des Fehlens anderer grammatischer Merkmale (Verbstellung oder w-Fragewort) zu erwarten, daß der Satzmodus *Frage* intonatorisch markiert wird.
- In dem betreffenden Kontext, charakterisiert durch die Kommunikationssituation *Informationsabfrage* und die Vorgeschichte des Dialogs, kann davon ausgegangen werden, daß im Fall 1) das Verb *"fahren"* im Fokus steht, im Fall 2) die Phrase *"um ein Uhr"*, wobei das Wort *"ein"* Träger des Satzakzents ist. Dies stellt eine sehr starke Einschränkung dar, denn es sind für *jedes* Wort der beiden Äußerungen andere Kontextsituationen denkbar, in denen

[1] An dieser Stelle sei Herrn Reetz noch einmal ausdrücklich für die Bereitstellung des Algorithmus gedankt.

es Träger des Satzakzents ist (mit Ausnahme des Wortes *"Uhr"*, für das es sehr schwierig sein dürfte, eine Situation zu konstruieren). Diejenige Phrase, die das akzentuierte Wort enthält, steht im Fokus. Somit kann prinzipiell jede Phrase der beiden Äußerungen im Fokus stehen.

- Die möglichen Vokalklassen sind für jeden Silbenkern stark eingeschränkt.

Soll dieses Wissen für die Verifikation benutzt werden, so benötigt man ein *Modell* zur intonatorischen Markierung von *Satzmodus* und *Fokus* im Deutschen.

7.2 Vorgehensweise und Untersuchungsmaterial

Untersuchungsmaterial war das Fokus-Korpus (Kap.3.4.1). Für die Konstruktion des Korpus war maßgebend, daß bei gleicher segmentaler Struktur möglichst viele unterschiedliche Fokuskonstellationen realisiert werden konnten (z.B. *enger Fokus und Fokusprojektion;* für Einzelheiten siehe [OPPENRIEDER 89a]). Aus Aufwandsgründen wurde dabei darauf geachtet, daß die Position des Fokus auf die letzte bzw. vorletzte Phrase beschränkt war. Für die Darstellung in diesem Kapitel wird die mögliche weitere Unterscheidung von Modus und Fokus nicht betrachtet, d.h. unter einer Modus/Fokus-Konstellation soll eine Kombination aus einer der in diesem Korpus möglichen Modi *Frage* und *Nicht-Frage* mit einer der möglichen Fokus-Positionen *letzte* (d.h. für die untersuchten Äußerungen die *dritte*) und *vorletzte* (d.h. für die untersuchten Äußerungen die *zweite*) Phrase verstanden werden. Weiterhin soll angenommen werden, daß durch die Konstruktion des Korpus alle im Anwendungsbereich interessierenden Konstellationen repräsentiert sind. 48 Prozent der Fälle waren Fragen, 52 Prozent Nicht-Fragen; in 76 Prozent der Fälle war der Fokus auf der zweiten, in 24 Prozent auf der dritten Phrase.

Das Korpus wurde mit zwei grundsätzlich verschiedenen Ansätzen untersucht.

1) Finden besonders *"schöner"* Fälle über Perzeptionsexperimente:
   Eine Gruppe phonetisch untrainierter Hörer beurteilte alle Äußerungen in Bezug auf Satzmodus, Position des Satzakzents und Natürlichkeit der Äußerung. Bei denjenigen Äußerungen, die in allen drei Kategorisierungstests besonders gut abschnitten, konnte angenommen werden, daß es sich sozusagen um *Paradebeispiele* von Realisierungen der jeweiligen Modus/Fokus-Konstellation handelte. Eine Zusammenfassung ähnlicher Realisierungen resultierte in intonatorisch unterschiedlichen Modus/Fokus-Markierungen (siehe Kap.7.4). Im folgenden werden diese unterschiedlichen Realisierungen als *Prototypen* bezeichnet. Dieser Ansatz führte zu einem *qualitativen Modell* (wie sehen die *gültigen* intonatorischen Markierungen der möglichen Modus/Fokus-Konstellationen aus?).
2) Statistische Auswertung von Merkmalwerten, welche die prosodischen Eigenschaften *Tonhöhe*, *zeitliche Strukturierung*, und *Lautheit* beschreiben:
   Es wurden verschiedene akustische Merkmale automatisch und per Hand berechnet. Ihre Relevanz in bezug auf die Markierung von Modus und Fokus wurde dadurch überprüft, daß sie als Merkmale für statistische Klassifikatoren benutzt wurden (Diskriminanzanalyse). Es handelte sich jeweils um Klassifikatoren für die Zwei-Klassen-Probleme *Frage / Nicht-Frage* und *Fokus auf der 2. Phrase / Fokus auf der 3. Phrase*. Für die relevanten Merkmale wurden

die Mittelwerte der vier Konstellationen bestimmt. Die Merkmale der Prototypen wurden mit den Mittelwerten verglichen. Für die Konstellationen mit mehr als einem Prototypen führte dies zu den Standardrealisierungen, die im folgenden als Kern-Prototypen bezeichnet werden, und zu selteneren, aber akzeptablen Realisierungen, die als Rand-Prototypen bezeichnet werden. Dieser Ansatz führte zu einem *quantitativen Modell* (wie sehen die *üblichen* intonatorischen Markierungen der möglichen Modus/Fokus-Konstellationen aus?).

In der Terminologie der *semantischen Netze* kann man die vier Konstellationen als *spezialisierte Konzepte* eines Konzepts *Modus/Fokus-Konstellation* modellieren. Die zu findenden verschiedenen intonatorischen Prototypen sind dann weitere *Spezialisierungen* der entsprechenden Konzepte. Das Wissen über die Häufigkeit der Prototypen kann man als Parameter in die Bewertungsprozedur des entsprechenden *spezialisierten Konzeptes* einfließen lassen.

7.3 Merkmalberechnung und Bewertung

Für die Äußerungen und die fokussierbaren Phrasen wurden Merkmale extrahiert und verschiedenen Normierungstransformationen unterworfen. Die Relevanz der Merkmale und der Transformationen wurde mit einem statistischen Klassifikator getestet. Auf die Merkmalextraktion und Normierungstransformationen soll hier nicht eingegangen werden, da sie für die Modellbildung von untergeordneter Bedeutung sind. Einzelheiten finden sich in [BATLINER 89a, 89b]. In diesem Zusammenhang ist lediglich wichtig, daß die Merkmale zwar zum großen Teil per Hand aus den Mingogrammen extrahiert wurden, daß aber eine automatische Extraktion möglich ist, sofern man die Phrasengrenzen zur Verfügung hat. Im Falle der Verifikation von Satzhypothesen wären die Grenzen durch den Zuordnungspfad gegeben. Auch im Fall der Normierungstransformationen sind vergleichbare automatisch berechenbare Transformationen möglich. Tabelle 7.1 zeigt die berechneten Merkmale sowie diejenige Transformation, mit der die besten Klassifikationsergebnisse erzielt wurden.

Tabelle 7.2 zeigt für die verschiedenen Merkmale die Erkennungsraten für die Klassifikatoren MODUS und FOKUS (siehe Tabelle 7.1). Die Merkmale wurden einzeln (Spalte *un*) bzw. zusammen mit dem entsprechenden Merkmal der anderen Phrase (Spalte *bi*) ausgewertet. Es wurden alle Fälle zum Lernen und zum Testen gewählt (mit Lernstichprobe=Teststichprobe). In den Spalten FokusF und FokusNF wurden nur Fragen bzw. Nicht-Fragen klassifiziert. Die letzten drei Zeilen zeigen die Erkennungsraten für die Klassifikation unter Verwendung aller Merkmale bei verschiedenen Lern- und Teststichproben. Folgende Schlüsse lassen sich aus den Erkennungsraten ziehen:

Tab. 7.1 (nächste Seite): Berechnete Merkmale, durchgeführte Perzeptionsexperimente und für die Einschätzung der Merkmalrelevanz benutzte Klassifkatoren. In der Spalte M/F steht für die Merkmale, ob sie nur für den Satzmodus-Klassifikator MODUS (M), nur für den Fokus-Klassifikator FOKUS (F) oder für beide Klassifkatoren (M/F) verwendet wurden.

Merkmale	**Abk.**	**M/F**	**Berechnung/Transformationen**
F_0-Offset	Off	M	Grundfrequenzwert am Äußerungsende in Halbtönen minus sprecherspezifischem Basiswert
Steigung	Steig	M	Steigung der Ausgleichsgeraden für die Grundfrequenzwerte in Halbtönen
F_0-Maximum der 2. und 3. Phrase F_0-Minimum der 2. und 3. Phrase	Max2 Max3 Min2 Min3	M/F M/F M/F M/F	Maximaler und minimaler Grundfrequenzwert der 2. und 3. Phrase jeweils in Halbtönen minus sprecherspezifischem Basiswert
Relative Position von F_0-Max./Min. 2. und 3. Phrase	Pos2 Pos3	M/F M/F	Differenz der Werte von F_0-Maximum und F_0-Minimum auf der Zeitachse; positiver Wert, wenn Maximum vor Minimum, sonst negativer Wert.
Dauer der 2. und 3. Phrase	Dau2 Dau3	F F	jeweils [(aktuelle Dauer / mittl. Phrasendauer) · (Dauer / (Äußerungsdauer/Silbenzahl))]
Intensität der 2. und 3. Phrase	Int2 Int3	F F	Maximale Energie der Phrase im Frequenzbereich 0-5000 Hz, gemessen in relativen Millibelwerten
Hörerurteile			
Moduszuweisung	MOD		Prozent Fragekategorisierung, errechnet aus dem Kategorisierungstest nach *Frage*, *Aussage*, *Exklamativ*, *Imperativ* oder *Wunsch*
Fokuszuweisung	FOK		(SA2-SA3)/(SA1+SA2+SA3), wobei SAi für die Zahl der Hörer steht, welche die i-te Phrase als Träger des Satzakzents hörten. FOK nahm Werte zwischen +1.0 und -1.0 an und diente als Handklassifikation für den Klassifikator FOKUS
Natürlichkeit	NAT		Die Hörer mußten der Kombination Kontext- und Testsatz eine Zahl zwischen 1 (≙ *paßt gut zusammen*) und 5 (≙ *paßt nicht zusammen*) zuweisen
Klassifikatoren			
Satzmodus	MODUS		durch Kontextsatz und Situationsbeschreibung intendierter Satzmodus; es wurde nur zwischen Frage und Nicht-Frage unterschieden
Satzfokus	FOKUS		aus FOK errechnete Position des Satzakzents; nur die 2. oder 3. Phrase konnte akzentuiert sein

Merkmale	Modus un	Modus bi	Fokus un	Fokus bi	FokusF un	FokusF bi	FokusNF un	FokusNF bi
Off	93		-		-		-	
Steig	85		-		-		-	
Max2	73	> 94	60	> 78	80	> 81	54	> 92
Max3	94		60		63		88	
Min2	65	> 84	59	> 62	53	> 71	62	> 70
Min3	84		47		70		47	
Pos2	76	> 85	51	> 69	78	> 82	69	> 52
Pos3	78		51		62		48	
Dau2	-		66	> 74	60	> 71	70	> 82
Dau3	-		72		70		82	
Int2	-		58	> 66	52	> 56	62	> 70
Int3	-		55		51		53	
multiv-ln	97		93		95		96	
multiv-ln-1	92		84		86		94	
multiv-ll	92		78		76		82	

Tab. 7.2: Erkennungsraten für die Klassifikation nach Modus und Fokus für die einzelnen Merkmale (Spalte *un*) bzw. zusammen mit dem entsprechenden Merkmal der anderen Phrase (Spalte *bi*). Es wurden alle Äußerungen zum Lernen und zum Testen verwendet (mit Lernstichprobe = Teststichprobe). In den Spalten FokusF und FokusNF wurden nur Fragen bzw. Nicht-Fragen klassifiziert.
In den letzten drei Zeilen wurden alle Merkmale verwendet (acht für die Modus- und zehn für die Fokus-Klassifikation). Dabei steht *ln* für Lernstichprobe = Teststichprobe, *ln-1* für n-1 (fünf) Sprecher Lern- und einen Sprecher Teststichprobe und *l1* für einen Sprecher Lern- und n-1 Sprecher Teststichprobe. Die Erkennungsraten für die beiden Konfigurationen mit Lernstichprobe $\neq$ Teststichprobe wurden jeweils im "leave-one-out"-Verfahren erstellt.

1) Es handelt sich um adäquate Merkmale zur Beschreibung der vorhandenen intonatorischen Modus/Fokus-Markierungen. Die Erkennungsraten für die Klassifikation von Modus und Fokus lagen für die Konfiguration *multiv-ln-1* (n-1 Sprecher Lernstichprobe, 1 Sprecher Teststichprobe) jeweils über 90 Prozent. Für die Fokus-Klassifikation ergibt sich die Gesamterkennungsrate aus den Erkennungsraten der Spalten *FokusF* und *FokusNF* (ohne vorherige Trennung der Fragen und Nichtfragen beträgt die Erkennungsrate 84 Prozent). Zwar wurde für die Spalten *FokusF* und *FokusNF* die Trennung von Fragen und Nicht-Fragen per Hand durchgeführt, aber die Benutzung der automatischen Modus-Klassifikation führte sogar zu einer minimalen Verbesserung.
2) Die Tatsache, daß sich bei Unterscheidung der Satzmodi (die Spalten FokusF und FokusNF bzw. die Spalte Fokus) die Klassifikation des Fokus verbessert, läßt sich damit erklären, daß sich insbesondere bei der prosodischen Eigenschaft *Tonhöhe* starke Überlagerungen der beiden Markierungen ergeben. Die Überlagerung wirkt sich bei den Fragen i.allg. stärker aus

als bei den Nicht-Fragen. So ist z.B. bei dem Testsatz *"Sie läßt die Nina das Leinen weben"* der aufgrund der syntaktischen Struktur "übliche" Satzmodus *Aussage* intonatorisch nicht so stark markiert wie der Satzmodus *Frage.*

7.4 Bestimmung der Prototypen

Für die Ergebnisse der drei Perzeptionstests (siehe Tabelle 7.1) wurden folgende sehr hohe Schwellen angesetzt:

1) MOD ≥ 80 für Fragen und ≤ 20 für Nicht-Fragen, d.h. die Hörer waren sich bei der Moduszuweisung weitgehend einig.
2) |FOK| = 1, d.h. die Hörer waren sich bei der Fokuszuweisung absolut einig.
3) NAT ≤ 2, d.h. die Hörer beurteilten die Äußerungen als sehr natürlich.

Die Merkmale der 24 Fälle (sieben Prozent), die alle drei Schwellen passierten, wurden graphisch aufgetragen. Die Merkmale aller Fälle zu einer Modus/Fokus-Konstellation wurden miteinander verglichen. Auf diese Weise konnten sieben Prototypen identifiziert werden. Die Bilder 7.1 - 7.7 zeigen für je einen Repräsentanten der Prototypen die Grundfrequenzkontur für die zweite und dritte Phrase. Die Grundfrequenzkonturen sind in Halbtönen über dem sprecherspezifischen Basiswert[2] dargestellt. Die Zeitachse ist in Centisekunden ab Beginn der Äußerung aufgetragen. Bild 7.1 und 7.2 zeigen die Konstellationen (*Nicht-Frage, Fokus auf vorletzter Phrase* und *Frage, Fokus auf letzter Phrase*), bei denen nur ein intonatorischer Prototyp gefunden wurde. Bild 7.3 und 7.4 zeigen die Prototypen der Konstellation *Fokus auf letzter Phrase, Nicht-Frage.* Die Bilder 7.5 - 7.7 beziehen sich auf die Konstellation *Fokus auf vorletzter Phrase, Frage.*

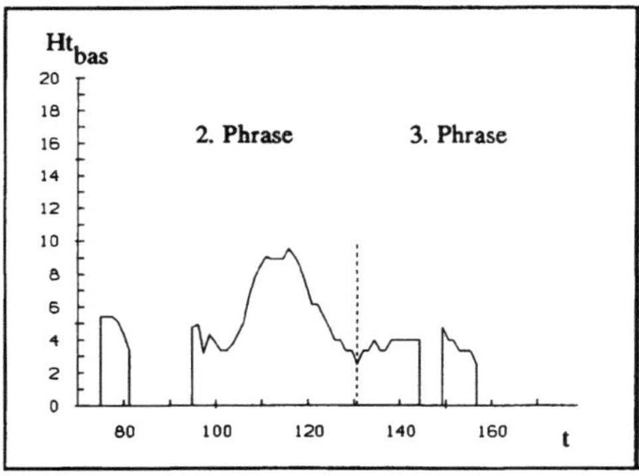

Bild 7.1: Nicht-Frage, Fokus auf der zweiten Phrase.

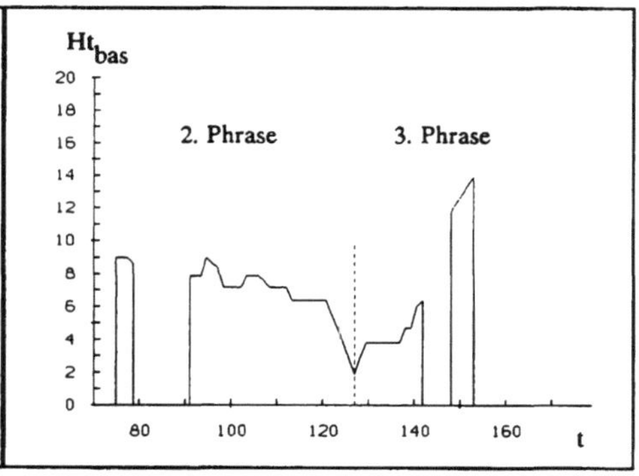

Bild 7.2: Frage, Fokus auf der dritten Phrase.

---

2 Der tiefste von einem Sprecher erreichbare Grundfrequenzwert

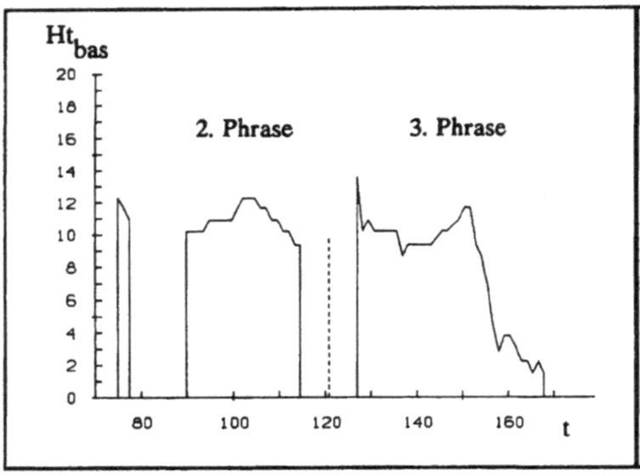

Bild 7.3: Nicht-Frage, Fokus auf der dritten Phrase.

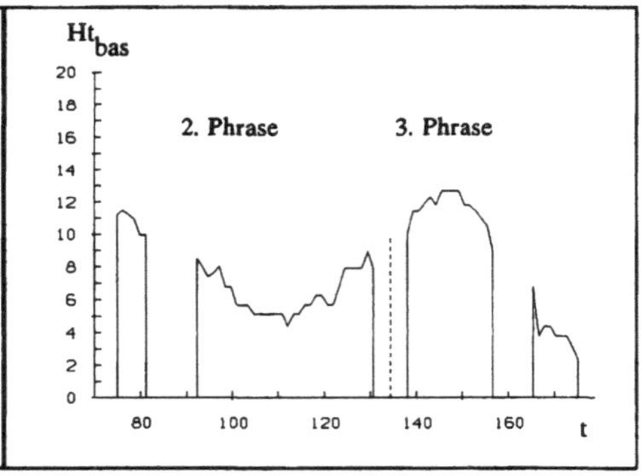

Bild 7.4: Nicht-Frage, Fokus auf der dritten Phrase.

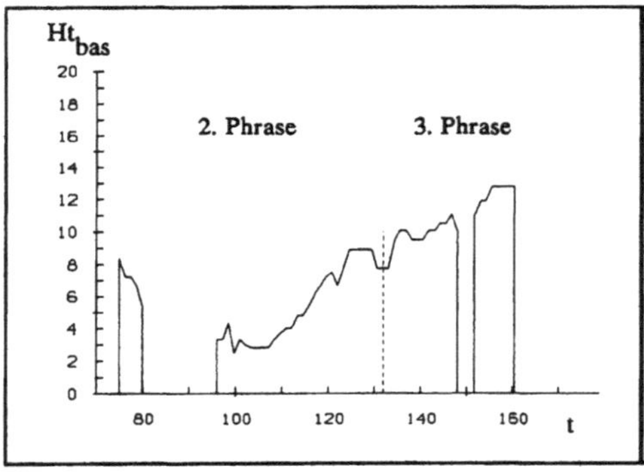

Bild 7.5: Frage, Fokus auf der zweiten Phrase.

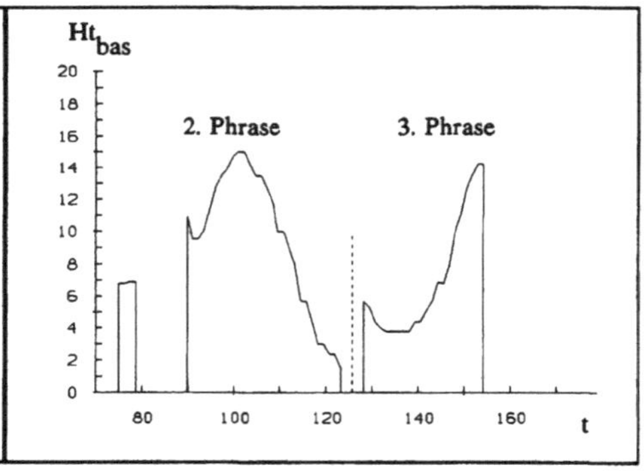

Bild 7.6: Frage, Fokus auf der zweiten Phrase.

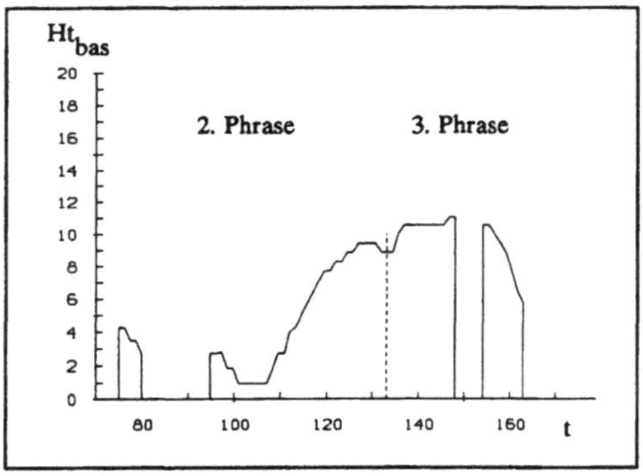

Bild 7.7: Frage, Fokus auf der zweiten Phrase.

7.5 Identifikation der Kern- und Rand-Prototypen

Für die vier Modus/Fokus-Konstellationen wurden die Mittelwerte der 10 Merkmale gebildet, die für die Fokus-Klassifikation verwendet wurden. Durch einen Vergleich der prototypischen Realisierungen mit diesen Mittelwerten wurden die Kern- und Rand-Prototypen gefunden. Diese Vorgehensweise ist nur gerechtfertigt, wenn man wie in der vorliegenden Situation *einen* Kern-Prototypen hat: Angenommen, es gäbe zwei Kern-Prototypen, die gleich häufig auftreten, und der Mittelwert eines Merkmals ist a für den einen Kern-Prototypen und -a für den anderen, so kann man aus dem Gesamtmittelwert 0 keinen Prototypen als Kern-Prototypen identifizieren, sondern man muß sein Modell zunächst verfeinern.

Bild 7.8 zeigt die Mittelwerte der für die Fokus-Klassifikation benutzten Merkmale (siehe Tab.7.1) für die vier Modus/Fokus-Konstellationen. In Bild 7.8a sind die Merkmale für die zweite Phrase beschriftet. Es handelt sich um dieselbe Konstellation wie in Bild 7.1). Die Y-Position der vier schwarzen Quadrate gibt den Mittelwert des minimalen und maximalen Grundfrequenzwertes einer Phrase (*Maxi, Mini*) an. Bezugsachse ist die linke Y-Achse in Halbtönen minus sprecherspezifischem Basiswert. Die Differenz der X-Position der beiden Extremwerte einer Phrase ist der Wert des Merkmals *Posi* in Centisekunden. Die Länge der beiden waagrechten Linien gibt die Mittelwerte der Dauermerkmale *Daui* in Centisekunden an. Von den Lautheitsmerkmalen *Inti* wurde für diese Darstellung der Wert *Int3-100 (rmB)* subtrahiert, und das Ergebnis wurde durch Division mit 100 in Dezibel umgewandelt. Somit gibt die Differenz der Y-Koordinaten der beiden Linien in bezug auf die rechte Y-Achse die Differenz der Mittelwerte in dB an.

Durch den Vergleich dieser Mittelwertdarstellungen mit den sieben Prototypen wurden die vier Prototypen der Bilder 7.1, 7.2, 7.3 und 7.5 als Kern-Prototypen identifiziert, und die der Bilder 7.4, 7.6, 7.7 als Rand-Prototypen. Eine Charakterisierung der Prototypen findet sich in [BATLINER 89b, 89c].

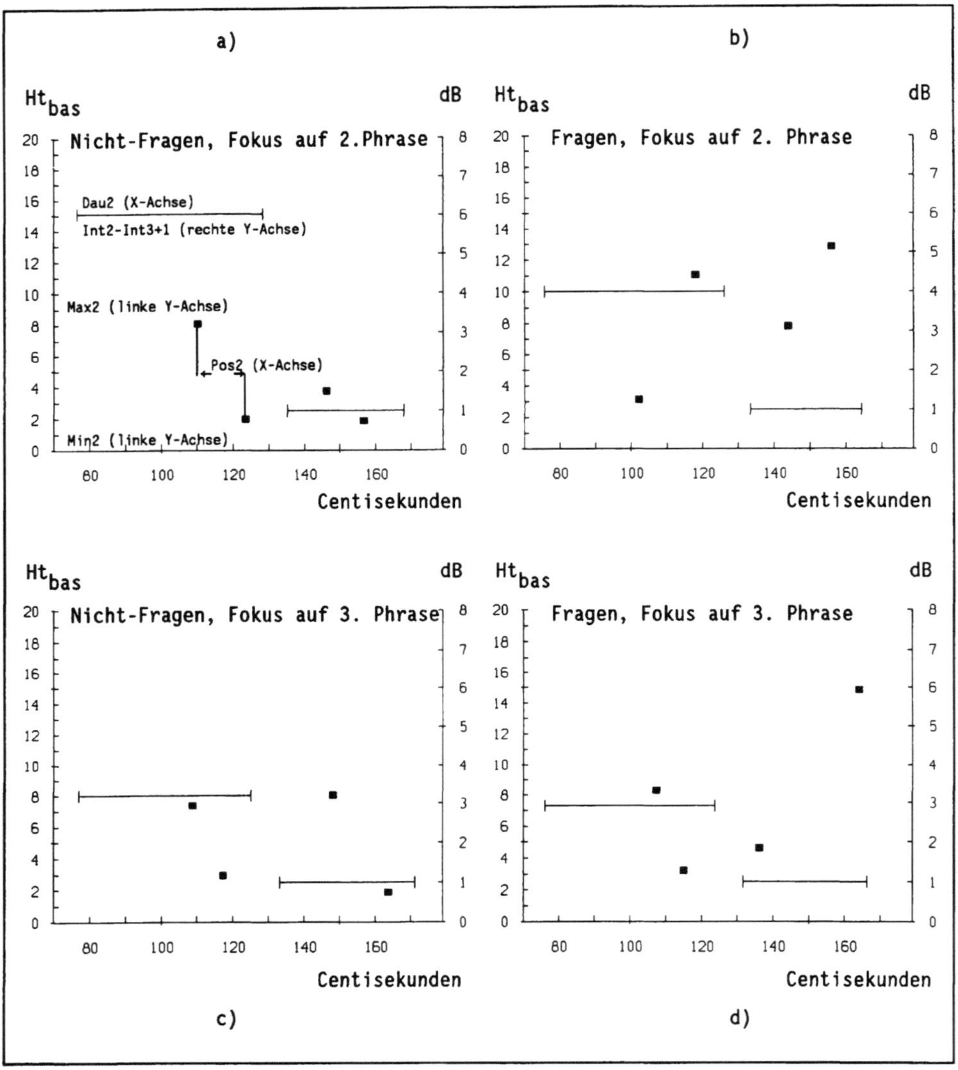

Bild 7.8: Mittelwerte der zehn für die Fokus-Klassifikation benutzten Merkmale. Die Y-Position der scharzen Quadrate gibt den Mittelwert der F_0-Extremwerte Maxi und Mini der i-ten Phrase an (in bezug auf die linke Y-Achse). Die Differenz der X-Koordinaten charakterisiert das Merkmal Posi. Die Länge der waagrechten Linien gibt die Größe der Dauermerkmale Daui an. Die Differenz der Y-Koordinaten gibt die Differenz der Lautheitsmerkmale Inti in dB an (in bezug auf die rechte Y-Achse).

7.6 Darstellung des erstellten Intonationsmodells in einem maschinellen Wissensrepräsentationsschema

Im folgenden soll zum Zweck der Darstellung in einem semantischen Netz eine eigene symbolische Beschreibung der gefundenen Prototypen vorgestellt werden, die auf den Tonhöhenmerkmalen *Maxi*, *Mini* und *Posi* aufbaut:

- Die Symbole A, a sollen eine F_0-Kontur innerhalb einer Phrase bezeichnen, bei der die dominante Bewegung fallend ist (*Posi* > 0).
- Die Symbole B, b sollen eine F_0-Kontur innerhalb einer Phrase bezeichnen, bei der die dominante Bewegung steigend ist (*Posi* < 0).
- Die Kontur einer Phrase wird mit einem kleinen Buchstaben bezeichnet, falls die F_0-Bewegung (*Maxi* - *Mini*) der benachbarten Phrase deutlich stärker ist. Ansonsten werden Großbuchstaben benutzt. Man beachte, daß hiermit keine Aussage über das absolute Ausmaß der F_0-Bewegung in der Phrase gemacht wird, sondern über das relative.

Tabelle 7.3 zeigt eine Charakterisierung der sieben Prototypen in dieser Nomenklatur.

Modus/Fokus-Konstellation (spezialisiertes Konzept)	Kern-Prototyp Inton_K_Typ	Rand-Prototyp Inton_R_Typ	Rand-Prototyp Inton_R_Typ
Nicht-Frage, Fokus auf 2. Phrase	Aa (Bild 7.1)	-	-
Nicht-Frage, Fokus auf 3. Phrase	aA (Bild 7.3)	bA (Bild 7.4)	-
Frage, Fokus auf 2. Phrase	Bb (Bild 7.5)	AB (Bild 7.6)	Ba (Bild 7.7)
Frage, Fokus auf 3. Phrase	aB (Bild 7.2)	-	-

Tab. 7.3: Beschreibung des Grundfrequenzverlaufs für die sieben Prototypen in der oben vorgestellten Nomenklatur.

Es wurde bereits in Kap.2 darauf hingewiesen, daß eine ganze Reihe von verschiedenen Schemata zur Beschreibung des Tonhöhenverlaufs existieren. Typische Beschreibungskategorien wie *Hochton*, *Tiefton* ([PIERREHUMBERT 80]), *Schleifton*, *Tonbruch* ([ROYÉ 83]) oder *konvex*, *konkav* ([OPPENRIEDER 88a]) beschreiben mehr oder weniger stilisiert einen Teilaspekt der Verlaufskurve. Für die Darstellung in diesem Kapitel wurde trotz der vielen bereits existierenden Beschreibungsformen eine eigene Symbolik benutzt, da sie mit wenigen, leicht nachvollziehbaren Grundsymbolen eine eindeutige Identifikation der gefundenen Prototypen erlaubt, ohne daß eine zugrundeliegende Theorie eingeführt werden muß.

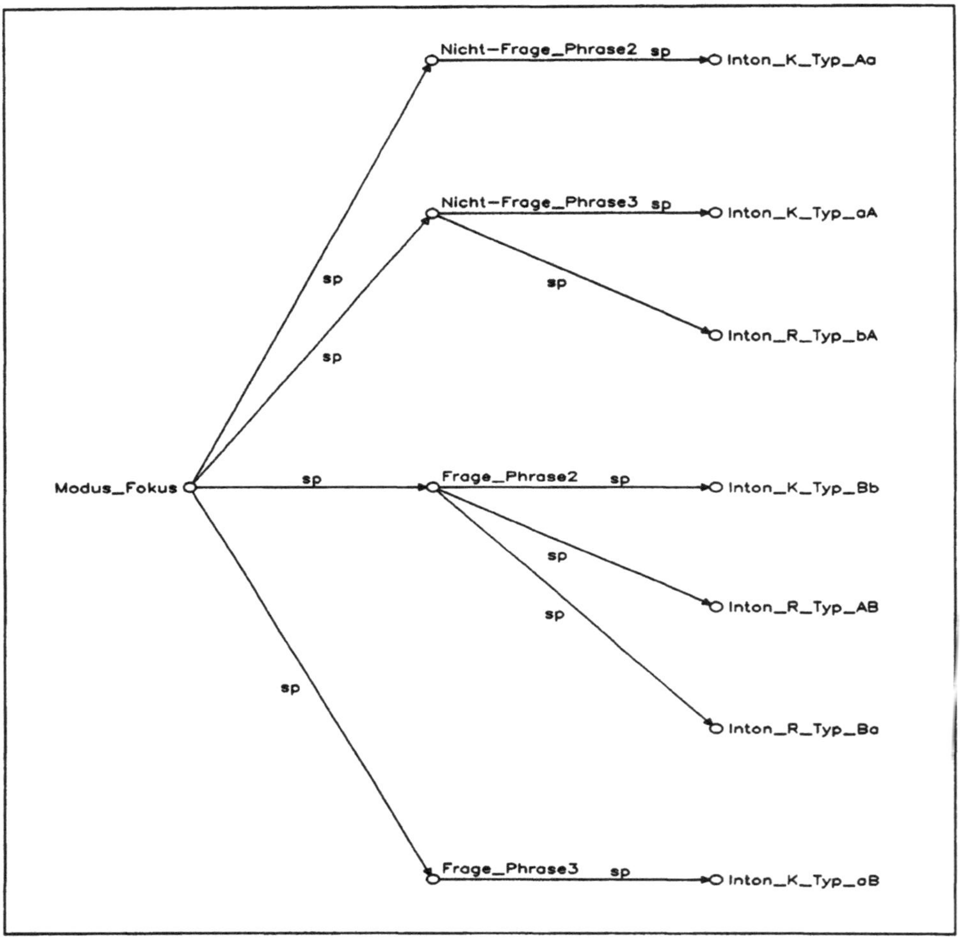

Bild 7.9: **Darstellung des erstellten Intonationsmodells in einem semantischen Netz.**

Bild 7.9 zeigt ein semantisches Netz für *Modus/Fokus-Konstellationen.* Die vier untersuchten Konstellationen sind spezialisierte Konzepte (*sp*-Kante) des allgemeinen Konzepts *Modus_Fokus.* Für jedes spezialisierte Konzept sind die verschiedenen intonatorischen Prototypen ebenfalls als spezialisierte Konzepte realisiert. Die Bezeichnung dieser Konzepte gibt an, ob es sich um einen Kern-Prototyp (Inton_K_Typ_XX) oder einen Rand-Prototyp (Inton_R_Typ_XX) handelt. Die letzten beiden Buchstaben im Konzeptnamen charakterisieren den Verlauf der Grundfrequenzkontur in der oben vorgestellten Nomenklatur (Tabelle 7.3).

Somit kann das entwickelte Modell der intonatorischen Markierung von Modus und Fokus zum Zwecke der prosodischen Verifikation von Satzhypothesen folgendermaßen in einem *semantischen Netz* dargestellt werden:

- Es wird die Strukur aus Bild 7.9 verwendet.
- In jedem spezialisierten Konzept wird das Wissen über die Form der intonatorischen Markierung in Form von Steueranweisungen für die prosodische Komponente eines Sprachsynthesegeräts abgelegt. Somit kann das Wissen, das aus den Merkmalausprägungen eines segmental eingeschränkten Korpus gewonnen wurde, in einer Darstellung repräsentiert werden, die es erlaubt, Instanzen zu segmental anderen Äußerungen aussagekräftig zu bewerten.
- Das Wissen über die Häufigkeit des Prototypen fließt in die Bewertung der Instanzen ein.

Eine prosodische Verifikation von Satzhypothesen ist dann folgendermaßen denkbar:

- Pro Satzhypothese wird für jeden in dem vorgegebenen Kontext möglichen Prototypen von fokussierter Phrase und Satzmodus mit einem Synthesegerät eine Referenzkontur erzeugt und mit der aktuellen Kontur verglichen. Das Abstandsmaß stellt eine Bewertung dar.
- Die Bewertung der Kern-Prototypen wird im Vergleich zu den Bewertungen der Rand-Prototypen um einen gewissen Faktor verbessert.
- Man entscheidet sich für die Modus/Fokus-Konstellation der Instanz mit der besten Bewertung.

Es muß noch einmal darauf hingewiesen werden, daß das hier vorgestellte *erwartungsgesteuerte Modell zur intonatorischen Markierung von Modus und Fokus im Deutschen* sehr vorläufig und bruchstückhaft ist. Es bietet allerdings den Vorteil, daß eine schrittweise Verfeinerung möglich ist. Weiterhin ermöglicht die Implementierung in einem maschinellen Wissensrepräsentationsschema ebenso wie die automatische Extrahierbarkeit der benötigten Parameter jederzeit eine Verifikation des erstellten Modells bzw. die Verifikation einer weiteren Verfeinerung des Modells.

Die im letzten Kapitel präsentierten Ergebnisse haben gezeigt, daß eine datengetriebene Betonungsbeschreibung zu einer Verbesserung der Analyseergebnisse während der Erkennungsphase (Erkennung bis zur Wortketten-Ebene, siehe [NIEMANN 88b]) eines sprachverstehenden Systems führen kann. Während der Verstehensphase wird allerdings mit jedem Analyseschritt mehr Wissen über das Gesprochene gewonnen. Deswegen ist ein schrittweises Einbeziehen der erreichten Analyseergebnisse unbedingt sinnvoll. Die hier vorgestellte Vorgehensweise ermöglicht eine solche schrittweise Einbeziehung und stellt somit eine sinnvolle Erweiterung der datengetriebenen Betonungsbeschreibung dar.

8 Zusammenfassung

Die enorme Verbesserung der Leistungsfähigkeit von Computer-Hardware, verbunden mit einem ebenso starken Preisverfall, lassen immer mehr ASE-Anwendungen realistisch erscheinen. Robuste Einzelworterkenner sind schon seit mehreren Jahren kommerziell verfügbar, während sich Systeme zum Erkennen und insbesondere zum Verstehen kontinuierlich gesprochener Sprache noch immer in einem experimentellen Stadium befinden. In den meisten sprachverstehenden Systemen konzentriert sich die Analyse des Zeitsignals auf die Extraktion von segmentaler Information, z.B. Information über die gesprochenen Laute. In letzter Zeit hat das Interesse an suprasegmentaler Information, die auch als *prosodische Information* bezeichnet wird, in Zusammenhang mit ASE-Systemen stark zugenommen, wofür sich im wesentlichen zwei Gründe anführen lassen:

- Prosodische Information wird in der zwischenmenschlichen Kommunikation sehr stark eingesetzt. In der Mensch-Maschine-Kommunikation sollte, zumindest langfristig gesehen, ein Anwender seine gewohnte Sprechweise benutzen können.
- Es ist zu erwarten, daß zwischen den mit prosodischen Mitteln als *betont markierten Stellen* einer Äußerung und den für den *Verstehensprozeß wichtigen Stellen* ein starker Zusammenhang besteht.

Die vorliegende Arbeit befaßte sich mit dem Einsatz prosodischer Information in dem an der Universität Erlangen entwickelten sprachverstehenden System EVAR. Nach einer Erörterung der potentiellen Einsatzgebiete prosodischer Information in ASE-Systemen wurden in Kapitel 1 das System EVAR und der Beitrag dieser Arbeit zum Einsatz prosodischer Information in ASE-Systemen vorgestellt: Schwerpunkt der Arbeit war die Erstellung einer automatischen Betonungsbeschreibung für das Deutsche. Die Einbettung in ein ASE-System bedingte dabei zunächst einen datengetriebenen Ansatz, d.h. die Betonungsbeschreibung wurde unter alleiniger Verwendung des Zeitsignals erstellt. Während der Verstehensphase im Analyseprozeß liegt bereits sehr viel Wissen über eine Äußerung in Form von Phrasen- und Satzhypothesen vor, das bei der Erstellung einer Betonungsbeschreibung verwendet werden kann. Daher wurden in enger Zusammenarbeit mit Mitarbeitern des DFG-Projekts "Modus-Fokus-Intonation" grundlegende Untersuchungen zur Erstellung eines *intonatorischen Modells des Deutschen* sowie zur Darstellung des Modells in einem maschinellen Wissensrepräsentationsschema durchgeführt.

In Kapitel 2 wurden die im Zusammenhang mit dieser Arbeit wichtigen sprachwissenschaftlichen Begriffe definiert: *Prosodie* wird als Oberbegriff für alle Themenbereiche sprachwissenschaftlicher Untersuchungen verstanden, die sich mit lautübergreifenden (suprasegmentalen) sprachlichen Eigenschaften befassen. Bei diesen prosodischen Eigenschaften handelt es sich um perzeptive Einheiten, denen akustische Korrelate gegenüberstehen. Diese im Sprachsignal meßbaren Korrelate ändern sich artikulatorisch bedingt oder aufgrund einer vom Sprecher bewußt, d.h. um dem Hörer etwas mitzuteilen, durchgeführten Variation der Sprachproduktion. Im zweiten Fall spricht man von *Intonation*. Die im Zusammenhang mit der ASE wichtige Darstellungsfunktion (intellektuelle

Bedeutung) der Intonation sowie die hierfür wichtigsten prosodischen Eigenschaften (Tonhöhe, Lautheit, zeitliche Strukturierung und Klangfarbe) wurden genauer untersucht.

Die Darstellungsfunktion zerfällt in die drei Bereiche *Markierung des Akzents, Markierung des Satzmodus* und *Gliederung der Äußerung*. Der Begriff *Akzent* wurde synonym mit *Betonung* verwendet. Jedes Wort hat - wenn es isoliert gesprochen wird - eine Wortakzentsilbe, die "auffälliger" (betont) gestaltet wird als die anderen Silben des Wortes. In kontinuierlicher Sprache werden nur einige der Wortakzentsilben betont artikuliert. Das dazugehörige Wort bzw. die Phrase wird als Träger des *Satzakzents* bezeichnet. Welche der Silben betont werden, hängt einerseits mit der rhythmischen Struktur der deutschen Sprache zusammen, andererseits (insbesondere in spontaner Sprache) mit dem Informationsgehalt des dazugehörigen Wortes bzw. der Phrase. Hierfür wurde der Begriff *Fokus* eingeführt, mit dem die wichtigste Information einer Äußerung bezeichnet, und der phonetisch durch den Satzakzent realisiert wird.

Ferner wurde im zweiten Kapitel gezeigt, mit welchen Mitteln die drei Bereiche der Prosodie realisiert werden. Dabei wurde in erster Linie auf die Mittel zur Markierung des Satzakzents eingegangen. Es wurde deutlich, daß die Akzentuierung mit der prosodischen Eigenschaft *Tonhöhe* bzw. dem Korrelat *Grundfrequenz* durch Erhöhung oder Senkung, sowohl vor der Akzentsilbe als auch danach stattfinden kann. Bei der *zeitlichen Strukturierung* bzw. dem Korrelat *Lautdauer* führt Betonung zu einer Dehnung, die durch Verkürzung der unbetonten Umgebung verstärkt werden kann. Bei der *Lautheit* wird das Korrelat *Intensität* sehr stark durch intrinsische Einflüsse verändert, die vom Menschen offensichtlich kompensiert werden. In Zusammenhang mit der ASE ist dies ein starker Nachteil, dem der Vorteil gegenübersteht, daß das Korrelat praktisch fehlerfrei berechnet werden kann. Bei der *Klangfarbe* ist die Veränderung des Korrelats *Vokalqualität* in Richtung Zentralvokal ein Indiz für Unbetontheit.

Der *Satzmodus* (z.B. Aussagesatz, Wunschsatz) kann u.a. mit intonatorischen Mitteln ausgedrückt werden. Bei der *Markierung des Satzmodus* interessierte vor allem die Unterscheidung zwischen Fragen und Nicht-Fragen, da bei informationsabfragenden Systemen Fragen und Nicht-Fragen oft allein durch die Intonation markiert werden. Die Markierung geschieht meistens durch den Tonhöhenverlauf am Ende der Äußerung

Die *Gliederung der Äußerung* geschieht mit der Tonhöhe, der zeitlichen Strukturierung und der gezielten Pausensetzung, ist insbesondere bei größeren Redebeiträgen zu beobachten und wurde im Rahmen dieser Arbeit nicht weiter untersucht.

Schließlich wurden Überlagerungen aufgezeigt, die sich daraus ergeben, daß insbesondere die prosodische Eigenschaft Tonhöhe für alle drei vorgestellten Bereiche der Intonation eine Rolle spielt: Die Art der Markierung des Satzakzents hängt stark vom Satzmodus ab.

Im dritten Kapitel wurden die verschiedenen Stichproben vorgestellt, mit denen Experimente durchgeführt wurden: Bei der *EVAR-Stichprobe* handelt es sich um Äußerungen aus dem Anwendungsbereich IC-Zugauskunft. Die *Pragmatik-Stichprobe* ist eine Teilmenge der EVAR-Stichprobe, in der die für die Pragmatik-Analyse wichtigen Wörter markiert wurden.

Die *Dialog-Stichprobe* besteht aus Aufnahmen von echten Auskunftsdialogen. Zu diesen Äußerungen wurde ein Betonungsmaß erstellt. Zu diesem Zweck mußten 15 Hörer die Silben in betont/unbetont einteilen. Jeder Silbe wurde die Zahl der "betont"-Urteile zugewiesen. Anhand dieser Betonungszahl konnte der erwartete enge Zusammenhang zwischen *betonten* und *für die Analyse wichtigen* Stellen nachgewiesen werden: Alle Wörter, die von mehr als der Hälfte der Hörer als betont eingestuft wurden (31 Prozent aller Wörter), ließen sich in ein für die Anwendung *Zugauskunft* relevantes Pragmatik-Konzept einordnen oder stellten einen metakommunikativen Dialogschritt dar.

Die Modus-Fokus-Korpora (das Material des DFG-Projekts "Modus-Fokus-Intonation") bestehen aus intonatorischen Minimalpaaren, bei denen Satzmodus und Position des Satzakzents bzw. Fokus allein durch intonatorische Merkmale indiziert werden.

Das vierte Kapitel behandelte die Extraktion von Merkmalen aus den physikalischen Korrelaten der prosodischen Eigenschaften. Hierzu wurden zunächst Silbenkerne im Sprachsignal detektiert. Im Ausgangssignal eines Bandpaßfilters, das den Frequenzbereich der ersten beiden Formanten abdeckt, wurden lokale Maxima gesucht. Genügten die Maxima gewissen Signifikanzbedingungen, so wurden sie als Silbenkerne markiert. Durch die Betrachtung von zwei weiteren Energiebändern wurden fälschlicherweise als Silbenkerne eingetragene Frikative eliminiert und silbische Nasale zur Silbenkernliste hinzugefügt. Sehr lange Silbenkerne wurden mit veränderten Signifikanzschwellen noch einmal betrachtet und u.U. aufgetrennt. Während der Analyse ist es notwendig, die Segmentierung des Sprachsignals durch das Akustik-Phonetik-Modul und das Prosodie-Modul zu synchronisieren (dies stellt sozusagen den ersten Schritt von einer datengetriebenen zu einer erwartungsgesteuerten Betonungsbeschreibung dar). Hierzu wurde ein neuartiges Segmentierungsverfahren in lautähnliche Einheiten entwickelt. Das Verfahren markiert Frames, an denen sich die Entscheidung des Lautkomponentenklassifikators ändert, als potentielle Lautanfänge und erstellt mit diesen Markierungen einen Segmentgraphen, in dem die optimale Segmentierung nach Lauten durch ein Graphsuchverfahren ermittelt wird. Durch Angleichung der Silbenkerngrenzen und der Lautgrenzen können die beiden Segmentierungen synchronisiert werden.

In Abschnitt 4.2 wurde ausführlich auf die Extraktion von Tonhöhenmerkmalen eingegangen. Nach einer Darstellung des Vorgangs der Spracherzeugung wurde anhand von zwei aus der Literatur bekannten Grundfrequenzalgorithmen, dem AMDF- und dem Seneff-Verfahren, die prinzipielle Vorgehensweise bei der Grundfrequenzbestimmung erläutert: Das Zeitsignal wird zunächst in stimmhafte und stimmlose Bereiche unterteilt. Nach verschiedenen Vorverarbeitungsschritten (z.B. Tiefpaßfilterung) wird für jeden Frame ein Grundfrequenz-Schätzwert erzeugt. Das AMDF-Verfahren arbeitet auf dem Zeitbereich und wertet lokale Minima in der Antikorrelationsfunktion aus, während das Seneff-Verfahren auf dem Frequenzbereich arbeitet und eine harmonische Analyse durchführt. Aufbauend auf diesen beiden Verfahren wurde ein neues Grundfrequenzverfahren entwickelt: An stabilen Stellen des Sprachsignals wird mit den beiden Standardverfahren ein Grundfrequenz-Schätzwert ermittelt. Der Median dieser Schätzwerte wird dazu benutzt, um aus dem

Spektrum jedes stimmhaften Frames fünf potentielle Grundfrequenz-Schätzwerte zu bestimmen. Mit der Dynamischen Programmierung wird in der Matrix der möglichen Werte die Grundfrequenzkontur bestimmt.

Aus der Kontur wurden zwei Merkmale berechnet, welche die Veränderungen der prosodischen Eigenschaft *Tonhöhe* innerhalb des Silbenkerns und im Vergleich zu den benachbarten Silbenkernen beschreiben: Die mittlere Grundfrequenz im Silbenkern im Vergleich zur mittleren Grundfrequenz der benachbarten Silbenkerne sowie die Steigung der Ausgleichsgeraden für die Grundfrequenzwerte innerhalb eines Silbenkerns. Zur Beschreibung der prosodischen Eigenschaft *zeitliche Strukturierung* wurde die Silbenkernlänge in Relation zur Länge der benachbarten Silbenkerne gesetzt. Zur Berechnung der Lautheitsmerkmale wurden das Energie-Integral und die maximale Energie des Silbenkerns mit den Werten für die benachbarten Silbenkerne in Relation gesetzt.

Mit der Theorie der vagen Mengen wurde aus den fünf Merkmalen eine Betonungsbeschreibung erstellt, welche Gegenstand des fünften Kapitels ist. Hierzu wurden zunächst die Merkmalausprägungen als betonungsrelevant eingestuft. Die einzelnen Bewertungen der Merkmale zu einer der prosodischen Eigenschaften wurden zu einer Bewertung dieser prosodischen Eigenschaft zusammengefaßt, woraus eine Gesamtbewertung erstellt wurde. Somit standen pro Silbenkern vier Bewertungen zwischen 0 (unbetont bzw. keine Betonungsmarkierung mit der prosodischen Eigenschaft X) und 1 (stark betont bzw. starke Betonungsmarkierung mit der prosodischen Eigenschaft X) zur Verfügung.

Im sechsten Kapitel wurden die Ergebnisse der eigenen experimentellen Untersuchungen vorgestellt. Das Grundfrequenzverfahren wurde dem AMDF- und dem Seneff-Verfahren gegenübergestellt. Im Vergleich zum Seneff-Verfahren konnte die Zahl der Äußerungen mit mindestens einem Grobfehler um 65 Prozent verringert werden, im Vergleich zum AMDF-Verfahren sogar um 77 Prozent.

Für die Modus-Fokus-Korpora wurden sowohl mit manuell als auch mit automatisch extrahierten Tonhöhen-Merkmalen Experimente zur Unterscheidung von Fragen und Nicht-Fragen durchgeführt. Dabei wurden Erkennungsraten bis zu 93 Prozent erzielt.

Der Algorithmus zur Silbenkerndetektion wurde für die EVAR- und die Dialog-Stichprobe ausgewertet. Während in der EVAR-Stichprobe 94 Prozent der gesprochenen Silbenkerne gefunden wurden, fiel aufgrund der veränderten Aufnahmebedingungen die Erkennungsrate für die Dialog-Stichprobe mit 87 Prozent deutlich schlechter aus.

Der Vergleich zwischen der Hörerbewertung und der automatischen Akzentzuweisung zeigte zwar einen deutlichen Zusammenhang, wies aber gleichzeitig auf die Notwendigkeit weiterer Verbesserungen hin. Hauptfehlerquelle war die zu hohe Zahl von verschmolzenen unbetonten Silbenkernen.

Der Beitrag der Betonungsbeschreibung zur Gesamtanalyse im sprachverstehenden System EVAR wurde mit zwei Klassen von Worthypothesenfiltern getestet. Das DEL-Filter verwirft Worthypothesen, bei denen die Silbenstruktur des von der Worthypothese überdeckten Zeitsignals nicht mit der lexikalischen Silbenstruktur der Worthypothese übereinstimmt. Die PRAG-Filter schränken das Lexikon über Silbenkernbereichen ein, die automatisch als stark betont markiert wurden. Um 50 Prozent der gesprochenen Wörter zu finden, konnte die notwendige Hypothesenmenge bei der besten Kombination der beiden Worthypothesenfilter um durchschnittlich 27 Prozent verringert werden.

Die neu entwickelte Lautsegmentierung wurde zunächst ohne Verwendung der Silbenkernsegmentierung optimiert. Es gelang, die zum Auffinden des gleichen Prozentsatzes von Wörtern nötige Hypothesenmenge gegenüber dem bisher verwendeten Segmentierungsverfahren deutlich zu verringern: Um beispielsweise 80 Prozent der richtigen Wörter in der Hypothesenmenge zu erkennen sind statt 17 Hypothesen pro Segment nur noch 8 Hypothesen pro Segment notwendig. Zur Verwendung der Silbenkernsegmentierung liegen noch keine aussagekräftigen Ergebnise vor.

In Kapitel 7 wurden grundlegende Untersuchungen zu einem *Modell der intonatorischen Markierung von Modus und Fokus im Deutschen* behandelt. Dabei lag der Schwerpunkt auf der Darstellung des entwickelten Prototypen-Konzepts in *semantischen Netzen*, einem maschinellen Wissensrepräsentationsschema. Bei den Untersuchungen, die in enger Kooperation mit dem DFG-Projekt "Modus-Fokus-Intonation" durchgeführt wurden, wurde das Material mit zwei grundsätzlich verschiedenen Ansätzen untersucht: Über Perzeptionsexperimente wurden prototypische Realisierungen der im Untersuchungsmaterial möglichen Kombinationen aus Satzmodus und Position des Fokus gesucht. Über statistische Kennwerte konnten die Standardrealisierungen (Kern-Prototypen) sowie die selteneren aber akzeptablen Realisierungen (Rand-Prototypen) gefunden werden. Bei den vier untersuchten Modus/Fokus-Konstellationen (Fokus auf letzter/vorletzter Phrase und Frage/Nicht-Frage) wurden sieben Prototypen festgestellt, die als spezialisierte Konzepte realisiert werden können. Es wurde gezeigt, wie mit dem so dargestellten Modell Satzhypothesen eines sprachverstenden Systems prosodisch verifiziert werden können.

9 Literaturverzeichnis

Abkürzungen:

AIPUK	Arbeitsberichte des Instituts für Phonetik der Universität Kiel
AvglPhon	Archiv für vergleichende Phonetik
ECST	European Conference on Speech Technology
DAGA	Deutsche Arbeitsgemeinschaft für Akustik
DAGM	Deutsche Arbeitsgemeinschaft Mustererkennung
FIPKM	Forschungsberichte des Instituts für Phonetik und Sprachliche Kommunikation der Universität München
ICASSP	International Conference on Acoustics, Speech and Signal Processing
ICPhS	International Congress of Phonetic Sciences
IEEE	Institute of Electrical and Electronics Engineers
JASA	Journal of the Acoustical Society of Amerika
JPhon	Journal of Phonetics
Ling.Ber	Linguistische Berichte
L&S	Language and Speech
Trans. ASSP	Transactions on Acoustics, Speech, and Signal Processing
ZPhon	Zeitschrift für Phonetik, Sprachwissenschaft und Kommunikationsforschung

[ADAMS 78]
Adams, C., Munro, R.: "In Search of Acoustic Correlates of Stress: Fundamental Frequency, Amplitude and Duration in the Connected Utterance of Some Native and Non-Native Speakers of English", Phonetica 35, S.125-156, 1978.

[ADRIAENS 84]
Adriaens, L.: "A Preliminary Description of German Intonation", IPO Annual Progress Report 19, S.36-41, 1984.

[AKTAS 86]
Aktas, A., Kämmerer, B., Küpper, W., Lagger, H.: "Erkennung von phonetisch ähnlichen Wörtern in einem Spracherkennungssystem für große Wortschätze", Kleinheubacher Berichte, Band 29, S.65-69, 1986.

[ALIM 87]
Alim, O., Ahmed, R.: "A Study on the Speech of Down's Syndrome Subjects Using the Acoustic Models", Proceedings ECST, Vol.1, S.348-351, Edinburgh, 1987.

[ALTMANN 84]
Altmann, H.: "Linguistische Aspekte der Intonation am Beispiel Satzmodus", in: FIPKM 19, S.132-152, 1984.

[ALTMANN 87]
Altmann, H.: "Zur Problematik der Konstitution von Satzmodi als Formtypen", in J. Meibauer (Hg.): "Satzmodus zwischen Grammatik und Pragmatik", Niemeyer, Tübingen, S.22-56, 1987.

[ALTMANN 88]
Altmann, H. (Hg.): "Intonationsforschungen", Niemeyer, Tübingen, 1988.

[ALTMANN 89a]
Altmann, H., Batliner, A., Oppenrieder, W. (Hgg.): "Zur Intonation von Modus und Fokus im Deutschen", Niemeyer, Tübingen, 1989.

[ALTMANN 89b]
Altmann, H., Batliner, A., Oppenrieder, W.: "Das Projekt 'Modus-Fokus-Intonation'. Ausgangspunkt, Konzeption und Resultate im Überblick.", in [ALTMANN 89a], S.2-19, 1989.

[ANTONIADIS 81]
Antoniadis, Z., Strube, H.: "Untersuchungen zum <<intrinsic pitch>> deutscher Vokale", Phonetica 38, S.277-290, 1981.

[ANTONIADIS 84a]
Antoniadis, Z.: "Grundfrequenzverläufe deutscher Sätze", Dissertation, Uni Göttingen, 1984.

[ANTONIADIS 84b]
Antoniadis, Z., Strube, H.: "Untersuchungen über die Form von F_0-Verläufen", Proceedings DAGA '84, S.773-776, Darmstadt, 1984.

[ANTONIADIS 84c]
Antoniadis, Z., Strube, H.: "Dynamische Beschreibung der Satzgrundfrequenzverläufe im Deutschen", Proceedings DAGA '84, S.777-780, Darmstadt, 1984.

[ANTONIADIS 84d]
Antoniadis, Z., Strube, H.: "Untersuchungen zur spezifischen Dauer deutscher Vokale", Proceedings DAGA '84, S.793-796, Darmstadt, 1984.

[ARTEMOV 78]
Artemov, V.: "Intonation und Prosodie", Phonetica 35, 301-339, 1978.

[AULL 84]
Aull, A.M.: "Lexical Stress and its Application to Large Vocabulary Speech Recognition", Master's Thesis, MIT, 1984.

[AWAD 88]
Awad, G., Diethert, G., Faber, J., Fellbaum, K., Wolf, A.: "Einsatz der Spracherkennung für motorisch Behinderte", Proceedings ITG-Fachtagung Digitale Sprachverarbeitung, ITG-Fachbericht 105, S.241-246, Bad Nauheim, 1988.

[BAKER 87]
Baker, J.: "State-of-the-Art Speech Recognition, U.S. Research and Business Update", Proceedings ECST, Vol.1, S.440-447, Edinburgh, 1987.

[BANNERT 85]
Bannert, R.: "Fokus, Kontrast und Phrasenintonation im Deutschen", Zeitschrift für Dialektologie und Linguistik 52, S.289-305, 1985.

[BANNERT 89]
Bannert, R., Hoepelman, J., Machate, J.: "Auswertung der Fokusintonation im gesprochenen Dialog", in Burkhardt, H., Höhne, K., Neumann (Hgg.): "Mustererkennung 1989", S.536-542, Informatik-Fachberichte 219, 1989.

[BARRY 81]
Barry, W.: "Prosodic Functions Revisited Again!", Phonetica 38, S.633-644, 1981.

[BATLINER 87a]
Batliner, A., Schiefer, L.: "Stimulus Category, Reaction Time, and Order Effect - An Experiment on Pitch Discrimination", in Proceedings XIth ICPhS, Vol.5, S.46-49, Tallin, 1987.

[BATLINER 88a]
Batliner, A.: "Produktion und Prädiktion. Die Rolle intonatorischer und anderer Merkmale bei der Bestimmung des Satzmodus", in [ALTMANN 88], S.207-221, 1988.

[BATLINER 88b]
Batliner, A.: "Modus und Fokus als Dimensionen einer Nonmetrischen Multidimensionalen Skalierung", in [ALTMANN 88], S.223-241, 1988.

[BATLINER 88c]
Batliner, A.: "Der Exklamativ: Mehr als Aussage oder doch nur mehr oder weniger Aussage? Experimente zur Rolle von Höhe und Position des F_0-Gipfels.", in [ALTMANN 88], S.243-271, 1988.

[BATLINER 89a]
Batliner, A., Nöth, E., Lang, R., Stallwitz, G.: "Zur Klassifikation von Fragen und Nicht-Fragen anhand intonatorischer Merkmale", Proceedings DAGA '89, S.335-338, Duisburg, 1989.

[BATLINER 89b]
Batliner, A., Nöth, E.: "The Prediction of Focus", Proceedings ECST, Vol.1, S.210-213, Paris, 1989.

[BATLINER 89c]
Batliner, A.: "Fokus, Modus und die große Zahl. Zur intonatorischen Indizierung des Fokus im Deutschen", in [ALTMANN 89a], S.21-70, 1989.

[BATLINER 89d]
Batliner, A.: "Fokus, Deklination und Wendepunkt", in [ALTMANN 89a], S.71-85, 1989.

[BATLINER 89e]
Batliner, A.: "Eine Frage ist eine Frage ist keine Frage. Perzeptionsexperimente zum Fragemodus im Deutschen", in [ALTMANN 89a], S.87-109, 1989.

[BATLINER 89f]
Batliner, A.: "Wieviel Halbtöne braucht die Frage? Merkmale, Dimensionen, Kategorien", in [ALTMANN 89a], S.111-162, 1989.

[BATLINER 89g]
Batliner, A., Oppenrieder, W.: "Korpora und Auswertung", in [ALTMANN 89a], S.281-330, 1989.

[BATLINER 89h]
Batliner, A.: "Ein einfaches Modell der Frageintonation und seine Folgen", in "Akten des 24. Linguistischen Kolloquiums. Bremen 4. bis 6. September 1989", Niemeyer, Tübingen, erscheint vorraussichtlich 1990.

[BECKMANN 86]
Beckmann, M.: "Stress and Non-Stress Accent", Foris Publications, Dordrecht, 1986.

[BELASCO 53]
Belasco, S.: "The Influence of Force of Articulation of Consonants on Vowel Duration", JASA 25, S.1015-1016, 1953.

[BELLMAN 72]
Bellman, R.: "Dynamic Programming", Princeton University Press, Princeton, 1972.

[BIERWISCH 66]
Bierwisch, M.: "Regeln für die Intonation deutscher Sätze", In Studia Grammatica VII: "Untersuchungen über Akzent und Intonation im Deutschen", S.99-201, Akademie-Verlag, Berlin, 1966.

[BLEAKLEY 73]
Bleakley, D.: "The Effect of Fundamental Frequency Variation on the Perception of Stress in German", Phonetica 28, S.42-59, 1973.

[BLESSER 69]
Blesser, B.: "Perception of Spectrally Rotated Speech", PhD Thesis, MIT, 1969.

[BOLINGER 58a]
Bolinger, D.: "On Intensity as a Qualitative Improvement of Pitch Accent", Lingua 7, S.175-182, 1958.

[BOLINGER 58b]
Bolinger, D.: "A Theory of Pitch Accent in English", Word 14, S.109-149, 1958.

[BRIETZMANN 84]
Brietzmann, A.: "Semantische und Pragmatische Analyse im Erlanger Spracherkennungsprojekt", Dissertation, Technische Fakultät, Universität Erlangen-Nürnberg, 1984.

[BRIETZMANN 87]
Brietzmann, A.: "Stufenweise syntaktische Analyse mit integrierter Bewertung für die kontinuierliche Spracherkennung", Arbeitsberichte des IMMD der FAU, Band 20, No. 9, Erlangen, 1987.

[BUSSMANN 83]
Bußmann, H.: "Lexikon der Sprachwissenschaft", Alfred Kröner Verlag, Stuttgart, 1983.

[CHAFE 74]
Chafe, W.: "Language and Consciousness", Language 50, S.111-133, 1974.

[CHEN 70]
Chen, M.: "Vowel Length Variation as a Function of the Voicing of the Consonant Environment", Phonetica 22, S.129-159, 1970.

[COHEN 67]
Cohen, A., 't Hart, J.: "On the Anatomy of Intonation", Lingua 19, S.177-192, 1967.

[CORSI 82]
Corsi, R.: "Speaker Recognition: A Survey", in [HATON 82], S.277-308, 1982.

[CUTLER 83a]
Cutler, A., Ladd, D. (Hgg.): "Prosody: Models and Measurements", Springer-Verlag, Berlin, 1983.

[DELATTRE 65]
Delattre, P.: "Comparing the Phonetic Features of English, German, Spanish and French - An Interim Report", Julius-Groos-Verlag, Heidelberg, 1965.

[DE MORI 83]
De Mori, R.: "Computer Models of Speech Using Fuzzy Algorithms", Plenum Press, New York, 1983.

[DE MORI 85]
De Mori, R., Suen, C. (Hgg.): "New Systems and Architectures for Automatic Speech Recognition and Synthesis", Springer Verlag, Berlin, 1985.

[DOMMELEN 82]
Dommelen van, W.: "A Contrastive Investigation of Vowel Duration in German and Dutch", Phonetica 39, S.23-35, 1982.

[DREYFUS 87]
Dreyfus, H., Dreyfus, S.: "Künstliche Intelligenz - von den Grenzen der Denkmaschine und dem Wert der Intuition", Reinbek, Rowohlt, 1987.

[DUBNOWSKI 76]
Dubnowski, J., Schafer, R., Rabiner, L.: "Real-Time Digital Hardware Pitch Detector", IEEE Trans. ASSP-24, S.2-8, 1976.

[DUDEN 73]
Dudenredaktion, Grebe, P.: "Der Duden in 10 Bänden, Band 4: Die Grammatik", Bibliographisches Institut, Mannheim, 1973.

[DUDEN 74]
Dudenredaktion, Mangold, M.: "Der Duden in 10 Bänden, Band 6: Das Aussprachewörterbuch", Bibliographisches Institut, Mannheim, 1974.

[EHRLICH 86]
Ehrlich, U.: "Ein Lexikon für das natürlich-sprachliche System EVAR", Arbeitsberichte des IMMD der FAU, Band 19, No. 3, Erlangen, 1986.

[EHRLICH 88]
Ehrlich, U., Niemann, H.: "Using Semantic and Pragmatic Knowledge for the Interpretation of Syntactic Constituents", in [NIEMANN 88a], S.485-490, 1988.

[EHRLICH 89]
Ehrlich, U.: "Bedeutungsanalyse in einem sprachverstehenden System unter Einbeziehung kontextueller Restriktionen", Dissertation, Technische Fakultät, Universität Erlangen-Nürnberg, 1989.

[FÉRY 88]
Féry, C.: "Rhythmische und tonale Struktur der Intonationsphrase", in [ALTMANN 88], S.41-64, 1988.

[FISCHER 88]
Fischer, V.: "Variable Länge und Fortschaltzeit der Analysefenster für die automatische Lauterkennung", Studienarbeit, Lehrstuhl für Informatik 5 (Mustererkennung), Universität Erlangen, 1988.

[FISCHER 89]
Fischer, V.: "Eine explizite Segmentierung von Sprachsignalen für die Lautklassifikation mit Markov-Modellen", Diplomarbeit, Lehrstuhl für Informatik 5 (Mustererkennung), Universität Erlangen, 1989.

[FISCHER-JØRGENSEN 64]
Fischer-Jørgensen, E.: "Sound Duration and Place of Articulation", ZPhon 17, S.175-207, 1964.

[FRY 55]
Fry. D.: "Duration and Intensity as Physical Correlates of Linguistic Stress", JASA 27, S.765-768, 1955.

[FRY 58]
Fry. D.: "Experiments in the Perception of Stress", L&S 1, S.126-152, 1958.

[GARTENBERG 87]
Gartenberg, R.: "Artikulatorische Faktoren in der Ausprägung von Intonationsmustern", Magisterarbeit, Institut für Phonetik und digitale Sprachverarbeitung, Universität Kiel, 1987.

[GLASGOW 52]
Glasgow, G.: "A Semantic Index of Vocal Pitch", Speech Monographs 19, Columbia, Miss., S.64-68, 1952.

[GLAS 75]
Glas, R.: "Das LIMAS-Korpus, ein Textkorpus für die deutsche Gegenwartssprache", Linguistische Berichte 40, vieweg, S.63-66, 1975.

[GLINZ 65]
Glinz, H.: "Grundbegriffe und Methoden inhaltsbezogener Text- und Sprachanalyse", Düsseldorf, 1965.

[GLINZ 79]
Glinz, E., Glinz, H.: "Der Sprachunterricht im 7. und 8. Schuljahr", Zürich, 1979.

[HANSEN 89]
Hansen, J., Clements, M.: "Stress Compensation and Noise Reduction Algorithms for Robust Speech Recognition", Proceedings ICASSP, S.266-269, 1989.

[HATON 82]
Haton, J. (Hg.): "Automatic Speech Analysis and Recognition", Reidel, Dordrecht, 1982.

[HECKER 71]
Hecker,M., Kreul, E.: "Description of the Speech of Patients with Cancer of the Vocal Folds. Part 1: Measures of Fundamental Frequency", JASA 49, S.1275-1282, 1971.

[HEIKE 69]
Heike, G.: "Suprasegmentale Analyse", N.G. Elwert Verlag, Marburg 1969.

[HELBIG 74]
Helbig, G., Buscha, J.: "Deutsche Grammatik", VEB Verlag Enzyklopädie, Leipzig, 1974.

[HESS 83]
Hess, W.: "Algorithms and Devices for Pitch Determination of Speech Signals", Springer Verlag, Berlin, 1983.

[HETTWER 85]
Hettwer, G.: "Zur Hörbarkeit von Grundfrequenzfehlern bei linearen Prädiktionsvokoder", Dissertation, TU Berlin, 1985.

[HEUNISCH 86]
Heunisch, S.: "Untersuchung der Brauchbarkeit verschiedener Algorithmen zur Bestimmung der Grundfrequenz für die prosodische Analyse", Diplomarbeit, Lehrstuhl für Informatik 5 (Mustererkennung), Universität Erlangen, 1986.

[HITZENBERGER 86]
Hitzenberger, L., Ulbrand, R., Kritzenberger, H., Wenzel, P.: "FACID Fachsprachlicher Corpus informationsabfragender Dialoge", Universität Regensburg, FG Linguistische Informationswissenschaft, 1986.

[HOUSE 53]
House, A., Fairbanks, G.: "The Influence of Consonant Environment upon the Secondary Acoustical Characteristics of Vowels", JASA 25, S.105-113, 1953.

[HOUSE 88]
House, A.: "The Recognition of Speech by Machine - a Bibliography", Academic Press, London, 1988.

[HOUSE 87]
House, D., Bruce, G., Lacerda, F., Lindblom, B.: "Automatic Prosodic Analysis for Swedish Speech Recognition", Proc. ECST, Vol.2, S.215-218, 1987.

[HUTTENLOCHER 84]
Huttenlocher, D., Zue, V.: "A Model of Lexical Access from Partial Phonetic Information", Proceedings ICASSP, Vol. 2, S.26.4.1-26.4.4, 1984.

[INDEFREY 88]
Indefrey, H.: "Untersuchung von Algorithmen zur Grundfrequenzbestimmung von Sprachsignalen unter Verwendung des Ausgangssignals eines Laryngographen als Referenzgröße", Dissertation, Fakultät für Elektrotechnik und Informationstechnik, Technischen Universität München, 1988.

[ISAČENKO 66]
Isačenko, A., Schädlich, H.: "Untersuchungen über die deutsche Satzintonation", in Studia Grammatica VII: "Untersuchungen über Akzent und Intonation im Deutschen", S. 7-67, Akademie-Verlag, Berlin, 1966.

[JELINEK 85]
Jelinek, F.: "The Development of an Experimental Discrete Dictation Recognizer", Proceedings of the IEEE 11/73, S.1616-1624, 1985.

[JESPERSEN 32]
Jespersen, O.: "Lehrbuch der Phonetik", 5. Aufl., Teubner Verlag, Leipzig-Berlin, 1932.

[JOBST 89]
Jobst, E.: "Graphische Darstellung von Zwischenergebnissen der automatischen Sprachverarbeitung", Studienarbeit, Lehrstuhl für Informatik 5 (Mustererkennung), Universität Erlangen, 1989.

[KEMPELEN 70]
von Kempelen, W.: "Mechanismus der menschlichen Sprache nebst Beschreibung einer sprechenden Maschine", Faksimile-Neudruck der Ausgabe Wien 1791, Friedrich Frommann Verlag, Stuttgart, 1970.

[KIESSLING 89]
Kiessling, A.: "Ein interaktives System zur periodenweisen Bestimmung der Grundfrequenz", Studienarbeit, Lehrstuhl für Informatik 5 (Mustererkennung), Universität Erlangen, 1989.

[KIM 70]
Kim, C.: "A Theory of Aspiration", Phonetica 21, S.107-116, 1970.

[KIPARSKY 66]
Kiparsky, P.: "Über den deutschen Akzent", In Studia Grammatica VII: "Untersuchungen über Akzent und Intonation im Deutschen", S.69-98, Akademie-Verlag, Berlin 1966.

[KLATT 73]
Klatt, D.: "Interaction Between Two Factors that Influence Vowel Duration", JASA 54, S.1102-1104, 1973.

[KLATT 75]
Klatt, D.: "Vowel Lengthening is Syntactically Determined in a Connected Discourse", JPhon 3, S.129-140, 1975.

[KLATT 76]
Klatt, D.: "Linguistic Uses of Segmental Duration in English: Acoustic and Perceptual Evidence" JASA 59, S.1208-1221, 1976.

[KLEIN 80]
Klein, W.: "Der Stand der Forschung zur deutschen Satzintonation", Ling.Ber. 68, S.3-33, 1980.

[KLEIN 82]
Klein, W.: "Einige Bemerkungen zur Frageintonation", Deutsche Sprache, S.289-310, 1982.

[KLINGHOLZ 88]
Klingholz, F.: "Sprachsignalstatistik zur Erfassung der Stimmgüte", Proceedings ITG-Fachtagung Digitale Sprachverarbeitung, ITG-Fachbericht 105, S.283-288, Bad Nauheim, 1988.

[KOHLER 77]
Kohler, K.: "Einführung in die Phonetik des Deutschen", Erich Schmidt Verlag, Berlin, 1977.

[KOHLER 81]
Kohler, K., Schäfer, K., Thon, W., Timmermann, G.: "Sprechgeschwindigkeit in Produktion und Perzeption", AIPUK 16, S.139-172, 1981.

[KOHLER 82]
Kohler, K., Krützmann, U., Reetz, H., Timmermann, G.: "Sprachliche Determinanten der signalphonetischen Dauer", AIPUK 17, S.3-35, 1982.

[KOHLER 83]
Kohler, K.: "Prosodic Boundary Signals in German", Phonetica 40, S.89-134, 1983.

[KOHLER 87]
Kohler, K.: "Funktionen von F0-Gipfeln im Deutschen", in [TILLMAN 87], S.133-140, 1987.

[KOMPE 89a]
Kompe, R.: "Modifikation der Worthypothesen-Bewertungen aufgrund prosodischer Information", Studienarbeit, Lehrstuhl für Informatik 5 (Musterkennung), Universität Erlangen, 1989.

[KOMPE 89b]
Kompe, R.: "Ein Mehrkanalverfahren zur Berechnung der Grundfrequenzkontur unter Einsatz der Dynamischen Programmierung", Diplomarbeit, Lehrstuhl für Informatik 5 (Musterkennung), Universität Erlangen, 1989.

[KORI 87]
Kori, S., Farnetani, E., Cosi, P.: "A Perspective on Relevance and Aplication of Prosodic Information to Automatic Speech Recognition in Italian.", Proceedings ECST, Vol.1, S.211-214, Edinburgh, 1987.

[KUHN 87]
Kuhn, T.: "Implementation von Algorithmen zum Vergleich von eindimensionalen Mustern", Studienarbeit, Lehrstuhl für Informatik 5 (Mustererkennung), Universität Erlangen, 1987.

[KUHN 89]
Kuhn, T.: "Eine Suchstrategie zur kontextfreien Analyse von Worthypothesen", Diplomarbeit, Lehrstuhl für Informatik 5 (Mustererkennung), Universität Erlangen, 1989.

[KUNZMANN 88a]
Kunzmann, S., Kuhn, T., Niemann, H.: "An Experimental Environment for Generating Word Hypotheses in Continuous Speech", in [NIEMANN 88a], S.311-316, 1988.

[KUNZMANN 88b]
Kunzmann, S., Kuhn, T., Niemann, H.: "An Experimental Environment for the Generation and Verification of Word Hypotheses in Continuous Speech", Speech Communication 7, S.381-388, Elsevier Science Publishers B.V., North Holland, 1988.

[KUNZMANN 89a]
Kunzmann, S., Kuhn, T.: "Ordnungsoperationen zur Neubewertung von Hypothesen aus der automatischen Worterkennung", Proceedings DAGA '89, S.339-342, 1989.

[KUNZMANN 90]
Kunzmann, S.: "Die Worterkennung in einem Dialogsystem für kontinuierlich gesprochene Sprache", Dissertation, Technische Fakultät, Universität Erlangen-Nürnberg, 1990.

[LADD 83a]
Ladd, D., Silverman, K.: "Vowel Intrinsic Pitch in Paragraph Context", Proceedings Xth ICPhS, S.609, 1983.

[LADD 83b]
Ladd, D.: "Phonological Features of Intonational Peaks", Language 59, S.721-759.

[LANG 87]
Lang, R.: "Automatische Bestimmung verschiedener Satzmodi anhand von Grundfrequenzverläufen", Studienarbeit, Lehrstuhl für Informatik 5 (Musterkennung), Universität Erlangen, 1987.

[LEA 72]
Lea, W.: "Use of Syntactic Segmentation and Stressed Syllable Location in Phonemic Recognition", 84th Meeting of the Acoustical Society of America, Miami, Florida, 1972.

[LEA 73a]
Lea, W.: "Evidence that Stressed Syllables Are the Most Readily Decoded Portions of Continous Speech, JASA 55, S.436(A), 1973.

[LEA 73b]
Lea, W.: "Segmental and Suprasegmental Influences on Fundamental Frequency Contours", in Hyman, L. (Hg.): "Consonant Types and Tone", Southern California Occasional Papers in Luinguistics No. 1, 1973

[LEA 75]
Lea, W., Medress, M., Skinner, T.: "A Prosodically Guided Speech Understanding Strategy", IEEE Trans. ASSP-23, S.30-38, 1975.

[LEA 80a]
Lea, W. (Hgg.): "Trends in Speech Recognition", Prentice Hall, N. J., 1980.

[LEA 80b]
Lea, W.: "Prosodic Aids to Speech Recognition", in [LEA 80a], S.166-205, 1980.

[LECLUSE 77]
Lecluse, F.: "Elektroglottografie", Dissertation, Universität Rotterdam, 1977.

[LEHISTE 59]
Lehiste, I., Peterson, G.: "Vowel Amplitude and Phonemic Stress in American English", JASA 31, S.428-435, 1959.

[LEHISTE 70]
Lehiste, I.: "Suprasegmentals", M.I.T. Press, Cambridge, 1970.

[LEHISTE 72]
Lehiste, I.: "Timing of Utterances and Linguistic Boundaries", JASA 51, S.2018-2034, 1972.

[LIEBERMAN 60]:
Lieberman, P.: "Some Acoustic Correlates of Word Stress in American English", JASA 32, S.451-454, 1960.

[LIEBERMAN 65]
Lieberman, P.: "On the Acoustic Basis of the Perception of Intonation by Linguists", Word 21, S.40-54, 1965.

[LIEBERMAN 67]
Lieberman, P.: "Intonation, Perception, and Language", M.I.T. Press, Cambridge, 1967.

[LIEBERMAN 85a]
Lieberman, P., Katz, W., Jongman, A., Zimmerman, R., Miller, M.: "Measures of the Sentence Intonation of Read and Spontaneous Speech in American Englisch", JASA 77 (2), S.649-657, 1985.

[LIEBERMAN 85b]
Lieberman, P., Katz, W., Jongman, A., Zimmerman, R., Miller, M.: "Reply to Bruno H. Repp", JASA 78 (3), S.1116-1117, 1985.

[LIEBERMAN 86]
Lieberman, P.: "Alice in Declinationland - A Reply to Johan 't Hart", JASA 80 (6), S.1840-1842, 1986.

[LINDBLOM 63]
Lindblom, B.: "Spectrographic Study of Vowel Reduction", JASA 35, S.1173-1181, 1963.

[LINDNER 69]
Lindner, G.: "Einführung in die Experimentelle Phonetik", Akademieverlag, Berlin, 1969.

[LINDNER 81]
Lindner, G.: "Grundlagen und Anwendung der Phonetik", Akademieverlag, Berlin, 1981.

[LÖTSCHER 81]
Lötscher, A.: "Satzakzentuierung und Tonhöhenbewegung im Standarddeutschen", Ling.Ber. 74, S.20-34, 1981.

[LÖTSCHER 83]
Lötscher, A.: "Satzakzent und funktionale Satzperspektive im Deutschen", Niemeyer, Tübingen, 1983.

[LÖTSCHER 85]
Lötscher, A.: "Akzentuierung und Thematisierbarkeit von Angaben", Ling.Ber. 97, S.228-251, 1985.

[LÖWE 87]
Löwe, M., Schmidt, G., Wilhelm, R. (Hgg.): "Umdenken in der Informatik", Elefanten Press, Berlin, 1987.

[MAACK 37]
Maack, A.: "Phonometrische Untersuchungen über Beziehungen des Akzents zum Melodieverlauf", AvglPhon 1, S.213-221, 1937.

[MAACK 49a]
Maack, A.: "Die spezifische Lautdauer deutscher Sonanten", ZPhon 3, S.190-232, 1949.

[MAACK 49b]
Maack, A.: "Der Einfluß der Betonung auf die Lautdauer deutscher Sonanten", ZPhon 3, S.341-356, 1949.

[MAACK 53]
Maack, A.: "Die Beeinflussung der Sonantendauer durch die Nachbarkonsonanten", ZPhon 7, S.104-128, 1953.

[MAEDA 76]
Maeda, S.: "A Characterization of American English Intonation", Dissertation, M.I.T., 1976.

[MARIANI 87]
Mariani, J.: "Speech Technology in Europe", Proceedings ECST, Vol.1, S.431-439, Edinburgh, 1987.

[MARIANI 89]
Mariani, J.: "Recent Advances in Speech Processing" Proceedings ICASSP, S.429-440, 1989.

[MARKEL 72]
Markel, J.: "The SIFT Algorithm for Fundamental Frequency Estimation", IEEE Trans. Audio Electroacoustics 20, S.367-377, 1972.

[MARTIN 79]
Martin, P.: "Automatic Location of Stressed Syllable in French", Current Issues in Linguistic Theory 9, S.1091-1094.

[MATHESIUS 29]
Mathesius, V.: "Zur Satzperspektive im modernen Englisch", Archiv für das Studium der neueren Sprachen und Literaturen 155, S.202-210, 1929.

[MCGONEGAL 77]
McGonegal, C., Rabiner, L., Rosenberg, A.: "A Subjective Evaluation of Pitch Detection Methods using LPC Synthesized Speech", IEEE Trans ASSP 25, S.221-229, 1977.

[MERCIER 88]
Mercier, G., Cozannet, A., Vaissièrre, J.: "Recognition of Speaker-dependent Continous Speech with KEAL-NEVEZH", in [NIEMANN 88a], S.459-463, 1988.

[MERMELSTEIN 75]
Mermelstein, P.: "Automatic Segmentation of Speech into Syllabic Units", JASA 58, S.880-883, 1975.

[MILLER 75]
Miller, N.: "Pitch Detection by Data Reduction", IEEE Trans. ASSP-23, S.72-79, 1975.

[MÖBIUS 87]
Möbius, B., Zimmermann, A., Hess, W.: "Untersuchungen zu mikroprosodischen Grundfrequenzvariationen im Deutschen", in [TILLMAN 87], S.102-110, 1987.

[MOHR 71]
Mohr, B.: "Intrinsic Variations in the Speech Signal", Phonetica 23, S.65-93, 1971.

[MORTON 65]
Morton, J., Jassem, W.: "Acoustic Correlates of Stress", L&S 8, S.159-181, 1965.

[MUDLER 86]
Mudler, J.: "Ein Konzept für die Nutzung prosodischer Information bei der automatischen Spracherkennung", in Hartmann, G. (Hgg.): "Mustererkennung 1986", S.134-138, Informatik-Fachberichte 125, Springer-Verlag, Berlin, 1986.

[MÜHLFELD 86]
Mühlfeld, R.: "Verifikation von Worthypothesen", Dissertation, Technische Fakultät, Universität Erlangen-Nürnberg, 1986.

[MUELLER 81]
Mueller, J.: Kurzvortrag, gehalten auf dem zweiten NATO Advanced Study Institute 'Automatic Speech Analysis and Recognition', Bonas, 1981.

[NELSON 85]
Nelson, D.: "Use of Voice Recognition to support the Collection of Product Data", Proceedings Speech Tech '85, S.268-272, New York, 1985.

[NIEMANN 74]
Niemann, H.: "Methoden der Mustererkennung", Akademische Verlagsgesellschaft, Frankfurt, 1974.

[NIEMANN 81]
Niemann, H.: "Pattern Analysis", Springer, Berlin, 1981

[NIEMANN 85]
Niemann, H., Brietzmann, A., Mühlfeld, R., Regel, P., Schukat, G.: "The Speech Understanding and Dialog System EVAR", in [DE MORI 85], S.271-302, 1985.

[NIEMANN 87a]
Niemann, H., Bunke, H.: "Künstliche Intelligenz in Bild- und Sprachanalyse", Teubner, Stuttgart, 1987.

[NIEMANN 87b]
Niemann, H.:"Entwicklung und Realisierung eines Dialogmoduls für ein System zum Verstehen kontinuierlich gesprochener deutscher Sprache", DFG-Antrag, Lehrstuhl für Informatik 5 (Mustererkennung), 1987.

[NIEMANN 88a]
Niemann, H., Lang, M., Sagerer G. (Hgg.): "Recent Advances in Speech Understanding and Dialog Systems", Springer-Verlag, Berlin, 1988.

[NIEMANN 88b]
Niemann, H., Brietzmann, A., Ehrlich, U., Posch, S., Regel, P., Sagerer, G., Schukat-Talamazzini, G.: "A Knowledge Based Speech Understanding System", International Journal of Pattern Recognition and Artificial Intelligence, Vol. 2, No. 2, S.321-350, 1988.

[NÖTH 85]
Nöth, E.: "Einsatzmöglichkeiten der Erfahrung von Spektrogrammlesern für die automatische Lauterkennung", Diplomarbeit, Lehrstuhl für Informatik 5 (Mustererkennung), Universität Erlangen, 1985.

[NÖTH 87]
Nöth, E., Batliner, A., Lang, R., Oppenrieder, W.: "Automatische Grundfrequenzanalysen und Satzmodusdifferenzierung", in [TILLMAN 87], S.59-66, 1987.

[NÖTH 88a]
Nöth, E., Schmölz, S., Niemann, H.: "Prosodic Features in German Speech: Stress Assignment by Man and Machine", in [NIEMANN 88a], S.101-106, 1988.

[NÖTH 88b]
Nöth, E., Kompe, R.: "Der Einsatz prosodischer Information im Spracherkennungssystem EVAR", in Bunke, H., Kübler, O., Stucki, P. (Hgg.): "Mustererkennung 1988", S.2-9, Informatik-Fachberichte 180, Springer-Verlag, Berlin, 1988.

[NÖTH 89a]
Nöth, E., Kompe, R.: "Verbesserung der Worterkennung mit prosodischer Information", Proceedings DAGA '89, S.343-346, Duisburg, 1989.

[NOLL 67]
Noll, A.: "Cepstrum Pitch Determination", JASA 41, S.293-309, 1967.

[NORTH 82]
North, R., Lea, W.: "Application of advanced Speech Technology in Manned Penetration Bombers", Honeywell Systems & Research Center Report AFWAL, TR-82-3004.

[OPPENHEIM 75]
Oppenheim, A., Schafer, R.: "Digital Signal Processing", Prentice-Hall, Englewood Cliffs, 1975.

[OPPENRIEDER 88a]
Oppenrieder, W.: "Intonatorische Kennzeichnung von Satzmodi", in [ALTMANN 88], S.169-205, 1988.

[PETERSON 60]
Peterson, G., Lehiste, I.: "Duration of Syllable Nuclei in English", JASA 32, S.693-703, 1960.

[PIERACCINI 86]
Pieraccini, R.: "Lexical Stress and Speech Recognition", 112th Meeting of th Acoustical Society of America, Anaheim, 1986

[PIERCE 69]
Pierce, J.: "Whither Speech Recognition", JASA 4/46, S.1049-1051, 1969.

[PIERREHUMBERT 79]
Pierrehumbert, J.: "The Perception of Fundamental Frequency Declination", JASA 66, S.363-369, 1979.

[PIERREHUMBERT 80]
Pierrehumbert, J.: "The Phonology and Phonetics of English Intonation", Dissertation, M.I.T., 1980.

[PORT 81]
Port, R.: "Linguistic Timing Factors in Combination", JASA 69, S.262-274, 1981.

[RABINER 76]
Rabiner, L., Cheng, M., Rosenberg, A., McGonegal, C.: "A Comparative Study of Several Pitch Detection Algorithms", IEEE Trans. ASSP 24, S.399-413, 1976.

[RABINER 78]
Rabiner, L., Schafer, R.: "Digital Processing of Speech Signals", Prentice-Hall, Englewood Cliffs, 1978.

[REETZ 89]
Reetz, H.: "A Fast Expert Program for Pitch Extraction", Proceedings ECST, Vol.1, S.476-479, Paris, 1989.

[REGEL 88]
Regel, P.: "Akustisch-phonetische Transkription für die automatische Spracherkennung", VDI-Verlag, Düsseldorf, 1988.

[REPP 85]
Repp, B.: "Critique of 'Measures of the Sentence Intonation of Read and Spontaneous Speech in American English' [J. Acoust. Soc. Am. 77, 649-657, (1985)]", JASA 78 (3), S.1114-1116, 1985.

[RIETVELD 75]
Rietveld, A.: "Untersuchungen zur Vokaldauer im Deutschen", Phonetica 31, S.248-258, 1975.

[ROSS 74]
Ross, M., Shaffer, H., Cohen, A., Freudberg, R., Manley, H.: "Average Magnitude Difference Function Pitch Extractor", IEEE Trans. ASSP-22, S.353-362, 1974.

[ROYÉ 83]
Royé, H.: "Segmentierung und Hervorhebung in gesprochener deutscher Standardaussprache", PHONAI Band 27, Niemeyer, Tübingen, 1983.

[RUSKE 88]
Ruske, G.: "Automatische Spracherkennung", Oldenbourg Verlag, München, 1988.

[SAGERER 88]
Sagerer, G., Kummert, F.: "Knowledge Based Systems for Speech Understanding", in [NIEMANN 88a], S.421-458, 1988.

[SAGERER 89]
Sagerer, G.: "Automatisches Verstehen von Sprache", Habilitationsschrift, Lehrstuhl für Informatik 5 (Mustererkennung), Universität Erlangen, 1989.

[SCHIEFER 88]
Schiefer, L., Batliner, A.: "Intonation, Ordnungseffekt und das Paradigma der Kategorialen Wahrnehmung ", in [ALTMANN 88], S.273-291, 1988.

[SCHMÖLZ 85]
Schmölz, S.: "Zur automatischen Bestimmung der Sprechgeschwindigkeit", Studienarbeit, Lehrstuhl für Informatik 5 (Mustererkennung), Universität Erlangen, 1985.

[SCHMÖLZ 87]
Schmölz, S.: "Zur automatischen Bestimmung der Satzbetonung", Diplomarbeit, Lehrstuhl für Informatik 5 (Mustererkennung), Universität Erlangen, 1987.

[SENEFF 78]
Seneff, S.: "Real-time harmonic pitch detector", IEEE Trans. ASSP-26, S.358-364, 1978.

[SIEVERS 85]
Sievers, E.: "Grundzüge der Phonetik zur Einführung in das Studium der Lautlehre der indogermanischen Sprachen", Leipzig, 1885.

[SONDHI 68]
Sondhi, M.: "New Methods of Pitch Extraction", IEEE Trans. Audio and Electroacoustics 16, S.262-266, 1968.

[SPENDER 80]
Spender, D.: "Man Made Language", Routledge & Kegan Paul, Boston, 1980.

[STALLWITZ 89]
Stallwitz, G.: "Erstellung einer symbolischen Grundfrequenzbeschreibung", Magisterarbeit, Institut für Germanistische Linguistik, Universität Erlangen, 1989.

[STETSON 51]
Stetson, R.: "Motor Phonetics", North-Holland, Amsterdam, 1951.

[STOCK 76]
Stock, E., Zacharias, C.: "Deutsche Satzintonation", Leipzig, 1976.

['T HART 86]
't Hart, J.: "Declination has not been Defeated - A Reply to Lieberman et al.", JASA 80 (6), S.1838-1840, 1986.

[THORSEN 79]
Thorson, N.: "Interpreting Raw Fundamental-Frequency Tracings of Danish", Phonetica 36, S.57-78, 1979.

[TIFFANY 59]
Tiffany, W.: "Nonrandom Sources of Variation in Vowel Quality", Journal of Speech and Hearing Research 2, S.305-317, 1959.

[TILLMANN 64]
Tillmann, H.: "Das phonetische Silbenproblem. Eine Theoretische Untersuchung", Dissertation, Universität Bonn, 1964.

[TILLMANN 80]
Tillmann, H., Mansell, P.: "Phonetik", Klett-Verlag, Stuttgart, 1980.

[TILLMAN 87]
Tillmann, H., Willée, G.(Hgg.): "Analyse und Synthese gesprochener Sprache", Georg Ohms Verlag, Hildesheim, 1987.

[TREHERN 87]
Trehern, J., Jack, M., Laver, J. Hiller, S.: "Acoustic Screening for Vocal Pathology with a Boltzmann Machine", Proceedings ECST, Vol.1, S.269-272, Edinburgh, 1987.

[TURKLE 84]
Turkle, S.: "Die Wunschmaschine - Vom Entstehen der Computerkultur", Rowohlt, Reinbek, 1984.

[UHMANN 88]
Uhmann, S.: "Akzenttöne, Grenztöne und Fokussilben. Zum Aufbau eines phonologischen Intonationssystems für das Deutsche", in [ALTMANN 88], S.65-88, 1988.

[VAISSIÈRE 82]
Vaissière, J.: "A Suprasegmental Component in a French Speech Recognition System: Reducing the Number of Lexical Hypotheses and Detecting the Main Boundary", Recherches/Acoustique, CNET, Vol. 7, S.109-125, 1982/83.

[VAISSIÈRE 83]
Vaissière, J.: "Language-Independent Prosodic Features", in [CUTLER 83a], S.53-66, 1983.

[VAISSIÈRE 88]
Vaissière, J.: "The Use of Prosodic Parameters in Automatic Speech Recognition" in [NIEMANN 88a], S.71-99, 1988.

[VON ESSEN 56]
Von Essen, O.: "Grundzüge der hochdeutschen Satzintonation", Henn, Ratingen, 1956.

[WAIBEL 86]
Waibel, A.: "Prosody and Speech Recognition", Dissertation, Carnegie-Mellon University, Pittsburgh, USA, 1986.

[WEIZENBAUM 76]
Weizenbaum, J.: "Computer Power and Human Reason", W. H. Freeman and Company, San Francisco, 1976.

[WILLIAMS 88]
Williams, B., Dalby, J.: "Feature-based Automatic Syllable and Stress Detection", Vortrag auf dem 115. Treffen der Acoustical Society of America, Seattle, eine Kurzfassung findet sich in JASA 83 (Suppl. 1), S.54, 1988.

[WINKLER 73]
Winkler, C.: "T. Die Klanggestalt des Satzes", In [Duden 73] S.637-666, 1973.

[WODARZ 71]
Wodarz, H., Wodarz-Magdics, K.: "Beiträge zu einer kontrastiven Phonetik des Deutschen und Ungarischen. I.Vokalquantität und Vokalqualität", Phonetica 24, S.116-124, 1971.

[WOHLAND 89]
Wohland, G: "Das demokratische Potential der Neuen Fabrik", FIFF KOMMUNIKATION 1/89, S.16-19, 1989.

[WUNDERLICH 88]
Wunderlich, D.: "Der Ton macht die Melodie - Zur Phonologie der Intonation des Deutschen", in [ALTMANN 88], S.1-40, 1988.

[ZWICKER 67]
Zwicker, E., Feldkeller, R.: "Das Ohr als Nachrichtenempfänger", Hirzel Verlag, Stuttgart, 1967.

Anhang

Anhang A: Liste der vereinbarten Lautklassen des Akustik-Phonetik-Moduls in EVAR

Anhang B: Liste der erkennbaren Lautkomponenten des Akustik-Phonetik-Moduls in EVAR

Anhang C: Transkriptionszeichen für die enge Transkription mit der Erlanger Kodierung

Anhang D: Liste der Äußerungen der Pragmatik-Stichprobe (siehe Kap.3.1). Die manuell bestimmten pragmatisch wichtigen Wörter sind unterstrichen.

Anhang E: Einige Anmerkungen zur Komplexität der Algorithmen.

Anhang A

Liste der vereinbarten Lautklassen des Akustik-Phonetik-Moduls in EVAR

Vokale

Offenes I	[ɪ]	I.	bist	Geschlossenes I	[i]	IH	vital
Offenes E	[ɛ]	E.	hätte	Geschlossenes E	[e]	EH	Methan
Murmellaut	[ə]	ER	halte	Helles A	[a]	A.	hat
Dunkles A	[ɑ]	AH	Wal	Abgeschwächtes A	[ɐ]	AR	Ober
Offenes O	[ɔ]	O.	Post	Geschlossenes O	[o]	OH	Moral
Offenes U	[ʊ]	U.	Pult	Geschlossenes U	[u]	UH	kulant
Ä-Laut	[æ]	AE	(engl. bat)	Offenes Ö	[ø]	Q.	Götter
Offenes Ü	[ʏ]	Y.	füllt	Geschlossenes Ü	[y]	YH	Rübe

Unsilbische Vokale

Unsilbisches I	[i̯]	IJ	Studie	Unsilbisches A	[ɐ̯]	AJ	Uhr
Unsilbisches O	[o̯]	OJ	loyal	Unsilbisches U	[u̯]	UJ	Statue
Unsilbisches Ü	[y̯]	YI	Etui				

Nasale Vokale

Nasales E	[ɛ̃]	EN	(frz. timbre)	Nasales A	[ɑ̃]	AN	(frz. penser)
Nasales O	[õ]	ON	(frz. fondue)	Nasales Ö	[œ̃]	QN	(frz. lundi)

Diphthonge

Von A nach I	[aɪ̯]	AI	weit	Von A nach U	[aʊ̯]	AU	Haut
Von O nach Ü	[ɔʏ̯]	OY	Heu				

Zusatzlaute

Hauptakzent	[ˈ]	'.	be'kommen	Langer Vokal	[ː]	:.	ka:m
Stimmritzenverschluß	[|]	+.	be+achten	Pause	[ ]	-.	---

Anhang A (Fortsetzung)

Konsonanten

Stimmloses F	[f]	F.	Faß	Stimmhaftes F	[v]	V.	Was
Stimmhaftes W	[w]	W.	(engl. wind)	Stimmloses S	[s]	S.	Was
Stimmhaftes S	[z]	Z.	Hase	Stimmloses SCH	[ʃ]	SH	Schal
Stimmhaftes SCH	[ʒ]	ZH	(engl. measure)	ich-Laut	[ç]	XI	ich
ach-Laut	[x]	XA	ach	Stimmhaftes J	[j]	J.	jubeln
Stimmloses H	[h]	H.	Haare	Reibe R	[ʁ]	RA	Haare
Zäpfchen R	[ʀ]	R.		Zungenspitzen R	[r]	RR	
L-Laut	[l]	L.	Laut	Silbisches L	[l̩]	LE	Nabel

Nasale Konsonanten

M-Laut	[m]	M.	Mast	Silbisches M	[m̩]	ME	großem
N-Laut	[n]	N.	Naht	Silbisches N	[n̩]	NE	baden
NG-Laut	[ŋ]	NG	Schwung				

Verschlußlaute

Stimmloses P	[p]	P.	Pakt	Stimmhaftes B	[b]	B.	Ball
Stimmloses T	[t]	T.	Tal	Stimmhaftes D	[d]	D.	dann
Stimmloses K	[k]	K.	kalt	Stimmhaftes G	[g]	G.	Gast

Affrikate

PF-Laut	[p͡f]	PF	Pfahl	TS-Laut	[t͡s]	TS	Zahl
Stimmloses TSCH	[t͡ʃ]	C.	Cello	Stimmhaftes DSCH	[d͡ʒ]	CH	Gin

Anhang B

Liste der erkennbaren Lautkomponenten des Akustik-Phonetik-Moduls in EVAR

Lautkomponenten "stimmhaft nicht-frikativ"

[i̥]	IH	vital	[ɪ]	I.	bist	[e]	EH	Methan
[ɛ]	E.	hätte	[ə]	ER	halte	[o]	OH	Moral
[ɔ]	O.	Post	[u]	UH	kulant	[ʊ]	U.	Pult
[y]	YH	Rübe	[Y]	Y.	füllt	[a]	A.	hat
[ɐ]	AR	oder	[l]	L.	Laut	[m]	M.	Mast
[n]	N.	Naht	[n̩]	NE	baden	[ŋ]	NG	Schwung
[ø]	Q.	Götter	[œ]	QH	mögen	[R]	R.	Traum

Lautkomponenten "stimmhaft-frikativ"

[z]	Z.	Hase	[v]	V.	was	[ʒ]	ZH	(engl. measure)
	CA	Echo		CI	(ich im)			

Lautkomponenten "stimmlos"

[ʁ]	RA	Haare	[ʃ]	SH	Schal	[x]	XA	ach
[ç]	XI	ich	[f]	F.	Faß	[h]	H.	Haus
[s]	S.	was						

T.	Burst von	[t]	K.	Burst von	[k]	P.	Burst von	[p]
D.	Burst von	[d]	G.	Burst von	[g]	B.	Burst von	[b]
TH	Behauchung von	[t]	KH	Behauchung von	[k]	PH	Behauchung von	[p]

Lautkomponenten bzgl. Pause

-.	Pause							
TP	Verschluß von	[t]	KP	Verschluß von	[k]	PP	Verschluß von	[p]
DP	Verschluß von	[d]	GP	Verschluß von	[g]	BP	Verschluß von	[b]

Anhang C

Transkriptionszeichen für die enge Transkription mit der Erlanger Kodierung:

1) Die Transkription ist so oberflächengetreu wie möglich. Die Transkription erfolgt punktgenau, d.h. nicht mit einem festen Fortschaltraster von z.B. 10 Millisekunden, sondern im Fortschaltraster 1 Abtastpunkt. Die ersten beiden Symbole dienen der breiten Transkription, danach können beliebig viele Zeichen folgen, die zur engeren Transkription dienen.

2) Zusätzlich zu den in [REGEL 88, S.134ff] eingeführten Symbolen zur breiten Transkription von Lauten und Lautkomponenten (1. und 2. Stelle) werden folgende Kodierungen eingeführt:

TV = Verschluß von TS

GH = (velarer) breathy Plosiv (z.b. im Fränkischen)
(GP Verschlußphase G Burst GH Aspiration)

IR = hoher Schwa

RF = Flap, geflapptes /R/

DF = Flap, geflapptes /D/

GL = Glide
z.B. GLXA=Glide nach XA, kein Zungenkontakt, reduzierte Bewegung

XX = undefinierter Laut

SZ = Blasen
z.B. SZB=labiales Blasen (Suppenlaut)
SZGLXA=Blasen bei angedeuteter Mundraumkonfiguration

FN = "Entstimmungspause" zwischen Frikativen und Nasalen oder Nasalen und Vokalen

3) Die weiteren Stellen dienen der engeren Transkription und zusätzlichen Angaben

..1 = linksrandige Transition

..2 = rechtsrandige Transition

..! = akzentuiert

..!! = stark akzentuiert

..S = Periodizität vorhanden
z.B. Anfangsphase von auditiv stimmlosen Frikativen
Verschlußphase von stimmlosen Plosiven

..H = aspiriert (stl) oder behaucht (sth)

..C = laryngal, creaky

..T = entstimmt (bei Sonoranten)

Anhang C (Fortsetzung)

X.Y = Sonorant X koartikuliert mit Laut Y
z.B. N.U
soll dieser Laut noch weiter charakterisiert werden, so wird die 3. Stelle wie eine 1. Stelle behandelt z.B. N.U.T

..N = nasaliert

..E = entrundet

..Z = zentralisiert

..R = retroflex

..D = dental

..F = Engebildung vorhanden

..B = labialisiert (auch gerundet)

..GL = angenäherte Zielartikulation, "Glide" nach X, reduzierte Bewegung

..P = mit Schließbewegung

..- = weiter hinten artikuliert

..+ = weiter vorne artikuliert

..* = lenis (Zwitter zwischen stimmlosem und stimmhaftem Plosiv)

..** = schwache Amplitude, keine starke Burstamplitude

4) Bemerkungen:

- Bei kurzen Vokalen wird Nasiltät nicht extra transkribiert.
- Bei zentralen nicht-tiefen Vokalen wird koartikulatorische Rundung in der Transkription nicht berücksichtigt, wenn diese nicht sehr ausgeprägt ist (sonst wird etwa Q notiert).

Anhang D

Liste der Äußerungen der Pragmatik-Stichprobe (siehe Kap.3.1). Die manuell bestimmten pragmatisch wichtigen Wörter sind unterstrichen.

Satz	Äußerung
bd2121	Wo muss ich umsteigen
bd2122	Ich will am ersten Oktober nach Bonn fahren
bd2124	Ich möchte bis vier zehn Uhr in Bonn sein
bd2127	Gibt es noch einen früheren Zug
bd2129	Ich werde den ersten nehmen
bd2130	Wann möchten Sie zurück fahren
bd2134	Was kostet die Rückfahrkarte
bd2138	Würden Sie mir bitte einen Platz reservieren
bd2140	Wo kann ich die Fahrkarte kaufen
bd2142	Wie weit ist es nach Hamburg
bd2143	Hat Fürth einen IC-Anschluß
bu2111	Von Frankfurt nach München
bu2120	Der Zug fährt nach Frankfurt
ci221f	Aber, muß ich in Münster umsteigen
ci235b	Dann will ich fünf Plätze haben
cl5550	Gibt es eine direkte Verbindung nach Stuttgart
cl5556	Was kostet das, einen Koffer aufzugeben
cl5557	Kann ich im Zug anrufen
cl5558	Und, wenn mich jemand anrufen muß
cl5560	Kann man reservieren
cl5561	Was muß ich tun,um das Sekretariat zu benutzen
cl5563	Und auf welchem Gleis kommt er an
cl5564	Weil ich nach Bonn will
cl5567	Wir wollen nach Göttingen
cl5568	Was kostet das
em5518	Er kostet zehn Mark
em5520	Wir möchten am Wochenende nach Mainz fahren
em5522	Nicht vor acht Uhr
he0263	Gibt es nach zehn noch einen Zug nach München
he229f	Aber, muß ich in Münster umsteigen
hf5535	Fahren Sie von München ab
hf5536	Sie können den IC sechs hundert zwanzig nehmen
hf5537	Sind noch Plätze frei
hf5540	Kann man Fahrräder mitnehmen
ja0250	Ich möchte am Freitag möglichst früh in Bonn sein
ja0253	Ich hätte gerne einen möglichst frühen Zug nach Bonn
ci0014_1	Gilt meine Jahreskarte am Sonntag
ci0014_2	Ich möchte nächsten Mittwoch nach Würzburg fahren
ci002f_1	Wann kommt dieser an
ci002f_2	Ist in München Aufenthalt

Anhang D (Fortsetzung)

Satz	Äußerung
ci002f_4	Ich will einen Zug mit Schlafwagen nehmen
ci0293	An welchem Werktag fährt der Intercity Nummer fünf hundert zwei und zwanzig über Nürnberg
ci236a_1	Und abends muß ich wieder nach Nürnberg kommen
ci234f_1	Welche Verbindung kann ich nehmen
ci234f_2	Hat dieser Zug auch einen Speisewagen
ci235f_1	Eine Platzbestellung notwendig
ci235f_2	Wann fährt der nächste
ci235f_3	Muß man mit einer Verspätung rechnen
ci233f	Guten Morgen, am Donnerstag Vormittag um sieben Uhr muß ich in München sein
ci237f_2	Hat dieser Zug auch einen Speisewagen und einen Telefonanschluß
hel24f_1	Führt der Zug einen Speisewagen
hel24f_2	Ja, auch an Ostern
ja245f	Guten Morgen, am Donnerstag Vormittag um sieben Uhr muß ich in München sein
ja246f_1	Welche Verbindung kann ich nehmen
ja246f_2	Hat dieser Zug auch einen Speisewagen
ja247f_1	Ist eine Platzbestellung notwendig
ja247f_2	Wann fährt der nächste
ja247f_3	Muß man mit einer Verspätung rechnen
ja247f_4	Dann will ich fünf Plätze
ja248f_1	Und abends muß ich wieder nach Nürnberg kommen
ja248f_3	Dürfen wir in München auch den nächsten Zug
ja249f	Guten Morgen, am Donnerstag Vormittag um sieben Uhr muß ich in München sein

Anhang E

Einige Anmerkungen zur Komplexität der Algorithmen:

Die für die in Kapitel 6 vorgestellten Ergebnisse verwendeten Programme wurden nicht unter dem Aspekt der Laufzeitoptimierung implementiert. Vielmehr standen hohe Flexibilität und Modularität im Vordergrund, um verschiedene Lösungsansätze schnell miteinander kombinieren zu können. Einzelne Verarbeitungsschritte wurden daher zum Teil als eigenständige Programme implementiert, die über Dateischnittstellen kommunizieren. Für eine Anwendung in einem spracherkennenden System mit nahezu Echtzeitanforderung läßt sich die Laufzeit der Algorithmen daher ohne weiteres auf die dafür notwendige Größenordnung verringern. Den größten Zeitanteil (ca. 75 Prozent) benötigt die Berechnung des Frequenzspektrums bei den Verarbeitungsschritten

- Berechnung der Energiebänder
- Tiefpaßfilterung
- Grundfrequenzbestimmung.

Gerade diese Schritte können mit Signalprozessoren deutlich schneller als Echtzeit realisiert werden, bzw. würden bei einer gleichzeitigen Digitalisierung mit höherer Abtastfrequenz (für die akustisch-phonetische Analyse) und niedriger Abtastfrequenz (für die Grundfrequenzbestimmung) ganz entfallen.

Da die zeitaufwendigen Berechnungen frameweise durchgeführt werden und pro Frame durch eine Konstante abgeschätzt werden können, verhält sich der Rechenzeitaufwand der entwickelten Algorithmen linear zur Länge des zu analysierenden Sprachfiles. Die frameweise Konstante steigt mit $n \cdot \log(n)$, wobei n die FFT-Größe angibt (typischerweise ist n in der Größenordnung zwischen 256 und 1024 Punkte).

Auf einer VAX-Station 3500 der Firma Digital Equipment (ca. 3 MIPS) unter normalem Betrieb benötigt die vorgestellte prosodische Analyse ca. 30-fache Echtzeit.

Bei Fragen zur Produktsicherheit wenden Sie sich bitte an:
If you have any questions regarding product safety,
please contact:

Walter de Gruyter GmbH
Genthiner Straße 13
10785 Berlin
productsafety@degruyterbrill.com

Frühe Neuzeit
Band 52

Studien und Dokumente zur deutschen Literatur
und Kultur im europäischen Kontext

In Verbindung mit der Forschungsstelle
„Literatur der Frühen Neuzeit“
an der Universität Osnabrück

Herausgegeben von
Jörg Jochen Berns, Klaus Garber, Wilhelm Kühlmann,
Jan-Dirk Müller und Friedrich Vollhardt

Merio Scattola

Das Naturrecht vor dem Naturrecht

Zur Geschichte des ›ius naturae‹ im 16. Jahrhundert

Max Niemeyer Verlag
Tübingen 1999

Per Anna

Die Deutsche Bibliothek – CIP-Einheitsaufnahme

Scattola, Merio:
Das Naturrecht vor dem Naturrecht : zur Geschichte des ›ius naturae‹ im 16. Jahrhundert / Merio Scattola. – Tübingen : Niemeyer, 1999
(Frühe Neuzeit ; Bd. 52)

ISBN 3-484-36552-8   ISSN 0934-5531

Printed in Germany.
Gedruckt auf alterungsbeständigem Papier
Druck: AZ Druck und Datentechnik GmbH, Kempten
Einband: Buchbinderei Heinr. Koch, Tübingen

Inhalt

Einleitung

Die für das intellektuelle Leben des siebzehnten und achtzehnten Jahrhunderts zentrale Disziplin des ›ius naturae et gentium‹ betrachtet seit jeher ihre Entstehung als einen tiefgreifenden Einschnitt in die Tradition des juristischen Denkens. Samuel Pufendorf, der der Disziplin zur Anerkennung und Aufnahme ins System des akademischen Wissens verhalf, ist zu den Stiftern dieses Gründungsmythos zu zählen. Er erblickte im Werk des Hugo Grotius den radikalen Neubeginn des Naturrechts, weil der niederländische Rechtsgelehrte – obwohl noch unvollkommen – mit der aristotelischen Tradition grundsätzlich gebrochen habe.[1] Vor Grotius habe die Finsternis der Scholastik geherrscht, aus der sich die Jurisprudenz erst im siebzehnten Jahrhundert befreit habe. Dieselbe Meinung, die die Rechtsgelehrsamkeit des sech-

---

Diese Studie ist am Max-Planck-Institut für Europäische Rechtsgeschichte Frankfurt am Main während eines Forschungsaufenthalts entstanden, der vom italienischen Comitato Nazionale delle Ricerche und von der Max-Planck-Gesellschaft gefördert wurde. Hier sei meine Dankbarkeit beiden Institutionen ausgedrückt. Besonders verpflichtet fühle ich mich gegenüber Michael Stolleis, Direktor des Max-Planck-Instituts für Europäische Rechtsgeschichte, ohne dessen wissenschaftlichen (und praktischen) Beistand diese Arbeit nie zustande gekommen wäre. Ich möchte auch Vincenzo Colli und Douglas Osler für ihre Hinweise in der Rechtsgeschichte des sechzehten Jahrhunderts danken. Zuletzt gilt meine Dankbarkeit den Freunden, die mir bei der Verbesserung des Manuskripts geholfen haben: Julie Boghardt, Monika Hueck, Sandra Pott, Ingmar Ahl und Miloš Vec.

1 Samuel Pufendorf: Specimen controversiarum circa jus naturale ipsi nuper motarum, Uppsaliae 1678, S. 10. Zur Rezeption und Verbreitung der Naturrechtslehre des Hugo Grotius vgl. Christian Thomasius: Paulo plenior historia juris naturalis [...], Halae Magdeburgicae 1719, S. 69–80; Ernst Reibstein: Deutsche Grotius-Kommentatoren bis zu Christian Wolff, in: Zeitschrift für ausländisches öffentliches Recht und Völkerrecht 15 (1953–1954), S. 76–102; Klaus Luig: Zur Verbreitung des Naturrechts in Europa, in: Tijdschrift voor Rechtsgeschiedenis 40 (1972), S. 539–557; Hasso Hofmann: Hugo Grotius, in: Michael Stolleis (Hg.), Staatsdenker im 17. und 18. Jahrhundert. Reichspublizistik, Politik, Naturrecht, Frankfurt a. M. ²1987, S. 59–65. Zum *Specimen controversiarum* Samuel Pufendorfs und im allgemeinen zur Polemik über seine Naturrechtslehre vgl. Fiammetta Palladini: Discussioni seicentesche su Samuel Pufendorf. Scritti latini: 1663–1700, Bologna 1978 und Fiammetta Palladini: Samuel Pufendorf discepolo di Hobbes. Per una reinterpretazione del giusnaturalismo moderno, Bologna 1990, besonders S. 34–39.

zehnten Jahrhunderts als eine unnatürliche Vermengung von theologischen, philosophischen und juristischen Argumenten verwarf, wurde im Kontext der deutschen protestantischen Universitäten maßgebend. So sieht Christian Thomasius in den Naturrechtstheorien vor Grotius nur »metaphysisches Hirngespinst und Grillen«.[2] Er erwähnt zwar das Werk Benedikt Wincklers,[3] das schon zehn Jahre vor den *De iure belli ac pacis libri tres* eine Behandlung der allgemeinen Rechtsprinzipien bot, räumt aber zugleich ein, daß die Darstellung unklar sei und sich nur auf einer allgemeinen Ebene bewege, ohne zur Anwendung oder zu den praktischen Folgen hinunterzusteigen, wie es Grotius vorbildlich getan habe.[4] Dieselbe Konstellation – Ablehnung der spanischen Spätscholastik, Bezug auf die deutschen Schriftsteller und abwertendes Urteil ihrer Leistung im Vergleich mit Grotius – ist in den älteren Geschichten des Naturrechts üblich.[5]

---

[2] »Igitur disciplinam derelictam occuparunt, finium extendendorum maxime studiosi, Theologi Scholastici. Inde tot volumina Moralistarum de justitia et jure, puta Molinae, Lessii, Escobarii, Dianae, Durandi de S. Porciano et c. Sed et hi praeterquam, quod fundamento destituerunt, Jus Naturae ex ineptiis Metaphysicis et grillis, quibus doctrinam de Dei essentia incomprehensibili conspurcaverant, deducere volentes; praeterea etiam, omnia jura, divina, humana, naturalia, positiva misere miscuerunt [...]. Instituit vero repurgationem juris naturae, atque id in formam artis redigere intendit in Gallia ex Belgio exul Hugo Grotius, vir omnigena eruditione instructus, suasu Nicolai Peireskii, in Anglia vero Thomas Hobbes, vir subtilis ingenii«, Thomasius: Paulo plenior historia juris naturalis, Praefatio, I, 7–9 und 13, S. 2f.

[3] Vgl. unten S. 194–204.

[4] Thomasius: Paulo plenior historia juris naturalis, IV, 1, S. 68f.

[5] Die ausführlichste unter den älteren Geschichten des Naturrechts ist Johann Jakob Schmauß: Historie des Rechts der Natur, in: Schmauß: Neues ›systema‹ des Rechts der Natur, Göttingen 1754, Buch 1, S. 1–370, besonders §§ 19–21, S. 173–220. Dieser Abhandlung sind moderne Autoren wie Kaltenborn und Krause verpflichtet. Vgl. auch Johannes Eisenhart: Institutionum juris naturalis in moralis philosophiae doctrina repraesentatio [...], Helmstadii 1684, I–II, S. 3–53; Georg Beyer: De utili et necessaria autorum juridicorum et juris arti inservientium notitia schediasma [...], Lipsiae 1698, S. 60–65; Johann Franz Buddeus: Historia juris naturalis, Halae Magdeburgicae [1701], in: Philipp Reinhard Vitriarius: Institutiones juris naturae et gentium [...] ad methodum Hugonis Grotii conscriptae [...], Lugd. Batavorum 1711, S. 10f.; Johann Gröningen: Bibliotheca juris gentium communis [...], Hamburgi 1701, I, 1, 7–19, S. 10–22; Jakob Friedrich Ludovici: Delineatio historiae juris divini naturalis et positivi universalis [...], Halae Magdeburgicae 1701, § 24, S. 15f.; Immanuel Proeleus: Kurtze Historie des Rechts der Natur, in: Proeleus: Grundsätze des Rechts der Natur [...], Leipzig 1709, § 25, S. 110; Johann Balthasar von Wernher: De ortu atque progressu disciplinae juris naturalis, in: Wernher: Dissertationes iuris naturalis quibus inprimis genuinum, idemque unicum et adaequatum illius principium stabilitur, Vitembergae 1721, S. 469–473; Adam Friedrich Glafey: Vollständige Geschichte des Rechts der Vernunft [...], Leipzig 1739, (1. Aufl. Francofurti et Lipsiae 1723), ND. Aalen 1965, II, 1–III, 57, S. 78–135; Dietrich Hermann Kemmerich: Praecognita juris divini vulgo naturae et gentium dicti quibus tum historia huius iuris tum generalia eiusdem fundamenta ac genuina honesti et

Die ersten Änderungen in diesem Bild brachte erst das neunzehnte Jahrhundert, als man sich bemühte, auf der Grundlage einer dreieinhalb Jahrhunderte währenden Geschichte eine kohärente und in jeder Hinsicht vollkommene Völkerrechtswissenschaft aufzubauen.[6] Karl von Kaltenborn, der an dieser Neugründung arbeitete,[7] suchte dabei auch nach neuen, deutschstämmigen und protestantisch gesinnten Vätern der naturrechtlichen Disziplin und fand sie in den Juristen und Theologen des sechzehnten und des frühen siebzehnten Jahrhunderts.[8] Unter den in der Literatur schon längst bekannten und jetzt zu unerwarteter Ehre gelangten Autoren waren Johann Oldendorp und Niels Hemmingsen, die in den ersten Jahrzehnten nach der Reformation tätig waren, sowie Balthasar Meisner und der schon erwähnte Benedikt Winckler, die ihre Werke in Wittenberg in den Jahren vor dem Ausbruch des Dreißigjährigen Krieges verfaßt hatten. Kaltenborn etablierte damit den Idealtypus des ›protestantischen Naturrechts‹, der später durch die Bemerkung, er sei vom ockamistisch-lutherischen Voluntarismus geprägt, näher bestimmt wurde.[9] Ihm wurde weiterhin das katholisch-scholastische Naturrecht gegenübergestellt, das durch den thomistischen Intellektualismus und die Idee der ›analogia entis‹ gekennzeichnet sei.[10]

Gleichzeitig wandte sich das Interesse der Rechtsgeschichte auch den spätscholastischen Theologen zu, die als wahre Vorläufer des Hugo Grotius

---

iusti principia, concinno ordine disposita, continentur [...], Ienae 1737, Historia iuris divini naturalis, S. 5–35; Christian Friedrich Georg Meister: Exercitatio VII. exhibens brevem historiam historiae iurisprudentiae universalis [...], resp. Henricus Iustus Ludovicus Schlemmius, Gottingae [1743], § 3, S. 77f.; Gottfried Achenwall: Ius naturae in usum auditorum [...], Gottingae ^{7}1774, (1. Aufl. 1750), Additamentum ad introd. iur. natur. historiam litterariam, S. 41–54, besonders § 5, S. 43–46; Georg Christian Gebauer: Nova juris naturalis historia [...], hg. von Ericus Christian Klevesahl, Wetzlariae 1774, S. 19–33. Vgl. unten S. 196, Anm. 207.

6 Zum Natur- und Völkerrecht des frühen neunzehnten Jahrhunderts vgl. Heinhard Steiger: Völkerrecht und Naturrecht zwischen Christian Wolff und Adolf Lasson, in: Diethelm Klippel (Hg.): Naturrecht im 19. Jahrhundert. Kontinuität – Inhalt – Funktion – Wirkung, Goldbach 1997, S. 45–74.

7 Karl von Kaltenborn: Kritik des Völkerrechts. Nach dem jetzigen Standpunkte der Wissenschaft, Leipzig 1847, besonders S. 227–230. Vgl. auch Karl von Kaltenborn: Grundsätze des praktischen Europäischen Seerechts, besonders im Privatverkehre [...], Berlin 1851.

8 Karl von Kaltenborn: Die Vorläufer des Hugo Grotius auf dem Gebiete des ›ius naturae et gentium‹ sowie der Politik im Reformationszeitalter, Leipzig 1848, ND. Frankfurt a. M. 1965, S. 190–250; Hermann Friedrich Wilhelm Hinrichs: Geschichte der Rechts- und Staatsprinzipien seit der Reformation bis auf die Gegenwart in historisch-philosophischer Entwicklung, Leipzig 1848, ND. Aalen 1962, Bd. 1, S. 11–53.

9 Otto Wilhelm Krause: Naturrechtler des sechzehnten Jahrhunderts. Ihre Bedeutung für die Entwicklung eines natürlichen Privatrechts, Frankfurt a. M. 1982, (Göttinger Dissertation, 1949), S. 102–106.

10 Javier Hervada: Historia de la ciencia del derecho natural, Pamplona 1987, S. 263–265.

und als Mitbegründer des modernen Völkerrechts gefeiert wurden.[11] Besonders in der Grotius-Forschung wurde es üblich, die Frage nach dem Verhält-

---

[11] Ernest Nys: Le droit de la guerre et les précurseurs de Grotius, London-New York-Paris 1882; Ernest Nys: Le droit des gens et les anciens jurisconsultes espagnoles, La Haye 1914, besonders S. 75–116, ND. von S. 75–116 in Georges van Hecke (Hg.): L'Espagne et la formation du droit de gens moderne. Acta colloquii Bruxelensis, 22 X 1985, Lovanii 1988, S. 66–97; Josef Kohler: Die spanischen Naturrechtslehrer des 16. und 17. Jahrhunderts, in: Archiv für Rechts- und Wirtschaftsphilosophie 10 (1916–1917), S. 235–263: »Wenn sich daher heutzutage ein Naturrecht bilden soll, so muß es an diese Spanier sich anschließen, aus Spaniens großer Zeit, nicht an Hugo Grotius, noch weniger an jene philisterhafte Verflachung Wolffs, welche das Grotianische Naturrecht zu Grabe getragen hat« (S. 235f.); Heinrich Rommen: Die Staatslehre des Franz Suarez S.J., Mönchengladbach 1926, S. 270–305; Johann Sauter: Die philosophischen Grundlagen des Naturrechts. Untersuchungen zur Geschichte der Rechts- und Staatslehre, Wien 1932, ND. Frankfurt a. M. 1966, S. 85–91; Heinrich Rommen: Die ewige Wiederkehr des Naturrechts, München [2]1947, (1. Aufl. Leipzig 1936), S. 71–75; James Brown Scott: The Spanish Origin of the International Law: Francisco de Vitoria and his Law of Nations, Oxford 1934; Anton-Hermann Chroust: Hugo Grotius and the Scholastic Natural Law Tradition, in: The New Scholasticism 17 (1943), S. 101–133; Ernst Reibstein: Die Anfänge des neueren Natur- und Völkerrechts. Studien zu den *Controversiae illustres* des Fernandus Vasquius (1559), Bern 1949, S. 9–18; Ernst Reibstein: Völkerrecht. Eine Geschichte seiner Ideen in Lehre und Praxis. I. Von der Antike bis zur Aufklärung, Freiburg i. Br. 1958, S. 333: »Der berühmte Grotius ist, ideengeschichtlich betrachtet, der Fortsetzer der spanischen Juristen und Moraltheologen, von Vitoria bis Suarez«; Erik Wolf: Große Rechtsdenker der deutschen Geistesgeschichte, Tübingen [4]1963, S. 257–263; Franz Wieacker: Privatrechtsgeschichte der Neuzeit unter besonderer Berücksichtigung der deutschen Entwicklung, Göttingen [2]1967, S. 270 und 299–301; Hans Thieme: Qu'est ce-que nous, les juristes, devons à la seconde scolastique espagnole?, in: Paolo Grossi (Hg.): La seconda scolastica nella formazione del diritto privato moderno. Incontro di studio. Firenze, 16–19 ottobre 1972, Milano 1973, S. 7–21, ND. in: Thieme: Ideengeschichte und Rechtsgeschichte. Gesammelte Schriften, Köln-Wien 1986, Bd. 2, S. 908–922, besonders S. 909–912; Franz Wieacker: ›Contractus‹ und ›obligatio‹ im Naturrecht zwischen Spätscholastik und Aufklärung, in: Grossi (Hg.): La seconda scolastica, S. 223–239, besonders 223–225; Robert Feenstra: L'influence de la scolastique espagnole sur Grotius en droit privé: quelques expériences dans les questions de fond et de forme, concernant notamment les doctrines de l'erreur et de l'enrichissement sans cause, in: Grossi (Hg.): La seconda scolastica, S. 377–402; Otto Kimminich: Die Entstehung des neuzeitlichen Völkerrechts, in: Iring Fetscher und Herfried Münkler (Hgg.): Pipers Handbuch der politischen Ideen. Band 3: Neuzeit: Von den Konfessionskriegen bis zur Aufklärung, München-Zürich 1985, S. 78–95; Antonio Truyol Serra: Les théologiens et juristes espagnols du siècle d'or et la naissance du droit des gens moderne, in: Hecke (Hg.): L'Espagne et la formation du droit de gens moderne, S. 1–9; Peter Haggenmacher: La doctrine de la guerre juste chez les théologiens et les juristes du siècle d'or, in: Hecke (Hg.): L'Espagne et la formation du droit de gens moderne, S. 27–37. Weitere Literatur ist in Hans Thieme: Natürliches Privatrecht und Spätscholastik, in: Zeitschrift der Savigny-Stiftung für Rechtsgeschichte. Germanistische Abteilung 70 (1953), S. 230–266, ND. in: Thieme: Ideengeschichte und Rechtsgeschichte, S. 871–878 zu finden.

nis zur Schule von Salamanca aufzuwerfen, die seither neben dem zweiten großen Problem, ob Grotius als wahrer Begründer des modernen Naturrechts zu betrachten sei, eine Art ›locus communis‹ in jeder Darstellung der *De iure belli ac pacis libri tres* bildet.[12]

Man schafft also in der Naturrechtslehre des sechzehnten Jahrhunderts eine gewisse Ordnung, indem man eine zweifache Trennung einführt: Einerseits werden die Autoren nach ihrer konfessionellen Zugehörigkeit eingereiht, andererseits werden sie nach dem vermeintlichen Einfluß auf Grotius eingestuft. Mehrere Kombinationen sind möglich, die in aller Regel mit einem positiven oder ablehnenden Urteil verbunden werden. Trotz der Akzentuierung bestimmter Einzelaspekte zeigen die Darstellungen des vorgrotianischen Naturrechts einige gemeinsame prägende Merkmale. Einerseits befassen sich alle mit der philosophischen oder theologischen Tradition der protestantischen Universitäten und/oder mit der theologischen Schule der spanischen Spätscholastik. Juristische Autoren werden entweder in Verbindung mit den Moraltheologen behandelt,[13] oder in die Sondergruppe der humanistischen Jurisprudenz verbannt, deren Beitrag zum modernen Naturrecht ausschließlich in der Frage nach dem gerechten Krieg gesehen wird.[14] Andererseits wird die Geschichte des Natur- und Völkerrechts so dargestellt, als ob sie lediglich in einer Reihe von großen Denkern bestünde, so daß man ›von Gipfel zu Gipfel‹ springt, ohne den Fuß in die Täler der Wissenschaft zu setzen. In beiderlei Hinsicht läuft man Gefahr, die naturrechtlichen Lehren des sechzehnten Jahrhunderts durch ein unvollkommenes oder verzerrtes Bild wiederzugeben.[15]

---

[12] Vgl. zum Beispiel Sauter: Die philosophischen Grundlagen des Naturrechts, S. 91–98 und Hans Thieme: Das Naturrecht und die europäische Privatrechtsgeschichte, Basel 1947, ND. in: Thieme: Ideengeschichte und Rechtsgeschichte, S. 822–870, besonders S. 835–838: »Man hat neuerdings bestritten, daß Grotius wirklich der ›Vater des modernen Naturrechts‹ ist und hat auf seine starke Abhängigkeit von der spanischen Spätscholastik verwiesen, die Grotius als Niederländer naturgemäß besonders gut kannte. Für das natürliche Privatrecht kann es aber einen solchen Zweifel keinesfalls geben« (S. 835); Hans Welzel: Naturrecht und materiale Gerechtigkeit, Göttingen ^{4}1980, (1. Aufl. 1951), S. 89–113; Reibstein: Völkerrecht, S. 313–361. Wilhelm G. Grewe: Epochen der Völkerrechtsgeschichte, Baden-Baden 1984, S. 237–268; Hofmann: Hugo Grotius, S. 72–75.

[13] Hervada: Historia de la ciencia del derecho natural, S. 245–247.

[14] Karl-Heinz Ziegler: Völkerrechtsgeschichte, München 1994, S. 165–167.

[15] Vgl. zum Beispiel Karl-Heinz Ilting: Naturrecht, in: Otto Brunner, Werner Conze und Reinhart Koselleck (Hgg.): Geschichtliche Grundbegriffe. Historisches Lexikon zur politisch-sozialen Sprache in Deutschland, Stuttgart 1978, Bd. 4, S. 245–313, besonders S. 274–292 oder Knud Haakonssen: Natural Law and Moral Philosophy. From Grotius to the Scottish Enlightenment, Cambridge 1996, S. 15–30.

In ersterem Fall wird vernachlässigt, daß auch eine juristische Überlieferung des Naturrechts neben der philosophischen und der theologischen Tradition wirkte, die sich aus der Kommentierungsarbeit zum römischen Recht entwickelte[16] und sich vor allem durch die wissenschaftlichen Mittel der juristischen Disziplinen ausdrückte: den Kommentar zum *Corpus iuris*, die Dissertation und den Traktat. Vergleicht man fernerhin die Fülle der Kommentare, in denen ein Kapitel immer der Erörterung natur- und völkerrechtlicher Fragen gewidmet wurde, der Dissertationen *De iustitia et iure* und der propädeutischen Traktate, die zwischen 1550 und 1620 veröffentlicht wurden, dann muß man den Schluß ziehen, daß diese Literatur mindestens in quantitativer Hinsicht die moraltheologischen Schriften bei weitem überbietet, so daß die bisher herangezogenen Werke nur die Spitze eines viel breiteren, untergetauchten und noch nicht ergründeten wissenschaftlichen Eisbergs sind.[17] Man darf selbstverständlich fragen, ob das Heranziehen auch dieses zum Teil zweitrangigen Materials – man denke an die Produktionsbedingungen, unter denen die Dissertationen geschrieben wurden, oder an den auf jedem Professor lastenden Zwang, ein eigenes Handbuch zu veröffentlichen – unser Bild der Naturrechtsgeschichte grundsätzlich verändern wird. Unsere Kenntnisse in der Rechtsgeschichte des späten sechzehnten Jahrhunderts werden aber gleichwohl um ein nicht unwesentliches Stück vermehrt. Zum zweiten wird eine weitere Quelle zur Entstehung des frühneuzeitlichen Naturrechts erschlossen, die auch für die Würdigung der *De iure belli ac pacis libri tres* wichtig ist, weil sie die Grundlagen erhellt, auf die Hugo Grotius oder seine katholischen und protestantischen Vorgänger ihre Systeme gebaut haben.

Es mag sein, daß die Erschließung der juristischen Tradition in ihrer ganzen Breite unser Bild des naturrechtlichen Wissens nicht ändern wird und daß sie die Bedeutung des Hugo Grotius für die Geschichte des Naturrechts nicht in Frage stellen wird; trotzdem hilft sie uns zu verstehen, ›wie‹ sich solches Wissen gebildet hat. Anhand dieser Materialien wird es nämlich deutlich, daß die Thematik des Naturrechts in der Kultur des späten sech-

---

16 Diese Literatur ist auch in einem Beitrag von Hans Thieme vernachlässigt worden, der sich dezidiert mit dieser Frage befaßt. Vgl. Hans Thieme: Naturrecht und Römisches Recht, in: La formazione storica del diritto moderno in Europa. Atti del Terzo convegno internazionale della Società italiana di storia del diritto, Firenze 1977, Bd. 1, S. 95–111, ND. in: Thieme: Ideengeschichte und Rechtsgeschichte, S. 923–939. Thieme verzichtet auf den Hinweis auf das eigentlich römischrechtliche Schrifttum und beschäftigt sich vorwiegend mit den Theologen der spanischen Schule.

17 Vgl. unten S. 158–160, Anm. 137–139, wo als Beispiel einige Dissertationen angeführt werden.

zehnten Jahrhunderts weit verbreitet war, und daß die Entstehung des neuzeitlichen *ius naturae et gentium* weder als plötzliche Erfindung eines einsamen Kopfes noch als Resultat einer Überlieferung innerhalb einer geschlossenen Reihe von Autoren – wie zum Beispiel: von Thomas von Aquin über Francisco de Vitoria, Domingo de Soto, Luis de Molina, Gabriel Vazquez, Francisco Suarez, Leonardus Lessius zu Hugo Grotius – verstanden werden darf. Sie war vielmehr das Produkt mehrerer und gleichzeitiger Entwicklungslinien, die in verschiedenen Bereichen gewirkt haben und die, in ihrer Gesamtheit genommen, den Beweis einer kontinuierlichen Debatte über Bestimmung und Wesen des Naturrechts geben. Um den Umfang der naturrechtlichen Lehren nicht zu unterschätzen, muß man darauf hinweisen, daß Darstellungsformen wie der juristische Kommentar und die Dissertation *De iustitia et iure* nicht nur der Jurisprudenz eigen sind, sondern auch in der Philosophie und in der Theologie gepflegt wurden: Alle Kommentare zur *Nikomachischen Ethik*, alle moralphilosophischen Dissertationen *De iustitia* und alle Gesamtdarstellungen der Ethik geben den naturrechtlichen Themen erheblichen Raum.

Wenn man die Bedingungen genauer betrachtet, unter denen das universitäre Wissen entstand, wird deutlich, wie unzureichend die Methode ›von Gipfel zu Gipfel‹ sein kann. Letztere mag zwar auf die intellektuelle Geschichte der letzten zwei Jahrhunderte, in der das Bedürfnis nach Individualität und Originalität eine wachsende Rolle gespielt hat, mit Gewinn angewandt werden, ist aber für die frühneuzeitliche Ideengeschichte, in der das Wissen in Disziplinen und anhand einer strengen Normierung erzeugt wurde, nicht geeignet. In letzterem Fall sind die Hauptdarsteller nicht unbedingt die Autoren, sondern die Heldenrolle gebührt oft den Fächern, den Überlieferungen, den als traditionsgemäß angenommenen Darstellungsformen, den erlaubten und unerlaubten Beweisführungen und den im Laufe einer langen Zeit angesammelten Argumenten: also all dem, was man unter dem Ausdruck »System der universitären Disziplinen« zusammenfassen kann. Solcherart entstandenes Wissen zeigt eine ausgeprägt topologische Verfassung: Ausgangspunkt ist die Vorstellung, daß die Gesamtheit der menschlichen Kenntnisse in sich vollkommen und geschlossen ist. Die Aufgabe der Wissenschaft besteht daher nicht in der Erweiterung, sondern in der Systematisierung des Wissens, was durch eine Topologie, d. h. eine Ordnung aller möglichen Argumente geschieht. Diese hat eine inhaltliche und eine formale Seite, weil sie vorschreibt, was, wo, wann und wie behandelt werden soll, und bildet damit das Rückgrat jeder universitären Disziplin. Veränderungen finden unter diesen Umständen sehr langsam statt und erstrecken sich über längere Zeiten hin. Eine Geschichte dieser Phänomene sollte nicht in der Wiedergabe dessen bestehen, was die Autoren behauptet haben, denn das ist zum größten Teil unverändert geblieben, sondern sollte die Kontinuitäten und die Umbrüche, d.h. die Neugründungen innerhalb der Disziplinen, also die Wissenschaftsgeschichte der Disziplinen erfassen.[18]

Folgende Studie versteht sich als Versuch, die unmittelbare Zeit vor der Entstehung des modernen Naturrechts aus dieser Perspektive darzustellen. Ihr Aufbau ist an dem topologischen Selbstbewußtsein des sechzehnten Jahrhunderts orientiert und verzichtet dementsprechend auf ein rein chronologisches Aneinanderreihen der Autoren. Stattdessen werden die Überlieferungen rekonstruiert, in denen sich die naturrechtliche Diskussion in den Jahren zwischen 1550 und 1620 abspielte. Besonderes Gewicht wird auf das philosophisch-melanchthonianische Lager und auf die Tradition des römischen Rechtes gelegt, die durch eine knappe Darstellung der jeweiligen autoritativen Quellen – Aristoteles und Cicero einerseits, der Digestentitel *De iustitia et iure* andererseits – eingeführt werden. Die moraltheologische Linie der spanischen Schule wird nicht berücksichtigt, aber es wird auf die umfangreiche Forschung zu diesem Themenkomplex hingewiesen.[19] In den Schlußbemerkungen wird die Stellung des Hugo Grotius genauer bestimmt und werden die Eigentümlichkeiten der Naturrechtslehre des sechzehnten Jahrhunderts durch einen Vergleich mit der modernen Disziplin des *ius naturae et gentium* zusammenfassend hervorgehoben.

---

[18] Als Beispiele einer ähnlich angelegten Wissenschaftsgeschichte der Disziplinen möchte ich hier Michael Stolleis: Geschichte des öffentlichen Rechts in Deutschland. Erster Band: Reichspublizistik und Policeywissenschaft (1600–1800), München 1988, und Merio Scattola: Imperium virtutis. Idee della politica nell'età moderna, Milano im Druck nennen.

[19] Nur als Beispiel seien folgende Titel erwähnt: Scott: The Spanish Origin of the International Law; Venancio Carro: La teologia y los teólogos-juristas españoles ante la conquista de América, Salamanca 1951; Giovanni Ambrosetti: Il diritto naturale della Riforma Cattolica, Milano 1951; Franco Todescan: Lex, Natura, Beatitudo. Il problema della legge nella scolastica spagnola del sec. XVI, Padova 1973; Vidal Abril Castelló: Las Casas contra Vitoria, 1550–1552, Madrid 1987 (Revista de Indias 47, Nr. 179); Jaime Brufau Prats: La Escuela de Salamanca ante el descubrimiento del Nuevo Mundo, Salamanca 1989; Daniel Deckers: Gerechtigkeit und Recht. Eine historisch-kritische Untersuchung der Gerechtigkeitslehre des Francisco de Vitoria (1483–1546), Freiburg 1991, besonders S. 78–193; Francisco Castilla Urbano: El pensamiento de Francisco de Vitoria. Filosofía política e indio americano, Barcelona 1992, besonders S. 155–187; Araceli Mangas Martín (Hg.): La Escuela de Salamanca y el derecho internacional en América. Jornadas Iberoamericanas de la Asociación Española de Profesores de Derecho Internacional y Relaciones Internacionales, Salamanca 1993; Marcelino Rodríguez Molinero: La doctrina colonial de Francisco de Vitoria o el derecho de la paz y de la guerra: un legado perenne de la Escuela de Salamanca, Salamanca 1993. Vgl. auch oben S. 4, Anm. 11.

Die philosophische Tradition

In seinen *Loci communes theologici* entwickelte Philipp Melanchthon eine Naturrechtsvorstellung, die viele eigentümliche Elemente der mittelalterlich-scholastischen Tradition aufnimmt, ohne sich aber dabei direkt auf die thomistische Philosophie zu beziehen. Ausdrücklich beruft sich Melanchthon auf die Antike, vor allem auf Aristoteles und Cicero, die ihm die Materialien zu seinem Naturrecht zur Verfügung stellen, aber nicht als dessen Quellen im eigentlichen Sinn angesehen werden dürfen.

Die Autoritäten: Das ›dikaion physikon‹ des Aristoteles

Die mittelalterliche Philosophie verstand das Naturrecht als eine Reihe von Geboten oder Gesetzen, die von Natur aus im Menschen wirken, und erklärte Aristoteles für den Begründer dieser Lehre,[1] obwohl sich eine ähnliche Naturrechtsidee nur mit großem Vorbehalt sowohl bei Aristoteles als auch bei anderen griechischen Philosophen wiederfinden läßt.

In der *Rhetorik*, I, 13, 1373 b 2–9 unterscheidet Aristoteles das besondere von dem allgemeinen Recht, indem er sich – der dialektischen Methode der praktischen Disziplinen folgend – eine verbreitete Meinung (ἔνδοξον) aneignet.[2]

> Es ist ja definiert worden [Rhetorica, I, 10, 3, 1368 b 9], daß Recht und Unrecht im Hinblick auf zweierlei Arten von Gesetzen (νόμους) und in Hinsicht auf die, an denen es zur Anwendung kommt, in zweifacher Weise existieren. Unter Gesetz aber verstehe ich teils das besondere, teils das allgemeine; und zwar ist das besondere das, was von einzelnen Menschen für sie selbst festgestellt wurde, und zwar entweder schriftlich festgelegt oder ungeschrieben. Das allgemeine Gesetz ist das Naturgesetz (κοινὸν δὲ τὸν κατὰ φύσιν). Es gibt nämlich – wie alle ahnen – ein von Natur aus allgemeines

---

1 Vgl. Thomas Aquinas: Sententia libri ethicorum, V, 12, 3, in: Thomas Aquinas: Opera omnia. 4: Commentaria in Aristotelem et alios, hg. von Roberto Busa, Stuttgart-Bad Cannstatt 1980, S. 188. Vgl. unten S. 18, Anm. 25.

2 Über die »Meinungen der Mehreren und der Weisen« in der praktischen Philosophie des Aristoteles vgl. Martha C. Nussbaum: The Fragility of Goodness. Luck and Ethics in Greek Tragedy and Philosophy, Cambridge 1986, S. 240–263.

Recht und Unrecht – auch wo keine Gemeinschaft untereinander bzw. keine Übereinkunft besteht.[3]

An dieser Stelle greift Aristoteles deutlich auf die Argumente des xenophontischen Hippias zurück,[4] weil er das Bestehen eines allgemeinen Rechtes auf die Tatsache zurückführt, daß alle Menschen dieselben Vorschriften anerkennen. Und da sie über keine gemeinsame Sprache verfügen und kein Abkommen miteinander haben schließen können, müssen jene Normen aus einer tieferen Quelle kommen, etwa aus der gemeinsamen Natur. Beispiele des aus dieser Quelle gespeisten Rechtes seien die Pflicht der Bestattung verstorbener Verwandten und die Freiheit, die alle Menschen von Geburt aus genießen.[5]

Neben dieser Auffassung, die an sich nicht weit über die Ansichten des Sophisten Antiphon hinausgeht,[6] bietet Aristoteles in der *Nikomachischen Ethik* auch eine durch den Begriff des Gerechten ausgebaute und systematisch in der praktischen Philosophie eingebettete Lehre des natürlichen Gesetzes.

Aristoteles unterteilt die Gerechtigkeit im allgemeinen in zwei Arten, weil sie als Übereinstimmung mit dem ›nomos‹ (τὸ νόμιμον) oder als Bewahrung des in jedem Handeln erforderlichen Maßes verstanden werden kann (τὸ ἴσον).[7]

---

[3] Aristoteles: Rhetorik, übers. von Franz B. Sieveke, München 1980, I, 13, 1–2, 1373 b 2–9, S. 70.

[4] Xenophon: Memorabilia, IV, 4, 5–25, in: Xenophon: Xenophon in Seven Volumes. IV. Memorabilia and Oeconomicus. Symposium and Apology, hg. von E.C. Marchant und O.J. Todd, Cambridge Massachusetts 1979, S. 310–325. In dem von Xenophon berichteten Gespräch zwischen Sokrates und Hippias über die Gerechtigkeit räumt letzterer ein, daß gewisse ungeschriebene Gesetze »in jedem Land in den gleichen Fällen gelten«: Τοὺς γ'ἐν πάσῃ, ἔφη, χώρᾳ κατὰ ταὐτὰ νομιζομένους (IV, 4, 19).

[5] Um einen Widerspruch zur aristotelischen Begründung der natürlichen Sklaverei (Politica, I, 2, 1253 b 15–1255 b 40) zu vermeiden, betont Reinhard Brandt: Naturrecht. Antike, in: Erik Wolf, Reinhard Brandt, Rainer Specht, Anton Hügli, Rudolf Ruzicka und Kristian Kühl: Naturrecht, in: Joachim Ritter und Karlfried Gründer (Hgg.): Historisches Wörterbuch der Philosophie, Darmstadt 1984, Bd. 6, Sp. 566f., daß diese Beispiele nur rhetorische ›topoi‹ sind.

[6] Hermann Diels und Walter Kranz (Hgg.): Die Fragmente der Vorsokratiker, Zürich [12]1951, 87 B 44, Fragm. A, Col. 1–2, Bd. 2, S. 346–348. Vgl. dazu Hermann Diels: Ein antikes System des Naturrechts, in: Internationale Monatschrift für Wissenschaft, Kunst und Technik 2 (1916), S. 81–102.

[7] Aristoteles: The Nicomachean Ethics, V, 1, 1129 a 1–25, in: Aristoteles: Aristotle in Twenty-Three Volumes. XIX: The Nicomachean Ethics, hg. von H. Rackham, Cambridge Massachusetts 1982, (1. Aufl. 1934), S. 252–254. Vgl. Constantin Despotopoulos: Les concepts de juste et de justice selon Aristote, in: Archives de philosophie du droit 14 (1969), S. 283–308.

In ersterem Sinn fällt die Gerechtigkeit mit der Tugend zusammen, und unter dem Wort ›nomoi‹ versteht man nicht nur die Gesetze der Stadt, sondern auch Sitten, Anstand, Lebensform und Bräuche, also alles, was im gesellschaftlichen Leben als Regel und Ordnung gilt.[8] Die ›nomoi‹ gebieten nämlich auch die Tapferkeit oder die Mäßigung und die Milde und verbieten, daß man in der Schlacht seine Stellung verlasse und den Schild wegwerfe, daß man Ehebruch begehe oder andere Menschen schlage und verletze.[9]

Es lassen sich aber auch andere unerlaubte Handlungen finden, die an sich keines der durch die ›nomoi‹ verbotenen Laster einschließen, die aber nichtsdestoweniger als ungerecht empfunden werden. Das ist zum Beispiel der Fall, wenn ein Mensch Ehebruch nicht aus dem Antrieb der Unzucht, sondern um des Gewinns willen begeht (V, 4, 1130 a 28–32). Diese Art von Gerechtigkeit und Ungerechtigkeit kann auf jenen Genuß zurückgeführt werden, der aus dem Gewinnen entsteht, und zielt immer auf Ehrenstellung, Geld, Wohlergehen (V, 4, 1130 b 1–4). Sie hat also immer mit meßbaren Gütern zu tun, bei denen das gerecht ist, was sich nach einem vorgeschriebenen Maß richtet, während das ungerecht ist, was es überschreitet. Die zwei Formen der Gerechtigkeit stehen aber in einem asymmetrischen Verhältnis zueinander, denn alles, was nach mehr trachtet (πλεονεκτές, ἄνισον), ist gegen den ›nomos‹ (παράνομον), aber nicht alles, was ›paranomon‹ ist, ist zugleich im ganzen ›anison‹ (V, 5, 1130 b 12). Die Gerechtigkeit in einem Sinn (›dikaion‹ = ›nomimon‹) bildet also das Ganze und wird »die ganze Gerechtigkeit« oder »die allgemeine Gerechtigkeit« oder auch »die ganze Tugend« genannt (ἡ ὅλη ἀρετή, V, 5, 1130 b 7), während die Gerechtigkeit im anderen Sinn (›dikaion‹ = ›ison‹) nur ein Teil davon ist und als »besondere Gerechtigkeit« oder »Teilgerechtigkeit« (ἡ ἐν μέρει δικαιοσύνη, V, 5, 1130 b 16) angesehen werden soll.[10] In der aristotelischen

8 Max Salomon: Der Begriff der Gerechtigkeit bei Aristoteles nebst einem Anhang über den Begriff des Tauschgeschäftes, Leiden 1937, S. 12 und Joachim Ritter: ›Naturrecht‹ bei Aristoteles. Zum Problem einer Erneuerung des Naturrechts, Stuttgart 1961, S. 22f.

9 Aristoteles: The Nicomachean Ethics, V, 1, 1129 b 20–25.

10 Salomon: Der Begriff der Gerechtigkeit bei Aristoteles, S. 15–20 vertritt die Meinung, daß allgemeine und besondere Gerechtigkeit weder als zwei unabhängig voneinander geltende Begriffe von Recht noch als Ganzes und Teil zu verstehen sind. »Es verhalten sich νόμος und ἰσότης wie materielle Fülle und äußere Erscheinungsweise. Gerechtigkeit ist ihrem Wesen und Gehalt nach Übereinstimmung mit dem νόμος« (S. 17). Diese Auslegung kann aber keine überzeugenden Textbelege vorlegen und stößt gegen den Einwand, daß es eine Art der Ungerechtigkeit gibt, die die Gleichheit nicht verletzt. Vgl. V, 4, 1130 a 14–19, S. 260–262. Auf der anderen Seite hat Sauter: Die philosophischen Grundlagen des Naturrechts, S. 28–40 die aristotelische Gerechtigkeit auf die einzige ›isotes‹ reduziert und diese mit dem politischen Leben des Bürgers gleich-

Auffassung der Gerechtigkeit umfassen also die ›nomoi‹, die eine Seite der Tugend sind, alles das, was gerecht ist, worunter auch die ›isotes‹ mit einbegriffen werden soll. Diese muß nicht unbedingt »zu einem νόμος abgeflacht« werden, denn sie kann als eine Gruppierung der ›nomoi‹ oder, als eine ihrer Kategorien verstanden werden. Neben dem Gebot der Gleichheit bestehen, wie Aristoteles selbst behauptet (V, 3, 1129 b 19–25 und V, 4, 1130 a 18 f.), auch andere Vorschriften, die auf die selbstbezweckte, in sich vollkommene Handlung zielen.[11] Daraus ergibt sich die Definition der Gerechtigkeit: Sie ist die Tugend oder Grundhaltung des gerechten Menschen, der das Gerechte durch eine wohlbedachte Wahl ausübt und Güter nach gerechtem Verhältnis verteilen kann (V, 9, 1134 a 1–6).

Die Gerechtigkeit an sich ist aber nur eine Idee in der Welt unserer Erkenntnis (V, 10, 1134 a 25). In der Tat wird sie immer in einer menschlichen Gesellschaft verwirklicht und ohne diese kann sie keinesfalls bestehen, weil das Gerechte seinem Wesen nach immer auf andere Menschen bezogen ist.[12] Dementsprechend begegnet man der wahren Gerechtigkeit nur unter der Gestalt des »politisch Gerechten« (δίκαιον πολιτικόν). Dieses bildet keinen neuen Begriff, sondern umschließt alle bisher genannten Arten des Rechtes, soweit sie ihre Existenz im politischen Leben finden.[13] Nur freie und gleiche Menschen dürfen das πολιτικὸν δίκαιον genießen, und ihre Gemeinschaft beabsichtigt die ›autarkeia‹, das ethisch vollkommene Leben, das Selbstzweck ist (V, 10, 1134 a 26–28). Die Ordnung der Stadt soll also nicht lediglich auf eine verfassungsrechtliche Hierarchie der Ämter und Obrigkeiten eines Staatswesens reduziert werden, die sowohl vom juristi-

---

gestellt. Daraus würde aber folgen, daß Zweck des politischen Lebens nur die ›isotes‹ ist, dem von Aristoteles selbst widersprochen wird.

11 Die besondere Gerechtigkeit kann wiederum austeilend und ausgleichend sein (V, 6–7, 1131 a 10–1132 b 20).

12 Der Unterschied zwischen der Tugend und »der ganzen Gerechtigkeit«, die sonst (V, 4, 1130 a 9–10 und V, 5, 1130 b 18–19) eben dasselbe sind, besteht darin, daß die ›dikaiosyne‹ immer in Verbindung mit anderen Tugenden ausgeübt werden soll (V, 3, 1129 b 25–27). Der gerechte Mensch kann also keinesfalls als ein alleinstehendes Wesen betrachtet werden und ohne Mitmenschen, die Ausgangs- und Endpunkt seiner gerechten Tätigkeit bilden, kann er keineswegs tugendhaft sein. Ein einziger Mensch könnte also nie gerecht sein. Aus demselben Grund läßt sich auch erklären, warum die Gerechtigkeit die vollkommenste Tugend ist. Der Gerechte ist nämlich tugendhaft nicht nur gegen sich selbst, sondern auch gegen die anderen. Über weniger vollkommene Tugenden wie die Mäßigkeit oder die Tapferkeit darf dasselbe nicht behauptet werden.

13 Jean Darbellay: Le notion de nature chez Aristote et les origines du droit naturel, in: Louis Carlen (Hg.): Festschrift für Eugen Isele, Freiburg/Schweiz 1973, S. 87; René Antoine Gauthier und Jean Yves Jolif: Commentaire, in: Aristoteles: L'éthique à Nicomaque. Introduction, traduction et commentaire, hg. von René Antoine Gauthier und Jean Yves Jolif, Louvain 1958–1959, Bd. 2, S. 386.

schen Bereich des Privatrechts als auch von der innerlichen Sphäre der Moral getrennt ist. Diese Spaltung gehört eigentlich nur der modernen Welt an, die sich von der Antike dadurch abgrenzt, daß sie das praktische Handeln nach verschiedenen Bereichen verteilt, die eigenen Prinzipien folgen. Die politische Ordnung der aristotelischen Philosophie kennt diese Unterschiede nicht und, mit unseren Augen gesehen, besteht sie aus einer unauflösbaren Vermengung ›politischer‹, ›juridischer‹ und ›ethischer‹ Elemente, welche in ihrer untrennbaren Einheit den Gegenstand der ›nomoi‹ bilden.[14] Da die politische Ebene von der juristischen Sphäre begrifflich nicht zu trennen ist, umschließt die politische Ordnung all jene verfassungsmäßigen Obrigkeiten, Würden, Gesetze, Gebräuche, Sitten, jene religiösen Überlieferungen, militärischen Anstalten und ethischen Tugenden, die das Leben freier und gleicher Menschen regeln.[15] Mit einem Wort, politisch sind alle diejenigen Beziehungen, die zwischen freien und gleichen Menschen bestehen können. Das politische Leben besitzt also eine nach unseren Begriffen sehr umfangreiche Bedeutung, und da die Bedeutung der Gerechtigkeit ebenso ausgedehnt ist, ist die politische Ordnung gleich mit der Ordnung der Gerechtigkeit, so daß die Hierarchie der Rechte mit der Hierarchie der Stadt einhergeht: Man wird die eine verwirklichen, indem man der anderen Gehorsam leistet. Dies setzt aber voraus, daß der eigentliche Herrscher der Stadt nicht ein Mensch, sondern das Gesetz (νόμος) oder – was dasselbe bedeutet – die Vernunft (λόγος) ist.[16] Der Herrscher bewahrt die Gerechtigkeit und die Gleichheit und ist der Vermittler der gerechten Ordnung (V, 10, 1134 b 2–9). Die politische Würde, die er innehat, ist nur ein Ausgleich dafür, daß er die Gleichheit nicht verletzt und für die Gerechtigkeit einsteht, ohne seinen Begierden zu folgen. Wenn nicht das Gesetz, sondern ein Mensch über die Stadt herrscht, dann entsteht eine Tyrannis, die Regierung eines Menschen über andere Menschen, die immer vorkommen muß, wenn der Herrscher, von seinen Gelüsten irregeleitet, das Maß der ›nomoi‹ verkennt.

Da das politisch Gerechte nur in der Stadt möglich ist, die wiederum nur als eine Regierung der Gesetze verstanden wird, kann die Gerechtigkeit aus-

---

14 Otto Brunner: Das ›ganze Haus‹ und die alteuropäische ›Ökonomik‹, 1958, in: Brunner: Neue Wege der Verfassungs- und Sozialgeschichte, Göttingen ²1968, S. 105f.

15 Ritter: ›Naturrecht‹ bei Aristoteles, S. 19–21; Joachim Ritter: Zur Grundlegung der praktischen Philosophie bei Aristoteles, in: Archiv für Rechts- und Sozialphilosophie 46 (1960), S. 179–199.

16 In den Handschriften befindet sich νόμον und nur Marcianus 213 (Mb nach Bekker) zeigt die Leseart λόγον, die wahrscheinlich eine Besserung ist. Da aber die Vernunft das Wesen des Gesetzes ausmacht, besteht kein eigentlicher Unterschied zwischen diesen zwei Lösungen. Vgl. Aristoteles: The Nicomachean Ethics, V, 10, 1134, a 35; Gauthier und Jolif: Commentaire, Bd. 2, S. 388f. und Marcello Zanatta: Note, in: Aristoteles: Etica Nicomachea, ital. Übers. von Marcello Zanatta, Milano 1986, S. 565.

schließlich auf dem ›nomos‹ gegründet sein. Das ›dikaion politikon‹, in dem Recht und Gerechtigkeit zusammenfallen, muß sich von allen anderen Arten des Gerechten unterscheiden. Die Gerechtigkeit des Herrn gegen den Knecht (τὸ δεσποτικὸν δίκαιον) oder des Vaters gegen sein Kind oder des Ehemannes gegen die Ehefrau sind untergeordneter Art, weil in ihnen der Mensch über den Menschen oder der Mensch über eine Sache oder über eine sachähnliche Person (V, 10, 1134 b 8–18) herrscht.

Die Vorschriften des ›politikon dikaion‹ können aus der Natur oder aus der menschlichen Vereinbarung entstehen.

Das Polisrecht ist teils Natur- teils Gesetzesrecht. Das Naturrecht hat überall dieselbe Geltungskraft und ist unabhängig von Zustimmung oder Nicht-Zustimmung (der Menschen). Beim Gesetzesrecht ist es ursprünglich ohne Bedeutung, ob die Bestimmungen so oder anders getroffen wurden, wenn es aber festgelegt ist, dann ist es verbindlich z.B. daß das Lösegeld (für einen Kriegsgefangenen) eine Mine betragen soll oder daß eine Ziege zu opfern ist und nicht etwa zwei Schafe. Und fernerhin all die Gesetze für Sonderfälle – z.B. daß ein Opfer für Brasidas stattfinden solle – und schließlich all das, was den Charakter eines Volksbeschlusses hat.[17]

Das natürlich Gerechte wird also dadurch gekennzeichnet, daß es überall die gleiche δύναμις hat und daß es nicht von menschlichen Meinungen abhängt. Hingegen ist das Satzungsrecht nicht überall dasselbe. Ursprünglich ist sein Inhalt unbestimmt, und es hängt nur vom menschlichen Willen ab, wie die Probleme, die dieses Recht mit sich bringt, gelöst werden, weil das ›dikaion nomikon‹ auf einer Vereinbarung ruht (συνθήκη, V, 10, 1134 b 32). Aus der Behauptung, daß das ›dikaion physikon‹ immer dieselbe ›dynamis‹ hat, kann man schließen, daß der eigentliche Unterschied zwischen diesen zwei Arten der politischen Gerechtigkeit auf zwei verschiedene Geltungsgrundlagen zurückzuführen ist.[18] Die eine gilt also ›kraft‹ (›dynamis‹) der Natur, während die andere dank einer Willensentscheidung in ›Kraft‹ tritt. Die unterschiedliche Entstehung hat aber auch Auswirkungen auf den Inhalt beider Rechtsarten. Was ›synthekei‹ ist, läßt am Anfang mehrere Möglichkeiten zu. Jede vereinbarte Norm hätte nämlich anders sein können, als sie tatsächlich ist, wenn die Entscheidung anders gefallen wäre. Dementsprechend können dieselben Tatbestände bei verschiedenen Völkern

---

[17] Aristoteles: Nikomachische Ethik, übers. von Franz Dirlmeier, Darmstadt 1956, V, 10, 1134 b 18–24, S. 110f.

[18] Salomon: Der Begriff der Gerechtigkeit bei Aristoteles, S. 48f. Dieselbe Meinung wird auch in Max Salomon: Le droit naturel chez Aristote, in: Archives de philosophie du droit et de sociologie juridique 7 (1937), S. 120–127 vertreten. Diese Auslegung ist auf der Annahme gegründet, daß δύναμις ›Geltungsgrundlage‹ und nicht ›Inhalt‹ bedeutet, was sich aber angesichts der aristotelischen Beispiele nicht immer bestätigen läßt. Vgl. unten S. 15.

und in verschiedenen Zeiten oder unter anderen Umständen unterschiedlich entschieden werden. Der Inhalt des ›nomikon dikaion‹ kann daher immer verändert werden. Dagegen erlaubt das ›physikon dikaion‹ von Anfang an nur eine Möglichkeit: Eine Frage, die eine naturrechtliche Antwort zuläßt, darf nur auf eine und immer dieselbe Weise gelöst werden. Dies wird aber bedeuten, daß das natürlich Gerechte immer und überall dasselbe ist, »wie das Feuer bei uns genau so wie bei den Persern brennt« (V, 10, 1134 b 26).

Bis auf diesen Punkt wiederholt Aristoteles dieselbe Naturrechtslehre, die er auch in der *Rhetorik* vertritt und die im wesentlichen von der Meinung Antiphons oder des Hippias nicht abweicht. Hier muß er aber einige Einwände der Sophisten zurückweisen, was ihn zur näheren Bestimmung seiner Lehre zwingt.

> Nun meinen manche, alles Recht sei von dieser Art, weil Naturdinge unveränderlich seien und überall dieselbe Kraft hätten – z. B. brennt das Feuer bei uns genau so wie bei den Persern –, während sich die Anschauungen über das Recht vor ihren Augen ändern. Indes so ohne weiteres ist das nicht richtig, sondern nur mit Einschränkung. Bei den Göttern allerdings mag das (die Veränderlichkeit) wohl ausgeschlossen sein; bei uns aber gibt es wohl manches, was von Natur gilt, aber das alles ist der Veränderung unterworfen – und dennoch besteht die Scheidung: ›von Natur‹-›nicht von Natur‹.[19]

Wenn einige Vorschriften auf der Natur der Menschen gegründet sind, dann sollen sie überall dieselbe ›Kraft‹ haben – wobei das Wort δύναμις unmißverständlich ›Inhalt‹ bedeutet – und unveränderlich (ἀκινητόν) sein. Aber die Erfahrung lehrt uns, daß die Gesetze höchst veränderlich sind, und man muß also schließen, daß es kein natürliches Recht gibt und daß alle menschlichen Gesetze, die offensichtlich durch Vereinbarung entstanden sind, dem ›nomikon dikaion‹ zuzuschreiben sind.

Aristoteles erwidert diese Einwürfe mit zwei Argumenten. Einerseits muß man die Tragweite und Bedeutung dieser Unstetigkeit beschränken, denn bei den Göttern, also bei allen Wesen, die keine Veränderung erleiden, bleiben Natur und natürliches Recht immer gleich.[20] Der Grund, warum das Recht anders als das Feuer nicht überall gleich ist, liegt also in der Unvollkommenheit der menschlichen Gattung. Wenn dagegen alle Menschen in

---

19 Aristoteles: Nikomachische Ethik, übers. von Dirlmeier, V, 10, 1134 b 24–31, S. 111.

20 Aristoteles: Magna Moralia, hg. von G. Cyril Armstrong, in: Aristoteles: Metaphysics. Books X–XIV. Oeconomica and Magna Moralia, hg. von Hugh Tredennick und G. Cyril Armstrong, Cambridge Massachusetts 1947, (1. Aufl. 1935), 1194 b 30–40, S. 542–544; [Anonym]: Σχόλια εἰς τὸ β[–ῆτα] τῶν ἐθικῶν Νικομαχείων, in: Eustratius, Michael [Ephesius] et anonymus: In ethica Nicomachea commentaria, hg. von Gustav Heylbut, Berolini 1892, S. 233, 13–15, Thomas Aquinas: Sententia libri ethicorum, V, 12, 11, S. 189; Franz Dirlmeier: Anmerkungen, in: Aristoteles: Magna Moralia, übers. von Franz Dirlmeier, Berlin 1958, S. 321f.

einer idealen Staatsverfassung leben würden, dann wäre das natürliche Recht überall dasselbe, weil die beste Regierungsform einzig und überall dieselbe ist (V, 7, 1135 a 3–5).

Es kann also ein natürlich Gerechtes geben – und dies ist das zweite Argument –, das zugleich veränderlich ist. Aristoteles erklärt dies mit einem Beispiel: Alle Menschen sind naturgemäß rechtshändig, aber alle Menschen könnten durch Übung linkshändig werden (V, 7, 1134 b 31–35).[21] Nehmen wir an, daß alle Menschen auf diese Weise ihre Rechtshändigkeit verlieren. Ein außerirdischer Beobachter würde dann sagen, daß alle Menschen von Natur aus linkshändig sind, obwohl das Gegenteil wahr ist. Setzen wir nun den Fall, daß nur ein Teil der Menschen sich diese Gewohnheit aneignet, dann würde unser Beobachter sagen, daß es gar kein natürliches Gesetz gibt, was den Gebrauch der Hände betrifft, und das wäre wiederum falsch. Es gibt also Naturgesetze oder Naturregelmäßigkeiten, die nicht aus den beobachteten Tatsachen zu ermitteln sind, die diesen sogar vollkommen widersprechen können und nichtsdestoweniger als Naturgesetze anzusehen sind. Wenn dasselbe auch für das menschliche Handeln gilt, kann man daraus zwei Folgerungen ziehen: daß man am Dasein eines natürlichen Rechtes nicht zweifeln darf und daß dieses immer weiter besteht, obwohl es in unendlich verschiedener Gestalt erscheinen kann. Die Veränderlichkeit der Gesetze bietet also kein Argument gegen die Existenz eines natürlichen Rechtes, und damit verlieren die sophistischen Einwände alle ihre Kraft.

Von diesem Gesichtspunkt aus erhält auch die Bemerkung, daß es sich bei den Göttern anders als bei uns verhalte, eine neue Bedeutung.[22] Wenn auch die Menschen die blendende Oberfläche der Rechtsformen nicht durchdringen und das Beständige unter dem Wechselnden nicht anerkennen können, ist dies doch den Göttern möglich, die einsehen, was von Natur ist, und was Menschenwerk ist. Wenn auch auf der Welt lauter Linkshänder wären, würden die Götter erkennen, daß der Rechtshänder naturgemäß ist. Die Behauptung der Sophistik, daß es kein natürliches Recht geben könne, weil alles Recht veränderlich sei, ist dann in doppelter Hinsicht zu

---

21 Aristoteles: Nikomachische Ethik, übers. von Dirlmeier, V, 7, 1134 b 31–35: »Welche Art von Recht aber – innerhalb der Einrichtungen, die so oder anders sein können – auf Natur beruht und welche nicht, sondern auf Satzung und Übereinkunft, das ist, unter der Voraussetzung, daß beide veränderlich sind, ebenfalls leicht einzusehen. Und auch auf den anderen Gebieten wird die gleiche Unterscheidung zutreffen. So ist von Natur die rechte Hand stärker, und doch wäre es möglich, daß alle so weit kommen, in beiden Händen dieselbe Kraft zu haben.« Fred D. Miller: Nature, Justice, and Rights in Aristotle's *Politics*, Oxford 1995, S. 74–79 erklärt dieses Beispiel anhand der aristotelischen Physik. Am Ende räumt er aber ein, daß »Aristotle is not committed to the view that justice is ›natural‹ in this sense« (S. 77).

22 Vgl. Salomon: Der Begriff der Gerechtigkeit bei Aristoteles, S. 50.

beschränken: erstens, weil die Götter – und jene göttlichen Menschen, die unter der idealen Verfassung leben – ein unveränderliches Recht genießen, und zweitens, weil sie Einsicht in das unwandelbare Naturrecht der Menschen haben.

Wenn die Veränderlichkeit sowohl dem ›dikaion nomikon‹ als auch dem ›dikaion physikon‹ zugeschrieben wird, kann sie nicht mehr als Maßstab zur Festlegung des natürlichen Rechtes gelten; man kann also nicht mehr mit den Sophisten sagen, das Naturrecht sei unveränderlich, während das gesatzte Recht sich verändere. Wie kann man aber unter diesen Umständen das Naturrecht erkennen? Wenn beide Rechtsarten dieselbe äußere Beschaffenheit zeigen, wie kann man von einem Brauch oder einem Gesetz sagen, daß es dem einen oder dem anderen Bereich angehöre? Auf Grund des Vorhergesagten steht aber eines fest: Das gesuchte Kriterium kann kein äußeres und empirisches Merkmal sein. Hier braucht man also einen Maßstab, der einerseits eindeutig sein soll, aber gleichzeitig nicht als eine objektive und greifbare Eigenschaft verstanden werden kann. Er ist also kein ›Maß-Stab‹, der an die menschlichen Handlungen angelegt werden kann. Anders als ein geometrisches Lineal, dessen Existenz unabhängig von den Figuren ist, die es mißt, muß dieses praktische Kriterium sein Dasein selbst in den Handlungen haben. Es muß mit ihnen zusammenfallen, und trotzdem unmißverständlich sein. Aristoteles gibt zu, daß das Naturrecht nur durch einen solchen Maßstab erfaßt werden kann: Bei jeder Handlung oder bei jedem ›nomos‹ ist also von selbst klar, was ›dikaion physikon‹ und was ›dikaion nomikon‹ ist.

> Welche Art von Recht aber – innerhalb der Einrichtungen, die so oder anders sein können – auf Natur beruht und welche nicht, sondern auf Satzung und Übereinkunft, das ist, unter der Voraussetzung, daß beide veränderlich sind, ebenfalls leicht einzusehen.[23]

Warum sollen aber diese Aussagen so dunkel bleiben? Warum hat Aristoteles nicht einfach auf die menschliche Natur als Quelle des natürlichen Rechtes verwiesen? Durch eine genauere Bestimmung der menschlichen Natur hätte man dann ein genaues Bild aller wesentlichen und unwesentlichen Eigenschaften gewonnen, und das hätte den gewünschten Maßstab verschafft, kraft dessen man hätte sagen können, was dem Naturrecht eigen

---

23 Aristoteles: Nikomachische Ethik, übers. von Dirlmeier, V, 10, 1134 b 31–33, S. 111. Die Stelle ist dunkel und hat zu mehreren Verbesserungsversuchen Anlaß gegeben. Paley liest ἄδηλον statt δῆλον, Wilkinson ersetzt πάντας durch τινάς und Richards stellt die Reihenfolge der vier Sätze von ἀλλ᾽ὅμως bis γενέσθαι um. Das Ergebnis dieser Bemühungen ist die Übersetzung von Rackham. Vgl. Aristoteles: The Nicomachean Ethics, V, 10, 1134 b 30–33, S. 294f., Anm. b. Der Sinn der aristotelischen Aussage ändert sich dabei kaum.

und was ihm fremd ist.[24] Da die menschliche Natur Teil der gesamten Natur ist, die sich bis zu Gott erstreckt, wäre die juristische Ordnung auf diese Weise in einer allumfassenden, metaphysischen Ordnung verankert worden, und man hätte sogar ein erstes Prinzip angeben können, aus dem sich alle weiteren Bestimmungen jedes untergeordneten Bereichs hätten ableiten lassen.[25]

Aristoteles gibt weder einen Grundsatz noch eine Darstellung der menschlichen Ordnung, die als allgemeiner Maßstab des praktischen Handelns dienen soll. In der Tat kann dies nur insofern geschehen, als man annimmt, daß eine solche allgemeine Idee der menschlichen Natur ihren Gegenständen vorausgehe und von ihnen unabhängig sei. Dies setzt aber voraus, daß ihre Bestimmungen als unveränderlich gelten, was bei menschlichen Handlungen keineswegs der Fall ist.

---

24 Vgl. Paul Foriers: Le droit naturel, évolution d'une notion, in: Hervé Hasquin: Histoire de la Laïcité principalement en Belgique et en France, Bruxelles 1981, S. 291: »L'interrogation de la nature nous permet dès lors d'isoler ce qui est naturel et conforme à cet ordre évolutiv; le droit naturel consistant à dégager l'adéquation de l'ordre naturel et du comportement. Là se trouvera la justice et cette référence extérieure permettra de déterminer ce qui revient justement à chacun.«

25 In seinem Kommentar zur aristotelischen Ethik kommt Thomas von Aquin zum entgegengesetzten Ergebnis und legt das Naturrecht als eine (metaphysische) Ordnung aus, die auf allgemeinen Grundsätzen beruht. Vgl. Thomas Aquinas: Sententia libri ethicorum, V, 12, 3, S. 188: »Alio modo manifestat hoc iustum secundum causam, cum dicit, quod iustum naturale non consistit in videri vel non videri, idest non oritur ex aliqua opinione humana, sed ex natura. sicut enim in speculativis sunt quaedam naturaliter cognita, ut principia indemonstrabilia et quae sunt propinqua his, quaedam vero studio hominum adinventa, ita etiam in operativis sunt quaedam principia naturaliter cognita quasi indemonstrabilia principia et propinqua his, ut malum esse vitandum, nulli esse iniuste nocendum, non esse furandum et similia. alia vero sunt per industriam hominum excogitata, quae dicuntur hic iusta legalia.« Vgl. auch Thomas Aquinas: Sententia libri ethicorum, V, 12, 11, S. 189. Ähnlicher Meinung sind auch Darbellay: Le notion de nature chez Aristote et les origines du droit naturel, S. 1–26 und Hervada: Historia de la ciencia del derecho natural, S. 52–62, die sich in ihrer Auslegung des aristotelischen Textes an Thomas von Aquin anlehnen. Auch andere Kommentatoren schreiben Aristoteles eine objektive und substantielle Auffassung des Naturrechts zu. Walter Siegfried: Der Rechtsgedanke bei Aristoteles, Zürich 1942, S. 62–67 hat sogar den allgemeinen Grundsatz des aristotelischen Naturrechts aufgestellt: »Der oberste und allgemeinste Satz des Naturrechtes lautet m.E. ganz knapp: Einem jeden das Seine, das Gebührende.« Vgl. auch: Peter Trude: Der Begriff der Gerechtigkeit in der aristotelischen Staatsphilosophie, Berlin 1955, S. 177: »Schließlich tritt Aristoteles als der rechtsphilosophische Begründer des eigentlichen Naturrechts auf, welches auf der ganzheitlichen Natur des Menschen aufbaut und inhaltlich in den Regeln der Gerechtigkeit besteht«; Ernest Barker: The Political Thought of Plato and Aristotle, New York 1959, S. 326; Walter von Leyden: Aristotle on Equality and Justice, London 1985, S. 74.

Aristoteles erklärt schon an der erwähnten Stelle, warum er keinen Grundsatz des Naturrechts bieten kann. Das natürlich Gerechte hat nämlich mit dem Bereich τῶν ἐνδεχομένων καὶ ἄλλως ἔχειν, mit denjenigen Dingen zu tun, die auch anders sein können.[26] Für diese ist eigentlich keine Wissenschaft (ἐπιστήμη) möglich, und sie sind nicht Gegenstand einer reinen Theorie, sondern sind wesensmäßig durch ihre praktische Natur bestimmt. Die menschlichen Handlungen werden sich nicht zweimal in derselben Folge und unter denselben Umständen wiederholen. Gewinnt man dennoch Kenntnisse über die praktische Welt, so erfolgt dies nicht in Form allgemeiner Prinzipien, sondern wird als Klugheit (φρόνησις) erscheinen.

Daß die ›phronesis‹ sich nicht zu einer Theorie gestalten läßt, kann durch ihre Beschaffenheit erklärt werden. Die Klugheit ist nämlich die Fähigkeit, das tugendhafte Handeln zu erkennen. Diese »Königin aller Tugenden«[27] ist selbst eine Tugend oder ein ›habitus‹ (ἕξις) und wird allmählich durch sich wiederholende Erfahrungen gewonnen: Man befindet sich im Laufe der Zeit unter den verschiedensten Umständen und benimmt sich dabei auf unterschiedliche Weise; man trennt die klugen Handlungen von den unklugen und bündelt sie, bis sie zu einer lehrreichen Erfahrung wachsen, die jede weitere Entscheidung lenken kann. Die ›phronesis‹ ist aber die Fähigkeit, kluge Handlungen zu erkennen. Um kluge Handlungen erkennen zu können, muß man aber schon kluge Handlungen erkennen und unterscheiden kön-

---

[26] Vgl. Salomon: Der Begriff der Gerechtigkeit bei Aristoteles, 53f. Auch Bernard Yack: The Problem of a Political Animal. Community, Justice, and Conflict in Aristotelian Political Thought, Berkeley 1993, S. 140–149 verwirft die Interpretationen, die das aristotelische Naturrecht als eine Reihe objektiver Vorschriften darstellen. Der Unterschied zwischen natürlichem und vereinbartem Recht bestehe nicht in ihrem unterschiedlichen Inhalt, sondern sie verkörpern zwei mögliche Gesichtspunkte über das Gemeinwesen. Das natürliche Recht betreffe nämlich alle diejenigen Angelegenheiten, die mit unseren Grundvorstellungen der Gerechtigkeit verbunden seien, während das gesatzte Recht nur konventionelle Vorschriften beinhalte, dessen Bestimmung vollkommen gleichgültig sei und auf keine Weise den Sinn unseres politischen Lebens ändern könne. Dazu ist aber zu bemerken, daß dieses Naturrecht durch eine diskursive Praxis gewonnen wird, denn keiner würde Regeln zustimmen, die sein gutes Leben angehen, wenn er nicht berechtigt wäre, seine Meinung zu äußern und geltend zu machen. Vgl. Yack: The Problem of a Political Animal, S. 57. Auch das Naturrecht ist also seinem Wesen nach Erzeugnis einer menschlichen Vereinbarung, so daß auch die kommunitaristische Auslegung in einen induktiven und konstruktivistischen Begriff mündet. Diese Annahme läßt sich aber mit der aristotelischen Beschreibung des Naturrechts nicht vereinbaren, das auf keinen Fall συνθήκῃ gegründet wird und durch die Meinungen der Menschen nicht beeinflußt werden kann.

[27] Jakob Bornitz: Discursus politicus de prudentia politica comparanda, hg. von Johann Bornitz, Erphordiae 1602, Bl. A9^{r-v}; Rudolf Goclenius: Philosophiae practicae Mauritianae: in qua ethicorum libri duo, oeconomicorum totidem, politicorum tres, methodice traduntur [...], pars prima, Cassellis 1604, S. 103.

nen. Offensichtlich setzt die ›phronesis‹ sich selbst voraus, und nur derjenige kann die Klugheit erlangen, der sie schon besitzt. Im praktischen Bereich, wo dieser ›habitus intellectualis‹ seine Tätigkeit entfaltet, können also das Allgemeine und das Besondere nicht getrennt werden, sondern sie fallen zusammen, und ihr Verhältnis kann weder deduktiv noch induktiv, weder ›a priori‹ noch ›a posteriori‹ erfaßt werden. In ersterem Fall werden die allgemeinen Vorschriften, die als selbständige Grundsätze angesehen werden, auf Einzelerscheinungen bezogen. Von den praktischen Handlungen, die immer anders sein können, kann aber keine reine Wissenschaft und kein allgemeines Prinzip gewonnen werden. Man besitzt also keine Vorschrift, bevor man zum Handeln kommt. Geht man andererseits ›a posteriori‹ vor und versucht allgemeine Vorschriften mit Hilfe der Analyse von Einzelfällen festzustellen, steht man vor der Schwierigkeit, daß die Anerkennung der Einzelfälle erst durch die allgemeine Regel vollzogen werden kann, die das Ziel des Verfahrens bildet und noch nicht vorhanden ist.

Die praktischen Handlungen sind weder ›a priori‹ noch ›a posteriori‹ zu beschreiben oder sie sind sowohl ›a priori‹ als auch ›a posteriori‹ anzusehen, denn die Regeln sind sowohl Ursache und Voraussetzung als auch Folge der Einzelfälle. Man soll also denken, daß das Allgemeine im Besonderen mitenthalten ist und von ihm nicht befreit werden darf. Wenn aber dies der Fall ist, muß man eine besondere Zeitauffassung einräumen. Sowohl in der deduktiven als auch in der induktiven Erklärung setzt man eine lineare Vorstellung des Zeitablaufs voraus: Zuvor kommt die Regel und dann werden aus ihr die Einzelfälle hergeleitet, oder zuerst sind die Einzelfälle vorhanden und aus ihnen werden später die Regeln gewonnen. In beiden Fällen kommt eine geradlinige Bewegung zustande: von *A* zu *B*. Wenn aber beide Enden des Segments zusammenfallen, bewegt man sich im Kreis von *A* zu *B* und wieder zu *A*.[28]

---

[28] Günther Bien: Einleitung, in: Aristoteles: Nikomachische Ethik, Hamburg ⁴1985, (1. Aufl. 1972), S. XXXII sieht eine Aporie der aristotelischen Ethik darin, daß das Gute durch die Handlungen des guten Menschen bestimmt wird. Vgl. auch Günther Bien: Die Grundlegung der politischen Philosophie bei Aristoteles, Freiburg ²1980, (1. Aufl. Freiburg 1973), S. 132–137; Günther Bien: Die menschlichen Meinungen und das Gute. Die Lösung des Normproblems in der aristotelischen Ethik, in: Manfred Riedel (Hg.): Rehabilitierung der praktischen Philosophie. Bd. 1: Geschichte, Probleme, Aufgaben, Freiburg i. Br. 1972, S. 345–371. Dazu siehe auch Manfred Riedel: Über einige Aporien in der praktischen Philosophie des Aristoteles, in: Riedel (Hg.): Rehabilitierung der praktischen Philosophie, 1972, S. 79–97, ND. in: Riedel: Metaphysik und Metapolitik. Studien zu Aristoteles und zur politischen Sprache der neuzeitlichen Philosophie, Frankfurt a. M. 1975, S. 85–105. Die von Riedel und Bien hervorgehobene Aporie zwischen Vorschrift und Praxis des guten Handelns kann als ein Widerspruch und demzufolge als ein Mangel in der aristotelischen Argumentation erklärt werden, solange man die Zeit als einen linearen Ablauf versteht. In diesem Fall müssen induk-

Dieselbe Gedankenfigur kann auch anders formuliert werden: Klugheit ist das, was der Kluge ausübt.

> Man bezeichnet also Handlungen als gerecht und besonnen, wenn sie so sind, wie sie der gerechte oder besonnene Mensch vollbringen würde. Indes, gerecht und besonnen ist nicht ohne weiteres jeder, der solche Handlungen vollbringt: Er muß sie auch im selben Geist vollbringen wie die gerechten und besonnenen Menschen. Es ist also richtig, zu sagen, daß ein Mensch gerecht wird, wenn er gerecht handelt, und besonnen, wenn er besonnen handelt. Ohne solches Handeln aber hat niemand auch nur die leiseste Aussicht, jemals ein sittlich wertvoller Mensch zu werden.[29]

Wir haben auch hier einen logischen Kreis vor uns, in dem der Anfang das Ende voraussetzt.

Was für die Klugheit im allgemeinen gilt, läßt sich auch für das natürliche Recht sagen; diese Feststellung ermöglicht die Auslegung jener Äußerung des Aristoteles, daß die Normen des Naturrechts selbstverständlich seien. Auch hier soll die Gleichzeitigkeit von Vorschrift und Durchführung vorausgesetzt werden, so daß die Normen keineswegs begründet werden können, sondern man nur darauf hinweisen kann, was sich selbst als ein natürliches Recht zu erkennen gibt. Es gibt also kein aristotelisches Prinzip des Naturrechts, aus dem sich ein ganzes Rechtssystem herleiten läßt, wie es seit der Frühneuzeit der Fall ist.[30] Wenn sie überhaupt zu ermitteln sind, werden allgemeine Regeln weder induktiv noch deduktiv gewonnen; sie können zu keiner einheitlichen ›Theorie‹ zusammengefaßt werden, weder

---

tive Beschreibung und deduktive Vorschrift als getrennte und aufeinanderfolgende Momente angesehen werden, die notwendigerweise in einer zeitlichen oder logischen Reihenfolge stehen. Die Aporie wird aber positiv und produktiv, wenn die Zeit nicht als eine Linie, sondern als ein Kreis versinnbildlicht wird. Sie gilt nicht als ein leerer und neutraler Behälter, der verschiedene Begebenheiten in sich aufnehmen kann, ohne seine Form zu verlieren, sondern sie entsteht zusammen mit den Ereignissen, die in ihr enthalten sind. Der Unterschied zwischen Beschreiben und Vorschreiben wird somit aufgehoben, denn jede Vorschrift kommt gleichzeitig mit allen möglichen Einzelfällen zum Vorschein. Wer auf der Trennung von Theorie und Praxis besteht und die eine als normative Begründung der anderen versteht, muß die aristotelische Erklärung als ein Kompromiß oder eine Vermengung von vorphilosophischer Empirie und platonischer Ordnung des Guten verurteilen. Vgl. Hellmut Flashar: Aristoteles, in: Friedrich Ueberweg: Grundriß der Geschichte der Philosophie. Die Philosophie der Antike. Bd. 3. Ältere Akademie, Aristoteles, Peripatos, Basel und Stuttgart 1983, S. 340–343.

29 Aristoteles: Nikomachische Ethik, übers. von Dirlmeier, II, 3, 1105 b 5–12.

30 Ritter: ›Naturrecht‹ bei Aristoteles, S. 21 kommt zu demselben Ergebnis, indem er die Einheit des ›nomos‹ in der ›polis‹ als Hauptmotiv der aristotelischen praktischen Philosophie anerkennt.

gelernt noch gelehrt werden und sind nur durch Erfahrung und Einübung zu erlangen.[31]

Die Autoritäten: Die ›lex caelestis‹ des Cicero

Wenn man unter ›Naturrecht‹ eine Lehre derjenigen Gesetze versteht, die allen Menschen von Natur angeboren sind, sind weder die Vorsokratiker noch Aristoteles besonders ertragreich, um so mehr, wenn man die Rezeptionsgeschichte des Naturrechts von der Spätantike bis in die Frühneuzeit vor Augen hat.[32] Im Hinblick auf die melanchthonianische Naturrechtsauffassung viel wichtiger scheint die Rechtslehre des Cicero, aus der sich die Ideen sowohl des göttlichen als auch des natürlichen Gesetzes gewinnen lassen. Dabei darf man nicht vergessen, daß Ciceros philosophisches Rechtsdenken, das in seinen wesentlichen Elementen auf die Stoa zurückgeht, in den Schriften der Juristen des zweiten und dritten Jahrhunderts n. Chr. großen Widerhall fand.

---

[31] Michel Villey: Deux conceptions du droit naturel dans l'antiquité, in: Revue historique de droit français et étranger 31 (1953), S. 480–482 versteht das ›dikaion physikon‹ als die wahre Wissenschaft des Gerechten, die aus der Beobachtung der natürlichen Gesetze gewonnen wird. Indem Villey das aristotelische Naturrecht als eine »science humaine« darstellt, verwendet er einen modernen Begriff von Wissenschaft, der mit der aristotelischen ›episteme‹ wenig gemein hat. Kritisch gegen das naturrechtliche Konzept Michel Villeys hat sich auch Denis de Bechillon: Retour sur la nature. Critique d'une idée classique du droit naturel, in: J.-F. Niort und G. Vannier (Hg.): Michel Villey et le droit naturel en question, Paris 1994, S. 53–76 gewendet, und zwar mit Hilfe epistemologischer Argumente.

[32] Dagegen hat Michel Villey mehrmals behauptet, daß die Philosophie des Aristoteles neben der Stoa die zweite Quelle des römischen Naturrechts bildet. Vgl. Michel Villey: Logique d'Aristote et droit romain, in: Revue historique de droit français et étranger 29 (1951), S. 318–320; Villey: Deux conceptions du droit naturel dans l'antiquité, S. 482–486 und Michel Villey: Une définition du droit, in: Archives de philosophie du droit 1959, S. 55–57. In diesem Fall wird aber Aristoteles mit den Begriffen des thomistischen Naturrechts gelesen, das in sich die Lehren der römischen Juristen aufnimmt. Dieser Aristoteles stimmt also von vornherein mit dem *Corpus iuris* überein, und Villey kann damit ohne weiteres annehmen, daß »cette doctrine d'Aristote ait exercé une influence efficace sur le Droit romain, du moins pendant la période classique« (Villey: Deux conceptions, S. 482f.), wenn auch diese Behauptung durch keinen philologischen Beleg begründet werden kann. Vgl. auch Helmut Coing: Zum Einfluß der Philosophie des Aristoteles auf die Entwicklung des römischen Rechtes, in: Zeitschrift der Savigny-Stiftung für Rechtsgeschichte. Romanistische Abteilung, 69 (1952), S. 24–59, besonders S. 34–39; .

Schon Zenon soll von einem Gesetz (νόμος κοινός) gesprochen haben,[33] das allen Menschen gemeinsam ist und der Tugend gleichkommt. Aus solchem Gesetz entsteht eine Gemeinschaft aller Menschen, die als Bürger derselben Kosmopolis gleichberechtigt und bestimmten allgemeingültigen Normen, also einem Naturrecht, unterworfen sind.[34]

Das stoische Naturrecht wurzelt in der Metaphysik, weil das gemeinsame Gesetz eine allgemeine Bestimmung des menschlichen Wesens erfordert, die wiederum auf einem universellen Prinzip ruhen soll. Dieses universelle Prinzip ist die Vernunft (›logos‹), die nicht in einer abgesonderten Idee besteht, sondern selbst in der Materie wirkt. Der ›logos‹ herrscht über den ganzen Kosmos und verknüpft alle Geschehnisse zu einer notwendigen Reihe von Ursachen und Wirkungen, deren verschiedene Entwicklungsstränge ihren Anfang in getrennten Ausstrahlungspunkten der Weltvernunft oder »Vernunftsamen« (›logoi spermatikoi‹) haben.[35] Alle Dinge haben an der Vernunft teil, die am stärksten und am deutlichsten im Menschen wirkt, weil die Vernunftsamen unmittelbar in seiner Seele vorhanden sind und seine Handlungen nicht von außen, wie es bei den Tieren der Fall ist, sondern von innen steuern.[36] Zwei wichtige Folgerungen ergeben sich aus dieser vernünftigen Verfassung des Menschen. Einerseits sind alle Menschen durch ihr Wesen verwandt, und insofern sie an derselben Vernunft teilhaben, sind sie, zumindest was die natürliche Anlage anbetrifft, als gleich zu

---

33 Diogenes Laertius: De clarorum philosophorum vitis, dogmatibus et apophthegmatibus libri decem [...], hg. von C. Gabr. Cobet, Ant. Westermannus und J.F. Boissonadius, Parisiis 1929, VII, 87–88, S. 178.

34 James Luther Adams: The Law of Nature in Greco-Roman Thought, in: Journal of Religion 25 (1945), S. 97–118; Albin Lesky: Zum Gesetzesbegriff der Stoa, in: Österreichische Zeitschrift für öffentliches Recht 2 (1950), S. 587–599; Gerard Watson: The Natural Law and Stoicism, in: Antony A. Long (Hg.): Problems in Stoicism, London 1971, S. 216–238; Helmut Koester: Νόμος φύσεως: The Concept of Natural Law in Greek Thought, in: Jacob Neusner (Hg.): Religions in Antiquity. Essays in Memory of Erwin Ramsdell Goodenough, Leiden 1970, S. 521–541; Maximilian Forschner: Die stoische Ethik. Über den Zusammenhang von Natur-, Sprach- und Moralphilosophie im altstoischen System, Stuttgart 1981, S. 160–165.

35 Hans F.A. von Arnim (Hg.): Stoicorum veterum fragmenta, Leipzig 1903–1924, I (Zenon), 160, S. 42; 162, S. 42; 172–177, S. 44f.; II, 913, S. 264f.; 916–917, S. 265f.; 921, S. 266; 926, S. 267; 935, S. 268; 937, S. 269; 1106–1126, S. 322–327; Josiah B. Gould: The Stoic Conception of Fate, in: Journal of the History of Ideas 35 (1934), S. 17–32; Max Pohlenz: Die Stoa: Geschichte einer geistigen Bewegung, Göttingen 1948, Bd. 1, S. 75–81, besonders 78f.; Anm. Bd. 2, S. 45; Marcia L. Colish: The Stoic Tradition from Antiquity to the Early Middle Age. I: Stoicism in Classical Latin Literature, Leiden 1985, S. 31–41.

36 Pohlenz: Die Stoa, Bd. 1, S. 111–119; Anm. Bd. 2, S. 64–68.

betrachten.[37] Andererseits ergibt sich aus der gemeinsamen Vernunft ein gemeinsames Gesetz, das, weil es aus der wahren Natur des Menschen kommt, als ein Naturgesetz angesehen werden muß. Dessen Hauptgebot zufolge soll man der Natur gemäß leben, was nichts anderes als ein Leben nach den Vorschriften der Weltvernunft bedeutet.[38]

Auf diesen zwei Grundlagen kann ein Naturrecht entstehen, das aber eher als ein ›natürliches Gesetz‹ denn als ein ›natürliches Recht‹ erscheint, weil es aus dem Gesetz der Weltvernunft hergeleitet ist oder schlicht mit ihm zusammenfällt.[39] Aus der (logischen) Notwendigkeit der naturalistischen Begründung folgt, daß das Naturgesetz ausschließlich Pflichten enthält, die alle auf die Grundverpflichtung des vernünftigen Menschen oder des Weisen, nämlich auf die Erfüllung des kosmischen ›logos‹, zurückzuführen sind.[40] Die erste Bestimmung dieses Gesetzes ist die οἰκείωσις oder ›Zueignung‹, d.h. eine natürliche Neigung zu dem, was der menschlichen Natur zuträglich oder gemäß ist.[41] Erstes Gebot ist also die Selbsterhaltung des Individuums, die zugleich in der Erhaltung aller anderen Erscheinungen mündet, in denen sich die Weltvernunft äußert. Für den Menschen ist der Mitmensch die nächste Gestaltung des Vernunftprinzips; es gilt also, ihn zu bewahren. In dieser Hinsicht ist der Mensch ein κοινωνικὸν ζῷον, aber

---

37 Von Arnim (Hg.): Stoicorum veterum fragmenta, III (Chrysipp), 314, S. 77; 317, S. 78; 319, S. 79; 333, S. 81; 339, S. 82f.; Pohlenz: Die Stoa, Bd. 1, S. 131–141, besonders S. 135f.; Anm. Bd. 2, S. 75; Herbert Wagner: Studien zur allgemeinen Rechtslehre des Gaius. ›Ius gentium‹ und ›ius naturale‹ in ihrem Verhältnis zum ›ius civile‹, Zutphen 1978, S. 38. Der Unterschied zwischen bloßem Besitz und wirklichem Gebrauch der Vernunft rechtfertigt die Sklaverei.

38 Diogenes Laertius: De clarorum philosophorum vitis, VII, 85–89, S. 177f.: »Quocirca primus Zeno in libro de natura hominis ait finem esse congruenter naturae vivere (ὁμολογουμένως τῇ φύσει ζῆν), id autem est secundum virtutem vivere. Ad eam quippe natura ducit [...]. Idcirca finis efficitur convenienter naturae vivere, hoc est secundum suam atque universorum naturam, nihil eorum faciendo quae a communi lege (ὁ νόμος ὁ κοινός) prohibentur, quae est recta ratio in omnes perveniens (ὁ ὀρθὸς λόγος διὰ πάντων ἐρχόμενος) eademque nihil distans a Jove hoc principe gubernationis omnium quae sunt« (87–88, S. 177). Vgl. Colish: The Stoic Tradition I, S. 36–38.

39 Zum Unterschied ›lex‹-›ius‹ im römischen Recht und besonders bei Cicero vgl. Biondo Biondi: ›Lex‹ e ›ius‹, in: Revue internationale des droits de l'antiquité, Reihe 3, 12 (1965), S. 169–202, besonders S. 182f.; Jochen Bleicken: ›Lex publica‹. Gesetz und Recht in der römischen Republik, Berlin 1975, S. 428–432.

40 Colish: The Stoic Tradition I, S. 38f.

41 Vgl. Marcus Tullius Cicero: De finibus bonorum et malorum, III, 5, 16, in: Cicero: Cicero in Twenty Eight Volumes. XVII: De finibus bonorum et malorum, hg. von H. Rackham, Cambridge Massachusetts, 1983, (1. Aufl. 1931), S. 232: »Placet his, inquit [Marcus Cato], quorum ratio mihi probatur, simul atque natum sit animal (hinc enim est ordiendum), ipsum sibi conciliari et commendari ad se conservandum et ad

nicht ein πολιτικὸν ζῷον, weil sich seine politische Pflicht nicht in dem konkreten Zusammenhängen einer Stadt und in deren verfassungsmäßigen und sittlichen Bräuchen und Überlieferungen verwirklicht, sondern aus einem rein moralischen Gebot hergeleitet wird.[42] Dieses erstreckt sich aber nur auf jene Dinge oder Lebensumstände, die unter der Kontrolle des Weisen sind. Was außer seinem Einfluß liegt, ist ›adiaphoron‹, gleichgültig; es kann keinen ethischen Wert beanspruchen, weil es keine Tugend realisieren kann. Da auch das Recht leicht unter die ›adiaphora‹ fällt, bleibt das Naturgesetz unbestimmt und abstrakt: Es kann zwar moralische Pflichten gegenüber den Mitmenschen hervorbringen, aber diese können sich nie zu Rechten verfestigen. Die Stoa lieferte also alle Voraussetzungen für eine Naturrechtslehre, aber entwickelte kein Naturrecht im eigentlichen Sinn.[43]

Eine Theorie des Naturrechts auf stoischen Grundlagen wurde erst von Cicero entwickelt, der daher als die eigentliche Quelle des sowohl philosophischen als auch juristischen Naturrechts angesehen werden muß.[44]

---

suum statum eaque quae conservantia sunt eius status diligenda, alienari autem ab interitu iisque rebus quae interitum videantur afferre.«

42 Felix Flückiger: Geschichte des Naturrechts. Erster Band: Altertum und Frühmittelalter, Zürich 1954, S. 207; Wagner: Studien zur allgemeinen Rechtslehre des Gaius, S. 39.

43 Diese Eigenschaft des stoischen Naturgesetzes wird von Sauter: Die philosophischen Grundlagen des Naturrechts, S. 48–51 für eine Tautologie erklärt.

44 Zu Ciceros Rechtsphilosophie vgl. Philipp Finger: Die drei Grundlagen des Rechts im I. Buche von Ciceros Schrift De legibus, in: Rheinisches Museum für Philosophie 81 (1932), S. 155–177 und 243–262; Ernst Levy: Natural Law in Roman Thought, 1949, in: Levy: Gesammelte Schriften, hg. von Wolfgang Kunkel und Max Kaser, Köln-Graz, 1963, Bd. 1, S. 3–19; Robert N. Wilkin: Cicero and the Law of Nature, in: Arthur L. Harding (Hg.): Origins of the Natural Law Tradition, Dallas 1954, S. 1–25; Theo Mayer-Maly: Gemeinwohl und Naturrecht bei Cicero, in: Völkerrecht und rechtliches Weltbild. Festschrift A. Verdross, Wien 1960, S. 195–206, ND. in: K. Büchner (Hg.): Das neue Cicerobild, Darmstadt 1971, S. 371–387; Ada Hentschke: Zur historischen und literarischen Bedeutung von Ciceros Schrift *De legibus*, in: Philologus 115 (1971), S. 118–130; Olof Gigon: Literarische Form und philosophischer Gehalt von Ciceros *De legibus*, in: Ciceroniana 2 (1975), S. 59–72; Olof Gigon: Studien zu Ciceros *De re publica*, in: Gigon: Die antike Philosophie als Maßstab und Realität, Zürich und München 1977, S. 208–355; Elisabeth Rawson: The Interpretation of Cicero's *De legibus*, in: Hildegard Temporini und Wolfgang Haase (Hgg.): Aufstieg und Niedergang der römischen Welt, Berlin 1979, I, Bd. 4, S. 334–356; Jürgen Blänsdorf: Griechische und römische Elemente in Ciceros Rechtstheorie, in: Würzburger Jahrbücher 2 (1976), S. 135–147; Horst-Theodor Johann: Gerechtigkeit und Nutzen. Studien zur ciceronianischen und hellenistischen Naturrechts- und Staatslehre, Heidelberg 1981; Klaus M. Girardet: Die Ordnung der Welt. Ein Beitrag zur philosophischen und politischen Interpretation von Ciceros Schrift *De legibus*, Wiesbaden 1983; Paul MacKendrick: The Philosophical Books of Cicero, London 1989, S. 66–79; Witold Wolodkiewicz: Stato e diritto nel *De legibus*, in: Ciceroniana. Atti del VII Colloquium Tullianum, Varsavia, 11–14 maggio 1989, N.S. 7 (1990), S. 74–82.

An einer Stelle seines Werkes *De legibus* erklärt Cicero, daß eine grundsätzliche Erörterung des Gesetzes nicht auf das positive Recht beschränkt werden darf, sondern die letzten Gründe für die Gerechtigkeit finden soll. Obwohl die Kenntnis der besonderen Rechte und ihrer Handhabung sehr nützlich ist, muß die Ursache oder der Grund des Rechtes in der menschlichen Natur selbst gesucht werden, aus der das positive Recht durch eine Ableitung gewonnen werden kann.[45]

Das menschliche Gesetz ist eigentlich Teil eines allumfassenden Gesetzes, das in der Natur wirkt und mit der höchsten Vernunft, also dem vernünftigen Prinzip der Weltordnung, identisch ist. Dies ist aber nicht nur in der äußeren Natur tätig, sondern herrscht auch über die menschliche Seele.[46]

Die Vernunft ist die Hauptbestimmung des menschlichen Wesens, und jedes Individuum ist nur insofern als Mitglied der menschlichen Gattung zu betrachten, als es vernünftig ist. Ihrem Wesen nach sind aber alle Individuen einer Gattung vollkommen gleich, weil sie nur eine Wiederholung desselben Typus sind. Die Vernunft und das aus ihr entstehende Naturgesetz müssen also in allen Menschen in demselben Maße vorhanden sein und in gleicher Weise wirken.[47] Ferner darf dieses natürliche Gesetz weder als eine menschliche Erfindung noch als das Ergebnis einer Vereinbarung angesehen werden, weil es keiner Veränderung unterworfen ist. Es ist ewig und gilt in allen Zeiten für sämtliche Menschen,[48] was selbstverständlich nicht verhin-

---

[45] Marcus Tullius Cicero: De legibus, I, 5, 17, in: Cicero: Cicero in Twenty-Eight Volumes. XVI: De republica, De legibus, Cambridge Massachusetts, 1987, (1. Aufl. 1928), S. 314–316.

[46] Ebd., I, 6, 18–19, S. 316: »Igitur doctissimis viris proficisci placuit a lege, haud scio an recte, si modo, ut idem definiunt, lex est ratio summa insita in natura, quae iubet ea, quae facienda sunt, prohibetque contraria. eadem ratio cum est in hominis mente confirmata et confecta, lex est. itaque arbitrantur prudentiam esse legem, cuius ea vis sit, ut recte facere iubeat, vetet delinquere.«

[47] Ebd., I, 10, 29–30, S. 328. Johann: Gerechtigkeit und Nutzen, S. 196–227 weist auf die Übereinstimmung dieser Argumentation mit der Telos- und Rechtslehre des Chrysipp und des Poseidonios hin. Vgl. von Arnim (Hg.): Stoicorum veterum fragmenta, III, 4, S. 3; 314, S. 77.

[48] Cicero: De legibus, I, 16, 43–44, S. 344–346: »Quodsi populorum iussis, si principum decretis, si sententiis iudicum iura constituerentur, ius esset latrocinari, ius adulterare, ius testamenta falsa supponere, si haec suffragiis aut scitis multitudinis probarentur. quae si tanta potestas est stultorum sententiis atque iussis, ut eorum suffragiis rerum natura vertatur, cur non sanciunt, ut, quae mala perniciosaque sunt, habeantur pro bonis et salutaribus? aut cum ius ex iniuria lex facere possit, bonum eadem facere non possit ex malo? atqui nos legem bonam a mala nulla alia nisi naturae norma dividere possumus; nec solum ius et iniuria natura diiudicatur, sed omnino omnia honesta est turpia.« Das Naturgesetz wird fernerhin nicht gelernt, sondern ist den Menschen angeboren. Vgl. Marcus Tullius Cicero: Pro T. Annio Milone, IV, 10, in: Cicero: Cicero in Twenty-

dert, daß die Völker wegen unvermeidlicher Mängel und Fehler unterschiedliche Meinungen über seinen Inhalt hegen.[49] Das natürliche Gesetz muß daher seinen Ursprung in Gottes Willen haben, und in ihm muß man die Gebote der göttlichen Vernunft selbst suchen.[50]

> Hanc igitur video sapientissimorum fuisse sententiam, legem neque hominum ingeniis excogitatam nec scitum aliquod esse populorum, sed aeternum quiddam, quod universum mundum regeret imperandi prohibendique sapientia. ita principem legem illam et ultimam mentem esse dicebant omnia ratione aut cogentis aut vetantis dei; ex quo illa lex, quam di humano generi dederunt, recte est laudata; est enim ratio mensque sapientis ad iubendum et ad deterrendum idonea.[51]

Da diese himmlische Norm (›caelestis lex‹, II, 4, 9) auf einer höheren Stufe steht und die Funktion eines Prinzips innehat, wird sie auf keinen Fall durch das positive Recht in Frage gestellt, was zwei Folgen hat. Einerseits muß das natürliche Gesetz auch da volle Geltung haben, wo es noch nicht durch die menschliche Gesetzgebung verkündet worden ist. Eine gerechte Handlung verliert nicht den kleinsten Teil ihres Wertes dadurch, daß sie durch kein positives Gesetz vorgesehen wird, denn auch das Boshafte existierte schon, bevor man anfing, es öffentlich zu strafen. Der Mensch erkennt nämlich das Gerechte und unterscheidet es vom Ungerechten nicht durch eine willkürliche Entscheidung seines Willens, sondern dank der angebore-

---

Eight Volumes. XIV: Pro T. Annio Milone, In L. Calpurnium Pisonem, Pro M. Aemilio Scauro, Pro M. Fonteio, Pro C. Rabirio Postumo, Pro M. Marcello, Pro Q. Ligario, Pro rege Deiotaro, hg. von N.H. Watts, Cambridge Massachusetts, 1979 (1. Aufl. 1953), S. 16: »Est igitur haec, iudices, non scripta, sed nata lex, quam non didicimus, accepimus, legimus, verum ex natura ipsa arripuimus, hausimus, expressimus; ad quam non docti, sed facti, non instituti, sed imbuti sumus, ut, si vita nostra in aliquas insidias, si in vim et in tela aut latronum aut inimicorum incidisset, omnis honesta ratio esse expediendae salutis.«

49 Cicero: De legibus, I, 17, 47, S. 346.

50 Marcus Tullius Cicero: De re publica, III, 22, 33, in: Cicero: Cicero in Twenty-Eight Volumes. XVI: De re publica, De legibus, hg. von Clinton Walker Keyes, Cambridge Massachusetts 1988, S. 210: »Est quidem vera lex recta ratio naturae congruens, diffusa in omnes, constans, sempiterna, quae vocet ad officium iubendo, vetando a fraude deterreat; quae tamen neque probos frustra iubet aut vetat nec improbos iubendo aut vetando movet. huic legi nec obrogari fas est neque derogari ex hac aliquid licet neque tota abrogari potest, nec vero aut per senatum aut per populum solvi hac lege possumus, neque est quaerendus explanator aut interpres eius alius, nec erit alia lex Romae, alia Athenis, alia nunc, alia posthac, sed et omnes gentes et omni tempore una lex et sempiterna et immutabilis continebit, unusque erit communis quasi magister et imperator omnium deus, ille legis huius inventor, disceptator, lator; cui qui non parebit, ipse se fugiet ac naturam hominis aspernatus hoc ipso luet maximas poenas, etiamsi cetera supplicia, quae putantur, effugerit« aus Lactantius: Institutiones divinae, VI, 8, 6–9.

51 Cicero: De legibus, II, 4, 8, S. 378–380.

nen Vernunft,[52] die an der göttlichen Vernunft teilhat.[53] Aus der Tatsache, daß das natürliche Gesetz als Prinzip des Rechtes angesehen wird, folgt zum zweiten, daß es den Maßstab des geltenden Rechtes bildet. Alle diejenigen positiven Vorschriften, die mit ihm nicht übereinstimmen oder ihm gar widersprechen, sollen daher als unzulässig und im Grunde ungerecht abgelehnt werden.[54]

Aus diesem ›natürlichen Gesetz‹, d.h. aus der Natur, die mit der Weltvernunft gleich ist, entsteht ein ›Naturrecht‹, worunter einige Normen oder, besser gesagt, Neigungen zu verstehen sind, die durch freie Vereinbarung festgesetzt sind und von allen Menschen eingehalten werden.[55] Solches Naturrecht, das mit dem Völkerrecht identisch ist,[56] umschließt die Bereiche der Religion, der Hausgemeinschaft, der Freundschaft, der Ehre, der Gerechtigkeit und der Wahrheit.

> Naturae ius est quod non opinio genuit, sed quaedam in natura vis insevit, ut religionem, pietatem, gratiam, vindicationem, observantiam, veritatem. Religio est, quae superioris cuiusdam naturae, quam divinam vocant, curam caerimoniamque affert; pietas, per quam sanguine coniunctis patriaeque benivolum officium et diligens tribuitur cultus; gratia, in qua amicitiarum et officiorum alterius memoria et remunerandi voluntas continentur; vindicatio, per quam vis aut iniuria et omnino omne, quod obfuturum est, defendendo at ulciscendo propulsatur; observantia, per quam homines aliqua dignitate antecedentes cultu quodam et honore dignantur; veritas, per quam immutata ea quae sunt aut ante fuerunt aut futura sunt dicuntur.[57]

›Lex divina, naturalis et humana‹: Die Naturrechtslehre Philipp Melanchthons

Die erste bedeutende Schrift des sechzehnten Jahrhunderts über das Naturrecht sind die *Loci communes theologici* Philipp Melanchthons, die 1521

---

52 Ebd., II, 4, 9–10, S. 380–382. Vgl. Girardet: Die Ordnung der Welt, S. 65–84.

53 Ebd., I, 7, 22–23, S. 320–322.

54 Ebd., II, 5, 11, S. 382–386.

55 Cicero: De re publica, III, 8, S. 194: »Ius enim, de quo quaerimus, civile est aliquod, naturale nullum; nam si esset, ut calida et frigida, ut amara et dulcia, sic essent iusta et iniusta eadem omnibus.«

56 Marcus Tullius Cicero: De officiis, III, 5, 23, in: Cicero: Cicero in Twenty-Eight Volumes. XXI: De officiis, hg. von Walter Miller, Cambridge Massachusetts 1975, (1. Aufl. 1913), S. 290: »Neque vero hoc solum natura, id est iure gentium, sed etiam legibus populorum, quibus in singulis civitatibus res publica continetur, eodem modo constitutum est, ut non liceat sui commodi causa nocere alteri.«

57 Marcus Tullius Cicero: De inventione, II, 53, 160–161, in: Cicero: Cicero in Twenty-Eight Volumes. II: De inventione, De optimo genere oratorum, Topica, hg. von H.M. Hubbell, Cambridge Massachusetts 1976, (1. Aufl. 1949), S. 328.

veröffentlicht wurden und bis 1559 immer neue Verbesserungen und Erweiterungen erfuhren. Ausdrücklich bezieht sich Melanchthon auf Aristoteles und Cicero.[58] Während Aristoteles, wie wir gesehen haben, nur in einem sehr vagen Sinn als Quelle des Naturrechts gelten kann, konnte Melanchthon einige zentrale Begriffe seiner Naturrechtslehre in den Werken Ciceros finden: den Rekurs auf ein göttliches Gesetz, den Unterschied zwischen ›lex naturalis‹ und ›ius naturae‹ oder die Idee, daß die aus dem Naturrecht erwachsenden Vorschriften dem Menschen angeboren sind. Ciceros Bedeutung für die frühneuzeitliche Rechtslehre ist unverkennbar; es wäre aber ungerechtfertigt, daraus zu schließen, daß Melanchthon seine Lehre aus eigenem Antrieb und nur aus Aristoteles und Cicero entwickelt hat.

Die Ideen der ›lex divina‹ und des ›ius naturae‹ gehörten zum festen Bestand der mittelalterlichen Scholastik. Sie wurden im Kommentar zur aristotelischen Ethik behandelt,[59] wobei diese anhand patristischer,[60]

---

[58] Vgl. Philipp Melanchthon: Loci communes rerum theologicarum seu hypotyposes theologicae, Witebergae 1521, in: Melanchthon: Opera quae supersunt omnia. Volumen XXI. Libri Philippi Melanthonis in quibus dogmata doctrinae Christianae exposuit, hg. von Karl Gottlob Bretschneider und Heinrich Ernst Bindseil, Brunsvigae 1854, Sp. 117; Philipp Melanchthon: Philosophiae moralis epitomes libri duo, 1540–1546, in: Melanchthon: Opera quae supersunt omnia. Volumen XVI. Scripta Philippi Melanthonis ad ethicen et politicen spectantia et dissertationes iis annexae, hg. von Karl Gottlob Bretschneider und Heinrich Ernst Bindseil, Halis Saxonum 1850, Sp. 73; Philipp Melanchthon: Ethicae doctrinae elementorum libri duo, 1550–1560, in: Melanchthon: Opera quae supersunt omnia. Volumen XVI., Sp. 229; Philipp Melanchthon: Enarrationes aliquot librorum ethicorum Aristotelis, 1560, in: Melanchthon: Opera quae supersunt omnia. Volumen XVI., V, 2, Sp. 383–384.

[59] Vgl. zum Beispiel Albertus Magnus: Super ethica commentum et quaestiones, V, 11: »Politici autem«, hg. von Wilhelmus Kübel, in: Albertus Magnus: Opera omnia, hg. vom Institutum Alberti Magni Coloniense, Monasteri Westfalorum 1968, t. 16, p. 1, S. 365–372; Thomas Aquinas: Sententia libri ethicorum, V, 12, 3, S. 188; Johannes Buridanus (gest. 1358): Super decem libros ethicorum, Parrhisiis 1513, ND. Frankfurt 1968, V, 19, Bl. 107^r–108^r: »Utrum sit aliquod iustum naturale« und V, 20, Bl. 108^v–109^r: »Utrum iustum politicum bene dividatur in iustum naturale et iustum legale«. Vgl. Martin Grabmann: Methoden und Hilfsmittel des Aristotelesstudiums im Mittelalter, München 1939, S. 17–53; Martin Grabmann: Das Studium der aristotelischen Ethik an der Artistenfakultät der Universität Paris in der ersten Hälfte des 13. Jahrhunderts, in: Grabmann: Mittelalterliches Geistesleben. Abhandlungen zur Geschichte der Scholastik und Mystik, München 1956, ND. Hildesheim 1984, Bd. 3, S. 128–141.

[60] Aurelius Augustinus: Contra Faustum Manichaeum libri triginta tres, XXII, 27–28, in: Augustinus: Opera omnia, hg. von den Monachi ordinis Sancti Benedicti e congregatione S. Mauri und Jacques–Paul Migne, 1841, in: Jacques-Paul Migne (Hg.): Patrologiae cursus completus. Series Latina, Lutetiae Parisiorum 1845, Bd. 42, Sp. 418f.; Isidorus Hispalensis: Etymologiarum libri XX., V, 2–6, in: Isidorus Ispalensis: Opera omnia, hg. von Faustinus Arevalus, in: Migne (Hg.): Patrologiae cursus completus. Series Latina, 1850, Bd. 82, Sp. 198–200: »Omnes autem leges, aut divinae sunt aut humanae. Di-

römischrechtlicher und kanonistischer[61] Elemente ausgelegt wurde. Der Unterschied zwischen ›lex aeterna‹, ›lex naturalis‹, ›lex humana‹ und ›lex divina‹ wurde von Thomas von Aquin ausführlich dargelegt,[62] konnte den Stoff zu selbständigen *Quaestiones* liefern[63] und war unter den Lehren der

---

vinae natura, humanae moribus constant; ideoque hae discrepant, quoniam aliae aliis gentibus placent [...]. Jus, aut naturale est, aut civile, aut gentium. Jus naturale est commune omnium nationum, et quod ubique instinctu naturae non constitutione aliqua habeatur, ut viri et feminae conjunctio, liberorum susceptio et educatio, communis omnium possessio, et omnium una libertas, acquisitio eorum quae coelo, terra marique capiuntur. Item depositae rei vel commodatae restitutio, violentiae per vim repulsio. Nam hoc, aut si quid huic simili est, nunquam injustum sed naturale, aequumque habetur« (V, 2, 1 und V, 4, Sp. 198f.).

61 Gratianus: Decretum magistri Gratiani, hg. von Aemilius Ludovicus Richterus und Aemilius Friedberg, in: Corpus iuris canonici, hg. von Richterus und Friedberg, Leipzig 1879, ND. Graz 1959, dist. 1, c. 1–7, Sp. 1–2. Zum Naturrecht im zwölften und dreizehnten Jahrhundert vgl. Martin Grabmann: Das Naturrecht der Scholastik von Gratian bis Thomas von Aquin, in: Grabmann: Mittelalterliches Geistesleben, 1926, ND. Hildesheim 1984, Bd. 1, S. 65–103.

62 Thomas Aquinas: Summa theologiae, in: Thomas Aquinas: Opera omnia. 2. Summa contra gentiles autographi deleta. Summa theologiae, hg. von Roberto Busa, Stuttgart-Bad Cannstatt 1980, Ia IIae, qu. 91, S. 475–477: »Deinde considerandum est de diversitate legum. et circa hoc quaeruntur sex. primo, utrum sit aliqua lex aeterna. secundo, utrum sit aliqua lex naturalis. tertio, utrum sit aliqua lex humana. quartum, utrum sit aliqua lex divina. quinto, utrum sit una tantum, vel plures. sexto, ut sit aliqua lex peccati« (pr., S. 475); qu. 93, S. 477–479: »Deinde considerandum est de singulis legibus. et primo, de lege aeterna; secundo, de lege naturali; tertio, de lege humana; quarto, de lege veteri; quinto, de lege nova, quae est lex evangelii. de sexta autem lege, quae est lex fomitis, sufficiat quod dictum est cum de peccato originali ageretur. circa primum quaeruntur sex. primo, quid sit lex aeterna. secundo, utrum sit omnibus nota. tertio, utrum omnis lex ab ea derivetur. quarto, utrum necessaria subiiciantur legi aeternae. quinto, utrum contingentia naturalia subiiciantur legi aeternae. sexto, utrum omnes res humanae ei subiiciantur« (pr., S. 477) und qu. 94, S. 479–480: »Deinde considerandum est de lege naturali. et circa hoc quaeruntur sex. primo, quid sit lex naturalis. secundo, quae sint praecepta legis naturalis. tertio, utrum omnes actus virtutum sint de lege naturali. quarto, utrum lex naturalis sit una apud omnes. quinto, utrum sit mutabilis. sexto, utrum possit a mente hominis deleri« (pr., S. 479). Vgl. auch Alexander de Ales (gest. 1245): Summa theologica seu sic ab origine dicta ›Summa fratris Alexandri‹ [...], hg. von den PP. collegii S. Bonaventurae, Ad claras aquas prope Florentiam (Quaracchi) 1948, lib. III, pars 2, inquis. 1: »De lege aeterna«, t. 3, S. 313–336; inquis. 2: »De lege naturali«, S. 337–364; inquis. 3: »De lege Moysi«, S. 365–836; inquis. 4: »De lege evangelica«, S. 837–939; Guilelmus Alvernus (gest. 1249): De legibus, in: Guilelmus Alvernus: Opera omnia [...], Parisiis 1674, ND. Frankfurt a. M. 1963, S. 18–102, besonders S. 18–23.

63 Vgl. Matthaeus ab Aquasparta (gest. 1302): Quaestiones de legibus, in: Matthaeus ab Aquasparta: Quaestiones disputatae de anima separata, de anima beata, de ieiuno et de legibus, hg. von den PP. collegii S. Bonaventurae, Quaracchi Florentiae 1959, S. 429–571. In den *Quaestiones* werden unter anderem folgende Themen behandelt: »De lege aeterna«, »De lege naturali«, »De lege scripta« und »De bonitate legis Moysi«.

thomistischen spätmittelalterlichen Scholastik, die Anfang des sechzehnten Jahrhunderts durch die Kommentare zur *Summa theologica* und dank der Einführung der *Summa* als Textbuch an der Sorbonne wiederbelebt wurde.[64] Aussagen zum Naturrecht waren ferner in den vielen Kommentaren zu den *Sententiae* des Petrus Lombardus enthalten, die in den philosophischen Fakultäten als Textbuch galten und über die jeder Magister der Theologie mindestens zwei Jahre lesen sollte.[65] Der Streit zwischen Thomisten und

---

64 Vgl. Karl Werner: Die Scholastik des späteren Mittelalters. Bd. 4.1: Der Endausgang der mittelalterlichen Scholastik, Wien 1887, ND. New York [o. J.], S. 305–40; Martin Grabmann: Die Geschichte der Scholastischen Methode. Zweiter Band: Die Scholastische Methode im 12. und beginnenden 13. Jahrhundert, Darmstadt 1961, S. 359–407; Richard Heinzmann: Philosophie des Mittelalters, Stuttgart 1992, S. 142.

65 Naturrechtsbegriffe tauchen besonders bei der Behandlung des Eherechts im 4. Buch, dist. 33: »Quaeritur hic de antiquis patribus« auf. Vgl. zum Beispiel: Guilelmus Antissiodorensis (gest. 1230–1232): Summa aurea in quattuor libros sententiarum [...], Parisiis [1500], ND. Frankfurt a. M. 1964, IV, »Utrum matrimonium sit de iure naturali«, Bl. 286^{r-v} und IV, »Utrum ›unicam esse unius‹ sit de iure naturali«, Bl. 286^{v}–287^{r}; Alexander de Ales: Glossa in quatuor libros sententiarum Petri Lombardi, hg. von den PP. collegii S. Bonaventurae, Quaracchi Florentiae 1957, IV, 33, 1–2, S. 516–520; Innocentius V papa (gest. 1256): In IV. librum sententiarum commentaria [...], Tolosae 1651, IV, dist. 33, quaest. 1: »De bigamia«, S. 333f.; quaest. 2: »De concubinatu«, S. 335f.: »Obligare se ad impossibilia est contra ius naturale, sed qui contrahit cum pluribus obligat se ad impossibilia, scilicet ad reddendum pluribus uxoribus debitum simul petentibus: ergo facit contra ius naturale [...]. Respondeo. Ius naturale dicitur instinctus, sive dictamen naturale, regulans et dirigens naturam ad aliquid faciendum, per quam assequitur finem intentum. Huiusmodi instinctus est triplex, et secundum hoc tripliciter accipitur ius naturale: Vel naturae generalis, sic ius naturae est quod natura omnia animalia docuit. Hoc modo pluralitas uxorum non est contra ius naturale, quia plura animalia utuntur pluribus foeminis ad generationem prolis. Vel naturae specialis, verbi gratia, rationalis per se. Sic ius naturale est id quod recta ratio dictitat. Et hoc modo bigamia est contra ius naturale, quia est contra aequalitatem foederum, et obligationis matrimonialis, quia nec potest esse aequalis obligatio ex parte unius et plurium. Vel naturae specialis illuminatae ab altero. Sic ius naturale est id quod in lege et Evangelio continetur, ut dicitur in principio Decretorum [dist. 1, pr.]. Et hoc modo bigamia partim est contra ius naturale, partim non. Permittitur enim in lege, sed in Evangelio prohibitur. Primo modo finis matrimonii est generatio prolis. Secundo modo societas coniugalis. Tertio modo significatio sacramentalis« (quaest. 1, art. 1, S. 333f.); Bonaventura a Balneoregio (gest. 1274): Commentaria in quatuor libros sententiarum magistri Petri Lombardi. Tomus IV. In quartum librum sententiarum, in: Bonaventura a Balneoregio: Opera omnia [...], hg. von den PP. collegii a S. Bonaventura, Ad claras aquas prope Florentiam (Quaracchi) 1899, IV, 33, art. 1, quaest. 1–3, S. 746–750; Richardus de Mediavilla (gest. 1308): Super quatuor libros sententiarum Petri Lombardi quaestiones subtilissimae [...], Brixiae 1591, ND. Frankfurt a. M. 1963, IV, 33, art. 1–2, t. 4. S. 464–468; Thomas de Argentina (gest. 1357): Commentaria in IIII. libros sententiarum [...], Venetiis 1564, ND. Ridgewood New Jersey 1965, IV, 33, art. 3, t. 2, Bl. 156^{r}; Petrus de Aquila (gest. 1370): Quaestiones in 4 libros sententiarum, [Spirae] 1480, ND. Frankfurt a. M. 1967, IV, 33, quaest. 2, [o. P.].

Ockhamisten und die allmähliche Verbreitung des Voluntarismus zuerst in Paris und dann an den deutschen Universitäten im vierzehnten und fünfzehnten Jahrhundert vermochten die Kontinuität der Naturrechtslehre nicht zu brechen.

Neben der Beschaffenheit der Begriffe war die Geltungsgrundlage des Gesetzes einer der hauptsächlichen Streitpunkte zwischen ›via nova et antiqua‹. Die Scotisten bestanden auf der absoluten Freiheit Gottes: Da Gott allmächtig sei, müsse sein Wille seiner Vernunft überlegen sein und könne durch diese auf keinen Fall beschränkt werden. Daraus ergibt sich, daß nur das gut ist, was Gott will. Die Güte einer Sache besteht also nicht in einer innewohnenden Eigenschaft oder in der Teilnahme an der ewigen Vernunft, sondern in einem höheren und unwiderstehlichen Willen.[66] Die Normen des Naturrechts sind also nicht eine Wiedergabe der göttlichen Ordnung, die selbst von Gott nicht verändert werden kann, sondern hängen vom ewigen Willen ab.[67] Die Argumente des John Duns Scotus wurden von Wilhelm von Ockham zugespitzt, der behaupten konnte, daß Gott einem Menschen sogar den Befehl geben könne, ihn aus Liebe zu hassen, was selbstverständlich zu einem psychologischen und logischen Paradox, zu einer doppelten Bindung führt, weil der Befehl derart verfaßt ist, daß er sich selbst widerspricht.[68]

Die Frage nach dem Naturrecht wurde aber nur teilweise von der spätscholastischen Debatte betroffen, denn alle Parteien räumten die Existenz des ›ius naturae‹ ein und unterschieden sich nur in der Art und Weise, wie sie seine Geltungsgrundlage verstanden. Auch Wilhelm von Ockham,

---

66 Ioannes Duns Scotus: Ordinatio. Liber primus. A distinctione vigesima sexta ad quadragesimam octavam, in: Ioannes Duns Scotus: Opera omnia, hg. von der Commissio Scotistica, Civitas Vaticana 1963, ord. I, dist. 44, quaest. unica: »Utrum Deus possit aliter facere res quam ab ipso ordinatum est eas fieri«, n. 3, S. 363f.: »In omni agente per intellectum et voluntatem, potente conformiter agere legi rectae, et tamen non necessario agere conformiter legi rectae, est distinguere potentiam ordinatam a potentia absoluta; et ratio huius est, quia potest agere conformiter illi legi rectae, et tunc secundum potentiam ordinatam (ordinata enim est inquantum est principium exequendi aliqua conformiter legi rectae), et potest agere praeter illam legem vel contra eam, et in hoc est potentia absoluta, excedens potentiam ordinatam, et ideo non tantum in Deo, sed in omni agente libere – qui potest agere secundum dictamen legis rectae, et praeter talem legem vel contra eam – est distinguere potentiam ordinatam et absolutam; ideo dicunt iuristae, quod aliquis hoc potest facere de facto, hoc est de potentia sua absoluta – vel de iure, hoc est de potentia ordinata secundum iura«; Ioannes Duns Scotus: Lectura in librum primum sententiarum. A distinctione octava ad quadragesimam quintam, in: Ioannes Duns Scotus: Opera omnia, Civitas Vaticana 1966, t. 17, lect. 1, dist. 44, quaest. unica: »Utrum Deus aliter potest producere res quam praeordinavit«, S. 535f.

67 Vgl. auch Guilelmus de Ockham: Super 4 libros sententiarum. In sententiarum I., I, quaest. 43–44, in: Guilelmus de Ockham: Opera plurima, [Lugduni 1494–1496], ND. London 1962, Bd. 3, [o. P.].

68 Ebd., II, quaest. 19, besonders lit. F und O.

der radikalste unter den Voluntaristen und Nominalisten, ging davon aus, daß einige göttliche Gebote jedem Menschen angeboren und »der natürlichen Vernunft angemessen« sind,[69] und verstand das Vorhandensein dieser Normen als das Mittel, das Gott gewählt hat, um seinen Willen zu verkünden.[70] Für den einzelnen Menschen ergibt sich kein gravierender Unterschied aus den verschiedenen Erklärungen: In seinem Herzen findet er immer eine Reihe von Vorschriften, denen er gehorchen soll, als ob sie ewig und unveränderlich wären.

Der bekannteste Vertreter des Ockhamismus in Deutschland kurz vor der Reformation war der Tübinger Theologe Gabriel Biel, bei dem auch Johannes Brassicanus, einer der Lehrer Melanchthons,[71] studierte, der als Bindeglied zwischen der mittelalterlichen Spätscholastik und den *Loci communes theologici* angesehen werden kann.[72]

---

69 Guilelmus de Ockham: Dialogus de imperio et pontificia potestate, pars III, tract. 2, lib. 3, cap. 4, in: Guilelmus de Ockham: Opera plurima, Bd. 1, Bl. 263ᵛ: »Primum distinguitur propter tres modos iuris naturalis. Uno enim modo dicitur ius naturale illud, quod est conforme rationi naturali, quae in nullo casu fallit, sicut est, non moechaberis, non mentieris, et huiusmodi. Aliter ius naturale est, quod servandum est ab illis, qui sola aequitate naturali absque omni consuetudine vel constitutione humana utuntur. Quod ideo est naturale, quia est contra statum naturae institutae. Et si omnes homines viverent secundum rationem naturalem aut legem divinam non esset faciendum nec servandum. Secundo modo et non primo ex iure naturali omnia sunt communia. Quia in statu naturae institutae omnia fuissent communia. Et si post lapsum omnes homines secundum rationem viverent, omnia deberent esse communia [...]. Tertio modo dicitur ius naturale illud, quod ex iure gentium vel aliquo facto humano evidenti ratione colligitur.« Zum Naturrecht des Wilhelm von Ochkam vgl. Georges de Lagarde: La naissance de l'esprit laïque au déclin du moyen age. VI. L'individualisme ockhamiste. La morale et le droit, Paris 1946, S. 140–185; Wilhelm Kölmel: Das Naturrecht bei Wilhelm Ockham, in: Franziskanische Studien 35 (1953), S. 39–85, besonders S. 55–64.

70 Guilelmus de Ockham: Dialogus de imperio et pontificia potestate, pars I, lib. 1, cap. 9, Bl. 4ʳ: »Cum igitur in naturali iure nihil aliud praecipiatur, quam quod Deus vult fieri, nihilque vetetur quam quod Deus prohibet fieri; denique cum in canonica scriptura nihil aliud quam quod in divinis legibus inveniatur, divinae vero leges in illa consistent, patet quod quaecunque divinae voluntate seu catholicae scripturae contraria probantur, eadem iuri naturali inveniuntur adversa. Unde quaecunque divinae voluntati seu catholicae scripturae seu divinis legibus postponenda censentur, eisdem naturale ius praeferri oportet.«

71 Heiko Augustinus Oberman: The Harvest of Medieval Theology. Gabriel Biel and Late Medieval Nominalism, Cambridge Massachusetts 1963, S. 17.

72 Vgl. Gabriel Biel: Epitome et collectorium ex Occamo circa quatuor sententiarum libros, [Tubingae 1501], ND. Frankfurt a. M. 1965, III, dist. 37, art. 1, not. 1, lit. c–e zur Unterscheidung ›lex divina-naturalis-humana‹: »Est enim lex divina, naturalis, et humana sive positiva. Lex divina est signum verum creaturae rationali revelatum, notificativum rectae rationis divinae, volentis teneri illam seu ligari ad aliquid agendum vel non agendum pro consecutione felicitatis aeternae. Dicit revelatum ad excludendum legem naturalem et humanam, quae non habentur per revelationem immediate a Deo, sed

Die Naturrechtslehre, die Melanchthon in seinem Werk verarbeitet, stellt sich Anfang des sechzehnten Jahrhunderts als eine ehrwürdige Tradition vor, in der die Auslegungsmöglichkeiten und die Meinungsunterschiede zum Teil verwischt werden.[73] Sie ist eine Sammlung von ›topoi‹, die auf beiderlei Art – das Naturrecht entstehe aus der Vernunft oder aus dem Willen Gottes – erklärt werden können, deren Vorhandensein aber nicht

---

aliter ut dicetur [...]. Lex naturalis obligatoria, est signum naturaliter habitum notificatorium rectae rationis divinae volentis creaturam rationalem ligari ad aliquid agendum vel non agendum, pro consecutione finis sui naturalis quod est felicitas humana sive monastica, sive oeconomica, sive politica. Dicitur autem signum pure naturaliter habitum illud quod inditum est cuilibet homini non impedito in usu debito rationis [...]. Impedit autem per corpus, per errores, per vitia multa. Ex hac descriptione colligitur duplex differentia iuris naturalis a iure divino, scilicet ex modo acquisitionis et ex parte finis. Lex enim divina acquiritur per revelationem. Lex naturalis ex naturali lumine intellectus [...]. Sic ex parte finis. Lex divina de propinquo ordinat de per se ad felicitatem aeternam. Naturalis vero ad felicitatem humanam huius vitae. In reliquis particulis conveniunt lex naturalis et divina. Lex humana quae et positiva praeceptiva, est signum verum humana traditione et auctoritate immediate constitutum, notificativum rectae rationis volentis rationalem creaturam ad aliquid agendum vel non agendum propter finem aliquem rationi consonum aeternum vel temporalem obligare«; II, quaest. 35, art. 1, not. 1, lit. C: »Lex aeterna est ratio divina vel voluntas Dei ordinem naturalem conservari iubens: perturbari vetans. Tantum ergo valet contra legem aeternam, quantum si dicat: contra divinam rationem et c. Cum ergo divina ratio rectissima semper sit, omne quod est contra aeternam legem est contra rationem rectam. Et quicquid est contra aliquam rationem rectam, est contra quemlibet rectam rationem de eo. Nam circa idem quidlibet ratio recta cuilibet rationi rectae consonat: et nulla alteri adversatur [...]. Sequitur quod quicquid est contra rectam rationem est contra aeternam legem.« Vgl. Werner: Die Scholastik des späteren Mittelalters. 4.1, S. 263–296; Georg Ott: Recht und Gesetz bei Gabriel Biel: Ein Beitrag zur spätmittelalterlichen Rechtslehre, in: Zeitschrift der Savigny-Stiftung für Rechtsgeschichte. Kanonistische Abteilung 69 (1952), S. 251–296; Wilhelm Kölmel: Von Ockham zu Gabriel Biel: Zur Naturrechtslehre des 14. und 15. Jahrhunderts, in: Franziskanische Studien 37 (1955), S. 218–259, besonders 229–237 (»Stimmen aus Deutschland«); Oberman: The Harvest of Medieval Theology, S. 103–111.

73 Gabriel Biel, der als Vertreter des deutschen Ockhamismus gilt, benutzt intellektualistische Argumente und behauptet, daß das göttliche Gesetz seine Verbindlichkeit nicht aus seinem göttlichen Ursprung, sondern aus seiner Vernünftigkeit schöpft. Vgl. Biel: Epitome, II, quaest. 35, art. 1, not. 1, lit. D–E: »Dicitur autem contra rectam rationem et non contra divinam rationem, ne putetur peccatum esse precise contra rationem divinam et non contra quamlibet rationem rectam de eodem. Aut ne estimetur aliquid esse peccatum, non quia est contra rationem divinam in quantum rectam, sed quia est contra eam in quantum divinam. Nam si per impossibile Deus non esset, qui est ratio divina, aut ratio illa divina esset errans, adhuc si quis ageret contra rectam rationem angelicam vel humanam aut aliam aliquam, si qua esset, peccaret. Et si nulla penitus esset recta ratio: adhuc si quis ageret contra id, quod agendum dictaret recta ratio, si aliqua esset, peccaret.« Vgl. Kölmel: Von Ockham zu Gabriel Biel, S. 244–259.

bestritten werden darf.[74] Diese topologische Struktur wirkt auch in den *Loci theologici* weiter, die wesentliche Elemente des mittelalterlichen Naturrechts aufnehmen, so daß man auf die Hypothese verzichten kann, daß Melanchthon sein Naturrechtssystem allein und aus eigenem Antrieb entwickelt habe.[75]

Der philosophischen Tradition gemäß bieten die Werke Philipp Melanchthons nicht eine Lehre des ›ius naturae‹, sondern eine Theorie der ›lex naturae‹. Es gilt also nicht jene einzelnen Rechte zu beschreiben, die allgemeine Gültigkeit haben und in der menschlichen Natur gegründet sind, sondern man bemüht sich vielmehr darum, die allumfassende Ordnung der Welt zu rekonstruieren, ihre theologische Basis zu rechtfertigen und durch philosophische Argumente zu beweisen, daß die juristischen Normen nur einen besonderen Bereich in der praktischen Philosophie bilden, der in einen größeren Rahmen eingebettet wird. Dementsprechend kann die ›lex naturae‹ nicht als ein rein juristischer Begriff verstanden werden, sondern sie erstreckt sich über die ganze ethische Welt, so daß ihr wahrer Gegenstand das Gute (›honestum‹) und nicht bloß das Gerechte (›iustum‹) ist.

In der philosophischen Diskussion erhielt diese ›Lehre des Naturgesetzes‹ die Oberhand. Eine ›Lehre des Naturrechts‹ lebte aber innerhalb der gelehrten Jurisprudenz immer weiter fort und bildete also neben evangelischer Theologie und Spätscholastik die dritte Überlieferung des vormodernen Naturrechts. Dieses Umstands soll man ständig gedenken, wenn man die Geschichte des Naturrechts nicht einseitig lesen will, was leicht geschehen kann, wenn man sich ihr ausschließlich aus der Perspektive der philosophischen Tradition annähert.[76]

---

74 Zum Verhältnis der *Loci theologici communes* zur Topik vgl. Paul Joachimsen: *Loci communes*. Eine Untersuchung zur Geistesgeschichte des Humanismus und der Reformation, in: Luther-Jahrbuch 8 (1926), S. 27–97, ND. in: Joachimsen: Gesammelte Aufsätze, hg. von Notker Hammerstein, Aalen [2]1983, S. 387–442.

75 Clemens Bauer: Die Naturrechts-Lehre Melanchthons, in: Hochland 44 (1951–1952), S. 313–323, besonders S. 322: »Ohne jede Kenntnis der klassischen christlichen Naturrechts-Lehre des dreizehnten Jahrhunderts hat Melanchthon aus seiner Synthese von biblischer Theologie mit aristotelischer Ethik und Sozialphilosophie eine neue vollständige Naturrechts-Lehre geschaffen, die der klassischen des hohen Mittelalters überaus ähnlich ist, die indes auch bereits sämtliche Elemente für eine Entwicklung des Aufklärungs-Naturrechts in sich birgt«; Günter Frank: Die theologische Philosophie Philipp Melanchthons (1497–1560), Leipzig 1995, S. 142. Melanchthons Vermittlung zwischen Scholastik und Reformation im Hinblick auf die Frage der ›lex naturalis‹ wird auch von Rainer Specht: Naturgesetz und Bindung Gottes, in: Jan P. Beckmann, Ludger Honnenfelder, Gangolf Schrimpf und Georg Wieland (Hgg.): Philosophie im Mittelalter. Entwicklungslinien und Paradigmen, Hamburg 1987, S. 412f. betont.

76 Vgl. Welzel: Naturrecht und materiale Gerechtigkeit, S. 124: »Auch für Grotius nimmt die Vernunft einen neuen Sinn an. Sie ist nicht mehr das Organ der natürlichen Gotteserkenntnis im Rahmen eines der Glaubenssysteme, sondern das Erkenntnisvermögen

Die Unterschiede und die Grenzen zwischen beiden Überlieferungen, derjenigen der ›lex naturae‹ und derjenigen des ›ius naturae‹, sollten auf der anderen Seite nicht übertrieben werden, als ob sie zwei unvereinbare Begriffsgebilde wären. Ihre Verschiedenheit rührt eigentlich nicht von einem unterschiedlichen Gehalt her, sondern entspricht der Differenzierung der Disziplinen, auf die das gesamte menschliche Wissen im Mittelalter und in der Frühneuzeit verteilt wurde und denen jeweils besondere Betrachtungs-

---

der den mathematischen Wahrheiten gleichstehenden Grundwahrheiten des sozialen Lebens. Grotius geht es darum nicht um die ›lex aeterna‹, deren Teilhabe in der rationalen Natur das Naturrecht bilden sollte – ein solcher Begriff fehlt bei Grotius –, sondern es geht ihm um die ›konkreten‹ Naturrechtssätze, nach denen die Streitfälle des wirklichen Staats- und Völkerslebens entschieden werden konnten.« Vgl. auch Frank: Die theologische Philosophie Philipp Melanchthons, S. 144. Grotius ist also nach Welzel der erste, der ein modernes Naturrecht entwickelt hat, das sich vom antiken und mittelalterlichen Naturrecht unterscheidet, weil es keine Aussage über das ewige und göttliche Gesetz enthält und dagegen nur bestimmte Rechtsgrundsätze bietet, mit denen die praktischen Vorkommnisse des juristischen Handelns gelöst werden können. Das antike Naturrecht wäre also philosophisch-theologischer Natur und abstrakt, das moderne Naturrecht juristisch orientiert und konkret. Diese Vorstellung gibt aber Anlaß zu zwei Bemerkungen. Zum ersten darf man nicht vergessen, daß die Idee bestimmter und begrenzter Naturrechte nie aus dem juristischen Denken verschwand, sondern immer weiter gepflegt wurde, wie uns die Kommentare zum Digestentitel *De iustitia et iure* zeigen. Zum zweiten bilden die zwei erwähnten Möglichkeiten keinen prinzipiellen Unterschied und können nicht als zwei inhaltlich entgegengesetzte Naturrechtsauffassungen angesehen werden. In beiden Fällen steht man nämlich vor einer objektiven oder materiellen Idee des Naturrechts, denn dieses wird als ein Gesetz verstanden, das der Mensch von Gott erhält. Das moderne Naturrecht nach Grotius ist aber durch eine subjektive Begründung seiner Normen gekennzeichnet: der Mensch findet in seinem Inneren nur einen Grundsatz, der nicht einmal unmittelbar ist, weil er von der Vernunft erst erfunden werden muß. Nur über dieses erste Prinzip kommen die Menschen überein. Das Naturrecht wird dann durch eine Erarbeitung gewonnen, an der jeder Einzelne beschäftigt ist. Das Individuum muß durch ein vernunftgemäßes Rechnungsverfahren alle Regeln des Naturrechts zusammenstellen. Keine naturrechtliche Norm wird also vorgefunden. Auch gültig wird sie erst dann, wenn sie durch die menschliche Vernunft als solche anerkannt wird. Jede Vorschrift wird aus dem ersten Grundsatz gewonnen, und jedesmal wird das ganze Naturrechtssystem durch einen theoretischen Vorgang wieder hergeleitet. Hier ist der Hauptunterschied zwischen dem vormodernen und dem modernen Naturrecht zu sehen: ersteres kennt eine Reihe objektiver Gebote, die dem Menschen von außen gegeben werden, während letzteres die verschiedenen Rechtsbestimmungen erst durch die Vernunft erfinden muß. Zum Prinzip des modernen Naturrechts vgl. Hans Welzel: Die kulturphilosophischen Grundlagen der Naturrechtslehre Samuel Pufendorfs und ihre kulturhistorische Bedeutung, in: Deutsche Vierteljahrsschrift für Literaturwissenschaft und Geistesgeschichte 9 (1931), S. 585–606 und jüngst Friedrich Vollhardt: Die Grundregel des Naturrechts. Definitionen und Konzepte in der Unterrichts- und Kommentarliteratur der deutschen Aufklärung, in: Frank Grunert und Friedrich Vollhardt (Hgg.): Aufklärung als praktische Philosophie. Werner Schneiders zum 65. Geburtstag, Tübingen 1998, S. 129–147.

weisen und Überlieferungsmethoden eigen waren. Zum Beispiel benutzte die juristische Tradition die Dreiteilung ›ius naturae, gentium et civile‹ als eine selbstverständliche Kategorie, während sich die philosophische Linie auf eine verschiedene Abstufung berief: ›lex divina, naturalis et humana‹. Der Unterschied ist also eher logischer und formaler Natur, und die ›lex naturae‹ kann als eine Steigerung oder Verallgemeinerung des ›ius naturae‹ verstanden werden, weil dieselbe Vorstellung einer allumfassenden Ordnung der einen wie dem anderen zugrunde liegt.

Diese Auslegung des Naturrechts als Lehre des Naturgesetzes und seine Einbeziehung in eine allgemeine Auffassung der kosmischen Ordnung ist ein gemeinsames Merkmal aller Naturrechtslehren des sechzehnten Jahrhunderts, seien sie philosophischer oder juristischer Art. Im philosophischen Denken Philipp Melanchthons tritt sie aber besonders deutlich hervor und ist in allen einzelnen Aspekten ausgebaut: Das Naturrecht ist eine objektive Norm, gilt für alle Menschen, ist ihnen angeboren und erhält seine Gültigkeit aus dem Willen Gottes.

Quelle des Naturrechts ist – wie Melanchthon in seinen *Loci theologici* erklärt – das göttliche Gebot, weil jedes Gesetz seine Kraft aus der ›lex Dei‹ entlehnt.[77]

---

[77] Die Naturrechtslehre wird von Melanchthon an folgenden Stellen behandelt: Philipp Melanchthon: Lucubratiuncula Philippi Melanthonis, 1520, in: Melanchthon: Opera quae supersunt omnia. Volumen XXI., Sp. 23–28; Melanchthon: Loci communes rerum theologicarum, 1521, Sp. 116–124; Philipp Melanchthon: Loci communes Phil. MDXXXIII. altera post ascensionis, Vorlesungsmitschrift Johann Bugenhagens, hg. von Moritz Rödiger, in: Melanchthon: Opera quae supersunt omnia. Volumen XXI., Sp. 294–296; Philipp Melanchthon: Loci communes theologici recens collecti et recogniti a Philippo Melanthone [...], Vitebergae 1535, in: Melanchthon: Opera quae supersunt omnia. Volumen XXI., Sp. 388–406; Philipp Melanchthon: Loci praecipui theologici. Nunc denuo cura et diligentia summa recogniti, multisque in locis copiose illustrati, cum appendice disputationis de coniugio, Lipsiae 1559, in: Melanchthon: Opera quae supersunt omnia. Volumen XXI., Sp. 685–720; Melanchthon: Philosophiae moralis epitomes libri duo, 1540–1546, Sp. 21–31 und 70–78; Melanchthon: Ethicae doctrinae elementorum libri duo, Sp. 226–231; Melanchthon: Enarrationes aliquot librorum ethicorum Aristotelis, V, 2, Sp. 383–392; Philipp Melanchthon: In officia Ciceronis prolegomena, in: Melanchthon: Opera quae supersunt omnia. Volumen XVI., Sp. 533–560; Philipp Melanchthon: Enarratio symboli Niceni complectens ordine doctrinam ecclesiae Dei fideliter recitatam, Wittebergae 1550, in: Melanchthon: Opera quae supersunt omnia. Volumen XXXIII. Libri in quibus dogmata doctrinae Christianae exposuit, hg. von Karl Gottlob Bretschneider und Heinrich Ernst Bindseil, Brunsvigae 1855, Sp. 290–297; Philipp Melanchthon: Explicatio symboli Niceni, Witebergae 1561, in: Melanchthon: Opera quae supersunt omnia. Volumen XXXIII., Sp. 496–497. Die Entwicklung der Naturrechtslehre Melanchthons wird von Hermann Pfister: Die Entwicklung der Theologie Melanchthons unter dem Einfluß der Auseinandersetzung mit Schwarmgeistern und Wiedertäufern, Freiburg 1968, S. 11–14, 24–30, 39–45, 69–71, 81, 98–103, 140–150, 174–189, 224–228, 295–307 dargestellt. Vgl. auch Clemens

Lex Dei est doctrina a Deo tradita, praecipiens, quales nos esse et quae facere, quae omittere oportet, et requirens perfectam obedientiam erga Deum ac pronuntians irasci Deum et punire aeterna morte non praestantes perfectam obedientiam. Haec definitio ex ipsa lege Dei et multis concionibus Christi sumpta est.[78]

Der Ausdruck ›lex Dei‹, der erst in der Ausgabe 1535 der *Loci communes theologici* erscheint,[79] wird nicht immer eindeutig verwendet. Mit ihm bezeichnet Melanchthon sowohl den Inhalt der Offenbarung als auch die Gebote, die der Seele aller Menschen eingeprägt sind[80]. Die ›lex Dei‹ muß also sowohl die ›lex divina‹ als auch die ›lex naturalis‹ umfassen und als das göttliche Gebot verstanden werden, das in Gott vor der Schöpfung der Welt existierte. Sie spielt also dieselbe Rolle, die in der scholastischen Tradition der ›lex aeterna‹ beigemessen wurde. Sie ist die Grundlage und der Ursprung jedes weiteren Gesetzes, was sich aus zwei Gründen erklärt. Zum ersten soll man bedenken, daß der Mensch von Gott geschaffen worden ist, damit er seinen Schöpfer kennt und verehrt. Die wahre und eigentliche Bestimmung des Menschen muß also die Kenntnis Gottes und die Liebe zu ihm sein; als solche muß die ›lex Dei‹ auch das erste Gesetz der menschlichen Seele bilden und dieser angeboren sein. Anders wäre der Mensch kein Mensch.

Zum zweiten bietet sie die Grundlage für die anderen Gesetze in einem anderen Sinn als die ›lex aeterna‹ der thomistischen Tradition. Diese ist nämlich mit der göttlichen Vernunft gleich und kann nicht als eine zusätzliche Norm neben ›lex naturalis‹ und ›lex divina‹ verstanden werden, sondern

---

Bauer: Melanchthons Naturrechtslehre, in: Archiv für Reformationsgeschichte 42 (1951), S. 64–100: »Die Endfassung der *Loci communes* von 1559 zeigt die Lehre von der ›lex naturae‹ als organisches Element innerhalb der Gesamt-Theologie. Aus dem ›Fremdkörper‹ ist ein Systembestandteil mit sozusagen einem fixierten logischen Standort innerhalb des Ganzen geworden« (S. 64) und Frank: Die theologische Philosophie Philipp Melanchthons, S. 146.

78 Melanchthon: Loci praecipui theologici, 1559, Sp. 685. Vgl. Augustinus: Contra Faustum Manichaeum libri triginta tres, XXII, 27, Sp. 418: »Ergo peccatum est factum vel dictum vel concupitum aliquid contra aeternam legem. Lex vero aeterna est ratio divina vel voluntas Dei ordinem naturalem conservari jubens, perturbari vetans. Quisnam igitur sit in homine naturalis ordo quaerendum est. Constat enim homo ex anima et corpore: sed hoc et pecus. Nulli autem dubium est, animam corpori, naturali ordine praeponendam. Verum animae hominis inest ratio, quae pecori non inest. Proinde, sicut anima corpori, ita ipsius animae ratio caeteris ejus partibus, quas habent et bestiae, naturae lege praeponitur: inque ipsa ratione, quae partim contemplativa est partim activa, procul dubio contemplatio praecellit.«

79 Melanchthon: Loci communes theologici, 1535, Sp. 388. Die anderen drei Gesetze werden schon in den ersten Fassungen erwähnt und entsprechend behandelt. Vgl. Melanchthon: Lucubratiuncula, 1520, Sp. 24: »Primum: Lex est sententia qua et bona praecipiuntur et mala vetantur. 2m: Alia naturalis alia divina alia humana.«

80 Melanchthon: Loci praecipui theologici, 1559, Sp. 686 und 687.

ist die Summe, der Inbegriff oder das allgemeine Prinzip aller Gesetze.[81] Melanchthon muß dagegen die ›lex Dei‹ als ein bestimmtes Gebot neben anderen Vorschriften darstellen, weil sie nicht auf der göttlichen Vernunft beruht, sondern ein Produkt des göttlichen Willens ist. Sie kann also mit den bloßen Mitteln der Vernunft nicht hergeleitet werden, sonst könnte man denken, daß die menschliche Natur eine gewisse Selbständigkeit genießt, daß sie einer bestimmten Vollkommenheit oder Seligkeit fähig ist und den göttlichen Geboten auch ohne Offenbarung Gehorsam leisten kann. Die Folge dieses Fehlers wäre die häretische Meinung, daß sich die Menschen durch ihre Werke retteten und die Vermittlung des Erlösers überflüssig sei[82]. Obwohl sie der ›lex naturalis‹ sehr nahekommt,[83] verlangt die ›lex Dei‹ die Anerkennung Gottes als Schöpfer der Welt, die Verehrung seines Wesens und den Gehorsam gegenüber seinen Geboten aus Liebe zu ihm.

> At lex Dei non tantum requirit externa facta, aut illam diligentiam frenandorum affectuum, de qua philosophi loquuntur, sed praecipit, ut natura integre obediat Deo, firmam de Deo notitiam habeat, verum et perpetuum timorem, firmam fiduciam Dei, ardentem amorem. Quia vero natura hominis non est talis, vox legis est iudicium Dei damnans peccatum in natura nostra. Hoc sentit Paulus inquiens [Rom. 7, 14.]: Lex est spiritualis, id est, non est tantum politica sapientia, praecipiens de externis actionibus in vita civili, sed est longe alia doctrina flagitans spirituales motus, firmam de Deo notitiam, ardentem et perfectam dilectionem, ut dicit lex [Deut. 6, 5.]: Diligas Dominum Deum tuum ex toto corde.[84]

---

81 Thomas Aquinas: Summa theologiae, Ia IIae, qu. 93, ar. 1, co., S. 477: »Lex aeterna nihil aliud est quam ratio divinae sapientiae, secundum quod est directiva omnium actuum et motionum.« Die Frage nach dem Inhalt des ewigen Gesetzes wurde von den Schriftstellern der spanischen Spätscholastik aufgeworfen und gelöst. Vgl. Domingo de Soto, De iustitia et iure libri decem (1556–1557), hg. von Venancio Diego Carro, Madrid, 1967, I, 3, 1, S. 22 a: »Non eodem modo species istae legum differunt. Aeterna enim differt a caeteris tribus quod ipsa fons illarum est et origo, non utique lata sed ferens, non impressa sed imprimens, non denique alterius participatio, sed lux cuius aliae sunt participationes.«

82 Melanchthon: Loci praecipui theologici, 1559, Sp. 686f.: »Sed monachi de lege Dei, ut de civili disciplina locuti sunt, dixerunt legi Dei satisfieri per hanc disciplinam civilem seu philosophicam, id est per exteriora opera et qualemcunque conatum voluntatis [...]. Ideo affinxerunt homines iustos esse et Deo placentes propter opera, quia arbitrabantur legi Dei satisfieri, non docuerunt homines iustos esse, id est reconciliatos Deo et placentes fide propter mediatorem Christum. Sed hos Pharisaicos errores de lege refutat Paulus, affirmat legi Dei hanc infirmam naturam hominum non posse satisfacere nec placari iram Dei nec tolli peccatum per opera legis, sed missum esse filium Dei, Dominum nostrum Iesum Christum, ut tollat peccatum et donet nobis iustitiam et vitam aeternam.«

83 Melanchthon: Loci communes theologici, 1535, Sp. 399.

84 Melanchthon: Loci praecipui theologici, 1559, Sp. 686.

Das Gesetz Gottes setzt einen absoluten Grad an Vollkommenheit und Gültigkeit voraus, weil es die Welt und den Menschen so darstellt, wie sie vom Schöpfer gewollt wurden. Im Vergleich zu diesem höchsten und absoluten Gesetz, das aber das einzig wahre sein muß, weil die Welt nichts anderes als Gottes Schöpfung ist, ist jedes andere Gesetz ein Abfall und eine niedrigere Stufe. In der Tat ist es das Gesetz, das im ursprünglichen Zustand vor dem Sündenfall waltete, das die wahren Christen jetzt befolgen und das durch das jüngste Gericht in seiner vollen Kraft wiedereingeführt wird.[85]

Die ›lex Dei‹ verwirklicht sich als göttliches, natürliches oder menschliches Gesetz. Diese drei Arten wiederholen das Gebot der ›lex Dei‹ und geben denselben Inhalt in drei verschiedenen Gestalten wieder. Die ›lex naturae‹ ist eine natürliche Kenntnis, die Gott und Sittlichkeit betrifft und den Menschen befähigt, das Gute vom Bösen zu unterscheiden. Sie ist angeboren und wurde von Gott in die Seele des Menschen während seiner Schöpfung eingeschrieben. In dieser Hinsicht wiederholt sie jenen Teil der ›lex Dei‹, der das tugendhafte Leben regelt und den wahren Kern des göttlichen Gesetzes bildet. Solche ›lex moralis‹ wirkt in allen Menschen seit der Schöpfung der Welt.

> Lex natura [...] est notitia naturalis de Deo et de morum gubernatione seu discrimine honestorum et turpium, divinitus insita humano generi, sicut notitia numerorum divinitus humanis mentibus insita est. Ideo congruit cum ea parte legis Dei, quae dicitur moralis.[86]

Da der Inbegriff des göttlichen Gebotes mit dieser ›lex naturae‹ oder ›lex moralis‹ zusammenfällt, muß man glauben, daß die ›lex Dei‹ ewig gültig ist und daß sie auch die lasterhaften Handlungen der Heiden verurteilen wird.[87]

Die ›leges divinae‹ wurden dagegen unmittelbar in der Heilsgeschichte verkündet und sind in der Heiligen Schrift gesammelt. Sie sind eine Wiederholung sowohl der ›lex Dei‹ als auch der ›lex naturae‹.

> Etsi enim inde usque ab initio mundi sonuerunt in ecclesia Dei vox legis et vox promissionis gratiae, tamen certo consilio cum constituta est politia Israelitica, lex Dei promulgata est. Voluit enim Deus publico et manifesto testimonio instaurare notitiam illam, quam mentibus humanis in creatione indidit, ut suum iudicium adversum peccatum ostenderet.[88]

Die ›leges divinae‹ bestehen aus ›leges morales, ceremoniales et forenses‹. Da die ersteren den Inhalt des göttlichen Gebotes erschöpfen, sind die letz-

---

[85] Melanchthon: Loci communes theologici, 1535, Sp. 399–400.
[86] Melanchthon: Loci praecipui theologici, 1559, Sp. 687.
[87] Ebd., Sp. 688.
[88] Ebd., Sp. 687.

teren lediglich als besondere Gesetze des Volkes Israel anzusehen. Die Bestimmungen der ›lex divina‹ übertreffen daher keineswegs das natürliche Gesetz, das in sich alles hat, was Gott vom Menschen fordert, auch das Gebot der Liebe zu Gott. Dies soll aber nicht heißen, daß sich die Menschen bloß kraft des Naturrechts retten werden, weil die Erlösung aus der Sünde nur durch die Gnade geschieht. Nach dem Sündenfall ist die menschliche Natur so schwach, daß sie dem ewigen Gebot der Liebe aus eigener Kraft nicht mehr gehorchen kann. Nur mittels eines Gnadenakts wird sie imstande, Gott zu lieben.[89]

Hier ist auch der Hauptunterschied zwischen der ›lex Dei‹ – auch in ihrer Verwirklichung als ›lex naturae‹ und ›leges divinae‹ – und den ›leges humanae‹ zu sehen. Alle Vorschriften können entweder auf die innere oder die äußere Seite der praktischen Handlungen Bezug nehmen. »Humanae leges tantum postulant aut vetant externa opera.«[90] Das göttliche Gesetz setzt demgegenüber einen vollkommenen Gehorsam voraus (»praecipit, ut natura integre obediat Deo«) und kommt also nur durch innere Überzeugung oder Glauben zustande. Den ›leges humanae‹ kann die Philosophie – wobei eindeutig Aristoteles gemeint ist – zu Hilfe kommen und lehren, daß das Handeln erst dann wirklich gut ist, wenn es von einem gerechten Urteil und von einer tugendhaften Einstellung (›habitus‹) begleitet wird. Trotz aller Ähnlichkeiten kann aber diese menschliche Tugend die Vollkommenheit der ›lex divina‹ nicht einmal annähernd erreichen, weil sie keine angemessene Kenntnis von Gott vermitteln kann und ihr die erste Tafel der Gebote letzten Endes versperrt bleibt.[91]

Ein zweiter Unterschied ergibt sich daraus, daß die menschlichen Gesetze nur eine beschränkte Zeit bestehen können, um dann wieder in Vergessenheit zu geraten. Demgegenüber ist das Gesetz Gottes ewig und unwandelbar, weil es im Herzen des Menschen selbst geschrieben steht.[92]

Die drei Arten der Gesetze unterscheiden sich auch nach ihrer Geltungsgrundlage. Die ›lex humana‹ wird von Menschen gestiftet. Die ›lex divina‹

---

[89] Ebd., Sp. 716.

[90] Ebd., Sp. 686.

[91] Ebd., Sp. 686.

[92] Ebd., Sp. 685f.: »Hic primum monere necesse est, ingens et infinitum discrimen esse inter leges humanas et divinam. Sed ut non poterat populus videre fulgentem Moysi faciem, ac velatam aspiciebat, ita omnium hominum mentes atque oculi procul aspiciunt legem Dei, nec intelligunt, quale iudicium sit, sed utcunque doctrinam de externis operibus esse existimant, sicut de Phocylidis aut Theognidis praeceptis cogitant. Sed plures caussae sunt et maiores traditae et revelatae legis divinae [...]. Non sic aspiciamus legem Dei, ut tabulas decemvirales Romanas, quae ante multa secula cum sua curia et nostris perierunt. Sed lex Dei est regula aeterna et immota mentis divinae et iudicium adversus peccatum, quod impressum est humanis mentibus et saepe Dei voce praedicatum, de quo dicit Christus [Matt. 5, 18.]: Non venit solvere legem, sed implere et c.«

entstammt unmittelbar dem göttlichen Willen und kann als solche erkannt werden, weil ihre Überlieferung von echten und unbezweifelbaren Zeichen ihrer göttlichen Herkunft begleitet ist.

In der Erklärung von der Entstehung des Naturgesetzes entstehen dagegen einige Schwierigkeiten. Die ›lex naturalis‹ wird von der Tradition so verstanden, als ob sie aus dem Inhalt der natürlichen Vernunft herzuleiten wäre.[93] Wenn sie aber nur kraft einer Deduktion gewonnen werden könnte, könnte die Mehrzahl der Menschen von ihr keinen Gebrauch machen, weil die menschliche Vernunft nach dem Sündenfall getrübt und verschleiert und sehr unregelmäßig unter den Menschen verteilt ist, so daß nur wenige und diese nur mit großer Mühe zu den Grundsätzen des Naturgesetzes durch die Anwendung der bloßen Vernunft gelangen könnten. Daraus würde dann folgen, daß nur die Philosophen oder die Weisen die Kenntnis des Moralgesetzes besitzen. Es wäre aber unsinnig, ein Naturgesetz zu denken, von dem nur die wenigsten Kenntnis haben könnten. Um diese Vorstellung zu widerlegen, greift Melanchthon auch zu empirischen Beweisen und weist darauf hin, daß es keinem von den bekannten Philosophen wirklich gelungen ist, die Vorschriften der ›lex naturalis‹ aus der menschlichen Vernunft herzuleiten. Das Naturgesetz muß also auf einem anderen Grund als dem natürlichen Verstand ruhen, und dieser Grund soll so beschaffen sein, daß er allen Menschen zugänglich ist. Der Apostel Paulus schlägt eine Lösung für diese Problem vor.

> Porro esse in nobis legem naturae Paulus mire eleganti et arguto enthymemate, in secundo capite ad Romanos [v. 15.] docet, cum sic colligit. Est in gentibus conscientia factum defendens vel adcusans, est igitur lex. Quid enim aliud est conscientia, quam facti nostri iudicium, quod a lege aliqua aut communi formula petitur? Est itaque lex naturae sententia communis, cui omnes homines pariter adsentimur, atque adeo quam Deus insculpsit cuiusque animo, ad formandos mores adcommodata.[94]

Das Wirken einer Stimme des Gewissens, die allen Menschen dieselben Gebote verkündet, ist also der einzige und wahre Beweis für die Existenz des Naturgesetzes, dessen Überzeugungskraft von der Tatsache abhängt, daß das Wirken des Gewissens bei allen Völkern und bei allen Menschen nachgewiesen werden kann. Daß dies kein Beweis im eigentlichen Sinne ist, liegt auf der Hand, weil die Überzeugungskraft der Argumentation von der

---

[93] Melanchthon: Loci communes rerum theologicarum, 1521, Sp. 116: »Legum aliae naturales sunt, aliae divinae, aliae humanae. De naturalibus legibus nondum vidi neque a theologis, neque a iurisconsultis aliquid digne scriptum. Nam cum naturales dicantur, oportebat a rationis humanae methodo earum formulas colligi per naturalem syllogismum. Id quod nondum video a quoquam factum, et haud scio an omnino possit fieri, nempe usque adeo capta, occaecataque ratione humana.«

[94] Ebd., Sp. 116–117.

Annahme abhängt, daß das Gewissen bei allen Völkern wirkt, und damit setzt man das voraus, was nachgewiesen werden muß. Das Vorhandensein eines Gesetzes, das für alle Menschen gilt, wird also durch die Feststellung gerechtfertigt, daß ein solches Gesetz doch vorhanden ist. Man kann diese axiomatische Beweisführung erklären, wenn man bedenkt, daß die Normen des Naturgesetzes die ersten und höchsten Prinzipien der Moral bilden, die mit den angeborenen Ideen der theoretischen Wissenschaften verglichen werden können.

Est itaque lex naturae sententia communis, cui omnes homines pariter adsentimur, atque adeo quam Deus insculpsit cuiusque animo, ad formandos mores adcommodata. Nam ut sunt in disciplinis theoricis, ut mathematis, quaedam communia principia, sive κοιναὶ ἔννοιαι ἢ προλήψεις, quale illud est, totum esse maius partibus. Ita sunt quaedam in moralibus tum principia communia, tum conclusiones primae, utendum est enim docendi gratia istorum vocabulis, regulae omnium humanarum functionum.[95]

Die ersten Prinzipien, seien sie theoretischer oder praktischer Art, können weder durch rationale Argumente bewiesen noch durch ein intellektuelles Verfahren auf andere Begriffe zurückgeführt und damit begründet werden; man kann nur auf sie hinweisen und einfach zeigen, daß sie in der Welt wirken oder daß sie am Anfang jeder Schlußfolgerung sind. Das gilt auch für die ›lex naturae‹, und folglich müssen alle philosophischen Versuche, das Naturgesetz durch etwas anderes zu erklären, mißlingen und sich als falsch erweisen. Dementsprechend verwirft Melanchthon in der ersten Fassung der *Loci theologici* die Definitionen der Philosophen (Platon und Cicero), die das Naturgesetz aus dem menschlichen Wesen herleiten, und der Juristen (Ulpian), die die Bestimmung der Vernunft mit den natürlichen Trieben vermischen.[96]

Bei der Auseinandersetzung mit letzteren wird deutlich, warum die Grundsätze des Naturrechts notwendig als ›notitiae‹ zu verstehen sind. Andernfalls müßte die Quelle des ›ius naturae‹ – wie es die Juristen tun – unter den Trieben gesucht werden. Die Menschen würden dann den naturrechtlichen Vorschriften folgen, und zwar nicht, weil sie, von der Vernunft gelei-

---

[95] Ebd., Sp. 116–117. Vgl. Melanchthon: Loci praecipui theologici, 1559, Sp. 711–712. Die Annahme der ›notitiae inditae‹ widerspricht dem scholastischen Prinzip ›Nihil est in intellectu quod prius non fuerit in sensu‹. Melanchthon, der dieser Schwierigkeit bewußt ist, lehnt in diesem Punkt die Autorität des Aristoteles ausdrücklich ab. Vgl. Melanchthon: Loci communes rerum theologicarum, 1521, Sp. 117: »Quod vero dico leges naturae a Deo impressas mentibus humanis, volo earum cognitionem esse quosdam, uti isti loquuntur habitus concreatos, non inventam a nostris ingeniis, sed insitam nobis a Deo regulam iudicandi de moribus. Id ut conveniat cum Aristotelis philosophia non laboro. Quid enim ad me quid senserit ille rixator?«

[96] Melanchthon: Loci communes rerum theologicarum, 1521, Sp. 117; Melanchthon: Ethicae doctrinae elementorum libri duo, Sp. 228.

tet, gerechte Entscheidungen träfen, indem sie das Gute von den verderblichen Neigungen mittels der angeborenen Vorstellungen unterschieden, sondern, weil sie bloß von Instinkten getrieben würden. Sie würden dann »ohne Überlegen« gehorchen, und ihre Handlungen wären so natürlich, wie diejenigen der Tiere sind. Aber in unserer Erfahrung kennen wir nicht nur gute Triebe, und selbst die natürlichen Neigungen können als Quelle des Bösen wirken, so daß unmöglich wird, das Gute vom Bösen zu unterscheiden, wenn man sich allein von den Instinkten führen läßt. Die Triebe sind also kein geeignetes Prinzip für die praktische Philosophie, und wir müssen dementsprechend annehmen, daß nur die Ideen das sittliche Leben leiten können, weil das menschliche Handeln nur durch das Mitwirken der Vernunft einen ethischen Wert erlangt.

> Estque eruditius legem intelligere notitiam a Deo insitam, quam affectum, ut, cum alii dicunt, ius naturae esse communes inclinationes cum bestiis, nimis late vagatur haec descriptio. Sunt enim affectuum diversa genera in hominibus, alii boni, alii mali. Et quanquam aliquae bonae στοργαὶ congruunt cum inclinationibus belluarum, ut amor erga sobolem, sensus beneficii: tamen in tanta discordia affectuum eruditius est, legem naturae ad notitias revocare. Notitiae sunt regulae non affectus, ideo ut Paulus definit legem naturae notitias esse, ad Romanos 1. et 2. Et quidem dicit has notitias teneri captivas ab iniustis affectibus. Planius est igitur leges naturae definire notitias, praesertim cum necesse sit in his complecti agnitionem Dei. Ab hac enim ordiri leges naturae necesse est, ut et Paulus testatur, et vere philosophica ratione ostendi potest. Teneamus ergo leges naturae notitias esse, et quibusdam, nec tamen omnibus congruere στοργάς, id est inclinationes naturales cordis.[97]

Da das Naturrecht den Bestimmungen des menschlichen Wesens entspricht, muß es alle Normen umfassen, die Gott dem Menschen im ursprünglichen Zustand gab. Vor der Sünde leuchtete der Wille Gottes direkt in die Seele Adams, der ohne Zögern allen göttlichen Geboten zustimmte. Die ersten Menschen unterschieden unmittelbar das Gute von dem Bösen und fanden keinen Widerstand in der Durchführung ihrer Beschlüsse. Die Erbsünde hat aber die Übereinstimmung von Natur, Gesetz und Willen zerstört, und die Menschen können jetzt nur mit großer Mühe die Stimme der Natur vernehmen. Das natürliche Gesetz ist also getrübt oder verschleiert. Obwohl die ›lex naturae‹ von der Sünde geschwächt worden ist, ist sie nicht aus der Seele vollkommen verschwunden und leitet das menschliche Handeln weiter.

> Hic sciendum est, in hac natura corrupta vitio originis legem naturae valde obscuratam esse. Homo enim conditus est praecipue ad agnoscendum Deum et ad obedientiam perfectam erga Deum; ideo habuit notitiam firmam legis de Deo, scilicet Deum esse conditorem et gubernatorem totius creaturae, bonum ac iustum esse, benefacere iustis et

---

97 Melanchthon: Enarrationes aliquot librorum ethicorum Aristotelis, Sp. 385.

punire iniustos. Hae sunt notitiae legis. Et quia erant lumen naturae divinitus insitum, ideo mens hominis adsentiebatur eis certo sine ulla dubitatione, et vires omnes perfecte obedire isti notitiae poterant. Praeterea etiam alterum genus, scilicet de colenda societate humani generis erat purum. Intelligebant enim sine concupiscentia homines diligendos, iuvandos et tuendos esse, quia ad intelligendum Deum et praedicandam eius gloriam in quadam vitae societate conditi essent. Tota enim vita futura fuit quaedam philosophia de Deo et de praesentia eius in creatione et conservatione rerum. Erant futura exercitia fidei et dilectionis. Talis debebat adhuc esse lex naturae. Sed nunc ita est obscurata, nascimur adferentes obscurissimam quandam notitiam de Deo, cui tamen non certo assentiuntur mentes, perpetuo enim dubitant, utrum curet Deus humana, utrum benefaciat iustis, utrum puniat iniustos. Haec et si <obscure> monent illae naturales προλήψεις, tamen, quia sunt obscurae, non assentiuntur homines. Item excutiuntur hominibus per alias contrarias rationes. Vident impiis bene esse, vident summos atque optimos viros per iniuriam opprimi. Ideo disputant humana negligi a Deo. Vident, quantum scelerum et calamitatum sit in mundo. Quare disputant futuram fuisse meliorem administrationem atque oeconomiam mundi, si divinitus regeretur. Talia argumenta abducunt animos humanos, quo minus assentiantur legi naturae. Notitiae de societate humani generis, etsi etiam sunt obscuratae, tamen in his manent hae, quae praecipiunt de externis officiis, necessariis ad vitae conservationem.[98]

Da die natürlichen Gesetze in der Seele durch die Sünde nicht gelöscht wurden, sind dieselben Normen, die Gott Adam mit seinem Geist einflößte, auch nach dem Fall in jedem Menschen erhalten geblieben. Ihre Wirkung ist zweifellos vermindert und unzulänglich. Aufgabe der Vernunft ist daher die Reinigung und Verbesserung des menschlichen Wissens, damit die göttlichen Gebote die ursprüngliche Eindeutigkeit wiedererlangen.[99]

---

[98] Melanchthon: Loci communes theologici, 1535, Sp. 399–400. Vgl. auch Melanchthon: Loci praecipui theologici, 1559, Sp. 712–713. Indem er sich auf diese Stellen stützt und den erkenntnistheoretischen Charakter des Naturgesetzes stark betont – Melanchthon bestimme nämlich die ›lex Dei‹ als ›doctrina‹ und die ›lex naturae‹ als ›notitia‹ –, kommt Frank: Die theologische Philosophie Philipp Melanchthons, S. 155–158 zum Ergebnis, daß »Melanchthons Naturrechtsbegriff trotz mancher Kontinuitäten mit dem traditionellen Naturrecht ein grundlegend neuer Typ einer Naturrechtstheorie ist« (S. 155). Da der Sündenfall einen Bruch mit der göttlichen Ordnung zur Folge habe, wirke das natürliche Gesetz nicht mehr als eine dem Menschen innewohnende Kraft, sondern sei nur als Wissen und als Erkenntniskeim vorhanden, aus dem der Mensch durch intellektuelle Bemühungen den ursprünglichen Inhalt des göttlichen Gebotes wiederherstellen solle. Melanchthons Auffassung der ›lex naturae‹ sei vom »traditionellen Naturrecht« verschieden, weil sie eine Wirkung des Geistes voraussetze und also die objektive Gegebenheit der Vorschrift ablehne. Das wäre dann als ein »geistesphilosophischer Exemplarismus« aufzufassen, der in eine »Subjektivierung des Naturrechtsdenkens« münde: die ›leges naturae‹ seien nicht mehr »Resultat einer ›analogia entis‹, sondern der ›analogia mentis‹« (S. 157). Damit läuft man aber Gefahr, die Funktion des menschlichen Verstandes übermäßig hervorzuheben, weil die menschliche Vernunft die Naturgesetze immer vorfindet und sie auf keinen Fall erfindet.

[99] Melanchthon: Loci praecipui theologici, 1559, Sp. 712; Melanchthon: Ethicae doctrinae elementorum libri duo, Sp. 228

Die Bemerkung, daß die ersten Menschen ›natürlich‹ gut handelten, soll nicht zum Schluß verleiten, daß die ›lex naturalis‹ eine unmittelbare Empfindung und Wahrheit sei, die abgesehen von jeglicher Vermittlung der Vernunft selbstverständlich in die Handlung übergehe. Das wäre eigentlich nur für den tierischen Trieb wahr. Melanchthon bleibt auch in diesem Fall der Tradition treu: Sowohl die philosophische als auch die juristische Überlieferung setzen das Naturgesetz mit der Vernunft (›ratio‹) gleich, so daß das Handeln nach dem Naturrecht immer ein Handeln nach der Vernunft ist. Die Menschen im ursprünglichen und unschuldigen Zustand sind also von keinem natürlichen Trieb geleitet. Wie sie von Melanchthon selbst beschrieben werden, folgen sie dem Naturgesetz, und zwar nicht, weil sie die Vernunft nicht vonnöten haben und aus reinem Instinkt handeln, sondern, weil sie eine vollkommene Vernunft besitzen, und kein Hindernis zwischen Erkennen, Entscheiden und Handeln besteht.

> Ideo enim dicitur homo ad imaginem Dei conditus esse, quia in eo lucebat imago, hoc est notitia Dei et similitudo quaedam mentis divinae, id est discrimen honestorum et turpium, et cum his notitiis congruebant vires hominis. Voluntas erat conversa ad Deum ante lapsum, ardebant et in mente verae notitiae et in voluntate amor erga Deum, et assentiebantur corda sine ulla dubitatione veris notitiis; ac statuebant nos conditos esse ad agnoscendum et celebrandum Deum et ad obediendum huic Domino, qui nos condidit, alit, impressit imaginem sui, qui iusta postulat et approbat, econtra vero damnat et punit iniusta.[100]

---

[100] Melanchthon: Loci praecipui theologici, 1559, Sp. 712–713. Es gibt also keinen Grund, in Melanchthons Auffassung der ›notitiae inditae‹ einen Einschnitt in der Geschichte des Naturrechts zu sehen, vielmehr bleiben die Kontinuitäten bestimmend. Die Objektivität des Naturrechts, d.h. die Lehre, daß es etwas Gegebenes ist, bildet den Kern der antiken sowie der mittelalterlichen Naturrechtsauffassung und wird auch von Melanchthon beibehalten. Das Fortbestehen der alten Tradition und das Beginnen des modernen ›ius naturae‹ hängen unmittelbar vom Vorhandensein oder Verschwinden dieser Bedingung ab. Das alte Naturrecht betrachtet nämlich die Naturgesetze als einen objektiven Inhalt, der im Menschen vorgefunden wird, obwohl er nicht sofort einleuchtet. Alle Menschen tragen also in ihrer Seele bestimmte Kenntnisse oder Ideen, nach denen sie ein gutes Leben führen können. Das moderne Naturrecht kennt solche angeborenen Vorstellungen nicht. Die Menschen sind nur mit den kalkulierenden Mitteln der Vernunft ausgestattet, die an sich leer sind, aber die Erfindung praktischer Regeln ermöglichen. Der Unterschied wird am deutlichsten, wenn man sich die Urzustandsauffassung beider Traditionen vorstellt. Nach dem alten Naturrecht besitzten die Menschen in der Unschuld alle ethischen Kenntnisse, und diese standen ihnen in ihrem vollen Umfang und in ihrer Eindeutigkeit zur Verfügung. Die ersten Menschen waren vollkommen vernünftige Wesen, und ihre Vernunft bestand eben in der Summe ihrer Kenntnisse über die praktische Welt. Diese Menschen waren also erfüllt mit Wissen. Die Menschen im Urzustand des modernen Naturrechts sind im Gegenteil leer; sie sind eine ›tabula rasa‹ und besitzen in ihrer Vernunft nur ein Mittel, wodurch sie eines rationalen Rechnens fähig sind. Diese Vernunft bietet keinen Inhalt, sondern weist die Natur eines reinen

Art der Verkündigung und Umfang unterscheiden das göttliche von dem natürlichen Gesetz. Das eine wird durch Offenbarung bekanntgemacht, das andere ist natürlich evident; das eine beabsichtigt sowohl allgemeine sittliche Normen als auch Zeremonialgesetze besonderer Völker, während das andere die Grundsätze der Moral und der Religion enthält, obwohl es von der Gnade ausgeschlossen ist. Von diesen Unterschieden abgesehen, fallen aber beide Gesetze zusammen, weil beide gleichermaßen der göttlichen Vernunft entstammen und die ›lex Dei‹ kundtun. Da sie denselben Inhalt aufweisen, gilt der Dekalog als die beste und klarste Zusammenfassung der ›leges naturae‹.[101]

> Leges naturae sunt notitiae principiorum practicorum, et conclusionum ex his extructarum, de regendis moribus, congruentes cum aeterna et immota norma mentis divinae, insitae nobis divinitus, ut sint testimonia, quod sit Deus, et qualis sit, et regant nos, ut congruat obedientia nostra cum voluntate Dei. Harum notitiarum conclusiones recitantur in decalogo, et inde expeditissimum est, summam legum naturalium sumere.[102]

Instruments auf. Sie erfindet den ersten Grundsatz des Systems und aus diesem leitet sie alle möglichen Rechtsnormen ab. Das Prinzip selbst gilt nicht als angeborene Idee, sondern ist eine allgemeine Aussage, auf die sich alle Menschen einigen könnten. Da die Gültigkeit jeder weiteren Rechtsvorschrift von der Konsequenz der Deduktion abhängt, ist das Rechtssystem eine ›autopoiesis‹ der Vernunft, und unter dieser Bedingung kann man sagen, dies sei eine »subjektive« Naturrechtsauffassung.

101 Vgl. auch Philipp Melanchthon: Oratio de dignitate doctrinae legum et iurisconsultorum, recitata a viro clarissimo et nobili Ioachimo a Beust doctore iuris [...] anno 1553, Wittebergae 1553, Bl. A5^{v}–6^{r}: »Attribuit [scil. Deus] autem magistratui hoc quatuor gradus officiorum. Primum, ut sonet vocem legis divinae, id est decalogi, seu ut nominavimus, legis naturae in genere humano.«

102 Melanchthon: Ethicae doctrinae elementorum libri duo, Sp. 227–228. Vgl. auch Melanchthon: Loci praecipui theologici, 1559, Sp. 715–716. Die Übereinstimmung von mosaischem Gesetz (›lex‹), Evangelium und Naturrecht ist ein Merkmal der kanonistischen Tradition, das am Anfang des *Decretum Gratiani* behauptet und auch von den Glossatoren rezipiert wird. Vgl. Decretum, dist. 1, pr., Sp. 1: »Humanum genus duobus regitur, naturali videlicet iure et moribus. Ius naturae est, quod in lege et evangelio continetur, quo quisque iubetur alii facere, quod sibi vult fieri, et prohibetur alii inferre, quod sibi non vult fieri. Unde Christus in evangelio: Omnia quaecunque vultis ut faciant vobis homines, et vos eadem facite illis. Haec est enim lex et prophetae«; Stephanus Tornacensis: Die Summa über das Decretum Gratiani, hg. von Johann Friedrich von Schulte, Gießen 1891, ND. Aalen 1965, dist. 1, »Humanum genus«, S. 7: »Ius etiam divinum dicitur naturale, quod summa natura nostra, i.e. deus nos docuit et per legem et per prophetas et evangelium suum nobis obtulit«; Azo Portius: Summa institutionum, in: Azo Portius: Summa super codicem. Instituta. Extraordinaria, Papiae 1506, ND. Augustae Taurinorum 1966, in Institutiones, I, 2, »De iure naturali, gentium et civili«, S. 348: »Ius autem naturale pluribus modis dicitur. Primus est ut dicatur a natura animati motus quidam instinctu naturae proveniens quo singula animalia ad aliquid faciendum inducuntur: ius naturale est quod natura, id est Deus, docuit omnia animalia«; Accursius: Glossa in digestum vetus, Venetiis 1488, ND. Augustae Taurinorum 1969,

Selbstverständlich können die natürlichen Gesetze auf keinen Fall die Klarheit und Eindeutigkeit der göttlichen Gesetze, also des Dekalogs, erreichen, und das gilt um so mehr für die Normen der ersten Tafel, die auf das Bekenntnis zum wahren Gott zielen.[103]

Trotz der Grundähnlichkeiten beider Bereiche werden aber die Vorschriften der ›lex naturae‹ immer vom besonderen Gesichtspunkt der menschlichen Natur aus betrachtet, deren Inbegriff in den Naturrechtsnormen der römischen Tradition zu suchen ist. Es ist also eine leichte Aufgabe zu beweisen, daß Melanchthon die naturrechtlichen Vorschriften dem *Corpus iuris civilis* entnommen hat. In der letzten Ausgabe der *Loci theologici*, wo das Muster des Dekalogs am konsequentesten angewandt wird, werden folgende acht Gebote behandelt: 1. man soll Gott anerkennen, der mit den Grundzügen eines Gottes der Philosophen dargestellt wird; 2. man soll den Schwur halten und keinen Meineid ablegen; 3. man soll die religiösen Zeremonien seiner Stadt achten; 4. »Agnoscit ratio in hac societate, ordine et gubernatione opus esse, et primus fons gubernationis est parentum autoritas. Ad hanc imaginem postea traditur potestas magistratibus, qui totam societatem regunt et defendunt« (Sp. 714); 5. »Ad quintum pertinet dictum, quod prohibet omnem iniustam violentiam, Neminem laedere. Etsi autem utilitas manifesta est in hac re (non enim posset incolumitas vitae retineri, si grassari impune liceret), tamen ratio non solum has iniurias propter utilitatem vitandas esse docet, sed etiam propter iustitiam, cuius intellectus inditus est homini« (Sp. 714); 6. »Ad sextum pertinet iudicium rationis, quod discernens hominum et pecudum vitam iubet homines certis legibus matrimonia contrahere, et improbat vagos concubitus et adulteria« (Sp. 714–715); 7. »Ad septimum pertinet dictum, Suum cuique tribuere. Videt ratio distinctionem dominiorum convenire huic naturae hominum et res per contractus communicandas esse, ut mutuis officiis homines inter se devinciantur, et exerceant iustitiam et beneficentiam« (Sp. 715); 8. »De octavo manifestum est rationi humanae inditum esse iudicium, quod statuit amandam et tuendam veritatem esse et vitanda mendacia. Hic rursus apparet communis utilitas huius legis et officii, quia non essent semper duraturi contractus, nulla essent foedera et vincula pacis, sublata fide pactorum, frustra exercerentur iudicia, nisi veritas inquireretur in artibus, ut in medicina et aliis« (Sp. 715).

---

gl. in Digestum, I, 1, 1, 3, »Ius naturale est quod natura«, Bl. 4rb: »Ius naturale, quod natura id est Deus et sic nominativi; vel dic quod sit ablativi casus«; Accursius: Glossa in volumen, Venetiis 1489, ND. Augustae Taurinorum 1969, gl. in Institutiones, I, 2, 1, »Ius naturale est quod natura«, Bl. 3rb; Accursius: Glossa in volumen, gl. in Institutiones, II, 1, 11, »Rerum natura«, Bl. 15vb: »Natura idest Deus«.

103 Melanchthon: Loci praecipui theologici, 1559, Sp. 713–714.

Das vierte Gebot, das die ›autoritas‹ nennt und auf die Entstehung der politischen Gesellschaften Bezug nimmt, entspricht *Digestum*, I, 1, 5, wo der Gehalt des ›ius gentium‹ dargestellt wird: »Ex hoc iure gentium introducta bella, discretae gentes, regna condita, dominia distincta, agris termini positi, aedificia collocata, commercium, emptiones venditiones, locationes conductiones, obligationes institutae: exceptis quibusdam quae iure civili introducta sunt.«[104] Der Spruch »Neminem laedere« ist einer der drei berühmten Grundsätze, die Ulpian als allgemeine Prinzipien der ganzen Jurisprudenz einführt: »Iustitia est constans et perpetua voluntas ius suum cuique tribuendi. Iuris praecepta sunt haec: honeste vivere, alterum non laedere, suum cuique tribuere. Iuris prudentia est divinarum atque humanarum rerum notitia, iusti atque iniusti scientia.«[105] Dasselbe Prinzip wird auch von Florentinus behauptet: »Ut vim atque iniuriam propulsemus: nam iure hoc evenit, ut quod quisque ob tutelam corporis sui fecerit, iure fecisse existimetur, et cum inter nos cognationem quandam natura constituit, consequens est hominem homini insidiari nefas esse.«[106] Die ›connubia‹ des sechsten Gebotes werden dem ›ius naturae‹ von Ulpian zugeschrieben.[107] Die ›dominia‹, ›contractus‹ und ›mutua officia‹ des siebten Gebotes sind dem ›ius gentium‹ des schon erwähnten Hermogenianus entnommen, und mit Hilfe derselben Stelle lassen sich auch die im achten Gebot genannten Verträge aus dem Völkerrecht herleiten.[108]

Das Naturrecht der juristischen Überlieferung wird also ins philosophisch-theologische System aufgenommen, aber es unterliegt dabei einer besonderen Veränderung, weil es zu einem ethischen Naturgesetz verwandelt wird, indem es seine juristischen Grundzüge verliert. Das Naturrecht der römischen Tradition ist ein Konglomerat aus verschiedenen Rechtsgebilden, die durch kein höheres Prinzip zur Einheit gebracht werden. Ihr gemeinsames Merkmal ist die Tatsache, daß sie natürlich oder von Natur sind;

---

104 Iustinianus imperator: Iustiniani digesta, I, 1, 5 (Hermogenianus), hg. von Theodor Mommsen und Paulus Krüger, Berolini-Turici 1965, (1. Aufl. 1872), S. 29.

105 Digestum, I, 1, 10 (Ulpianus).

106 Digestum, I, 1, 3 (Florentinus).

107 Digestum, I, 1, 1, 3 (Ulpianus): »Ius naturale est, quod natura omnia animalia docuit: nam ius istud non humani generis proprium, sed omnium animalium, quae in terra, quae in mari nascuntur, avium quoque commune est. hinc descendit maris atque feminae coniunctio, quam nos matrimonium appellamus, hinc liberorum procreatio, hinc educatio.«

108 Noch eindeutiger war Melanchthons Rückgriff auf das Naturrecht des *Corpus iuris civilis* in der *Lucubratiuncula*, die die Keimzelle der *Loci theologici* bildet. Die Vorschriften des Naturrechts werden hier auf zwei Stufen verteilt. Die erste Stufe enthält diejenigen Rechte, die das römische Recht dem ›ius naturae‹ zuschreibt, während der ›secundus ordo‹ die Normen des Völkerrechts umfaßt. Vgl. Melanchthon: Lucubratiuncula Philippi Melanthonis, 1520, Sp. 25–26.

diese Natur wird aber nie als ein einziges, einheitliches und ursprüngliches Prinzip verstanden, aus dem sich alle besonderen Elemente des Naturrechts ableiten lassen. Die Idee eines Naturrechts wird eher durch Induktion gewonnen, und als Leitfaden für ein solches Sammelwerk wird die intuitive Vorstellung einer gemeinsamen und selbstverständlichen Beschaffenheit aller Menschen genutzt, die eher praktischer Natur ist. Es liegt zwar auf der Hand, daß diese Phänomene, wie disparat sie auch sein mögen, sehr leicht als Erscheinungsformen eines tieferen (metaphysischen) Wesens erfaßt werden können, aber dieser Schritt wird nie von den großen Juristen der klassischen Zeit getan, und auch die humanistische Jurisprudenz zeigt sich zurückhaltend gegenüber dieser Vorstellung. Ansätze dieser philosophischen Begründung tauchen erst bei den Verfassern der iustinianischen Kompilation im sechsten Jahrhundert auf. In seiner vollen Tragweite zeigt sich aber diese Entwicklung bei den Kanonisten und den Glossatoren, die unter dem Begriff ›Natur‹ die von Gott geschaffene Ordnung verstehen und damit ein Höchstes und Erstes erreichen, aus dem man alle Gesetze der praktischen Welt herleiten kann.

Melanchthon steht in dieser Tradition und baut ihren Ansatz weiter aus: ›Lex naturae‹ ist für ihn die allgemeine Ordnung der praktischen Welt und ›ius naturae‹ ist lediglich ein synonymer Ausdruck. So stellt die erste Ausgabe der *Philosophiae moralis epitome* ohne weiteres die ganze praktische Philosophie mit den Gesetzen des Naturrechts gleich.

> Quid est philosophia moralis? Est notitia legis naturae et conclusionum, quae ex illa in demonstrationibus sequuntur, de moribus, et omnibus honestis actionibus humanis.[109]

In einer wenn überhaupt möglich noch entschiedeneren Form wird das Naturrecht in den *Ethicae doctrinae elementa* als Kenntnis oder Lehre der natürlichen Gesetze und der praktischen Prinzipien bezeichnet. Hier wird also deutlich, daß das ›Naturrecht‹ als ›Naturgesetz‹ aufgefaßt wird, und daß letzteres nichts anderes als der Inbegriff der Moral ist. Das Naturrecht gehört also nicht zur Jurisprudenz, sondern fällt mit der gesamten Ethik zusammen.

> Ius aut est naturale, aut positivum. Erudita et vera definitio iuris naturalis, id est legum naturalium a notitiis immotis sumitur ex doctrina de principiis practicis. Sit igitur haec definitio: Leges naturae sunt notitiae principiorum practicorum, et conclusionum ex his extructarum, de regendis moribus, congruentes cum aeterna et immota norma mentis divinae, insitae nobis divinitus, ut sint testimonia, quod sit Deus, et qualis sit, et regant nos, ut congruat obedientia nostra cum voluntate Dei. Harum notitiarum conclusiones

---

109 Philipp Melanchthon: Philosophiae moralis epitome [...], Argentorati, 1538, S. 1. Im *Corpus Reformatorum* wird die dritte Auflage vom Jahre 1540 nachgedruckt, die in diesem Punkt von der ersten Ausgabe abweicht.

recitantur in decalogo, et inde expeditissimum est, summam legum naturalium sumere.[110]

Die Definition der *Enarratio libri V. ethicorum Aristotelis* erklärt weiter, was man unter diesen ›principia practica‹ verstehen soll, nämlich die Regeln der Religion und der Moral.[111] Das Recht wird somit vollkommen in die Ethik integriert und ihr unterworfen. Die Grundsätze des Naturrechts gelten als Prinzipien der Ethik, und da sie zugleich auch die Prinzipien des Rechtes sind, liegt der Schluß nahe, daß das Recht aus den Grundsätzen der Ethik hergeleitet werden soll. Anders könnte dieses Verhältnis nicht gedacht werden, weil die gesamte praktische Welt von einer einheitlichen Ordnung durchdrungen ist, deren Ursprung Gott ist.[112]

Aus den ersten Prinzipien läßt sich ein einheitliches System ableiten, das zur gleichen Zeit eine Widerspiegelung der allgemeinen praktischen Ordnung ist. In diesem Gebäude hat die römischrechtliche Unterscheidung zwischen Natur- und Völkerrecht keinen Platz mehr und wird umgedeutet: Das ›ius gentium‹ ist nichts anderes als das ›ius naturae‹, wenn man nicht seinen göttlichen oder natürlichen Ursprung, sondern die Übereinstimmung der menschlichen Vorstellungen von Recht und Gerechtigkeit betrachtet.[113]

Da erste Prinzipien vorhanden sind und die Naturgesetze Teil einer allgemeinen Ordnung sind, wird es möglich, das System als eine konsequente Kette von Sätzen, Prämissen und Schlüssen darzustellen.[114] Die Prin-

---

110 Melanchthon: Ethicae doctrinae elementorum libri duo, Sp. 227–228.

111 Melanchthon: Enarrationes aliquot librorum ethicorum Aristotelis, Sp. 384: »Est igitur lex naturae illa ipsa notitia principiorum practicorum et conclusionum, quae ex illis necessaria consequentia ducuntur, divinitus insita mentibus humanis, non solum de moribus civilibus, sed primum de agnitione Dei, et obedientia Deo debita, postea de moribus civilibus, qui referendi sunt ad hunc finem, ut Deus celebretur. Ac summa proposita est in decalogo.«

112 Melanchthon: Philosophiae moralis epitomes libri duo, 1540–1546, Sp. 26: »Secundo nihil dubium est iurisconsultis prodesse ethicen, quia fontes iuris continet, hoc est primas demonstrationes, ex quibus velut aedificatur tota iuris doctrina.«

113 Melanchthon: Loci praecipui theologici, 1559, Sp. 715: »Ad septimum pertinet dictum, Suum cuique tribuere. Videt ratio distinctionem dominiorum convenire huic naturae hominum et res per contractus communicandas esse, ut mutuis officiis homines inter se devinciantur, et exerceant iustitiam et beneficentiam. Hoc naturale iudicium vocant philosophi legem naturae seu ius naturae, quod longum acervum demonstrationum et multos gradus complectitur. Ideo iurisconsulti paulo aliter loquuntur, etsi ius gentium nihil aliud significat, nisi commune hominum iudicium, hoc est principia pratica et demonstrationes ex illis collectas.«

114 Melanchthon: Ethicae doctrinae elementorum libri duo, Sp. 228–229: »Hic autem sciendum est, gradus esse principiorum et conclusionum moralium, sicut etiam in physicis gradus sunt, et corriguntur inferiores gradus a superioribus, ut regulare est, aquam fluere deorsum in aere, sed sistitur, ne fiat vacuum. Cedit ergo principium inferius superiori. Inferius est, grave tendit deorsum. Superius est, necesse est esse contigua mundi

zipien verteilen sich nach einer Rangordnung, und jede Stufe dieses Gefüges besitzt einen unterschiedlichen Grad an Notwendigkeit, die desto schwächer wird, je tiefer man hinuntersteigt. Absolut notwendig sind nur diejenigen Grundsätze, deren Verletzung die Zerstörung der menschlichen Natur zur Folge haben würde, während alle anderen Vorschriften des Naturrechts eine untergeordnete Stelle einnehmen und von den überlegenen Normen bedingt sind.[115]

Versucht man Melanchthons Naturrechtsauffassung in ihren wesentlichen Grundzügen zusammenzufassen, so kann man sie auf folgende drei Elemente zurückführen. Erstens wird das Naturrecht als eine objektive Erscheinung betrachtet: Es wird dem Menschen gegeben, und kann auf keine Weise von diesem verändert werden. Da der göttliche Beschluß, der das Naturrecht gestiftet hat, ewig ist, kann dieses nicht einmal von Gott geändert werden. Diese Realität und Objektivität des Naturrechts findet in der zum wiederholten Male behaupteten Lehre der ›notitiae inditae‹ Ausdruck.[116] Zum zweiten fällt die ›notitia legis naturae‹, die das Naturrecht ausmacht, mit der ganzen praktischen Philosophie zusammen,[117] so daß sich das Naturrecht über den ganzen Bereich der praktischen Philosophie erstreckt. Ethik und Naturrecht sind also ein und dasselbe. Drittens wird die im Naturrecht bewahrte ›lex naturae‹ als Teil einer allgemeinen und allumfassenden

---

corpora. Sic regulare est, depositum reddendum esse, sed si furiosus gladium depositum reposcat, superior lex regat deliberationem: Neminem laedito. Haec dextre accepta, facile iudicari possunt. Sunt enim immota principia, singula suo ordine collocata.«

115 Ebd., Sp. 229: »Sed cum incidunt casus, in quibus inferiora principia pugnant cum superioribus, plus valent superiora, quia primis illis destructis, sequitur universalis destructio naturae. Sic et prima tabula decalogi moderatur secundam, ut cum praecipit Deus Abrahae, ut filium interficiat, aut cum praecipit Israelitis, ut auferant vasa Aegyptiorum. Ac discrimen propositionum in physicis et ethicis, ex effectibus sumi potest. Quaedam sunt simpliciter necessariae, videlicet ubi dato opposito, sequitur destructio naturae, ut si tollas hanc propositionem: Nemo innocens laedendus est, sequitur destructio naturae humanae. Erunt enim promiscuae caedes in toto genere humano. Ac tales propositiones sunt ius naturae prorsus immutabile. Aliae sunt minus necessariae, quibus videlicet admissis, et si deformitas sequitur, tamen non sequitur destructio naturae, de quibus Aristoteles hoc exemplo utitur: Naturale est, maximae parti hominum facilius uti dextra quam sinistra, sed aliqui facilius sinistra utuntur: ita in moribus depravationes quaedam accedunt, quarum aliquas etiam Deus toleravit, ut divortia, etiamsi nequaquam congruunt ad rectitudinem a Deo institutam.«

116 Melanchthon: Loci communes rerum theologicarum, 1521, Sp. 117; Melanchthon: Loci communes theologici, 1535, Sp. 398–399; Melanchthon: Loci praecipui theologici, 1559, Sp. 711–712 und 714; Melanchthon: Philosophiae moralis epitome, 1538, S. 5; Melanchthon: Philosophiae moralis epitomes libri duo, 1540–1546, Sp. 22–23; Melanchthon: Ethicae doctrinae elementorum libri duo, Sp. 227–228; Melanchthon: Enarrationes aliquot librorum ethicorum Aristotelis, Sp. 384.

117 Melanchthon: Philosophiae moralis epitome, 1538, S. 1; Melanchthon: Ethicae doctrinae elementorum libri duo, Sp. 227–228.

Ordnung verstanden.[118] Die ganze Schöpfung wird als ein komplexer Bau dargestellt, der von Gott geschaffen und erhalten wird.[119] Fernerhin ist das handgreifliche und also unbezweifelbare Dasein einer allgemeinen Ordnung der einzige Weg, der der Philosophie zur Verfügung steht, um allein durch die Mittel der Vernunft die Existenz Gottes behaupten zu können. Demzufolge steigen die von Melanchthon angebotenen neun Argumente über das Dasein Gottes vom Einfachen und Niedrigen zum Höheren und Zusammengesetzten, und zeigen, wie in allen Kreisen der Schöpfung dieselbe Ordnung waltet, die sich nur durch Gott rechtfertigen läßt: Einen ›ordo perpetuus‹ gibt es in den metaphysischen Ursachen und Zwecken, in der Natur, in der menschlichen Seele, unter den moralischen Fähigkeiten, in den angeborenen Ideen, im Gewissen und in der politischen Gesellschaft.[120] Werden die Normen des Naturrechts beschrieben, weist Melanchthon immer darauf hin, daß ihre Gültigkeit nicht aus dem Nutzen kommt, der eigentlich nur eine Neben-

---

[118] Zum Begriff der allgemeinen Ordnung im Mittelalter und in der Frühneuzeit vgl. Hermann Krings: Das Sein und die Ordnung. Eine Skizze zur Ontologie des Mittelalters, in: Deutsche Vierteljahrsschrift für Literaturwissenschaft und Geistesgeschichte 18 (1940), S. 233–244; Hermann Krings: Ordo. Philosophisch-historische Grundlegung einer abendländischen Idee, Halle 1941, der mit Rückgriff auf das antike und mittelalterliche Denken eine Philosophie der Ordnung entwirft; Helmut Kuhn und Franz Wiedmann (Hgg.): Das Problem der Ordnung. 6. Deutscher Kongreß für Philosophie, München-Meisenheim 1962; Heinrich Beck: Natürliche Theologie. Grundriß philosophischer Gotteserkenntnis, München-Salzburg 1986, S. 134–147; Helmut Kuhn: Ordnung, in: Hermann Krings, Hans Michael Baumgarten und Christoph Wild (Hgg.): Handbuch philosophischer Grundbegriffe, München 1973, S. 1037–1050; Fritz-Peter Hager: Natur. I. Antike, in: Ritter und Gründer (Hgg.): Historisches Wörterbuch der Philosophie, 1984, Bd. 6, Sp. 421–441; Giampiero Stabile: Natur. IV. Humanismus und Renaissance, in: Ritter und Gründer (Hgg.): Historisches Wörterbuch der Philosophie, 1984, Bd. 6, Sp. 455–468; S. Lorenz, Burkhard Mojsisch und Wilfried Schröder: Naturphilosophie. I–III. Antike–Renaissance, in: Ritter und Gründer (Hgg.): Historisches Wörterbuch der Philosophie, 1984, Bd. 6, Sp. 535–548; Helmut Meinhardt: Ordnung. I. Antike, in: Ritter und Gründer (Hgg.): Historisches Wörterbuch der Philosophie, 1984, Bd. 6, Sp. 1249–1254; Wolfgang Hübener: Ordnung. II. Mittelalter, in: Ritter und Gründer (Hgg.): Historisches Wörterbuch der Philosophie, 1984, Bd. 6, Sp. 1254–1279; Ulrich Dierse: Ordnung. III. Neuzeit, in: Ritter und Gründer (Hgg.): Historisches Wörterbuch der Philosophie, 1984, Bd. 6, S. 1280–1303; Otto Muck: Ordnung, in: Lexikon für Theologie und Kirche, Freiburg i. Breisgau ²1962, Bd. 7, Sp. 1210–1212; Matthias Gatzemeier und R. Ebert: Kosmos, in: Ritter und Gründer (Hgg.): Historisches Wörterbuch der Philosophie, 1976, Bd. 4, Sp. 1167–1173. Vgl. auch Giorgio Giannini: Ordine, in: Centro di Studi Filosofici di Gallarate (Hg.): Enciclopedia filosofica, Venezia und Roma 1957, Bd. 3, Sp. 1061–1068.

[119] Melanchthon: Loci praecipui theologici, 1559, Sp. 637: »Voluit Deus innotescere et se conspici. Ideo et condidit omnes creaturas et miram artem adhibuit, ut convinceret nos, non extitisse res casu, sed esse aeternam mentem, architectatricem, bonam, iustam, spectantem hominum facta et iudicantem.«

[120] Ebd., Sp. 641–643.

erscheinung ist, sondern daß sie geachtet werden müssen, weil sie Teil der göttlichen Ordnung sind.[121]

In dieser Gestalt erweist sich das Naturrecht Melanchthons als eine vorbildliche Formulierung der vormodernen Überlieferung und zeigt, wie weit die alte und die neue Tradition auseinandergehen. Im vormodernen Naturrecht wird die praktische Welt von einem einheitlichen Gesetz beherrscht, so daß keine prinzipielle Trennung zwischen Moral und Recht besteht, weil beide als Verwirklichung desselben Guten angesehen werden sollen. Auch hier ist von äußeren Handlungen (›externae actiones‹) die Rede; damit ist aber keineswegs ein rein erzwingbares Handeln gemeint, das keinen Bezug zum Guten hat und nur kraft eines wirklichen oder vermutlichen physischen Zwanges zustande kommt. Der Ausdruck ›actiones externae‹ umfaßt die Handlungen der Moral und also der ›lex naturae‹, die als ›äußerlich‹ zu verstehen sind, weil die menschliche Vernunft den Gehorsam nicht aus reiner Gottesliebe leisten kann.[122] Eine wirklich äußere Handlung könnte erst dann vorhanden sein, wenn die ›lex naturae‹ oder ›humana‹ keinen Bezug zum Guten hätte, was unmöglich ist, weil die göttliche Ordnung allgegenwärtig ist.

Ein weiterer gravierender Unterschied besteht in der Auffassung des Prinzips. Die Normen des Naturrechts werden in der älteren Tradition nicht aus einem einzigen Prinzip hergeleitet, und die Tatsache, daß sie ein System bilden, bedeutet, daß es höhere und niedrigere Prinzipien gibt, nicht daß alle Regeln aus einem Grundsatz deduziert werden. Dieses ›System des Naturgesetzes‹ kennt also eine Pluralität der Prinzipien, was sich durch die Annahme erklären läßt, daß das Naturgesetz als der verborgene Sinn verstanden werden soll, der allen möglichen Gesetzen gemeinsam ist und der letzten Endes im Willen und/oder in der Vernunft Gottes liegt.

Das moderne Naturrecht ist dagegen durch seine innere logische Kohärenz und durch die Spaltung der praktischen Welt gekennzeichnet. Die Rechtsvorschriften gelten nämlich nur für die ›äußeren Handlungen‹, womit ein Handeln gemeint wird, das nicht auf das Gute, sondern auf die Sicherheit des materiellen Lebens hinzielt und dessen Geltung durch die Gewalt des Herrschers gewährleistet wird. Die Deduktion des Staates ist dement-

---

[121] Ebd., Sp. 715. Wenn also das Gesetz für die Wiedergeborenen nicht mehr als Abschreckung vor dem Bösen gilt, bleibt es trotzdem als Ordnung bestehen: »Ac manet immutabilis ordinatio divina, ut Deo obtemperemus. Ideo etsi liberati sumus a lege videlicet a damnatione, quia iusti sumus fide propter Filium Dei, tamen quod ad obedientiam attinet, manet lex, videlicet quia manet ordinatio divina, ut iustificati obediant Deo« (Sp. 719).

[122] Melanchthon: Philosophiae moralis epitomes libri duo, 1540–1546, Sp. 22–23. In Melanchthon: Philosophiae moralis epitome, 1538, S. 3 werden die äußeren Handlungen ›actiones civiles‹ genannt.

sprechend die notwendige Voraussetzung für das Bestehen der Rechtsordnung. Das Gute, sei es im moralischen, sei es im religiösen Sinn verstanden, kann nur im inneren Raum der privaten Meinungen fortwirken und übt keinen weiteren Einfluß auf den politisch-juristischen Bereich der äußeren Handlungen.

Andererseits, da das Recht nicht mehr auf einer objektiven Ordnung ruht, sondern konstruiert wird, muß es seine Überzeugungskraft aus sich selbst, d.h. aus seiner inneren Konsequenz schöpfen. So wird der Hinweis auf ein einheitliches Prinzip zu einer wissenschaftlichen Notwendigkeit des modernen Naturrechts.

Naturrecht und Widerstandslehre

Die mittelalterliche Naturrechtsauffassung wirkte teils auf Grund der alten Überlieferung teils aus dem neuen Impuls, den sie durch die Systematisierung in den *Loci theologici* bekam, weiter. Im Umkreis des Melanchthon wurden weitere Werke über das ›ius naturae‹ geschrieben, und diese Lehre erwies sich bald als ein wichtiges Kampfmittel in den religiösen Auseinandersetzungen. Schüler und Freunde Melanchthons griffen auf seine Lehre besonders zur Zeit des Schmalkaldischen Krieges zurück, um ein Widerstandsrecht gegen die tyrannische Obrigkeit, d.h. gegen Kaiser Karl V., zu rechtfertigen.[123]

Die evangelische Partei versuchte ihre Aufforderungen durch die Verbreitung von Flugschriften und polemischen Texten zu unterstützen, und man legte besonderen Wert darauf, die Aussagen und Schriften Martin

---

[123] Viele von diesen Texten sind in der Sammlung von Friedrich Hortleder zu finden. Vgl. Friedrich Hortleder (Hg.): Der Römischen Keyser- und königlichen Maiesteten/ [...] Handlungen und Außschreiben/ [...] Von Rechtmässigkeit/ Anfang/ Fort- und endlichen Außgang deß Teutschen Kriegs Keyser Carls deß Fünfften/ wider die Schmalkaldische Bundsoberste [...]. Vom Jahr 1546. biß auff das Jahr 1558. [...], Gota 1645 (1. Aufl. Frankfurt, 1617), Buch 2: »Von Rechtmässigkeit deß Teutschen Kriegs/ auff Seiten der Schmalkaldischen Bundts-Obersten Chur-Fürsten/ Sachsen und Hessen/ und jhrer Mit-Verwandten«, S. 61–223. Vgl. auch Heinz Scheible (Hg.): Das Widerstandsrecht als Problem der deutschen Protestanten. 1523–1546, Gütersloh 1969, wo aber der hier in Frage kommende Zeitabschnitt nur gestreift wird. Die polemische und juristische Literatur des Schmalkaldischen Krieges wird von Oskar Waldeck: Die Publizistik des Schmalkaldischen Krieges I., in: Archiv für Reformationsgeschichte 7 (1909–1910), S. 1–55 dargestellt. Zur Frage des Widerstandsrechts und des Tyrannisbegriffs in der frühen Neuzeit vgl. Merio Scattola: Il concetto di tirannide nel pensiero politico dell'età moderna, in: Filosofia politica 10 (1996), S. 391–420. Das protestantische Naturrecht wird gesellschaftskritisch von Stefan Breuer: Sozialgeschichte des Naturrechts, Opladen 1983, S. 95–123 ausgelegt.

Luthers, die das Widerstandsrecht der evangelischen Stände verteidigten, zu sammeln und zu veröffentlichen.[124] Melanchthon besorgte einen Neudruck der *Warnung an seine lieben Deutschen* und behauptete im Vorwort, daß Gott ein natürliches Recht zur Selbstverteidigung auch gegen die Obrigkeit ins menschliche Wesen eingepflanzt habe.[125]

> Und das dagegen etliche sagen/ die Gegenwehre sey unrecht wider Oberkeit. Wiewol man on Sophistrey antworten möge/ Bapst/ Pfaffen/ und Münche sind fürnemlich anfaher und fürer dieses Kriegs/ wie man weis/ das der Bapst Volck und Gelt in Deudschland geordnet/ so ist doch dieses auch gewislich war/ Die Regiment sind ein ordenlich ding/ darin der Oberkeit gleich so wol als den unterthan ziel gesteckt ist/ und ist natürliche gegenwehre ein recht werck/ das Gott in die Natur gepflantzt hat/ Und sind seer weit zu unterscheiden/ Gegenwehre/ und Uffrur/ So ein Mörder auff der Strassen/ oder in deinem Haus/ dich oder dein Weib/ oder Kind/ uberfallen wil/ so ist der schutz und Gegenwehre ein recht Gottgefellig werck/ wenn gleich der Mörder darob erstochen wird.[126]

---

[124] Vgl. Martin Luther: Etliche Schlüsse D. Mart. Luth. Das man dem Bapst und seinen Schutzherrn wider unrechte gewalt und Kriege/ widerstand thuen sol, [o. O.] 1546; Martin Luther: Erklerung D. Mart. Lutheri von der frage/ die Notwehr belangend. Mit Vorreden Philippi Melanthonis und Doct. Johan. Bugenhagen Pomers/ Pastors der Kirchen zu Wittemberg, Wittemberg 1547.

[125] In der *Warnung an seine lieben Deutschen* bezieht sich Luther auf das Naturrecht nur dann, wenn er zeigen will, daß die Altgläubigen »wider das Naturrecht« handeln. Vgl. Martin Luther: Warnung an seine lieben Deutschen. 1531, in: Luther: Werke. Kritische Gesamtausgabe, Weimar 1910, Bd. 30, Abt. 3, S. 284: »Nu ists ja beide Göttlich, Keiserlich und natürlich recht, welchs auch der heide Portius über S. Paul widder die Juden hielt, das man solle nicht verdammen, man höre denn zuvor die antwort des verdampten. Denn Gott wolt Adam auch nicht verdammen, er fordert jn zuvor zur antwort.« Das Naturrecht hat hier also nur eine schützende Funktion. Eine weitere Stellungnahme wurde von Andreas Osiander geäußert, der dem Lehnsherrn ein Naturrecht gegen seinen Vassallen zuerkannte. Vgl. Andreas Osiander: Ain Trostschrifft wider die Gottlosen verfolger des worts Gottes/ auß den Ersten dreyen bitten des hailigen Vater unsers gezogen [...], Augspurg 1546, Bl. D4^{r-v}: »Dann aller gewalt/ kan den menschen auff zwayerlay weiß gegeben werden/ Erstlich von den menschen/ über die er herschen soll/ die jn freywillig erwölen/ jnen selbst zugut/ dieweil sy jn für tauglich darzu halten/ Und wo das geschicht da gibts die natur/ und billigkait/ wann jn ain anderer Herr will vertreiben/ und sich an sein stat setzen/ das die unterthanen/ die jn erwölet haben/ für jn streiten/ unnd jn zu jrer aignen wolfart/ handhaben/ Darnach/ wirdt der gewalt auch offt und vil/ von ainem grössern Herrn gegeben/ als da der Kayser oder König/ ain Fürsten/ oder Landßpfleger/ belehnet unnd einsetzt/ Und wo das geschicht/ da gibts auch die natur und billigkait/ wenn man jn vertreiben will/ das der höher Herr/ der jn eingesetzt hat/ sich sein anneme/ unnd jn mit gewalt und böses krafft/ schutze und handhabe.« Vgl. Johannes Heckel: ›Lex charitatis‹. Eine juristische Untersuchung über das Recht in der Theologie Martin Luthers, München 1953, »Anhang 1. Luthers Lehre vom Widerstandsrecht gegen den Kaiser«, S. 184–191.

[126] Philipp Melanchthon: Vorrede Philippi Melanthon, in: Martin Luther: Warnunge D. Martini Luther an seine lieben Deudschen/ vor etlichen Jaren geschrieben auff diesen

In einer anderen Vorrede zur *Erklerung D. Mart. Lutheri von der frage/ die Notwehr belangend* baut Melanchthon diese Lehre weiter aus und erklärt seine Meinung durch zwei Beispiele. Als Alexander der Große die griechische Stadt Theben eroberte, nahm einer seiner Hauptleute Quartier im Haus der edlen Timoklea, die sich daraufhin genötigt sah, den Hauptmann in einen Brunnen zu stürzen, um ihr Eigentum und ihre Ehre zu verteidigen. Der gerechte König sprach die Frau frei und setzte sie wieder in ihre Rechte, weil sie aus Not gehandelt hatte. Ein ähnlicher Fall geschah auch im Krieg zwischen Kaiser Karl V. und Franz I. von Frankreich um das Herzogtum Mailand.[127]

> Solche Exempel zeigen an/ das menschliche vernunfft aus natürlichem liecht/ das Gottes geschepff ist/ richtet/ das die Notwehre ein recht ordenlich werck sey/ Und ist solchs

---

fall/ so die feinde Christlicher Warheit diese Kirchen unnd Land/ darinne reine Lere des Evangelij geprediget wird/ mit Krieg uberziehen/ unnd zerstören wolten. Mit einer Vorrede Philippi Melanthon, Witteberg 1546, Bl. c1^{r-v}. Der Text befindet sich auch in Philipp Melanchthon: Philippi Melanchthonis Vorrede/ vor die Warnunge D. Martini Lutheri an seine liebe Teutschen/ vor etlichen Jahren geschrieben/ auff diesen Fall/ so die Feinde Christlicher Warheit diese Kirchen unnd Landt/ darinne reine Lehre deß Evangelij geprediget wird/ mit Krieg uberziehen unnd zerstören wolten, Wittemberg 1546, in: Hortleder (Hg.): Der Römischen Keyser- und königlichen Maiesteten/ [...] Handlungen und Außschreiben, II, 24, S. 138f. Eine ähnliche Vorstellung taucht auch in einer Schrift Luthers auf: »Der Papst ist ein solch ungehewer Thier/ das weder ein Obrigkeit noch ein Tyrann ist. Eine Gottslästerung ists/ da er saget: er sey Herr uber alle Herren. Dann ein Tyrann ist doch das mehrer Theil den Gesetzen unterworffen [...]. Als gleich wie Christus leiblicher Gott ist/ also ist der Papst ein leibhafftiger Teuffel. Man muß viel anders vom Papst gedencken/ dann von Tyrannen/ dann er greifft fürnemlich an die Seelen der gantzen Welt/ wie der Türck den Leib. Dann es sind zwo Bestien in den letzten Zeiten/ darauff der jüngste Tag folgen wird. Dis ist ein gut Gleichnüß: Gleich wie wir alle schuldig sind zu einem gemeinen Brande zulauffen/ und zu wehren/ Also sind wir auch allzumal schuldig/ wider den Beerwolff zu streiten/ dann die Gegenwehr ist natürlich. Wann der Keyser nicht weiß/ welches die Kirche ist/ so ist er noch zu leiden. Aber wann er den BeerWolff schützen will/ so ist es nicht zu leiden/ sondern man sol ihm widerstehen«, Martin Luther: Etliche Schluß-Reden D. Martini Lutheri in offentlicher Disputation vertäidigt/ Anno 1539, in: Hortleder (Hg.): Der Römischen Keyser- und königlichen Maiesteten/ [...] Handlungen und Außschreiben, II, 18, S. 99, in der Weimarer Ausgabe als Martin Luther: Die Zirkulardisputation über das Recht des Widerstandes gegen den Kaiser. (Matth. 19, 21). 9. Mai 1539, in: Luther: Werke. Kritische Gesamtausgabe, Weimar 1932, Bd. 39, Abt. 2, S. 34–91, besonders S. 39–44 (Thesen).

127 Philipp Melanchthon: Vorrede Philippi Melanthonis, in: Luther: Erklerung D. Mart. Lutheri von der frage/ die Notwehr belangend, Bl. *2^{r}–3^{r}. Dasselbe Exempel von Alexander dem Großen und der edlen Timoklea befindet sich auch in Justus Menius: Von der Notwehr unterricht, »Der allmechtig Gott«, Bl. d1^{r-v}, aber wird nicht erzählt in Menius: Von der Notwehr unterricht, »Was der Bapst zu Rom«, Bl. D2^{v}. Vgl. unten S. 62f., Anm. 141.

scheinbarlich zu sehen in allen Müttern/ die zu rettung der Kinder/ leib und leben wagen. Also hat auch Moises recht gethan/ da er den Jsraeliten geschutzt hat wider den Egypter/ der gewalt an dem Jsraeliten ubet. Darumb ist nicht zweivel/ die Notwehr/ nach eins jeden stand/ ist ein recht werk/ und in den Gleubigen/ Gottgefellig. Denn das Evangelium gibet zu/ in diesem bürgerlichem leben/ natürlich recht und ander gesetz/ die dem natürlichen rechten gemeß sind zu brauchen.[128]

Melanchthon setzt hier also das Widerstandsrecht gegen einen tyrannischen Herrscher, der durch Abgötterei das Seelenheil seiner Untertanen verderben will, mit der dem römischen Recht längst bekannten Notwehr gleich[129] und erklärt letztere für ein Naturrecht, indem er dasselbe Argument benutzt, auf dem er seine Lehre der ›lex naturae‹ gegründet hatte: Im menschlichen Gemüt gibt es eine angeborene Idee des Rechtes, die der Mensch von Gott erhalten hat.

Dasselbe Schema wurde auch in anderen Werken derselben Zeit angewandt. In einer Schrift des Justus Menius über die Rechtmäßigkeit des Widerstands,[130] die zum größten Teil von Melanchthon selbst geschrieben

---

128 Melanchthon: Vorrede Philippi Melanthonis, in: Luther: Erklerung D. Mart. Lutheri von der frage/ die Notwehr belangend, Bl. *3^{v}. Ähnliche Bemerkungen werden auch in Menius: Von der Notwehr unterricht, »Der allmechtig Gott«, Bl. c4^{v}–d1^{v} gemacht: »Und das solche Notwehr/ natürlich Recht und ein werck Gottes sey/ in die Natur gepflantzet/ das ist zu sehen an fromen müttern/ die zu rettung jrer Kinder/ leib und leben wogen/ Darumb auch alle vernünfftige/ weltliche Gesetze/ warhafftige Notwehr zulassen/ und sind die Exempel in der weltlichen Regirung nicht ungewöhnlich/ Auch lieset man da von viel schöner Historien/ welche zu unterweisung und zu Zeugnis geschrieben sind/ das solcher schutz recht sey/ [...] Solcher Exempel sind viel/ da weise Regenten also geurteilet haben/ das die Notwehr nicht strefflich/ sondern recht und natürlich sey.«

129 Vgl. Digestum, I, 1, 3 (Florentinus). Vgl. unten S. 59f., Anm. 133.

130 Von diesem Buch sind zwei verschiedene Fassungen bekannt, die auffallende Abweichungen zeigen und zwei vollkommen unterschiedliche Gestaltungen des ersten Kapitels beinhalten. Die Titelblätter sind gleich bis auf ein Semikolon und auf ein ›m‹: Von der Notwehr | unterricht/ [!] | Nützlich zu | lesen. | Durch Justum Menium. | Wittemberg. [!] | M.D.XLVII., Kolophon: Gedruckt in der | Churfürstlichen Stat | Wittemberg / Durch | Veit Creutzer. | Anno. M.D.XLVII. Bl. A1–L4, 4° und Von der Notwehr | unterricht: [!] | Nützlich zu | lesen. | Durch Justum Menium. | Witteberg. [!] | M.D.XLVII., Kolophon: Gedruckt zu Witteberg / bey Veit Creutzer. | M.D.XLVII. Bl. A1–D4 + a1–f4, 4°. Nach derselben Vorrede (Bl. A1–A4) geht der Text einmal mit den Worten »Was der Bapst zu Rom« und einmal mit »Der allmechtig Gott« fort. Was aber die Äußerungen über ein Naturrecht zum Widerstand betrifft, sind nur geringfügige Unterschiede in der Schreibart zu verzeichnen. Hier wird die Ausgabe »Der allmechtig Gott« (NU IIb nach Peterson) benutzt, die auch in Hortleder (Hg.): Der Römischen Keyser- und königlichen Maiesteten/ [...] Handlungen und Außschreiben, II, 29, S. 152–171 abgedruckt wurde. Hortleder, S. 152 veröffentlicht einige Zeugnisse, auf Grund derer man vermuten darf, daß Melanchthon die Schrift von Menius zur Veröffentlichung bekam und sie weitgehend überarbeitete. Luther D. Peterson hat bewiesen, daß Melanchthon zuerst eine von ihm verbesserte Fassung (»Was der Bapst zu Rom«) drucken ließ und sie dann tiefgreifend in einer zweiten Ausgabe (»Der allmechtig Gott«) umarbeitete, die noch-

wurde oder weitgehend von ihm überarbeitet wurde,[131] werden dieselben Worte der Vorrede zur *Erklerung D. Mart. Lutheri von der frage/ die Notwehr belangend* benutzt.

> Und ist allen Menschen/ gleichen und Unterthanen natürlich Recht vorbehalten/ welches auch ein Göttlich Recht ist/ nemlich ein liecht/ das Gott selbs in menschliche vernunfft gepflantzt/ Nemlich in der not/ so einem offentliche grausamkeit/ atrox iniuria zugefüget wird/ und jm von der Oberkeit nicht geholffen wird/ das jm als denn von Gott erleubet ist/ sich selbs mit seiner Hand zu retten/ und zu schützen/ Ja es sind viel felle/ da solches nicht allein erleubet/ sondern auch geboten ist/ als/ das ein Man sein Weib/ ein Vater seine Kinder/ ein Herrschafft seine Unterthanen schütze.[132]

Ein ähnliches Recht wurde auch von den Juristen der evangelischen Fürsten eingeräumt, die in der römischen Jurisprudenz nach Beweisgründen suchten, um die Auflehnung der protestantischen Stände zu rechtfertigen.[133]

---

mals und ohne große Veränderungen gedruckt wurde. Vgl. Luther D. Peterson: Melanchthon on Resisting the Emperor: The *Von der Notwehr Unterricht* of 1547, in: Jerome Friedman (Hg.): Regnum, Religio et Ratio. Essays Presented to Robert MacCune Kingdon, Kirksville Missouri 1987, S. 133–144 und Luther D. Peterson: Justus Menius, Philipp Melanchthon, and the 1547 Treatise, *Von der Notwehr Unterricht*, in: Archiv für Reformationsgeschichte 81 (1990), S. 138–157 Die Auslegung von Peterson wird auch durch den Vergleich beider Fassungen bestätigt, weil die erste Ausgabe Ähnlichkeiten im Inhalt mit anderen Werken des Justus Menius (*Oeconomia Christiana*) zeigt. Über den Prediger Justus Menius, der zum Umkreis des Melanchthon gehörte, vgl. Gustav Lebrecht Schmidt: Justus Menius, der Reformator Thüringens, Gotha 1867, ND. Nieuwkoop 1968, Bd. 1–2, besonders Bd. 2, S. 18–31.

131 Melanchthon: Vorrede Philippi Melanthonis, in: Luther: Erklerung D. Mart. Lutheri von der frage/ die Notwehr belangend, Bl. *3^{v}: »Und davon ist in anderen schrifften/ und newlich in des wirdigen Herrn Justi Menij Buch/ nottürfftiglich geredt.«

132 Menius: Von der Notwehr unterricht, »Der allmechtig Gott«, Bl. b1^{r}.

133 Basilius Monner [Ps. Regius Selinus]: (Quod defensio sit ex lege naturali.) Von der Defension und Gegenwehr/ Ob man sich wieder der Obrigkeit Tyranney und unrechte Gewalt wehren/ und Gewalt mit Gewalt (Jure) vertreiben müge [...], [o. O.] 1632, (1. Aufl. 1546), S. 13, 14 und 18 zitiert Digestum, I, 1, 3 (Florentinus), das die Selbstschutz mit dem Naturrecht verbindet: »Ut vim atque iniuriam propulsemus: nam iure hoc evenit, ut quod quisque ob tutelam corporis sui fecerit, iure fecisse existimetur, et cum inter nos cognationem quandam natura constituit, consequens est hominem homini insidiari nefas esse.« Hier hat man ein klares Beispiel dafür, wie eng die Argumente in der Debatte über das Naturrecht von der Gliederung des Wissens innerhalb der Disziplinen abhängen. Zwei Schriftsteller, Monner und Menius – und man könnte auch das Magdeburgische Bekenntnis hinzufügen –, greifen zu derselben Zeit und mit denselben Absichten dasselbe Thema an; der eine aber ist Jurist, der andere Theologe. Dieser Umstand hat zur Folge, daß sie zwei Auffassungen des Naturrechts vertreten, die zwar miteinander sehr eng verwandt sind, aber parallel zueinander laufen, ohne sich zu berühren. Monner argumentiert mit den Materialien der juristischen Tradition; er kennt ein natürlich begründetes Selbstverteidigungsrecht, aber er vertritt nie die Lehre der göttlichen Ordnung. Menius (oder Melanchthon) dagegen beruft sich nie auf das römi-

So konnte Basilius Monner behaupten, daß die Notwehr ein natürliches Recht jedes Menschen sei, das keine Standesunterschiede kenne.[134] Wenn nämlich eine Privatperson von Räubern überfallen wird, ist es vollkommen gleichgültig, ob die Mörder Knechte oder Fürsten sind: In beiden Fällen darf der Überfallene sich verteidigen, wenn die rechtmäßige Obrigkeit nicht rechtzeitig zur Hilfe kommen kann. Wenn aber die Obrigkeit selbst die Rechte der Untertanen mißachtet und deren Leben bedroht, handelt sie wie eine Privatperson und außerhalb der Befugnisse ihres Amtes. In diesem Fall lehnt sich der angegriffene Untertan gegen seinen rechtmäßigen, von Gott gewollten Herrscher – dem also nicht Widerstand geleistet werden dürfte – nicht auf, sondern er verteidigt sich, seine Angehörigen und seine Güter gegen einen privaten Übeltäter, wozu ihm ein entsprechendes Naturrecht zuerkannt werden muß.[135]

Die Rechtfertigung des Widerstands stützt sich in allen diesen Fällen auf Argumente, die auf Melanchthons Lehre der ›lex naturae‹ und auf die Idee der allgemeinen Ordnung zurückgehen.[136] Die Obrigkeit kann nämlich aus keiner irdischen oder menschlichen Ursache entstanden sein, sondern hat ihren Ursprung in der göttlichen Majestät, die sie eingesetzt hat, damit sie die Bösen bestraft und die Rechtschaffenen belohnt. Als solche ist sie Teil der göttlichen Ordnung, die die Welt regiert und sich in den Vorschriften des Naturrechts äußert. So ist die irdische Obrigkeit die Vollzieherin der göttlichen Gebote, d.h. der ›lex naturae‹, die Gott den Menschen gegeben hat. Ähnliche Vorstellungen der göttlichen Ordnung, ohne aber auf das

---

sche Recht und auf Digestum, I, 1, 3. Die Gesamtheit des menschlichen Wissens scheint also in verschiedenen Gebäuden verteilt zu sein, die alle möglichen ›loci‹ enthalten, sie entsprechend anordnen und durch eine besondere Sprache oder Argumentationsweise darstellen. Man kann zu denselben Schlüssen kommen, obwohl man auf verschiedenen Gebieten arbeitet, wie es bei Menius und Monner der Fall war. Dementsprechend bildet die Geschichte des Naturrechts im sechzehnten Jahrhundert keineswegs eine einheitliche Entwicklung, sondern gliedert sich nach den verschiedenen Disziplinen.

134 Monner: Von der Defension und Gegenwehr, S. 18: »Zum andern/ so ist die Gegen- und Nothwehre natürliches Rechtens/ [...] welchs wieder das Evangelium, noch beschriebene Rechte auffheben, sondern dasselbe viel mehr bestettigen.«

135 Ebd., S. 12f.: »Auß welchem allem klar und offenbahr ist/ [...] daß auch die Obrigkeit/ so wieder recht jemand uberweltiget/ dafür nicht gefreyet/ noch außgenommen sey/ sondern handelt als ein Privat-Person/ und ausserhalb jhres Ampts/ ja wieder jhren Befehl/ da ist einem jeglichen erleubet/ sein Leib und Leben/ deßgleichen dere/ so ihm befohlen sind/ wieder unrechtmässige gewalt/ rechtmässiger weise zu schützen/ wieder einem jeglichen/ er sey wer er wolle/ Sindemal die Gegen- und Nothwehr ist natürliches Rechtens/ und in allen beschriebenen Rechten zugelassen/ ohn unterscheid der Persohnen.« Monner führt Digestum, IX, 2, 5, 1 als Autorität an.

136 Melanchthon verbindet ausdrücklich die Begriffe von ›ordo‹ und ›notitiae inditae‹ in die Vorstellung der ›iustitia universalis‹. Vgl. Melanchthon: Ethicae doctrinae elementorum libri duo, Sp. 223.

Naturrecht zurückzugreifen,[137] wurden auch von den Gnesiolutheranern während des Widerstands der Stadt Magdeburg gegen die Durchsetzung des Augsburger Interims (1550) gehegt und wurden als ein Gemeingut in den religiösen Kontroversen benutzt.[138]

---

[137] Vgl. [Anonym]: Grundtlicher bericht aus heilliger schrifft/ wie ferne man den Oberherrn/ gehorsam schüldig/ auch wer/ wie/ unnd in welcherley fellen/ man den verderblichen Tyrannen/ möge widerstand thun [...], [Magdeburg] 1552, besonders Bl. A2ᵛ; [Niclas Amsdorff]: Confessio et apologia pastorum et reliquorum ministrorum ecclesiae Magdeburgensis. Anno 1550. Idibus Aprilis [...], Magdeburgi [1550], Bl. D4ʳ, deutsche Fassung: [Niclas Amsdorff]: Bekentnis/ Unterricht und vermanung/ der Pfarrhern und Prediger/ der Christlichen Kirchen zu Magdeburgk. Anno 1550. Den 13. Aprilis, Magdeburgk 1550, Bl. G3ᵛ–4ʳ: »Also widderumb/ wenn die Obrigkeit unnd Eltern/ die jren von der waren Gottesfurcht unnd erbarkeit abfüren wollen/ So ist man jhn nach Gottes wort keinen gehorsam schüldig/ Wenn sie aber auch in dem fürhaben sind/ das sie ausrottung der Religion und guter sitten suchen/ unnd die ware Religion unnd erbarkeit verfolgen/ so entsetzen sie sich jhrer ehr selbst/ das sie nicht mehr für Obrigkeit oder Eltern inn dem selben können gehalten werden/ wider für Gott noch für den gewissen jhrer unterthanen. Und werden nu aus Gottes ordnung ein ordnung des Teuffels welcher ordnung ein jeder nach seinem beruff mit gutem gewissen widderstehen kan und soll« und Bl. H2ʳ–N1ʳ; auch in: Hortleder (Hg.): Der Römischen Keyser- und königlichen Maiesteten/ [...] Handlungen und Außschreiben, IV, 7, S. 1069. Vgl. Johannes Sleidanus: De statu religionis et reipublicae Carolo Quinto Caesare commentarii, Argentorati [1557], (1. Aufl. Argentorati 1555), lib. 22, S. 676–705. Zum Verfasser der Magdeburgischen Bekenntnisschrift vgl. Robert Kolb: Nikolaus von Amsdorf (1483–1565). Popular Polemics in the Preservation of Luther's Legacy, Nieuwkoop 1978, S. 82–87.

[138] Robert MacCune Kingdon sieht im Magdeburgischen Bekenntnis die Quelle der kalvinistischen Widerstandslehre des Theodore de Bèze. Vgl. Robert MacCune Kingdon: The First Expression of Theodore Beza's Political Ideas, in: Archiv für Reformationsgeschichte 46 (1955), S. 93–95, ND. in: Kingdon: Church and Society in Reformation Europe, London 1985, Nr. X; Robert MacCune Kingdon: The Political Resistance of Calvinists in France and in the Low Countries, in: Church History 27 (1958), S. 220–233, ND. in: Kingdon: Church and Society, Nr. XI. Zu einem ähnlichen Schluß kommt auch Esther Hildebrandt: The Magdeburg Bekenntnis as a Possible Link between German and English Resistance Theories in the Sixteenth Century, in: Archiv für Reformationsgeschichte 71 (1980), S. 227–253 in Bezug auf die englischen Reformation. Zum Widerstand der Stadt Magdeburg gegen das Augsburger Interim vgl. Oliver K. Olson: Theology of Revolution: Magdeburg, 1550–1551, in: The Sixteenth Century Journal 3 (1972), S. 56–79 und Robert Kolb: Confessing the Faith. Reformers Define the Church, 1530–1580, St. Louis Missouri 1991, S. 65–82; Winfried Schulze: Zwingli, lutherisches Widerstandsdenken, monarchomachischer Widerstand, in: Peter Blickle, Andreas Lindt und Alfred Schindler (Hgg.): Zwingli und Europa. Referate und Protokoll des Internationalen Kongresses aus Anlaß des 500. Geburtstags von Huldrych Zwingli vom 26. bis 30. März 1984, Zürich 1985, S. 199–216; Wolfgang Reinhard: Vom italienischen Humanismus bis zum Vorabend der Revolution, in: Hans Fenske (Hg.): Geschichte der politischen Ideen. Von Homer bis zur Gegenwart, Königstein 1981, S. 203–316, hier S. 225–236; Adolf Laube: Widerstandspflicht um 1530, in: Zeitschrift für Geschichtswissenschaft 37 (1989), S. 976–983; Heinz Schilling: Die Konfessionalisierung im Reich – Religiöser und gesellschaftlicher Wandel in Deutschland zwischen 1555 und

Die Idee der allgemeinen Ordnung und des daraus entstehenden Widerstandsrechts wird klar in einer anonymen Schrift vom Jahre 1546 vertreten, die Georg Maior, Schüler und Freund des Melanchthon, zuerkannt wird.[139]

> Derhalben unsere Göttliche ordnung die ist/ das ein Oberkeit jr Regiment/ nach ordnung des natürlichen Rechten/ und nach dem liecht/ und erkentnis menschlicher Vernunfft/ füre und regiere/ Welches von uns menschlicher natur darumb gegeben und eingepflantzt/ das sie recht könne richten und urteilen/ was recht oder unrecht/ was gut oder bös sey/ Welche Oberkeit nu nach des natürlichen Rechtens Regel und liecht regiret/ und das gute fordert und schützet/ das böse aber straffet und jm stewret/ ob es auch schon ein Heidnische Oberkeit were/ deren sol man gehorsam sein/ und nicht widerstreben/ Es sey denn sach/ das sie was gebiete wider unser Ordnung und Befehl/ So sol man uns/ als Gott und Schepffer aller Creatur/ mehr denn Menschen gehorsam sein.[140]

Auch in der Schrift von Justus Menius wird die Notwehr mit der Idee der politischen Ordnung verbunden: Die politische Gesellschaft wird auf die häusliche Gesellschaft zurückgeführt und bildet zusammen mit der Kirche die Ordnung der drei Stände (›ordo oeconomicus‹, ›ecclesiasticus‹ und ›politicus‹).[141]

1620, in: Historische Zeitschrift 246 (1988), ND. als Schilling: Confessionalization in the Empire: Religious and Societal Change in Germany between 1555 and 1620, in: Schilling: Religion, Political Culture and the Emergence of Early Modern Society. Essays in German and Dutch History, Leiden 1992, S. 240.

139 [Georg Maior]: Ewiger: Göttlicher/ Allmechtiger Maiestat Declaration/ Wider Kaiser Carl/ König zu Hispanien et c. Und Bapst Paulum den dritten [...], [Wittenberg] [1546], Bl. E2^{r-v}. Autorschaft, Druckort und Druckjahr werden aus den Materialien in Hortleder (Hg.): Der Römischen Keyser- und königlichen Maiesteten/ [...] Handlungen und Außschreiben, II, 23, S. 122f. ermittelt, wo auch der Text (S. 122–136) abgedruckt ist. Man kennt auch eine andere Ausgabe, die durch eine weniger moderne Schreibart gekennzeichnet ist: [Georg Maior]: Ewiger/ Göttlicher/ Allmechtiger Maiestat Declaration/ Wider Kayser Carl/ Künig zu Hispanien et c. Und Bapst Paulum den dritten [...], [Wittenberg?] [1546]. Zu Georg Maior vgl. Timothy J. Wengert: Georg Major (1502–1574). Defender of Wittenberg's Faith and Melanchthonian exegete, in: Heinz Scheible (Hg.): Melanchthon in seinen Schülern, Wiesbaden 1997, S. 129–156.

140 [Georg Maior]: Ewiger: Göttlicher/ Allmechtiger Maiestat Declaration, Bl. E2^{r-v}.

141 Vgl. auch Menius: Von der Notwehr unterricht, »Was der Bapst zu Rom«, Bl. C3^{v}–E2^{v}, besonders C4^{v}–D1^{r} und D3^{v}: »Soll aber dieses also sein/ so müssen die menschen nicht wie das wilde und unvernünfftige Vieh/ on alle gesetz und ordnung/ durcheinander schwermen und jrre lauffen/ sondern in feine ördenliche regiment gefasset sein/ und nach dem selbigen regiert werden/ also/ das etliche der andern öbern sein/ die das ampt füren/ und befhel und macht haben zu leren/ zu gebieten/ zu verbieten/ zu schützen/ zu richten/ zu straffen et c. und die andern solchem ampt und gewalt unterworffen und gehorsam sein. Solch ampt und ordnung hat Gott selbst eingesetzt im vierden gebot/ da er saget/ Du solt deinen Vater und deine Mutter ehren/ uff das dirs wolgehe und lang lebest uff Erden. Und ob er wol alleine Vater und Mutter nennet/ und derwegen scheinet/ als ob diese ordnung alleine uffs Hausregiment gestellet sey/ So ists doch gewiß und war/ das sie zugleich auch in die höhere und grössere Regiment/ Policey und Kir-

Unter die Aufgaben der Obrigkeit, die auf die Erhaltung des äußeren Friedens gerichtet sind,[142] gehört auch die Pflege der wahren Religion,[143]

---

chen gehöret/ und die selbigen in dieser ordenung auch mit begriffen sind/ Gleich wie es gewiß/ und on allen zweiffel war ist/ das beid Politia und Kirch aus der Oeconomia oder Haus regiment jren ursprung haben und herfliessen. Und sind auch nicht mehr noch ander Stende oder Orden/ darein unser Herrgott dieses Menschen leben und wesen uff Erden gefasset hat/ und die gantze Welt dadurch regiert/ den diese drey/ Nemlich/ die Oeconomia oder Ehestand/ Politia oder weltlich Oberkeit/ und das geistliche Reich Gottes/ welches ist Ecclesia die gemeine der Christgleubigen [...]. Gleichs falls ist der weltlichen Oberkeit auch geboten/ das sie jr Ampt fürn und regieren sol/ nicht frey dahin/ nach jrem eigen willen und gefallen/ sondern sie sol regiern nach befehl/ willen und ordnung Gottes/ Denn so gebeut Gott [...]. Item/ weil die Oberkeit ein ordnung sein sol/ so mus noch kan es kein unordentlicher/ freyer und mutwilliger gewalt sein/ zu gebieten/ zu regieren und zu richten nach eignem willen und wolgefallen/ sondern mus jr fürgeschriebenes Recht/ ordnung und mas haben/ darnach sie gebiete/ regiere und richte.« In Justus Menius: An die Hochgeborne Furstin/ Fraw Sibilla Hertzogin zu Sachssen/ Oeconomia Christiana/ das ist/ von Christlicher Haushaltung [...], Wittemberg 1543 besonders Bl. A4^r–8^r wird die allgemeine Ordnung durch Luthers Zweireichelehre erklärt. Letzere erfährt aber eine auffallende Veränderung, weil die zwei Reiche Luthers mit den zwei Regimenten vermengt werden, so daß das irdische Reich neben dem himmlischen Reich als ein zweites Reich Gottes verstanden wird, in dem eine göttliche Ordnung herrscht, die sich durch Vernunft und Natur ausdrückt. »Das ander aber/ ist ein leiblich und eusserlich Reich/ da durch den leib eusserlich/ und dis zeitliche leben in dieser welt regieret werden/ welchs/ ob es wohl eusserlich und leiblich ist/ dennoch nichts deste weniger auch Gottes reich ist/ damit Gott auch zu thun und zu schaffen hat/ Ja darinnen Gott eben so wol nach seiner macht/ rat und willen alles regieret/ schaffet und wandelt/ als in dem geistlichen und ewigen/ Allein/ da er dort in jenem/ keines andern/ denn des einigen Worts und der Sacramenten/ hie aber/ neben dem Wort/ auch der menschen und natürlichen krefften/ als sinn/ vernunfft/ sterke et c./ zum mittel gebrauchet. Und solch eusserlich und leiblich regiment hat Gott eingesatzt/ verordnet/ und als sonst andere seine Göttliche ordenung/ zu halten und ehren geboten/ in dem Wort/ da er saget/ Du solt deinen Vater und deine mutter ehren« (Bl. A5^r). Zur Ökonomik des Justus Menius vgl. Heinz Gottwald: Vergleichende Studie zur Ökonomik des Aegidius Romanus und des Justus Menius: ein Beitrag zum Verhältnis von Glaubenslehre einerseits und Wirtschaftsethik sowie dem Sozialgebilde ›Familie‹ andererseits, Frankfurt a. M. 1988, S. 167–233, besonders S. 167–170.

142 Menius: Von der Notwehr unterricht, »Der allmechtig Gott«, Bl. C2^v–3^v: »Und sind nemlich vier die fürnemesten werck aller weltlichen Oberkeit/ von Gott bevohlen. Das erste/ Das sie den unterthanen die gebot Gottes/ laut des Decalogi fürtragen/ und an Gottes stat und als Bevelhaber Gottes gebieten sollen/ in eusserlicher zucht die selbigen zu halten. Das ander/ Das sie die Executio thuen und leibliche straffe uben an allen/ so den selbigen Göttlichen geboten nicht gehorsam sind/ als/ das sie die offentliche Gotteslesterer/ die Eidbrüchige/ die Mörder/ die Ehebrecher et c. mit dem Schwert richten/ Denn Gott wil/ das solche offentliche Laster in dieser welt gestrafft werden/ uns zu erinnern/ das er warhafftiglich uber alle Sünde zürne/ und das andere aus forcht der straffe/ stille bleiben/ Und also die Menschen bey einander stille und ordenlich leben können/ Und so gleich die Oberkeit nicht straffet/ so straffet dennoch Gott den Ubeltheter/ sampt der faulen Oberkeit. Das dritte werck/ Das die Regenten auch noch mehr

die, insofern die Obrigkeit nur den Naturgesetzen folgt, als ein Naturrecht betrachtet werden soll. Wenn also ein Herrscher die wahre Religion vernachlässigt oder sogar bekämpft, verstößt er gegen eine Vorschrift des Naturrechts, was ein natürliches Recht zum Widerstand nach sich zieht, weil der Herrscher mit seinem Betragen nicht nur die ›lex naturae‹, sondern auch die ›lex Dei‹ und die ganze göttliche Ordnung in Frage stellt. In Wahrheit erweist sich der tyrannische Fürst als ein Anhänger und Nachahmer des Widersachers, der an der Ordnung Gottes nicht mehr teilnimmt.[144]

Gesetze machen sollen/ doch nicht wider göttliche Gesetze/ die uns binden/ und nicht wider natürliche Gesetze/ sondern aus vernünfftigen ursachen/ in teilung der Güter/ in masse der straffen/ und in verbietung etlicher gefehrlichen werck/ die zu sünden ursach geben/ Als/ da eine Oberkeit in einer Stad gebeut/ das niemand Schwerter oder andere wehr tragen sol/ Welches/ ob es gleich an jm selbs ein mittel werck ist/ So ist man doch gehorsam darinn schuldig/ wenn die Oberkeit dieses verbot gemacht hat/ Denn es hat vernünfftige ursach/ von wegen der fehrligkeit/ und ist nicht wider Göttliche gebot. Und ist die warheit/ Weltliche Oberkeit hat bevehl auch eigene Gebot und Verbot in solchen mittel wercken zu machen/ doch also/ das sie vernünfftige ursach haben/ und zu haltung Göttlicher gebot dienen/ und nicht wider Göttliche gebot streiten. Das vierde werck ist/ Executio und leibliche straffe auch in ubertrettunge dieser eignen gebot. Und vom gehorsam in diesen stücken allen/ ist zu verstehen der ernstliche Spruch Rom. 13. [v. 5] Darumb ist nötig gehosam zu sein/ nicht allein von wegen der straffe/ sondern auch von wegen des Gewissens/ Das ist/ Wer in diesen vier stücken/ wie gesagt ist/ der Oberkeit nicht gehorsam ist/ der trutzt wider Gott/ der uns der Oberkeit also unterworffen hat/ Darumb ist dieser trutz sünde wider Gott/ und reisset das Gewissen ab von Gott.« Diese Stelle ist nicht in Menius: Von der Notwehr unterricht, »Was der Bapst zu Rom« enthalten, deren erstes Kapitel (Bl. C3^{v}–E2^{v}) einer Beschreibung der guten ›Politia‹ auf Grund des Ehestands gewidmet ist. Dieselben vier Aufgaben der Obrigkeit wurden schon 1553 von Melanchthon: Oratio de dignitate doctrinae legum et iurisconsultorum, Bl. A5^{v}–6^{v} dargestellt.

143 [Maior]: Ewiger: Göttlicher/ Allmechtiger Maiestat Declaration, Bl. E2^{v}.

144 Ebd., Bl. E2^{r}: »Da haben wir durch unsere liebe Apostel [scil. Paulus und Petrus] anzeigen lassen/ das zweierley Oberkeit in der Welt sein werden/ Eine/ welche nach unser Gottes Ordnung regiren/ und das böse straffen/ und das gute fordern und schützen werde/ welche denn von uns/ Göttlicher Maiestat/ geordnet ist. Die andere Oberkeit aber/ dieser entgegen/ ist die/ welche das böse fordert und schützet/ und das gute verfolget/ drücket und nicht leiden wil/ Welche Oberkeit denn nicht unser/ sondern des Teufels ordnung ist/ welches natur und aigenschafft ist/ das gute zuverhindern/ und das arge zu fürdern.« Hier werden die zwei Reiche Martin Luthers (›regnum Christi‹ und ›regnum diaboli‹) erwähnt, die von den zwei Regimenten (geistlichem und leiblichem Regiment) zu unterscheiden sind. Vgl. Martin Luther: Von weltlicher Oberkeit, wie weit man ihr Gehorsam schuldig sei, 1523, in: Luther: Werke. Kritische Gesamtausgabe, Weimar 1900, Bd. 11, S. 229–281; Heckel: Lex charitatis, S. 31–51; Ulrich Duchrow, Heiner Hoffmann und Christof Windhorst (Hgg.): Die Vorstellung von Zwei Reichen und Regimenten bis Luther, Gütersloh ^{2}1978; Ulrich Duchrow: Christenheit und Weltverantwortung. Traditionsgeschichte und systematische Struktur der Zweireichelehre, Stuttgart ^{2}1983, S. 437–573; Kurt Dietrich Schmidt: Luthers Staatsauffassung, 1961, in: Schmidt: Gesammelte Aufsätze, hg. von Manfred Jacobs, Göttingen 1967,

Gegen das Reich des Teufels muß man sich wehren: Wenn die ›ordinatio Dei‹ offensichtlich zu einer ›ordinatio Diaboli‹ geworden ist, ist Widerstand erlaubt und pflichtgemäß.[145] Man könnte immer einwenden, daß das Neue Testament den Christen die Liebe zu ihren Feinden auferlegt und jeden Widerstand verbietet. Paulus zum Beispiel sagt im *Römerbrief* (13, 2): »Wer der Oberkeit widerstehet/ der widerstehet Gottes ordenung.«[146] In diesem Fall – so argumentieren die protestantischen Polemiker – wird aber nicht die Obrigkeit im allgemeinen gemeint, sondern der Apostel will hier nur den gerechten Richter oder Herrscher schildern, der sein Amt aufrichtig verwaltet. Diesem darf in der Tat kein Übeltäter oder kein Verurteilter widerstehen.[147] Wenn aber derselbe Richter gegen die Gerechtigkeit und gegen die Ordnung Gottes handelt, soll man ihm den Gehorsam verweigern. Im allgemeinen gilt also der Grundsatz, daß das Evangelium den natürlichen Rechten nie widersprechen kann, weil ja beides, Offenbarung und Natur, dem Willen Gottes entspringt.

> Darauff sage ich nu/ zu unterricht aller gottforchtigen/ das war ist/ das das Evangelium nicht allein zulesst/ sondern auch bestetiget alle natürliche Recht/ denn es ist ein Liecht von Gott in der Vernunfft geschaffen/ Wie der natürlich verstand ordentlich zu zelen/ 1. 2. 3. 4. 5. 6. et c. Dazu wil auch das Evangelium/ das in weltlicher regierung einem jedem Stande erleubet sey/ was jm die gewönliche/ vernünfftige Recht seiner Lande/ zulassen. Darumb spricht S. Paulus [Romer, 13, 1]/ man sol der Oberkeit/ welche herrschet/ unterthan sein/ das ist/ ein jeder seiner gegenwertigen Herrschaft/ und seines landes Gesetzen. Wir Deudschen/ sollen nach gewönlichen des deudschen Reichs Gesetzen leben/ nicht nach Türckischen/ oder andern frembden Gesetzen. Und bleibet in Summa die Regel warhafftig/ gewis und bestendig/ das das Evangelium natürliche Recht/ und Politicas ordinationes/ natürlichen Rechten gemeß/ nicht tilget oder verbeut/ Sondern wil viel mehr/ das wir in solchen wercken/ glauben und gehorsam gegen Gott/ und gerechtigkeit gegen Obern/ gleichen/ und Unterthan uben/ Denn Gottes Kirche/ lebet

---

S. 157–168, hier S. 164–167; Malte Dießelhorst: Zur Zwei-Reiche-Lehre Martin Luthers, in: Luigi Lombardi Vallauri und Gerhard Dilcher (Hgg.): Cristianesimo, secolarizzazione e diritto moderno, Baden-Baden und Milano 1981, S. 141–198.

145 [Amsdorff]: Confessio et apologia, Bl. D4^{r}; [Amsdorff]: Bekentnis/ Unterricht und vermanung, Bl. G3^{v}–4^{r}.

146 Menius: Von der Notwehr unterricht, »Der allmechtig Gott«, Bl. a4^{v}–b1^{r}.

147 Ebd., Bl. a4^{v}–b1^{r}: »Da nu S. Paulus [Römer, 13, 2] spricht/ Wer der Oberkeit widerstehet/ der widerstehet Gottes ordenung/ eben in diesem Spruch beweisen diese wort/ Gottes ordenung/ das S. Paulus von der Oberkeit redet/ in casu iustae iurisdictionis, das ist in aller solcher regierung/ die in das Ampt gehört/ Als wenn der Richter den Mörder oder Dieb für Gericht füren/ und nach dem Urteil straffen wil/ so sol er keine Auffrhur erregen/ und sol hierin der Oberkeit/ von wegen Göttlicher ordenung gehorsam sein/ Darumb sol dieser Spruch nicht ausser dem Ampt/ welches Göttliche ordenung ist/ zu bestetigung aller Tyranney und untugent gezogen werden.« An einer anderen Stelle wird der Spruch des Aposteln anders ausgelegt, als ob er sich nur auf die Verordnungen der irdischen Obrigkeit bezöge. Vgl. ebd., Bl. C3^{r-v}, angeführt oben S. 63f., Anm. 142.

neben andern Leuten im Burgerlichen leben/ mus mit helffen arbeiten/ und Burgerlich leben helffen erhalten/ in welcher der Glaube leuchten sol/ das viel zu Gottes erkentnis beruffen werden et c.[148]

Durch dieselben Argumente kann man den gerechten Widerstand vom unerlaubten Aufstand unterscheiden, weil der eine aus dem natürlichen Recht auf Selbstschutz erwächst, während der andere ein bloßes Verbrechen und ein Verstoß gegen die göttliche Ordnung ist.[149]

Mit dem Augsburger Frieden verlor die Frage nach dem Widerstand ihre Bedeutung für die evangelischen Stände; sie gewann dagegen an Wichtigkeit für die Anhänger des kalvinistischen Bekenntnisses, die durch jenen Friedensschluß nicht anerkannt wurden. Der in Zürich tätige Theologe Pietro Martire Vermigli überlieferte in seinen biblischen Kommentaren die Lehre, daß der tyrannische Herrscher durch die ›magistratus inferiores‹ bekämpft werden soll.[150] Er kann daher als ein wichtiges Bindeglied in der

---

148 Ebd., Bl. b1v.

149 Ebd., Bl. b2r: »Denn zwischen Schutz und Uffrhur/ ist grosse unterscheid/ Und ist diese unterscheid nicht eine ertichte subtilitet/ sondern alle verstendige wissen/ das schutz oder defensio ein geordnet werck ist in menschlicher Natur/ nicht fürnemlich andern zu schaden fürgenomen/ sondern wider unrechte grausamkeit/ sich und die seinen uffzuhalten/ so keine andere ordentliche rettung ist/ als/ so sich jemand wider die Mörder in einem Walde schützen muß. Aber Uffrhur ist eine embörung wider die ordentliche Oberkeit/ nicht zu nötigem Schutz fürgenomen/ sondern sich one Beruff zu erhöhen«. Vgl. auch Melanchthon: Vorrede Philippi Melanthon, in: Luther: Warnunge D. Martini Luther an seine lieben Deudschen, Bl. c1r–v; Monner: Von der Defension und Gegenwehr, S. 14.

150 Vgl. Pietro Martire Vermigli: In epistolam S. Pauli apostoli ad Romanos [...] commentarij doctissimi [...], Basileae 1560, (1. Aufl. Basileae 1558), S. 1378–1397, ND. in: Robert MacCune Kingdon: The Political Thought of Peter Martyr Vermigli. Selected Texts and Commentary, Genève 1980, [o. P.] und engl. Übers. S. 1–16: »Non tamen hoc dico, quod putem superiores potestates non posse ab inferioribus abrogari, vel illos ab eis, qui constituti sunt vel custodes, vel authores, vel electores principum, non posse in officio retineri, si fines et limites acceptae potestatis transgrediantur: ut olim fieri solebant Romae a senatu populoque Romano, et hodie in Germania interdum fit ab Electoribus Imperii« (S. 1391). Vgl. auch: Pietro Martire Vermigli: In librum Iudicum [...] commentarij doctissimi [...], Tiguri 1571, (1. Aufl. Tiguri 1561), 1, 36: »An Christianis liceat cum infidelibus habitare«, Bl. 30r–39r, besonders Bl. 37r–39r (Widerstandsrecht der niederen Obrigkeiten); 8, 22–23 (der politische Stand), Bl. 99r–101v; 19, 30: »De magistratu«, Bl. 172v–180r, ND. in: Kingdon: The Political Thought of Peter Martyr Vermigli, [o. P.] und engl. Übers. S. 86–89; 16–26; 26–61: »Nec praetereundum hoc loco quod saepius dictum est, Magistratui non esse parendum, si contra verbum Dei quicquam imperet. Nam cum id facit, non est Magistratus. Quia, ut Paulus [Rom. 13, 4] ait, is est minister Dei in bonum. Unde si contraria verbo Dei praecipiat, ea in parte non est eius minister« (Bl. 178v); Pietro Martire Vermigli: In duos libros Samuelis prophetae qui vulgo priores libri regum appellantur [...] commentarij doctissimi [...], Tiguri 1567, (1. Aufl. Tiguri 1564), II, 2, 32: »De bello«, Bl. 190r–195r, ND. in: Kingdon: The Political Thought of

Widerstandslehre des sechzehnten Jahrhunderts angesehen werden.[151] Die Thematik des Widerstands und ihre naturrechtliche Rechtfertigung gelangten bald auch in die Publizistik der deutschen Reformierten. Das geschah zum Beispiel in den theologischen Dissertationen des Zacharias Ursinus, der das schon von Monner benutzte Argument der privaten Notwehr ›in casu necessitatis‹ übernimmt, ohne aber es ausdrücklich dem Naturrecht zuzuweisen.

Peter Martyr Vermigli, [o. P.] und engl. Übers. S. 61–86; Pietro Martire Vermigli und Johannes Wolf: Melachim id est regum libri duo posteriores cum commentarijs Petri Martyris Vermilii et Ioannis Wolphii Tigurini, Tiguri 1571, (1. Aufl. Tiguri 1566), I, 18, 15–18, Bl. 145r–147v; Vermigli: In librum Iudicum [...], 3, 29–30: »An subditis liceat contra suos principes insurgere«, Bl. 60v: »Partiamur subditos [...] ita ut eorum alij sint mere privati, alij vero sic inferiores, ut superior potestas ab illis utcunque pendeat: quemadmodum apud Lacedaemonios ἔφοροι, et Romae Tribuni plebis erant. Ii qui tantum subijciuntur, et privati omnino censentur, adversos principes atque dominos suos non debent incitari, ut eos e dignitate seu gradu suo deturbent [...]. Alij vero sunt quidem in Repub. loco et dignitate principibus minores: at reipsa potestatem superiorem eligunt, certisque legibus Reipub. praeficiunt, ut hodie ab Electoribus Imperij fieri videmus, et forte in alijs quibusdam regnis idem agitur. Iis profecto licet, si princeps pactis et promissis non steterit, eum in ordinem cogere, ac vi adigere, ut conditiones et pacta, quae fuerat pollicitus, compleat. Idque vel armis, cum aliter fieri non possit«; Vermigli: Melachim, II, 11, 5–12, Bl. 278v–281r; Pietro Martire Vermigli: In primum librum Mosis, qui vulgo Genesis dicitur, commentarii [...], Tiguri 1569, 34, Bl. 141v–142v: »Dum autem rapitur in malam partem, ita definitur [scil. tyrannus] ut sit is qui contra aequum, bonum, ac leges imperat. Hoc vero ab ipso committi potest bifariam, vel iniuste invadendo, vel male administrando Principatum. Huiusmodi itaque improbum Principem, pij homines quando privati sunt, et super illos ius non habent, ferant oportet: neque illorum est seditiose adversus eum movere arma [...]. In summa, quia potestas a Deo, tyrannis ferenda est« (Bl. 142r). Die hier angeführten Stellen wurden von Vermigli in seinen *Loci* communes gesammelt. Vgl. Pietro Martire Vermigli: Loci communes [...], Tiguri 1587, (1. Aufl. Londini 1576), IV, 13, S. 897–911: »De Magistratu et distinctione Civilis et Ecclesiasticae potestatis«; IV, 16, S. 934–943: »De bello«; IV, 20, S. 960–969: »De turbis et seditione: adhaec de tyrannide perferenda«, ND. in: Kingdon: The Political Thought of Peter Martyr Vermigli, [o. P.] und engl. Übers. S. 61–86.

151 Zur politischen Lehre Pietro Martire Vermiglis vgl. Robert MacCune Kingdon: Introduction, in: Kingdon: The Political Thought of Peter Martyr Vermigli, S. I–XXVI; Robert MacCune Kingdon: The Political Thought of Peter Martyr Vermigli, in: Joseph C. McLelland (Hg.): Peter Martyr Vermigli and Italian Reform, Waterloo Ontario 1980, S. 121–139, ND. in: Kingdon: Church and Society, Nr. XV. Vgl. auch Mario d'Addio: Il tirannicidio, in: Luigi Firpo (Hg.): Storia delle idee politiche, economiche e sociali. Volume terzo: Umanesimo e Rinascimento, Torino 1987, S. 555f.; Scattola: Il concetto di tirannide, S. 394f. Robert M. Kingdon: Calvinism and Resistance Theory, in: The Cambridge History of Political Thought. 1450–1700, hg. von James Henderson Burns, Cambridge 1991, S. 203–205 rekonstruiert die Aufnahme der Argumente über den Widerstand aus den Schriften der Lutheraner in den Werken der reformierten Theologen.

Ratio secundae partis. 1. Quia contra quos licita est defensio per magistratum, contra eosdem est licita defensio privata in statu necessitatis, cum ea, quae sit per magistratum, haberi non potest. 2. Qua confirmatur defensio per magistratus, et per privatos in casu necessitatis; Quia sublata defensione, sive publica, sive privata, contra atrocem saevitiam tyrannorum, confirmaretur licentia tyrannorum infinita, qua palam destrueretur societas civilis, et melior pars generis humani, et praesertim Ecclesia. Conclusio: Non seditiosam, sed iustam et necessariam defensionem esse subditorum contra tyrannos etiam de aliis causis; Et per consequens, multo magis propter veram religionem, saevientes in subditos; Ideoque acquiescere amicum debere, et in praesentibus malis patientem esse, ac Deo fidere.[152]

Anfang des siebzehnten Jahrhunderts wurde diese Lehre in die ersten systematischen Darstellungen der Politik aufgenommen, die zum großen Teil von kalvinistischen Autoren verfaßt wurden,[153] und auf diese Weise wurde sie zu einem dauerhaften Bestandteil der frühneuzeitlichen politischen Lehre.[154]

---

[152] Zacharias Ursinus: Refutatio obiectionis, quod Religio armis non propagetur, in: Ursinus, Exercitationum liber secundus [...], Neustadii Palatinorum 1590, S. 567. Zu Zacharias Ursinus vgl. Derk Visser: The Covenant in Zacharias Ursinus, in: The Sixteenth Century Journal 18 (1987), S. 531–534 und Derk Visser: Zacharias Ursinus (1534–1583). Melanchthons Geist im Heidelberger Katechismus, in: Scheible (Hg.): Melanchthon in seinen Schülern, S. 373–390.

[153] Justus Lipsius: Politicorum sive civilis doctrinae libri sex. Qui ad principatum maxime spectant [...], Lugduni Batavorum 1590, (1. Aufl. Amstelodami 1589); Lambert Daneau: Politices Christianae libri septem [...], [Genevae] 1596; Otto Casmann: Doctrinae et vitae politicae methodicum ac breve systema [...], Francofurti 1603; Johannes Althusius: Politica methodice digesta [...], Herbornae Nassoviorum 1603; Hermann Kirchner: Respublica [...], Marpurgi Cattorum 1608; Philipp Heinrich von Hoen: Liber primus disputationum politicarum, in: Hoen: Libri duo disputationum: prior politicarum methodice digestarum, posterior juridicarum ad selectas aliquot pandectarum materias [...], Herbornae Nassoviorum 1608; Bartholomaeus Keckermann: Systema disciplinae politicae [...], Hanoviae 1608; Klemens Timpler: Philosophiae practicae pars tertia et ultima complectens politicam integram libris V. pertractatam [...], Hanoviae 1611; Johann Heinrich Alsted: Encyclopaediae liber tertius et vigesimus, exhibens politicam, in: Alsted: Tomus quartus encyclopaediae, in quo philosophia practica quattuor hisce libris repraesentatur: I. Ethica. II. Oeconomica. III. Politica. IV. Scholastica, in: Alsted: Encyclopaedia, Herbornae Nassoviorum 1630, ND. Stuttgart 1990, S. 1388–1504.

[154] Vgl. zum Beispiel: Keckermann: Systema disciplinae politicae, I, 28, S. 428: »Defensio est iuris naturae, praesertim cum iniuria est notoria et irreparabilis. At resistentia subditorum contra tyrannum, est defensio, ergo, et per consequ. est summe licita«; Johannes Gerhard: Decas decima, resp. Wolfgangus Schiltelius, in: Centuria quaestionum politicarum [...], Ienae 1608, § 6, Bl. R2r: »Audiamus sententiam illorum, qui auferendos [scil. tyrannos] putant. Exigere id videtur naturalis nostri nostrorumque defensio, vim vi repellendam esse Natura ipsa dictat«; Timpler: Philosophiae practicae pars tertia, V, 3, 9, S. 564, Nr. 7; Wolfgang Heider: Philosophiae politicae systema [...], Jenae 1628, VI, S. 963; Alsted: Encyclopaediae liber tertius et vigesimus, XII, 5, S. 1427 b: »Constitutio regis non tollit defensionem legitimam contra vim et injuriam, quam jus naturale concedit cuilibet, inprimis populo mulcanti principem, qui est tyrannus notorius.«

Die ersten systematischen Abhandlungen der Politik erörtern nicht nur die Thematik des Widerstandsrechts, sondern behandeln weitgehend auch den Komplex der ›lex naturae‹. Der Anteil älterer Naturrechtsvorstellungen ist in der politischen Lehre von Johannes Althusius besonders deutlich.[155] Die *Politica methodice digesta* vom Jahre 1603 teilt die Hoheitsrechte nach den zwei Tafeln des Dekalogs[156] und führt Recht und Gesetz auf die göttlichen Bestimmungen des Naturrechts zurück. Neben den besonderen Normen jeder Stadt räumt Althusius auch ein allgemeines Gesetz ein, das in allen Menschen wirkt. Wie die Erfahrung zeigt – so argumentiert Althusius –, hegen auch die Heiden eine Vorstellung von Gott und vernehmen den Willen Gottes in ihrem Gewissen. Da diese Anerkennung keineswegs bloß durch menschliche Kräfte zustande kommen kann, muß sie einer angeborenen Idee entstammen, die Gott ins Innere des Menschen eingepflanzt hat und die in ihm auch nach dem Sündenfall wirkt. Althusius verwendet hier dasselbe Argument wie Melanchthon, das auf die Briefe des Paulus und besonders auf den *Römerbrief* zurückgeht.[157]

Dieses allgemeine Gesetz ist einerseits eine ›notitia‹, aus der jeder Mensch die Normen des Rechtes und die erlaubten Mittel zur Rechtsausübung vernimmt. Es ist aber gleichzeitig auch eine ›inclinatio‹, ein Trieb, der die Menschen zu guten und gerechten Handlungen leitet.

> Ex inclinatione innata, homo impellitur arcano naturae instinctu ad faciendum id, quod justum intellexit: vel ad omittendum, quod iniquum cognovit. Rom. c. 2. 14. Nam cum gentes, quae Legem non habent, natura quae legis sunt faciant, isti Legem non habentes sibi ipsis sunt lex. 15. ut qui ostendant opus legis scriptum in cordibus suis, una testimonium reddente ipsorum conscientia, et cogitationibus sese mutuo accusantibus, aut etiam excusantibus. 1. Corinth. c. 5. 1. 2. c. 11. 14. Ergo communi hoc jure nihil aliud

---

155 Zur Naturrechtslehre des Johannes Althusius vgl. Hendrik Jan van Eikema Hommes: Naturrecht und positives Recht bei Johannes Althusius, in: Karl-Wilhelm Dahm, Werner Krawietz und Dieter Wyduckel (Hgg.): Politische Theorie des Johannes Althusius, Berlin 1988, S. 371–390, der das Thema im Licht des »Dilemmas von Naturrechtslehre und Rechtspositivismus« (S. 372) behandelt.

156 Althusius: Politica methodice digesta, 1603, VI, S. 59: »Jus hoc majestatis est duplex: ecclesiasticum, vel civile. Priori respondet religio et pietas seu tota tabula prima. Posteriori justitia suum cuique tribuens, quae est tabula secunda decalogi. In illo ad gloriam Dei omnia sunt referenda: in hoc ad utilitatem populi. Haec duo sunt fundamenta totius bonae societatis; et ubi coeptum est ab illis declinari, minuitur felicitas reipublicae.«

157 Ebd., XVI, S. 204: » Communis [scil. lex] est, quae natura sua, omnibus hominibus a Deo est ingenerata, Rom. cap. 1, 19. Quoniam id, quod de Deo cognosci potest, manifestum est in ipsis. Deus enim eis manifestum fecit. 20. et seqq. et c. 2. 14. 15. quoad notitiam et inclinationem, quibus media et rationem Dei colendi et proximi diligendi, omnibus hominibus praescribit, indicat et ad illa impellit.«

quam generalis theoria et praxis dilectionis tum Dei, tum proximi traditur omnibus hominibus.[158]

Die Gebote des allgemeinen Gesetzes – fährt Althusius fort – wurden von Christus auf zwei Grundsätze zurückgeführt: Man soll Gott und den Mitmenschen lieben. Ihnen entsprechen die zwei Tafeln des Dekalogs.

Mit den letzten Bemerkungen lassen sich alle Gründzüge des Naturrechts von Philipp Melanchthon auch bei Johannes Althusius wiederfinden: Das Naturgesetz ist eine ›notitia‹ und fällt mit den zehn Geboten zusammen. Die späteren Auflagen der *Politica methodice digesta* setzen hinzu, daß diese »notitia a Deo impressa« »vulgo dicitur lex moralis«,[159] und ergänzen damit die Gleichstellung von Naturrecht, Dekalog und Ethik.

Althusius verwertet die Lehre der ›notitiae inditae‹ auch in seiner Rechtslehre. Der juristischen Tradition gemäß erörtert er in diesem Fall das Naturrecht anstatt des Naturgesetzes. Er definiert das ›ius naturae‹ als ein ›ius commune‹, das aus angeborenen Ideen besteht.[160] Die Regeln der juristischen Behandlung verbieten aber, daß Rechtsnormen als Triebe verstanden werden können, und Althusius bemüht sich dementsprechend, das Wesen der naturrechtlichen Gebote als rational und ›noetisch‹ zu begründen.

In brutis licet sint quaedam inclinationes et affectiones iustitiae, sicut et virtutum aliarum simulacra: aequum tamen et ius eis inesse non dixerim. Iustitia enim alienum praecipue bonum spectat, munus suum aliis impertit, et ad hoc ratione et oratione opus habet. At bestiae quicquid faciunt, sua caussa faciunt, ac ratione et oratione carent. Unde cum illis nulla vitae societas esse potest, et per consequens nec ulla iuris communio. Itaque licet equos et leones fortes, serpentes prudentes, turtures castas appellare,

---

158 Ebd. XVI, S. 204.

159 Johannes Althusius: Politica methodice digesta [...], Herbornae Nassoviorum ³1614, XXI, 20 und 19, S. 407.

160 Johannes Althusius: Iurisprudentiae Romanae methodice digestae libri duo [...], Herbornae 1592, (1. Aufl. Basileae 1586), I, 1, S. 1: »Commune [scil. ius] est, quod recta ratio omnes docet [...]. Commune ius est naturale, vel gentium [...]. Naturale est, quod a Deo naturae impressae notitiae, ad Rom. 2. [14] nullo docente nobis suggerunt, ut honeste, pie et sancte vivamus. Wesenb. vocat ius rationis, quod ex iudicio noetico proficiscatur.« Vgl. auch Johannes Althusius: Epitome et brevis ἀνακεφαλαίωσις dicaeologicae Romanae, 1592, in: Althusius: Iurisprudentiae Romanae methodice digestae libri duo, S. 1: »Ius hoc est commune, vel proprium. Commune est, quod recta ratio omnes docet, estque naturale, vel gentium. Naturale est, quod ratio simplex noetica docet ad sancte et pie vivendum, ut: Quod tibi non vis fieri, alteri ne feceris.« Althusius zitiert Matthaeus Wesenbeck: Commentarius in institutionum iuris libros IIII. [...], Basileae 1576, (1. Aufl. 1569), I, 2, 4, S. 21: »Absoluta definitione nominis, et rei, subiicit divisiones; ac primum ius gentium in exempla distribuit; potuisset autem commodius dividere illud in ius rationis et ius ratiocinationis, et utriusque deinceps exempla subiicere.«

quia nimirum hae virtutes in seipsis vertuntur; at iustas sive iniustas animantes praeter hominem, nullas dicemus.[161]

In seinem letzten Werk, den *Dicaeologicae libri tres*, vereinigt Althusius die politische und die juristische Tradition und nimmt die Idee der ›inclinatio naturalis‹ in die juristische Erklärung des Naturrechts auf.[162] In der Tat versteht sich die *Dicaeologica* als ein Versuch, das Recht mit den Mitteln sowohl der Jurisprudenz als auch der Politik und der Theologie zu erläutern. Viele Argumente der *Politica methodice digesta* werden daher in der neuen ›ars dicaeologica‹ wörtlich wiederholt, und die Grenzen zwischen den Disziplinen werden undeutlich.[163]

Ähnliche Naturrechtsvorstellungen, die offensichtlich auf Melanchthon oder sogar auf Thomas von Aquin zurückgreifen, sind auch in den Werken von den Herborner Theologen und Kollegen des Johannes Althusius zu finden, die die reformierte Föderaltheologie ausbauten und verbreiteten.[164] In

---

161 Althusius: Iurisprudentiae Romanae methodice digestae libri duo, I, 1, S. 1. Althusius übernimmt diese Argumente von François Connan: Commentariorum iuris civilis libri X. [...], Basileae 1567, (1. Aufl. 1553), I, 6, 1, S. 25f.

162 Johannes Althusius: Dicaeologicae libri tres [...], Francofurti 1618, (1. Aufl. Herbornae Nassoviorum 1617), I, 13, 11, S. 36f.: »Commune igitur ius est, quod a natura, vel Deo immediate hominum mentibus est inscriptum, et ad quod faciendum, vel omittendum, illi ab eodem moventur, quantum satis est ad publicum bonum societatis humanae conservandum, et ad peccati nocentes convicendum, vel innocentes excusandum [...]. Unde in homine iuris huius est, tum notitia, tum inclinatio naturalis. Illa homo cognoscit id quod iustum est, hac vero impellitur arcano naturae instinctu ad faciendum, vel omittendum id quod iustum, vel iniustum esse cognovit.«

163 Noch deutlicher ist diese Verbindung von Theologie und Jurisprudenz in der *Iurisprudentia Christiana* Konrad Heresbachs. Nachdem das natürliche Gesetz (›lex naturae‹) als »notitia naturalis de Deo et morum gubernatione, deque discrimine turpium et honestorum divinitus indita humano generi« (S. 1) bestimmt wird, wird das gesamte Recht, also das *Corpus iuris civilis* auf die Gebote des Dekalogs zurückgeführt, die als zehn ›edicta aeterni praetoris‹ bezeichnet werden. Vgl. Konrad Heresbach: Christianae iurisprudentiae epitome [...], Neostadii in Palatinatu 1586, I, S. 3: »Porro legum omnium epitome est Decalogus universum ius divinum et humanum, inexhaustamque Dei sapientiam complectens, unde placet haec Decalogi praecepta Edicta perpetua appellare, quod Praetorum Edicta essent temporaria. Dei autem aeterni Praetoris Edicta ad omnium temporum Iurisdictionem pertinere et perpetua esse et immutabilia. Ut autem depravatae humanae naturae Deus frenum iniiceret, quo contumacia et caeci concupiscientiarum motus poenis coercerentur, et homines in officio continerentur, in Decalogo hoc, veluti brevi aeterni Praetoris albo, actionum consiliorumque omnium gubernatio praescribitur. Estque unicus iuris hic fons, et totius vitae norma.«

164 Zur Föderaltheologie in Herborn am Ende des sechzehnten Jahrhunderts vgl. Gerhard Menk: Die Hohe Schule Herborn in ihrer Frühzeit (1584–1660). Ein Beitrag zum Hochschulwesen des deutschen Kalvinismus im Zeitalter der Gegenreformation, Wiesbaden 1981, S. 231–257 und Hans Helmut Eßer: Die politische Theorie Caspar Olevians und des Johannes Althusius, in: Giuseppe Duso, Werner Krawietz und Dieter Wy-

seinem 1590 postum veröffentlichten *Gnadenbund Gottes* scheint Kaspar Olevian die Naturrechtslehre des Melanchthon aufzunehmen und zusammenzufassen.

> Das Gesetz ist ein solche lehr/ die Gott der natur eyngepflantzt/ und in seinen gebotten widerholet und vernewert hat/ darinn er uns gleich als in einer handschrifft fürhelt/ was wir zu thun und zu lassen schuldig sind/ nemlich einen vollkommenen innerlichen unnd eusserlichen gehorsam/ und verheisset das ewige leben mit dem geding/ so wirs vollkömmlich unser lebenslang halten: Dagegen aber drewet die ewige vermaledeyung/ so wirs nit unser lebenlang in allen stücken halten/ sonder es in einem oder mehr stücken ubertretten/ wie Gott gesprochen hat: Verflucht sey jedermann/ der nicht in allem bleibt/ das im buch des Gesetz geschriben steht/ daß ers thu. (Deut. 27, 26; Gal. 3, 10). Unnd nachdem es einmal ubertretten ist/ hat es keine verheissung/ daß uns die sünde durch seine hülff/ das ist/ durch die werck des Gesetzes vergeben werde/ sondern fellet stracks das urtheil der vermaledeyung. Das Evangelium aber/ oder die fröhliche bottschafft/ ist ein solche lehr/ davon die weisesten menschen von natur nichts gewust haben/ sonder ist von himmel offenbaret/ in welcher Gott nit von uns fordert/ sonder uns anbeut unnd schencket die gerechtigkeit/ die das Gesetz von uns erfordert/ nemlich/ den vollkommenen gehorsam des leidens unnd sterbens Jesu Christi/ dardurch uns alle sünden und vermaledeyung die uns das Gesetz anzeigt/ verzihen und abgetilget sind.[165]

Matthias Martinius, ein zweiter wichtiger Vertreter der Föderaltheologie in Herborn, definiert das Gesetz als den Bund, den Gott mit dem Menschen ›iure creationis‹ schloß und im Dekalog wiederholte. Dieses Gesetz sei natürlicherweise für alle Menschen verbindlich.[166] 1618 entwickelte Martinius

---

duckel (Hgg.): Konsens und Konsoziation in der politischen Theorie des frühen Föderalismus, Berlin 1997, S. 83–97. Zur Geschichte der Föderaltheologie vgl. Stephen Strehle: Calvinism, Federalism and Scholasticism. A Study of the Reformed Doctrine of Covenant, Bern und Frankfurt 1988, besonders S. 168–174 und David A. Weir: The Origins of the Federal Theology in Sixteenth-Century Reformation Thought, Oxford 1990, besonders S. 134–137.

165 Kaspar Olevian: Der Gnadenbund Gottes/ Erkläret in den Artikeln unsers allgemeynen/ ungezweifelten Christlichen Glaubens/ und in den angehengten zeichen und sigeln/ welche man die H. Sacramenta nennet [...], Herborn 1590, S. 8f. Vgl. auch Kaspar Olevian: De substantia foederis gratuiti inter Deum et electos, itemque de mediis, quibus ea ipsa substantia nobis communicatur, libri duo e praelectionibus Gasparis Oleviani excerpti, Genevae 1585, I, 8, 5, S. 169: »Et quidem promiserat Spiritus Sanctus non se alias, sed has ipsas quas dederat leges mentibus inscripturum. Quod ideo observandum, ut sciamus perfectam vitae regulam tam colendi Deum propter se, quam diligendi proximum propter Deum in Decalogo nobis latam esse, quae est aeterna regula iustitiae in mente divina.«

166 Matthias Martinius: Memoriale biblicum; hoc est versus in singulos veteris et novi testamenti libros [...], Herbornae Nassoviorum 1614, (1. Aufl. 1603), Summula doctrinae de federe, §§ 1–5, S. 3f. und Matthias Martinius: Synopsis sacrae theologiae, brevis et methodica, in quatuor libellos distincta: quorum est 1. De Deo, 2. De decretis Dei, 3. De exsequutione providentiae, 4. De exsequutione praedestinationis [...], [Herbornae] 1605, III, 8, S. 13 und IV, 5, S. 21: »Vigor veteris testamenti incepit sub

eine komplexe Lehre des Gesetzes, die im wesentlichen mit der Naturrechtsauffassung Philipp Melanchthons übereinstimmt und gleichzeitig Spuren der Rezeption der spanischen Spätscholastik und der Wittenberger Schriften *De legibus* vernehmen läßt.[167]

Martinius unterscheidet hier ›lex aeterna vel temporaria‹ und definiert erstere als die ewige Vernunft Gottes, die alles Geschehnis der Welt, alles Gerechte und Ungerechte nach gebührender Ordnung regelt. Die ›lex temporaria‹ ist der Ausfluß oder die Verwirklichung des ewigen Gesetzes. Sie ist einerseits natürlich und besteht aus angeborenen Ideen. Andererseits ist sie ›insuper addita‹ und unterteilt sich nach dem Willen, der sie stiftet: Gott, die Engel oder die Menschen.[168]

In der Darstellung des natürlichen Gesetzes wird die im sechzehnten Jahrhundert geläufige Argumentation in ihren Grundzügen wiedergegeben.

> Quomodo lex divina distinguatur? Lex divina, quatenus mentibus omnium sanorum hominum est inscripta (de qua Rom. 2, 14) dicitur lex naturae, quod scilicet ex naturali ratione colligatur: quatenus non omnibus eadem est data, sed certis, nuncupatur specialis. Quum autem in theologia de lege divina a Mose tradita quaeritur, notissima est divisio, in moralem, iudicialem et cerimonialem.
> Quid lex naturae? Est doctrina in ratione nostra, continens vitae degendae praecepta; seu sunt notiones quae rationalem creaturam ad iusti et iniusti discretionem informant.[169]

Die zehn Gebote sind eine Wiederholung und Bestätigung des natürlichen Gesetzes und wie jenes verkünden sie die Normen des Moralgesetzes, die

---

iudiciali statu, duce Mose, per quem Deus populo suo, educto ex Aegyptiaca servitute, naturae legem declaravit, Decalogo dato; legem iudicialem exposuit, et ceremonialem auxit, constituto plene sacerdotio Levitico.«

167 Vgl. unten S. 87–90 und 194–204. Die Gliederung und die Fragen der Dissertationen von Martinius stimmen mit der *Summa theologiae* überein.

168 Matthias Martinius: Disputatio III. De lege in genere, ubi de natura legis, deque legibus divinis et humanis, resp. Bernhardus Crusius, in: Martinius: Christiana pietas et aequitas, sive lex divina naturae, gratiae, politiae, perspicue, et ad privatos publicosque usus apposite explicata [...], Bremae 1618, S. 59: »Quomodo lex dividatur? Lex latissime sumta est I. aeterna vel temporaria. Aeterna lex est ratio in Deo, qua in se ordinavit quid in mundo iustum iniustumve aut liberum haberi debeat: et qua ordinantur omnia in debitos fines; etiam quae naturaliter sunt contingentia: imprimis autem intelligentes naturae. Temporaria est, quae est expressa ex illa lege aeterna, tanquam norma immutabili. Haec autem est vel naturae impressa tanquam radius a divinitatis sole sparsus, vel insuper addita. II. Lex alia est divina, alia angelica, alia humana. Illa Deum, ista hominem, haec angelum auctorem habet.« Vgl. Melanchthon: Oratio de dignitate doctrinae legum et iurisconsultorum, Bl. A3^{v}–4^{r}: »Haec ipsa Lex naturae non est Tyrannus ut Hippias dixit, nec est imaginatio, hominum astutia excogitata, ut multi somniant, sed est aeterna et immota sapientia in Deo, et norma iusticiae seu rectitudinis, cuius sapientiae radios transfudit Deus in homines in creatione, ut ostendant esse Deum, et doceant qualis sit Deus, et quod sit vindex scelerum, ac obligant omnes homines, ut sint conformes Deo.«

169 Martinius: Disputatio III. De lege in genere, S. 61.

nicht die menschliche Tugend, sondern auch die Liebe zu Gott gebieten.[170] ›Lex naturae‹, ›lex moralis‹ und Dekalog sind daher ein und dasselbe.[171]

Die Naturrechtslehre Melanchthons lebte auch in der Ethik fort, wo sie besonders in der Behandlung der Tugenden[172] und in den Darstellungen der ›iustitia‹[173] wieder auftaucht. Sie verschwand aus den moralphilosophischen

---

170 Matthias Martinius: Disputatio IV. De lege Mosis in genere et communiter de morali, resp. Johannes-Felix Colerus, in: Martinius: Christiana pietas et aequitas, S. 69f.: »Moralis [scil. lex] agit directe de cultu Dei interno et externo, posito in dilectione Dei et proximi.«

171 Ebd., S. 70f.: »An decalogus, lex naturae et lex moralis sint idem? Decalogus dicitur legis moralis summa, decem praeceptis comprehensa a Deo. Lex naturae sunt sententiae natura notae de discrimine turpis et honesti, quae ante lapsum in natura integra perfectae, incorruptae et clarae erant, post lapsum sunt imperfectae, vitiatae et obscurae. Hos defectus tollit legis naturae instauratio et declaratio in decalogo.«

172 Vgl. zum Beispiel: David Chytraeus: Regulae vitae. Virtutum descriptiones methodicae [...], Lipsiae 1570 (1. Aufl. Witebergae 1567), Bl. H2^{r-v}: »Iusticia universalis proprijssime definiendo est universalis oboedientia Deo debita, congruens ad normam totius Decalogi seu Legis naturae divinitus insitae nostris mentibus in prima conditionem ut agnoscamus qualis sit ipse Deus, et quibus officijs velit coli«; Bartholomaeus Keckermann: Systema ethicae, tribus libris adornatum [...], Hanoviae 1607, in: Keckermann: Systematis systematum [...] tomus secundus [...], in: Keckermann: Systema systematum [...] omnia huius autoris scripta philosophica uno volumine comprehensa lectori exhibens, idque duobus tomis [...], Hanoviae 1613, S. 821: »Ius naturae propinquam a Deo originem trahit. unde et πρῶτον δίκαιον ab Aristot. [Ethica Nicomachea, V, 12, 1136 b 34] vocatur. Cic. 3. de Legib. [scil. De republica, III, 22, 33] unus est, inquit, quasi magister et imp. Deus, legis naturae inventor, lator et disceptator«; Johann Heinrich Alsted: Encyclopaediae liber primus et vigesimus, proponens ethicam, in: Alsted: Tomus quartus encyclopaediae, S. 1260–1263: »Jus naturale sive commune est, quod Deus impressit naturae. Hinc dicitur lex Dei, lex naturae, lex tacita, jus Dei, jus immutabile, lex non scripta, ratio naturalis.«

173 Thomas Sagittarius: De iustitia, et commutativa et distributiva [...], resp. Christophorus Mylius, Jenae 1601, in: Sagittarius: Exercitationes ethicae [...], Jenae 1602, § 3, Bl. Cc2^{r}: »Est enim haec obedientia omnium virium in homine, necessario praestanda Deo conditori, iuxta omnes leges, ab ipso praeterea insitas naturae humanae, ut congruat nostra natura cum mente et voluntate Dei, et non congruens destruatur, et ut in hoc iudicio agnoscatur, qualis ipse sit, et a malis discernatur. Dn. Philipp. lib. 2. Eth. pag. 89.« Sagittarius weist hier auf Melanchthon: Ethicae doctrinae elementorum libri duo, Sp. 223 hin. Vgl. auch: Hippolyt Hubmeier: De iusticia, resp. Johannes Reichardus, Ienae 1603, disp. XII, in: Hubmeier: Exercitationes ethicae in quatuordecim disputationes conclusae [...], Ienae 1603, §§ 84–87, Bl. a2^{r}: »Estque duplex φυσικὸν καὶ νομικόν, naturale et legitimum, ibid. [Ethica Nicomachea, V, 10, 1134 b 18] φυσικὸν μέν, τὸ πανταχοῦ τὴν αὐτὴν ἔχον δύναμιν, καὶ οὐ τῷ δοκεῖν καὶ ἢ μή. Naturale est quod ubicunque eandem vim habet, et non quia vel ita videtur, vel non. d. l. Et hoc ius aeternum et immutabile est, de quo illud Ciceronis: est enim non scripta sed nata lex et c. pro Milone [VI, 10]«; Thomas Sagittarius: De gratitudine et justitia, resp. Martinus Sorgius, in: Sagittarius: Exercitationes ethicae exotericae templo virtutis dudum apparato et praeparato, emisso et praemisso, Jenae 1609, § 4, S. 349: »Numquid vero jus

Darstellungen zu Beginn des siebzehnten Jahrhunderts, und wurde durch eine Auslegung der praktischen Philosophie ersetzt, die mit ausgefeilteren philologischen Mitteln auf die *Nikomachische Ethik* unmittelbar zugriff und sich nicht scheute, Impulse aus der spanischen Spätscholastik zu übernehmen.

Konrad Hornejus zeigt zum Beispiel in seinen Darstellungen der Moralphilosophie keine Spur eines Naturrechtsbegriffs und versucht in der Ethik dieselbe akribische Wiedergabe der aristotelischen Philosophie anzubieten, die seine Helmstedter Kollegen und Nachfolger, Henning Arnisaeus und Hermann Conring, in der Politik pflegten.[174] Als ›principia actionis moralis‹ versteht Hornejus einfach ›spontaneum quid‹, ›electio‹, ›consultatio‹ und ›voluntas‹, d.i. die Grundbegriffe in der Definition der Tugend.[175] In der Behandlung der ›habitus intellectuales‹ schließt er aus, daß irgendein Prinzip, sei es theoretischer sei es praktischer Natur, dem Menschen angeboren sei, weil alles Wissen durch Erkenntnis gewonnen wird. Hornejus vertritt somit

---

φύσει an vero νόμῳ et hominum duntaxat constat placito? Utroque constat quod pro thesium angustia saltem digito ostendam. Considero jus civile (de hoc n. est intelligenda quaestio) vel ratione primae originis vel ratione informationis et ultimae approbationis. Si ratione originis: A natura est. Deus enim homini insevit principia practica ex quibus jus hoc civile deductum est. De illis vide Philipp. lib. 1. Eth. pag. 31. et 32. et 2. Eth. p. 96. [Melanchthon: Ethicae doctrinae elementorum libri duo, Sp. 167, 168 und 223] Ex quo optima tibi colliges fundamenta«; Henricus Velstenius: De iustitia [...], resp. Jacobus Blumelius, Wittebergae 1609, in: Velstenius: Viridarium ethicum seu collegium morale [...], Wittebergae 1609, Bl. A2^{r}–B2^{v}: »Ius est [...] vel naturale vel legitimum. Naturale est jus illud omnibus a natura insitum, quod semper et ubique eandem vim habet. Vel: est noticia certa principiorum practicorum et conclusionum inde extructarum, divinitus nobis insita, ut monstret discrimen honestorum et turpium, et sit vitae rectrix. Melanthon in epit. Philos. moral. pag. 103. [scil. Melanchthon: Ethicae doctrinae elementorum libri duo, Sp. 227f.] Vel: est recti et justi praeceptum in conscientiis hominum post lapsum reliquum« (A2^{r-v}). Vgl. auch Christian Matthiae: De iustitia distributiva et commutativa [...], resp. Casparus Friderus, in: Matthiae: Collegium ethicum III. Θετικὸς καὶ ζητητικός [...], Giessae 1613, §§ 9–13, S. 148f. = Christian Matthiae: Systema ethicum in tres libros distributum [...], Marpurgi 1626, III, 9, 9–13, S. 251: »Porro jus duplex est: naturale et positivum. Jus naturale est, quod omnibus hominibus a natura est insitum, quodque sempre et ubique eandem vim obtinet, vel, ut Melancht. in Epit. Phil. Mor. p. 103. [scil. Melanchthon: Ethicae doctrinae elementorum libri duo, Sp. 227f.] definit jus naturale est recti et justi praeceptum in conscientia hominum post lapsum relictum.«

174 Konrad Hornejus: De iustitia et iure, ex V. libr. Eth. Aristot., resp. Augustus Stiffer, in: Hornejus: Disputationes ethicae X. depromptae ex Eth. Aristot. ad Nicomachum [...], Helmaestadii 1618, Bl. H4^{v}–K4^{v}; Konrad Hornejus: Ethicae sive civilis doctrinae de moribus libri IV. [...], Francofurti 1625, III, 11: »De iustitia in commune«, S. 426–462.

175 Vgl. Konrad Hornejus: De principiis actionum moralium, deque fortitudine et temperantia. Ex III. lib. Ethic. Aristot., resp. Henningus Criccovius, in: Hornejus: Disputationes ethicae X., § 3, Bl. E5^{v}.

dieselbe Lehre der thomistischen Tradition und der spanischen Spätscholastik.[176]

Die Vorstellung, daß die natürlichen Rechte im Menschen als angeborene Ideen vorhanden sind, wurde in der modernen Disziplin des Naturrechts nicht mehr vertreten. Sie überlebte in der Lehre John Seldens, der zum Schluß kam, daß das echte Naturrecht aus den Gesetzen der Israeliten zu schöpfen sei, weil ihnen die ursprünglichen Bestimmungen des ›ius naturae‹ im Alten Testament zum zweiten Mal verkündet wurden.[177]

---

[176] Konrad Hornejus: De natura, partibus et instrumentis philosophiae, resp. Henricus Wesenbecius, in: Hornejus: Disputationes ethicae X., §§ 23–26, Bl. B3^{v}–4^{r}: »Sapientia enim est habitus ex intellectu et scientia compositus, quorum haec affectiones per principia cognoscit, ille habitus ipsorum principiorum est, sive is, per quem principia cognoscuntur. Namque et principia tam theoretica quam practica habitu aliquo cognoscenda sunt: neque putandum cum illa innata nobis esse vulgo dicantur, propterea ita dici, quasi statim atque in lucem venimus, eorum cognitione praediti simus. Sed ita res se habet: naturalis potentia in animo, quae ista principia respicit, ita comparata est, ut levi negotio, quum obiecta animo offeruntur, in actum deducatur, id est, animus quam primum terminos simplices istorum principiorum percepit, componat eos, et de veritate compositionis certus sit sine praecedente discursu rationis, qui ad aliorum cognitione requiritur. Sic quam primum didicisti, quid diceretur bis, quid duo, quid quatuor, cognovisti bis duo esse quatuor, et statim atque novisti, quid dicerentur parentes, quid colere, scivisti, parentes colendos esse, Et tamen neutrum eorum statim quum natus esses, cognitum tibi fuit, cum fieri non possit, ut de veritate compositionis terminorum simplicium constet prius, quam ipsi simplices termini animo percepti sint. Addiscuntur igitur etiam ipsa principia, quanquam levi negotio, et nobis feere non animadvertentibus. Quare eorum quoque habitus aliquis est: quem Aristoteles, cum alio vocabulo destitueretur, intellectum appellare voluit, accommodato nomine ipius potentiae intelligendi uni habituum, quibus potentia illa perficitur.«

[177] Vgl. John Selden: De iure naturali et gentium iuxta disciplinam Ebraeorum, libri septem, Londini 1640, Praefatio, Bl. a4^{r-v}: »Iam vero naturalis vocabulum, in titulo, id tantum indicat, quod ex Ebraeorum, seu ecclesiae aut reipublicae veteris Ebraicae, placitis, sententiis, moribusque, tam in foro quam in scholiis, receptis avitisque, pro iure tum gentium tum aetatum communi, etiam ab ipso rerum conditu, est habitum; ut scilicet a totius naturae creatae autore seu numine sanctissimo, humano generi, simulatque creatum est, indicatum, infusum, imperatumque [...]. Capita huius iuris septena, quae illustriora sunt, a scriptoribus Christianis subinde habes, sed nec sine crassissimo subinde errore, generatim memorata. Nullibi autem explicata. Ea sunt de cultu extraneo seu idolatria, de blasphemia, de homicidio, de incestu ac concubitu illicito, de furto, de esu membri seu partis ab animali hactenus viventi discerptae, et de iudiciis seu regimine forensi atque obedientia, quam civilem vocitamus. Gentium autem ius in titulo accipitur pro eo, quod sive ex singulari numinis imperio, sive ex pacto seu consuetudine interveniente, Ebraeis aliisque gentibus inter se vicinis sive aliis (nec interim universis nec semper) commune habebatur; veluti in contractibus, nuptiis, servitute, federibus, proselytorum admissione ac regimine, captivis, tributis, id genus reliquis.« Derselben Meinung ist auch Johann Franz Buddeus. Sowohl Selden als auch Buddeus können daher das Naturrecht mit dem Dekalog gleichsetzen. Vgl. Buddeus: Historia juris naturalis, S. 21 und Johann Franz Buddeus: Synopsis juris naturae et gentium juxta discipli-

Das philippistische Naturrecht: Niels Hemmingsen und Balthasar Meisner

Melanchthons Naturrechtslehre wurde in der Debatte über den Widerstand zur Zeit des Schmalkaldischen Krieges zwar als ein Mittel zur polemischen Auseinandersetzung benutzt, erfuhr aber dabei keine theoretische Weiterentwicklung. Zu derselben Zeit wurde sie aber auch von Niels Hemmingsen, einem direkten Schüler Melanchthons, aufgenommen und zu einem System der praktischen Philosophie ausgebaut.[178] Die ›lex naturae‹ wurde in der

---

nam Ebraeorum, in: Buddeus: Historia juris naturalis, S. 25–90, vor allem S. 28: »Juris naturalis seu Noachidici, quod non ex brutorum actibus, nec gentium sive plurium opinionibus, moribus, vel constitutionibus, nec ex rationis humanae usu, sed numinis sanctissimi imperio seu indicatione, derivant, quodque intellectus agentis ope, hominibus innotescit, capita alia illustriora sunt, alia minus illustria. Illustriora septem sunt, de cultu videlicet extraneo, de maledictione numinis sanctissimi, de revelatione turpitudinum, de furto ac rapina, de judiciis, de membro animalis viventis.« Da jede Vermittlung der natürlichen Vernunft ausgeschlossen wird, können die Normen des Naturrechts nur durch die Macht des Gesetzgebers vollzogen werden, in diesem Fall durch die Allmacht Gottes. Daher kann Buddeus einige Argumente des Thomas Hobbes in seine Naturrechtslehre aufnehmen und sie dem Kreis der Hallenser Philosophen und Juristen weitergeben. Vgl. Buddeus: Historia juris naturalis, S. 21: »Nec omnino nihil Thomae Hobbesio debemus.«

[178] Zur Bedeutung von Niels Hemmingsen in der Geschichte des Naturrechts vgl. das Urteil von Schmauß: Neues ›systema‹, S. 178f.: »Nach Melanchtone hat insonderheit dessen ›Discipulus‹ und nachmaliger Cantzler der Universität zu Copenhagen Nicolaus Hemmingius, ein Werckgen unter dem Titul: *De lege Naturae apodictica methodus*, herausgegeben, so zu Wittenberg A. 1566. in 8. nach Art der Catechismus-Bücher mit allerley Holtzschnitten zum Unterricht der Jugend gedruckt worden, worinn erstlich das ›Ius naturae‹ überhaupt beschrieben wird. ›Lex naturae est divinitus impressa mentibus hominum notitia certa, principiorum cognitionis et actionis, atque conclusionum ex istis principiis demonstratarum proprio fini hominis congruentium, quas ex principiis necessaria consequentia ad humanae vitae gubernationem extruit ratio, ut homo ea, quae recta sunt, cognoscat, velit, eligat, agat, vitetque contraria, quorum omnium et testis et judex conscientia hominibus divinitus est attributa‹ [Bl. C2^{r}]. Nach einer weitläufigen Auslegung dieser Definition folgt eine speciale Ausführung des ›Iuris naturae‹ nach der Ordnung der zehen Gebote, und darauf folgen die Haupttugenden, ›Prudentia‹, ›Iustitia‹, ›Fortitudo‹ und ›Temperantia‹, mit allen darzu gehörigen special-Theilen, welches alles dann nach der Meynung des ›Autoris‹ die ›legem naturae apodictica methodo demonstratam‹ ausmachen soll, und eine abermalige Confusion der Vernunft und Offenbarung zum Grunde hat.« Andere Darstellungen dieses Werkes befinden sich in Jakob Friedrich Reimmann: Versuch einer Einleitung In die historiam literariam Derer Teuschen [...], Halle im Magdeburg 1713, V, S. 36, Anm. h; Gottlieb Stolle: Anleitung zur Historie der Juristischen Gelahrheit [...], hg. von Christian Gottlieb Buder, Jena 1745, III, 2, 4, S. 658f.; Meister: Exercitatio VII. exhibens brevem historiam historiae iurisprudentiae universalis, § 3, S. 77. Vgl. auch Christian Friedrich Georg Meister: Bibliotheca iuris naturae et gentium, Gottingae 1749–1757, I, S. 358–360. Zu Niels Hemmingsen (1513–1600), Schüler Melanchthons und Professor für Griechisch,

ersten Ausgabe der *Loci theologici* nur summarisch im Abschnitt *De lege* dargestellt und erst ab 1535 wurde sie als selbständiger ›locus‹ anerkannt, der in den späteren Auflagen einen immer wichtigeren Platz einnahm. Hemmingsen setzte diesen Ausbauprozeß fort und erkannte die Möglichkeiten, die in diesem Begriff eingeschlossen sind, nämlich, daß hier der Grundsatz für eine Systematisierung der praktischen Philosophie gegeben wird. Indem er das Erbe Melanchthons aufnahm, öffnete er damit die Idee des Naturrechts zu philosophischen Weiterentwicklungen.

Hemmingsen verbindet die Behandlung der ›lex naturae‹ mit der Frage nach der Methode, die seine ganze Zeit kennzeichnete und seit dem späten sechzehnten Jahrhundert Anlaß zu methodologischen Auseinandersetzungen (Pierre de La Ramée, Jacopo Zabarella)[179] und zu systematischen Versuchen einer Gliederung des gesamten Wissens (Konrad Gessner, Bartholomaeus Keckermann, Johann Heinrich Alsted)[180] gab. Hemmingsen bekundet die Absicht, ein einheitliches Lehrgebäude durch eine einheitliche Methode aufrichten zu wollen, und benutzt zu diesem Zweck den Begriff des Naturrechts.[181]

Das Problem der richtigen Methode erweist sich in der Darstellung Hemmingsens als unlösbar verbunden mit der Frage nach der Einheit der praktischen Philosophie. Ausgangspunkt sind die zwei Einwände, mit denen sich die moralphilosophische Reflexion seit der Zeit der Sophistik konfrontiert findet: Einerseits scheint die Vielfalt der Gesetze, unter denen die Menschen leben, eine höhere Einheit auszuschließen;[182] andererseits stellt die

---

Hebräisch und Dialektik in Kopenhagen – dort wurde er entlassen, weil er des Kryptokalvinismus verdächtig war – vgl. Kaltenborn: Die Vorläufer des Hugo Grotius, S. 237–239; Krause: Naturrechtler des sechzehnten Jahrhunderts, S. 125–130. Die wichtigsten Textabschnitte aus seiner Schrift sind in Niels Hemmingsen: De lege naturae apodictica methodus, concinnata per Nicolaum Hemmingium. Witebergae (1562, 1564.) 1577, in: Kaltenborn: Die Vorläufer des Hugo Grotius, II, S. 26–44 nachgedruckt worden.

179 Vgl. Neal W. Gilbert: Renaissance Concepts of Method, New York 1960, S. 117–231 und Cesare Vasoli: La dialettica e la retorica dell'Umanesimo. ›Invenzione‹ e ›Metodo‹ nella cultura del 15. e 16. secolo, Milano 1968, S. 333–601.

180 Helmut Zedelmaier: ›Bibliotheca universalis‹ und ›bibliotheca selecta‹. Das Problem der Ordnung des gelehrten Wissens in der frühen Neuzeit, Köln 1992, S. 64–99; Wilhelm Schmidt-Biggemann: ›Topica universalis.‹ Eine Modellgeschichte humanistischer und barocker Wissenschaft, Hamburg 1983, S. 59–66.

181 Zur Frage der Methode in der Jurisprudenz des sechzehnten Jahrhunderts vgl. Maximilian Herberger: Dogmatik. Zur Geschichte von Begriff und Methode in Medizin und Jurisprudenz, Frankfurt a. M. 1981, S. 211–277.

182 Niels Hemmingsen: De lege naturae apodictica methodus [...], Witebergae: Georgius Rhaw, 1562, Bl. A4v–5v: »Etsi autem omnes sani una nobiscum fatentur unam iusticiam esse, quae domos, quae civitates, quae provincias, quae regna conservat [...] Tamen fuerunt, qui de iusticiae origine, non eodem modo iudicarunt [...]. Adduci possent multa,

Verschiedenheit der gegenwärtigen Normen das Bedürfnis nach einem Maßstab, mit dem die Gerechtigkeit jeder Vorschrift gemessen werden kann.[183] Diese zweifache Herausforderung wird von Hemmingsen durch zwei Annahmen gelöst: Man soll einige unbezweifelbare Grundsätze anerkennen, und man soll über eine zuverlässige Methode verfügen.

Die richtige Methode erfüllt zwei wichtige Aufgaben, denn sie zeigt, wie die Gesetze aus bestimmten Ursachen herrühren (›analysis‹)[184] und wie aus gegebenen Prinzipien konkrete Vorschriften gewonnen werden (›synthesis‹).[185] Hemmingsen gesteht ausdrücklich seine Verpflichtung gegenüber Melanchthon in dieser Frage ein, aber gleichzeitig beansprucht er sein Verdienst: Keiner vor ihm habe mit Erfolg versucht, die praktische Philosophie methodisch auf ihre Prinzipien zurückzuführen.[186]

---

non barbarae impietatis exempla, de legibus contrarijs, quae confirmare eorum sententia videntur, qui dicunt iustum non natura sed opinionem talem esse.« Die zweite Auflage, Niels Hemmingsen: De lege naturae apodictica methodus [...], Vittebergae: Johannes Crato, 1564, unterscheidet sich durch den Verleger, die Paginierung und die verbesserte Schreibart, während die dritte Ausgabe, Niels Hemmingsen: De lege naturae apodictica methodus [...], Wittebergae: Johannes Crato, 1577, in der Auswahl der Holzschnitte abweicht. Vgl. Bl. I2r.

183 Hemmingsen: De lege naturae, 1562, Bl. A5v–6v: »Ea demum lex, legis nomen rite sortitur, quae non solum autoritatem principum et magistratus habet, verum etiam (idque multo magis) ratione firma et immota nititur. Haec ratio aliunde peti non debet, quam ex duobus, nempe, ex natura ipsa, et fine legis. In natura ipsa sunt semina quaedam iusti et honesti, praeterea iudicium, quo iusta et honesta iustis et turpibus praeferantur. Ex his seminibus oriuntur leges, quae destinantur incolumitati reipublicae, non aberranti ab ultimo fine, ad quem omnia referri oportet. Quaecunque leges isto pacto sunt extructae, solae merentur leges dici, et non quaevis Tyrannorum decreta aut potentum placita [...]. Quocirca in qualibet lege ratio, quam dixi, diligenter spectanda est: ad quam cum lex congruit a magistratu legitimo lata, iustum censebitur quicquid secundum legem latam fit, contra iustum, quod contra legem committitur, neque hoc opinione iustum aut iniustum aestimandum est, sed natura et revera.«

184 Ebd., Bl. A6v–7r.

185 Ebd., Bl. A7r–v.

186 Ebd., Bl. A7v–8v: »Etsi autem multi, cum Poetae (ut Pythagoras, Theognis, Phocilides, Cato, alijque non pauci) tum Philosophi (ut Plato, Aristoteles, Plutarchus, Cicero) praecepta morum tradiderunt, ac nostra aetate Philippus Melanthon (cuius sanctissimi viri decus, nec viperina multorum ingratitudo, nec occultae malevolorum insidiae, nec apertae adversariorum calumniae obscurabunt unquam) de Philosophia morali sapientissime et utilissime scripsit: nullus tamen adhuc, quod sciam, haec elementa tradidit, et ostendit viam progressus demonstrativi in hac nobilissima naturae, ut dicam, arte, quod sane summis illis viris haud fuisset facile, si natura principia, et inde conclusionum extructationes, ea tractare methodo proposuissent, quam nos sequimur [...]. An non (inquies) de hac lege multa praeclare in Platone, Aristotele, Xenophonte, Plutarcho, Cicerone et alijs leguntur? hoc quidem verissimum esse fateor, sed eorum nullus ea ad certam et iustam eamque universalem methodum revocavit, quae sparsim in illorum scriptis leguntur: quod equidem tentandum saltem iudicavi, sperans bonos viros non

Wie Euklid in seiner Geometrie einen dreifachen Weg gegangen ist, so kann auch die Sitten- und Rechtslehre durch eine wissenschaftliche Behandlung erfaßt werden, die nicht weniger exakt als die der mathematischen Wissenschaften ist.

Non enim dubito et summe utile et periucundum fore moralis Philosophiae studiosis videre initia, progressus, ac metas legis naturae: considerare principia, ac veluti elementa axiomatum moralis Philosophiae, ex quibus hypotheses innumerae, adhibita Philosophica apodixi, in legibus politicis et Oeconomicis extruuntur: observare syntheses et analyses demonstrationum: perspicere qua via omnia iura et omnes leges ad suos fontes revocare possint. Hinc etiam futurum spero, ut non amplius Ethicae ac iurisprudentiae studiosi, ferant istam quorundam contumeliam, qui negant doctrinam de moribus et legibus demonstrari posse, videbunt enim clarissime non minus legis naturae conclusiones destitui evidentibus demonstrationibus, quam artem Euclidis, quam quidam solam demonstrationibus niti, falso contendunt.[187]

Hemmingsen beabsichtigt also, die ganze Fülle der praktischen Kenntnisse zu einem geschlossenen System oder Lehrgebäude zu bringen und damit auch der Ethik und der Jurisprudenz denselben Gewißheitsgrad zu verleihen, der den mathematischen Wissenschaften eigen ist. In der Darstellung benutzt er eine Methode, die der ›analysis‹ des Galen entspricht[188] und mit der ramistischen Methode auffallende Ähnlichkeiten zeigt.

---

improbaturos esse hunc meum conatum, praesertim cum cupiam prodesse studijs iuventutis.«

187 Ebd., Bl. A8v–B1r.

188 Vgl. Claudius Galenus: Ars medica, in: Galenus: Opera omnia, hg. von Karl Gottlob Kühn, Lipsiae 1821, Bd. 1, S. 305–412.f.: »Tres sunt omnes doctrinae, quae ordine comparantur. Prima quidem ex finis notione, quae per resolutionem fit; secunda ex compositione eorum, quae per resolutionem fuerunt inventa; tertia ex definitionis dissolutione, quam nunc instituimus. Licet autem hujuscemodi doctrinam vocare non tantum definitionis dissolutionem, sed et explicationem, ut nonnulli nominarunt, vel resolutionem, vel divisionem, vel (ut nonnulli alii) explanationem, vel expositionem, ut alii. Ac conati quidem sunt et Herophiliorum quidam talem facere doctrinam, quemadmodum Heraclides Erythraeus. Conati sunt autem et eam, quae per compositionem, et ipsi Herophilii, et quidam Erasistrati sectatores, et Athenaeus Attaleus. Nemo tamen ante nos eam, quae oritur a notione finis, scripsit, ex qua omnes artes methodo constituuntur; sed illam quidem alio in opere pertractavimus. Hic vero definitivam constituemus doctrinam: quantum enim ab ea, quae per resolutionem fit, et dignitate, et methodo remota est, tantum et ad totius compendium, et ad particularium memoriam praestare invenietur; commode namque ac facile memoriae mandantur universa ex definitionis dissolutione, quoniam totius artis capita in se optima definitio complectitur, quam quidam substantialem nominant, distinguuntque, oppositam aliis, quae notionales appellantur. Illa siquidem ab accidentibus, quae insunt rebus definitis, hae vero ab ipsa essentia constituuntur«; Claudius Galenus: De cuiusque animi peccatorum dignotione atque medella libellus, in: Galenus: Opera omnia, Bd. 5, S. 80 und 84; Claudius Galenus: Methodi medendi liber I.[–XIV.], I, 3, in: Galenus: Opera omnia, Bd. 10, S. 30; Claudius Galenus: De pulsuum differentiis liber I.[–IV.], II, 6 und 7, in: Galenus: Opera omnia, Bd. 8,

Ut autem certam doctrinae methodum sequamur in huius rei explicatione, visa est nobis commodissima ea, quae analysis a Galeno dicitur. Nam primum rem universam in definitione tanquam in fasciculo intra transennas comprehensam et convolutam proponam. Deinde eandem explicaturus, analysin instituam eorum membrorum, quae breviter in definitionis veluti corpore coniunguntur, in qua analysi conspicietur naturae vis, et praeter alia multa, quisnam finis sit hominis, quae principia et hypotheses legis naturae, unde moralis Philosophiae et iuris scientia tanquam ex fonte deducitur, adhibita Philosophiae amussi quae est demonstratio: ad haec, quae praemia sint servatae naturae normae et quae poenae violatae, explicabitur.[189]

Trotz der Wahl der analytischen Methode – die eine bessere Darstellung ermöglicht, indem sie von der Definition des Zweckes ausgeht – bleibt die Absicht Hemmingsens deutlich: Er will das ›corpus‹ der praktischen Philo-

---

S. 601 und 608f. (συνθετικὴ μέθοδος); Claudius Galenus: De placitis Hippocratis et Platonis libri novem. Liber primus sine principio, IX, 5, in: Galenus: Opera omnia, Bd. 5, S. 753 (συνθετικὴ θεωρία). Zur Frage der Methode bei Galen vgl. Michael Frede: On Galen's Epistemology, in: Vivian Nutton (Hg.): Galen: Problems and Prospects, [Cambridge 1981], S. 65–86, besonders S. 75–77; Andrew Wear: Galen in the Renaissance, in: Nutton (Hg.): Galen: Problems and Prospects, S. 229–262, besonders S. 238–245. Dieselbe Frage wird auch von Jean de Coras: De iuris arte liber, quatuor partibus conclusus, 1560, in: Jean de Coras und Joachim Hopper: Tractatus de iuris arte duorum clarissimorum iurisconsultorum, Ioannis Corasii, et Ioachimi Hopperi [...], Coloniae Agrippinae 1582, I, 7, S. 22–25 behandelt, der die ›methodus definitiva‹ bevorzugt: »»Sed quoniam in Methodi rationem incidimus, non ignorandum, tres duntaxat esse vias, modosque, quibus certo iustoque ordine ars aliqua disci docerique potest: [...] Resolutivum, Compositivum et Definitivum. Resolutiva doctrina, quam Graeci ἀνάλυσιν vocant, ad inventionem partium disciplinae excogitata, ex finis notione ducit initium, quo fine artis perspecto, cognitoque, ac eiusdem subiecto, (nam ex ijs duobus veluti basibus et fundamentis, ars ipsa constituitur) singula quaeque ad artem spectantia resolvendo, tantisper gradatim percurrimus, donec ab universali fine, et subiecto, ad ultima principia, et extrema artis elementa, quae ulteriorem sectionem non admittant, perventum sit, ita a compositis, et confusis, ad simplicia progrediendo [...]. Compositiva, quae non a compositis ad simplicia progreditur, sed per contrarium, a simplicibus ad composita fertur, ab elementisque et principijs artis ad eiusdem finem, per eadem media solo mutato ordine graditur et decurrit [...]. Ut autem Resolutio ad inveniendum valde commoda est, ita hic ordo Compositivus, Resolutione fusior, ad res tractandas atque docendas magis est idoneus et aptus. Definitiva doctrina, ex definitionis dissolutione constans, valde memoriae servit, sic appellata, quod sub una substantiali, perfecta ac compendiosa definitione omnes artis partes spectandas exhibeat, definitionem ipsam in plura membra diducendo, quae mox definitionem quoque explicet, explicataque iterum partiatur, ac sic per summa quaedam artis capita, semper decurrat, donec ad minima quaeque et individua, quae non amplius in alia resolvi queant, ventum fit: quam docendi viam, quod ad totius comprehensionem particulariumque memoriam locupletius conducat, alijs duabus dimissis, et nos sequi instituimus.« Vgl. auch in Christoph Ehem: De principiis iuris. Quibus iurisprudentiam arte, methodo, ordineque tradi, propriisque finibus circumscribi posse [...], Hanoviae 1601, (1. Aufl. Basileae 1555), VII, 2–9, S. 366–404.

189 Hemmingsen: De lege naturae, 1562, Bl. B6r–7r.

sophie aus einigen apodiktisch gegebenen Prinzipien ableiten und verwendet dabei ein deduktives Verfahren.[190]

Nachdem die Methode festgelegt ist, bedarf man eines Prinzips, um die Ethik wissenschaftlich deduzieren zu können. Hemmingsen glaubt, es in der ›lex naturae‹ gefunden zu haben, so daß das Naturrecht zu einem Grundstein

---

[190] Ein ähnlicher Versuch, die praktische Philosophie mit den Begriffen der Philosophie Melanchthons systematisch darzulegen, wurde auch von David Chytraeus unternommen, der sich eng ans Vorbild des Dekalogs hält und die ethischen Tugenden der philosophischen Tradition als Bestimmungen der Gebote versteht. Vgl. Chytraeus: Regulae vitae, Bl. A6^{v}–7^{v}: »I. Decalogus, seu Legis noticia, est praecipuum testimonium, quod sit Deus. Impossibile est enim certas et perpetuas noticias Legis, discernentes honesta et turpia, mentibus humanis insitas, casu ortas esse [...]. III. Docet ad quid condita sit, et qualis fuerit natura humana, seu quid fuerit iusticia originalis, videlicet congruentia seu conformitas cum tota lege Dei. IIII. Ostendit peccatum, et est perpetuum iudicium Dei, accusans et damnans omnes homines propter peccatum [...]. VI. Est regula vitae piorum, ad quam omnia sua consilia, actiones et studia accommodantes, Deo grata dicant, et Deo grata faciant [...]. IX. Est norma vitae hominum in externis actionibus, ut mores honeste regantur. X. Est vinculum et nervus omnium imperiorum et totius civilis societatis, cuius salus et tranquillitas ex observatione legum dependet. XI. Est fons omnium honestarum legum positivarum. XII. Est fons et eruditissima ἐπιτομὴ ac summa omnium scriptorum philosophicorum, oratoriorum, poeticorum, quibus doctrinam ethicam et politica, seu praecepta et sententias de honesta et salutari imperiorum et vitae gubernatione, de praemiis virtutum, et scelerum poenis, homines sapientes complexi sunt.« In seiner *Praefatio* zu demselben Werk versteht Petrus Sickius den Dekalog als eine Sammlung von moralphilosophischen ›loci communes‹. Vgl. Petrus Sickius: Praefatio, 1554, in: Chytraeus: Regulae vitae, Bl. A4^{v}–5^{r}: »Et virtutum omnium ac viciorum tituli, velut loci communes usurpari possunt, ad quos omnes sententiae Salomonis et Iesu Syracidae referantur, una cum Hesiodi, Pythagorae, Phocylidis, Theognidis, et omnium poetarum et philosophorum γνώμαις, quibus vel praecepta de gubernatione morum, et singulorum officiis, vel dicta de praemiis virtutum et poenis scelerum complexi sunt.« Zu David Chytraeus (1531–1600) vgl. Heinz Liebing: Chytraeus, (gräzisiert aus ›Kochhafe‹) David, in: Die Religion in Geschichte und Gegenwart. Handwörterbuch für Theologie und Religionswissenschaft, hg. von Kurt Galling, Tübingen ^{3}1986, Bd. 1, Sp. 1823; Otto Krabbe: David Chytraeus, Rostock 1870; Thomas Kaufmann: Die Brüder David und Nathan Chytraeus in Rostock, in: Karl-Heinz Glaser (Hg.): David und Nathan Chytraeus: Humanismus im konfessionellen Zeitalter [...], Ubstadt-Weiher 1993, S. 103–116; Rudolf Keller: David Chytraeus (1530–1560). Melanchthons Geist im Luthertum, in: Scheible (Hg.): Melanchthon in seinen Schülern, S. 361–371. David Chytraeus, der immer der Theologie Melanchthons treu blieb, war unter anderem der Verfasser eines der erfolgreichsten Katechismen des sechzehnten Jahrhunderts: David Chytraeus: Catechesis, Wittebergae 1556; auch in der deutschen Übersetzung: David Chytraeus: Der fürnembsten Heubstück christlicher Lehr nützliche und kurtze erklerung. Durch Valentinum Schachtium aus dem lateinischen Catechismo Davidis Chytraei zum mehrerteil verdeutsch, Rostock 1572. Vgl. Rudolf Keller: Der Beitrag von David Chytraeus zur Einigung des Luthertums, in: Glaser (Hg.): David und Nathan Chytraeus, S. 117–128; Rudolf Keller: David Chytraeus und die *Confessio Augustana*, in: Hans-Christoph Rublack: Die lutherische Konfessionalisierung, Gütersloh 1992, S. 235–247.

wird, auf dem die ganze praktische Philosophie errichtet wird. Damit wird die Natur zu einer selbständigen Ordnung neben der Offenbarung erhöht, und Hemmingsen nimmt dementsprechend an, daß die Menschen den Willen Gottes auch ohne Offenbarung erkennen können, was ein bestimmtes Licht auf die Notwendigkeit der Heilgeschichte wirft.[191]

> Paulus fatetur gentes huius methodi ductu eo pervenisse, quod eadem, quae Deus sua lege proponit, agnoverint: etsi ab agnita hac noticia, vitio naturali et consuetudine malorum victi postea aberrarunt. Quare agnoscenda est haec lux, et gratiae Deo agendae sunt, quod ipse hac luce naturam humanam ornaverit, ac etiam post lapsum ignicolos quosdam in natura reliquerit, qui dum excitantur cogitatione pulcherrima virtutum ac legum harmonia, et veluti aedificatio quaedam agnoscitur.[192]

Da das Naturgesetz das Prinzip des praktischen Lebens ist, zu dem auch die Religion gehört, können unter dem Naturgesetz auch die Wahrheiten der Religion verstanden werden. Die zehn Gebote einschließlich der ersten Tafel sind ein Teil des Naturrechts und sind eigentlich als dessen beste

---

[191] Vgl. Niels Hemmingsen: Enchiridion theologicum praecipua verae religionis capita breviter ac simpliciter explicata continens [...], Lipsiae 1562, S. 25–27: »Duplex de Deo hominum institutio a regio Propheta Davide nobis commendatur, Psal. 19. Universalis una, altera peculiaris. Illa omnium hominum communis, haec filiorum Dei propria existit [...]. De universali ita cognitione Dei disputat Paulus ad Rom. 1. [18–20] ubi sic inquit: Revelatur enim ira Dei e coelo, super omnem impietatem, et iniusticiam hominum, veritatem Dei iniuste detinentium. Quid quod cognoscitur de Deo, manifestum est in illis. Deus enim illis manifestavit. Siquidem invisibilia ipsius ex creatione mundi, operibus intellecta, conspicitur: aeternaque eius potentia et divinitas, in hoc, ut sint inexcusabiles. His verbis Paulus testatur creaturam Dei, esse veluti scholam quandam universalem, in qua Dei noticiae erudiuntur. Est enim tota creatura non solum testimonium de Deo, quod sit, verum etiam speculum quoddam, in quo se quodammodo contemplandum nobis proponit. Aeternitas enim ex eo liquet, quod omnis creaturae sit conditor. Potentia cognoscitur ex eo, quod tantam molem a se conditam, in sua manu teneat, faciatque ut omnia in se consistant. Sapientia pervidetur ex ordine et dispositione rerum. Bonitas relucet in conservatione et usu rerum. Iusticia in administratione, qua sontes quidem punit, innocentes vero vindicat. Misericordia inde cognoscitur, quod tanta patientia tolerat hominum perversitatem. Veritatis commendatio est, quod sit immutabilis. Proinde qui conceptam Dei noticiam habet, iam illi laudem debet aeternitatis, potentiae, sapientiae, bonitatis, iusticiae, misericordiae, veritatis, ac caeterarum virtutum, quarum quaedam vestigia, rebus a se conditis impressit Deus [...]. Porro huius universalis cognitionis Dei usus duplex est. Prior generalis, qui se extendit ad omnes homines, nimirum ut sint inexcusabiles, ut qui nullam possint afferre defensionem in iudicium Dei, qui iure sint damnabiles. Huius usus meminit Paulus in supra citato loco, Roman. 1. [20] his verbis: In hoc ut sint inexcusabiles [...]. Peculiaris itaque cognoscendi Dei modus, duplici fundamento, nititur, nimirum Verbo et Testimonio, quod verbo additum est.«

[192] Hemmingsen: De lege naturae, 1562, Bl. A7^{r}.

Zusammenfassung oder als dessen Inbegriff zu verstehen.[193] Das Alte Testament wird daher dem Naturgesetz gleichgestellt – zumindest was den Inhalt betrifft –, und die alten Israeliten werden als eine Art Naturvolk betrachtet, dessen Vorschriften von denen der Heiden sich nur durch die Art der Entstehung unterscheiden. Der Widerspruch des Gesetzes, der dem gefallenen Menschen die ihm unmögliche Aufgabe der Liebe zu Gott stellte und der nur durch einen Gnadenakt beseitigt werden konnte, wird gemildert, weil die Menschen schon aus ihren natürlichen Kräften einen Teil des Gebotes erfüllen können. Die Liebe zu Gott, die nur durch die Gnade zustande gebracht wird, ist keimhaft schon im natürlichen Menschen vorhanden. Zwischen der menschlichen Natur und der Offenbarung soll daher keine scharfe Grenze gezogen werden: Natur und Offenbarung fließen vielmehr ineinander.

Das genaue Verhältnis zwischen den Bereichen des menschlichen Daseins wird von David Chytraeus, einem anderen Schüler Melanchthons, eindeutig dargestellt. Die sittlichen Tugenden gehören zu jener Ordnung, die Gott durch die Schöpfung gestiftet hat und über die er bestimmte angeborene Kenntnisse in die menschliche Seele gelegt hat. Der Sündenfall hat aber dieses natürliche Licht getrübt; so mußte Gott seinen Willen abermals durch die Propheten verkünden, und zu demselben Zweck sandte er seinen Sohn, der die ›vera notitia Dei‹ im Menschen nochmals geltend machte. Das Alte und das Neue Testament sind also nichts anderes als eine Wiederherstellung der ursprünglichen Ordnung, die durch den Sündenfall verlorengegangen ist, die aber im Menschen, obwohl in vermindertem Zustand, noch vorhanden ist. Von diesem Gesichtspunkt aus ist die christliche Religion eine Verbesserung oder eine Steigerung der ›lex naturae‹: Zwischen dem natürlichen und dem christlichen Gesetz gibt es keine grundsätzliche Trennung, sondern sie bilden zwei Stufen derselben Ordnung.[194]

---

[193] Ebd., Bl. I2v: »Lex Dei, quam usitate decalogum appellamus, dicitur legis naturae epitome.«

[194] Chytraeus: Regulae vitae, Bl. A8v–B1r: »Virtutes omnes, quarum fons et norma est Decalogus, oriuntur a cognitione seu noticijs in mente lucentibus, quae sunt rectrices actionum. Est enim ordo divinitus sancitus, ut ad has normas quae discernunt honesta et turpia, et sunt radij divinae sapientiae in nobis, partim natura insiti partim discendo accepti, actiones congruant. Ideo et primum praeceptum ab agnitione Dei orditur. Ut autem in oculis lumen est, quo res propositas aspicimus, et colorum discrimina dijudicamus: Ita mentibus lux quaedam divinitus insita est, qua res, quales sunt, intelligimus et quasi aspicimus, et qua discrimen virtutum ac viciorum cernimus, et actiones regimus. Hoc lumen in mente, quo Deum agnoscimus, et Dei essentiam ac voluntatem, in Decalogo velut in imagine expressam, aspicimus, vocatur noticia Dei. Cum autem hoc naturae lumen post lapsum valde obscurum et languidum sit, addidit Deus suum verbum velut lucernam, cui iubet nos attendere, tanquam lychno lucenti in loco caliginoso: Misit etiam filium suum, qui est λόγος, et imago monstrans nobis Patrem, et est lux vera,

Wie es bei Melanchthon der Fall war, so kann auch Hemmingsen keinen eigentlichen Beweis für das Vorhandensein der ›lex naturae‹ vorlegen, weil das Naturgesetz eine Ordnung verkörpert, deren Existenz von selbst eindeutig ist. Wer ihr Dasein verneinen wollte, würde in Widerspruch mit sich selbst geraten.[195] Das Naturgesetz muß also als eine Reihe von selbstverständlichen Prinzipien angesehen werden, aus denen sich alle Normen des ethischen Lebens gewinnen lassen.

> Primum itaque occurrit illa [scil. definitio] Ciceronis [De republica, III, 22, 33]: Lex naturae, est ratio summa insita in natura, quae iubet ea quae facienda sunt, prohibetque contraria. Summa ratio dicitur, quia a divina mente profecta, aeterna imperandi prohibendique norma est, hoc est in humana mente lucens recte agendi ratio. Quia ergo iubet et prohibet, lex dicitur, et quoniam insita est in natura, naturalis cognominatur. Alius quidam ita definit: Lex naturae est certa et indubitata sententia Dei, mentibus hominum impressa, qua docemur, quae facere, et quae fugere oportet, hoc est noticia discriminis honestorum et turpium, ut illa quidem expetantur, haec vero caveantur. His ita breviter notatis iustam definitionem et absolutam colligam, hoc modo: Lex naturae est divinitus impressa mentibus hominum noticia certa, principiorum cognitionis et actionis, atque conclusionum ex istis principijs demonstratarum proprio fini hominis congruentium, quas ex principijs necessaria consequentia ad humanae vitae gubernationem extruit ratio, ut homo ea quae recta sunt cognoscat, velit, eligat, agat, vitetque contraria, quorum omnium et testis et iudex conscientia hominibus divinitus est attributa.[196]

Gemäß der bisher entwickelten Methode könnte man jetzt vermuten, daß Hemmingsen die ganze Lehre der Ethik aus den Gesetzen der menschlichen Seele deduziert, und daß also die praktische Philosophie dieselbe streng geometrische und systematische Gestalt erhält, die den naturrechtlichen

---

accendens in nobis lucem verae noticiae Dei, justiciae et vitae aeternae, per suum verbum seu Evangelium, quod ex sinu aeterni Patris protulit.«

[195] Hemmingsen: De lege naturae, 1562, Bl. B8^{r-v}: »Hanc naturae legem qui negat mentibus hominum impressam esse divinitus, eum cum seipso dissidere necesse est. Nam cum summis Philosophis, et Apostolo Paulo contrarium testatur omnium hominum conscientia.« Vgl. auch Bl. F3^{r}–4^{r}: »Ceterum priusquam accedamus ad finem hominis, ad cuius conservationem referenda est tota haec doctrina, breviter ostendam, cur necesse sit fidem his primis principijs adhiberi, tametsi superiore aliqua demonstratione concludi non possunt. Primum, principiorum noticia est lumen divinitus impressum mentibus hominum. Ut enim omnes homines non caeci, vident hunc solem, et dum ipsum vident, necessario vident, non enim opinione errant, sed revera solem aspiciunt et cernunt, ita omnes homines sani, naturae lumine, quod Deus in natura hominum accendit, vident honestum expetendum esse, inhonestum fugiendum, quod qui negat, cum ratione insanire censendus est et stultior Anaxagora, qui nivem nigram esse contendit, contra hominum universalem et convenientem experientiam. Deinde principiorum certitudo ostenditur ex contradicentium collatione.«

[196] Ebd., Bl. C1^{v}–2^{v}. Der ›alius quidam‹ ist Melanchthon: Loci praecipui theologici, 1559, Sp. 687. Vgl. oben S. 40. Dazu werden auch Sophokles, Euripides, Demosthenes und Aristoteles zitiert. Vgl. Hemmingsen: De lege naturae, 1562, Bl. B8^{v}–C1^{v}.

Darstellungen der Frühneuzeit eigen ist. Man wird aber in diesen systematischen Erwartungen enttäuscht, weil Hemmingsen die praktische Philosophie nicht von den ›notitiae innatae‹, sondern nach dem aristotelischen Muster vom Zweck des menschlichen Wesens herleitet. Das hat zur Folge, daß die Kohärenz der Darstellung nicht in der logischen Deduktion aus dem ersten Prinzip liegt, sondern auf dem Beweis ruht, daß alle Elemente des sittlichen Lebens (Tugenden, Handlungen, Kräfte der menschlichen Seele) zweckmäßig sind. Die sittliche Ordnung wird also nicht durch eine Ableitung aus den vernünftigen Grundsätzen gegründet, sondern man bemüht sich zu zeigen, daß sie im (tugendhaften) menschlichen Handeln schon vorhanden und wirkend ist: Die Ordnung wird nicht konstruiert, sondern beschrieben. In der Tat werden die ›notitiae innatae‹ als die logischen Mittel zum Aufbau des praktischen Syllogismus angesehen,[197] während die eigentlichen Prinzipien der Darstellung mit den drei Zwecken des Menschen gleichgesetzt werden,[198] die wiederum mit der Liebe zu Gott zusammenfallen. Aus diesen Bestimmungen lassen sich alle übrigen Vorschriften der praktischen Philosophie erklären: die zehn Gebote, die vier Kardinaltugenden und die ethischen Tugenden.

Die philippistische Naturrechtsauffassung wird auch von Martin Winter vertreten,[199] der – wie es Melanchthon getan hatte – Ethik und Naturrecht identifiziert und als höchstes Prinzip die Regel »Die Vernunft soll über die Triebe gebieten« erklärt.

---

[197] »Principia actionis, quae πρακτικὰ vocantur, sunt ex quibus ratio morum et actionum secundum virtutem petitur. Principia appellantur duabus de causis, quarum una est, quod non pendeant ex priori aliqua demonstratione, altera quod omnes hypotheses legum honestarum, quibus mores gubernari par est, ex ipsis desumantur [...]. Principia actionis, hoc est practica, sunt etiam duplicia, videlicet simplices notiones et compositae. Simplices, ut bonum, honestum, iustum, utile, expetendum, fugiendum, malum, turpe seu inhonestum. Compositae, ut iusta sunt expetenda, iniusta sunt fugienda, honesta amanda, turpia vitanda, virtus est laudabilis, vitium est vituperandum, et huiusmodi multae, quae Syllogismorum practicorum prima λήμματα et materia sunt. Ceterum priusquam accedamus ad finem hominis, ad cuius conservationem referenda est tota haec doctrina, breviter ostendam, cur necesse sit fidem his primis principijs adhiberi, tametsi superiore aliqua demonstratione concludi non possunt«, ebd., Bl. F2v–3v. Als Beweis wird die Gewißheit angeführt, daß alle diese Prinzipien angeboren sind. Vgl. oben S. 83.

[198] »Est autem finis cuiusqe rei triplex, Unus spectatur ex statu cuiusque rei perfectissimo, alter ex proprijs rei cuiusque actionibus intelligitur, tertium, qui et finis bonorum existit, ex ordine rerum sumitur«, ebd., Bl. F5r Die drei Zwecke sind: »Mens sana in corpore sano« (Bl. F5r–G1r), »Actiones propriae hominis sunt finis hominis« (Bl. G1r–2v) und »Deus est ultimus omnium finis« (Bl. G2v–5r).

[199] Martin Winter: De naturae lege summa et prima: ratio praesit, appetitus obtemperet, theses Ethicae, propositae in Academia Regiomontana a M. Martino Wintero Torgense, [Regiomonti?], 1579.

1. Non invenuste Aristoteles [Rhetorica, I, 2, 1356 a 26] doctrinam Ethicam vocavit περὶ τὰ ἤθη πραγματείαν: Qui tamen aliquanto altius rem exordiuntur et ab ipsa origine arcessunt, nominant πραγματείαν de lege naturae eiusque concinnam explicationem. 2. Eminet autem inter naturae leges et summa atque prima illarum statui non immerito potest ea, quae appetitum rationi obedire iubet.[200]

Anfang des siebzehnten Jahrhunderts wird die theologisch-philosophische Naturrechtsvorstellung detailliert in einem Werk von Balthasar Meisner entfaltet,[201] das zusammen mit einer Schrift Benedikt Wincklers zugleich als Reaktion der protestantischen Philosophie auf die Metaphysik und die Rechtslehre des Francisco Suarez zu begreifen ist.[202] Die *Dissertatio de legibus, in quatuor libellos distributa, quorum primus agit de lege in genere. Secundus de lege aeterna. Tertius de lege naturae. Quartus de legibus humanis, tum politicis tum ecclesiasticis* nimmt schon im Titel die Gliederung des Thomas von Aquin (›lex Dei‹, ›lex naturae‹, ›lex humana‹ und ›lex divina‹)[203] auf und interpretiert sie mit den Mitteln der philippistischen Naturrechtslehre und durch die Anwendung einer schulmäßigen Methode, deren Kategorien aus der Dialektik und aus der aristotelischen Logik entnommen sind.[204] Die Behandlung des allgemeinen Gesetzesbegriffs wird demzufolge in »1. De etymologia et ambiguitate legis. 2. De genere. 3. De definitione. 4. De causis. 5. De proprietatibus, alijsque problematibus similibus, quorum

---

200 Ebd., §§ 1–2.

201 Schmauß: Neues ›systema‹, S. 188–193, weist darauf hin, daß das natürliche Gesetz bei Balthasar Meisner von Gott kommt, so daß die Menschen vor dem Sündenfall keine Offenbarung benötigten. Hemmingsen, Winckler und Meisner werden von Schmauß als evangelische Scholastiker angesehen: »Daraus ist dann genugsam zu ersehen, daß die Reformation Lutheri nicht im geringsten gebessert worden, sondern es in allen Stücken bey der alten Scholastischen Lehre geblieben. Das sind dann die neuern ›Scholastici‹ der Protestanten« (S. 193). Da Schmauß ein Anhänger des Christian Thomasius ist, ist ein negatives Urteil gegen die Scholastik unvermeidlich. Zu Balthasar Meisner vgl. Kaltenborn: Die Vorläufer des Hugo Grotius, S. 220–228.

202 Vgl. Walter Sparn: Wiederkehr der Metaphysik. Die ontologische Frage in der lutherischen Theologie des frühen 17. Jahrhunderts, Stuttgart 1976, besonders S. 11.

203 Balthasar Meisner: Dissertatio de legibus, in quatuor libellos distributa, quorum primus agit de lege in genere. Secundus de lege aeterna. Tertius de lege naturae. Quartus de legibus humanis, tum politicis tum ecclesiasticis [...], Wittebergae 1616, I, 6, S. 84 erwähnt auch die »lex divina vel Mosaica, quae a Deo per Mosen Israelitis promulgata fuit.« Vgl. auch IV, 4, 4, S. 666.

204 Die Verwendung ähnlicher Gliederungen ist Anfang des siebzehnten Jahrhunderts durchaus üblich. In der politischen Lehre tauchen sie zum Beispiel bei Timpler: Philosophiae practicae pars tertia, S. 1; Christian Liebenthal: De constitutione politices, resp. Henricus Heisen, in: Liebenthal: Collegium politicum, in quo de societatibus, magistratibus, juribus majestatis, et legibus fundamentalibus [...] methodice et perspicue tractatur, Gissae Hessorum 1619, S. 2f.; Matthiae: Systema politicum, S. 1–3 auf. Vgl. Scattola: Imperium virtutis, Kap. I, § 10.

omnium discussionem recto nunc ordine subnectemus,«[205] gegliedert. Die zweite *Quaestio* befaßt sich mit der traditionellen Frage: »Ob das Gesetz definiert werden kann?«, wobei Meisner zum Ergebnis kommt, daß das Gesetz im eigentlichen Sinn nicht bestimmt werden kann. Jede Definition erfolgt nämlich immer, indem man gleichzeitig die übergeordnete Gattung und die spezifischen Unterschiede festlegt. Es scheint aber unmöglich, die verschiedenen Arten des Gesetzes auf einen gemeinsamen Begriff zurückzuführen. Noch größere Schwierigkeiten tauchen auf, wenn man versucht, die Kategorie (›praedicamentum‹) des Gesetzes festzulegen. Das göttliche Gesetz läßt sich keiner Gattung zuschreiben, weil es unmöglich ist, Gottes Willen auf einen oberen Begriff zu reduzieren. Dieselbe Schwierigkeit zeigt sich auch, wenn man die ›lex innata‹ meint, die die erste Bestimmung des menschlichen Geschlechts bildet und als solche ein apodiktisches Prinzip ist. Wenn man zuletzt die ›lex humana et divina‹ definieren will, hat man mit zwei unterschiedlichen Gegenständen zu tun, die keiner gemeinsamen Gattung angehören.[206]

Diese Schwierigkeit, die aus der Tatsache entsteht, daß das Gesetz etwas logisch Ursprüngliches ist, läßt sich nur mit Hilfe eines Kunstgriffs lösen. Man kann nämlich eine ›kollektive Definition‹ anzuwenden, die durch keinen einheitlichen Begriff, sondern durch das bloße Verzeichnis ihrer Elemente gewonnen wird.[207]

Nachdem das Gesetz im allgemeinen bestimmt worden ist, wird die ›lex aeterna‹ definiert, die nichts anderes ist als die Norm, nach der Gott die

---

205 Meisner: Dissertatio de legibus, I, 1, S. 4.

206 Ebd., I, 2, S. 20: »Lex enim generaliter et per praecisionem a suis speciebus considerata in certo praedicamento non est posita (quamvis ad relationis Categoriam referri quodammodo posse videatur), cum tamen omne definitum perfectae definitionis per se ac directe in ordine praedicamentali, eoque tantum uno locatum esse debeat. Si enim lex in genere uni Categoriae inclusa esset, omnes etiam species tales forent, quod falsum. Lex enim aeterna, cum ipsam infinitam Dei sapientiam, voluntatem et providentiam notet, ad quod praedicamentum referri poterit? Lex innata, cum dicat habitum principiorum, ad primam qualitatis speciem pertinet. Lex vero humana et divina, cum non sint Ens unum, sed Entia multa non terminus simplex sed integra propositio, ut Deus est colendus, parentes sunt honorandi, idcirco unius certi praedicamenti classem non ingrediuntur. Directe enim in Categoriis nihil est, nisi quod Ens simplex et per se unum est. Unde sequitur, cum legis Species vel in ullo, vel non in uno sint praedicamento, ipsam quoque legem, in genere consideratam, uni certo praedicamentali ordini addictam non esse. Quomodo igitur per genus accuratum definiri posset, cum genera omnia ex serie praedicamentali, ad quam definitum spectat, sunt mutuanda?«

207 Ebd., I, 2, S. 20f.: »Quapropter, cum accuratum genus legis, tanquam Entis collectivi et exclusi a praedicamentis, proferri nequeat, oportet nos qualicunque et exoterico quodam genere, quod recentiores locale vocant, contentos esse, cum qualia Entia, talia sunt genera, et cum non cujuslibet rei quaerenda sit perfecta definitio, sed spectanda analogia.«

Welt regiert. Da aber Gottes Wille ewig ist, muß solches göttliche Gesetz ein ewiges Gesetz sein, an deren Existenz kein Zweifel bestehen kann.

Negari nequit, mundus divina providentia gubernari. Tua, Pater, πρόνοια gubernat omnia, inquit Sapiens c. 14. v. 3. [...]. Jam vero ut in Principe et gubernatore particulari sic multo magis in Deo, Rege et Principe universali, oportet esse quandam gubernandi normam et regulam, vel aliquam rationem, secundum quam rerum omnium administratio instituatur. Deus enim est sapientissimus. Quare nihil agit temere, et per consequens omnia ab aeterno disposuit, et in seipso modum concepit, quo Oeconomiam mundi suscipere, et praesertim actus humanos moderari et dirigere velit. Cum autem omnis gubernandi norma generali sensu lex dicatur: hinc non immerito aeternam istam, de mundi regimine rationem, in divina mente conceptam et existentem appellamus legem, et quidem aeternam, quia mens divina nihil in tempore concipit, sed aeternum habet conceptum, neque Deus primum post conditum mundum de hujus Oeconomia cogitavit, sed ab aeterno uti rerum creationem decrevit, ita creaturarum gubernationem disposuit.[208]

Das göttliche Gesetz ist dreierlei. Es kann als allgemeine Norm der Schöpfung verstanden werden, wonach alle Geschöpfe nach ihrer eigenen Erhaltung streben, oder es kann im besonderen Sinn gedacht werden, wenn man damit alle jene Handlungen bezeichnet, die Gott gefällig sind. Endlich kann es auch das Übel betreffen, das von der göttlichen Vorsehung erlaubt wird.[209] An sich ist das ewige Gesetz nur Gott bekannt, obwohl es durch seine Wirkungen teilweise auch den Menschen zugänglich wird. Es wird aber auch unmittelbar in die Seele eingeflößt und durch Offenbarung verkündet,[210] wobei der Unterschied nur in der Form und der Kraft, aber nicht im Inhalt besteht.

---

208 Ebd., II, 1, S. 86.

209 Ebd., II, 2, S. 89–91: »Cum vero res sint variae, et non uno modo gubernentur a Deo, hinc et ipsa gubernationis ratio variat, adeoque lex aeterna triplex existit. Prima est οἰκονομική vel generalis, qua reguntur creaturae omnes, ut sunt creaturae. Quarum si consideretur esse, oritur ex lege aeterna conservatio. Quaecunque enim creavit, illa et conservare ab aeterno constituit. Etsi actio Dei conservantis uno tantum ictu oculi cessaret, tota rerum natura concideret [...]. Sin considererentur operationes, eaeque naturales, oritur ex lege aeterna tum cooperatio, cum Deus semper concurrat in agendo, ut causa prima, tum propriorum motuum gubernatio. Lex enim aeterna moderatur quidem; sed non adimit rebus suas vires et motiones nativas [...]. Secunda lex aeterna est specialis, et dicitur κατ'εὐδοκίαν, vel divini beneplaciti, quae tantum circa bonas actiones, Deo placentes, occupata est, et potissimum concernit regimen Ecclesiae et hominum fidelium [...]. Tertia est παραχωρητική vel permissiva, quae versatur circa malas actiones vel peccata hominum, quae Deus non efficit, sed permittit.«

210 Ebd., II, 3, S. 94: »Per impressionem cognoscitur [scil. lex aeterna] mediante lege naturae. Haec enim partialis est expressio legis aeternae. Nam quicquid requirit νόμος ἔμφυτος, illud quoque sancivit, νόμος αἰώνιος [...]. Per revelationem cognoscitur ex libro Scripturae, in qua magna aeterna legis et decretorum divinorum portio nobis pate-

Jam vero opera bona et Virtutes Ethicae sunt similia, imo potius eadem, si modo illa considerentur legaliter et in se, non Evangelice, et ratione specialis beneplaciti divini. Isto enim respectu specie non differunt. Nam eandem normam vel formam exemplarem habent, nempe legem Dei. Dicitur quidem illa duplex esse: ἔμφυτος vel ingenerata, et ϑεόσδοτος vel revelata. Illam naturae, hanc scripturae; illam rectam rationem, hanc legem moralem sive decalogum appellant. At hae ipsae leges tantum differunt modo patefactionis, gradu perfectionis, aliisque circumstantiis; essentia vero conveniunt; quia utraque est expressio voluntatis divinae de faciendis aut fugiendis.[211]

Die Reaktionen gegen das philippistische Naturrecht

Nach der Naturrechtsauffassung Melanchthons und seiner Schüler entspringen alle menschlichen Gesetze dem ewigen Gesetz. Die ›lex aeterna‹ ist »Teil und Ausdruck des ewigen göttlichen Willens«[212] und wirkt in der Form von angeborenen Vorstellungen. Diese Annahme ist die Hauptvoraussetzung des philippistischen Naturrechts und ist daher das Ziel, gegen das sich die Angriffe der Gegner richten.

Melanchthons Lehre der ›notitiae inditae‹ wird entschieden von Matthias Flacius Illyricus, dem Hauptvertreter der Gnesiolutheraner, bekämpft, der eine natürliche Einsicht in den Willen Gottes strikt ablehnt.[213] In seinen polemischen Bemerkungen wird deutlich, welche Folgen die Naturrechtsauffassung Melanchthons im Hinblick auf die Theologie und besonders die Soteriologie nach sich zieht. Wenn sie konsequent entwickelt wird, wird die Spaltung zwischen dem geistlichen und dem irdischen Bereich verwischt und die Gnade büßt ihre Zentralität ein, weil die Menschen den Willen Gottes neben der Offenbarung ›auch‹ durch das natürliche Gesetz ver-

---

facta est. Et hic modus cognoscendi omnium est optimus, cum de Dei voluntate et lege absque Dei revelatione perpauca sciantur.«

211 Balthasar Meisner: Coronis de essentia virtutis, qua tanquam genuino medio felicitatis arcem adscendimus, in: Meisner: Dissertatio de summo bono, cui praemissa sunt praecognita ethica, et annexa coronis de virtute, Witebergae 1632, (1. Aufl. 1614), S. 373.

212 Meisner: Dissertatio de legibus, II, 6, S. 116: »An omnes aliae leges deriventur ab aeterna? Affirmamus ob subordinationis naturam. Ut enim causae secundae nihil agunt sine prima: Sic gubernatores inferiores nihil decernere possunt absque gubernante summo. Et sicut omnes actus temporales diriguntur ab universali dispositione Dei, sic omnes legis species derivantur ex lege aeterna. Nam ut Dei sapientia mensura est omnis sapientiae, et Dei lex mensura est omnium legum. Nisi enim in infinitum sit abeundum, oportet tandem devenire ad communem quendam fontem vel universalem regulam, a qua caeterae leges dependeant. Illa vero non est alia, quam ipsa lex aeterna. Quid enim requirit νόμος ἔμφυτος aliud est, quam partialis expressio voluntatis legisque sempiternae? Quid sunt humanae constitutiones, quam iniquae ordinationes, nisi ab aeterna lege deducantur?«

213 Ebd., III, 1, 122–159.

nehmen können, was die radikale Folgerung nicht ausschließt, daß sie ihn vielleicht ›nur‹ durch das natürliche Gesetz vernehmen. Eine Theologieauffassung, die sich um das echte Erbe Luthers bemüht, wie es bei Matthias Flacius der Fall war, muß also den Begriff der ›lex naturae‹ als Frucht der Heterodoxie verwerfen, und in der Tat findet man bei Flacius eine Vorstellung des Naturgesetzes, die eine Verneinung der Lehre Melanchthons ist.[214] Wenn das Naturgesetz bei Melanchthon das letzte Band darstellt, das den Menschen auch nach dem Sündenfall an Gott bindet, meint das Gesetz bei Flacius gerade das Gegenteil: die Ordnung der himmlischen Welt, die dem Menschen auf der Erde unerreichbar bleibt. Für Melanchthon und die philippistische Tradition des Naturrechts sind Naturgesetz und Evangelium zwei Punkte derselben Linie; sie stehen in einem klaren logischen und historischen Verhältnis zueinander: Das eine ist die Vervollkommnung des anderen. Indem er sich auf Luther beruft, zieht Flacius eine scharfe Grenze und stellt Naturgesetz und Evangelium einander entschieden gegenüber.[215]

> Non est vero nunc locus disserendi de natura Legis et Evangelii, et quare haec duo doctrinae genera tantopere inter sese opponantur [...]. Summa tamen discriminis est (ut

---

[214] Die hier implizierten Fragen und die Stellungnahmen der lutherischen Theologen bis zur Konkordienformel werden zusammenfassend von Oswald Bayer: Gesetz und Evangelium, in: Martin Brecht und Reinhard Schwarz (Hgg.): Bekenntnis und Einheit der Kirche. Studien zum Konkordienbuch, Stuttgart 1980, S. 155–173 dargestellt.

[215] Vgl. Matthias Flacius Illyricus: Clavis scripturae, seu de sermone sacrarum literarum, plurimas generales regulas continens altera pars [...], Basileae 1581, (1. Aufl. 1567), »Synopsis et collatio quatuor spiritualium in hoc mundo monarchiarum, Dei seu naturae, Satanae seu irae, Christi seu gratiae, Antichristi seu abominationis desolantis regnum Christi«, [S. 32], wo folgende vier Formen des Gesetzes einander gegenübergestellt werden: »Lex aut Norma. Regnum Dei, seu naturae: Lex naturae et imago Dei menti hominum inscripta. Regnum Satanae, seu irae: Lex irata, flagitans obedientiam, et damnans: saucia conscientia. Regnum Christi, seu Gratiae, seu instauratio regni Dei: Lex accusans et Evangelium contritos absolvens et vivificans. Regnum Antichristi, seu abominationis desolantis: Ius pontificium et Scholastica Theologia, ac simul Lex et ira Dei.« Vgl. auch Tres praecipuae methodi theologiae, propter synopsim, seu ut eius corpus aut idea simul oculis subiici possit, in brevi tabella delineatae a Matth. Flac. Illyrico, [S. 32]:

»III. Definitiva methodus theologiae.
Theologiae est doctrina coelestis de Deo, et eius voluntate.
  Lex est doctrina revelans peccatum, iram et mortem, cuius alia est.
    Naturalis.
    Scripta.
      Iudicialis.
      Caeremonialis.
      Moralis.
      [...].
Evangelium est doctrina revelans iusticiam, et gratuitum favorem Dei ob Christi mortem.«

> obiter attingamus) quod sicut severa Dei iusticia plurimum ab eius gratuita misericordia differt, et sicut homo iustus, integer ac incorruptus ante lapsum, plurimum distat ab hoc nunc prorsus iniusto et perdito: sic etiam Deus duo diversissima doctrinae genera, ac ceu vias ad salutem proposuit.[216]

Gott hat sich also auf zwei verschiedene Weisen offenbart, aber diese sind nicht als zwei gleichzeitige und parallel laufende Möglichkeiten, sondern als zwei aufeinanderfolgende Zustände des menschlichen Geschlechts zu denken. Im unschuldigen Zustand gehorchte Adam dem Gesetz und damit erkannte er Gott. Nach dem Fall gehorcht aber der Mensch nur der Sünde, und aus dem Gesetz ergibt sich keine Gotteserkenntnis mehr, sondern nur die Verdammnis und die Verurteilung des irdischen Lebens.[217]

Gesetz und Evangelium sind entgegengesetzt und gehören zwei unterschiedlichen Bereichen der Schöpfung, der Erde und dem Himmel, an, aber sie bedingen sich gegenseitig.

> Quandoquidem igitur hae duae doctrinae adeo a sese invicem diversae sunt, ut etiam ex diametro inter se invicem pugnare, ac se mutuo destruere videantur, facile est animadvertere, quanta sit necessitas eas a se invicem exacte et rite separare, alteramque ab altera procul removere, ut unam quidem (sicut toties Lutherus inculcat) veluti supra in summo coelo ponas, alteram vero in ima terra. Id enim tum ipsius rei veritas ac doctrinae natura, tum conscientiae nostrae ratio ac animae salus, tum denique et ipsa Dei gloria ac tota vera pietas extreme flagitant. Duae igitur sunt in universum primariae Scripturae partes, Lex et Evangelion: Lex peccatum ostendit, Evangelium gratiam; Lex morbum indicat, Evangelium medicum, sanationem et pacem. Lex virtus peccati est; ut D. Pauli [Rom. 1, 16] verbis utamur: Evangelium, virtus salutis omni credenti. Sparsae

---

216 Matthias Flacius Illyricus: Lex, in: Flacius Illyricus: Clavis scripturae sacrae seu de sermone sacrorum literarum [...]. Pars prima [...], Basileae 1580, (1. Aufl. 1567), Sp. 540. Zur *Clavis scripturae* vgl. Rudolf Keller: Der Schlüssel zur Schrift. Die Lehre vom Wort Gottes bei Matthias Flacius Illyricus, Hannover 1984, besonders S. 118–161.

217 Ebd., Sp. 540–541: »Initio enim cum homo esset integer, et Deo perfecte obedire posset, Deus secundum severam suam iusticiam, qua bonis bene, et malis male facit, proposuit ei normam perfectissimae obedientiae, quam legem vocamus, cuius summa est: Sancti estote, sicut et ego sanctus sum. Et: Qui fecerit ea, vivet in eis et, Maledictus qui non permanserit in omnibus quae scripta sunt in lege. Postea autem, ubi homo adeo per primum illum tristissimumque lapsum corruptus est, ut non tantum bonas, aut etiam optimas vires ac inclinationes ad obediendum Deo amiserit, sed etiam prorsus contrarias ac pessimas, Deo adversas ac inimicas nactus sit, utque per legem non nisi accusetur ac condemnetur: Deus pro immensa sua misericordia novam doctrinam, et quasi viam rationemque salutis homini proposuit, quam Evangelium vocamus: cuius summa est, Venite ad me omnes qui laboratis et onerati estis, et ego reficiam vos: omnes sitientes et esurientes venite ad gratuitum, idque lautissimum convivium.«

porro sunt promissiones in omnes libros veteris et novi Testamenti. Rursum leges etiam sparsae sunt in omnia cum Veteris tum Novi instrumenti volumina.[218]

Wenn das Gesetz, das heißt die ursprüngliche Verkündigung des göttlichen Willens, und die Offenbarung so weit auseinanderliegen, darf man auf keinen Fall glauben, daß im Menschen die Vorstellung Gottes und seines Gesetzes auch nach dem Sündenfall fortleben. Man muß also die Existenz der ›notitiae connatae‹ entschieden ablehnen: Angeboren sind im Menschen nur Irrtümer.

Quod non habeantur iam innatae noticiae de uno vero Deo, creatione et providentia. Quod aliqua fallacia aut seductoria lumina aut semina magis superstitionis, idololatriae, erroris et impietatis, quam verae religiositatis aut pietatis sint in homine, supra [...] dixi [...]: sed quod aliqua vera principia, aut noticiae unius Dei, eiusque gubernationis sint adhuc in homine, [...] concedi non potest.[219]

Flacius begreift, daß das Vorhandensein eines natürlichen Gesetzes das ganze Gebäude der lutherischen Theologie gefährdet: Wenn ein solches Gesetz wirkt, hat man eine, obwohl verminderte, Kenntnis des Guten und des Bösen und kann durch sein Wissen und die darauffolgenden Werke für seine Rettung mitverantwortlich werden. Das würde aber bedeuten, daß dem Menschen eine freie Entscheidung im moralischen Bereich ermöglicht wird, was die lutherische Vorstellung des ›servum arbitrium‹ und die darauf gegründete Christologie vom Grund auf in Frage stellt.

Legem naturae communiter vocant noticias de moribus, divinitus menti hominis in prima creatione inscriptas, quarum adhuc aliqua vestigia aut umbrae, praesertim secundae Tabulae praecepta attingentes, et Deum non considerantes, etiam post ruinam aut corruptionem hominis superstites utcunque sunt. Eas nunc quidam nimium exaggerant, ut magnitudinem corruptionis morbique hominis obscurent, et liberum arbitrium cum Papistis amplificent: unde porro totius Evangelii ac Christi medici obscuratio consequitur.[220]

Die lutherische Theologie, das heißt das wahre Verständnis der christlichen Religion, ist grundsätzlich unvereinbar mit der Lehre der ›notitiae innatae‹ und der ›lex naturalis‹, und wer den echten Sinn der lutherischen Theologie verstehen und sich aneignen will, der muß die Lehre Melanchthons zurückweisen. Flacius stützt sich auf sechzehn Beweisgründe unterschiedlicher Art. 1. In einem Samen ist potentiell das ganze Individuum enthalten, aber

---

[218] Ebd., Sp. 541. Vgl. Lauri Haikola: Gesetz und Evangelium bei Matthias Flacius Illyricus. Eine Untersuchung zur lutherischen Theologie vor der Konkordienformel, Lund 1952, besonders S. 165–192.

[219] Ebd., Sp. 563.

[220] Flacius Illyricus: Lex, in: Clavis scripturae, Sp. 551. Auf Sp. 551–563 wird Paulus: Römer, 1 und 2 kommentiert. Vgl. Haikola: Gesetz und Evangelium, S. 131–139.

die angeborenen Ideen, die wie Samen betrachtet werden müssen, umfassen nur ein Bruchstück der Wahrheit. 2. Als Tier kann der Mensch keine göttliche Vorstellung vernehmen. 3. Aus historischen Quellen kann man beweisen, daß Adam zur Götzenanbetung geneigt war. 4. Die Heiden pflegten den Polytheismus und nicht den Monotheismus. 5. Der gefallene Mensch hat die Kenntnis Gottes verloren, indem er das ›liberum arbitrium‹ erlangt hat. 6. Auch die Völker, die den einzigen Gott ursprünglich anbeteten, näherten sich im Laufe der Zeit dem Polytheismus an. 7. Das Erkenntnisvermögen der Menschen kann sich nur mit irdischen Gegenständen befassen und ist unfähig, bis zur Idee Gottes zu steigen. 8. Man ›erkennt‹ Gott nicht ›an‹, sondern man ›glaubt‹ an ihn. 9. Wenn die Idee Gottes angeboren wäre, würde die Offenbarung nutzlos sein; man sollte daher die wahre Lehre Gottes in der Philosophie suchen.[221] 10. Das Gesetz der zwei Tafeln wäre keine besondere Wohltat, wenn dieselben Normen schon im menschlichen Herzen vorhanden wären. 11. Paulus behauptet (Römer, 1, 21 und 3,11), daß unsere Seele unfähig ist, die Idee Gottes zu verstehen. 12. Alle Wiedergeborenen müssen alle ihre Kräfte anwenden, um eine Vorstellung Gottes zu erlangen, was sinnlos wäre, wenn der gefallene Mensch schon in sich dieselbe Idee hätte. 13. Kinder, die in der Einsamkeit erzogen werden, besitzen keine Vorstellung Gottes.[222] 14. Alle religiösen Aussagen sollen von der Heiligen Schrift bestätigt werden, aber die Bibel erwähnt diese Lehre nirgends. 15. Wenn diese Ideen angeboren wären, könnten sie nicht verborgen bleiben und würden keine Beweisführung brauchen. 16. In seinen Auseinandersetzungen mit den Heiden hat Paulus dieses Argument niemals benutzt, obwohl er lediglich auf die angeborenen Ideen hätte verweisen müssen, um die Zeitgenossen zu überzeugen.[223] Nachdem er die Unzulänglichkeit der

---

[221] Ebd., Sp. 564: »Octavo, quia credere dicimur, non scire Deum. Scimus autem, quorum noticias innatas habemus. Inde enim scientiae exoriuntur et exaedificantur. Quare non insunt principia de essentia Dei, sed sola fide ea cognitio constat. Nono, quid attineret coelitus patefacta doctrina, et missis doctoribus, agnitionem Dei tam sollicite inculcare, si id natura esset notum? Posset profecto nos docere Philosophia et ratio veram Theologiam, ut Dialecticam, aut Mathesin, aliasve artes, quarum principia innata habemus.«

[222] Ebd., Sp. 564: »Decimotertio, si aliquis homo in sylva esset educatus, neque unquam aut ab aliis hominibus quicquam de Deo audisset, aut terriculamenta spectrorum perpessus esset, non etiam tonitrua, aut eiusmodi alia, unde ratiocinari posset de aliquo maiori Domino, quid tandem plus de Deo sciret, quam brutum? Quod etiam nunc ipsa experientia testatur in pueris, negligentius in sylvestribus locis educatis, quos, licet impossibile sit nihil unquam de Deo audisse, tamen si interroges de Deo, quid tandem respondebunt? Quid vero etiam ipsi summi philosophi de hac quaestione statuerunt?«

[223] Ebd., Sp. 565: »Decimosexto, illa est vero evidentissima demonstratio, quod nulla sint talia principia de uno Deo, menti hominum inscripta, quod cum Paulus saepius agat cum Ethnicis, eisque de uno Deo concionetur, ut Actor. 14. 16. et Romanorum primo, ac alias, et petat argumenta undecunque potest, ex creatione, ex quotidianis beneficiis Dei,

Lehre von der ›notitiae inditae‹ bewiesen hat, bemüht sich Flacius, auch die Erscheinungen zu erklären, die diese Idee anscheinend rechtfertigen. Er beruft sich sowohl auf die Geschichte als auch auf die Philosophie: Einerseits blieb die Religion der Israeliten den anderen Völkern nicht unbekannt, und andererseits flößten mehrere natürliche Erscheinungen wie der Blitz und der Donner den ersten Menschen die Idee eines allmächtigen Wesens ein.[224] Die ›notitiae inditae‹ der philippistischen Tradition sind aber dem gefallenen Menschen immer unbekannt gewesen.

> Ex hisce testimoniis ac rationibus manifestum est, noticiam veri Dei penitus ex corde hominis deletam esse, merasque ac longe tristissimas tenebras in pectore humani generis remansisse. Lutherus super Genesin testatur, hominem natura de Deo non plus scire, quam brutum. Verba eius sunt: Utile autem est, videre quam non possit longius progredi ratio, seu sapientia in aestimatione creaturae [...]. Si itaque Adam perstitisset in innocentia, neutiquam fuisset opus admoneri posteros de sua origine [...]. Talis cognitio sui, et aliarum creaturarum, mansisset etiam in posteritate Adae: omnes statim animadvertissent finalem et efficientem causam: id est Deum ipsum: de quibus nunc nihilo plus scimus, quam ipsae pecudes.[225]

Auch im Fall des Naturgesetzes führt also Flacius jenen Kampf gegen Melanchthon und gegen die Philippisten weiter, der sein ganzes Wirken

---

denique et ex poetis ipsorum, ac etiam inscriptione illa arae cuiuspiam: nusquam tamen dicit de principiis eorum menti de Deo innatis, cum quidem nihil aptius ac utilius fuisset Paulo quam proponere eis librum ipsorum propriae mentis ac principiorum (quae illi, et semper philosophia, maximi faciebant) et dicere, En legite ipsimet vestrae mentis librum, reperietis ibi meae philosophiae doctrinam, quod sit unus verus Deus, non plures; quod is curet res humanas, quod talem obedientiam a nobis flagitet. Cur igitur vos doctissimi Graeci et naturae inquisitores ac sectatores, ab innata vobis luce de uno Deo eiusque providentia, atque ita a vobismetipsis et naturae ductu, quam esse optimam ducem praedicatis, deficitis ac degeneratis? Nihil profecto hoc argumento aptius, eruditius et efficacius reperiri et depromi apud tales homines, et in tali theatro potuisset.«

224 Ebd., Sp. 565: »At contra obiicitur: Philosophi et Poetae non raro dixerunt aliqua praeclara de vero Deo. Item, omnes gentes habuerunt aliquas religiones: Ergo videtur aliquid naturale esse. Responsio: Habuerunt illas meliores sententias a primis patribus per manus traditas. Nec omnino fuit muta doctrina Iudaica aut gentibus penitus ignota: sicut Phocylides, Homerus, Hesiodus et alii quidam pene ad verbum ex Sacris recitant. Manifestum certe est, Platonem multa verae religionis dogmata, sacrarumque literarum sententias ab Aegyptiis percepisse. Is vero est fons Graecae philosophiae: Primus in orbe Deos fecit timor [Statius: Thebais, III, 661]. Timentes enim, et tonitrua ac fulmina audientes, mox cogitarunt, esse aliquam potentiam supra se, eamque placare et invocare coeperunt. Ordo etiam causarum et effectuum eruditiores ad unam causam deduxit, sicut et reliqua mundi providentia.«

225 Ebd., Sp. 566. Flacius zitiert hier Martin Luther: Genesisvorlesung, in: Luther: Werke. Kritische Gesamtausgabe, Weimar 1911, Vorlesung über 1. Mose Kap. 2 21, Bd. 42, S. 93–96.

kennzeichnet.[226] Seine polemischen Angriffe heben die Gefahr hervor, die in den Lehre der ›notitiae innatae‹ und der ›lex naturae‹ steckt. Diese greifen nämlich tief in die lutherische Theologie ein und führen zu einem neuen Verständnis von Sünde und Gnade, also von Anthropologie und Christologie, weil Mensch, Christus und Gott durch das Vorhandensein des Naturgesetzes ein verändertes Verhältnis eingehen.

Gegen Matthias Flacius Illyricus, der den geistigen und den irdischen Menschen so weit trennt, daß sie zwei Substanzen bilden,[227] polemisieren sowohl reformierte Philosophen als auch lutherische Theologen,[228] die zugleich die Lehre der ›notitiae inditae‹ verteidigen.[229] Einerseits bestreitet der Marburger Philosoph Rudolf Goclenius das ›Flacianum dogma‹, daß das Wesen des Menschen mit der Sünde zusammenfalle, und zieht den Schluß, daß kein Widerspruch zwischen der wahren Philosophie und der Theologie stattfinden kann.[230] Andererseits verteidigt der Helmstedter Theologe Daniel

---

226 Vgl. Wilhelm Preger: Matthias Flacius Illyricus und seine Zeit, Erlangen 1859–1861, besonders Bd. 1, S. 354–417 (Flacius' Streit mit Major und Menius) und Bd. 2, S. 181–227 (Die Gegensätze im synergistischen Streite).

227 Haikola: Gesetz und Evangelium, S. 112–118; Ante Bilokapic: Die Erbsünde in der Lehre des Matthias Flacius Illyricus, in: Josip Matesic (Hg.): Matthias Flacius Illyricus. Leben und Werk, München 1993, S. 43–52.

228 Die Lehre des Matthias Flacius Illyricus wurde in der *Formula concordiae* verurteilt. Vgl. Konkordienformel. ›Formula concordiae‹, in: Die Bekenntnisschriften der evangelisch-lutherischen Kirche, Göttingen ^{9}1982, (1. Aufl. 1930), Epitome, I, negativa, Nr. 10, S. 774. Zu der Polemik der Gnesiolutheraner gegen die Konkordienbücher und die Konkordienformel vgl. Robert Kolb: The Flacian Rejection of the Concordia. Prophetic Style and Action in the German Late Reformation, in: Archiv für Reformationsgeschichte 73 (1982), S. 196–217 und Irene Dingel: ›Concordia controversa.‹ Die öffentlichen Diskussionen um das lutherische Konkordienwerk am Ende des 16. Jahrhunderts, Gütersloh 1996, S. 467–541.

229 Zum Streit über die Erbsünde, »welcher dem Flacius verderblich wurde« (S. 310), vgl. Preger: Matthias Flacius Illyricus und seine Zeit, Bd. 2, S. 310–412.

230 Rudolf Goclenius: Oratio de nativa et haereditaria in nobis labe et corruptione: in qua refutatur philosophice Flacianum dogma, pigmentis Aristotelis fucatum, quod est: Peccatum originis esse ipsam hominis naturam et essentiam, non vero qualitatem accidentalem: et philosophiae verus usus et abusus ostenditur [...], Marpurgi 1588, S. 16f.: »Est enim vera philosophia lux naturalis animis a Deo in creatione insita (cujus radii aliqui etiam in natura misere sauciata contaminataque remanserunt) et organon spiritus divini ad erudiendum et convincendum de veritate omnes non insanos, aut petulanter adversa fronte ei repugnantes. Nam ratio a Spiritu sancto ad divinas res percipiendas illustrata, per coelestis doctrinae vocem, et ex πρώτοις atque axiomatis in scriptura prophetica et apostolica traditis, secundum normas bonae et necessariae consecutionis divinitus rationis compoti creaturae impressas, considerat et judicat, quomodo partes doctrinae inter se aptae colligataque sint atque cohaerent, quomodo se mutuo stabiliant, quid illis ἀκόλουθον ac consentaneum, quid ab iisdem sit dissentaneum et alienum. Hanc rationis εὐπραξίαν et usum in divinis rebus tantum abest, ut Deus improbet, ut illum etiam severissime requirat. Quid? quod propter hunc usum naturam intelligentium condidit, ac

Hoffmann die Idee, daß angeborene Prinzipien sowohl in den theoretischen als auch in den praktischen Disziplinen und daher auch in der Theologie vorhanden sein müssen.[231]

δύναμιν κριτικὴν οὐσιώδη seu normas judicandi et discernendi verum a falso, certum ab incerto, illi insevit, ut, quae mens et voluntas ipsius sit, probare ac confirmare, et obloquentes convincere possit. Et sicut inter sobriam veramque philosophiam, quae a naevis et erroribus vindicata ac repurgata, se ut famulam dominae theologiae addicit, ita, ut nec extraordinaria Dei opera ordinariis naturae operibus evertat, nec commenta et monstrosa nominum mendacia, pugnantia cum immota veritate verbo et natura Dei, absolutae omnipotentiae Dei titulo ac προσχήματι venditari permittat: Inter hanc igitur sapientiam, et inter sacram scripturam, ut re ipsa non est contradictio.«

231 Daniel Hofmann: Theses de noticiis Dei et voluntatis ipsius, humanis animis natura insitis et disciplina excultis, resp. Kaspar Pfaffrad, Helmaestadii 1593, §§ 14–20, Bl. A3^{v}–4^{v}: »Non igitur temere et frustra sed propter causas graves, utiliter, favente Deo, initium Theologiae late acceptae in quibusdam rudimentis animi humani ponimus, studiumque Theologicum ab aestimatione eorum inchoamus. Omnis n. scientiae quaedam sunt Principia menti hominis in Creatione insita quae dicuntur ἀρχαὶ vel πρῶται ἀρχαί. Item κοιναὶ ἔννοιαι, communes notiones: πρῶται ἐπιβολαί, primae animi intentiones: πρῶτα φύσεως, ordine naturae prima: πρωλήψεις, anticipationes, ἀξιώματα, honoraria et dignissima pronunciata. Ex his quae moralia sunt Principia, quaedam Theologica dici possunt, quia sunt reliquiae Legis divinae insculptae animis humanis a Creatore. Quaestio tamen: An sint tales notitiae innatae de Deo, a non paucis disceptatur, qua in lite affirmativam amplectimur. Non dubitamus asseverare, quod notitiae de Deo et voluntate ipsius mentibus humanis impressae sint et post lapsum aliquales reliquae manserint, quas primi parentes posteris ingenerarint: ut de consilio autoris essent fons doctrinae Moralis, rectrices vitae, et ut impios in iudicio redderent ἀναπολογήτους. In homine integro quin fulserit illustris cognitio Dei nemo ambigit, qui hominem ad imaginem Dei in iustitia et sanctitate veritatis conditum fuisse didicit. Certum etiam est per corruptionem, quae secuta est primam παράβασιν, non plane ex animis lapsorum deletam fuisse omnem notitiam Dei, etsi spiritualis cognitio omnino detrita et ne quidem naturalis capacitas istius residua manserit«; Daniel Hofmann: Explicatio discriminis inter theologicum et philosophicum hominem, quod ad excusationem recentis Manichaeismi praetenditur [...], Helmstadii 1580, besonders Bl. B2^{v}–4^{r}; Daniel Hofmann: Disputatio prima. De peccato originis, quod non sit substantia, seu per se subsistens [...], resp. Paulus Musaeus, Helmstadii 1580; Daniel Hofmann: Disputatio II. De peccato originis, quod non sit substantia, seu per se subsistens [...], resp. Georgius Henningus, Helmstadii 1581; Daniel Hofmann: Disputatio III. De peccato originis, quod non sit substantia, seu per se subsistens [...], resp. Paulus Musaeus, Helmstadii 1581; Daniel Hofmann: Disputatio IV. De peccato originis, quod non sit substantia, seu per se subsistens [...], resp. Paulus Musaeus, Helmstadii 1581; Daniel Hofmann: Disputatio V. De peccato originis [...], resp. Heinrich Boethius, Helmstadii [1586]. Um pelagianische Folgen zu vermeiden, behauptet Hofmann andererseits, daß die natürlichen Kräfte des Menschen keine Einsicht Gottes ermöglichen. Vgl. Daniel Hofmann: Theses de hominis creatione, integritate, corruptione et peccatis [...], resp. Henricus Papaeburgerus, Helmaestadii 1597; Daniel Hofmann: Theses de viribus humanis seu libero arbitrio in rebus spiritualibus per peccatum deperdito [...], resp. Johannes Pandocheus et Gotfridus Schulterus, Helmaestadii 1598; Heinrich Boethius: Disputatio theologica de viribus

Neben Matthias Flacius leugneten auch die Antitrinitarier – vielleicht noch entschiedener – die Existenz einer angeborenen Gotteskenntnis und betrachteten das Evangelium als die einzige Quelle der Offenbarung.[232]

Am entgegengesetzten Ende sind diejenigen, die die Bedeutung des Naturgesetzes betonen und die Meinung vertreten, daß die Menschen bloß aufgrund angeborener Ideen eine wahre Idee Gottes erlangen können, was unter anderen auch von den Pelagianern und einigen katholischen Pole-

---

humanis, seu hominis libero arbitrio [...], resp. Albertus Westphalus, Helmaestadii 1595. Vgl. auch Cyriacus Spangenberg: Historia Manichaeorum de furiosae et pestiferae huius sectae origine et propagatione, doctoribus, discipulis, et propugnatoribus: eorumque actis et scriptis, vita et doctrina, flagitiis et erroribus, vanitate et inconstantia ex ecclesiasticis historiis, et patrum scriptis collecta, et libris tribus comprehensa, Ursellis 1578, Bl. 61^v–62^r: »Non igitur mirum est, et hoc certe perditissimo seculo a quibusdam, ingeniorum suorum acumini et rationis lumini, adeoque carnis prudentiae nimium in sacris tribuentibus, reduci in Ecclesiam detestandos Manichaeorum errores et furores, licet iidem satis impudenter, praeter omnem frontem, contra propriae quoque conscientiae suae testimonium, quod ipsi faciunt, aliis falso ascribant [...]. Huic errori astipulari convincuntur omnes, qui perpetuo nobis obijciunt: Si natura hominis ipsa post lapsum sit per se mala, et coram Dei iudicio peccatum, necessario sequi, aut Deum esse creatorem mali sive peccati: aut Diabolum esse creatorem hominum.«

232 Vgl. Christoph Ostorodt: Unterrichtung Von den vornemsten Hauptpuncten der Christlichen Religion/ in welcher begriffen ist fast die gantze Confession oder Bekentnis Der Gemeinen im Königreich Polen/ Großfürstenthumb Littawen/ und anderen zu der Kron Polen gehörenden Landschafften/ welche/ weil sie bekennen/ das allein der Vater unsers Herren Jesu Christi der Einige Gott/ Jesu Christus aber von Nazareth/ welcher von der Jungfrawen Maria geboren ist/ und kein ander/ vor oder ausser ihm sein eingeborner Sohn sey verächtlicher weise/ wiewohl mit höchster unbilligkeit/ Arrianer und Ebioniten genennet werden [...], Rackaw 1612, S. 9–12: »Ehe wir aber das untersuchen/ ob der mangel an der H. schrifft liege/ so wollen wir der warheit zum besten auch von dem etwas sagen/ ob es auch war sey/ das der mensch von natur so weise gewesen/ und noch jetzt sey/ das er aus der blossen betrachtung der schöppfung Gott und seinen willen/ ohne sonderliche Göttlichen offenbarung/ hab erkennen können. Wir halten es dafür/ das es falsch sey: und kan solchs aus H. schrifft nicht bewiesen werden. Und ob man wol/ was den ersten menschen betrifft/ vermeinet solches zubeweisen aus dem/ das ihn Gott nach seinem bilde geschaffen hat/ so thuts doch nichts zur sachen [...]. Das aber die menschen von Gott oder von der Gottheit etwas wissen/ das haben sie nicht von natur/ noch aus der betrachtung der schöpffung/ sonder von hörnsagen: sintemal sich Gott von anfang den menschen offenbaret hat. Zu welcher gehör aber solchs nicht gekommen ist/ die haben leichtlich wol gar keine opinion oder gedancken von irgent einer Gottheit/ wie zuersehen an etlichen völckern in New India/ und anderswo mehr. Und zwar wenn die erkentnis Gottes natürlich were/ so hetten sie alle menschen. Das aber falsch sey/ kan man zum wenigsten daher mercken/ das ihrer viel nicht allein unter den idioten/ sondern auch unter den gelerten allwege gefunden/ welche nicht geglaubet/ das Gott sey/ oder das er für die menschen sorge: welchs auch etliche Philosophi etwan sich nicht geschewet haben offentlich zuleren« (S. 9–11).

mikern, wie Diogo Payva de Andrada, oder von heterodoxen Theologen behauptet wird.[233]

Die philippistische Naturrechtslehre schlägt den Mittelweg zwischen beiden Extremen ein. Dem ›Manichäismus‹ des Flacius und dem ›Pelagianismus‹ der katholischen Theologen stellt Meisner eine Definition des Naturgesetzes entgegen, mit der sowohl die Theologen als auch die Philosophen einverstanden sind.

> Ab his extremis opinionibus divortium faciunt saniores tum Philosophi, tum Theologi: Statuunt enim, homini principia quaedam Theoretica et Practica, de Dei cultus et honestorum discrimine, sine institutione praevia innotescere, partim ex creaturarum aspectu et per usum rationis proprium (quam vocant notitiam ἐπικτετὸν vel acquisitam) partim per impressionem naturalem, et quasdam de imagine divina reliquias, menti humanae a prima nativitate inhaerentes et implantatas (quam dicunt notitiam ἔμφυτον vel innatam) quae tamen adeo sint languida et imperfectae, ut ad sufficientiem Dei agnitionem cultum et pietatem, adeoque ad consequendam salutem aeternam minime sufficiant.[234]

Was bei Melanchthon nur angedeutet blieb oder nur durch weitere Schlußfolgerungen klar festgelegt werden könnte, was Flacius fürchtete und vor dem er Abscheu empfand, wird von Meisner klar gesagt: Die ›notitiae naturales‹ sind ein Mittel zum Erreichen des ewigen Heiles. Der Mensch ist also für sein Heil mitverantwortlich oder mitschuldig; er nimmt Teil an sei-

---

[233] Diogo Payva de Andrada: Orthodoxarum explicationum libri decem [...], Coloniae 1564, III, 6, S. 273–299, besonders S. 292: »Quid igitur est, quod priscis illis legis naturae saeculis, et cum nondum sese divina bonitas tam large ac copiose effuderat, non illam Dei notitiam fuisse etiam ad salutem satis arbitremur, ad quam aditus illis hominibus patere poterat? aut perspecta illa habere ac credere astringerentur, quae neque Deo aperiente acceperant, neque studio consequi, neque labori comparare potuissent? Impossibilia enim in obligationem cadere ferus solum, taeter humanitatisque hostis quispiam poterit existimare«; Huldrych Zwingli: Christianae fidei a Hulderycho Zvinglio praedicatae, brevis et clara expositio [...], Tiguri 1536, »Vita aeterna«, Bl. 27^{r}: »Deinde sperandum est tibi visurum esse, sanctorum, prudentium, fidelium, constantium, fortium, virtuosorum omnium, quicunque a condito mundo fuerunt, sodalitatem, coetum et contubernium. Hic duos Adam, redemptum ac redemptorem; hic Abelum, Enochum, Noam, Abrahamum, Isaacum, Iacobum, Iudam, Mosen, Iosuam, Gedeonem, Samuelem, Pinhen, Heliam, Heliseum, Isaiam ac deiparam virginem de qua ille praecinuit, Davidem, Ezekiam, Iosiam, Baptistam, Petrum, Paulum: hic Herculem, Theseum, Socratem, Aristidem, Antigonum, Numam, Camillum, Catones, Scipiones; hic antecessores tuos, et quotquot in fide hinc migrarunt maiores tuos videbis. Et summatim, non fuit vir bonus, non erit mens sancta, non fidelis anima, ab ipso mundi exordio usque ad eius consummationem, quae non sis isthic cum Deo visurus.« Dazu vgl. Rudolf Pfister: Die Seligkeit erwählter Heiden bei Zwingli. Eine Untersuchung zu seiner Theologie, Zürich 1952, besonders S. 26–38 und Max Huber: Natürliche Gotteserkenntnis. Ein Vergleich zwischen Thomas von Aquin und Huldrych Zwingli, Bern 1950, vor allem S. 83–105, der die pelagianische Auslegung zurückweist.

[234] Meisner: Dissertatio de legibus, III, 1, S. 126–127.

ner Errettung und sein Wille, der frei ist, kann zwischen Gutem und Bösem ohne Offenbarung wählen.

Die modernen ›Photiniani‹ (S. 124–125) und Matthias Flacius – argumentiert Meisner – weisen darauf hin, daß der Apostel Paulus im ersten und zweiten Kapitel des Römerbriefs nicht von angeborenen Ideen im eigentlichen Sinn spricht, sondern »ex ipsius Pauli explicatione clarissime apparet, agi hic non de innatis noticiis aut primis principiis, sed de noticiis ab effectu ratiocinando repertis [...]. Totus vero hic Pauli locus de noticia Dei, est magis intelligendus de potentia quam de actu, seu magis de ipsa rei sciendae perspicuitate, aut vere percepta noticia, sicut docti distinguere solent, alia esse per se, suave natura, alia nobis nota.«[235] Diese Auslegung verkenne aber die Worte Pauli.

Sed contrarium clara textus litera evinci. Dicitur enim, quod veritatem detineant [Rom. 1] vers. 18. quod γνωστὸν ϑεοῦ sit in ipsis manifestum et Deus illis manifestaverit v. 19. quod cognoverint Deum ver. 21. et δικαίωμα ϑεοῦ v. 32. quae certe non

---

235 Flacius Illyricus: Lex, in: Clavis scripturae, Sp. 552–553. Vgl. Ostorodt: Unterrichtung, S. 10–12: »Und ob man wol die meinung der erkentnis Gottes aus den erschaffenen dingen vermeinet mit den worten Pauli zubeweisen/ welche gelesen werden Rom. 1. v. 20. (gleich als wenn der Apostel gesagt hett/ wie auch Luther den ort ohne allen grund hatt vertiren dürffen/ und das setzen welchs durchaus im Griechischen text nicht gefunden wird/ nemlich das Gottes unsichtbares wesen/ das ist/ seine ewige krafft und Gottheit wird ersehen/ so man des warnimt an den wercken/ nemlich an der schöpffung der welt) so kan es doch nicht bestehen: sintemal der ort also sol gedolmetscht werden (welche version man von 19. v. anfangen mus) Was man (spricht er) von Gott kan wissen/ das ist ihnen bekant/ denn Gott hatts ihnen offenbaret: sintemal seine unsichtbare dinge/ von der welt schöpffung her/ aus den thaten erkant/ gesehen werden/ auch seine ewige macht und Gottheit selber/ auf das sie keine entschuldigung haben. Welcher wort dieser verstandt ist: Gott wird die unglaubigen und Gottlosen/ welche dem Evangelio widerstreben/ billig straffen: sintemal er ihnen das/ was man von ihm wissen kan (oder viel mehr weis) offenbaret hat. Denn ob wol solchs zuvor nie/ weil die welt gestanden/ gesehen/ das ist/ offenbaret ist/ so sey doch nun das unsichtbare sichtbar/ das ist/ das unbekante/ bekant worden/ nemlich durch die wercke oder thaten/ welche Gott durch Christum und die Apostel gethan hat/ nemlich durch die wunder werck: also das man nun Gottes ewige macht und Gottheit sihet/ das ist/ seinen willen/ so wol was da betrifft die verheissungen/ als was betrifft die gebot/ welche allewege bleiben werden/ offenbarlich verstehet und kennet. Das dieser der rechte verstand der worte Pauli sey/ kan man aus vorhergehenden worten leichtlich sehen und erkennen. So kan denn nun der mensch (damit wir diesen punct beschliessen) von Gott und seinem willen nichts nicht wissen/ nur was ihm Gott selber offenbaret/ nemlich eusserlicher weise. Welche offenbarung wenn sie vorhanden ist/ so kan der mensch nicht allein die Göttliche sachen verstehen und begreiffen/ sondern er wird auch drumb gestrafft werden/ wo er sie nicht begreifft: wie aus dem ort Pauli/ welcher erst erkläret worden/ bezeugt wird: welchs denn nicht geschehen könt/ sintemal Gott gerecht ist/ wo es nicht in des menschen macht were/ göttliche sachen/ wenn sie ihm eusserlicher weise von Gott offenbaret werden/ zuverstehen und zubegreiffen.«

nudae δυνάμεως, sed potius actus argumenta sunt clarissima. Neque hinc ullus sequitur Pelagianismus, quoniam γνῶσις illam tantum in hemisphaerio inferiori disciplinae moralis versari dicimus, non autem ad superius hemisphaerium quod πνευματικὰ concernit, extendimus.[236]

Sämtliche Argumente, die Flacius vorlegt, um die ›notitiae connatae‹ zu widerlegen, können auch zum entgegengesetzten Zweck benutzt werden und als Beweis ihrer Existenz angesehen werden. Insbesondere kann man vier ›rationes‹ heranziehen: »1. Ab imaginis diviniae reliquiis [...]. 2. A naturae instinctu, qui reperitur in brutis [...]. 3. A salutaribus gentilium praeceptis et constitutionibus [...] de quibus testatur doctrina Ethica et νομοθεσία gentilium [...]. 4. Ex naturali peccatorum agnitione.« Zum ersten wurde der Mensch nach Gottes Ebenbild geschaffen, was eine natürliche Weisheit und Übereinstimmung aller Kräfte im Herzen und in der Seele zur Folge hat. Diese Harmonie wurde zwar durch den Sündenfall zerstört, kann aber nicht vollkommen verloren gegangen sein. Wie einige Funken nach einem Brand immer weiter glimmen, so müssen auch einige Reste des göttlichen Bildes im Menschen noch vorhanden sein.[237] Zum zweiten findet man bei allen Tieren einen allgemeinen Trieb nach Selbsterhaltung und Fortpflanzung, worauf sich das Naturrecht gründet, und einige besondere Neigungen, die jeder Gattung eigentümlich sind. Es wäre dann höchst verwunderlich, wenn die Menschen keinen von diesen Trieben kennen würden.[238] Zum dritten sind

---

236 Meisner: Dissertatio de legibus, III, 1, S. 135.

237 Ebd., III, 1, S. 140f.: »1. Ab imaginis divinae reliquiis. Condidit Deus hominem primum ad imaginem suam Gen. 1, v. 26. consistentem in naturali sapientia mentis, cordis et ἁρμονίᾳ cunctarum virium. Atque hoc materiale fuit concreatae imaginis: formale autem Theologi appellant gratiosam Dei inhabitationem et singulare beneplacitum, quo prosequebatur hominem a se conditum [...]. Licet vero materiale plenum, et prout erat concreatum, per lapsum plane sit deperditum; quiddam tamen illius remansisse magno consensu docent Theologi. Sicut enim ex ingenti flamma, post restinctum incendium, aliquae favillae, et ex magno aedificio, post dirutionem, rudera quaedam supersunt: sic etiam de connata imagine, post transgressionem, quaedam scintillulae γνώσεως, quidam igniculi virtutis, seu rudera primae perfectionis mansere reliqua in hominum natura, unde reliquiae vel residuae particulae imaginis divinae communiter indigitantur, ob quas homo post lapsum etiam conditus, dicitur ad Dei imaginem, Gen. 9. v. 6. et similitudinem Jac. 3. v. 9. [...]. Si enim dantur reliquiae imaginis naturales vel connatae, dabuntur etiam notitiae naturales vel connatae, quoniam istae reliquiae nil aliud sunt, quam qualescunque mali bonique notitiae et virtutis stimuli.«

238 Ebd., III, 1, S. 142f.: »2. A naturae instinctu, qui reperitur in brutis. Duplex is est, 1. Communis omnibus. 2. Proprius certae speciei [...]. Communis appellatur a iurisconsultis ius naturale, cuius sunt gradus duo, quorum alter ad individui, alter ad speciei conservationem facit. Per illum bruta se defendunt, et vim vi repellunt: per hunc specierum procreationem optant, foetus suos nutriunt, et eorum curam habent. Omnia haec fiunt ex naturae instinctu, quae bruta intus instigat ad tales operationes, et sic communem quasi legem dictitat [...]. Quod proprios et particulares naturae instinctus spectat,

die Normen des Naturrechts in der Morallehre der Heiden enthalten, die den Willen Gottes nur durch die natürlichen Gesetze haben erfahren können. Zum letzten empfinden auch die Bösewichter Reue über ihre Missetaten und fürchten sich vor der göttlichen Strafe, was eine natürliche Kenntnis der ›lex Dei‹ voraussetzt.[239]

Gegenstand des Naturgesetzes sind die Gebote der mosaischen Tafeln, und der Dekalog gilt also auch für Meisner als die beste Zusammenfassung der ›lex naturae‹.

> Si Lex naturae aestimatur ratione specialis materiae, quam praescribit, tum haud incommode in duas tabulas, non secus atque lex moralis dispesci poterit. Primae tabulae obiectum Deus est, Secundae, proximus: primae summa est Dei cultus: secundae, proximi dilectio.[240]

Naturrecht, Moralgesetz und Gottes Wille sind also ein und dasselbe.

Ein später Fall: Johann Henich

Die philosophische und theologische Reflexion über das natürliche Gesetz wurde im Laufe des siebzehnten Jahrhunderts von der naturrechtlichen Tradition abgelöst, was aber nicht verhinderte, daß das Thema, wenn auch nur vereinzelt, in moralphilosophischen Dissertationen wieder aufgegriffen wurde. Eine der letzten Schriften dieser Gruppe ist die *Disputatio moralis de lege naturae*, die unter dem Vorsitz von Johann Henich 1638 in Helmstedt verteidigt wurde.[241]

Dieses teilweise verspätete Werk nimmt eine Mittelstellung in der Geschichte des Naturrechts ein, weil es einerseits dieselben Argumente wie-

---

nulla species animalium iis destituitur. Araneus miro quodam modo telas format, hirundo nidum construit, formica grana pro futura hyeme recondit, apes favos colligunt. Cum ergo in omnibus brutis quaedam connata principia vel instinctus naturales concedendi sint, cur soli homini tale quid denegaremus? Ratio certe nulla dabitur, cur is tantum eximendus sit. Et quoniam propriam eius operatio est veri cognitio, bonique actio, hinc a natura quasdam utriusque notitias vel instigationes ipsi connatas esse, recte infertur.«

239 Ebd., III, 1, S. 144: »4. Ex naturali peccatorum agnitione. Omnes facinorosi post perpetratum scelus, agnoscunt tandem se deliquisse, et poenas promeruisse, unde timor in iis oritur. Omnis vero agnitio peccati ex lege est, Rom. 3. v. 21. I. Joh. 3. v. 4. [...]. Ast quae illa? Non semper scripta et lata, cum et illi timeant, qui vel hac carent, ut barbari, vel non curant, ut praefracti; vel in occulto peccant, ut dolosi [...]. Quare vicissim sequitur, legem connatam esse concedendam.«

240 Ebd., III, 12, S. 235–236.

241 Johann Henich: Disputatio moralis de lege naturae [...], resp. Johannes Georgius Bohsius, Helmaestadii 1638.

derholt, die schon längst in der Tradition des sechzehnten Jahrhunderts bekannt waren, aber andererseits die Frage nach dem Prinzip des Rechtes derart löst, daß ein neues Verständnis des Naturrechts deutlich wird. Daneben nimmt diese Dissertation eine entschieden offene Haltung gegenüber der Spätscholastik ein, deren Vertreter – die in den vorhergehenden Schriften immer widerlegt wurden – jetzt als Autoritäten angesehen werden.[242]

Henich, der das disputierte Thema in vier Hauptstücke gliedert,[243] bleibt in den Gewohnheiten des topologischen Denkens befangen und unterscheidet mit großer Strenge die Naturrechtsauffassung der Philosophen und Theologen von den Definitionen der Juristen, weil sich letztere hauptsächlich auf Ulpian berufen, dessen Lehre aber einem längst bekannten Vorwurf ausgesetzt ist: Die Tiere kennen kein Recht und werden nur von den Instinkten getrieben.[244] Die richtige Definition des Naturrechts ist also die der Philosophen.

> Quanquam autem variae [scil. definitiones] apud varios doctores occurrant, nobis tamen omnium maxime illa, quae apud Valentiam q. 4. p. 1. habetur, placet. Lex autem naturalis juxta eum nihil aliud esse dicitur, quam naturale rationis nostrae iudicium, seu dictamen, quo per lumen nobis ab aeterna lege impressum et inditum, evidenter cognoscimus ea esse facienda, quae ita recta sunt et naturae nostrae consentanea; ut ea negligere sit deforme et naturae repugnans; etcontra ea esse vitanda, quae facere turpe sit, et naturae rationali minime congruum.[245]

Laut der alten Tradition des Naturgesetzes wird das Naturrecht als der Inhalt eines Gebotes verstanden, das der menschlichen Seele angeboren ist und das seinen Ursprung unmittelbar in der göttlichen Vernunft hat. Dementsprechend gehen alle seine Bestimmungen mit der gesunden Vernunft einher, so daß es im Grunde nichts anderes als sämtliche Normen des menschlichen Verstandes enthält.[246]

---

242 Vgl. unten Anm. 245.

243 Henich: Disputatio moralis de lege naturae, Bl. A2^{r}: »Thesis prima. De lege naturae disputaturi recte rationem eius percipi posse arbitramur, si quatuor isthaec diligenter expendamus. 1. Quid sit lex naturae, 2. Quomodo obliget. 3. An etiam mutari et abrogari queat. 4. An in ea possit fieri dispensatio.«

244 Ebd., §§ 2–7, Bl. A2^{r-v}.

245 Ebd., § 8, Bl. A2^{v}–3^{r}. Vgl. Gregorius de Valentia: Commentariorum theologicorum tomus secundus complectens materias primae secundae divi Thomae [...], 1592, in: Gregorius de Valentia: Commentariorum theologicorum tomi quatuor in quibus omnes materiae quae continentur in summa theologica divi Thomae Aquinatis ordine explicantur [...], Ingolstadii 1591–1597, t. 2, disp. 7, qu. 4, punct. 1, Sp. 884.

246 Ebd., § 9, Bl. A3^{r}: »Facile autem cuivis patet ius naturale hoc pacto sumptum, naturam rationalem in se consideratam concernere. Unde etiam ad illud, haec quae sequuntur, praecepta pertinent: Deum esse colendum, Parentes honorandos, nemini inferendam

Da das Naturrecht unmittelbar dem menschlichen Wesen innewohnt, kann es erst dann definiert werden, wenn man die Vernunft des einzelnen Individuums betrachtet, und es könnte auch dann hergeleitet werden, wenn nur ein einziger Mensch auf der Erde lebte. Wenn man aber das Wirken der Vernunft innerhalb einer Gesellschaft beobachtet, kommen bestimmte Erscheinungen zum Vorschein, die früher keinesfalls erkannt werden konnten, weil sie implizit in der individuellen Natur vorhanden sind und sich nur durch das Zusammenkommen mehrerer Menschen entfalten. Diese Rechtsphänomene sind nicht minder vernünftig als die Vorschriften des Naturrechts, obwohl sie nicht dieselbe Unmittelbarkeit besitzen. Sie sind eher Produkt einer sich im Kollektiven äußernden Vernunft und verdienen deshalb den Namen ›Völkerrecht‹.[247] Da ferner die Menschen immer in Gesellschaft leben, ist solches Völkerrecht ebenso verbindlich wie das Naturrecht.

Durch seine beide Formen umfaßt das Naturgesetz die Handlungen von allen Menschen. Es bleibt unwandelbar oder es kann erst dann verändert werden, wenn seine allgemeinen Vorschriften durch weitere besondere Normen näher bestimmt werden. Gesetzt, daß eine Veränderung nur auf dreierlei Weise – ›per additionem‹, ›per desitionem‹ und ›per abolitionem‹ – ausgeführt werden kann, bleibt nur die Möglichkeit der Ergänzung bestehen, während die Einschränkung und die Aufhebung ausgeschlossen bleiben.[248] Die ›lex naturae‹ kann also aus der menschlichen Seele weder gelöscht noch abgeschwächt werden,[249] und da sie ihre Gültigkeit immer weiter unversehrt behauptet, darf sie keine Ausnahme dulden.[250]

---

iniuriam, suum cuique tribuendum, et c. Haec enim et huiusmodi plura recta ratio homini secundum se considerato observanda dictitat. Et hoc est ius naturae proprie et communiter ita dictum.«

247 Ebd., § 10–11, Bl. A3^{r}: »Quod si autem idem illud ius consideres, prout naturam rationalem in societate civili et republica constitutam concernit, appellari solet ius gentium. Quamvis enim et hoc ius si non omnibus, saltem plerisque commune sit, tamen ex consensu populorum potius id tale est, quam ex ipsa natura. Ut ita quaecunque communi populorum consensu de istis rebus, quas societatibus humanis inter se invicem intercedere oportet, constituta sunt, qualia iura bellorum, foederum, captivitatum, servitutum sunt, illa omnia ad ius gentium pertinere iudicare debeant. Sed quomodo differat ius naturae in rigore acceptum a iure gentium, nostrum nunc non est multis disputare. Illud interim ut diximus manifestum est, ius naturae rationali creaturae secundum se consideratae convenire, ius gentium vero eidem non nisi in societate et republica civili constitutae posse tribui. Unde etiam porro patet, praecepta, quae huc pertinent remotiora esse a primis principiis, quam illa quorum supra facta fuit mentio.«

248 Ebd., §§ 14–18, Bl. A3^{v}–4^{r}, besonders §§ 14–15, Bl. A3^{v}.

249 Ebd., §§ 19–26, Bl. A4^{r}–B1^{v}, besonders § 19, Bl. A4^{r}: »Quamquam autem addi legi naturali aliquid eo, quo iam diximus modo, potest, tamen abrogari illa nequit, aut obligare desinere. Quum etiam obligatio legis naturalis ex ipsa natura rerum oriatur, haec autem non possit mutationem aliquam subire, sequitur profecto nec illam proprie et in

Erwähnenswert ist die *Disputatio moralis de lege naturae* nicht wegen ihrer eher traditionellen Naturgesetzeslehre, sondern wegen ihrer besonderen Vorstellung des ersten Prinzips. Wie zum wiederholten Male bemerkt worden ist, führen sowohl Melanchthon als auch seine Anhänger die Gesamtheit der Rechtsnormen nicht auf einen einzigen Grundsatz, sondern auf eine Mehrzahl von Prinzipien zurück. Die Idee eines Naturrechtssystems, das aus einem einzigen Begriff hergeleitet wird, gehört dagegen ausschließlich dem siebzehnten Jahrhundert und jener Überlieferung an, die sich seit Pufendorf in der universitären Disziplin des ›ius naturae et gentium‹ etablierte. In Henichs Dissertation, die sonst völlig mit der philosophischen Lehre des sechzehnten Jahrhunderts übereinstimmt, ist dieser Schritt gemacht: Das Naturrecht wird als ein Lehrgebäude dargestellt, dessen Sätze aus einem einzigen und allgemeinen Grundsatz deduziert werden, das mit dem Gebot »Du sollst das Gute tun« identisch ist. Alle Normen des praktischen Lebens werden aus diesem Prinzip hergeleitet, und nicht einmal die religiösen Gebote werden von dieser Deduktion ausgenommen.

Sciendum est legem naturalem comprehendere cum prima universalissima principia practica, tum conclusiones ex illis deductas. Primarium ac maxime generale praeceptum legis naturalis est hoc: Bona sunt facienda, mala non. Quemadmodum enim primum obiectum intellectus est Ens, ita primum obiectum voluntatis est bonum. Nihil namque directe praecipi potest ab intellectu, nisi habeat rationem entis, sicut etiam nihil a voluntate potest appeti, nisi id rationem boni habeat. Sicut igitur primum principium theoricum, quo intellectus dirigitur, in universali ratione entis debet fundari, ita primum practicum quo voluntas dirigitur, fundari debet in universali ratione boni. Primum autem principium theoricum, quod in ente fundatur est hoc: Idem non potest simul esse, et non esse. Ergo primum principium practicum, quod in bono fundatur, erit hoc: Bona sunt facienda, mala non. Ex hoc primo principio practico, tanquam ex fonte quopiam deducuntur alia praecepta legis naturalis, seu quaedam conclusiones, ut Deum esse colendum, parentes honorandos, nemini inferendam iniuriam, et c. Recta enim ratio ex instinctu naturae dictat bonum esse, Deum colere, parentes honorare, nemini iniuriam inferre, et similiter iudicat malum esse, Deum odio prosequi, blasphemare, parentes contemnere, iniuriam aliis facere, et c.[251]

---

se consideratam mutabilem esse. Videatur hac de re Franciscus Suarez, lib. 2. de legib. cap. 14. num. 8.« und §§ 27–39, Bl. B1^{v}–4^{v}, wo die Möglichkeit der ›abolitio‹ widerlegt wird. Vgl. Francisco Suarez: Tractatus de legibus et Deo legislatore in decem tomos distributus [...], Lugduni 1619, (1. Aufl. 1612), II, 14, 8, S. 92f.

250 Ebd., §§ 40–51, Bl. B4^{v}–C2^{v}: »Quemadmodum igitur non potest fieri, ut Deus humanam essentiam mutet, exempli gratia hominem creet, qui non sit animal rationale (implicat enim hoc manifestam contradictionem), ita etiam fieri nequit, ut isthaec a Deo mutentur, quae ad humanam essentiam necessaria sunt« (§ 45, Bl. C1^{v}).

251 Ebd., §§ 27–30, Bl. B1^{v}–2^{r}. Aus dem systematischen Aufbau des Naturgesetzes ergibt sich auch die Notwendigkeit der Offenbarung, denn, je weiter man im System hinuntersteigt, desto undeutlicher und fehlerhafter werden die göttlichen Gebote begriffen. Da

Die Schrift Johann Henichs stellt daher den Punkt dar, wo sich das Alte und das Neue berühren: Die ehrwürdige Tradition der mittelalterlichen ›lex naturae‹, die auch durch Melanchthon wiederbelebt wurde, klingt hier aus und wird vom modernen ›ius naturae et gentium‹ ersetzt.

---

sein Gesetz für die Menschen fast unverständlich geworden war, sandte Gott seinen Sohn, um es nochmals bekannt zu machen. Vgl. ebd., § 38, B3^{v}–4^{r}: »Facile enim profecto, nisi valde fallor, ex iis [principiis], quae hactenus allata sunt, videre licet, quomodo si a primo principio descendatur, et per consequentias ad minus universalia deveniatur, lex naturae omnino de cordibus hominum sibi relictorum deleri queat. Unde etiam non difficulter intelligi potest, quare Deus denuo eam peculiari promulgatione patefacere, et ante oculos mortalium ponere, animisque inculcare voluerit.«

Die Jurisprudenz des sechzehnten Jahrhunderts

Rechtssystematik und topologisches Denken

Die Behandlung der Jurisprudenz und jedes anderen Bereiches des menschlichen Wissens erfolgt im sechzehnten Jahrhundert nach den Prinzipien der Topologie, die sich die Gesamtheit der verfügbaren Kenntnisse als eine geschlossene Menge vorstellt und sie nach festgesetzten ›loci‹ verteilt. Diese schreiben sowohl die Form, in der ein bestimmtes Thema behandelt werden soll, als auch die einzelnen Fragen vor, denen sich die Darstellung widmen soll, und bestimmen also sowohl die formale als auch die inhaltliche Seite jeder Abhandlung. Johannes Ramus legt am Anfang seines Werkes *De regulis iuris* den topologischen Aufbau der Jurisprudenz fest.

> Tria sunt in omnibus disciplinis praecipua locorum communium capita: Inventio, quae est ingenii; Iudicium, quod rationis; Memoria, quae rerum ipsarum. Prius enim inveniendae res sunt, tunc de inventis judicandum, […] postremo fideliter omnia memoriae committenda […]. Inventioni et judicio serviunt, tum alia pleraque, de quibus apud Dialecticos, tum maxime definitiones et divisiones. Memoriae servit Regula.[1]

Die ›loci‹ wurden zum Gegenstand einer selbständigen Hilfsdisziplin, der ›topica legalis‹, die sich zur Aufgabe machte, alle möglichen Kategorien und Gliederungen darzustellen, in die die juristischen Argumente eingestuft werden konnten.

> Loci sunt argumentorum sedes, unde probabilia educunt argumenta ad id quod in controversia positum est, atque probandum. […] Non ergo aliud est locus, quam communis quaedam rei notio, cuius admonitu, quid in quaque re probabile sit, possit inveniri. Ex his locis petenda sunt argumenta: sed ordine certo.[2]

---

1 Johannes Ramus: Commentariorum in omnes regulas iuris tam civilis, quam canonici [...], eleganti ac singulari methodo, universae iurisprudentiae oeconomiam, locorumque communium dispositionem et enodationem, artificiose complectens, libri duo [...], hg. von Ioannes Forsterus, Francofurti ad Moenum 1606, (1. Aufl. 1557), Ax. 1, S. 1.

2 Claudius Cantiuncula: Topica tractata per exemplo legum [...], Basileae 1535, in: Primum volumen tractatuum ex variis iuris interpretibus collectorum, continens eos tractatus, qui de cognitione et interpretatione iuris, ac verborum significatione summatim et

Die Topik ist eine statische Disziplin, die das Gerüst des Wissens beschreibt und schon mit Endergebnissen arbeitet. Ihr dynamisches Moment ist die Dialektik, die besonders in der Fassung des Rudolf Agricola lehrt, wie man die ›loci‹ definieren und das ganze Gebäude der Topik aufbauen kann.

> Dialectica, ut eam copiose ex Ciceronis sententia [Academica, II, 28, 91] finiam, est ars quae docet definire, et ambigua dividere, argumentorum locos nosse, argumentationem ipsam concludere, videre quae sumenda sint in argumentando, quidque ex ijs quae sumpta sunt, efficiatur: et vera a falsis dijudicare, et aut male sumpta aut male conclusa reprehendere.[3]

Wegen ihrer festgesetzten Struktur konnte die Topik die Idee begünstigen, daß das menschliche Wissen geschlossen ist und von einer gewissen Ordnung regiert wird. Bestimmte Argumente sind miteinander eng verbunden und gehen immer zusammen; sie besitzen ferner einen inneren Aufbau, nach dem sich ihre Abhandlung richten soll.

Ein gutes Beispiel dieser topologischen Auffassung wird im Gebiet des Naturrechts von Balthasar Meisner geboten, der die unterschiedlichen Vorstellungen vom Naturrecht topologisch nach Disziplinen und Schulen ordnet. So muß man immer fünf verschiedene Definitionen des Naturgesetzes oder des Gesetzes im allgemeinen berücksichtigen: ›definitiones philosophorum‹ (Platon, Aristoteles und Cicero), ›definitiones patrum‹ (Augustin, Johannes Chrysostomus, Hilarius von Poitiers und Isidor von Sevilla), ›definitiones scholasticorum‹ (Thomas von Aquin, Domingo de Soto und Gregorius de Valentia), ›definitiones jurisconsultorum‹ (Iustinian und Kanonisten) und ›definitiones recentiorum‹ (Melanchthon, Andreas

---

in genere tractant [...], Lugduni Batavorum 1549, Bl. 253vb. Vgl. auch Johann Oldendorp: Topicorum legalium hoc est locorum seu notarum ex quibus argumenta et rationes legitime probandi sumuntur [...] traditio, Lugduni 1555; Nicolaas Everaerts: Loci argumentorum legales, Francofurti 1581, (1. Aufl. Lugduni 1568); Lorenz Neidecker: Dialectica iuris civilis [...], Moguntiae 1601; Matthias Stephani: Dialectica iuris exactissima et absolutissima. Ex omnibus optimorum iurisconsultorum libellis dialecticis et topicis [...], [Francofurti] 1610.

3 Christoph Hegendorff: Dialectica legalis sive disserendi, demonstrandique ars, ita iuri civili accommodata, ut et nihilominus sit omni studiorum generi usui futura [...], Lipsiae 1531, in: Primum volumen tractatuum ex variis iuris interpretibus collectorum, Bl. 237vb. Vgl. auch Pietro Andrea Gammaro: De modo disputandi ac ratiocinandi liber primus[–tertius], Bononiae 1514, in: Primum volumen tractatuum ex variis iuris interpretibus collectorum, Bl. 278vb–290ra; Johannes Apel: Methodica dialectices ratio ad iurisprudentiam adcommodata [...], Noribergae 1535, in: Primum volumen tractatuum ex variis iuris interpretibus collectorum, Bl. 270vb–278va; Johann Thomas Freigius: De logica iureconsultorum libri duo, Basileae 1590, (1. Aufl. Basileae 1582); Nikolaus Vigelius: Dialectices iuris civilis libri III., iurisprudentiam omnibus rebuspublicis accommodatam continentes. Accessit de litis contestatione, item paradoxorum libellus eiusdem authoris [...], Basileae 1573.

Musculus, Daniel Tilenus, Lambert Daneau, Girolamo Zanchi, Francesco Piccolomini).[4] Beispielhaft hierfür ist Meisner auch deshalb, weil er die juristischen Definitionen des Naturrechts streng von den theologisch-philosophischen unterscheidet, da sie zwei getrennten Disziplinen angehören.

> JCti respiciunt naturam omnibus animalibus communem, et L. 1. Inst. tit. 2. [Institutiones, I, 2, pr.] ita definiunt: Jus naturale est, quod natura omnia animalia docuit. Atque hinc volunt esse maris et foeminae conjunctionem, itemque liberorum procreationem et educationem, eo quod videamus omnia animalia legem hanc servare, ut non sibi tantum prospiciant, sed simile etiam generent, suosque foetus nutriant [...]. Philosophi autem cum Theologis et Canonistis restringunt ad naturam humanam, unde dist. 1. c. 7. [Decretum, dist. 1. c. 7] talis legitur descriptio: Jus naturale, est jus commune omnium nationum, eo quod ubique instinctu naturae, non constitutione aliqua habetur. Hoc JCti appellant Jus gentium, quoniam eo jure omnes gentes utuntur; Cujus exempla sunt: Deus est colendus, Majoribus obtemperandum, Vim vi repellere licet. Quod igitur Jurisperitus esse ait de lege gentium, hoc Theologus legi naturae, videlicet humanae adscribit. Nos autem Jus vel legem naturae hic accipimus sensu non Juridico, sed Theologico, intelligentes naturam homini propriam, non omnibus animalibus communem.[5]

Niels Hemmingsen behandelte das Thema der Gesetze in demselben Jahr (1562) zweimal: einmal in der Schrift *De lege naturae apodictica methodus*, die eigentlich der Ethik angehört, und einmal in einer theologischen Darstellung der christlichen Lehre. In diesem zweiten Fall ignoriert er das natürliche Gesetz und betrachtet die zehn Gebote als unmittelbaren Ausdruck des göttlichen Willens, während dieselben in seinem moraltheologischen Werk als Inbegriff der ›lex naturalis‹ gelten.[6]

Innerhalb einer topologischen Wissensvorstellung kann man also die literarischen Gattungen als geschlossene Systeme von Zitaten verstehen oder als Gemeinde, deren Mitglieder sich gegenseitig anerkennen: Die Vertreter einer gewissen Überlieferung benutzten als Quellen und Autoritäten nur einen bestimmten Kreis von Autoren und setzen sich nur mit denjenigen Autoren auseinander, die sich ausdrücklich zu derselben Tradition bekennen. Dieses Phänomen wird keineswegs durch die Bedingungen der materialen Überlieferung, also durch das Vorhandensein oder Nichtvorhandensein weiterer Quellen veranlaßt. Die Autoren haben Zugang auch zu den Materialien anderer Disziplinen, wie man bei Hemmingsen und Meisner deutlich sehen kann, denen sowohl theologische als auch philosophische und juristische Argumente zur Verfügung standen. Trotzdem vermeiden sie sorgfältig jede Grenzüberschreitung. Die wahre Ursache dieser strengen

---

4 Meisner: Dissertatio de legibus, III, 2, S. 214–217. Vgl. I, 4, S. 53–61, wo die ›definitiones recentiorum‹ berücksichtigt werden.

5 Ebd., III, pr., S. 121.

6 Hemmingsen: Enchiridion theologicum, S. 121. Vgl. oben S. 84, Anm. 193.

Verteilung der menschlichen Kenntnisse muß also in der anerkannten Grammatik des Wissens liegen.[7]

Die Quellen der juristischen Tradition: Das römische Recht

Das *Digestum* beginnt mit der Definition dessen, was Naturrecht, Völkerrecht und Zivilrecht ist. Damit wird ein entscheidender Schritt in der Geschichte des Naturrechts getan, und man könnte sogar behaupten, erst mit den Definitionen des *Corpus iuris civilis* fange die Geschichte des Naturrechts im eigentlichen Sinne an. Die römischen Juristen sind also in zwei Hinsichten von kaum zu überschätzender Wichtigkeit: Einerseits vollendeten sie die Entwicklung des klassischen Begriffs und brachten ihn zu seiner klarsten Definition; andererseits bilden sie die eigentliche Quelle der vormodernen Überlieferung des Naturrechts, und jede spätere juristische Reflexion über das Naturrecht nahm mittelbar oder unmittelbar Bezug auf sie.

Die römischen Juristen entwarfen ein System, das auf der Idee einer hierarchischen Differenzierung der Rechte aufgebaut war. Damit war aber nicht ein Prinzip gemeint, aus dem sich alle Rechtserscheinungen herleiten lassen; statt dessen verstand man unter der Bezeichnung ›ius naturale‹ verschiedene Rechtsbereiche, die ihren Geltungsanspruch auf unterschiedlichen Grundlagen gründen. Dabei ist das Naturrecht nicht hierarchisch ›über‹ das Völker- und das Zivilrecht gestellt, so daß seine Grundsätze von der Gesetzgebung oder der Rechtspraxis verwirklicht werden sollen. Jede von den drei Rechtsarten besteht vielmehr immer weiter ›neben‹ den anderen. Von einer Über- oder Unterordnung darf man nur insofern reden, als sich das Naturrecht auf

---

[7] Der bisher am breitesten angelegte Versuch, die juristische Literatur nach ihrer gattungssystematischen Gliederung zu beschreiben, ist das von Helmut Coing herausgegebene *Handbuch der Quellen und Literatur der neueren europäischen Privarechtsgeschichte*. Zu den hier in Frage kommenden Themen vgl. Peter Weimar: Die legistische Literatur der Glossatorenzeit, in: Helmut Coing (Hg.): Handbuch der Quellen und Literatur der neueren europäischen Privatrechtsgeschichte. Erster Band: Mittelalter (1100–1500), Die gelehrten Rechte und die Gesetzgebung, München 1973, S. 39–260; Norbert Horn: Die legistische Literatur der Kommentatoren und der Ausbreitung des gelehrten Rechts, in: Coing (Hg.): Handbuch. Erster Band, S. 261–364, besonders S. 313–364; Knut Wolfgang Nörr: Die kanonistische Literatur, in: Coing (Hg.): Handbuch. Erster Band, S. 365–397; Hans Erich Troje: Die Literatur des gemeinen Rechts unter dem Einfluß des Humanismus, in: Helmut Coing (Hg.): Handbuch der Quellen und Literatur der neueren europäischen Privatrechtsgeschichte. Zweiter Band: Neuere Zeit (1500–1800), Das Zeitalter des gemeinen Rechts. Erster Teilband: Wissenschaft, München 1977, S. 615–795; Christoph Bergfeld: Katholische Moraltheologie und Naturrechtslehre, in: Coing (Hg.): Handbuch. Zweiter Band. Erster Teilband, S. 999–1033.

ein geographisch breiteres Gebiet als das Zivilrecht erstreckt. Das bedeutet aber auf keinen Fall, daß eine Rechtsart der anderen überlegen ist.

Das Naturrecht der Juristen, wie es im *Corpus iuris civilis* vertreten ist, muß als eine Reihe von Rechten verstanden werden, die eine besondere Gruppierung darstellen, weil sie sich auf eine eigene Begründung, die menschliche Natur, berufen. Sie bleiben daneben immer geltendes Recht. Naturrecht ist also eine Summe mehrerer Rechtsgebilde, die auch in der juristischen oder in der politischen Praxis eine unmittelbare Wirkung ausüben können, von denen man sagen kann, daß sie dem Menschen angeboren oder daß sie seinem Herzen eingepflanzt sind. Diese und nicht etwa die aristotelische oder die ciceronianische Auffassung wirkte bis in die frühe Neuzeit und bildete den Kern von dem, was man ›antikes Naturrecht‹ nennen kann.

Der Einfluß – bei alledem, was man sich unter diesem Wort vorstellen kann – der stoischen Philosophie auf das römische Recht mag in bestimmten Fällen, wie bei der Frage des Sklaventums oder der ›aequitas‹, groß gewesen sein; was aber die Definition des Naturrechts anbelangt, legen die römischen Juristen ein eigenes Verständnis vor.[8] Mit Helmut Coing und Michel Villey[9] könnte man vermuten, daß die römische Jurisprudenz die aristotelische Idee eines durch Vergleich ermittelten Naturrechts wieder aufnimmt. Dagegen ist aber anzumerken, daß der aristotelische ›nomos physikos‹ in seinem Inhalt immer unbestimmt bleibt. Aus diesem Grund ist nur schwer zu sagen, was eigentlich zu ihm gehört und was ihm fremd ist. Aristoteles kennt zwar einige Rechte, die überall gelten; sie sind aber nicht klar zu bestimmen. Cicero hingegen stellt ein Prinzip dar, das zwar deutlich ist, aber allgemein-sittlich bleibt. Nur die Juristen des *Corpus iuris civilis* räumen das Dasein bestimmter Rechte ein, die zugleich eindeutig umrissen und allgemeingültig sind.

Über die allgemeinen Rechtsgrundsätze und die Bestimmung des Naturrechts bietet das *Corpus iuris civilis* drei Hauptaussagen, die auf drei der

---

8 Guglielmo Nocera: ›Jus naturale‹ nella esperienza giuridica romana, Milano 1962.

9 Félix Senn: De l'influence grecque sur le droit romain de la fin de la République (Les principes du droit), in: Atti del Congresso internazionale di diritto romano. Bologna e Roma, 17–27 aprile 1933, Pavia 1934–1935, Bd. 1, S. 99–110; Emilio Albertario: Concetto classico e definizioni postclassiche del ›ius naturale‹, in: Albertario: Studi di diritto romano, Milano 1937, Bd. 5, S. 281–290; Coing: Zum Einfluß der Philosophie des Aristoteles auf die Entwicklung des römischen Rechtes, S. 24–59; Villey: Deux conceptions du droit naturel dans l'antiquité, S. 483–486; Franz Wieacker: Römische Rechtsgeschichte. Quellenkunde, Rechtsbildung, Jurisprudenz und Rechtsliteratur. Erster Abschnitt: Einleitung, Quellenkunde, Frühzeit und Republik, München 1988, S. 642. Zurückhaltend ist Fritz Pringsheim: ›Jus aequum et jus strictum‹, in: Zeitschrift der Savigny-Stiftung für Rechtsgeschichte. Romanistische Abteilung 42 (1921), S. 643–668; Fritz Pringsheim: ›Bonum et aequum‹, in: Zeitschrift der Savigny-Stiftung für Rechtsgeschichte. Romanistische Abteilung 52 (1932), S. 78–155, besonders S. 85–95.

berühmtesten römischen Rechtsgelehrten zurückgehen und drei unterschiedliche Meinungen zum Ausdruck bringen.[10]

Die frühesten Belege stammen aus den *Institutiones* des Gaius. Dieser zum Teil noch umstrittene Jurist des zweiten Jahrhunderts kennt den Ausdruck ›ius naturae‹, den er mehrmals in seinem Handbuch benutzt, um Rechtsinstitute zu bezeichnen, die nicht willkürlich eingeführt werden, sondern aus der natürlichen Beschaffenheit der Menschen entstehen. Die Rechtssystematik des Gaius tritt am deutlichsten an einer Stelle aus seinen *Institutiones* hervor, die im *Digestum* aufgenommen wurde.[11]

---

[10] Unter der reichhaltigen Literatur über das Naturrecht im *Corpus iuris* vgl. Moritz Voigt: Das ›ius naturale, aequum et bonum‹ und ›ius gentium‹ der Römer. Band 1: Die Lehre vom ›ius naturale, aequum et bonum et ius gentium‹ der Römer, Leipzig 1856, ND. Aalen 1966, S. 52–64 und 80–96; Emilio Costa: La filosofia greca nella giurisprudenza romana, Parma 1892, S. 29–32; Emilio Costa: Storia delle fonti del diritto romano, Torino 1909, S. 70–78, 213–219; Ernst Troeltsch: Das stoisch-christliche Naturrecht und das moderne profane Naturrecht, (1911), in: Troeltsch: Gesammelte Schriften. Vierter Band. Aufsätze zur Geistesgeschichte und Religionssoziologie, hg. von Hans Baron, Tübingen 1925, S. 166–191; Ernst Troeltsch: Das christliche Naturrecht. Übersicht, 1913, in: Troeltsch: Gesammelte Schriften, S. 156–166; Maurice Philibert Guibal: De l'influence de la philosophie sur le droit romain et la jurisprudence de l'époque classique: essai de synthèse historique, Paris 1937, S. 67, 78–82, 128–155, 166, 174–194; Pieter Wilhelmus Kamphuisen: L'influence de la philosophie sur la conception du droit naturel chez les jurisconsultes romains, in: Revue historique de droit français et étranger, 4. Reihe, 11 (1932), S. 389–412; Bernhard Kuebler: Griechische Einflüsse auf die Entwicklung der römischen Rechtswissenschaft gegen Ende der republikanischen Zeit, in: Atti del Congresso internazionale di diritto romano, Bd. 1, S. 79–98; Salvatore Riccobono: L'influsso del cristianesimo sul diritto romano, in: Atti del Congresso internazionale di diritto romano, Bd. 1, S. 73–77; Johannes Stroux: Die griechischen Einflüsse auf die Entwicklung der römischen Rechtswissenschaft, in: Atti del Congresso internazionale di diritto romano, Bd. 1, S. 111–132, ND. in: Johannes Stroux: Römische Rechtswissenschaft und Rhetorik, Potsdam 1949, S. 81–107; Artur Steinwenter: ›Utilitas publica – utilitas singulorum‹, in: Rechts- und Staatswissenschaftliche Fakultät der Friedrich-Wilhelm-Universität Berlin und Leipziger Juristenfakultät (Hgg.): Festschrift Paul Koschaker, Weimar 1939, Bd. 1, S. 84–102; Anton-Hermann Chroust: The Function of Law and Justice in the Ancient World and Middle Ages, in: Journal of the History of Ideas 7 (1946), S. 298–304; Leopold Wenger: Naturrecht und römisches Recht, in: Wissenschaft und Weltbild 1 (1948), S. 148–154; Adams: The Law of Nature in Greco-Roman Thought, S. 97–118.

[11] Andere berühmte Stellen aus den *Institutiones* dürfen hier nicht berücksichtigt werden, weil sie der frühneuzeitlichen Jurisprudenz unbekannt waren. Vgl. zum Beispiel Gaius: The Institutes of Gaius. Part I: Text with Critical Notes and Translation, hg. von Francis de Zulueta, Oxford 1946, I, 156, S. 50: »Sunt autem agnati per virilis sexus personas cognatione iuncti, quasi a patre cognati, veluti frater eodem patre natus, fratris filius neposve ex eo, item patruus et patrui filius et nepos ex eo. at hi qui per feminini sexus personas cognatione coniunguntur, non sunt agnati, sed alias naturali iure cognati«; II, 65, S. 82: »Ergo, ex his quae diximus, apparet quaedam naturali iure alienari, qualia sunt ea quae traditione alienantur, quaedam civili; nam mancipionis et in iure cessionis et usu-

Omnes populi qui legibus et moribus reguntur partim suo proprio, partim communi omnium hominum iure utuntur. nam quod quisque populus ipse sibi ius constituit, id ipsius proprium est vocaturque ius civile, quasi ius proprium civitatis; quod vero naturalis ratio inter omnes homines constituit, id apud omnes populos peraeque custoditur vocaturque ius gentium, quasi quo iure omnes gentes utuntur. populus itaque Romanus partim suo proprio, partim communi omnium hominum iure utitur. quae singula qualia sint, suis locis proponemus.[12]

Hier wird die Idee des Völkerrechts mit der Vorstellung der ›ratio naturalis‹ gekoppelt. Sowohl die Natur als auch die Menschen sind offensichtlich einer bestimmten Regelmäßigkeit unterworfen, aus der der gesunde Verstand die Idee einer gewissen Vernünftigkeit der natürlichen Begebenheiten gewinnt. Diese ›natürliche Vernunft‹ ist in erster Linie die allen Menschen auf Grund ihrer körperlichen Konstitution gemeinsame Fähigkeit, das Vernünftige in der praktischen Welt zu erkennen.[13] Im Zusammenhang mit dieser ›selbstverständlichen Ebene‹ der juristischen Welt kommen der ›ratio naturalis‹ zwei Bedeutungen zu.

Im objektiven Sinn ist die natürliche Vernunft der Inbegriff der menschlichen Ordnung und kann als die Gesamtheit der gemeinsamen Bestimmungen angesehen werden, die der menschlichen Natur entstammen. Der Schritt zu einer stoischen Ausdeutung liegt nahe: Diese ›ratio naturalis‹ kann der ›lex sempiterna‹ des Cicero gleichkommen, und die Lehre des Gaius kann im allgemeineren Sinn im Licht der stoischen Tradition angesehen werden.[14] Eine engere Abhängigkeit besteht aber nicht, und nur mit

---

capionis ius proprium est civium Romanorum.« Vgl. Gian Gualberto Archi: ›Lex‹ e ›natura‹ nelle *Istituzioni* di Gaio, in: Horst Heinrich Jakobs, Brigitte Knobbe-Keuk, Eduard Picker und Jan Wilhelm (Hgg.): Festschrift für Werner Flume zum 70. Geburtstag. 12. September 1978, Köln 1978, Bd. 1, S. 3–24.

[12] Gaius: The Institutes, II, 65, S. 2. Vgl. auch Digestum, I, 1, 9 (Gaius: Libro primo institutionum).

[13] Diese Selbstverständlichkeit des natürlichen Rechts kommt in Gaius: The Institutes, III, 194, S. 216 zum Ausdruck. Vgl. unten S. 115, Anm. 17 und 18.

[14] Mehrere Interpreten sehen in der naturrechtlichen Lehre des Gaius starke Einflüsse der stoischen oder im allgemeinen der philosophischen Tradition. Um diese Annahme beweisen zu können, muß man aber den Aussagen des Gaius eine Bedeutung beilegen, die weit über die Intentionen des Autors hinausgeht. Der Hauptvertreter dieser Auslegung ist Voigt: Das ›ius naturale, aequum et bonum‹, dessen Beweisvorgang sich auf drei Stufen erstreckt. Zuerst wird eine allgemeine Definition der Natur bei Gaius gewonnen; dann wird daraus das natürliche Gesetz entnommen, um endlich zu einem philosophisch begründeten Naturrecht zu gelangen. Die Vorstellung der Natur, auf der sich diese Deduktion stützt und die das kosmische Gesetz der Stoiker darstellen sollte, wird aber mit Hilfe einiger Stellen erarbeitet, die nur einen praktischen und eher unphilosophischen Sinn aufweisen. Vgl. Digestum, IX, 2, 2, 2 (Gaius: Libro septimo ad edictum provinciale): »Elefanti autem et cameli quasi mixti sunt (nam et iumentorum operam praestant et natura eorum fera est) et ideo primo capite contineri eas oportet«;

einer gewissen Verzerrung kann man in dieser ›natürlichen Vernunft‹ ein kosmologisches und metaphysisches Ordnungsprinzip sehen, das über alle lebendigen und toten Wesen waltet und sie durch die Kette der natürlichen Notwendigkeit zusammenhält. Der gaianische Text weist in der Tat nie auf eine solche höhere Bedeutung hin, und ihm ist der Ausdruck ›natürliches Gesetz‹, womit die metaphysische Einheit der Dinge formuliert wird, unbekannt.[15] Anstatt einer spekulativen Neigung geschuldet zu sein, entspringt das ›ius naturae‹ der Beobachtung und Vergleichung der Rechtsverhältnisse in der romanisierten Welt des zweiten Jahrhunderts nach Christus und der praktischen Überzeugung, daß eine gewisse Verwandtschaft unter den Menschen auf Grund ihrer natürlichen Ähnlichkeit besteht, wobei auch die philosophische Überlieferung – soweit die stoische Lehre einen verbreiteten Bestandteil der römischen Kulturwelt ausmachte – eine Rolle gespielt haben

---

Digestum, XLI, 1, 5, 2 und 5–6 (Gaius: Libro secundo rerum cottidianarum sive aureorum): »Apium quoque natura fera est [...]. Pavonum et columbarum fera natura est nec ad rem pertinet, quod ex consuetudine avolare et revolare solent: nam et apes idem faciunt, quarum constat feram esse naturam: cervos quoque ita quidam mansuetos habent, ut in silvas eant et redeant, quorum et ipsorum feram esse naturam nemo negat [...]. Gallinarum et anserum non est fera natura: palam est enim alias esse feras gallinas et alios feros anseres«; Digestum, XVIII, 1, 35, 2 (Gaius: Libro decimo ad edictum provinciale): »Veneni mali quidam putant non contrahi emptionem, quia nec societas aut mandatum flagitiosae rei ullas vires habet: quae sententia potest sane vera videri de his quae nullo modo adiectione alterius materiae usu nobis esse possunt: de his vero quae mixta aliis materiis adeo nocendi naturam deponunt, ut ex his antidoti et alia quaedam salubria medicamenta conficiantur, aliud dici potest.« Aus diesen Stellen gewinnt Voigt: Das ›ius naturale, aequum et bonum‹, S. 272 folgendes philosophisches Bild: »Dieser ›natura rerum‹ wohnt nun eine ordnende Kraft und bestimmende Regel inne, welche, weil sie in dieser Eigenschaft gesetz- und vernunftvoll wirkt und somit zur Intelligenz, zur objectiven Vernünftigkeit sich gestaltet, als ›ratio naturalis‹ aufgefaßt und bezeichnet wird. Das Product dieser ›ratio‹ aber ist die ›lex naturae‹, d.i. der Inbegriff derjenigen Regeln, welche aus der ›ratio naturalis‹ hervorgegangen, die Beziehungen der Menschen und Dinge zum Menschen in der durch den Begriff des ›jus‹ gebotenen Richtung normieren: das Gesetz somit des durch ›ratio naturalis‹ gebotenen Rechtes.« Max Kaser: Ius gentium, Köln 1993, S. 40–43 verweist auf den wahrscheinlichen Einfluß der philosophischen Lehre Ciceros.

15 Wagner: Studien zur allgemeinen Rechtslehre des Gaius, S. 117 weist darauf hin, daß die Berufung auf das Göttliche an keiner Stelle des Gaius vorkommt. Der Ausdruck ›lex naturae‹ wird erst von Paulus benutzt, aber seine Stelle steht unter dem Verdacht, eine iustinianische Interpolation zu sein, und weist nicht auf ein allgemeines Prinzip, sondern auf die ›Natur der Mitgift‹ hin. Vgl. Digestum, II, 14, 27, 2 (Paulus): »Nec dicendum est deteriorem condicionem dotis fieri per pactum: <quotiens enim ad ius, quod lex naturae eius tribuit, de dote actio redit, non fit causa dotis deterior, sed formae suae redditur>.« Digestum, XLVII, 2, 1, 3 (Paulus) verwendet ›lex naturalis‹ und meint damit das Gesetz, das für die ganze Natur gilt: »Furtum est contrectatio rei fraudulosa lucri faciendi gratia vel ipsius rei vel etiam usus eius possessionisve. quod lege naturali prohibitum est admittere.«

mag.[16] Aus demselben praktischen Zusammenhang konnte auch eine Lehre der natürlichen Verbindlichkeit (›naturalis obligatio‹) im Gegensatz zur ›obligatio civilis‹ entwickelt werden.[17] Übrigens stützt sich auch die Theorie der ›aequitas naturalis‹ bei Gaius auf die natürliche oder sogar physisch-körperliche Verfassung des Menschen, weil ihr Geltungsanspruch aus den Banden des Blutes hervorgeht.[18]

---

16 Vgl. Ulrich von Lübtow: ›De iustitia et iure‹, in: Zeitschrift der Savigny-Stiftung für Rechtsgeschichte. Romanistische Abteilung 66 (1948), S. 458–565, besonders S. 466.

17 Zur ›naturalis obligatio‹ vgl. Gaius: The Institutes, III, 119 a, S. 190: »Ac ne illud quidem interest, utrum civilis an naturalis obligatio sit cui adiciatur, adeo quidem ut pro servo quoque obligetur, sive extraneus sit qui a servo fideiussorem accipiat, sive ipse dominus in id quod sibi debeatur.« Mit diesem Ausdruck ist eine Verbindlichkeit gemeint, die auf natürlichen Verhältnissen gegründet ist, so daß sie immer weiter besteht, auch wenn ihr Subjekt Familien- und Bürgerrechte verliert. Vgl. Digestum, IV, 5, 8 (Gaius: Libro quarto ad edictum provinciale): »Eas obligationes, quae naturalem praestitionem habere intelleguntur, palam est capitis deminutione non perire, quia civilis ratio naturalia iura corrumpere non potest. itaque <de dote> actio, quia in bonum et aequum concepta est, nihilo minus durat etiam post capitis deminutionem.« Laut Paulus muß also der Sklave einer natürlichen Verbindlichkeit fähig sein. Vgl. Digestum, XII, 6, 13, pr. (Paulus): »Naturaliter etiam servus obligatur.« Das *Digestum* kennt auch einen ›natürlichen‹ Besitz. Zur ›naturalis obligatio‹ vgl. Digestum, XII, 6, 19, pr. (Pomponius); XII, 6, 38 (Africanus); XXXVI, 1, 61, pr. (Paulus); XXXVI, 1, 66, pr. (Maecianus); XLIV, 7, 10 (Ulpianus); XLV, 1, 126, 2 (Paulus); XLVI, 1, 6, 2 (Ulpianus); XLVI, 1, 7 (Iulianus); XLVI, 1, 21, 2 (Africanus); XLVI, 2, 1 (Ulpianus); XLVI, 3, 95, 4 (Papinianus). Vgl. Axel Hägerström: Der römische Obligationsbegriff im Lichte der allgemeinen römischen Rechtsanschauung, Uppsala und Leipzig 1927–1941, Bd. 2, Beilagen, S. 34–47; Gaetano Scherillo: Lezioni sulle obbligazioni. Corso di diritto romano, hg. von Franco Gnoli, Milano 1994, S. 69–77. Zur ›possessio naturalis‹ vgl. Digestum, X, 2, 35 (Papinianus); X, 3, 7, 11 (Ulpianus); X, 4, 3, 15 (Ulpianus); XXII, 1, 38, 10 (Paulus); XLI, 2, 1, pr.–2 (Paulus): »Possessio appellata est, ut et Labeo ait, a sedibus quasi positio, quia naturaliter tenetur ab eo qui ei insistit, quam Graeci κατοχὴν dicunt. Dominiumque rerum ex naturali possessione coepisse Nerva filius ait eiusque rei vestigium remanere in his, quae terra mari caeloque capiuntur: nam haec protinus eorum fiunt, qui primi possessionem eorum adprehenderint. item bello capta et insula in mari enata et gemmae lapilli margaritae in litoribus inventae eius fiunt, qui primus eorum possessionem nanctus est. Apiscimur autem possessionem per nosmet ipsos« und XLI, 2, 3, 3 (Paulus); XLI, 2, 12, pr. (Ulpianus); XLI, 2, 23, pr. (Iavolenus); XLI, 2, 24 (Iavolenus); XLI, 2, 49, pr. (Papinianus); XLI, 5, 2, 1 und 2 (Iulianus); XLIII, 16, 1, 9 (Ulpianus); XLIII, 26, 22, 1 (Venuleius), S. 751; XLV, 1, 38, 7 (Ulpianus).

18 Digestum, XXXVIII, 8, 2 (Gaius): »Hac parte proconsul naturali aequitate motus omnibus cognatis promittit bonorum possessionem, quos sanguinis ratio vocat ad hereditatem, licet iure civili deficiant.« Zur ›naturalis aequitas‹ vgl. Iustinianus imperator: Iustiniani institutiones, II, 1, 39, hg. von Paul Krüger, Berolini/Turici 1965, (1. Aufl. 1872), S. 12 und II, 1, 40, S. 12; Digestum, II, 14, 1, pr. (Ulpianus); XII, 4, 3, 7 (Ulpianus); XIII, 5, 1, pr. (Ulpianus); XLIV, 4, 1, 1 (Paulus); XLVII, 4, 1, 1 (Ulpianus); XLIX, 15, 19, pr. (Paulus).

Aus der objektiven Bedeutung erklärt sich auch der subjektive Sinn des Ausdrucks ›naturalis ratio‹, die das menschliche Vermögen bezeichnet, das in den Rechtsfragen die Erkenntnis des natürlichen Zusammenhangs ermöglicht. Die ›naturalis ratio‹ ist also der gesunde Verstand, der imstande ist, das natürlich Gerechte zu erfassen.[19] Der Ausdruck »ius gentium, quod ratione naturali inter omnes homines peraeque servatur« (Digestum, XLI, 1, 1, pr.) hat also einen zweifachen Sinn, und die ›ratio naturalis‹ ist sowohl die Natur, die den Menschen die Gebote des Naturrechts einpflanzt, als auch die menschliche Vernunft, die das Naturrecht in der Natur erfaßt und es durch ihre Tätigkeit bewahrt.

Was Gaius Naturrecht nennt, wird synthetisch oder induktiv aus der Beobachtung der natürlichen Begebenheiten gewonnen. Wenn die theoretischen Stellen aus den *Institutiones* und den *Res cottidianae* das Vorhandensein des natürlichen Prinzips betonen und den objektiven Sinn in den Vordergrund rücken lassen, zeigen die Stellen, wo das Wirken der ›ratio naturalis‹ geschildert wird, eine »natürlich-nüchterne Anschauung des täglichen Lebens und [eine] unmittelbare Übereinstimmung mit der materiellen Welt«.[20] In dieser Hinsicht ist das gaianische Naturrecht ein Konglomerat aus verschiedenen Rechten, die kein in sich geschlossenes System ergeben und nicht aus einem einheitlichen Prinzip herrühren.[21] Indiz dafür ist auch die Verwendung der Pluralform ›iura naturalia‹, die eine Mehrzahl unterschiedlicher und heterogener Elemente bezeichnet.[22] Da diese natürlichen Rechte keinen theoretischen Ursprung haben, sondern Erscheinungsformen der menschlichen Natur sind, treten sie unmittelbar als geltendes Recht hervor. Ihr Geltungsanspruch geht nicht auf ein allgemeines metaphysisches oder logisches Prinzip zurück, sondern ruht unmittelbar auf Tatbeständen, die einleuchtend und selbstverständlich sind. Solche natürlichen Rechte sind nicht das Produkt einer Beweiskette, sondern besitzen den Charakter einer positiven Norm,[23] der auch ihre Unveränderlichkeit in bezug auf andere

---

[19] In Digestum, L, 17, 35 (Ulpianus) hat der Terminus ›natürlich‹ die Bedeutung von ›logisch konsequent‹: »Nihil tam naturale est quam eo genere quidque dissolvere, quo colligatum est. ideo verborum obligatio verbis tollitur: nudi consensus obligatio contrario consensu dissolvitur.«

[20] Wagner: Studien zur allgemeinen Rechtslehre des Gaius, S. 116.

[21] Alfred Verdross: Naturrecht, in: Karl Strupp und Hans-Jürgen Schlochauer (Hgg.): Wörterbuch des Völkerrechts, Berlin 1961, S. 572–575, besonders S. 572f. vertritt dagegen die Meinung, daß das positive Recht nur eine Konkretisierung höherer naturrechtlicher Prinzipien ist. Zu einem ähnlichen Schluß kommt auch Alberto Burdese: La nozione classica di ›naturalis obligatio‹, Torino 1955, S. 147–152 hinsichtlich der ›naturalis obligatio‹.

[22] Gaius: The Institutes, I, 158, S. 52.

[23] Carlo Alberto Maschi: La concezione naturalistica del diritto e degli istituti giuridici romani, Milano 1937, S. 346 und Alberto Burdese: Il concetto di ›ius naturale‹ nel pen-

Normen bedingt. Da sie ihre Geltungsgrundlage aus sich selbst schöpfen, sind sie vom Zivilrecht nicht abhängig und können von diesem nicht verändert werden. Mehrmals kann Gaius daher behaupten, daß »civilis ratio civilia quidem iura corrumpere potest, naturalia vero non potest«.[24]

Auch die Definition des Paulus geht von der Zweiteilung ›ius naturale-ius civile‹ aus.

Ius pluribus modis dicitur: uno modo, cum id quod semper aequum ac bonum est ius dicitur, ut est ius naturale. altero modo, quod omnibus aut pluribus in quaque civitate utile est, ut est ius civile. nec minus ius recte appellatur in civitate nostra ius honorarium. praetor quoque ius reddere dicitur etiam cum inique decernit, relatione scilicet facta non ad id quod ita praetor fecit, sed ad illud quod praetorem facere convenit. alia significatione ius dicitur locus in quo ius redditur, appellatione collata ab eo quod fit in eo ubi fit. quem locum determinare hoc modo possumus; ubicumque praetor salva maiestate imperii sui salvoque more maiorum ius dicere constituit, is locus recte ius appellatur.[25]

Die Stelle erklärt die Bedeutung des Wortes ›ius‹, indem sie vom allgemeinen Sinn zu immer spezifischeren Bedeutungen fortschreitet: Recht im weitesten Sinn ist das Naturrecht, dem das Zivilrecht entgegengestellt wird. Wie alle anderen Völker hat auch Rom ein Zivilrecht, das im wesentlichen mit dem ›ius honorarium‹ identisch ist. Das Wort ›ius‹ kann also auf die Entscheidungen des ›praetor‹ angewandt werden und kann dazu auch die Tätigkeit des Richters und den Ort bezeichnen, wo die Rechtsprechung stattfindet. Der Begriff wird also durch eine Abstufung der Bedeutungen bestimmt, die vom Allgemeinen zum Besonderen oder vom Abstrakten zum Konkreten hinuntersteigt: Naturrecht, Zivilrecht, römische Rechtsprechung,

---

siero della giurisprudenza classica, in: Rivista italiana per le scienze giuridiche, ser. 3, 8 (1954), S. 407–421, besonders S. 419–421.

[24] Gaius: The Institutes, I, 158, S. 50–52: »Sed agnationis quidem ius capitis deminutione perimitur, cognationis vero ius eo modo non commutatur, quia civilis ratio civilia quidem iura corrumpere potest, naturalia vero non potest«; Gaius: The Institutes, III, 194, S. 216: »Propter hoc tamen quod lex ex ea causa manifestum furtum esse iubet, sunt qui scribunt furtum manifestum aut lege <intellegi> aut natura; lege id ipsum de quo loquimur, natura illud de quo superius exposuimus. sed verius est natura tantum manifestum furtum intellegi; neque enim lex facere potest ut, qui manifestus fur non sit, manifestus sit, non magis quam qui omnino fur non sit, fur sit, et qui adulter aut homicida non sit, adulter vel homicida sit. at illud sane lex facere potest, ut proinde aliquis poena teneatur atque si furtum vel adulterium vel homicidium admisisset, quamvis nihil eorum admiserit«; Digestum, VII, 5, 2 (Gaius: Libro septimo ad edictum provinciale): »Sed de pecunia recte caveri oportet his, a quibus eius pecuniae usus fructus legatus erit. Quo senatus consulto non id effectum est, ut pecuniae usus fructus proprie esset (nec enim naturalis ratio auctoritate senatus commutari potuit), sed remedio introducto coepit quasi usus fructus haberi.«

[25] Digestum, I, 1, 11 (Paulus).

Gericht. Die verschiedenen Definitionen sind dazu durch mehrere Gegensätze miteinander verknüpft. Das Naturrecht wird vom Zivilrecht abgegrenzt; das Zivilrecht im allgemeinen wird dem römischen Zivilrecht gegenübergestellt, und innerhalb des ›ius honorarium‹ wird die Tätigkeit von der Ortsbestimmung unterschieden. Schon aus einer Betrachtung ihrer formalen Beschaffenheit kann man also folgern, daß diese Stelle einen geschlossenen und durchdachten Aufbau besitzt und daß sie höchstwahrscheinlich aus dem Werk eines einzigen Verfassers stammt, was die Hypothese einer iustinianischen Interpolation ausschließt.[26]

Die hier vorgeschlagene Systematik sieht, wie es bei Gaius der Fall war, zwei große Bereiche vor: das ›ius naturae‹ und das ›ius civile‹. Ein Unterschied zwischen Natur- und Völkerrecht wird nicht ausdrücklich thematisiert, obwohl andere Stellen scheinbar auf diese Trennung hinweisen. In Digestum, XIX, 2, 1 wird dem Mietvertrag eine natürliche Gültigkeit zugesprochen, die von allen Völkern anerkannt wird,[27] während Digestum, XVIII, 1, 34, 1 eine Gliederung in drei Stufen einführt: »Omnium rerum, quas quis habere vel possidere vel persequi potest, venditio recte fit: quas vero natura vel gentium ius vel mores civitatis commercio exuerunt, earum nulla venditio est.«[28]

Aus den überlieferten Zeugnissen kann die Frage nach dem Verhältnis zwischen Natur- und Völkerrecht bei Paulus nicht eindeutig entschieden werden. Im allgemeinen scheint er eine Mittelstellung zwischen Gaius und Ulpian vertreten zu haben, die einige Züge der ulpianische Dreiteilung vorwegnimmt, aber beide Bereiche noch gleichstellt. Der gravierende Unterschied in der Rechtssystematik des Paulus ist nicht die Trennung von Natur- und Völkerrecht, sondern die Unterscheidung zwischen dem vor- oder außenpolitischen Bereich und dem zivilen Recht.

Anders als Gaius, dessen Verständnis des Naturrechts eher auf praktische Zwecke gerichtet ist, benutzt Paulus beim Aufbau seiner Gliederung philosophische Begriffe, die im Zeichen der stoischen Tradition stehen. Das Naturrecht wird mit dem ›semper aequum et bonum‹ gleichgestellt, das den Inbegriff der Gerechtigkeit selbst ausmacht. Somit wird ein allgemeines Rechtsprinzip identifiziert, das jeder Verwirklichung vorangeht und mit dem

---

26 Vgl. Maschi: La concezione naturalistica del diritto, S. 179–182; René Voggensperger: Der Begriff des ›Ius naturale‹ im Römischen Recht, Basel 1952, S. 86f. Albertario: Concetto classico e definizioni postclassiche del ›ius naturale‹, S. 281–290 hat versucht, den Verdacht der Interpolation durch den Hinweis auf das *Fragmentum Dosetheanum*, einen Text unbekannter Herkunft aus dem dritten Jahrhundert nach Christus, zu stützen.

27 Digestum, XIX, 2, 1 (Paulus): »Locatio et conductio cum naturalis sit et omnium gentium, non verbis, sed consensu contrahitur, sicut emptio et venditio.«

28 Digestum, XVIII, 1, 34, 1 (Paulus). Voggensperger: Der Begriff des ›Ius naturale‹, S. 88 legt diese Stelle so aus, als ob es nur zwei Bereiche des Rechtes gäbe.

Gebot der Billigkeit zusammenfällt. Diese gibt jedem das seinige (»suum cuique tribuere«, Digestum, I, 1, 10, 1) und hängt nicht von der Willkür der Menschen ab, sondern ist in der natürlichen Ordnung verankert. Sie ist eine Gerechtigkeit, die das Recht nach einer proportionalen Gleichheit verteilt, und ist dem ›ius strictum‹ entgegengesetzt. Abgesehen von allen anderen möglichen Bestimmungen und als reine Naturwesen betrachtet, folgen die Menschen nur diesem ›aequum et bonum‹, das als das ursprüngliche Recht angesehen werden kann und als solches dem Zivilrecht überlegen ist. Demzufolge ist das ›ius naturae‹ die Quelle der ›aequitas‹, die die Strenge des Zivilrechts mildert und sie in bezug auf den gegebenen und konkreten Fall berichtigt, indem sie auf die allgemeine Gerechtigkeit zurückgreift.[29] Die ›aequitas‹, die mit dem ›ius‹ und dem ›ius strictum‹ kontrastiert wird,[30] wird auch als ›aequitas naturalis‹ bezeichnet: »Ideo autem hanc exceptionem praetor proposuit, ne cui dolus suus per occasionem iuris civilis contra naturalem aequitatem prosit.«[31]

Insofern das Naturrecht mit der Billigkeit identifiziert wird, bleibt es ein allgemeines und leeres Prinzip. Modern könnte man sagen, es sei eine ›methodologische Richtlinie‹, die zur Verbesserung des Zivilrechts eingeführt wird und kein selbständiges Dasein führen kann. In der Tat könnte man keineswegs erklären, welche Rechte Paulus zu den natürlichen zählt. Paulus geht also von der Annahme aus, das eine ewige und allgemeingültige Ordnung der Gerechtigkeit über die Welt herrscht und nennt sie ›ius naturae‹. Sie entspricht der Billigkeit, die jedem bei jeder Handlung das Gebührende zuteilt. In dieser reinen Gestalt existiert sie aber nirgendwo, sondern wird durch das Recht jeder Stadt verwirklicht. Sie löst sich aber auf keinen Fall im Zivilrecht auf, sondern gilt weiter als Maßstab für die Billigkeit der Gesetze. Das aber bedeutet, daß das Naturrecht nur dann reaktiviert wird, wenn die Gerechtigkeit eines Rechtsgebildes angezweifelt wird. Sonst ist es unwirksam und bleibt hinter der Fassade des Zivilrechts verborgen.

In seiner Inhaltslosigkeit kann das ›aequum‹ kein Recht aus sich hervorbringen, und, um überhaupt ein Rechtssystem gründen zu können, braucht

---

29 Zum römischen Verständnis der ›aequitas‹ vgl. die zusammenfassende Darstellung von Antonio Guarino: Equità. Diritto romano, in: Antonio Azara und Ernesto Eula (Hgg.): Novissimo digesto italiano, Torino 1960, Bd. 6, S. 619–624.

30 Digestum, XXXIX, 3, 2, 5 (Paulus); XIII, 5, 30 (Paulus); XXXVII, 1, 6, 1 (Paulus).

31 Digestum, XLIV, 4, 1, 1 (Paulus). Vgl. auch Digestum, XLIX, 15, 19, pr. (Paulus); XXXVIII, 8, 2 (Gaius); IV, 4, 1, pr. (Ulpianus); XII, 4, 3, 7 (Ulpianus); II, 14, 1, pr. (Ulpianus); XXXVIII, 16, 1, 4 (Ulpianus); L, 17, 206 (Pomponius); XII, 6, 14 (Pomponius). Diese Stellen werden aber von Albertario: Concetto classico e definizioni postclassiche del ›ius naturale‹, S. 281–290; Pringsheim: ›Jus aequum et jus strictum‹, S. 643–668 und Pringsheim: ›Bonum et aequum‹, S. 78–155 als Interpolationen be-

man ein zweites Prinzip, das zugleich auch die Unterschiede zwischen den Rechtsvorschriften der Menschen erklären kann. Der Begriff des ›utile‹ erfüllt diese Funktion. Wenn die Völker die Normen ihres juristischen Lebens ausschließlich aus dem ›aequum ac bonum‹ ziehen würden, wären alle Rechtssysteme gleich, und die Gesetzgebung einer Stadt könnte sich von denen der anderen Städte nicht unterscheiden, denn das ›aequum‹ ist einzig, ewig und unwandelbar und aus ihm werden immer dieselben Normen hergeleitet. Wenn man erklären will, warum die Menschen unter verschiedenen Rechtssystemen leben, muß man ein subjektives Prinzip heranziehen. Solches ist das Nützliche, das eben diese Funktion ausüben kann, weil es – wie Paulus behauptet – auf dem Gutdünken aller oder der Mehrheit beruht. Da die Menschen unterschiedliche Meinungen darüber hegen, was für sie vorteilhaft ist, können auf diese Weise verschiedene Rechtssysteme entstehen. Dabei muß aber eine Voraussetzung beachtet werden: Auf keinen Fall darf das ›utile‹ dem ›aequum‹ widersprechen. Diese Bedingung wird erst dann erfüllt, wenn man annimmt, daß das Gerechte nur allgemeine Bestimmungen vorsieht, die jeweils durch unterschiedliche Möglichkeiten verwirklicht werden können. Wenn dasselbe Rechtsgebot mehrere Handlungen zuläßt und wenn diese, was die Gerechtigkeit betrifft, keinen wesentlichen Unterschied aufweisen, so besteht das Nützliche in dem Auswählen der vorteilhafteren Möglichkeit.[32]

Die dritte und bekannteste Aussage des *Digestum* zum Naturrecht ist eine Stelle aus den Institutionen Ulpians, die auch in die *Institutiones* Iustinians aufgenommen wurde und damit maßgebend für die juristische Tradition wurde.

---

trachtet. Dabei gehen beide Autoren von der Annahme aus, daß die griechische Philosophie erst durch die byzantinische Jurisprudenz ins römische Recht Eingang fand.

32 Damit wird in der knappen Darstellung des Paulus ein typisches Argumentationsmuster der stoischen Ethik beschrieben, das vor allem in den Werken Ciceros auffindbar ist. In seinem *De finibus* will dieser beweisen, daß ›honestum‹ mit ›bonum‹ gleichbedeutend ist. Im dritten Buch vom *De officiis* gibt er die Lehre des Panaitios wieder und kommt zu dem Schluß, daß das, was sittlich gut ist, auch nützlich sein muß und umgekehrt. Vgl. Cicero: De finibus, III, 27–29, S. 244–248; 39, S. 256–258; IV, 45–46, S. 348–352: »Concluduntur [scil. Stoici] igitur eorum argumenta sic: Quod est bonum, omne laudabile est; quod autem laudabile est, omne est honestum; bonum igitur quod est, honestum est« (III, 27, S. 244); Marcus Tullius Cicero: Tusculanae disputationes, V, 21 e 45, in: Cicero: Cicero in Twenty Eight Volumes. XVIII: Tusculan Disputations, hg. von J.E. King, Cambridge Massachusetts 1971, (1. Aufl. 1927), S. 446 und 470; De officiis, III, 7, 33–34, S. 276–300: »Ac primum in hoc Panaetius defendendus est, quod non utilia cum honestis pugnare aliquando posse dixerit (neque enim ei fas erat), sed ea, quae viderentur utilia. Nihil vero utile, quod non idem honestum, nihil honestum, quod non idem utile sit, saepe testatur negatque ullam pestem maiorem in vitam hominum invasisse quam eorum opinionem, qui ista distraxerint«; XII, 49–53, S. 318–322; 14, 60, S. 330; 18, 73–75, S. 342–346; I, 20, 66, S. 68; 27, 94, S. 96.

Privatum ius tripertitum est: collectum etenim est ex naturalibus praeceptis aut gentium aut civilibus. Ius naturale est, quod natura omnia animalia docuit: nam ius istud non humani generis proprium, sed omnium animalium, quae in terra, quae in mari nascuntur, avium quoque commune est. hinc descendit maris atque feminae coniunctio, quam nos matrimonium appellamus, hinc liberorum procreatio, hinc educatio: videmus etenim cetera quoque animalia, feras etiam istius iuris peritia censeri. Ius gentium est, quo gentes humanae utuntur. quod a naturali recedere facile intellegere licet, quia illud omnibus animalibus, hoc solis hominibus inter se commune sit.[33]

Die Interpolationsforschung hat wiederholt zu beweisen versucht, daß diese Stelle nicht echt ist und daß sie von den iustinianischen Kompilatoren eingefügt wurde.[34] Andere Stellen aus den *Institutiones* Ulpians wiederholen aber dieselbe Dreiteilung und legen Zeugnis von der Authentizität der Stelle ab.[35]

Ulpians Dreiteilung gründet sich offensichtlich auf den Geltungsumfang der unterschiedlichen Rechte. Was Menschen und Tiere umfaßt, das ist Naturrecht; das Völkerrecht erstreckt sich nur auf die Menschen, während das Zivilrecht jeder einzelnen Stadt eigen ist. Diese Systematik wird aber nicht als eine strenge Hierarchie der Rechte gedacht. Wenn die Vorschriften des Naturrechts für alle Tiere, die Normen des Völkerrechts für alle Menschen und die Regeln des Zivilrechts für alle römischen Bürger gültig wären, sollte ein römischer Bürger seine Handlungen gleichzeitig nach den Geboten des Natur-, Völker- und Zivilrechts richten. Daraus würde sich ergeben, daß sich die Bestimmungen dieser drei Sphären nicht widersprechen dürften. Die Regeln einer unteren Ebene dürften von den Normen einer höheren Stufe nicht abweichen. So würden die Normen des Naturrechts allgemeine Prinzipien darstellen, an denen sich das Völker- und das Zivilrecht orientieren sollten, und sie wären als die erste Quelle des ganzen Rechtssystems anzusehen.

Während die späteren Rechtsgelehrten und die Kompilatoren der kaiserlichen Institutionen den Grundsatz anerkannten, daß das Zivilrecht die Normen des Naturrechts nicht verletzen darf,[36] sieht Ulpian die Möglichkeit vor, daß die drei Sphären von einander abweichen können. Beispielweise widerspricht das Völkerrecht der natürlichen Freiheit und Gleichheit aller

---

[33] Digestum, I, 1, 1, 2–4 (Ulpianus: Libro primo institutionum).

[34] Die Diskussion wird von Voggensperger: Der Begriff des ›Ius naturale‹, S. 63–65 zusammengefaßt.

[35] Digestum, I, 1, 4 (Ulpianus: Libro primo institutionum); I, 1, 6 (Ulpianus: Libro primo institutionum). Vgl. Kaser: Ius gentium, S. 65–70.

[36] Vgl. Institutiones, III, 1, 11: »Naturalia enim iura civilis ratio peremere non potest.« Dieselbe Meinung wird aber schon von Gaius vertreten. Vgl. Digestum, IV, 5, 8 (Gaius: Libro quarto ad edictum provinciale) und Gaius: The Institutes, I, 158, S. 50–52. Vgl. oben S. 115, Anm. 17.

Menschen, weil es die Knechtschaft erlaubt.[37] Das Zivilrecht entsteht, um ein zweites Beispiel zu nennen, indem man dem gemeinen Recht – d.h. der Gesamtheit von Natur- und Völkerrecht – etwas entzieht oder hinzufügt.[38]

Die drei Ebenen bilden ein System von Rechtsbestimmungen, die noch zum Teil nebeneinander fortbestehen. Dies bedeutet, daß die Unterscheidung der Rechtssphären auch auf Grund der Gegenstände durchgeführt wird: Einige Dinge gehören zum Naturrecht, andere zum Völkerrecht und andere zum Zivilrecht, aber derselbe Gegenstand darf nicht gleichzeitig vom Natur-, Völker- und Zivilrecht behandelt werden. Alle Angelegenheiten, die mit der bloßen Selbsterhaltung und mit der Fortpflanzung der Gattung verbunden sind, fallen daher unter das Naturrecht. Florentinus, der nicht – wie das *Digestum* vermutet – vom ›ius gentium‹, sondern vom ›ius naturae‹ redet, zählt zu den natürlichen Rechten auch das Recht auf Selbstverteidigung.[39] Zum Völkerrecht gehören dagegen alle diejenigen Gegenstände, die eine Veränderung des menschlichen Naturzustands voraussetzen und allen Menschen gemeinsam sind. Diese Rechte bringen eine Einschränkung der ursprünglichen Freiheit und Gleichheit mit sich und heben den Anspruch auf die natürlichen Güter auf, die alle Menschen von Natur aus in demselben Maße genießen. Hierher gehören also die Knechtschaft, die politische Vergesellschaftung, der Kriegszustand und alles, was das Eigentum und dessen Verteilung betrifft.[40]

Als Rechtssphäre der Selbsterhaltung könnte das Naturrecht leicht auf ein einziges Prinzip zurückgeführt werden, und man könnte sagen, daß das Naturrecht jenem allgemeinen Gesetz entspringt, nach dem alle physischen Körper in ihrem Zustand verharren. Die Jurisprudenz des siebzehnten

---

[37] Digestum, I, 1, 4 (Ulpianus: Libro primo institutionum): »Manumissiones quoque iuris gentium sunt. est autem manumissio de manu missio, id est datio libertatis: nam quamdiu quis in servitute est, manui et potestati suppositus est, manumissus liberatur potestate. quae res a iure gentium originem sumpsit, utpote cum iure naturali omnes liberi nascerentur nec esset nota manumissio, cum servitus esset incognita: sed posteaquam iure gentium servitus invasit, secutum est beneficium manumissionis. et cum uno naturali nomine homines appellaremur, iure gentium tria genera esse coeperunt: liberi et his contrarium servi et tertium genus liberti, id est hi qui desierant esse servi.«

[38] Digestum, I, 1, 6 (Ulpianus: Libro secundo definitionum): »Ius civile est, quod neque in totum a naturali vel gentium recedit nec per omnia ei servit: itaque cum aliquid addimus vel detrahimus iuri communi, ius proprium, id est civile efficimus. Hoc igitur ius nostrum constat aut ex scripto aut sine scripto, ut apud Graecos: τῶν νόμων οἱ μὲν ἔγγραφοι, οἱ δὲ ἄγραφοι.«

[39] Digestum, I, 1, 3 (Florentinus: Libro primo institutionum): »Ut vim atque iniuriam propulsemus: nam iure hoc evenit, ut quod quisque ob tutelam corporis sui fecerit, iure fecisse existimetur, et cum inter nos cognationem quandam natura constituit, consequens est hominem homini insidiari nefas esse.«

[40] Digestum, I, 1, 5 (Hermogenianus: Libro primo iuris epitomarum). Vgl. oben S. 49, Anm. 104.

Jahrhunderts, besonders wenn sie – wie bei Henich – die Kategorien des modernen, postgrotianischen Naturrechts benutzte, kam in der Tat zu diesem Schluß und konnte sich das ulpianische Naturrecht dementsprechend als ein System von Grundsätzen vorstellen. Diese Entwicklung ist Ulpian noch unbekannt, und sein Naturrecht bleibt – wie es in der römischen Tradition üblich war – ein Konglomerat von unterschiedlichen Rechten, die nur darin übereinstimmen, daß sie ›natürlich‹ sind. Die Dreiteilung hat also keine generative Funktion: Das Naturrecht stellt nicht ein Prinzip zur Verfügung, aus dem sich andere Grundsätze oder Vorschriften herleiten lassen, bis sie ein ganzes System bilden, sondern dient nur zur Klassifizierung schon gegebener Tatbestände.

In dieser Hinsicht läßt sich auch die auffallendste Schwierigkeit in der Rechtsgliederung Ulpians teilweise erklären. Das Naturrecht soll alle diejenigen Handlungen umfassen, die auf der rein biologischen Natur des Menschen gegründet sind, und es umschließt alle diejenigen Bestimmungen, die auf die Vernunft zurückgehen, weil diese das Eigentümliche der menschlichen Gattung ist. Aus der Tatsache, daß einige Rechte ihren Ursprung in der Physis des Menschen haben, ergeben sich zwei wichtige Folgen: Einerseits genießen Menschen und Tiere dieselben Rechte und bilden somit eine einzige Rechtsgemeinschaft; andererseits folgt daraus, daß das Recht auch ein Produkt der Instinkte sein kann.

Ulpian selbst erklärt, daß die erste Annahme falsch ist: Ein Tier kann kein Unrecht begehen, weil es der Vernunft entbehrt.

> Ait pretor ›pauperiem fecisse‹. pauperies est damnum sine iniuria facientis datum: nec enim potest animal iniuria fecisse, quod sensu caret.[41]

Weder kennen die Tiere das Unrecht noch können sie das Recht ausüben. Der Grund ist derselbe: Sie handeln nicht nach Vernunft. Daraus ergeben sich zwei Folgen: Das Recht muß ein Produkt der Vernunft sein und das

---

[41] Digestum, IX, 1, 1, 3 (Ulpianus: Libro octavo decimo ad edictum). Vgl. auch: Cicero: De finibus, III, 20, 67, S. 286: »Sed quomodo hominum inter homines iuris esse vincula putant, sic homini nihil iuris esse cum bestiis«; Lucius Annaeus Seneca: De ira, II, 26, 4, in: Seneca: Seneca in Ten Volumes. Moral Essays in Three Volumes. I, hg. von John W. Basore, Cambridge Massachusetts 1985, (1. Aufl. 1958), S. 220: »Ad ultimum quid est dementius quam bilem in homines collectam in res effundere? Atqui ut his irasci dementis est, quae anima carent, sic mutis animalibus, quae nullam iniuriam nobis faciunt, quia velle non possunt; non est enim iniuria nisi a consilio profecta. Nocere itaque nobis possunt ut ferrum aut lapis, iniuriam quidem facere non possunt. Atqui contemni se quidam putant, ubi idem equi obsequentes alteri equiti, alteri contumaces sunt, tamquam iudicio, non consuetudine et arte tractandi quaedam quibusdam subiectiora sunt«; Diogenes Laertius: De clarorum philosophorum vitis, VII, 129, S. 186f.: »Placet item illis nulla nos lege naturae teneri adversus reliqua animalia, ob naturae dissimilitudinem, ut Chrisippus in primo de justitia et Posidonius in primo de officiis tradunt.«

Naturrecht kann nicht als ein Recht verstanden werden, das den Menschen und den Tieren gemeinsam ist, sondern ist nur auf die Menschen anwendbar. Dementsprechend muß es nicht als ein Geltungsbereich, sondern als eine Kategorie angesehen werden, mit der das menschliche Handeln beschrieben werden kann. Man kann sämtliche Handlungen eines Menschen betrachten: Einige von ihnen sind dem Menschen als Tier, einige dem Menschen als Menschen und einige dem Menschen als Bürger zuzusprechen. Keine Rechtsgemeinschaft mit den Tieren ist daher gerechtfertigt, obwohl gewisse Rechte der biologischen Natur der Menschen entspringen.

Auf die zweite Frage – ob ein Recht einem natürlichen Trieb entspringen darf – antwortet Ulpian verneinend, indem er Recht und Unrecht auf die Vernunft bezieht. Dieses Problem stellte eine schwer lösbare Aufgabe für die Jurisprudenz des Mittelalters und besonders des sechzehnten Jahrhunderts dar. Letztere konnte, was das Naturrecht betrifft, kaum zwischen den verschiedenen Schichten des *Digestum* unterscheiden und obwohl das *Corpus iuris* differenzierte Stellungnahmen zur Frage des Naturrechts aufweist, identifizierte sie die römische Lehre des Naturrechts strikt mit der Dreiteilung des Ulpian. Nur in vereinzelten Fällen wurde die Zweiteilung des Gaius wahrgenommen, so daß die Fragen nach dem eigentlichen Grund des Naturrechts und nach dem Verhältnis zwischen Natur- und Völkerrecht immer im Vordergrund blieben.

Der Erfolg der Dreiteilung Ulpians ist aus der dogmatischen Methode der Kommentierung zu erklären, die alle Widersprüche zwischen den Quellen auflöste, sowie mit deren Aufnahme in die kaiserlichen *Institutiones*, die das Naturrecht als eine Reihe ewiger und unveränderlicher Gebote darstellen.

> Sed naturalia quidem iura, quae apud omnes gentes peraeque servantur, divina quadam providentia constituta semper firma atque immutabilia permanent: ea vero, quae ipsa sibi quaeque civitas constituit, saepe mutari solent vel tacito consensu populi vel alia postea lege lata.[42]

Die Vorstellung, daß das Naturrecht der göttlichen Vorsehung entspringt, geht auf den Einfluß der Patristik zurück, die das stoische und ciceronianische Gedankengut in die christliche Lehre aufnahm.[43] Laktanz zitiert in sei-

---

[42] Institutiones, I, 2, 11. Voigt: Das ›ius naturale, aequum et bonum‹, Beilage V, S. 566–576 schreibt diese Stelle den *Institutiones* des Marcianus zu. Vgl. auch S. 275–278, wo die Naturrechtslehre des Marcianus rekonstruiert wird.

[43] Zum Einfluß des Christentums auf die iustinianische Kodifikation vgl. Biondo Biondi: Il diritto romano cristiano, in: Atti del Congresso internazionale di diritto romano e di storia del diritto tenuto in Verona nel Sett. 1948, Milano 1951, S. 253–260, ND. in: Biondi: Scritti giuridici. I. Diritto romano. Problemi generali, Milano 1965, S. 543–550 und Biondo Biondi: Il diritto romano cristiano, Milano 1952–1954, Bd. 1, S. 1–27 (Der christliche Einfluß auf die römischen Gesetze) und Bd. 2, S. 4–27 (Das Naturrecht im

nen *Divinae institutiones* Ciceros *De republica* (III, 22, 33) und eignet sich die Idee an, daß Gott die Welt durch ein ewiges und unwandelbares Gesetz regiert,[44] während Ambrosius das Naturrecht als ein Gesetz verstand, das im Herzen der Menschen geschrieben steht.[45]

Diese Übereinstimmung des Naturrechts mit dem göttlichen Willen wurde auch von Augustin hervorgehoben,[46] und durch die Vermittlung von Isidor, der die ulpianische Dreiteilung aufnahm, wurde sie in der kanonistischen Tradition als Quelle jedes Rechtes rezipiert.[47] Die Trias ›Naturrecht, Natur und Gott‹ ist auch den Glossatoren nicht unbekannt, die oft den Ausdruck »Natura id est Deus« verwenden, um die Quelle des Naturrechts zu bezeichnen.[48]

Corpus iuris); Biondo Biondi: Il cristianesimo nel *Corpus iuris civilis* e nella tradizione giuridica orientale, in: Atti del convegno internazionale sul tema: L'Oriente cristiano nella storia della civiltà (Roma 31 marzo–3 aprile 1963. Firenze 4 aprile 1963), Roma 1964, S. 273–296. Vgl. auch Leopold Wenger: Zur christlichen Begründung des Naturrechts, in: Zeitschrift der Savigny-Stiftung für Rechtsgeschichte. Romanistische Abteilung 69 (1952), S. 5–23.

44 Lucius Caecilius Firmianus Lactantius: Divinarum institutionum liber primus[–septimus], VI, 8, in: Lactantius: Opera omnia [...], hg. von Nicolas Lenglet Dufresnoy, in: Migne (Hg.): Patrologiae cursus completus. Series Latina 1844, Bd. 6, Sp. 660f. Vgl. oben S. 27, Anm. 50.

45 Ambrosius: De fuga saeculi, III, 15, in: Ambrosius: Opera omnia, hg. von Jacques-Paul Migne, in: Migne (Hg.): Patrologiae cursus completus. Series Latina, 1845, Bd. 14, Sp. 605: »Lex autem est gemina, naturalis, et scripta. Naturalis in corde: scripta in tabulis. Omnes ergo sub lege, sed naturali. Sed non est omnium, ut unusquisque sibi lex est. Ille autem sibi lex est qui facit sponte quae legis sunt, et in corde suo scriptum opus legis ostendit«; Ambrosius: Ambrosius Irenaeo, in: Ambrosius: Epistulae in duas classes distributae [...], 73, 3, in: Ambrosius: Opera omnia, Bd. 16, Sp. 1251: »Ea igitur lex non scribitur, sed innascitur: nec aliqua percipitur lectione, sed profluo quodam naturae fonte in singulis exprimitur, et humanis ingeniis hauritur. Quam debuimus vel futuri judicii metu servare, cujus testis conscientia nostra tacitis cogitationibus apud Deum ipsa se prodit, quibus vel redarguitur improbitas, vel defenditur innocentia«; Ambrosius: Libri VI. Hexaemeron, V, 21, 66–68, in: Ambrosius: Opera omnia, Bd. 14, Sp. 248–249: »Sunt enim leges naturae non scriptae litteris, sed impressae moribus: ut leniores sint ad puniendum, qui maxima potestate potiuntur« (68, Sp. 249).

46 Vgl. Aurelius Augustinus: De diversis quaestionibus LXXXIII. liber unus, 53, 2, in: Augustinus: Opera omnia, 1845, Bd. 40, Sp. 36; Aurelius Augustinus: De natura boni contra Manichaeos liber unus, 1, in: Augustinus: Opera omnia, 1845, Bd. 42, Sp. 551–552; Augustinus: Contra Faustum Manichaeum libri triginta tres, XXII, 27–28, Sp. 418f.

47 Isidorus Hispalensis: Etymologiarum libri XX., V, 2–6, Sp. 198–200. Vgl. oben S. 29f., Anm. 60.

48 Einige Stellen werden oben S. 47f., Anm. 102 angeführt. Vgl. Rudolf Weigand: Die Naturrechtslehre der Legisten und Dekretisten von Irnerius bis Accursius und von Gratian bis Johannes Teutonicus, München 1967, S. 52, 57, 63f. und 148–150; Ennio Cortese: La norma giuridica. Spunti teorici nel diritto comune classico, Milano 1962, Bd. 1,

Die Identifizierung von Gott und Natur brachte keine besondere theoretische Folge mit sich und wurde von der Jurisprudenz des sechzehnten Jahrhunderts nicht rezipiert. Viel wichtiger für die frühneuzeitliche Diskussion über das Naturrecht war die Arbeit der Glossatoren und Kanonisten an der ulpianischen Dreiteilung, die die inneren Widersprüche des römischen Textes zu schlichten versuchten, indem sie zwei Wege einschlugen. Einerseits wurden so viele Bedeutungen des Naturrechts festgesetzt, daß alle sich widersprechenden Definitionen im demselben Begriff nebeneinander bestehen konnten.[49] Andererseits wurden sowohl das Natur- als auch das Völkerrecht so vielfach geteilt, daß mehrere Rechtsarten entstanden. Im sechzehnten Jahrhundert wurde diese Lösung wieder aufgenommen und spielte eine beträchtliche Rolle in der naturrechtlichen Diskussion.

S. 56–59; Ugo Gualazzini: »Natura, idest Deus«, in: Studia Gratiana 3 1955, S. 411–424.

49 Stephanus Tornacensis: Die Summa über das Decretum Gratiani, dist. 1, »Humanum genus«, S. 7: »Et notandum, ius naturale quatuor modis dici. Dicitur enim ius naturale, quod ab ipsa natura est introductum et non solum homini, sed etiam ceteris animalibus insitum, a quo descendit maris et feminae coniunctio, liberorum procreatio et educatio. Dicitur et ius naturale ius gentium, quod ab humana solum natura quasi cum ea incipiens traxit exordium. Ius etiam divinum dicitur naturale, quod summa natura nostra, i.e. deus nos docuit et per legem et per prophetas et evangelium suum nobis obtulit. Dicitur etiam ius naturale, quod simul comprehendit humanum et divinum et illud, quod a natura omnibus est animalibus insitum. Et secundum hanc ultimam acceptionem ponit: naturali iure, i.e. divino, et illo alio primitivo. Vel si quintam iuris naturalis acceptionem non abhorreas, intellige, hic dici ius naturale, quod hominibus tantum et non aliis animalibus a natura est insitum, scil. ad faciendum bonum vitandumque contrarium«; Azo Portius: Summa institutionum, in Institutiones, I, 2, »De iure naturali, gentium et civili«, S. 348; Placentinus: In summam institutionum sive elementorum D. Iustiniani sacratissimi principis [...] libri IIII., in: Placentinus: In summam institutionum sive elementorum D. Iustiniani sacratissimi principis [...] libri IIII. [...] De Varietate actionum libri VI., Moguntiae 1535, ND. Augustae Taurinorum 1973, in Institutiones, I, 2, S. 3: »Natura id est Deus, quia facit omnia nasci«; Franciscus Accursius: Glossa in digestum vetus, gl. in Digestum, I, 1, 1, 3, »Ius naturale est quod natura«, Bl. 4rb: »Ius naturale, quod natura id est Deus et sic nominativi; vel dic quod sit ablativi casus. Item nota ius naturale quattuor modis dici. Primo lex Mosaica [...]. Secundo instinctus nature ut hic. Tertio ius gentium [...]. Quarto ius pretorium«; Franciscus Accursius: Glossa in volumen, gl. in Institutiones, I, 2, pr., »Ius naturale est quod natura«, Bl 3rb: »Ius naturale est, quod natura id est Deus, et nominative et ablative [...]. Et nota quod quattuor modis ius naturale ponitur: Quandoque pro iure gentium [...]; quandoque pro iure pactorum sic pro jure pretorio [...]; quandoque pro eius contrario, scilicet pro eo quod rescindit pacta, ut in restitutione minorum [...]; quandoque pro instinctu nature ut hic [...]. Sed secundum canones ius naturale dicitur quod in lege Mosaica vel Evangelio continetur [...]. Et istud ›quod‹ hic est nominativi casus, quando hec dictio ›natura‹ est ablativi, et econtra est accusativi, quando ›natura‹ est nominativi, et tunc dic: natura, id est Deus.« Vgl. Weigand: Die Naturrechtslehre der Legisten und Dekretisten, S. 51–64.

Schon Johannes Bassianus hatte in seiner *Lectura institutionum* die Natur als ›stimulus quidam‹ und als ›naturalis ratio‹ unterschieden.[50] Azo Portius räumte daher die Möglichkeit ein, das Naturrecht in zweierlei Hinsicht zu betrachten: entweder ›secundum motum sensualitatis‹ (natürliche Triebe) oder ›secundum motum rationis‹ (Vernunftrecht und mosaisches Gesetz).[51] Da das Naturrecht vom Völkerrecht verändert und zum Teil außer Kraft gesetzt werden kann, entstand zur Zeit der Kommentatoren die Idee, daß das menschliche Handeln in den ältesten Zeiten von den natürlichen Trieben beherrscht wurde und daß diese ursprüngliche Form des Naturrechts im Lauf der Zeit durch das Völkerrecht vervollständigt oder ersetzt wurde. Das Naturrecht in seiner frühen Gestalt wurde als ›ius naturae primaevum‹ bezeichnet.

Dicit littera iure naturali omnes homines, cum omnes homines liberi nascebantur. Hoc intelligas non quod ius naturale hoc constitueret, quia ius naturale, quod omni animali competit, nihil statuit. Sed intelligas, quod iure naturali omni animali competit libertas, eo quod non est prohibita iure naturali omni animali, quod iure gentium nulli erat prohibita. Et idem, quia non prohibetur libertas, pro tanto dicitur a iure naturali concessa, ut ff. ex quibus causis maiores viginti quinque annis in integrum restituuntur L. nec non § 2. [Digestum, IV, 6, 28, 2] unde iure naturali primaevo non statuitur, sed per in-

[50] Johannes Bassianus: Lectura institutionum, in Institutiones, I, 2, »Ius naturale est quod natura«, Handschrift Leiden, Ablaing 3, Bl. 3ra, in: Cortese: La norma giuridica, 1964, Bd. 2, S. 412: »›Ius naturale est quod natura‹, etc. Notandum est quod natura dupliciter accipitur. Dicitur enim natura stimulus quidam, id est quidam motus, qui communiter est in omnibus animalibus, quod quedam promoventur ad procreandum, quedam ad educandum. Et in hac significatione dicitur et alio modo: natura, scilicet naturalis ratio que vocat[ur ius] gentium, ut dicitur infra, eodem titulo, ›[quod] vero naturalis‹, etcetera [Institutiones, I, 2, 1].«

[51] Azo Portius: Summa institutionum, I, 2, Handschrift Bruxelles, 131–134, Bl. 48ra, in: Cortese: La norma giuridica, Bd. 2, S. 439: »Illud apertius forte dicetur, ius naturale esse debitum quoddam, quod natura cuilibet representat creature secundum suum esse, ut dicatur ius naturale ius quod est communi omnium industria statutum: et ita ius gentium potest dici ius naturale, ut infra. Inst. de rerum divisione § singularum [Institutiones, 2, 1, 11]. Item dicitur ius naturale quod in lege mosayca vel evangelio continetur. Et hec due appellationes admittuntur secundum momentum rationis, prima secundum momentum sensualitatis.« Vgl. Azo Portius: Summa institutionum, in Institutiones, I, 2, »De iure naturali, gentium et civili«, S. 348: »Prima autem diffinitio data est secundum motum sensualitatis. Aliae autem assignatae sunt secundum motum rationis.« Vgl. Alfred Verdross: Primäres Naturrecht, sekundäres Naturrecht und positives Recht in der christlichen Rechtsphilosophie, in: Juristische Fakültat der Universität Freiburg/Schweiz (Hg.): ›Ius et lex.‹ Festgabe zum 70. Geburtstag von M. Gutzwiller, Basel 1959, S. 447–455, der den Ursprung der Unterscheidung ›ius naturae primaevum-secundarium‹ in die Patristik zurücksetzt.

stinctum naturalem iure introductum, gentes bene aliquid instituerunt, quod ius gentium appellant.[52]

Eine ähnliche Gliederung wurde von Cino da Pistoia auch für das Völkerrecht vorgeschlagen.

Dominus meus [scil. Cinus de Pistoia], cuius opiniones procedunt de mente iuris, dicit sic, quod ius gentium habet duas partes: unam quae procedit ex ratione naturali, ut servare promissa, de quo in L. 1. in prin. inf. de pac. [Digestum, II, 14, 1, pr.]. Et secundum hanc partem servus est aliquid. Et ita debet intelligi d. l. naturaliter. Est et alia pars, quae procedit ex usu gentium, et tunc habito respectu ad hanc partem, servus potest dici nullus, et hoc respectu non posset obligari.[53]

---

52 Bartolus a Saxoferrato [vielmehr Jacobus de Ravanis]: Super institutionibus iuris civilis commentaria [...], in: Bartolus: Super authenticis et institutionibus commentaria [...], 1588, in: Bartolus: Opera quae nunc extant omnia [...], [hg. von Simon Schardius], Basileae 1588–1589, in Institutiones, I, 2, 1: »Ius autem«, Nr. 1, pars 9, S. 167[a]. Zu dem Verfasser dieses Kommentars vgl. Eduard Maurits Meijers: L'université d'Orléans au XIIIe siècle, in: Meijers: Etudes d'histoire du droit. Tome III: Le droit romain au moyen âge, hg. von Robert Feenstra und H.F.W.D. Fischer, Leyde 1959, S. 68–71; Liesbeth Josephina van Soest-Zuurdeeg: La ›lectura‹ sur le titre ›de actionibus‹ (Inst. 4, 6) de Jacques de Révigny, Leiden 1989, S. 3–29, und Ennio Cortese: Il diritto nella storia medievale. II: Il Basso Medioevo, Roma 1995, S. 397–401. Albericus de Rosate: Commentarii in primam digesti veteris partem, Venetiis 1585, ND. Bologna 1974, in Digestum, I, 1, 1, 3, »Ius naturale«, Nr. 9, Bl. 10[va–b]: »Ad hoc dicit glossa quod nec matrimonium nec coniunctio actualis est de iure naturali: sed motus, qui inducit ad talem coniunctionem [...]. Sed motus ad coitum et ipsa carnalis commixtio bene sunt de iure naturali cum tales motus et coitus fuerint ante ius gentium vel civile et a stimulis et instinctu naturae processerant, et de eo etiam animalia bruta participant, nec consideratur licitum ab illicito; nec per hoc potest dici, quod ius naturale inducat ad peccatum: quia eo iure quilibet coitus erat impunitus et permissus [...]. Iure nam naturali primaevo frater poterat coire cum sorore, etiam secundum legem divinam, quia dictum erat, crescite et multiplicamini et replete terram. Et hoc fuit propter paucitatem gentium, quod postea prohibitum fuit« und in Digestum, I, 1, 5, »Ex hoc iure«, Nr. 4, Bl. 13[rb]: »Et istud ius gentium habuit ortum post ius naturale, ex quo coeperunt homines simul vivere, quod dicitur fuisse tempore quo Cayn civitatem edificavit.«

53 Bartolus a Saxoferrato: In primam digesti veteris partem commentaria cum additionibus, 1589, in: Bartolus: Opera quae nunc extant omnia, in Digestum, I, 1, 5, »Ex hoc iure«, Nr. 10, pars 1, S. 23[ab]. Vgl. auch Bartolus a Saxoferrato: In II. partem digesti veteris [...] commentaria, in: Bartolus: Opera quae nunc extant omnia, in Digestum, XII, 6, 64, »Si quod«, Nr. 2, pars 2, S. 197[b]: »Debetis tandem scire, quod ius gentium est duplex. Quoddam est ius gentium, quod fuit eo ipso quod gentes esse coeperunt, naturali ratione inductum, absque aliqua constitutione iuris gentium: ut fidem seu promissa servaret libertus, et similia. Et isto iure gentium primaevo status servi non est annihilatus: imo omnes erant liberi: merito ista obligatio naturalis cadit in eum active, et passive. Quoddam est ius gentium, quo omnes gentes utuntur ex constitutione earum, non secundum rationem naturalem, imo quandoque contra: ut bella, captivitates, servitutes, distinctiones dominiorum«; Paulus de Castro: In secundam digesti veteris partem [...],

Mitte des fünfzehnten Jahrhunderts konnten die juristischen Autoren sowohl das Natur- als auch das Völkerrecht in zwei symmetrische Teile trennen. Johannes Christophorus Portius unterscheidet das ›ius naturae primaevum‹ vom ›ius naturae secundarium‹, und dieselbe Bezeichnung verwendet Angelus a Gambilionibus für das ›ius gentium‹.

Sed de iure gentium advertas, quod duplex est ius gentium. Unum, quod fuit eo ipso, quod fuerunt creatae gentes, et naturali ratione se gerentes sine alia eorum institutione, et tunc tali iure omnes erant aequales et liberi; et tali iure inspecto dominus potest servo suo naturaliter obligari, et ita loquitur hic, et d. l. si id quod. [Digestum, XII, 6, 64]. Aliud fuit ius gentium secundario, eo ipso, quod gentes inceperunt excrescere, et civitates condere, et bella introducere, ut L. ex hoc iure gentium ff. de iust. et iure [Digestum, I, 1, 5]. Et isto iure servitus nihil est, quia ab eo iure servitus fuit introducta ut supra de iure personarum § 1 [Bl. 20 v. a–b, in Institutiones, I, 3, pr.] ita dicit Bar. in d. l. si id quod.[54]

Lugduni 1553, XII, 6, 64, 3, Bl. 67[ra]: »Solve secundum Bartolum. Eleganter nos habemus considerare duplex ius gentium, scilicet primaevum quod fuit eo ipso quod gentes esse coeperunt, et illo iure non fuit introducta servitus, imo re omnes liberi nascebantur [...]. Expone id est iure gentium primaevo, non autem intelligas de iure naturali, quod est commune omnibus animalibus: illo enim non consideratur libertas: sed iure gentium, quod est commune hominibus tantum, et illud primaevum vocat ius naturale [...]. Aliud ius gentium est illud quod fuit postquam gentes convenerunt, et inter se plura statuerunt: et de isto iure loquitur L. ex isto iure. ff. de iust. et iur. [Digestum, I, 1, 5] ubi ponuntur quae fuerunt de isto iure secundario introducta.« Die Urheberschaft des Kommentars zum ersten Buch des *Digestum* ist umstritten: mehrere Teile wurden wahrscheinlich nicht von Bartolus a Saxoferrato, sondern von Cinus de Pistoia verfaßt. Vgl. Domenico Maffei: La *Lectura super digesto veteri* di Cino da Pistoia. Studio sui Mss. Savigny 22 e Urb. lat. 172, Milano 1963, S. 1–9.

54 Angelus a Gambilionibus: In quatuor institutionum Iustiniani libros commentaria [...], Venetiis 1609, in Institutiones, IV, 7, 4 c, »Cum autem«, Nr. 1, Bl. 286rb. Der hier zitierte Kommentar des Bartolus wird oben S. 128, Anm. 53 angeführt. Johannes Christophorus Portius: In tres priores institutionum libros eruditissimi commentarii [...], Venetiis 1606, in Institutiones, I, 2, pr., »Ius naturale«, Nr. 8, Bl. 4vb: »Sed dubitatur quid econtra, an educatio parentum fienda a liberis sit de iure naturali [...]. Secundo, quia huiusmodi educatio non solum convenit hominibus, verum etiam et caeteris animalibus, ergo est de iure naturali, ut hic probatur assumptum. Nam legitur in libro animalium [Aristoteles: Historia animalium, VIII, 13, 615 b 24–27: μέροπας; Plinius: Naturalis historia, X, 99: merops, ›Bienenfraß‹], de quadam ave quae appellatur epopus. Nam haec cum videt parentes plumis destitutos, et oculis caligatos, reficit, et calefaciendo renovat [...]. Veritas est in contrarium, quia quod parentes alantur a liberis, hoc provenit ex accidentia paupertatis. Item provenit turbato naturae ordine, ergo non est de iure naturali L. nam et si parentibus de inofficioso testamento et § filius in fine eodem [Digestum, V, 2, 15]. Non obstat § ipsum autem [Codex, VI, 61, 8, 4 d], quia fateor quod educatio parentum dicitur de iure naturali secundario, quo movemur ex quodam instinctu benefacientibus benefacere L. sed et si lege. § consuluit. ff. de petititione haereditatis [Digestum, V, 3, 25, 11] sed de iure naturali nequaquam.« Vgl. auch in Institu-

Die isagogische, methodologische und rechtsphilosophische Literatur

Neben der philosophischen Überlieferung des Naturrechts, die sich in die neuscholastische Schule von Salamanca und die philippistische Rezeptionslinie gliedert, wirkt im sechzehnten Jahrhundert auch eine andere Tradition, die sich in der Jurisprudenz entfaltet. Obwohl diese Linie viel mit der philosophischen Reflexion gemeinsam hat, zeigt sie nichtsdestoweniger einige kennzeichnende Elemente: Sie beruft sich hauptsächlich auf die Autorität des römischen Rechtes; sie beschäftigt sich vorwiegend mit den Materialien des *Corpus iuris civilis* und setzt den Begriff des Naturrechts als ein wichtiges Mittel zur Systematisierung des juristischen Wissens ein. Daraus ergibt sich, daß die Lehre des Naturrechts mit Vorliebe da auftaucht, wo sich die ersten Versuche zu einer rationalen Systematisierung des überlieferten Rechtes oder zu einer allgemeinen Rechtstheorie ankündigen. Beide juristischen Anwendungen des Naturrechts, die romanistische und die rechtsphilosophische, können mit zwei verschiedenen literarischen Gattungen oder Gruppen von literarischen Gattungen identifiziert werden. Die Auseinandersetzung mit den Kategorien des römischen Rechtes vollzog sich hauptsächlich im Medium des Kommentars, der Dissertation und der Dissertationensammlung; die theoretischen Überlegungen wurden hingegen vorwiegend in den Schriften *De arte iuris* und in den propädeutischen Werken zum juristischen Studium unternommen.[55]

Die erste Gruppe der genannten Schriften kann ihrerseits in drei Klassen unterteilt werden. Die erste Abteilung umfaßt alle diejenigen Werke, die eine Systematisierung des gesamten Rechtes vornehmen. Unter ihnen sind die *Paratitla* zu verzeichnen, die an sich eine traditionelle Gattung ausbilden, die *Brocardica*, die die allgemeinen Rechtsgrundsätze nach dem Vorbild von Digestum, L, 17: *De diversis regulis iuris antiqui* identifizieren, und die *Oikonomiai iuris*, in denen der Versuch gemacht wird, den juristischen Stoff nach rationalen Mustern zu gliedern.

---

tiones, I, 2, 1, 1, »Ius autem civile«, Nr. 4, Bl. 5va. Zu Johannes Christophorus Portius/Giovanni Cristoforo Porzio (... 1435–1442 ...) und Angelo a Gambilionibus/Angelo Gambiglioni (gestorben nach 1451) vgl. Domenico Maffei: La donazione di Costantino nei giuristi medievali, Milano 1964, S. 290 und Domenico Maffei und Paola Maffei: Angelo Gambiglioni. Giureconsulto aretino del Quattrocento. La vita, i libri, le opere, Roma 1994, besonders S. 44–47 (*Lectura institutionum*).

[55] Dazu vgl. Vincenzo Piano Mortari: Considerazioni sugli scritti programmatici dei giuristi del secolo XVI, in: Studia et documenta historiae et iuris 21 (1955), S. 276–302, ND. in: Piano Mortari: Diritto, logica, metodo nel secolo XVI, Napoli 1978, S. 265–317.

Unter den Systematisierungsversuchen zeichnet sich die *Iuris artis totius [...] elucidatio* Paul Oelingers[56] wegen einer neuen Verteilung der Argumente aus, während die *Paratitla* Joachim Hoppers[57] den Inhalt des *Digestum* in einer kurzen Zusammenfassung darstellen und, wenn auch sehr flüchtig, die Frage nach der ›divisio iuris‹ behandeln,[58] indem sie auch das Naturrecht erwähnen. Einen höheren Grad an Systematisierung zeigen die

---

[56] Paul Oelinger: Iuris artis totius, atque methodi absolutissimae verae et principalissimae divisionis, quae hactenus plerosque iure consultos excellentissimos latuit, singularis et brevissima quaedam elucidatio [...], Argentorati 1555.

[57] Joachim Hopper: Paratitlωn iuris civilis, sive de divinarum et humanarum rerum principiis, libri IIII., in: Hopper: In veram iurisprudentiam isagoges ad filium libri octo. Nempe. Paratitlωn iuris civilis, sive de divinarum et humanarum rerum principiis, libri IIII. Elementorum iuris, sive de principiis iusti et iniusti, libri IIII., Coloniae 1580. Vgl. auch: Ulrich Zasius: In primam partem digesti veteris paratitla sive tabulariae annotationes, Basileae 1537; Christophorus Phreislebius: Paratitla seu annotationes ad iuris utriusque titulos, legitimae scientiae studiosis praesertim tyronibus non minus necessaria quam utilia [...], Ludguni 1544; Franciscus Curtius: Index copiosissimus paratitlorum seu (ut vulgo dicunt) summariorum omnium quibus illustratur et quasi vivae vocis oraculo clara redditur utraque lectura D. Francisci Curtii Iunioris Papiensis in undetriginta codicis Iustinianei et decem et septem digesti veteris rubricas [...], Lugduni 1552; Matthaeus Wesenbeck: In pandectas iuris civilis et codicis Iustinianei libr. IIX. commentarii: olim paratitla dicti [...], Basileae 1593, (1. Aufl. 1563); Jacques Cujas: Paratitla in libros quinquaginta digestorum seu pandectarum imperatoris Iustiniani [...], Lugduni 1570; Henricus Ryswichius: Paratitla et notae breves in tit. de diversis regulis iuris antiqui [...], Coloniae Agrippinae 1572; Johann Thomas Freigius: Paratitla seu synopsis pandectarum iuris civilis, Basileae 1583; Gratianus: Decretorum canonicorum collectanea, ex divite illa scriptorum ecclesiasticorum, summorum pontificum, conciliorumque oecumenicorum suppellectile, D. Gratiani labore concinnata et in suas classes digesta. Praefixa sunt ab Antonio Demochare singulis fere distinctionibus et causarum quaestionibus παράτιτλα summam rei succincte complectentia necnon ad marginem additi librorum et capitum ex quibus ista Decretorum farrago compacta est, numeri indicatorii [...], Antverpiae 1570; Iulianus Antecessor: Iuliani Antecessoris Constantinopolitani novellarum Iustiniani imp. epitome, additis Latinis quibusdam novellis constitutionibus eiusdem imp., cum paratitlis sive scholiis, Ilerdae 1567; Theophilus Antecessor: Ἰνστίτουτα Θεοφίλου Ἀντικένσωρος. Institutiones Theophilo Antecessore, Graeco interprete. imper. Iustiniani institutionum libri IIII. paratitla et notae ad eundem Theophilum Graecum, Latinumque ipsis institutionibus Latinis ἐκ παραλλήλου coniunctum commissumque [...], hg. von Denis Godefroy, [o. O.] 1587. Der Titel *Paratitla* geht auf den Kaiser Iustinian zurück, der alle Arten von Kommentaren verbot und nur das Verfassen von παράτιτλα gestattete. Vgl. Digestum: Constitutio tanta, 21. Wie schon aus den angeführten Titeln deutlich wird, wurde unter diesem Terminus eine kurze Erläuterung oder Zusammenfassung des *Digestum* verstanden. Die Bedeutung schwankt also zwischen ›glossae‹, ›notae‹, ›scholia‹, ›tabulariae annotationes‹ oder ›annotationes ad titulos‹, was nicht ausschließt, daß man sich darunter einfach einen Kommentar zum *Corpus iuris* vorstellte.

[58] Hopper: Paratitlωn iuris civilis libri IIII., S. 6.

Quaestiones in institutiones iuris des Johann Thomas Freigius,[59] die die ramistische Methode konsequent anwenden, und als Steigerung der knappen und klassifizierenden Arbeitsweise der *Paratitla* angesehen werden dürfen.

Der *Brocardicorum Dd. liber generalis* Quirinus Cubachs folgt den Vorschriften der literarischen Gattung und liefert eine traditionelle Einstufung der juristischen Regeln, die parallel mit den *Paratitla* läuft.[60] Die *Brocardica* wurden aber im sechzehnten Jahrhundert Gegenstand einer heftigen Diskussion, die ihren wissenschaftlichen Wert bestritt, weil sie die allgemeinen Rechtsprinzipien ohne Grund vermehrten oder vermischten.[61]

Als Alternative sowohl zu den *Brocardica* als auch zu den alphabetischen *Regulae iuris*[62] boten sich drei Lösungen an, die sich auf die Rechts-

---

59 Johann Thomas Freigius: Quaestiones in institutiones iuris, in: Freigius: Quaestiones Iustinianeae in institutiones iuris civilis [...], Basileae 1578, S. 1–228. Zu Johann Thomas Freigius vgl. Aldo Mazzacane: Scienza, logica e ideologia nella giurisprudenza tedesca del sec. XVI, Milano 1971, S. 159–166.

60 Quirinus Cubach: Brocardicorum Dd. liber generalis. Quo in communiores diversae Dd. regulae ex probatiss. JC. collectae suis 1. LL. et autoritatibus 2. probantur, intellectu 3. (sicubi opus) donantur, dubitationibus 4. et limitationibus 5. declarantur, ac in Q.Q. 6. illustrioribus earundem usus paucis demonstrantur, Jenae 1616.

61 Die Debatte um die *Brocardica* und um die Literatur *De regulis iuris* wird von Hubert van Giffen folgenderweise zusammengefaßt: »Caput V. De Brocardicis DD. Regulis. Sequuntur Brocardicae sive novae Regulae Interpretum, quam multi congesserunt [...]. Harum defensio nititur his argumentis. Primo, Quia in causis forensibus decidendis sunt utilissimae [...]. Secundo, Quia ad rationes Legum valde conducunt. Tertio, Quia et ipsi ICti veteres, in regulis conficiendis elaborarunt [...]. Quarto, Quia regularum confectio ad artem perficiendam prodest [...]. Sed haec quidem argumenta vera sunt de Regulis veris et veteribus: harum autem novarum vitia sunt duo gravia. Primum: quod his regulis confundantur scientiae. Sunt enim non ex jure solo, sed etiam aliis scientiis et artibus. Ut ex Dialecticis: Privatio praesupponit habitum; ex Physicis: In Symbolizantib. facilis est transitus; Ex Metaphysicis: Qualis causa talis effectus, A privatione ad habitum non datur regressus [...]. Alterum harum regularum vitium est in defectu: hoc est, quod in his regulis saepe tot sunt casus excepti, quot proprij, sive, ut vulgo loquitur, tot limitationes, quot ampliationes [...]. Sed haec horum infinitas, non modo in his regulis, sed etiam in aliis, jus civile fere obruit [...]. His duobus vitiis accedat Tertium, Imprudentiae. Est enim temerarium, ex una hypothesi statim thesim facere; hoc est, ex particulari concludere generale; ex una facti specie sive causa elicere regulam generalem, id est, quae non ad unam speciem sed ad infinitas trahatur [...]. Plane negari non potest, quin aliquot ἀξιώματα Interpretum sunt utilia, tam ad rationes legum, quam ad decisiones causarum; Sed prius assuefaciendi sunt studiosi, et inducendi animi, regulis in jure comprehensis, quam aliunde importatis, aut inventis«, Hubert van Giffen: Tractatus de diversis regulis iuris antiqui [...], Argentorati 1607, Prolegomena, 5, S. 9–13.

62 Die *Regulae iuris*, die die Rechtsgrundsätze nach alphabetischer Ordnung darstellten, erfuhren im sechzehnten Jahrhundert mehrere Ausgaben. Vgl. zum Beispiel: Johann Baptist Nicolai (Hg.): Regularum iuris tam civilis quam pontificii, ex celeberrimis et excellentissimis doctoribus, utputa Azone, Andrea Tiraquello, Antonio Corseto, Bartholomaeo Socino, Benedicto Vadio, Bernardo Diazio, Claudio Batandro, Donato

grundsätze der Antiken beschränkten, wie sie in Digestum, L, 17 dargestellt sind, aber die ursprüngliche und undeutliche Ordnung durch eine Behandlung nach Themen ersetzten:[63] die weitläufige und unsystematische Behandlung Pierre Loriots,[64] der geordnete und systematische Kommentar von Ulrich van Giffen[65] und die eher apodiktisch dargelegte Οἰκονομία des Johannes Ramus.[66] Im letztgenannten Werk begegnet man einem Leitge-

---

Fina, Damaso, Francisco Turzano, Georgio Vivienno, Henrico Rysvvichio, Jacobo Novello Veneto, Joanne Nicolai, Matthaeo Chaeriano, Petro Duenna, Pandulpho Prateio, Scipione Januario et Sebastiano Medices; praeterea Bartolo, Baldo, Jasone aliisque [...] cum suis ampliationibus, limitationibus et fallentiis, tomi duo [...], Francofurti ad Moenum 1586. Zur Bildung dieser juristischen Gattung vgl. Peter Stein: Regulae iuris. From Juristic Rules to Legal Maxims, Edinburgh 1966.

63 Giffen: Tractatus de diversis regulis iuris, Prolegomena, 4, S. 8f.: »Caput IV. De ordine Regularum. Quartum praemunitionis caput de Ordine regularum est. Et Imp. quidem sive Tribonianus, hunc ordinem sub. h. t. est secutus, quem et sub aliis Titt. nempe non materiae, sed librorum [...]. In his autem regulis explicandis ordinem materiae sequimur, ad exemplum institutionum juris: ita tamen, ut quae sunt generales regulae, primum explicentur, quae sunt plurimae. Simile quid praestitit Petrus Loriotus, et Ioan. Ramus: Sed hic brevissime: ille nimis confuse, et omissis multis regulis. Nos ullam, Deo adiuvante, praetermittimus.«

64 Pierre Loriot: De iuris apicibus tractatus VIII., et de iuris arte tract. XX. [...]. Eiusdem commentarius de regulis iuris [...], Lugduni 1545.

65 Neben dem *Tractatus de diversis regulis* verfaßte Giffen auch einen Kommentar zum gleichnamigen Digestentitel, in dem er der üblichen Ordnung folgte: Hubert van Giffen: Commentarii in titulum digestorum de diversis regulis juris antiqui, perutiles et necessarii [...], Francofurti 1606. Vgl. auch Jacques Cujas: Praelectiones in tit. D. de diversis regulis iuris antiqui. Nunc primum in lucem editae [...], Basileae 1594, abgedruckt auch als Jacques Cujas: Ad titulum XVII. commentarius repetitae praelectionis, in: Cujas: Recitationes solemnes ad titulum I. [...] libr. XXXVII. digest.[–XVII. libr. L. digest.], in: Cujas: Opera omnia in decem tomos distributa: tomus octavus vel quarti operum postumorum, quae de jure reliquit, pars posterior [...] hg. von Charles Annibal Fabrot, Neapoli 1758, Sp. 656–888.

66 Johannes Ramus: Οἰκονομία seu dispositio regularum utriusque iuris in locos communes, brevi interpretatione subiecta [...], Coloniae Agrippinae 1576, (1. Aufl. 1557). Dasselbe Werk wurde auch mit leicht veränderten Titeln nachgedruckt: Johannes Ramus: Cynosura utriusque iuris: sive commentariorum in omnes regulas iuris, tam civilis, quam canonici, eleganti ac singulari methodo, universae iurisprudentiae oeconomiam, locorumque communium dispositionem et enodationem, artificiose complectentium, libri duo [...], hg. von Ioannes Forsterus, Francofurti 1604; Johannes Ramus: Commentariorum in omnes regulas iuris tam civilis, quam canonici [...], eleganti ac singulari methodo, universae iurisprudentiae oeconomiam, locorumque communium dispositionem et enodationem, artificiose complectens, libri duo [...], hg. von Ioannes Forsterus, Francofurti ad Moenum 1606. Zu Johannes Ramus (Johannes Tack genannt Ramus) und der niederländischen Rechtsschule vgl. Roderich Stintzing: Geschichte der Deutschen Rechtswissenschaft, München 1880, Abt. I, S. 339–343. Andere *Oeconomiae iuris* des sechzehnten Jahrhunderts sind: Éguinaire Baron: Pandectarum iuris civilis oeconomia, in adversariis mire vetustatis apud Pictones recens inventa, Pictavis 1535; Iacobus Con-

danken, der auch für die Frage des Naturrechts wichtig werden wird. Das Zivilrecht wird nämlich auf ein geschlossenes System zurückgeführt, indem es als ein Gebäude von Axiomen dargestellt wird,[67] das auf drei Prinzipien gegründet ist.[68]

> Tria sunt juris et injuriae principia: Honestum, Natura, Utile [...]. Quicquid enim huiusmodi est, ut cum horum aliquo peccet, id continuo desinit esse justum, adeo cum justo naturaliter sunt coniuncta, ut non possit quicquam esse justum, quod non idem sit etiam honestum [...] aut honestum, quod sit contra naturam: aut denique naturae congruum, quod dissonans et alienum sit ab utilitate.[69]

Solche Prinzipien, die die allgemeinen und ursprünglichen Begriffe von Recht und Jurisprudenz bilden, entstammen den drei Arten des Rechtes: Das ›honestum‹ ist naturgemäß und damit Gegenstand des Naturrechts; die ›natura‹ wird im Völkerrecht betrachtet, weil alle Menschen dieselbe Beschaffenheit zeigen und nach derselben Vernunft handeln; das ›utile‹ darf erst dann gesucht werden, wenn die Gebote des Guten erfüllt worden sind, und gehört also teils zum Völkerrecht und teils zum Zivilrecht.[70]

---

cenatius: Epitomes oeconomicae artis iuris civilis libri duo, Basileae 1562; Matthaeus Wesenbeck: Codicis Iustiniani imp. oeconomia, in qua non solum titulorum eiusdem omnium series et ordinatio ordinisque causa et ratio traditur, sed et ipsiusmet Iustinianei codicis lectio [...] explicatur [...], Basileae 1565; Nikolaus Reusner: Partitio sive oeconomia iuris utriusque, Argentorati 1585.

67 Auch Giffen stellt die juristischen Regeln als ein geschlossenes Ganzes dar; er ist aber weniger als Johannes Ramus an der Kohärenz des Rechtssystems interessiert und seine Beweisführung folgt der Tradition, indem er seine Behauptungen durch eine Fülle von Beispielen aus dem *Corpus iuris* unterstützt. Vgl. Johann Thomas Freigius: De compendiaria iuris discendi ratione brevis admonitio, in: Freigius: Quaestiones Iustinianeae in institutiones iuris civilis, Bl. **1ᵛ: »Tota enim ars Iureconsultorum Institutionesque legitime descriptae definitionibus et partitionibus axiomatum, legum et constitutionum componuntur: quae quia principia sunt, aliam quam insignium exemplorum demonstrationem non recipiunt.«

68 »Duo maxime sunt, in quibus omnia fere juris et aequitatis interpretatio revolvitur: Principia juris, et Positiones. In omni enim disciplina sunt principia quaedam, quibus sponte sua etiam homines imperiti, sine ulla probatione et doctrina assentiuntur: ex quo genere, exempli gratia sunt haec: Neminem laedere, Suum cuique tribuere, Fidem alteri datam servare, Benemerentibus gratiam habere, [...] quae qui negat, ineptior est, quam ut cum eo disputetur [...]. Ita vero circa haec aequum bonumque versatur, quod ex horum invicem conflictu et consentione totum jus sit compositum, ut quando honestas cum utilitate vel natura, vel jure in genere lato, item publicum privato [...] pugnat; tum temperamento aequitatis est opus, ut quod justiore ratione constat, id in contentione superet«, Ramus: Commentariorum in omnes regulas iuris [...] libri duo, Ax. 7, S. 7.

69 Ebd., Ax. 8, S. 7f.

70 Ebd., Ax. 8, S. 8: »Et ideo ista etiam principia vocamus, quae ex triplici iure, nempe naturali, gentium, et civili puto descendisse. Nam honestas naturae respondet, secundum naturam enim dicuntur esse quae sunt honesta [...]. Natura vero, iuri gentium; utile

Diese drei Prinzipien entsprechen den drei allgemeinen Geboten Ulpians (Digestum, I, 1, 10), die gleichzeitig als die ersten Grundsätze des Natur-, Völker- und Zivilrechts gelten. Die Norm des ›honestum‹ und des Naturrechts ist: »Honeste vivere«.[71] Die Norm der Natur und des aus ihr entstandenen Völkerrechts kann entweder an sich, als reine Natur, oder als Regel des ›ius gentium‹ betrachtet werden.[72] In ersterem Fall verbietet sie alles, was gegen die Natur oder an sich unmöglich ist.[73] Hier wird die Natur als physische oder körperliche Beschaffenheit der Dinge verstanden, die bestimmte Grenzen setzt. Neben diesen Verboten, die sich aus der Natur der Sache von selbst ergeben, gibt es auch eine Reihe von Geboten, die natürlich sind, aber erst durch die Vernunft gewonnen werden. Diese bilden die zweite Abteilung innerhalb des Begriffs ›Natur‹, gehen auf die Bestimmungen des ›ius gentium‹ zurück und werden zweifach bestimmt:[74] entweder durch das zweite allgemeine Rechtsgebot »Alterum non laedere«[75] oder durch das Analogie-Prinzip der verteilenden Gerechtigkeit: »Secundum naturam est commoda cuiusque rei eum sequi, quem sequuntur incommoda« (Digestum, L, 17, 10).[76] Die Ratio beider Vorschriften ist die Erhaltung der menschlichen Gesellschaft, in der sich die natürliche Vernunft äußert. Völkerrecht gilt hier also hauptsächlich als Recht innerhalb eines Volkes oder einfach als Recht zwischen den Menschen.

Die zweite große Abteilung der rechtstheoretischen Schriften enthält alle diejenigen Werke, in denen man versucht, der Jurisprudenz eine philosophische Begründung zu verleihen. Auch diese können nach dem Grad der angestrebten Systematisierung und nach der Kohärenz der Argumente geordnet werden. Auf der untersten Stufe stehen Schriften wie der *Ethicorum legalium liber primus* Paul Oelingers, der die aristotelische Ethik als

---

autem utriusque iuris est, gentium et civilis. Multa enim gentium iure ob utilitatem sunt constituta, multa etiam iure civili, ut in sequentibus apparebit.«

[71] Ebd., Ax. 9, S. 8–10.

[72] Ebd., Ax. 10, S. 10f.: »Secundum principiorum est natura; cuius duplex est consideratio: altera naturalis et propria, altera iuris gentium [...]. Et quemadmodum quod cum honesto pugnat, fieri non potest, ut sit iustum: ita quod a naturae legibus dissentit, impossibile est ut iure valeat, ita ut merito eos execrari solitus sit Socrates, qui haec natura unita et coniuncta, opinione distraxissent, Cic. lib. 3. offic. [III, 3]. Et quidem ex priore illa naturae consideratione omnia manaverunt, quae ius ideo non probat, quod vel in genere sint contra naturam, vel in specie.«

[73] Ebd., Ax. 11–12, S. 11–13.

[74] Ebd., Ax. 13, S. 13f.: »Sunt alia quaedam (non quidem ex natura ipsa) sed ex naturali ratione ad confirmandam hominum inter ipsos societatem manantia, quae partim secundo iuris praecepto continentur, partim in analogia commodi et incommodi consistunt.«

[75] Ebd., Ax. 14, S. 14f.

[76] Ebd., Ax. 15, S. 16.

Einführung in die Jurisprudenz benutzt und der Behandlung der juristischen Themen eine Darstellung der Moralphilosophie vorausschickt.[77] Damit wird aber keine wirkliche Begründung unternommen, weil Ethik und Jurisprudenz nur nebeneinandergestellt werden, ohne daß gemeinsame Prinzipien erkannt werden, welche den Übergang von der einen zur anderen ermöglichen. Die Materien der Ethik werden ausführlich als ein selbständiges Thema behandelt und am Ende verweist Oelinger auf die Jurisprudenz als auf die natürliche Fortsetzung des moralphilosophischen Diskurses.[78]

---

[77] Paul Oelinger: Ethicorum legalium liber primus, iuxta ordinem quodammodo, et omnino ex verbis Aristotelis, philosophorum omnium facile principis, legibus et civilibus iuribus adiectis [...], Argentorati 1555. Vgl. auch Ludovicus Malquytius: Vera iurisconsultorum philosophia, Parisii 1606, besonders I, 21–23, S. 66–77; Ludovicus Malquytius, Marquard Freher und Guillame Doujat: Triga libellorum rarissimorum. Primus, Ludovici Malquytii vera non simulata JCtorum philosophia. Alter, Marquardi Freheri decisiones Areopagiticae. Tertius, Guilielmi Doviatii enarrationes in responsa jurisconsultorum naturalia, hg. von Nikolaus Hieronymus Gundling, Halae Magdeburgicae 1727.

[78] Vgl. auch Freigius: De compendiaria iuris discendi ratione brevis admonitio, Bl. *7^{r-v}: »Iurisprudentia nullam aliam πρόγνωσιν, quam artium liberalium (quae illi cum aliis facultatibus communes sunt) requirit. Etsi enim ipsa per se a caeteris scientijs distinctas rationes habeat: attamen communibus prudentiae fundamentis innixa, ingenuarumque artium disciplinis instructa et ornata sit necesse est. Illi igitur, qui sine artium liberalium adminiculis in Iurisprudentia se bonam operam posituros existimant, longe falluntur. Itaque ut aut ad alia munera sibi magis convenientia se transferant, aut si non desperandum sibi duxerint, P. Rami artes logicas, Aristotelis ethica et politica (quae sine omni molestia brevi tempore, si idoneum monstratorem nacti fuerint, intelligere poterunt) cognoscere ne dedignentur, hortor. Logica enim per immensum iuris pelagus instar Cynosurae erit, et per legum constitutionumque labyrinthum veluti Thesei filum praebebit: sed praecipue illa popularis et usui humanae vitae accommodata, quam Ramus nobis divino beneficio restituit, et in clarissima luce collocavit. Qualis vero illa veterum iureconsultorum logica sit: abunde, ut existimo, in Zasio nostro iampridem, et modo in his nostris Quaestionibus ostendimus. Ethica autem et politica ideo cognoscenda sunt, quia fontes iuris (quod e disputationibus philosophorum et naturalibus noticiis effloruit) continent: et magistratuum iudiciorum, rerumpub. formas conservationesque describunt, ad quae legum constitutio referri solet. Et sane in tota ethica doctrina nulla est uberior aut utilior disputatio, quam de iustitia apud Aristotelem in V. Ethicorum. Is igitur liber diligenter cognoscendus, et cum illo Officia Ciceronis ac tres libelli de Legibus coniungendi sunt. Sed cum in alijs plerisque iuris studiosos tum praecipue in politico studio accusare possis: quorum vix millesimus quisque est, qui politica ad se pertinere existimet: aut si sint, qui ea studia gustent. Germanici tamen imperij politiam vix quisquam cognoscit.« Die Stelle bezieht sich auf folgende zwei Werke: Johann Thomas Freigius: Zasius. Hoc est in pandectas iuris civilis commentarii a U. Zasio olim diffuse tractati nunc in compendium redacti, Basileae 1576 und Johann Thomas Freigius,: Quaestiones Iustinianeae in institutiones iuris civilis [...], Basileae 1578.

Einen höheren Grad an Kohärenz zeigt Lorenz Arnolds *Collatio philosophiae moralis cum iure scripto*,[79] wo das römische Recht mit dem Dekalog verglichen und nach der Reihenfolge der zehn Gebote dargestellt wird.

Die konsequente philosophische Begründung der Jurisprudenz ist das Ziel aller Werke Joachim Hoppers, die zum Teil auch in andere Gattungen eingeordnet werden können. Sowohl in der *Ars iuris*,[80] seiner ersten Schrift über das System der Jurisprudenz, als auch in den *Elementa iuris*[81] und im *Seduardus*,[82] die den Leitgedanken der *Ars iuris* wieder aufnehmen und

---

[79] Lorenz Arnold: Collationis philosophiae moralis cum iure scripto partes duae [...], Francofurti 1601. Der erste Teil wurde als Lorenz Arnold: Iurisprudentia ethica, sive iuris civilis et canonici, publici ac privati, tam veteris Romani, quam novi imperialis et ecclesiastici collatio cum philosophia morali, id est, politica, ethica et oeconomica [...], Francofurti 1615 abgedruckt. Vergleiche zwischen dem Dekalog und dem Zivilrecht sind auch im siebzehnten Jahrhundert bekannt. Vgl. Johann Georg Groß: Compendium jurisprudentiae: non nisi ea tradens, quae ad scripturam s. (inprimis autem ad Mosaicam decalogi legem) recte intelligendam, explicandam, vindicandamque accommodata sunt [...], Basileae 1620, besonders S. 3–25. Vgl. auch oben S. 71, Anm. 163.

[80] Joachim Hopper: De iuris arte, libri tres, 1553 in: Coras und Hopper: Tractatus de iuris arte, S. 293–608. Vgl. Eisenhart: Institutionum juris naturalis [...] repraesentatio, II, 6, S. 38f.: »Quidam ex Jurisconsultorum numero in principiis Juris naturalis explicandis industriam suam exercuerunt magis quam in quaestionibus controversis ex juris naturalis fontibus decidendis; adeoque hactenus theoreticae quam practicae tractationi viciniores sunt. Inter eos Joachimus Hopperus in libris de vera Jurisprudentia, eorumque ab ipsomet concinnata Epitome, in qua elementorum juris sive de principiis justi et injusti quatuor libri posteriorem locum tenent. Sed posterius quidem hoc opusculum anno superioris seculi octuagesimo Coloniae typis impressum hodie inventu rarum est. Prius autem illud volumen majus, sive ob multiplices classes per quas legum principia dispersa sunt, iis quoque taediosum est qui solidam Jurisprudentiae scientiam affectant; ne quid dicam de iis qui fere omni, quem Jurisprudentiae studia desiderant, discendi ardore destituti finem studiorum saepe avidius quam principia expetunt, cum tamen non nisi ex principiis ad finem pervenire liceat.«

[81] Joachim Hopper: Elementorum iuris, sive principiorum iusti et iniusti liber primus[–quartus], in: Hopper: In veram iurisprudentiam isagoges ad filium libri octo, S. 261–503. Eine Epitome dieses Werkes wurde von Martin Antonio Del Rio veröffentlicht: Joachim Hopper: De principiis sive elementis iuris, tractatus Ioachimi Hopperi I.C. in compendium contractus ex quatuor libris eiusdem Hopperi, et nunc primum editus a Martino Antonio Del Rio iurisconsulto, in: Martin Antonio Del Rio: Exercitatio ad L. contractus 23. D. de divers. regulis iuris antiqui, totam culpae praestandae materiam complectens et epit. ex lib. 1. et 2. elementorum iuris cl. viri Ioachimi Hopperi, nunc primum in lucem prodiens, in: Del Rio: Ex miscellaneorum scriptoribus digestorum, codicis, et institutionum iuris civilis interpretatio [...], Parisiis 1580, Bl. 58–64.

[82] Joachim Hopper: Seduardus, sive de vera iurisprudentia ad regem, libri XII. Nempe: Νομοθεσίας, sive de iuris et legum condendarum scientia, libri IIII. Rerum divinarum et humanarum, sive de iure civili publico, libri IIII. Ad pandectas, sive de iure civili privato, libri IIII. [...] Adiectus est eiusdem auctoris de institutione principis liber singularis, hg. von Hermann Conring, Magdeburgi et Helmstadii 1656, (1. Aufl. Antverpiae 1590), S. 1–728. Exzerpte desselben Werkes wurden auch in Joachim Hopper: Excerpta

ausbauen, herrscht die Frage nach den Prinzipien des Rechtes und deren Hierarchie vor. Unter dem Begriff ›Prinzipien‹ versteht Hopper sämtliche Quellen der Rechtsordnung, die von unterschiedlicher Beschaffenheit und von Natur aus vielfältig sind. Sie können selbstverständlich auf ein einheitliches Moment zurückgebracht werden, indem man beweist, daß sie alle dem Willen Gottes entstammen. Trotzdem bilden sie nicht eine Einheit, wie sie im modernen Naturrecht verstanden wird, wo die Gesamtheit der Normen und der untergeordneten Prinzipien aus einem einzigen Grundsatz hergeleitet wird.

Das vormoderne und das moderne Naturrecht zeigen zwei verschiedene Auffassungen vom System und von dessen logischer Geschlossenheit: Die Grundregeln Hoppers sind mit Gott, also mit dem allerersten Prinzip verbunden, weil sie von ihm geschaffen und gewollt werden; sie sind aber nicht in ihm enthalten, und man könnte keineswegs aus dem Begriff Gottes die Rechtsordnung deduzieren. Dies ist aber die Absicht des modernen Naturrechts, dessen Prinzip implizit das ganze System in sich enthält, so daß die wissenschaftliche Aufgabe lediglich in der Entfaltung dessen besteht, was eigentlich schon logisch vorhanden ist.

Die Prinzipienlehre des Joachim Hopper ist also eine deutliche – vielleicht die deutlichste – Darlegung von dem, was sich das vormoderne Naturrecht und die vormoderne Jurisprudenz überhaupt unter dem Begriff ›Prinzip‹ vorstellte: zum ersten keinen alleinstehenden, ursprünglichen Grundsatz, sondern mehrere und gleichzeitig konkurrierende Axiome, und zum anderen ein System von größtenteils unabhängig wirkenden Prinzipien, die sich in einer Hierarchie ordnen. Da die Kette der Grundregeln nicht von einer Deduktion herrührt, werden sie nach dem Grad ihrer Wirkung und nach dem Wert ihrer Quelle eingestuft. Die Gesamtordnung oder das Gute, d.h. die Tatsache, daß das Recht gerecht und gut ist, entsteht also nicht aus der logischen Kohärenz der verschiedenen Instanzen, sondern aus der Summe ihres Sinnes. Es ist nicht korrekt zu sagen, die praktische Philosophie bilde ein System, weil die zehn Gebote in der Idee Gottes mitenthalten seien, die Naturgesetze sich dann aus dem Dekalog herleiten ließen, die allgemeinen Rechtsregeln aus dem Naturgesetzen zu deduzieren seien, und so weiter, bis man an die Normen des positiven Rechtes herankomme. Die erwähnten Ebenen sind voneinander unabhängig, und jede von ihnen bezieht nicht ihren Gehalt von einem übergeordneten Bereich und bedingt nicht die untergeordneten Ebenen. Die Ordnung besteht nämlich im

---

ex Joachimi Hopperi Frisii J.C. libris de vera iurisprudentia, in: Hermann Conring: Propolitica sive brevis introductio in civilem philosophiam. Adjecta sunt eiusdem ut et J. Hopperi nonnulla de varia et vera iurisprudentia, Helmestadii 1663, S. 156–192 abgedruckt.

gleichzeitigen Zusammenwirken des göttlichen Gesetzes, des Dekalogs, des natürlichen Gesetzes und des Zivilrechts. In diesem Verhältnis zwischen den verschiedenen Bereichen des Gesetzes äußert sich das Gute in ontologischer Hinsicht. Der Sinn der Welt ist daher darin zu suchen, daß diese Gesetze so sind, wie sie sind, und daß sie harmonieren.

Hopper entwickelte zwei Gliederungen der Rechtsprinzipien. In der *Ars iuris* werden die Grundsätze in drei Gruppierungen unterteilt.

> Universalia voco, quae per omnem omnino naturam sunt diffusa, sive ea sit animata, sive inanimata. Generalia, quae propria sunt animalium, et ad eorum naturas accomodata: sive ea sint mente ac ratione praedita, sive bruta. Particularia denique, quae singulis rebus et actionibus, veluti nuptijs, tutelis, testamentis adhibentur: nam totidem ferme sunt principiorum particularium, quod sunt negotiorum et actionum humanarum genera.[83]

Die ›principia universalia‹ können ›primaria‹ (»Unum, ut ea quam mala sunt fugiamus; Alterum, ut quae bona sunt et salutaria, prosequamur«) oder ›secundaria‹ sein. Diese sind die drei Rechtsgebote Ulpians, die gemäß der neuplatonischen Orientierung der Hopperschen Philosophie mit den drei Teilen der menschlichen Seele verbunden werden (S. 327–330). Dieselbe Vorstellung taucht auch bei der Behandlung der ›principia generalia‹ auf.

> Generalia praecepta tripliciter dividuntur: vel enim divina sunt, vel naturalia vel externa. Divina dico, quae principem animi partem, quae mens vocatur, obtinent: suntque homini, cum dijs immortalibus communia. Naturalia, quae ex inferioris animi et corporis temperatura emergunt, et tam beluis quodammodo, quam hominibus insunt. Externa tandem, quae foris et ex accidenti adveniunt, et subinde coelestem, subinde terrenam hominis partem afficiunt. Nam si ipse homo mente constat, vita et rebus externis: item mundus, alius est divinus et inadspectabilis, alius coelestis, alius terrenus et corruptioni obnoxius: cui dubium esse potest, quin et ipsa principia, quae ex illis arripiuntur, et excipiuntur extrinsecus, totidem quoque numero esse debeant?[84]

Die göttlichen Grundsätze werden auf das zweifache evangelische Gebot der Liebe zu Gott und zum Mitmenschen zurückgeführt und bilden den Inbegriff jedes guten Gesetzes, weil die wahre Liebe zu Gott immer mit einer wahren Liebe zu den Menschen zusammengeht. Vorbild und Zusammenfassung der göttlichen Prinzipien ist demzufolge der Dekalog.[85]

Die Frage nach dem Guten oder Bösen und nach dem Gerechten oder Ungerechten wird schon durch die ›principia generalia divina‹ entschieden. Bei den ›principia generalia naturalia‹ geht es also nur um den Möglichkeitsgrad: ob eine Handlung oder ein Rechtsgeschäft nach der Natur

---

[83] Hopper: De iuris arte, S. 325f.

[84] Ebd., S. 330f.

[85] Ebd., S. 333–349.

der entsprechenden Sache durchführbar oder nicht durchführbar, leicht oder schwierig, möglich oder unmöglich ist.[86]

Die ›principia generalia externa‹ sind dann diejenigen, die sich allein mit der menschlichen Natur nicht erklären lassen und erst dann zur Geltung kommen, wenn sich mehrere Menschen zusammenschließen.[87] Die besonderen Prinzipien sind endlich diejenigen, die im Titel *De diversis regulis iuris antiqui* gesammelt sind.[88]

In den späteren Werken, die die Frage nach einer philosophischen Begründung der Jurisprudenz und der praktischen Philosophie in den Vordergrund stellen, wird eine andere Gliederung entwickelt, die noch auffallendere Spuren des Neuplatonismus zeigt. Bevor die Materien der Jurisprudenz nach ihrer Ordnung dargestellt werden, wird die Idee des Gesetzes bestimmt, auf seine Prinzipien zurückgeführt und mit der allgemeinen Ordnung der Welt in Zusammenhang gebracht.

Schon in der *Ars iuris* weist Hopper darauf hin, daß sich die Jurisprudenz nicht in der bloßen Kenntnis der Gesetze erschöpft, weil der Mensch ein Bestandteil einer allgemeinen Ordnung ist, die letzten Endes von Gott herrührt.

> Quia enim homo, ad totius universi formam fictus et expressus dicitur: opus est, ut ad eius naturam exquirendam, in universum mundum, qui omnia continet et coercet, intueare [...]. Nam cum Dei Optimi Maximi effigiem, dedicatam in nobis, et quasi consecratam habeamus: cui dubium esse potest, quin, siquidem et nos et mundum hunc intelligere velimus, ad ipsum fabricatorem et rerum omnium opificem Deum adscendere debeamus: quem quidem si tota mente prehenderimus, inveniemus profecto non umbras rerum et simulachra, sed ipsas primas formas et species, quae Ideae nominantur:

---

[86] Ebd., S. 347: »Naturalium sive humanorum principiorum ratio latissime quoque patet: nam quemadmodum ex superioribus dijudicamus, quid in quaque re bonum, quid malum, quid utile, quid inutile sit: ita ex istis intelligimus, quid in rebus possibile, quid impossibile, quid facile, quid difficile sit. Non esse alteri per alterum iniquam conditionem offerendam, non esse arma in acie abijcienda, non esse libidinose et incontinenter vivendum, per moralis quidem philosophiae principia probatur. Caeterum, quod duo eandem rem in solidum possidere non possunt, quod vini, olei, tritici non est ususfructus, quod illa res eadem permanet, quae antiqua servata specie, minimas suas particulas tantummodo mutat, quod incorporalium non est possessio: nulla alia, quam naturae norma ac regula dignosci potest. Estque horum principiorum tam magnus et frequens in iure usus, ut nullo modo perfecti Iureconsulti nomen sustinere possit, qui eorum cognitione non sit instructus.«

[87] Ebd., S. 363: »Proxima sunt principia externa, quae non exiguam quoque iuris partem occupant, quaeque proprie prudentem et expertum hominem, et quem politicum vocamus, efficiunt. Nam cum dicimus: Neminem praesumi suum iactare; Unumquemque sibi esse proximum; Communionem lites excitare; Semel malum, semper praesumi malum, id non tam ex ipsa hominis natura, quam foris advenit, debetque non ex mente hominis aut animo, sed ex communibus vitae moribus, longo usu et tractatione colligi.«

[88] Ebd., S. 368.

quaeque impressae ac consignatae in animis nostris, efficiunt illas perpetuas commendationes ac praescriptiones naturae, quae anticipationes et communes notiones vocari solent. Atque haec est causa, cur Moses, Plato, Zeleucus, Charondas et alij, ab ijs Theologi, et veri rerum publicarum fundatores, libros suos ordiantur, ab ipsius boni, et divinae mentis explicatione: cui deinde subijciunt, tum mundi totius originem et processum, tum hominis, qui quasi nodus est omnium, vitam et mores: nam his tribus, ut iam dictum est, perceptis, nihil est facilius, quam porro de reliqua legumlationis parte, si modo usus aliquis accedat et exercitatio, iudicare.[89]

Diese Idee wird in *Seduardus* weiter ausgebaut. Wer sich eine wenn auch sehr breite Kenntnis über die Gesetze eines Gemeinwesens aneignet, verfügt notwendigerweise nur über eine besondere Kenntnis der Jurisprudenz (›iurisprudentia specialis‹). Er wird vielleicht imstande sein, zu entscheiden, wie bestimmte Rechtsfälle behandelt werden sollen; er kann aber nicht über die Richtigkeit oder Gerechtigkeit der angewandten Gesetze urteilen. Dafür bedarf der Jurist einer allgemeinen Kenntnis der Jurisprudenz.[90] Da aber

---

89 Ebd., S. 325f.

90 Hopper: Seduardus, I, 1, S. 4 und I, 3, S. 6: »S.[eduardus] Quonam autem modo eam [scil. hanc disciplinam] partiris? G.[regorius] In universalem Jurisprudentiam, et specialem; ut in artibus condendis vocabula artium non defugiamus. S. Universalis quaenam est? G. Quae per totum mundum diffusa, omnibusque gentibus ac populis communis, artem ipsam politicam, qua jure legibusque constituendis Respublica regitur ac gubernatur, comprehendit. In qua quidem non seclusa aliqua aquula tenetur, sed unde universum flumen erumpit [...]. S. Quid verae autem Iurisprudentiae, anne partes aliquas sive species supponis? G. Primariam et secundariam. S. Quam dicis primariam? G. Maxime duas nempe. S. Cedo quas? G. Quam Nomotheticen Plato [Gorg. 464 C] vocat, cui inde nomen est, quod jure legibusque condendis, et de conditis judicandis, reipublicae regendae gubernandaeque praeest; unde et ars ipsa Regia nominatur quam in antro Iovis, per totos novem annos [...] Minoa didicisse, Homerus [Od. XIX, 178] prodidit. S. Secundariam autem? G. Quae Dicastice ab eodem Platone [Gorg. 464 B] dicitur.« An dieselbe Argumentation knüpft Hermann Conring an, der sie bis zur letzten Konsequenz führt und dadurch die Überlegenheit der Politik über die Jurisprudenz beweist. Vgl. Conring: Propolitica, S. 6–10; Hermann Conring: Dissertatio epistolica de varia et maxime vera jurisprudentia, resp. Henricus Langenbeck, 1656, in: Conring: Propolitica, S. 113–155, vor allem S. 143 s.: »Ut redeamus autem in viam: esse aliquam scientiam, qua liceat examinare leges quasque, utilesquene sint rebuspublicis an non sint, hoc item jam palam est, ut et, frustra illam ab aliqua Romani juris peritia exspectari. Non difficile vero etiam hoc definitu est, non aliam esse, quam quae omnibus in universum rebuspublicis leges salutares condere, et noxias novit reiicere [...]. Est autem hoc illius facultatis utique quam Graeci olim νομοθετικὴ appellavere. Nec vero quae altera scientia commoda et incommoda latae legis dijudicaverit, quam illa quae leges suas cuique rerumpublicarum generi condere atque dispensare idonea est: qualem sese νομοθετικὴ profitetur. Et vero haec demum simpliciter et κατ'ἐξοχὴν jurisprudentia nuncupari meretur. Quippe quum omnis alia singularis juris cognitio, non nisi vel Romani, vel Graeci, vel Germanici, ac similis alterius sit juris; atque adeo semper, nonnisi cum aliqua adjecta nota singularis alicujus civitatis, Prudentia juris merito dicenda veniat. Sola vero Legislatoria haec, citra omnem exceptionem ac simpliciter,

auch diese ›iurisprudentia universalis‹ nur auf die Rechtsprinzipien begrenzt ist, bleibt sie in einer gesonderten Sphäre befangen und kann die eigentlichen Ursachen ihres Daseins nicht ergründen. Sie muß sich also zur theoretischen Ebene erheben, wo sie über die ersten und allgemeineren Prinzipien belehrt wird.

Systematisch betrachtet gliedert sich also die Jurisprudenz in ›universalis‹ und ›particularis.‹ Diese beschäftigt sich nur mit den Gesetzen eines besonderen Gemeinwesens; jene wirkt bei allen Völkern und umschließt selbst die politische Kunst, weil ein Gemeinwesen nur kraft ihrer Gesetze entstehen kann. Sie wird in ›iurisprudentia universalis primaria‹ und ›secundaria‹ unterteilt. Erstere wird auch ›nomothetica‹ genannt und ist eigentlich mit der allgemeinen Jurisprudenz gleich, denn sie ist die »prima et universalis jurisprudentia, ipsaque adeo ars legalis, qua jura legesque apud omnes utique nationes conduntur, et in republica constituuntur«.[91] Auch sie umfaßt zwei Teile: die ›nomothetica theorica‹ und die ›nomothetica practica‹. Jene »circa cognitionem eorum versatur, eaque ex naturae obscuritate eruit, quae ad iustitiam in rempublicam per leges inducendam pertinent«; diese »reipsa id praestat, iustitiam in rempublicam per leges inducens«.[92]

Die ›nomothetica theorica‹ enthält also die eigentliche philosophische Begründung der Rechtslehre: Sie erklärt, was Gerechtigkeit, was Gemeinwesen und was Gesetz ist. Diese Begriffe können aber entweder an sich und überhaupt – und in diesem Fall ist die Lehre ›simplex‹ – oder in ihren wechselseitigen Beziehungen betrachtet werden, woraus sich eine Lehre ›coniuncta‹ ergibt.

Die ›respublica‹ ist der erste Gegenstand der ›nomothetica theorica simplex‹. Da sie aber an sich nichts anderes als eine makroskopische Abbildung des Menschen ist, muß die Behandlung des Gemeinwesens mit der menschlichen Seele beginnen. Der Mensch ist aber wiederum ein Mikrokosmos, der den Makrokosmos in sich widerspiegelt. Ein (mittlerer) Makrokosmos, die Stadt, wird also auf einen Mikrokosmos, und dieser nochmals auf den eigentlichen Makrokosmos, die Welt, zurückgeführt. Das Höchste im Menschen ist aber das Bild Gottes, und deswegen soll der Diskurs über das Recht mit Gott beginnen.

Prudentiam absolvat juris in universum omnis; quale scilicet in omnis generis civitatibus condi illud et observari debeat. Est autem et haec Philosophiae Civilis illius, quam Politicam appellamus, portio, eamque pernobilis.« Die verschiedenen Formen der Jurisprudenz werden auch von Matthias Stephani: Methodica tractatio de arte juris, Gryphiswaldii 1615 behandelt. Dazu vgl. Kaltenborn: Die Vorläufer des Hugo Grotius, S. 217–219.

91 Hopper: Seduardus, V, 1, S. 289f.

92 Ebd., I, 6, S. 14.

> G.[regorius] Quinimo quoniam homo ex mundo tractus ac delibatus est, unde minor mundus dicitur, et mundus, quemadmodum ipse homo, ut Timaeus [69 C] ait, ad Dei ipsius imaginem ac similitudinem factus est; per se lucet ad se ac hominis naturam cognoscendam, a Deo ipso [...] tanquam primo exemplari, agenda nobis esse primordia: nam haud sane res humanas recte quem intelligere posse, qui divinas ignoret, jam inde ab Indica philosophia scis esse profectum [...]. S.[eduardus] Verum. G. Cui et hoc accedit, quod non solum prima hominis origo, ejusque idea sive species in uno Deo quaerenda est; sed et quod ipsa cognitio, non nisi in eo solo, per eum et cum eo contingit, quodque praeter ea quae de homine et republica dicemus, simul etiam quae de justitia et lege tradituri sumus, inde ortus sui principatum ducunt.[93]

Gottes Dreifaltigkeit, die als zusammengesetzt aus einer oberen, einer unteren und einer mittleren oder vermittelnden Ebene verstanden wird, zeigt sich in der Welt und im Menschen, die dieselbe dreifache Struktur zeigen, und wird auf die Gesellschaft übertragen.[94]

Eine ähnliche platonisierende Zahlenmystik wirkt auch in der ›nomothetica theorica adiuncta‹, die Mensch, Gesellschaft und Recht aus der Perspektive eines (heils)geschichtlichen Ablaufs betrachtet. Der Mensch, das Gemeinwesen und das Gesetz nehmen nämlich drei verschiedene Gestalten an, und zwar unter der Herrschaft Gottes vor dem Sündenfall, unter der Herrschaft des Teufels und im dritten und gemischten Zustand, der die verdorbene Natur, das mosaische Gesetz und das Reich der Gnade umschließt.[95]

Angesichts dieser Umstände muß die ›nomothetica practica‹, die die Aufgabe hat, unserer Welt das gebührende Gesetz zu geben, genauer bestimmt werden. Sie muß also jene Lehre sein, »quae viam ac rationem docet, qua justitia Christiana, lege ei rei conveniente constituta, in hominem ac rempublicam, quoad ejus fieri potest, et quaeque res fert, inducitur«.[96] Sie ist eine Kunst (›ars‹), und da jede Kunst aus Vorschriften besteht, die aus der Natur gewonnen[97] und von der ›pars theoretica‹ definiert werden, muß

---

[93] Ebd., I, 7, S. 16.

[94] Ebd., I, 8–12, S. 17–30.

[95] Ebd., II, 1–33, S. 77–169.

[96] Ebd., III, 1, S. 169.

[97] Ebd., III, 1, S. 169f.: »S.[eduardus] Cur dicis: Quae viam ac rationem docet? G.[regorius] Ut ostendam certis et ex natura notatis regulis eam constare, ut universe de arte supra diximus. S. Quamobrem: justitia Christiana? G. Quoniam supra docuimus, hoc proprium artis hujus esse officium, ut justitiam tanquam animam et formam, in civitatem tanquam corpus et materiam inducat. Atque addo vero Christiana, quia cum primi status justitia per peccatum penitus amissa sit, eam in republica constituere non possumus; et quae secundi est status, cum sit mala et perversa, non debemus; unde res ipsa demonstrat ad eam quae tertij status est, necessario esse deveniendum. In quo quidem statu quoniam quae naturae corruptae est justitia, inchoata duntaxat est, et Mosaica, licet longius progressa, imperfecta tamen: per se lucet, neque unam neque alteram eligendam esse, sed eam duntaxat quae plena et perfecta est, nempe justitiam Christianam,

sie aus »certae regulae ex parte Theoretica deductae«[98] bestehen, und im Grunde kann sie als eine praktische Lehre der Prinzipien verstanden werden, die von der theoretischen Jurisprudenz erlangt werden. Den wahren Kern dieser Prinzipienlehre, die wahrscheinlich unter den humanistischen Rechtstheorien einen Höhepunkt an Umfang und Komplexität erreichte,[99] bildet die

---

cuius reliquae quaedam particulae duntaxat sunt, et tanquam umbrae et imagines, adeo ut ne justitiae quidem nomen vere mereantur, nisi ad eam referantur, sic ut vel ad eam in futurum respiciant, uti ante Christi adventum fiebat, vel ad eam jam constitutam, ut inde vires accipiant; quod nunc servari debet, ut post latius attingetur.«.

[98] Ebd., III, 3, S. 176.

[99] Die Prinzipien nach folgender Gliederung behandelt:

Principia justi et injusti (6–8)
- I. ordinaria (9)
  - 1. interna (10)
    - A. naturalia (11)
      - a. a republica deducta (12)
        - ex Deo (13)
        - ex mundo (14)
        - ex homine (15)
        - ex familia (16)
        - ex descriptione reipublicae (17)
      - b. a natura justitiae deducta (18)
        - a justitia deducta (18)
          - a definitione justitiae deducta (19)
            - a prima parte definitionis
              - principia ethica (20)
              - principia physica (21)
              - principia logica (22)
            - a secunda parte definitionis
              - principia mathematica (23)
          - a divisione justitiae deducta (24)
            - a generibus justitiae deducta (25)
            - a partibus justitiae deducta (26)
            - a gradibus justitiae deducta (27)
            - a formis justitiae deducta (28)
          - ab effectu justitiae deducta (29)
        - a injustitia deducta (30)
        - a mediis inter justitiam et injustitiam (31)
      - c. a natura legis (32)
        - a definitione legis (33)
        - a divisione legis
          - a generibus legis deducta (34)
          - a partibus legis deducta (35)
          - a gradibus legis deducta (36)
          - a formis legis deducta (37)
        - ab effectu legis (38)
        - a contrario legis (39)
        - a praeceptis legis (40)

traditionelle Theorie des Naturgesetzes. Alle ›principia iusti et iniusti‹, die sowohl das Individuum als auch das Gemeinwesen betreffen, werden nämlich als angeborene Ideen verstanden, so daß das gesamte Rechtsgebäude als eine Verwirklichung des Naturgesetzes hervortritt.

> S.[eduardus] Quae sunt principia iusti et iniusti? G.[regorius] Prima illa Dei ac naturae data sive semina, in animis nostris insita, unde quicquid toto orbe iuris est ac legum, enascitur. S. Cur prima vocas semina? G. Quoniam a Deo orta et in natura collocata, in animis hominum primo insita, et quasi consignata sunt, sic ut nihil habeant ante se. Unde magnum numen iustitiae, eiusque anticipatas notiones natura mortalibus adesse Euripides ait [Bacchantes, 892–894]. S. Cur addis: Unde quicquid toto orbe iuris est ac legum, enascitur? G. Quoniam uti ex seminibus herbae, ita ex primis istis igniculis iura legesque apud omnes ubique nationes ac populos nascuntur, a quibus cum receditur, et ad hominum falsas opiniones et errores, eorumque ambitionem, libidinem, avaritiam, aliasque turpificati animi labes, leges accommodantur, non verae leges sunt, sed falsae ac tyrannicae; cuiusmodi Scribarum et Pharisaeorum fuisse, in Evangelio [Matth. 15, 2–9; 23, 1–36; Marc. 7, 1–23] proditur.[100]

Den größten Teil dieser Grundregeln machen die ›principia naturalia‹ aus, so daß die anderen Grundsätze als ein bloßer Anhang erscheinen. Die ›principia interna‹, »quae in re ipsa insunt«,[101] gliedern sich in ›naturalia‹, ›civilia‹ und ›mixta inter naturalia et civilia‹. ›Naturalia‹ sind diejenigen Normen, »quae in natura a Deo insita, apud omnes ubique gentes obtinent«[102] und die mit den Grundeigenschaften des praktischen Lebens zusammenfallen. Nochmals muß man feststellen, daß der Ursprung des Rechtes, obwohl man von ›principia‹ spricht, nicht ein Prinzip im modernen Sinn ist, sondern daß die Prinzipien immer vielfältig sind und daß sie letzten Endes alle jene Elemente umschließen, die das Recht beeinflussen können. Das erste Prinzip ist also Gott. »Nam Deus supra cuncta positus, principium est principio-

---

d. ab eorum differentiis (a republica et justitia per legem conjunctis deductis) (41)
a primo statu hominum (42)
a secundo statu hominum (43)
a vita sub lege naturae corruptae (44)
a vita sub lege Mosaica (45)
a vita sub lege gratiae (46)
B. civilia (47)
C. mixta inter naturalia et civilia (48)
2. externa (49)
3. media inter interna et externa (50)
II. extraordinaria (51)
III. singularia (52)
Vgl. ebd., III, 6–52, S. 177–195 und Hopper: Elementorum iuris, S. 267–277.

100 Hopper: Seduardus, III, 7, S. 177f.

101 Ebd., III, 9, S. 178.

102 Ebd., III, 10, S. 178.

rum, et causa causarum, et lex legum.«[103] Aber zu den Prinzipien sind auch »potentiae, passiones et habitus humani«[104] oder sogar das Unrecht zu zählen.

Dieselbe Vorstellung von Prinzipien und Naturrecht kommt auch bei anderen Vertretern der rechtsphilosophischen Richtung vor. Auch im Traktat Heinrich Gebhardis[105] werden die Rechtsprinzipien rekonstruiert, die, wie es bei Hopper der Fall war, die Vielzahl aller derjenigen Elemente bilden, in denen sich ein Gegenstand durch die Anwendung der analytischen Methode auflöst.[106] Als Prinzipien gelten also die Grundbegriffe der juristischen Argumentation, die Quellen und insbesondere die (vier) Ursachen der Gesetze.

Zum Teil sehr anspruchsvolle Reflexionen über jenen geschlossenen Komplex, der aus Naturrecht und Rechtsprinzipien besteht, lassen sich nicht nur in den philosophischen Begründungen der Jurisprudenz nachweisen, sondern sind auch in den Schriften *De arte iuris* auffindbar. Einige Werke wie die *Prolegomena iurisprudentiae* des Matthaeus Wesenbeck verstehen sich in erster Linie als eine Einführung zum Studium der Jurisprudenz;[107] andere wie die *Brevis admonitio* des Thomas Freigius legen Betrachtungen über die richtige Methode vor[108] oder rechtfertigen wie die *Oratio de ratione*

---

[103] Ebd., III, 13, S. 182.

[104] Ebd., III, 15, S. 180.

[105] Heinrich Gebhardi [genannt] Wesener: De principiis et dignitate jurisprudentiae. Tractatus philosophico-iuridicus longe pulcherrimus. Quo veri et sinceri iuris tam publici quam privati fontes ex omni fere disciplinarum et facultatum etiam superiorum genere succincte ac dilucide aperiuntur [...], [Gerae] 1613.

[106] Ebd., S. 1–288, besonders S. 2.

[107] Matthaeus Wesenbeck: Prolegomena iurisprudentiae. De finibus et ratione studiorum librisque iuris, Lipsiae 1584. Der Titel umfaßt zwei Werken: De finibus iurisprudentiae προλεγόμενα, 1569, S. 1–81 und Προλεγόμενα de studio iuris recte constituendo, 1563, S. 81–167. Vgl. auch: Antonio Massa: De exercitatione iurisperitorum libri tres, in: Winckel (Hg.): Varia opuscula de exercitatione iurisconsultorum, S. 1–274; Franz Frosch: Isagoge in iuris civilis studium [...], in: Winckel (Hg.): Varia opuscula de exercitatione iurisconsultorum, S. 275–444; Ludwig Bebio: De compendiaria ratione discendi iura, 1542, in: Winckel (Hg.): Varia opuscula de exercitatione iurisconsultorum, S. 445–457; Ioannes Stramburgus: De ratione in iure versandi ad Ulrichum Mordeisen epistola, in: Winckel (Hg.): Varia opuscula de exercitatione iurisconsultorum, S. 469–483; Ulrich Zasius: Epistola D. Udalrici Zasii de methodo iuris ad D. Ioannem Fichardum, in: Winckel (Hg.): Varia opuscula de exercitatione iurisconsultorum, S. 484–487; Simon Grynaeus: Epistola D. Simonis Grynaei de methodo iuris ad D. Ioannem Fichardum, in: Winckel (Hg.): Varia opuscula de exercitatione iurisconsultorum, S. 487–499.

[108] Johann Thomas Freigius: De compendiaria iuris discendi ratione brevis admonitio, in: Freigius: Quaestiones Iustinianae in institutiones iuris civilis [...], Basileae 1578. Freigius verteidigt ausdrücklich die ramistische Methode. Vgl. Bl. *7^{r-v}.

docendi iuris des Jacques Cujas das hohe Ansehen der Jurisprudenz durch protreptische Reden.[109]

Unter den Schriften dieser Gattung findet man aber auch Werke wie den *Liber de arte iuris* des Jean de Coras, der neben den Hilfsmitteln zum Studium der Jurisprudenz auch eine umfassende Rechtstheorie entwickelt und die Frage nach den Rechtsgrundsätzen behandelt. Unter Hinweis auf Christoph Ehem, dessen Werk eigentlich als eine Vermengung der drei bisher betrachteten Gattungen angesehen werden kann,[110] teilt Coras die Prinzipien

---

[109] Jacques Cujas: De ratione docendi iuris oratio [...], Argentorati 1585, auch in Cujas: Opera omnia in decem tomos distributa: tomus octavus, Sp. 1172–1176. Vgl. auch François Duaren: Ad Andream Guillartum [...] de ratione docendi, discendique iuris epistola, 1544, in: Duaren: Epistolae et orationes, in: Duaren: Opera omnia [...]. Volumen quartum [...], Lucae 1768, S. 363–371. Einige einführende Schriften wurden in Varii iuxta ac utiles clarissimorum tam veterum quam recentium I.C. tractatus in duos libros digesti: quorum prior viam ac rationem de studio legali recte instituendo, alter brevissimam civilis et pontificij iuris oeconomiam continet [...], Coloniae 1580 gesammelt. Vollständig oder im Auszug wurden hier Werken folgender Autoren abgedruckt: Pierre Gregoire: De qualitate quae in iure et circa eius antistites consideranda sit, ex P. Gregorij Tholosani I.C. de artis Methodo, praefationis loco adiecta, 1582, Bl. A2^r–8^r; Giovanni Battista Caccialupi [... 1468 ...]: Tractatus de modo studendi in utroque iure [...], S. 1–72; Claudius Cantiuncula: De ratione studij legalis paraenesis ad amicum anonymum, 1522, S. 73–119; François Duaren: Ad Andream Guillartum [...] de ratione docendi discendique iuris conscripta epistola, 1544, S. 120–140; Éguinaire Baron: De ratione docendi discendique iuris civilis ad iuventutem, S. 141–145; Andrea Alciato: Iudicium, quos legum interpretes potissimum parare sibi studiosi debeant, S. 146–147; Christoph Hegendorff: Epitome tyrocinij iuris civilis, ad Ioannem iuniorem Eberhausen, Praefatio, 1540, S. 148–197; Matthaeus Wesenbeck: De studio iuris recte instituendo, ex prolegomenis Matthaei Wesenbecij ad paratitla in pandectas iuris civilis, 1563, S. 198–262; Oldradus de Ponte de Laude: Utrum expediat multos habere libros, S. 262–265; Giovanni Nevizzano: An libros multos habere oporteat, 1525, S. 265–277; Giovanni Nevizzano: De resecanda librorum multitudine quaestio, 1525, S. 277–283; [Anonym]: De vita recte a studioso instituenda et de officio veri discipuli, carmen elegiacum, S. 284–286. Eine ähnliche Sammlung ist Nikolaus Reusner: Χειραγωγία: sive cynosura iuris: quae est, farrago selectissimorum libellorum isagogicorum, de iuris arte, omniumque ratione docendae discendaeque iurisprudentiae, a summis et praestantissimis seculi nostri iureconsultis conscriptorum. Accessit Hotom. et Io. T. Freigii I.C. item anonymi liber, de iureconsulto perfecto [...]. Item Iulii Pacii I.C. oratio de iuris civilis difficultate ac docendi methodo [...], Spirae 1588–1589. Vgl. auch Christoph Hegendorff: De compendiaria discendi iura civilia ratione, ad Mauricium Breunlerum consilium, in: Konrad Lagus: Methodica iuris utriusque traditio [...], Lugduni 1562, S. 998–1008. Zu den einführenden Schriften der humanistischen Juristen vgl. Vincenzo Piano Mortari: Dialettica e giurisprudenza. Studio sui trattati di dialettica legale del sec. XVI, in: Annali di Storia del diritto 1 (1957), als Sonderdruck: 1955, ND. in: Piano Mortari: Diritto, logica, metodo nel secolo XVI, S. 115–264.

[110] Christoph Ehem: De principiis iuris. Quibus iurisprudentiam arte, methodo, ordineque tradi, propriisque finibus circumscribi posse [...], Hanoviae 1601, (1. Aufl. Basileae 1555). Das erste Buch dieses Werkes enthält eine moralphilosophische Einführung zur

in ›primaria‹ und ›secundaria‹, weil »prima iuris fundamenta iecit natura, tum permulta moribus hominum accesserunt, quae utilitatis ratione, vel in consuetudinem venerunt, vel quia magis necessaria et vitae degendae commoda videbantur, legibus conscripta sunt«.[111] Die ersten Prinzipien sind also diejenigen, die Gott bei der Schöpfung in die menschliche Seele eingeschrieben hat.

> Primaria principia, dicuntur universalia quaedam Iuris pronunciata, quae omnibus hominibus ita sunt impressa naturaliter et infixa, ut velut indubitata, et notissima non alia egeant demonstratione, aut certe levi aliqua probatione confirmentur, unde et communes animi conceptiones et notitiae appellantur, quod suapte vi perspicua sit, et evidens, horum principiorum veritas et natura, quasique sine aliqua dubitatione aut contradictione, velut ab omnibus concessa, in disceptationem sumantur.[112]

Laut Coras hat Ulpian die beste Formulierung der Rechtsprinzipien in seinen drei Rechtsgeboten geliefert, auf denen die ganze Jurisprudenz gegründet ist. Man kennt zwar auch andere, gewichtigere Grundsätze, die Gott und die Religion betreffen und die noch tiefer in der menschlichen Seele eingegraben sind. Die Tradition, das heißt die Juristen des *Corpus iuris*, haben sie aber vernachlässigt, weil sie zum gemeinschaftlichen Leben nicht unmittelbar beitragen, obwohl sie die Grundlage des ethischen Handelns bilden. Coras tadelt diese Lösung, aber gleichzeitig bleibt er ihr treu, was uns einen Beweis dafür gibt, wie verbindlich die Schemata der Überlieferung und des topologischen Denkens wirkten.[113]

Auch in der Behandlung der untergeordneten Prinzipien tauchen traditionelle Vorstellungen auf. Besonders deutlich wirkt dabei die das vormoderne

---

Jurisprudenz; die Bücher 2–6 behandeln die Jurisprudenz als eigenständige Disziplin und das siebte Buch befaßt sich mit der Frage nach der richtigen Methode. Die Prinzipien der Jurisprudenz werden hier als Vorkenntnisse verstanden, die man benötigt, um sich diese Lehre mit Gewinn anzueignen.

111 Coras: De iuris arte liber, I, 24, S. 93.

112 Ebd., I, 24, S. 93f.

113 Ebd., I, 24, S. 94f.: »Neque vero ignoramus alia esse quaedam et multa graviora naturae praecepta, veluti de Deo, et Religione (Digestum, I, 1, 2): quae non genuit opinio, sed innata quaedam vis inseruit, et quasi in animo insculpsit (Cicero: De inventione, II, 53, 160–161; De natura deorum, II, 2, 5): nec enim ulla gens est tam fera, aut immanis, cuius mentem non imbuerit Deorum opinio (Cicero: Tusculanae disputationes, I, 13, 30). Verum quia Iurisconsultis, et legum authoribus non ita visa sunt, ad civilem vitae societatem et politicum Reipublicae statum pertinere: ea tantum veluti fundamenta iecerunt, quae vi rationis humanae facile deprehendi possent, qua in re mihi graviter peccasse videntur, quod affectus humanos sequuti, et scientia legis tumidi, perfectum de Deo praeceptum, et a quo uno caetera pendent, neglexerint. Sed animalis homo, inquit Apostolus (1 Cor. 2), non percipit ea quae sunt spiritus.« Wie die zitierten Quellen eindeutig zeigen, gehören die natürlichen Prinzipien über Gott und Religion nicht der juristischen, sondern der philosophischen Überlieferung an.

Rechtsdenken kennzeichnende Idee, daß die Prinzipien immer eine Vielzahl bilden.[114] Andererseits ermöglicht eben das Vorhandensein dieser allgemeinen Rechtsprinzipien das Verstehen der Jurisprudenz als einer in sich vollkommenen Kunst (›ars‹).[115]

Johann Oldendorp

Ein Autor, der schon in der ersten Hälfte des sechzehnten Jahrhunderts mehrere Gattungen pflegte und dabei sich der Begriffe Melanchthons bediente, ist Johann Oldendorp, der sowohl einen Pandektenkommentar als auch eine Einführung zum Studium der Jurisprudenz verfaßte. In letzterem Werk wird die methodische und politische Funktion des Naturrechts hervorgehoben, weil es das Mittel zur Verfügung stellt, um die unendliche Vielzahl der Gesetze in Ordnung zu bringen, damit die Jurisprudenz ihre Aufgabe als eigentliche und angemessene Ausbildung der Staatsmänner erfüllen kann. Zur Abfassung seiner dem Kaiser Karl V. und dem österreichischen

---

[114] Ebd., I, 26, S. 99: »Iuris principia secundaria sunt certa quaedam axiomata, et definitiones, seu regulae, quae non tam natura quam civili aliqua ratione et authoritate aut communi mortalium usu per hominum animos diffunduntur, quae et si plerunque vera sunt, nec valde egeant demonstratione: non tamen ita priusquam pressius considerentur, ab illis cognoscuntur, qui nostrae scientiae dant operam, quapropter levi aliqua et verisimili ratione, ut ijs assentiantur, opus est. Quod principiorum genus Theses Graeci dicunt, hoc est regulas quasdam generales, nullis circumstantijs limitatas, quae sunt proprie scientiarum principia, quorum alia Universalia sunt, alia Generalia, et reliqua Particularia. Universalia dico, quae quibusvis Iuris partibus et quaestionibus accommodari possunt.«

[115] Ebd., I, 14, S. 56f.: »Deinde quia Iurisprudentia tota in aequi et boni ratione, hoc est in aequitate naturali consistit, circa res aeternas atque perpetuas versari dicitur. Constans enim est, firma sibique semper similis recta naturae ratio, ut nec amore, nec invidia patiatur se ab honestate et iustitia unquam abduci, nec ullo temporis decursu aut potentioris authoritate variari. Neque praeterea recta naturae ratio aliud quicquam est, quam ipsa lex. Quemadmodum enim anima et mens est forma corporis: ita ratio ipsius legis forma et essentia. Lex illa inquit M. Cicero, quam Dij humano generi dederunt, est ratio mensque sapientis ad iubendum et ad deterrendum idonea (Cicero: De legibus, II, 4, 8), suntque principia illa et summa Iuris praecepta, velut divinitus promulgata, perennia, et sempiterna (Cicero: De legibus, I, 17, 46, scil. De republica, III, 23, 33). Quo nomine, Scientiae nomen, Iurisprudentia sibi suo iure vendicat: quoniam vero certis theorematibus, et praeceptionibus clauditur: quorum usus et observantia pro utilitatum praesentium rationibus et varijs rerum humanarum circumstantijs flecti saepe et mutari solet. Ars quoque nec immerito dicitur, atque hanc arbitror esse veram in quaestione proposita sententiam non modo rerum veritati, sed etiam omnium recte sentientium Iureconsultorum scriptis iudicioque conformem et consentaneam.«

Erzherzog Ferdinand gewidmeten Schrift[116] wird Oldendorp von der elenden Lage der Jurisprudenz getrieben, die das Gemeinwesen regieren soll, aber in der Tat nur private Streitigkeiten fördert.[117] Die Ursache dieses bedenklichen Zustands liegt in der Verwirrung der juristischen Lehre, die vor allem unter dem Mangel einer klaren Methode leidet, was wiederum zur politischen Untauglichkeit der Rechtsgelehrsamkeit beiträgt, weil die üblich gewordene unmethodische Behandlung gerade diejenigen Argumente vernachlässigt, die am wichtigsten für die Verwaltung des Gemeinwesens sind.

> Audis? quaenam sit causa tantarum tenebrarum, quas non Leges ipsae, sed homines offundunt nobis. Primo, non recte docuerunt ab aliquot annis, partim vana ambitione gloriae, partim ignorantia seducti [...]. Deinde, non observarunt forum, hoc est, traditiones suas non exegerunt ad usum forensem, nec perpenderunt quid huic seculo conveniret: quid observandum esset: quid mutatum aut abolitum videretur, idque breviter. Denique, non adhibuerunt methodum, sed omnia confuse tractarunt. Imo in quibus maxima vis erat gubernandae Reipublicae et legum interpretandarum, de his aut nihil, aut erronea tradiderunt. Contra quae obliteranda potius erant, scripserunt saepius, ordinem plane invertentes. Et hoc est quod Cicero detestatur: Quam ob rem (inquiens)

---

116 Johann Oldendorp: Iuris naturalis, gentium et civilis εἰσαγωγή. Leges XII. tabularum, interpretationibus ad forum adcommodatis, illustratae. Epitome successionis ab intestato, et alia quaedam pro tyronibus iuris [...], Coloniae 1539, Bl. a2^{r}. Zu Johann Oldendorp (1480–1567), einem der bedeutendsten deutschen Juristen in der ersten Hälfte des sechzehnten Jahrhunderts, Professor in Rostock, Frankfurt an der Oder, Greifswald, Köln und Marburg, vgl. Kaltenborn: Die Vorläufer des Hugo Grotius, S. 233–235; Stintzing: Geschichte der Deutschen Rechtswissenschaft, I, S. 311–338; Krause: Naturrechtler des sechzehnten Jahrhunderts, S. 115–125; Guido Kisch: Erasmus und die Jurisprudenz seiner Zeit, Basel 1960, S. 227–259; Wolf: Große Rechtsdenker, S. 138–176; Peter Macke: Das Rechts- und Staatsdenken des Johann Oldendorp, Diss., Köln 1966; Stolleis: Geschichte des öffentlichen Rechts, S. 85f.; Gerd Kleinheyer und Jan Schröder: Deutsche Juristen aus fünf Jahrhunderten, Heidelberg ^{3}1989, S. 209–211. Die naturrechtliche Schrift des Johann Oldendorp ist als Johann Oldendorp: Iuris naturalis, gentium et civilis εἰσαγωγὴ per Johannem Oldendorpium Coloniae 1539, in: Kaltenborn: Die Vorläufer des Hugo Grotius, II, S. 3–25 mit einigen Auslassungen nachgedruckt.

117 Oldendorp: Iuris naturalis, gentium et civilis εἰσαγωγή, Bl. a2^{v}–3^{r} und a5^{r-v}: »Saepe ego miratus sum et video passim multos ambigere, quam ob rem Iuris disciplina prae caeteris artibus tam videatur obscura, ut plerique vel a limine statim terreantur, et nonnunquam desperatione quadam ab hoc studio discedant? Tum et illud quaesitum esse scio, qui eveniat, ut cum Iurispudentia peculiariter pertineat ad politiae cognitionem, quod iuventus ad Academias magnis sumptibus ideo destinari soleat: ut spes eos pulcherrima foveat, posse Rempublicam in partibus illis credendis, recte gubernari, sicut Iustinianus dicit in prooemio Institu. [Institutiones, pr., 7]; contigere tamen plerunque videamus, quod domum tandem redeuntes nihil sciant minus quam quae ad publicum pertineant statum, videanturque cum ad consultationem perventum fuerit, ab analphabetis facile vinci: quanquam de privatis rixis sexcentas possint citare Leges uno spiritu [...], sed tamen nec illas recte intellectas. In summa, muti sint in serijs rebus: in argutijs loquacissimi.«

quo me vocas? aut quid hortaris? ut libellos conficiam de stillicidiorum et de parietum iure? [De legibus, I, 4, 14] Et paulo post: Non ergo (ait) a Praetoris edicto, ut plerique nunc nec a XII. tabulis, ut superiores: sed penitus ex intima philosophia hauriendam Iuris disciplinam puto [De legibus, I, 5, 17].[118]

Gerade bei dieser Frage hat das Naturrecht eine entscheidende Aufgabe, denn die richtige Methode wendet ein streng deduktives Verfahren an, das von den allgemeinen Normen ausgeht, um zu den besonderen zu kommen.[119] Voraussetzung dafür ist aber, daß man das Unendliche, also die Vielzahl der Gesetze, auf eine begrenzte Zahl von Grundsätzen zurückführen kann.[120] Die Quelle des gesamten Rechtes ist Gott; das Gesetz Gottes ist aber das Naturrecht. Das Naturrecht muß daher der wahre Anfang jeder Beschreibung und Erklärung der menschlichen Gesetze sein, und erst wenn man eine genaue Vorstellung des Naturrechts erlangt hat, ist man imstande, eine erfolgreiche Systematisierung der juristischen Normen vorzunehmen. Der Begriff des Naturrechts und seine Festlegung ist also der kritische Punkt in jeder methodologischen Reflexion über die Jurisprudenz.

Die Darstellung muß ihren Weg von den ersten Quellen zu den verschiedensten Tatbeständen nehmen und besteht hauptsächlich in der Behandlung der zehn Gebote und der zwölf Tafeln. Da der Dekalog im Grunde die Bestätigung der ›lex naturae‹ durch das Wort Gottes ist,[121] enthält es die Gesamtheit des Naturrechts. Seiner Auslegung muß dementsprechend die Erklärung des Naturrechts vorangehen. Oldendorps Anliegen wird damit deutlich: Er versucht zu beweisen, daß das Naturrecht vom positiven Recht oder Zivilrecht unterschieden ist, daß es mit dem Völkerrecht identisch ist und daß es nichts anderes als Gottes Willen darstellt. In dieser Beweisfüh-

---

118 Ebd., Bl. a5^{v}–6^{r}.

119 Ebd., Bl. a6^{v}: »Deinde, methodus servanda fuerit, ut prius fontes, quam rivuli perspiciantur: et prius Divini, quam humani Iuris formulae concinna quadam brevitate studiosis proponantur.«

120 Ebd., Bl. a7^{r}.

121 Ebd., Bl. c3^{r}: »Quandoquidem [...] obscurata esset in hominibus naturalis notitia propter originis vitium, voluit misericors Deus viva voce eam renovari atque in tabulas lapideas describi, ut certum extaret testimonium, has esse naturae Leges verbo Dei confirmatas, quas in animis hominum quoque insculpsisset. Futurum enim providebat, ut imbecillitate quadam in errorem facile lapsuri essent homines, nisi certum extrinsecus adijceretur praescriptum, ad quod haesitantes confugerent. Enimvero utcunque hoc sit factum, videmus tamen Gentes falsa persuasione a naturali iudicio aliquando esse abductas: quid igitur credamus futurum fuisse, si nulla extarent literarum monumenta Divina bonitate nobis de Iure naturali data? Perpendamus igitur diligenter has tabulas, ceu fontes sequentium humanarum XII. tabularum, et totius Iuris Gentium et Civilis.« Vgl. Bl. b4^{r-v}: »Sed dices: Quaenam sunt istae formulae Legum seu notitiae naturales? Respondeo: Tractabuntur in Divinis tabulis quas paulo post videbis, explicato prius Iure Gentium et Civili.«

rung wird auch klar, daß Oldendorp den Spuren Melanchthons folgt, der neben Cicero die eigentliche Quelle seines Rechtsverständnisses bildet.[122]

Da die Natur im eigentlichen Sinn die erste Ursache jedes Wesens ist, muß sie mit Gott identisch sein, der der Schöpfer der Welt ist. Mit dem Wort ›Gesetz‹ wird dann die Ordnung umschrieben, die in dieser Natur vorhanden und dem Menschen zur Kenntnis gegeben ist. Das Gesetz muß also in seinem ersten und wahrsten Sinn als die Verkündigung des Willens Gottes begriffen werden, der im Inneren des Menschen wirksam ist.

> Naturam hoc in loco accipi oportet pro Deo ipso: qui est causa prima, a quo omnes causae profluxerunt. Porro, natura φύσις dicta est ab eo, quod aliquid nasci faciat, cuius proprietatem causamque non invenimus, praeterquam quod ita natura comparatum sit [...]. Potest autem duobus modis fieri mentio Legis: altero, secundum propriam atque perfectam significationem. Et sic Lex est notitia naturalis a Deo nobis insita, ad discernendum aequum ab iniquo. Unde dicitur alias mens vel ratio recta, alias naturae vis, alias regula seu norma Iuris et iniuriae: quae omnia tamen eodem tendunt.[123]

Somit kann Oldendorp auch die ›lex naturae‹ oder das ›ius naturae‹ definieren, womit der Inhalt des Naturgesetzes gemeint ist: Dieses müsse nämlich jenes Gesetz sein, das Gott den Menschen bei der Schöpfung gegeben habe. Dies sei jedem Menschen unmittelbar zugänglich und falle mit der rechten Vernunft zusammen,[124] wie auch Cicero, der Apostel Paulus und Iustinians Institutionen lehrten, die die klarsten Formulierungen dieses Begriffs gäben.[125]

> Huc accedit, et veram adfert Iuris naturalis descriptionem id, quod Iustinianus dicit in § penulti. Instit. De Iur. natura. Genti. et Civil. [Institutiones, I, 2, 11]: Sed naturalia

---

[122] Ebd., Bl. a8^r^.

[123] Ebd., Bl. a7^v^.

[124] Ebd., Bl. b1^r–v^: »Ius autem vel Lex naturae, secundum Ciceronem [De legibus, I, 6, 19] sic recte diffinitur: Est ratio summa insita in natura, quae iubet ea quae facienda sunt, prohibetque contraria. Apostolus Roma. 2. [Rom. 2, 15] hoc modo colligit: Est in Gentibus conscientia factum accusans vel defendens: Est igitur Lex. Quasi dicat: Conscientia cuilibet indicat, num bene an male fecerit, etiam homini plane agresti et indocto. Sed tale iudicium non potest fieri in conscientia sine aliqua formula Legis, quae indicet in corde hominis esse iustum aut iniquum id quod fecit. Ergo est in homine Lex, quam etsi nusquam ex scripto legit, habet tamen a Deo insculptam ad formandos mores. Cicero [De legibus, I, 14, 40] quoque lumine naturali percepit hanc conscientiam seu Legem naturalem fere simili argumentatione: Itaque (inquiens) poenas habent: non tam Iudicijs (quae quondam nusquam erant: hodie multifariam nulla sunt: ubi sunt, ficta tamen persaepe et falsa sunt) quam ut eos agitent insectenturque furiae: non ardentibus taedis (sicut in fabulis) sed angore conscientiae fraudisque cruciatu. Et hoc est quod dici, nec intelligi ab omnibus solet: Conscientia, mille testes. Conscientiae Iudicium, non fallitur. Nosce teipsum. Et caetera id genus.«

[125] Ebd., Bl. b1^r^.

quidem Iura (inquiens) quae apud omnes Gentes peraeque observantur: Divina quadam providentia constituta, semper firma atque immutabilia permanent. Sed ubi nam sunt talia Iura per Divinam providentiam constituta? Certe in corde et mente hominis, velut in quibusdam vivis tabulis ad imaginem Dei creatis. Providebat enim clementissimus pater, nihil aeque in hoc mundo homini opus esse, quam regulis atque principijs quibusdam recte vivendi, quae praeter eum nemo dare posset.[126]

Da Oldendorp das Naturrecht als angeborene Idee auffaßt, muß er die auch von Iustinian aufgenommene Definition Ulpians verwerfen, die das Naturrecht sowohl den Menschen als auch den Tieren zuschreibt. Er kommt also zum Schluß, daß die römische Jurisprudenz den Begriff ›ius naturae‹ falsch gebraucht hat, weil die Tiere keine Vernunft und deswegen auch kein Recht besitzen. Nur der Mensch kennt Gott und seine Vorschriften, während das Verhalten der Tiere ausschließlich durch die Wirkung der Triebe erklärt werden soll.

Auch der Unterschied zwischen ›ius naturae primarium et secundarium‹, dem zufolge der Mensch nur einen Teil seiner Naturrechte mit den Tieren gemeinsam hätte, muß zurückgewiesen werden. Die daraus zwingend zu folgernde Annahme, daß die Gemeinsamkeiten zwischen Mensch und Tier dem Instinkt entsprängen und das Recht aus dieser Quelle entstehe, ist widersinnig, weil kein Recht seine Gültigkeit aus dem Instinkt schöpfen kann.[127] Ein ›tierisches‹ Naturrecht gibt es nicht, vielmehr muß das ganze Recht auf der Vernunft gegründet sein.

Nachdem Oldendorp bewiesen hat, daß das ›ius naturae‹ ausschließlich dem Menschen zugehört, zeigt er, daß Naturrecht und Völkerrecht ein und dasselbe sind. Schon Gaius[128] habe erkannt, daß das Völkerrecht so alt wie die Menschheit sei, Iustinian habe es als ›ius naturae‹ bezeichnet[129] und

---

126 Ebd., Bl. b1^{v}.

127 Ebd., Bl. b2^{r}: »Ex his apparet evidenter: Iurisconsultos appellatione Iuris naturalis multum abusos fuisse: quemadmodum etiam Cicero [De legibus, I, 16, 45]: Nam nec arboris (inquit) nec equi virtus (quae dicitur, in qua abutimur nomen) in opinione sita est, sed in natura. Alioqui, si brutis animalibus Legem aut Ius tribuas, necessario tribuitur etiam ratio, ac per consequens ex brutis homines, ex hominibus bruta facies animalia. Et hoc quidem Doctores nostri non dijudicant, cum ineptissime distinguunt inter Ius naturale primarium et secundarium: volentes utique ut aliquod Ius habeamus cum brutis commune, scilict ut egregie obbrutescamus: adeo caecus est per omnia captus humanus, nisi Divino praescripto tenaciter adhaereat.«

128 Digestum, XLI, 1, 1 (Gaius). Oldendorp: Iuris naturalis, gentium et civilis εἰσαγωγή, Bl. b1^{v} schreibt diese ›lex‹ Paulus zu. Vgl. unten S. 154, Anm. 130.

129 Institutiones, II, 1, 11: »Singulorum autem hominum multis modis res fiunt: quarundam enim rerum dominium nanciscimur iure naturali, quod, sicut diximus, appellatur ius gentium, quarundam iure civili. commodius est itaque a vetustiore iure incipere. palam est autem vetustius esse naturale ius, quod cum ipso genere humano rerum natura pro-

Accursius habe es dann auf Gott zurückgeführt.[130] Das Völkerrecht ist also mit dem Naturrecht und mit der ›lex divina‹ identisch.

Auch in diesem Fall muß man einige Mißverständnisse der alten Rechtsgelehrsamkeit erklären und vor allem die Vorstellung berichtigen, daß das ›ius gentium‹ auf einer Vereinbarung der Völker beruht. Aus den Definitionen des Ulpian, Pomponius und Iustinian erfährt man,[131] daß sich das Völkerrecht besonders darin vom Naturrecht unterscheidet, daß alle Menschen es anerkennen, obwohl sie es nicht mit den Tieren gemeinsam haben. Die römischen Rechtsgelehrten sind der Meinung, daß diejenigen Rechtsgebilde, die bei allen Völkern vorhanden sind, aus der natürlichen Vernunft entstanden sind und also dem Naturrecht zuzuschreiben sind. Auch das ›ius gentium‹ im eigentlichen Sinn ist überall verbreitet, aber rührt nicht von der menschlichen Natur her. [132] Laut Oldendorp wäre es aber ein grober Fehler, wenn man aus dieser Definition schließen wollte, daß das Völkerrecht einer Vereinbarung unter den Völkern seine Existenz verdankt. Als unmittelbare Wirkung davon müßte man dann annehmen, daß das Recht vom menschlichen Willen abhängig ist und demnach die Menschen immer bestimmen können, was gut und was böse ist. Das wäre aber offensichtlich die Zerstörung jeder Ordnung, denn das Gesetz würde damit der Willkür der Tyrannen überantwortet. Man muß demzufolge die Prämissen ändern und annehmen, daß auch das Völkerrecht von Natur gegeben und mit dem Naturrecht identisch ist.[133]

---

didit: civilia enim iura tunc coeperunt esse, cum et civitates condi et magistratus creari et leges scribi coeperunt.«

130 Oldendorp: Iuris naturalis, gentium et civilis εἰσαγωγή, Bl. b1v–2r: »Unde Paulus recte in L. 1. ff. De adquir. rer. domini [Digestum, XLI, 1, 1 (Gaius)]. Et quia (inquit) antiquum Ius gentium, cum ipso genere humano proditum est. Quod Paulus appellat Ius gentium, id Iustinianus recte vocat in dicto loco [Institutiones, II, 1, 11] Ius naturale: Commodius est itaque (ait) a vetustiore Iure incipere. Palam est autem, vetustius esse Ius naturale, quod cum ipso genere humano rerum natura prodidit. Accursius [gl. in Institutiones, II, 1, 11, »rerum natura«] interpretatur, hoc est Deus, nec unquam in toto Iure, aut verius aliquid dixit, aut plura uno verbo complexus est, quanquam vim non intelligeret, distinguens inter Ius Divinum et naturale, quantum ad mores attinet.« Zur Interpretation des Accursius vgl. oben S. 126, Anm. 49.

131 Digestum, I, 1, 1, 4 (Ulpianus); Digestum, I, 1, 2 (Pomponius); Institutiones, I, 2, 2.

132 Oldendorp: Iuris naturalis, gentium et civilis εἰσαγωγή, Bl. b4v–5r: »Illud diligentissime observandum est, quod multis errandi causam dedit. Ius Gentium alias accipi apud Iurisconsultos pro vero naturae Iure, alias pro eo Iure quod plurima hominum pars ubique recepit. Quod nisi recte discernas, nunquam pervenies ad veram Iuris cognitionem. Veteres enim rati sunt, quicquid ab omnibus Gentibus pro Iure servaretur: id quoque ex naturali ratione productum fuisse. Cum non crederent, omnes homines in deligendo Iure, prorsus errasse.«

133 Ebd., Bl. b5r–v: »Quare cum audis hanc vocem, Ius Gentium, non semper exaudiendum est Ius naturale: sed plerumque Ius humanum, ut Livius [Ab urbe condita, V, 37, 4 und

Die wahre Gliederung unter den Rechtsarten ist also nicht die Dreiteilung ›Natur-, Völker- und Zivilrecht‹, sondern die Trennung zwischen dem Natur- und dem Zivilrecht, wobei aber nur ein Unterschied der Form, nicht des Inhalts zu sehen ist, weil – wie auch Melanchthon gelehrt hatte – das Zivilrecht bloß eine Verwirklichung des Naturrechts ist.[134]

Zu denselben Ergebnissen kommt Oldendorp auch in seinen Kommentaren zum römischen Recht, wo er die Dreiteilung Ulpians verwirft und die Lehre der Identität von Natur- und Völkerrecht vertritt.

»Aut gentium.« Imitatur Ulpianus popularem loquendi modum: et praecepta iuris naturalis separat a praeceptis iuris gentium. Caeterum, non ignoravit, neque inficiatus est: ius gentium nihil aliud esse quam ius naturale. Nam et ipse redigit omne ius in duo genera, videlicet in ius commune, et ius proprium. Sub iure communi comprehendit ius naturale vel gentium: sub proprio, ius civile. L. ius civile est, infra hoc tit. [Digestum, I, 1, 6]. Paulus quoque constituit duo iuris capita. Alterum, quod semper et ubique bonum est: alterum vero, quod alicubi utile est. L. penult. infra eod. tit. [Digestum, I, 1, 11]. Caius L. 1. ff. De adquirend. rer. domini. [Digestum, XLI, 1, 1]. Et quia (inquit) ius gentium cum ipso genere humano proditum est, hoc est ostensum, patefactum est. Certe si natura, id est Deus, qui humanum genus creabit, eodem statim momento patefecit, adeoque in animis scripsit hominibus ius: consequitur, ius naturale a iure gentium nihil distare nisi solo nomine. Iustinianus [Institutiones, II, 1, 11] item loquens de iure naturali: Quod, sicut diximus (ait) appellatur ius gentium. Cicero Tusculan. quaestio. [I, 13, 30]: Omni autem in re (inquit) consensio omnium gentium, lex naturae putanda est. Recte igitur scriptum est distincti. 1. c. 2. [Decretum, dist. 1, c. 2]. Omnes leges aut divinae sunt, aut humanae. Divinae natura: humanae moribus constant. Proinde secundum vulgarem considerationem, ius est tripertitum: proprie vero bipartitum est. Argu. L. Munerum civilium. ff. De muneribus et honoribus. [Digestum, L, 4, 18]. Haec omnia munera (inquit Arcadius) quae bifariam divisimus, una significatione compraehenduntur [...].

»Iuri communi.« Probatur et hoc loco [Digestum. I, 1, 6, pr.]: quod Ius sit duplex. Aut enim est naturale, gentium, commune: quod cum genere humano, authore Deo prodijt et

---

IX, 1, 8] recte appellat. Neque enim sequitur: Gentes id constituerunt aut in usum admiserunt: Ergo est Ius naturale aut aequum. Imo, saepe iniquissimum est. Ego sane multum tribuo humanae authoritati, sed non praefero eam naturae.«

134 Ebd., Bl. b6v: »Ius Civile quid sit et quatenus valeat, nemo gravius descripsit quam Ulpianus. ff. De Iustit. et Iur. [Digestum, I, 1, 6] Ius Civile (inquiens) est, quod neque in totum a naturali Iure vel Gentium recedit, neque per omnia ei servit. Itaque cum aliquid addimus vel detrahimus Iuri communi: Ius proprium, id est, Civile efficimus. Recte quidem ille. Nam Ius Civile nihil aliud est quam determinatio Iuris naturalis, ut Philippus [Philosophiae moralis epitome, Sp. 72] dicit. Si igitur recedat in totum a naturali ratione, non determinat, sed magis adfingit aliquid incognitum natura, hoc est [...], quod nullam causam in natura habet. Ergo non lex, verum tyrannis est censenda. Ex diverso, si per omnia deserviat naturae, si idem dictet quod communis sensus et formula: iam non Civilis, sed naturalis Lex est.«

ars infallibilis censetur: aut Proprium, civile, positivum: quod per talem artem boni et aequi humana, ratione productum est latius.[135]

Die Kommentare zum römischen Recht

Mit den letzten Bemerkungen haben wir uns den Kommentaren zum römischen Recht genähert und sind in den zweiten großen Bereich eingedrungen, in dem das juristische Denken des späten sechzehnten Jahrhunderts neue Konzepte des Naturrechts entwickelte. Während die systematische, rechtsphilosophische und isagogische Literatur ihren Beitrag hauptsächlich in bezug auf das Problem der Prinzipien leistete, konnte man hier dank der besonderen Beschaffenheit dieser Gattung direkt die Frage aufwerfen: »Was ist Naturrecht?«

---

[135] Johann Oldendorp: Παράτιτλα seu annotationes in librum primum pandectarum: quibus vera iuris et aequitatis principia, ad communem studiosorum utilitatem, populariter explicantur, in: Johann Oldendorp: Opera [...], Basileae 1559, S. 9, in Digestum, I, 1, 1, 2 und S. 20, in Digestum, I, 1, 6, pr. In diesem Kommentar finden sich alle Argumente der *Isagoge* wieder: der Unterschied zwischen menschlichem Handeln und tierischem Verhalten, die Trennung ›ius naturale proprium vel improprium‹, die göttliche Herkunft jedes Rechtes, die Kritik an der Idee eines vereinbarten Völkerrechts und die Ablehnung der dreiteiligen Gliederung Ulpians. Vgl. S. 10, in Digestum, I, 1, 1, 3: »›Ius naturale.‹ Scilicet quod vulgari modo loquendi tam late patet: ut adfectus quoque seu inclinationes amplectendi vel fugiendi aliquid, compraehendat. Qui tamen motus naturales non sunt proprie ius semper, et in omnibus. ›Natura.‹ Hoc est Deus creator omnium. Neque enim alius potuit omnia animalia docere. Consequenter, ius naturale dicitur, et est ius divinum. Unde Cicero [De inventione, II, 53, 160] eleganter: Ac naturae quidem ius est, (ait) quod nobis non opinio, sed quaedam innata vis adferat. ›Docuit.‹ Dissimiliter tamen. Nam homines docuit natura, per certam noticiam et rationem honestatis: quam animis hominum insculpsit. Reliqua vero animalia docuit per inclinationes et motus irrationales. ›Ius istud.‹ Videlicet improprie dictum: quod utique non est verum ius, neque descendit a iusticia, sed umbram tantum et similitudinem veri iuris habet«; S. 12, in Digestum, I, 1, 1, 4: »›Quia illud.‹ Certissimum discrimen hoc unum est inter ius naturale proprium, quod etiam ius gentium dicitur, et ius naturale improprium. Nam verum naturale ius seu gentium competit solis hominibus: improprium autem, omnibus animalibus commune est. Sicut igitur differt ratio naturalis, ab inclinatione irrationali: ita ius verum distat a iure improprio. Et ista quidem investigatio ad hoc necessaria est: ne in perniciosissimum incidamus errorem, quasi ius gentium seu naturale sit constitutum vel introductum a gentibus: et consequenter existimemus verum ius esse quidquid receptum sit a gentibus. Quinimo, propterea ius gentium recte dicitur: quoniam natura constituit tale ius tam bonum et aequum, hoc est tam honestum et utile, ut omnibus gentibus ubique placeret, ac observatione omnino necessarium videretur«; S. 22, in Digestum, I, 1, 9: »›Partim suo proprio.‹ Hic locus potenter evincit, omne ius, quo homines et populi in mundo utuntur, duplex esse, non autem triplex. Aut enim proprium est, positivum, et civilem; aut commune, gentium, et naturale.«

Durch eine ununterbrochene Reihe von Versuchen und Vorschlägen, die unmittelbar an die mittelalterliche Tradition der Glossatoren und der Kommentatoren anknüpften und seit der zweiten Hälfte des sechzehnten Jahrhunderts intensiver wurden, erarbeiteten die (frühneuzeitlichen) Kommentatoren – sie bauten ausschließlich auf den Grundlagen des römischen Rechtes und dessen Materialien auf – einen Gesetzesbegriff, der die letzte Vorstufe zum modernen Naturrecht bildete. Eine wichtige Quelle jener eigentümlichen rechtstheoretischen und wissenschaftsgeschichtlichen Erscheinung, die sich in der Lehre und der universitären Disziplin des ›ius naturae et gentium‹ im siebzehnten und achtzehnten Jahrhundert äußerte, ist also auch in der Tradition des römischen Rechtes und besonders in den Erläuterungen zu den Institutionen und dem Digestum zu finden.[136]

Das mittelalterliche und vormoderne Wissen ist sowohl inhaltlich als auch formal streng reglementiert. Es ist in großen ›corpora‹ gesammelt, die den universitären Fakultäten entsprechen: die *Sententiae* des Petrus Lombardus für die Theologen, das *Corpus iuris* für die Juristen, Galen für die Medizin und Aristoteles für die ›artes‹. Jede Fragestellung wird an einer bestimmten Stelle dieses Gesamtkomplexes behandelt und erfordert die Anwendung besonderer literarischer Formen. Auch für das *Corpus iuris* im allgemeinen, dessen Entstehung in der Spätantike wahrscheinlich eben diesem Wissensverständnis zu verdanken ist, sowie für das Thema des Naturrechts ist sowohl die inhaltliche als auch die formale Seite vorherbestimmt. Inhaltlich befinden sich die Definitionen des Naturrechts im ersten Titel des *Digestum – De iustitia et iure –* und in den ersten zwei Abschnitten der *Institutiones – De iustitia et iure* und *De iure naturali et gentium et civili* –, die also die hier in Frage kommenden ›sedes materiae‹ sind. Formal bieten sich zwei Gattungen zur Behandlung dieses Arguments an: der Kommentar

---

[136] Zu den deutschen Kommentatoren des römischen Rechtes in der zweiten Hälfte des sechzehnten Jahrhunderts vgl. Stintzing: Geschichte der Deutschen Rechtswissenschaft, I, S. 367–395 (Andrea Alciato, François Duaren, Jacques Cujas, Hugues Doneau, François Hotman, Denis Godefroy, Scipione Gentili) und S. 395–423 (Valentin Forster, Johann von Borcholten, Hubert van Giffen, Konrad Rittershusen, Valentin Wilhelm Forster); Aldo Mazzacane: Umanesimo e sistematiche giuridiche in Germania alla fine del Cinquecento: ›equità‹ e ›giurisprudenza‹ nelle opere di Hermann Vultejus, in: Annali di storia del diritto 12–13 (1968–1969), S. 256–319; Mazzacane: Scienza, logica e ideologia, (Johann Thomas Freigius, Sebastian Derrer, Johann Oldendorp, Ulrich Zasius, Konrad Lagus); Aldo Mazzacane: Teoria delle scienze e potere politico nelle sistematiche tedesche del secolo XVI, in: La formazione storica del diritto moderno in Europa, Bd. 1, S. 289–316 (Viglius van Zuichen, Sebastian Derrer, Konrad Lagus, Ulrich Zasius); Vincenzo Piano Mortari: Gli inizi del diritto moderno in Europa, Napoli 1980, S. 377–404; Vincenzo Piano Mortari: Il pensiero politico dei giuristi del Rinascimento, in: Firpo (Hg.): Storia delle idee politiche, economiche e sociali. Volume terzo, S. 411–509.

und die Dissertation. Letztere wurde seit dem Ende des sechzehnten Jahrhunderts immer häufiger[137] und entwickelte sich zu einer eigenständigen literarischen Gattung, zur *Dissertatio de iustitia et iure*, die sich besonders in den ersten Jahrzehnten des siebzehnten Jahrhunderts verbreitete, bis sie in der zweiten Hälfte desselben Jahrhunderts von den naturrechtlichen Traktaten abgelöst wurde. Dieselbe Entwicklung, die sich in der Geschichte der juristischen und politischen Wissenschaften beobachten läßt, wo die Disziplin des ›ius naturae et gentium‹ ältere Fächer wie die aristotelische Politik ersetzte, ist also auch anhand der Dissertationen feststellbar, in denen das alte römischrechtliche Muster vom neuzeitlichen Naturrecht verdrängt wurde.[138] Gemäß dem traditionellen und topologischen Charakter des juristi-

---

[137] Vgl. zum Beispiel: Daniel Schedius: Theses de iustitia et iure [...], resp. Fabianus a Kotwitz, Francofurti 1569; Arnold von Reyger: De iustitia et iure, et concordante tit. instit. de iustitia et de iure natur. gent. et civili, in: Axiomata sive enunciata digestorum, iuris civilis Romani, disputationum exercitio in inclyta academia Julia, quae est Helmstadii proposita, Helmstadii 1585; Pierre Du Faur de Saint Jorry: Commentarius ad tit. I. De iustitia et iure D., in: Du Faur de Saint Jorry: Semestrium liber unus. Cui accesserunt eiusdem authoris commentarii, De iustitia et iure. De origine iuris. De magistratibus Romanis, Lugduni 1590, (1. Aufl. 1570), S. 148–168; Marsilius Koch und Bernardus de Puteo: Theses de iustitia et iure ex D. [...], resp. Henricus Kerckerinck, Coloniae Agrippinae 1588, in: Theses sive conclusiones materiarum iuris digesti veteris, ordinarie iuxta receptam et antiquam, celeberrimi utriusque iuris collegii Agrippinensis, consuetudinem, publice disputatae, anno 1588. et 1589. [...], Coloniae Agrippinae 1589; Hieronymus Treutler: De iustitia et iure, resp. Ioannes Rem, in: Treutler: Selectae disputationes ad pandectarum iuris civilis Iustinianei part. I. II. et III. [...], Marpurgi 1592; Paul Graseck: Theses de iustitia et iure eiusque partibus seu speciebus atque causis [...], resp. Philippus Reinhartus, Argentorati 1594; Thomas Franzius: De iustitia et iure [...], resp. Leonhardus Koppelius, Witebergae 1593; Johannes Goeddaeus: De iustitia et iure, eius principiis et divisione, resp. Henricus Berlagius, in: Goeddaeus: Thesium sive disputationum iuris, Marpurgi Cattorum 1595; Johannes Goeddaeus: Theses iuridicae de iustitia et iure [...], resp. Georgius Haunschildt a Firstenfeldt, Marpurgi Cattorum 1596; Denis Godefroy: Disputatio I. de iustitia et iure tam naturali quam gentium et civili ex lib. 1. institut. titulo 1. et 2. desumpta [...], resp. David Kuglerus, Argentorati 1597; Everhard van Bronkhorst: De iustitia et iure, legibus, consuetudine, ac statu hominum, resp. Franciscus Dehnius, Lugduni Batavorum 1598; Hubert van Giffen: Theses de principiis iuris: sumptae ex D. et C. tit. de iustitia et iure, et tit. de legibus [...], resp. Paulus Volkamer, Altorphii 1598; Ortolph Fomann: Disputatio civilis de iustitia, iure, legibus, et consuetudine, resp. Ernestus Starck, Ienae 1599.

[138] Andreas Tallinger: Collegium imperialium institutionum de iustitia et iure, resp. Johannes Schnell, Wittebergae 1601; Jakob Cramer: De iustitia et iure, resp. Johannes Weiß, Ienae 1602; Peter Gilken: De iure, iustitia, et iusto, resp. Sigismundus Steinson, Wirceburgi 1602; Denis Godefroy: De iustitia, iure, legibus, plebiscitis, edictis magistratuum [...] disputatio 1. Ex 1. D. tt. 1. 2. 3. 4., resp. Daniel Fabinus, Argentorati 1603; Christian Mascov: De iustitia et iure, resp. Thomas Münnichow, Helmestadii 1604; Georg Obrecht: De iustitia et iure, Argentorati 1604; Everhard van

schen Wissens wurden Dissertationen über die ersten Titel des *Digestum* auch im achtzehnten Jahrhundert weiter verfaßt, obwohl sie ihre rechtstheoretische Funktion eingebüßt hatten.[139]

Bronkhorst: De iustitia et iure, resp. Johannes Vitellius, Lugduni Batavorum 1604; Matthias Stephani: De iustitia et iure, resp. Ioannes Dithmar, in: Stephani: Disputationes, Gryphiswaldii 1604; Christoph Hilgund: Selectiorum iuris civilis positionum, ex lib. 1. Instit. iur. tit. 1. et 2. disputatio prima. De iustitia et iure [...], resp. Andreas Rhor, Helmaestadii 1605; Philipp Heinrich von Hoen: De iustitia et iure, naturali, gentium et civili, personarumque divisione ex proem. tit. 1. 2. 3. et 6. lib. 1. institutionum Iustiniani, resp. Johannes Theodoricus Geyer, Ienae 1605; Henning Wegner: De iustitia et iure, resp. Thomas Dammann, Helmestadii 1605; Martin Benckendorff: De iustitia et iure, resp. Johann Georg von Miltzitz, Ienae 1605; Johann Kitzel: De iustitia et iure, resp. Salomon Grimmius, Giessae Hassorum 1606; Bonaventura Cotta: Collegii iurium imperialium disquisitio 1. de iustitia et iure, legibus, longa consuetudine, et moderamine inculpatae tutelae, resp. Johannes Zessel, Witebergae 1607; Jakob Cramer: De justitia et jure, resp. Euchardius Faber, in: Cramer Disceptationes [...] XXVI. juxta ordinem IV. librorum institutionum imperialium dispositas [...], Jenae 1611, (1. Aufl. 1608); Martin Schmechel: De iustitia et iure, resp. Nicolaus Gryphanius, Gryphiswaldii [1608]; Helfrich Ulrich Hunnius: De iustitia et iure ac libertate et servitute ad titulos priores octo libri primi [...], resp. Christophorus Crusius, in: Hunnius: Collegii institutionum Iustinianearum disputationes XXII. [...], Giessae 1609; Johann Barter: Disputatio ex tit. 1. 2. 3. et 4. libr. 1. pandectarum de iustitia et iure, legibus et constitutionibus [...], resp. Henricus Ernestus Hartmannus, Helmaestadii 1609; Johann Leuber: De iustitia et iure nec non de feudorum origine et definitione, resp. Andreas a Grunthal, in: Leuber: Ad Dn. nostri Iustiniani sacratissimi principis 4. libros institutionum iuris civilis et ius feudale, disceptationum selectarum prima [–septima ...], Wittebergae 1613; Jakob Martini: De iustitia et iure, Wittebergae 1614; Jeremias Reusner: De iustitia et iure, resp. Johannes Berchelman, Wittebergae 1617; Jacobus Blumelius: De iustitia et iure [...], resp. Johannes Fritzsch, in: Blumelius: Florilegium partis prioris selectissimarum et difficillimarum materiarum et controversiarum iuris [...], Lipsiae 1618; Balthasar von Brunnen: De iustitia et iure naturali gentium et civili personarumque divisione, resp. Erasmus Störbeck, Wittenbergae 1620; Johann Stucke: De iure certorum locorum singulari, sive, ut vulgo vocant statutario ad L. omnes populi 9. ff. de iustitia et iure, resp. Andreas Babbius, Helmestadii 1623; Heinrich Hahn: De iustitia et iure, resp. Petrus-Ernestus Soetefleisch, Helmaestadii 1647; Franz Stypmann: De iustitia et iure, resp. Christianus Fridericus a Rammin, Gryphiswaldii 1648; Joachim Volschovius: Pro fusiore leg. 3. dig. de iustitia et iure intellectu, Gryphiswaldii 1652; Wilhelm Ludwell: De iustitia et iure, Altdorphii 1653; Johannes Eichel: Dissertatio civilis de iustitia et iure, resp. Iustus Wisenhaven, Helmestadii 1655; Hermann Rhamacker: Collegii institutionum privato-publici exercitium primum de iustitia et iure ac personis ad titulos 9. priores libr. 1. inst., resp. Gerhardus Holtzbrinck, Teutopoli 1655; Christian Woldenberg: De iustitia et iure: dissertatio, Rostochii 1657; Gregorius Tulsnerus: De iustitia et iure, resp. Ernestus Hattorff, Giessae Hassorum 1658; Dietrich Wilhelm Matthiae: De iustitia et iure, Erffurti 1674; Samuel Rachel: De iustitia universali, resp. Caius Henricus Naehrman, Kiloni 1675.

139 Johann Christoph Boltz: De republica creaturarum, occasione pr. I. d. I. N. G. et civ. et L. 1. ff. d. I. et I., resp. Christoph Boltz, Regiomonti [1705]; Gottfried Reinhold Kose-

Die ersten Titel des *Corpus iuris* waren die eigentliche Werkstatt, in der die neuen Werkzeuge der Naturrechtslehre durch eine langwierige und beharrliche Arbeit geschmiedet wurden. Die Kommentatoren bezweifelten auf keinen Fall, daß der Text des *Digestum* ein einheitliches Ganzes bildet, und übersahen die oft gravierenden Unterschiede zwischen den alten Rechtsgelehrten oder bemühten sich, diese als Teile einer Einheit zu verstehen. Trotzdem blieben die Definitionen Ulpians fragwürdig, weil sie den Lehren anderer Rechtsgelehrten wie etwa denjenigen des Gaius ausdrücklich widersprechen und anscheinend nicht ganz konsequent sind. In dieser Hinsicht boten sich besonders zwei Stellen zur Diskussion an.

In Digestum, I, 1, 1, 3 behauptet Ulpian, daß die Menschen das Naturrecht mit den Tieren gemeinsam haben, aber in Digestum, IX, 1, 1 leugnet er, daß die Tiere, die Kinder, die Irrsinnigen und die Schlafwandler Unrecht tun können, was die Feststellung nach sich zieht, daß sie kein Recht genießen.[140] Die Dreiteilung des Rechtes wurde der Anfangspunkt einer langen Reihe von Versuchen, die sich einem modernen Naturrechtsverständnis allmählich annäherten. Man ging von der Idee aus, daß es drei Rechtsarten gibt – eine, die den Menschen mit den Tieren gemeinsam ist (›ius naturae‹), eine, die nur den Menschen eigen ist (›ius gentium‹), und eine, die mit dem besonderen Recht jedes Gemeinwesens zusammenfällt (›ius civile‹) –, und

---

litz: De praecognitis iurisprudentiae, iustitia et iure, resp. Christianus Gotlieb Beichius, Lipsiae 1733; Gottlieb Kortte: Vindiciae leg. I. § IV. d. de I. et I. de iure quod natura omnia animalia docuit, resp. Henricus Gottlieb Schellhaffer, Lipsiae [1727]; Anton Schulting: De propulsanda iniuria, resp. Gebhardus Garbers, Lugduni Batavorum [1729]; Nikolaus Hieronymus Gundling: De statu naturali Hobbesii in corpore iuris civilis defenso et defendendo occasione L. 5. de iust. et i., Halae Magdeburgicae 1735; Dominicus Bricherius Columbus (resp.): De iustitia et iure, Lipsiae 1739; Johannes Andreas Hannesen: De iustitia et iure, resp. Ioh. Heinr. Ludew. Augspurg und Aug. Wilh. Berckelmann, Gottingae [1750]; Georgius Christophorus Neller: Principia iuris de iustitia et iustis, resp. Ioannes Wilhelmus Emmericus Wittich, Augustae Trevirorum 1754; Georgius Christophorus Neller: Principia iuris de iure, quod tribuit iustitia, eiusque tribuendi ratione, resp. Adamus Nicolaus de Palmer, Augustae Trevirorum 1754; Ioannes Fridericus Eisenhart: De iure publico populi Romani ad L. 1. § 2. d. de I. et I., resp. Carolus Antonius Keuffel, Helmestadii [1764]; August Friederich Schott: Ad tit. de iustitia et iure, resp. Andreas Adolphus Harnisch, Lipsiae [1775].

140 Digestum, IX, I, 1, 3 (Ulpianus): »Ait praetor ›pauperiem fecisset‹. pauperies est damnum sine iniuria facientis datum: nec enim potest animal iniuria fecisse, quod sensu caret«; Digestum, IX, 2, 5, 2 (Ulpianus): »Et ideo quaerimus, si furiosus damnum dederit, an legis Aquiliae actio sit? et Pegasus negavit: quae enim in eo culpa sit, cum suae mentis non sit? et hoc est verissimum. cessabit igitur Aquiliae actio, quemadmodum, si quadrupes damnum dederit, Aquilia cessat, aut si tegula ceciderit. sed et si infans damnum dederit, idem erit dicendum. quodsi inpubes id fecerit, Labeo ait, quia furti tenetur, teneri et Aquilia eum: et hoc puto verum, si sit iam iniuriae capax.« Vgl. oben S. 123, Anm. 41.

man kam zum Ergebnis, daß es neben dem Zivilrecht nur ein Recht, das Naturrecht, gibt. Dieses wird von einem einzigen Prinzip hergeleitet und mit Hilfe der Vernunft gewonnen, die allein dem Menschen eigen ist. Diese Entwicklung besteht aus drei verschiedenen Stufen. 1. Man muß den Tieren jedes mit den Menschen gemeinsame Recht absprechen, und das Naturrecht Ulpians muß aus den gültigen Rechtsformen ausgeschlossen werden. So erhält man zwei Arten von Recht statt dreier verschiedener: das Völkerrecht und das Zivilrecht. 2. Man muß das Völkerrecht der romanistischen Tradition als ›Naturrecht‹ ansehen, so daß nur zwei Rechtsarten – ›Naturrecht‹ und ›Zivilrecht‹– bleiben, deren erstere keine Folge des Instinkts ist, sondern der menschlichen Vernunft entspringt. 3. Das so neugestaltete Naturrecht wird in zwei Bereiche gegliedert: Der erste wird von der Vernunft hervorgebracht und der zweite kommt durch die Vereinbarung zwischen den Menschen oder den Völkern zustande. Beide Teile sind demselben Prinzip unterstellt: Wenn dieses im einzelnen Menschen wirkt, entsteht das Naturrecht; wenn es auf die Völker angewandt wird, erhält man das Völkerrecht. Das ›ius gentium‹ ist also das ›ius naturae‹, wenn dieses von den Völkern angewandt wird, die in ihren wechselseitigen Beziehungen als Individuen gelten. Zwischen dem einen und dem anderen besteht keine wesentliche Differenz, weil sie sich voneinander nur durch ihren Gegenstand unterscheiden.

Num ius naturale cadat in bruta animantia?

Die Naturrechtsdefinition des Ulpian gab im sechzehnten Jahrhundert Anlaß zu zahlreichen unterschiedlichen Interpretationen, die in den Dissertationen und in den Traktaten unter einem besonderen Titel behandelt wurden: »An ergo in bruta quoque cadit ius?«,[141] »Ius quomodo dicatur cadere in bruta animantia?«,[142] »Num ius naturale cadat in bruta?«[143] oder »An ius recte definiatur, quod natura omnia animalia docuit?«.[144]

---

[141] Timaeus Faber: Disputatio secunda. Ad tit. 2., resp. Luca a Thungel, in: Faber: Disputationes anniversariae ad 4. libros institut. imperial. propositae in academia Franequerana [...], Franequerae Frisiorum 1622, § 2, Bl. C3ʳ.

[142] Hubert van Giffen: Antinomiarum iuris civilis sive disputationum [...] libri quatuor [...], hg. von Konrad Olemann, Francofurti 1605, I, th. 9, Nr. 22, S. 38f.

[143] Erasmus Ungepaur: Exercitium secundum. Ad tit. 2. et quatuor seqq. libr. 1. inst., resp. Christophorus Heidfeldt, in: Ungepaur: Exercitia Justinianea, sive disputationes ad IV. libros institutionum imperatoris Justiniani [...], Jenae 1650, II, 1, S. 45–49.

[144] Helfrich Ulrich Hunnius: Variarum resolutionum iuris civilis libri IV. [...], Francofurti ad Moenium 1616, I, 20, S. 58f.

Die Naturrechtsdefinition des Ulpian wird in diesen Schriften selten nach ihrem ursprünglichen Sinn interpretiert, demzufolge dasselbe Recht unter den Tieren und unter den Menschen gültig ist. Das ist bei Guillaume Budé der Fall, der, indem er die Bedeutung des Ausdrucks »Videmus etenim cetera quoque animalia, feras etiam istius iuris peritia censeri« (Digestum, I, 1, 1, 3) auslegt, auch den Tieren moralische oder moralähnliche Handlungen zuschreibt. Er kommt zum Schluß, daß das Wort ›censeri‹ hier nicht ›gehalten werden‹, sondern ›bewundert werden‹ bedeutet. Um seine Meinung zu verteidigen, führt Budé Beispiele an, die eher dem poetischen oder mythologischen Bereich angehören,[145] indem er zugleich die In-

---

145 Guillaume Budé: Annotationes in libros pandectarum, (1. Aufl. 1508), in: Budé: Operum tomus III. in quo annotationes in pandectas tam priores quam posteriores comprehenduntur [...], Basileae 1557, ND. Westmead 1966, S. 16f.: »Animalia igitur quaedam bruta naturali quadam intelligentia praedita, propterea censentur, id est admirationi nobis sunt prae caeteris, ut elephas: de quo Plinius libro octavo [Naturalis historia, VIII, 1]: Maximum animal est elephas, proximumque humanis sensibus. Id quod ipse late prosequendo docet. Idem [Naturalis historia, VIII, 10] de tigride, quae caeteris feris truculenta atque ipsa etiam elephanti vestigia spernens, homine viso vel hominis etiam vestigio, transferre catulos dicitur. Nimirum haec natura est rerum, haec potentia eius, saevissimas ferarum maximasque, quae nunquam vidissent quod debeant timere, statim intelligere cur sit timendum. Ex his Plinij verbis dicere possumus, reverentiam iure naturali animalia omnia homini debere et quandam veluti religionem, ut saltem ei decedant via: ut sit illud Geneseos primo [Gen. 1, 26], Dominamini piscibus maris, et volatibus coeli, et universis animantibus quae moventur super terram. Quid illud eiusdem de elephantis? Ipsius, inquit [Plinius: Naturalis historia, VIII, 23], animalis tanta narratur clementia contra minus valida, ut in grege pecudum occurrentia manum dimoveat, ne quid obterat imprudens: nec nisi lacessiti noceant. Nonne ex iure quodam gentium esse videtur et illud de ciconia proverbio Graeco testatum, ab Aristotele [Historia animalium, VIII, 13, 615 b 23–24] etiam confirmatum, quae parentes senio confectas alere existimatur, infantiae suae vices rependens? unde ἀντιπελαργεῖν verbum, pro eo quod est promerentibus gratiam in tempore referre: et Antipelargia huiusmodi gratiarum relatio, a ciconia dicta, quae Graece πελαργὸς dicitur. Inde Pelargici nomi ab Aristophane [Aves, 1353–1354] dicti, quasi Ciconiariae leges, quibus liberi parentes alere iubentur. Id quod in iure quoque nostro cautum est. Ideo in sceptris regijs antiqui ciconiam sculpere solebant in summo. In infimo autem hippopotamum, animal improbissimum, significare volentes iustitiae obnoxiam esse violentiam, cuius iustitiae symbolon est ciconia, quae parentes senio confectas alere, humerisque gestare in volatu creditur.« Das Beispiel der Störche ist geläufig und geht auf Aristoteles und Plinius zurück. Vgl. Aristoteles: History of Animals Books VII–X, hg. von D.M. Balme, Cambridge Massachusetts 1991, VIII, 13, 615 b 23–28, S. 274 und Plinius, Natural History [...] in Ten Volumes. Volume III: libri VIII–XI, hg. von H. Rackham, Cambridge Massachusetts 1983, (1. Aufl. 1940), X, 32, 63, S. 332 und X, 51, 99, S. 354. Vgl. auch Albericus de Rosate: Commentarii in primam digesti veteris partem, in Digestum, I, 1, 2, »Veluti«, Nr. 6, Bl. 11rb, der sich auf Ambrosius: Libri VI. Hexaemeron, V, 16, 53–55, Sp. 228–230 stützt, und Johannes Christophorus Portius: In tres priores institutionum libros eruditissimi commentarii, in Institutiones, I, 2, pr., »Ius naturale«, Nr. 8, Bl. 4vb, wo auch der

terpretation Lorenzo Vallas verwirft.[146] Dieser wies entschieden in seinen *Elegantiae linguae Latinae* (1435–1444) die Idee zurück, daß Begattung, Erzeugung und Erziehung der Kinder als Rechte anzusehen sind,[147] und richtete seine Polemik besonders gegen die *Glossa* und die späteren Kommentatoren, die bis ins fünfzehnte Jahrhundert hinein das Naturrecht auch als Instinkt verstanden hatten.[148]

Vogel ›epopus‹ angeführt wird. Vgl. oben S. 129f., Anm. 54. Zu den *Annotationes* des Budé vgl. Louis Delaruelle: Guillaume Budé. Les origines, les débuts, les idées maitresses, Paris 1907, ND. Genève 1970, S. 103–129.

146 Budé: Annotationes in libros pandectarum, S. 17: »Laurentius tamen hunc locum reprehendit libro quarto Elegantiarum [IV, 38]: Ius naturale est quod natura omnia animalia docuit, ius esse negans appetitum coeundi, et procreationem educationemque liberorum, in quo, sententia mea, fallitur.« Vgl. auch Étienne Forcadel: Commentarius, in titulum digestorum de iustitia et iure plane gemmeus, in: Étienne Forcadel: Opera ab eo ita recognita et aucta [...], Parisiis 1595, I, § Ius naturale, 1, S. 18: »At bruta non quicquam iusti faciunt voluntate aut arbitrio, sed instinctu quodam, quod iuris nomen meretur, adeo laudabilis est, quippe qui saepe rationis simulat imaginem in plurimis. Ideo ut ferae sensu aliquo cognitae divinitatis moveantur.«

147 Lorenzo Valla: De linguae Latinae elegantia libri 6. [...], Coloniae Agrippinae 1577, IV, 48, S. 384f.: »Nam ius generale dicere, quod natura omnia animalia docuit, ridiculum est. Appetitum coendi atque adeo nocendi imbecilliori animali, spoliandi, occidendi, quis ius esse dixerit?« (S. 384).

148 Vgl. oben S. 126f., Anm. 49–51 und Cinus de Pistoia: In digesti veteris libros commentaria [...], Francofurti ad Moenum 1578, in Digestum, I, 1, 1, Nr. 9–10, Bl. 3va, ND. in: Cinus: In codicem et aliquot titulos primi pandectorum tomi, id est, digesti veteris, Torino 1964, Bd. 2. S. 640^{b}: »Quarto, quod homo est creatus in duabus materiis: una scilicet, quam communem habet cum caeteris animalibus; puta, alimentationem, vel sensualitatem; et secundum hanc naturam describitur ius naturale in legibus; altera vero, quam communem habet cum Angelis, scilicet rationabilitatem, secundum quam ius naturale diffinitur in canone. unde prout congruit ius naturale cuilibet animali, ius naturale est quoddam ius animae sensibili in eius productione a nativitate insertum. prout vero congruit homini tantum, ius naturale est quoddam ius animae, id est quaedam ratio humanae creaturae, a natura insita, ad faciendum bonum cavendumque congruum, quod soli convenit homini«; Iacobus de Belviso: Commentarii in authenticum et consuetudines feudorum, Aureliae 1511, ND. Bologna 1971, »Collatio 1. De heredibus Falcidia«, »Occupatis nobis«, Bl. 2vb–3ra, »Opponitur octavo«; Albericus de Rosate: Commentarii in primam digesti veteris partem, in Digestum, I, 1, 1, »Ius naturale«, Nr. 3, Bl. 10va: »Ius naturale est, quod est insitum animalibus a natura: id est divina dispositione, et ut hominem esse exceptive haerentem in duabus naturis, scilicet unam, quam communem habet cum caeteris animalibus, scilicet sensualitatem, et secundum hanc naturam hic describitur ius naturale. Alteram vero habet communem cum angelis, scilicet rationabilitatem secundum quam ius naturale diffinitur in canone 1. di. ius naturale [Decretum, dist. 1, c. 7] . Et est ius naturale quaedam naturae ratio humanae creaturae insita ad faciendum bonum cavendumque contrarium [...] et istud convenit soli homini«; Bartolus a Saxoferrato [vielmehr Jacobus de Ravanis]: Super institutionibus iuris civilis commentaria, in Institutiones, I, 2, pr., »Ius naturale«, Nr. 1, pars 9, S. 166^{a}–167^{a}; Angelus a Gambilionibus: In quatuor institutionum Iustiniani libros commentaria, in Institutiones,

Budés Einstellung erklärt sich aus dem Fortwirken der mittelalterlichen Tradition sowie durch die ausgeprägt stoischen Züge seiner Philosophie, die meistens aus Cicero entlehnt werden.

Wie alle anderen Geschöpfe sollen auch die Menschen nach ihrer Natur handeln, und diese ist identisch mit ihrer Vernunft. Sie bildet den höchsten Teil ihrer Seele, den sie mit den Göttern gemeinsam haben. Wesen, die demselben Gesetz gehorchen, gehören aber derselben Rechtsgemeinde an; Menschen und Götter leben also in derselben Stadt, die vom Recht der Natur regiert wird.[149]

Das ewige Gesetz, das die Verhältnisse zwischen Menschen und Göttern regelt, wirkt aber in der ganzen Welt in unterschiedlichen Graden, und auch die Handlungen der Tiere werden von ihm gelenkt. Wenn diese am göttlichen Gesetz teilhaben, dann müssen sie auch das entsprechende Recht

---

I, 2, pr., »Ius naturale«, pr. und Nr. 2, Bl. 9rb–va^: »Nota quod ius naturale non tantum est commune hominibus sed est proprium unicuique animali irrationabili. Nota quod animalia irrationabilia dicuntur habere peritiam iuris naturalis [...]. Et advertas, quod ista glossa (in quantum loquitur de lege Mosaica) considerat hominem esse creatum in duabus naturis. In una qua participat cum divinis, unde ius naturale, quod cadit in hominem (secundum istam naturam) est ius divinum. In alia vero participat cum caeteris animalibus ut sensu, motu, et instinctu. Prout isto respectu cadit ius in hominem, dicitur ius naturale [...]. Ex quibus Cynus ibi infert, quod si volumus diffinire ius naturale, prout convenit animalibus diffinitur sic. Ius naturale est quaedam vis animae sensibilis in eius productione a natura insita, ad faciendum prout libuerit. Prout vero congruit homini ius, ius naturale est quaedam vis animae, id est quaedam ratio humanae creaturae, a natura insita ad faciendum bonum et ad cavendum a contrario, quae soli convenit homini«; Nicasius de Voerda: Lectura [...] super quatuor libros institutionum [...], Lipsiae 1549, (1. Aufl. Coloniae 1493), in Institutiones, I, 2, pr., »Ius naturale«, Bl. 6rb: »Ius naturale accipitur multis modis: uno modo pro iure gentium [...]. Secundo modo, pro iure pactorum, et sic pro iure praetorio [...]. Tertio modo, pro iure contrario iuri pactorum, scilicet quo pacta rescinduntur [...]. Quarto modo, pro iure quod est ex instinctu naturae, et ita capitur hic. Quinto, pro eo, quod est de dictamine rationis, et sic capitur in opposito sive obiecto.«

149 Budé führt Cicero: De legibus, I, 7, 22–23, S. 320–322 an: »Solum est enim ex tot animantium generibus atque naturis particeps rationis et cogitationis, cum cetera sint omnia expertia. quid est autem non dicam in homine, sed in omni caelo atque terra ratione divinius? quae cum adolevit atque perfecta est, nominatur rite sapientia. est igitur, quoniam nihil est ratione melius eaque est et in homine et in deo, prima homini cum deo rationis societas; inter quos autem ratio, inter eosdem etiam recta ratio communis est; quae cum sit lex, lege quoque consociati homines cum dis putandi sumus. inter quos porro est communio legis, inter eos communio iuris est; quibus autem haec sunt inter eos communia, et civitatis eiusdem habendi sunt. si vero isdem imperiis et potestatibus parent, multo iam magis; parent autem huic caelesti descriptioni mentique divinae et praepotenti deo; ut iam universus hic mundus sit una civitas communis deorum atque hominum aestimanda.« Vgl. auch Cicero: De finibus, III, 19, 64, S. 284: »Mundum autem censent [scil. Stoici] regi numine deorum eumque esse quasi communem urbem et civitatem hominum et deorum, et unumquemque nostrum eius mundi esse partem.«

genießen und Mitglieder derselben Rechtsgemeinde sein. Tiere und Menschen (und Götter), insofern sie demselben ewigen Gesetz unterstellt sind, folgen alle demselben Recht, dem Naturrecht, wie die Definition des Ulpian behauptet.[150]

Während Budé den wörtlichen Sinn des *Digestum* beibehalten kann, indem er auf die technische Bedeutung des Begriffs ›Recht‹ verzichtet und statt dessen auf die Idee der ›lex divina‹ zurückgreift, bleiben die meisten Rechtskommentare des späten sechzehnten Jahrhunderts der juristischen Argumentation treu und setzen eine genaue Grenze zwischen dem menschlichen und dem tierischen Bereich.

Die Lösungen der Rechtsgelehrten auf die Frage »Ius quomodo dicatur cadere in bruta animantia?« lassen sich drei Gruppen zuordnen. In die erste Gruppe gehören diejenigen (Cujas, Coras, Duaren, Hunnius, Ungepaur), die den Text so weit wie möglich in seinem ursprünglichen Sinn lesen wollen und auch den Tieren einen Rechtsgebrauch zugestehen, obgleich sie dabei die Bedeutung und die Tragweite des Begriffs ›Recht‹ ändern müssen. Der zweiten Gruppe sind diejenigen (Du Faur, Favre, Timaeus Faber, Harpprecht) zuzuordnen, die das Recht, das mit der menschlichen Vernunft gleichgesetzt wird, im eigentlichen Sinne nur dem Menschen zuschreiben, aber gleichzeitig analogisch oder metaphorisch auch den Tieren eine Art Naturrecht gewähren. Die dritte Gruppe umfaßt diejenigen (Da Gouvea, Johannes Ramus, Hubert van Giffen), die den Tieren jedes Recht absprechen und die Definition des Ulpian als fehlerhaft ansehen.

Die erste Lösung wird von berühmten Rechtsgelehrten wie Jean de Coras und Jacques Cujas vorgeschlagen. Ersterer lehnt ausdrücklich die Auslegung des Guillaume Budé ab[151] und vertritt die Meinung, daß Tiere und

---

150 Alle Einzelschritte dieser Argumentation werden in einer Schrift des siebzehnten Jahrhunderts vorbildlich aufgezeigt: »Quaestio I. Num jus naturale cadat in bruta? Aio: Quod proprie [...]. Pro qua adsertione facit 1. d. I. I. § 3. [Digestum, I, 1, 1, 3] et pr. 1. d. I. N. G. et C. [Institutiones, I, 2, pr.] ubi definitur jus naturale, quod natura omnia animalia docuit. Sed verba sunt proprie accipienda L. non aliter 69. in pr. d. leg. 3. [Digestum, XXXII, 1, 69]. 2. Leges universae, seu jura omnia, promanant ab aeterna lege [...]. Ergo etiam jus naturale, quod bestiis tribuitur. Sed lex aeterna est summa ratio in Deo existens [...]. Ubi autem est ratio, ibi etiam proprie loquendo est jus. Ergo etiam proprie erit jus, quod est in brutis«, Ungepaur: Exercitium secundum, II, 1, S. 45.

151 Jean de Coras zitiert als seine Quelle den Kommentar des byzantischen Rechtgelehrten Theophilus Antecessor, wo aber der wörtliche Sinn der Definition Ulpians verteidigt wird und erst das Völkerrecht als Vernunftrecht angesehen wird: »Ius naturae est, quod ad omnia animalia, quae in terra, in aqua, vel in aere sunt, extenditur. Nec enim usque ad solos homines natura vim suam coangustavit: sed etiam, ea quae in aere sunt, disposuit: et his, quae in terra vivunt, formam dedit. Ac ne illa quidem quae in mari nascuntur, providentiae suae expertia esse passa est. Exemplum autem Iuris Naturalis est, maris atque feminae coniunctio, (quid nos matrimonium appellamus) et in liberis educan-

Menschen immer aus zwei verschiedenen Beweggründen handeln, obwohl sie scheinbar dasselbe tun.[152] Coras weigert sich aber dennoch die Konsequenzen zu ziehen und glaubt nicht, daß hier Ulpian einen Irrtum begeht, indem er, wie es Lorenzo Valla behauptet hatte, den Terminus ›ius naturae‹ mißbraucht. Zu diesem Schluß kann man erst dann kommen, wenn man den Begriff ›Recht‹ strikt mit der menschlichen Vernunft gleichsetzt. Wie aber die Etymologie dieses Terminus beweist, die Coras aus ›iubeo‹ herleitet, umschließt das Recht jede Vorschrift, die von einer höheren Instanz kommt: Wo ein Gebot ist, da soll auch ein Recht sein, und eine Rechtsnorm muß nicht unbedingt aus der Vernunft entstehen. Indem die Tiere ihren Trieben folgen, gehorchen sie einem höheren Gebot und erkennen damit die Existenz des Rechtes an.

> Foedius enim illi labuntur, siquidem iuris verbum, ut fusum et late patens, naturales quascunque propensiones, ratione etiam non moderatas, contineat. A verbo quippe iubeo tractum, designat iussum et praeceptionem quamcunque superioris. Unde quod natura, hoc est naturalis instinctus iubet, naturale Ius, non tam inepte quam illi putant appellabitur. Ferae item bestiae, quia huic legi naturae parent, et obtemperant, instinctu naturali perculsae, Iuris quoque naturalis participes non iniuria dicuntur, licet intelligere, dijudicare, et de eo ratiocinari soli homines possint [...]. Itaque fatemur coeundi appetitum Ius non esse, ut nec bibendi, edendi, dormiendi, sed legitimam maris atque foeminae coniunctionem, liberorum procreationem, et educationem, cum Ulpiano dicimus Iuris esse naturalis, nam ut et in nuptijs caste versemur, columbarum, cornicum, ac omnium pene volucrum exemplo monemur: quae ferme omnes [...] faciunt matrimonia, et paria iungunt, et nidos suos, tanquam genitales thoros, concordi mente defendunt.[153]

---

dis studium. Videmus nam non homines modo, sed caetera quoque animalia his, qui legem hanc observant, adscribi. Quoniam natura cum singula quaeque animalia videret morte consumi, per matrimonium et ex eo sequentem liberorum procreationem, ac rursus eorum, quae procreata sunt, caritatem, educationemque et successionem, quandam veluti immortalitatem iis commenta est«, Theophilus Antecessor: Institutiones, I, 2, pr., S. 7.

152 »Etenim videmus inquit Ulpianus, feras etiam bestias istius Iuris peritia censeri, hoc est, Budaeo expositore, laudari, aestimari et admirationi nobis prae caeteris esse, ut Elephas, proximum humanis sensibus animal, et Ciconia avis, quae parentes senio confectas humeris in volatu gestare fertur, eisdemque alimenta conquirere, non satis valentibus necessaria subministrare. Nos vero Graecum interpretem sequuti (Theophilus Antecessor: Institutiones, I, 2, pr.), Ulpiani verba (Digestum, I, 1, 1, 3) aliter accipimus, nimirum ut significent bruta quoque inter ea animantia ascribi, ac in eum quasi sensum referri, quae similibus naturae affectibus et propensionibus, ad sui nempe et eius quod ex se natum est tuitionem similisque productionem et conservationem rapiuntur, et impelluntur. Quanquam de ijs censuram facere et iudicare, solis tributum sit hominibus«, Coras: De iuris arte liber, II, 3, 113f.

153 Ebd., II, 3, S. 114f.

Jacques Cujas, der zur Verbreitung dieser Lehre beitrug,[154] indem er sie in seine Auslegung der Institutionen aufnahm,[155] zeigt, daß man auch den Tie-

---

154 François Duaren: In primam partem pandectarum sive digestorum methodica enarratio, (1. Aufl. Lugduni 1570), in: Duaren: Opera omnia [...]. Volumen primum quo in digestorum priores quatuor partes et in Justinianei codicis titulos aliquot commentarii continentur, Lucae 1765, I, 1, 5, S. 5: »Jus naturale, inquit, est, quod natura omnia animalia docuit. Nullo enim certiore argumento demonstrari potest, aliquid naturale esse homini, quam quod animantibus quoque brutis innatum sit, quae solo naturae instinctu moventur [...]. Exempla hic satis perspicua sunt, de maris et foeminae conjunctione, et caeteris similibus. Nam omne animal natura duce ad conservandum se et speciem suam impellitur [...]. Quod autem ait Ulpianus, feras quoque bestias istius juris peritia censeri: sic accipe, ob istius juris peritiam in pretio, et admiratione esse«; Alberto Bolognetti: De lege, iure et aequitate disputationes, VI, 8, in: Tractatus universi iuris, duce et auspice Gregorio XIII. [...], Venetiis 1584, (1. Aufl. Romae 1570), t. 1, Bl. 296^{v}; Johannes Harpprecht: Commentariorum in quatuor libros institutionum iuris civilis, divi Iustiniani [...] tomus primus [...], Francofurti 1658, (1. Aufl. 1615), Sp. 89: »Nam Jus proprie in Bestias non cadere, nec contemplatione bestiarum Jus dici, fatendum est. Verum hoc ita exaudiri debet: ut, quae homines jure et recta ratione duce faciant, si eadem et bruta sive bestiae faciant, ea sint juris naturalis; quamvis bruta eadem non jure, sed impetu atque impulsu seu admonitione naturae faciant. Unde nec edere, nec bibere, nec dormire, nec vigilare, nec currere, nec quiescere, nec quae sunt in eodem genere, juris sunt naturalis. Licet enim homines ea faciant: non tamen faciunt jure, sed naturaliter tantum. In summa (ut multa paucis concludam) quod jure facit homo, si faciat naturali incitatione idem bestia, erit juris naturalis; quod non jure facit homo, etiamsi faciat bestia, erit id quidem naturale, sed non juris naturalis«; Johann Stucke: Repetitae praelectionis, exercitationum Iustinianearum, ad quatuor libros institutionum iuris civilis accommodatorum partes duae [...], Francofurti 1611, (1. Aufl. 1608), I, 1, 4, b, S. 93: »Sicque proprie ICtum definiisse ius naturale [...] cum communi Dd. Schola, quae τὸ ῥητὸν strictius urget, dicendum puto. Et merito quia in animalibus brutis apparet talis instinctus, qui cum hominis agendi facultate seu causa convenit, [...] coniucturam facimus [...] de iure naturali, scilicet hoc iuris naturalis esse, quia etiam animalia bruta hoc soleant facere. Rationem tamen hinc inde iis inesse neutiquam sequitur«; Hunnius: Variarum resolutionum iuris civilis libri IV., I, 20, S. 58f.; Christoph Besold: Delibata iuris, continentia congeriem, succinctamque resolutionem praecipuarum quaestionum quae in X. prioribus pandectarum libris occurrunt [...], Tubingae 1627, I, 5, S. 10–12.

155 Jacques Cujas: Domini nostri Iustiniani [...] institutionum sive elementorum per Tribonianum [...] et Theophilum, et Dorotheum [...] libri IIII. emendatissimi [...], (1. Aufl. 1556), I, 2, n. 2, in: Cujas: Opera, quae de iure fecit et edi volvit [...] in tomos quatuor distincta [...], Francofurti 1595, t. 1, Sp. 3: »Ius ἐνδιήθετον, et ratio ἐνδιήθετος hominibus cum brutis comunis est, προφορικὸς hominum propria«; Jacques Cujas: Ad libros quattuor institutionum Dn. Iustiniani notae, (1. Aufl. 1556), I, »De iure naturali gentium et civili«, in: Cujas: Opera, t. 1, Sp. 83: »Ius in bruta non cadit: nam nec iniuria cadit. [...]. Denique ut rationis, ita et iuris bruta expertia sunt. At quae bruta faciunt incitatione naturali, ea si homines ratione faciant, iure naturali faciunt. Quae bruta non faciunt, ea si omnes homines ratione faciant, iure gentium faciunt, quod et ipsum ius naturale dicitur, et bonum et aequum, et naturalis aequitas, et naturalis ratio, et lex naturalis, et natura. Quae non omnes, sed quaedam hominum congregata in unum locum multitudo utilitatis publicae causa facit, ea vero fiunt iure civili.«

ren bestimmte Rechtsformen gewähren soll, die aber wiederum nicht als ein echtes juristisches Handeln betrachtet werden dürfen. Gesetzt, daß die Welt eine Schöpfung Gottes ist, dann wird niemand leugnen können, daß sie schon seit dem ersten Augenblick ihres Bestehens die Gesamtheit ihrer Gesetze von Gott oder von der Natur erhalten hat. Dementsprechend sollen auch die ›bruta animantia‹ gewissen Normen folgen, und man darf annehmen, daß auch sie – wie Ulpian behauptet – das allgemeine Recht der Schöpfung anerkennen.[156] Dieses Recht kann selbstverständlich nicht mit demjenigen übereinstimmen, das der Vernunft entspringt. Will man konsequent sein, muß man eine neue Definition des Rechtes einführen.

> Primum sic statuo. Ius esse non tantum rationem insitam a natura, ductumque rationis, sed etiam quod rationi consequens et proximum est, licet ratione non fiat, vel ducatur, vel administretur. Sed innata quadam vi rationi proximus est, qui naturalis est et communis omnium animalium, coniunctionis appetitus procreandi causa.[157]

Die Ähnlichkeit, die zwischen der menschlichen und der natürlichen Welt besteht, kann aber die Grenzen zwischen ihnen nicht aufheben. Es bleibt zwar unstreitig, daß die elterliche Fürsorge in beiden Bereichen gleich ist – und deshalb darf man sagen, daß dasselbe ›ius naturae‹ in beiden wirkt –, aber zwischen Menschen und Tieren kann keine Rechtsgemeinschaft bestehen: Ein Mensch kann nie eine Verpflichtung gegenüber einem Tier eingehen und kann nie von einem Tier Leistungen auf Grund eines Rechtes verlangen. Wenn auch die Tiere denselben Geboten des Naturrechts wie die Menschen gehorchen, gibt es kein gemeinsames Recht zwischen Menschen und Tieren: Die einen wie die anderen ziehen ihre Nachkommenschaft mit derselben Liebe auf, aber ein Mensch kann nie ein Tier als Kind anerken-

---

[156] Vgl. Jacques Cujas: Recitationes solemnes ad titulum I. lib. I. digestorum de iustitia et iure, in: Cujas: Opera omnia in decem tomos distributa: tomus septimus vel quarti operum postumorum, qua de jure reliquit, pars prior [...], hg. von Charles Annibal Fabrot, Neapoli 1758, Sp. 12–15, wo der stoische Ursprung dieser Lehre deutlich wird: »Utemur Accursio in hoc uno solum. ›Natura‹, id est, Deus, non displicet haec oratio, imo admodum placet: quia Stoicis, quos semper fere sequuntur Iureconsulti, idem est Deus et natura, nempe rerum omnium parens, auctor, rector [...]. Ius ergo naturale est, quod natura, id est Deus parens rerum omnium, et universi gubernator omnia animalia docuit, id est, cuius gnara fecit atque perita [...]. Ergo istius iuris perita omnia animalia censentur, id est, iuris peritiam habent: nec enim minus ea ius istud natura docuit, quam homines. Et qui docet peritum facit eum quem docet. Ergo hoc iure naturali natura seu Deus imbuit non tantum homines, sed etiam beluas, tam feras quam cicures, et aves et pisces« (Sp. 13).

[157] Ebd., Sp. 13f.

nen. Nur in den Mythen der Antike durften Wölfe Menschenkinder ernähren und erziehen.[158]

Auf eine Erweiterung des Rechtsbegriffs zielt auch Vaconius a Vacuna, der so konsequent die ulpianische Definition ausbaut, daß er sogar ein Naturrecht der Pflanzen deduziert. Da das klare Verständnis einer Idee erst dann erlangt wird, wenn man ihr Prinzip begriffen hat, so muß man auch im Fall des ›ius naturae‹ zuerst das Prinzip des ›ius‹ feststellen und jede weitere Erkenntnis aus diesem herleiten. Grundlage des Rechtes ist das Gute: »Est igitur sciendum, ius naturale id esse, quod semper est bonum.«[159] Obwohl das höchste Gut immer und überall dasselbe bleibt, findet sich für jedes bestimmte Wesen eine besondere und untergeordnete Art des Guten.

> Nunc videndum est, quid sit bonum. Bonum vero est, quod omnia appetunt, inquit Philosophus I. Eth. [Ethica Nicomachea, I, 1, 1094 a 3], omnia inquam etiam cognitione carentia, si quidem naturali quodam appetitu tendunt in bonum, non uti cognoscentia, sed ut ab aliquo cognoscente mota ad id quod est bonum, et sibi confert ex ordinatione divini intellectus, quemadmodum sagitta tendit ad scopum ex directione sagittantium. Est tandem sciendum non omnia unum et idem bonum appetere, sed alia aliud secundum eorum propriam naturam: nam aliud videtur bonum homini, aliud asino. Asino nam pabulum, magis quam aurum, bonum esse videtur; ut ait Phil. X. Ethic. [Ethica Nicomachea, X, 5, 1176 a 4–5] salices amarae videntur quoddam bonum capellis, et ideo illas appetunt: homo autem illas pro cibo minime appetit. Cum igitur idem sit ius naturale, quod bonum quoddam, bonum autem omnia animalia appetunt, sequitur ius naturale id esse, quod omnia animantia appetunt, et ad quod natura sua inclinantur.[160]

Da das Gute der Gegenstand einer ›appetitio‹ ist, kann es nur einem lebendigen Wesen zugeschrieben werden. Das Leben hängt aber von der Seele ab, die wiederum dreifach sein kann, weil sie aus einem vegetativen, einem begehrenden und einem vernünftigen Teil zusammengesetzt ist. Auch das Naturrecht, das mit dem von einem lebendigen Wesen verlangten Guten gleich ist, muß dreifach sein. Die Pflanzen und die Bäume besitzen nur eine einfache Seele und ihr Gutes erstreckt sich auf das bloße Leben, auf das Wachsen und auf die Ernährung. Dies bildet also den Inhalt auch der ersten Naturrechtsform, die auch ›ius naturale arborum et herbarum‹ genannt wer-

---

[158] Ebd., Sp. 14f. Aus denselben Gründen darf auch keine Rechtsgemeinschaft zwischen Menschen und oberen Geschöpfen wie den Engeln bestehen. Diese Frage wurde Anfang des achtzehnten Jahrhunderts in bezug auf Ulpian von Wilhelm Hieronymus Brueckner: Specimen iuris naturalis ejusque descriptionem exhibens [...], resp. Georgius Wolfgangus Schürstabius, Ienae [1715], § 16, S. 22 behandelt.

[159] Vaconius a Vacuna: Declarationum cum novis additionibus liber primus[–sextus], 1564, in: Vaconius a Vacona, Antonio De Gouvea, Antoine Leconte, Jacobus Raevardus, Rinaldo Corso und Niccolò Belloni: Novae declarationes et variae lectiones resolutionesque iuris clarissimorum iurisconsultorum recentium [...], Venetiis 1585, I, 1, S. 1 a.

[160] Ebd., I, 1, S. 1.

den darf und allem Lebendigen gemeinsam ist.[161] Die zweite Form gilt dagegen nur für die Wesen, die sich frei bewegen können und von einer begehrenden Seele belebt werden. Sie umschließt das ›ius naturale animalium‹, das in der Erhaltung sowohl des eigenen Körpers als auch der Gattung besteht und die Selbstverteidigung, die Begattung, die Erzeugung und die Erziehung der Nachkommenschaft einschließt.[162] Da solches Naturrecht auf den Trieben der tierischen Seele ruht, bleibt die Möglichkeit einer widerrechtlichen oder unrechtmäßigen Handlung von seinem Bereich vollkommen ausgeschlossen. Obwohl die Tiere kein Unrecht tun können, sind sie nicht von den ihnen obliegenden Verpflichtungen befreit.[163] Diese entstehen selbstverständlich nicht aus einem Versprechen, wie es unter den Menschen der Fall ist, sondern aus den natürlichen Neigungen. Wo aber eine Verpflichtung ist, da muß auch ein Recht sein.

Die dritte Stufe oder Klasse enthält jene Gebote, die der vernünftigen Seele entspringen und nur dem Menschen eigen sind. Das ›ius naturale hominum‹ ist also nicht das tierische Naturrecht, wenn es von Menschen benutzt wird, sondern ein dritter Bereich, der den ersten zweien hinzugefügt wird und sie ergänzt. Das ›ius naturale arborum et herbarum‹ und das ›ius naturale animalium‹ bestehen aber auch in der menschlichen Gesellschaft fort. Da aber die traditionellen Bestimmungen des Naturrechts (Selbsterhaltung und Fortpflanzung) schon im Zuge der ersten zwei Stufen berücksichtigt worden sind, bleiben für das ›ius naturale hominum‹ nur diejenigen Inhalte, die sonst dem Völkerrecht vorbehalten sind.

> Sit itaque ius, seu bonum naturale, ut genus, dividaturque in tres species, videlicet in ius, seu bonum naturale arborum et herbarum, et haec est una species; alia sit species ius seu bonum naturale animalium, inter quae et homines, non considerata ratione, connumerentur. Tertia erit species ius seu bonum naturale hominum, quod et ius gentium appellatur, et hoc nunquam est iniustum, sed semper est bonum [...] et intellectus simplici appulsione cognoscit id esse bonum.[164]

Die mittlere oder vermittelnde Auslegung, die in den Kommentaren die allgemeine Meinung zum Ausdruck bringt, ist in mehreren Varianten vertreten, die den Akzent auf unterschiedliche Aspekte setzen. Pierre Du Faur de Saint Jorry sieht im Text Ulpians eine rhetorische Figur,[165] während

---

[161] Ebd., I, 1, S. 2 a–b.

[162] Ebd., I, 2, S. 2 b–3 a.

[163] Ebd., I, 3, S. 3 a–b.

[164] Ebd., I, 4, S. 4 b.

[165] Pierre Du Faur de Saint Jorry: Semestrium liber secundus, Lugduni 1592, (1. Aufl. 1573), I, 1, S. 2: »Animalibus pro ratione impetum, homini pro impetu rationem esse, sapienter Seneca lib. 2. de ira. ca. 16. tradit: hinc fieri arbitror, ut (licet re vera et proprie ius omne ratione constet) caetera tamen animalia iuris quoque naturalis peritia censeri

Timaeus Faber[166] und Johannes Harpprecht[167] das Naturrecht auf die Tiere ›anaphorice‹, ›per similitudine‹ oder ›per metonymiam‹ übertragen.

Antoine Favre unterscheidet dagegen im Recht eine formale und eine inhaltliche Seite, wobei das Inhaltliche oder Materiale die konkrete Handlung einschließt, während sich das Formale auf ihre logische Zuordnung – d.h. auf ihre Ursache, auf ihr Ziel und auf ihren Begriff – bezieht.[168] Betrachtet man die ›causa formalis‹ – d.h. die Übereinstimmung mit der Vernunft –, ergibt sich ein wesentlicher Unterschied zwischen Menschen und Tieren als selbstverständlich. Wenn man aber nach der bloßen ›causa materialis‹ fragt, kann man das Handeln der Tiere in bestimmten Fällen vom

---

per quandam auxesim, et figurate loquens Ulpianus referat.« Vgl. Seneca: De ira, II, 16, 1, S. 200.

166 Timaeus Faber: Disputatio prima. Ad tit. 1., resp. Gerardus Scheppingius, in: Faber: Disputationes anniversariae, § 12, Bl. C1^{v}–2^{v}: »Ex quibus conficitur, Brutis non inesse, sed imputari jus; ac Brutis adscribi juris peritiam, non per se sed ἀναφορικῶς [...] et per relationem ad id, quod in homine est« (C2^{r}); Timaeus Faber: Disputatio secunda. Ad tit. 2., Bl. C3^{r}: »Etiam asserimus commode jus naturale describi quod natura omnia animalia docuit [...]. 2. An ergo in Bruta quoque cadit Jus? Neutiquam. Ut lutum, quod lapidis materia est, lapis non est, tamen forma lateris donatum appellatione eiusdem designari solet ac potest, quamvis crudum sit, ac non nisi materiam coquendo praestans: ita hic de jure per metonymiam materiae fieri statuendum. Ingreditur haec effectum non nisi informata, intellectu tamen et separari potest, et separatae semper tribuitur, quod conjunctae proprie convenit.«

167 Harpprecht: Commentariorum in quatuor libros institutionum iuris civilis [...] tomus primus, Sp. 89: »Ideoque non inscite diceri poterit: Ius naturalis in brutis esse anaphorice, sive non proprie Ius, sed similitudine quadam: ut in brutis non artes, sed artium vestigia esse, recte scribit Aristotel. in Physicis, cap. 8. lib. 2. [199 a 8–33] et Tullius lib. 3. de finib. [III, 20, 67].«

168 Antoine Favre: Rationalia in primam et secundam partem pandectarum [...], Coloniae Allobrogorum 1631, (1. Aufl. 1604), I, 1, 1, 2, t. 1, S. 2: »a. ›Docuit‹, hoc est, quod versatur circa eas res quae hominibus cum brutis sunt communes, si tamen hoc praeterea concurrat, ut eas res faciant bruta animantia solo instinctu naturae, homines vero ratione et ratiocinatione; alioqui edere, bibere, dormire essent iuris naturalis, quod falsum est. b. ›Ius istud‹, materialiter scil. sumptum non formaliter. Nam formaliter sumptum aestimatur ex ratione. c. ›Commune est‹ Ratio dubitandi. Bruta animantia non sunt capacia rationis. Ergo neque iuris, ut nec iniuriae L. 1. § 1. D. si quadrup. pauperiem feciss. [Digestum, IX, 1, 1] dicat. Ratio decidendi. De iure loquimur non formaliter sumpto, sed materialiter, ut dixi.« Vgl. auch Antoine Favre: Iurisprudentiae Papinianeae scientia, ad ordinem institutionum imperialium efformata [...], Lugduni 1607, II, 1, S. 31; Dieselbe Unterscheidung wird auch von Johannes de Turrecremata: In Gratiani decretorum primam [partem] doctissimi commentarii. Tomus primus [...], Venetiis 1578, Dist. 1, »Humanum genus«, Nr. 5, 20, S. 16 und Diego de Covarrubias y Leiva: Regulae, peccatum. De regulis iuris lib. 6. relectio [...], Salmanticae 1558, II, 11, 4, Bl. 82vb–83ra verteidigt.

Handeln der Menschen nicht unterscheiden. Daraus kann man schließen, daß die Tiere mindestens in materieller Hinsicht das Naturrecht genießen.[169]

Diese und ähnliche Lösungen erwiesen sich – wie man sofort merkte – als logisch mangelhaft und boten mehrere Angriffspunkte. Als besonders unbefriedigend wurde ihre Bestimmung des Rechtes empfunden, weil sie den Begriff ausdehnen und auf neue Gegenstände anwenden, ohne ihn dabei neu zu formulieren. Stucke faßte diese Frage und ihre möglichen Lösungen auf folgende Weise zusammen.

Tum, iuris verbum, ut late patens, naturales quascunque propensiones ratione non moderatas continet, L. 1. § ius naturale de i. et i. [Digestum, I, 1, 1, 3]. Quod merito perpendendum fuisset, Donell. 1. comm. 6. Bronch. cent. 1. ass. 1. et Vall. 4. Eleg. 48. quando argumentum a natura coniugatorum petunt: Si ius in bruta cadat, utique etiam vi coniugatorum iustitiam in eadem cadere. Rudolph. Agricol. libr. 1. invent. c. 5. Gloss. d. loc. ubi Bartol. ac Dd. comm. veteres. Coras d. part. 2. d. art. iur. c. 3. Parili ratione dissentit Heigius ad rubric. Instit. d. tit. nr. 1. cum ius naturae et gentium hic considerari dicit non in abstracto, sed in concreto, scilicet ut pars iuris, quem inepte sequuntur alii novissime. Dato enim, hic ius naturale et gentium esse partes iuris, ius intelligatur necesse est, quod est ars aequi et boni: Atqui hoc est etiam extra hominem, extra animal, ut dictum sub assert. praeced. 2. lit. h. Deinde si in concreto sumitur ius naturae, necesse est ut sit habitus. Quod itidem falsissimum, cum habitus non cadat in animal, quatenus animal est, sed quatenus est animal rationale. Profitentur etiam libere et ultro qui Heigium sequuntur et caeteros neotericos, iuxta doctrinam Mudaei in L. 1. § est autem de contrahen. empt. et Borcholt. in § final. Institution. de i. et i. naturale ius proprie homini tribui ut animali, gentium, quatenus homo est et in universali hominum societate vivit, civile, quatenus civis et certae alicuius societatis membrum est. Fatentur igitur simul, ius naturae hic non sumi pro parte iuris, quod est ars aequi et boni, sed pro instinctu et iussu tantum naturali; hic enim inest homini ut animali, illud ut homini, hoc est animali rationali, ut perhoc non negemus, naturam hominis differre a natura brutorum, quae rationis sunt expertia. Cessent denuo, si animalibus brutis aeque competit ius naturae ac homini, illud definire appetitum sive affectum cum recta ratione, ex quo quis iustus vel iniustus dicitur. Hinc vir quidam eximius ad pr. Instit. de i. nat. g. et civil. [Institutiones, I, 2, pr.] nu. 4. Naturale ius, inquit, a Naturae est simpliciter; Ius gentium est a Ratione Naturali. Ita videlicet maiusculis literis, ut nostram mentem probaret, suam opinionem explicuit. Et clarius verbis sequentibus: Naturale, dum pergit, ius quilibet natura sive naturae instinctu agnoscit, gentium ex ratione et ratiocinatione. Quod si iam negat aliquis illud convenire brutis, negabit de iis instinctum naturalem: si adhuc inesse dicit iuri naturali rationem, contra seipsum dimicabit, et quod absurdius est, dum praedicat de iis ius naturale (cui inesse dicit rationem) licet tropice illud faciat, profitebitur de illis rationem, quibus antea denegarat instinctum naturalem, ad quod iam progredior. Dicunt plerique neoterici, ius naturale de brutis praedicari per metonymiam effecti pro causa. Hoc si verum, quare quaeso et quomodo Imp. in pr. § 1. et 2. Institution. d. tit. [Institutiones, I, 2, pr.–2] Ius naturale a gentium iure distinguit? Confundant igitur illi necesse

---

[169] Vgl. auch Helfrich Ulrich Hunnius: Brevis commentarius in institutionum iuris Iustiniani imperatoris libros IV. [...], Giessae 1617, I, 2, S. 12: »Quoad utramque igitur et formam et materiam cadit ius naturale in homines, in bruta vero, ut quae ratione destituantur, saltem quoad materiam, quoad instinctus et inclinationes naturales.«

est ius gentium cum iure naturali, secus ac ipse instituit Imp. vel concedant ius naturale commune esse proprie hominibus cum brutis. Et si largiuntur, ius naturale, quod ita dicatur, habere propter naturam animalium, et rationalium et irrationalium, communem: quod ita largiuntur naturae communiter, concedunt uni postea tantum proprie, alteri tropice, dum ius illud dici affirmant propter rationem ei quae inest. Commune igitur idem ius concedere denuo coguntur non esse animalibus et hominibus, sed hisce tantum: ac proinde nec ipsum naturale amplius dici poterunt, ubi natura per se nihil operatur, sed ratio tantum. [170]

Man steht damit vor der Alternative: Entweder wird ein neuer Rechtsbegriff eingeführt, oder man muß den Tieren das Recht absprechen. Letztere ist die Wahl derjenigen Autoren, die die dritte Lösung vorschlagen. Unter diesen knüpft Antonio da Gouvea direkt an die scharfe Kritik Lorenzo Vallas an[171] und lehnt jede Identifizierung der menschlichen mit der tierischen Welt ab.[172] Es gibt zwar Fälle, in denen sowohl die einen als auch die anderen

---

170 Stucke: Repetitae praelectionis, exercitationum Iustinianearum [...] partes duae, I, 1, 4, b, S. 93f. Stucke beruft sich auf folgende Autoren: Hugues Doneau: Commentariorum de iure civili tomus primus cum notis Osvaldi Hilligeri, in: Doneau: Opera omnia, Lucae 1762, I, 6, Sp. 34, zitiert unten S. 175, Anm. 174; Everhard van Bronkhorst: Ἐναντιοφανῶν centuriae sex et conciliationes eorundem [...], Lugduni Batavorum 1621, (1. Aufl. 1595), I, 1, S. 1; Valla: De linguae Latinae elegantia libri 6., IV, 48, S. 384f., vgl. oben S. 163, Anm. 147; Rudolf Agricola: De inventione dialectica libri tres. Drei Buecher ueber die Inventio dialectica. Auf der Grundlage der Edition von Alardus von Amsterdam (1539), hg. von Lothar Mundt, Tübingen 1992, I, 5, S. 36–44; Accursius: Glossa in digestum vetus, gl. in Digestum, I, 1, 1, 3, »Ius naturale est quod natura«, Bl. 4rb, vgl. oben S. 126, Anm. 49; Bartolus: In prima digesti veteris partem commentaria, in Digestum, I, 1, 1 2, »Huius studii«, pars 1, S. 15^{a}–16^{a}; Coras: De iuris arte liber, II, 3, S. 114f., vgl. oben S. 166, Anm. 153; Peter Heige (1559-1599): Commentarii super IIII. institutionum imperialium D. Iustiniani libros, hg. von Ludovicus Person, Witebergae 1603, in Institutiones, I, 2, pr., S. 20f.; Gabriel Mudaeus (gest. 1561): De contrahenda emptione et venditione titulus primus decimioctavi libri digesti veteris, in: Mudaeus: De contractibus quatuor digestorum tituli facile praecipui, et ad communem quotidianumque usum maxime necessarij; qui sunt: I. Pro socio, II. De contrahenda emptione et venditione, III. De actionibus empti et venditi, IV. De pignoribus et hypothecis [...], Francofurti ad Moenum 1586, in Digestum, XVIII, 1, 1, 2: »Est autem emptio iurisgentium«, S. 64^{a-b}; Johannes Borcholten: Commentaria in quatuor institutionum Iustiniani imperatoris libros [...], hg. von Statius Borcholten, Helmaestadii 1599, (1. Aufl. 1590), in Institutiones, I, 2, pr., S. 6. Der »vir quidam eximius« ist Hermann von Vulte: In institutiones iuris civilis a Iustiniano compositas commentarius [...], Marpurgi 1598, I, 2, S. 13f., angeführt unten S. 179f., Anm. 183.

171 Vgl. oben S. 163.

172 Vgl. auch Alessandro Turamini: Ad rubricam pandectarum de legibus libri tres, et in eiusdem tituli leges commentarii [...], Florentiae 1592, I, 2, 6–13, S. 12–14; Johannes Ramus: Commentaria [...] ad epistolas ππ praemissas, titulum de iustitia et iure, et titulum de origine iuris, inde a reconditis antiquitatum, et philosophiae praeceptis repetita [...], hg. von Wolfgangus Heinricus Ruprecht, Swinfurti Franconum 1607, S. 57: »Unde, quo beluae impelluntur solo naturae ductu, eodem impellit hominis ratio, quae

dieselben Handlungen vornehmen; die Beweggründe sind aber vollkommen unterschiedlich, denn die Menschen, wenn sie moralisch und juristisch korrekt handeln – was dasselbe wie ›menschlich überhaupt‹ bedeutet –, gehorchen den Geboten der Vernunft, während die Tiere in ebendenselben Umständen bloß vom Instinkt getrieben werden. Da demzufolge das Recht nur den Menschen zukommt, bleibt das Naturrecht eine menschliche Angelegenheit, und man kann die Definition Ulpians im folgenden Sinne verstehen: Das Wort ›Naturrecht‹ bezeichnet nur diejenigen menschlichen Handlungen, die auch unter den Tieren auftreten. Man darf aber auf keinen Fall sagen, daß die Tiere nach dem Naturrecht handeln.

> In eadem lege scribit Ulpianus, ius naturale esse id, quod natura omnia animalia docuit. Quae definitio non sic accipienda, ut quicquid et homines et bruta faciunt animalia sit continuo iuris naturalis: edere enim, bibere, dormire iuris essent naturalis. Sed ut quae homines iure faciunt, eadem si bruta quoque faciant animalia, iure homines faciant naturali. Ius ergo esse debet, quod naturale ius esse volumus; at iure soli utuntur homines, et iure naturali quod sit, debet et naturaliter et iure fieri. Vir namque et naturaliter et iure se ad uxorem applicat, edit vero, bibit, dormit naturaliter dumtaxat. Bruta quoque animantia naturaliter dumtaxat corpora commiscent, non iure. In summa, quod naturae admonitione bruta faciunt animantia, id si iure etiam, hoc est secundum iuris praecepta homines faciant, facere homines iure naturali dicuntur.[173]

Ähnlich argumentierte auch Hugues Doneau in seinem Kommentar zum Zivilrecht. Wenn man nämlich annimmt, daß das Recht das Gute vorschreibt und das Böse verbietet, muß man gleichzeitig voraussetzen, daß man über den gesunden Verstand verfügt, mit dessen Hilfe das Gute vom

---

facit homines participes iuris, nam ius separari non potest a ratione [...]. Quia tamen, non inter solos homines, est coniunctio maris et foeminae, aut sobolis educatio, ait text. [Digestum, I, 1, 1, 3] hoc ius esse commune omnium animalium [...], non, quod bruta utantur iure, sed quod istius iuris peritia censentur [...], quia etiam beluae, his officiis ita funguntur, ac si eis inesset ratio«; Hubert van Giffen: Commentarius [...] in quatuor libros Institutionum iuris civilis [...], Francofurti 1606, S. 11: »Et certe ius proprie non cadit in bestias nec ratione bestiarum ius dicitur. Verum haec ita sunt accipienda, ut quae homines iure faciunt si eadem faciant et bestiae ea sint iuris naturalis; quamvis bestiae eadem non iure, sed impetu et impulsu naturae faciant. Unde nec edere nec dormire est iuris naturalis: quod etsi homines ea faciant, non faciunt iure sed naturaliter tantum. In summa quod iure facit homo, si faciat bestia, erit iuris naturalis: quod non iure facit homo, etiamsi faciat bestia, erit id quidem naturale, sed non iuris naturalis, ut eleganter distinguit Gouean. lib. 1. var. lect. iur. cap. 19.« Vgl. nächste Anmerkung.

173 Antonio Da Gouvea: Lectionum iuris variarum iuris civilis libri duo (1. Aufl. 1552), in: Opera. Quae civilis disciplinae claustra continent et reserant [...], Lugduni 1599, I, 19, S. 804. Zu Antonio De Gouvea (gest. 1565), einem portugiesischen Rechtsgelehrten, der in Turin wirkte, vgl. Antonio de Portugal de Faria: Portugal e Italia. Literatos portuguezes na Italia, Leorne 1905, in: Archivio Biográfico de España, Portugal e Iberoamerica, hg. von Victor Herrero Mediavilla und L. Rosa Aguayo Nayle, München [o. J.], fiche 412, Nr. 4–9.

Bösen unterschieden werden kann. Aber der gesunde Menschenverstand ist gerade das, was den Tieren fehlt, die dementsprechend keine Rechtsvorschriften ausführen können.[174]

Man soll also die ulpianische Definition nicht buchstäblich nehmen, sondern – wie es Hubert van Giffen[175] und andere Rechtsgelehrten nahe-

---

[174] Doneau: Commentariorum de iure civili tomus primus, I, 6, Sp. 34: »Quin autem ius omne sit solum hominum, in bruta autem non cadat, dubitari non oportet. In quam sententiam etsi eruditi omnes consentiunt: tamen ne qua ex definitione Ulpiani hic oriatur haesitatio, rationem adiicere nihil nocebit. Ius est, quod recta praecipit prohibetque contraria; illa, ut voluntate et iudicio quis faciat iustitiae servandae caussa: haec, ut eodem iudicio animi, et delectu vitet. Proinde ut utrunque ratione faciat, sine qua nec voluntas est, nec iudicium, aut delectus. Nihil horum in animantibus brutis. Ne ius quidem igitur inter bruta.« Vgl. auch: Connan: Commentariorum iuris civilis libri X., I, 4, 7, S. 18: »At non fuit in ea sententia Ulpianus, ut putaret, quicquid ipsa natura docuit omnes etiam bestias, ius esse: sed ius quod videntur caetera quoque animalia esse edocta, naturale appellari: quia cum solius hominis sit, ad id tamen caeterae animantes vi quadam naturae suae feruntur, perinde ac homines ipsi sua insita et congenita ratione«; Wesenbeck: In pandectas iuris civilis et codicis Iustinianei libr. IIX. commentarii, I, 1, Sp. 16f.: »Ius naturale efflorescit ex inclinationibus naturalibus, et facultate animae, qua concupiscimus et afficimur: quae est homini cum reliquis animantibus communis [...]. Hae enim inclinationes tanquam στοργαὶ φυσικαὶ omnibus animantibus, seu communi naturae hominum et bestiarum inditae sunt. Dicuntur autem ius respectu hominis: qui solus iure, hoc est recta ratione (cuius solus particeps est) regitur«; Wesenbeck: Commentarius in institutionum iuris libros IIII., I, 2, 1, S. 26f.; Bronkhorst: Ἐναντιοφανῶν centuriae sex, I, 3, S. 2.

[175] Giffen: Antinomiarum iuris civilis sive disputationum [...] libri quatuor, Prooemium, th. 6, S. 12: »Quando dicimus ius cadere in animantia bruta, dicimus id abusive. Videmus enim bruta animantia iure naturali, saepe eadem facere instinctu et impulsu naturae quae homines, et propter illam similitudinem, quam habent cum hominibus, recte dicimus ius ipsis competere crasso et pingui modo. Cessat igitur reprehensio L. Vallae, libr. 4. Elegant. cap. 48 ubi hanc definitionem putat esse ridiculam quasi appetitum coeundi, occidendi, nocendi quis dicat ius, et respondendum ei erit cum Paulo, in L. pen. ff. ad exhibend. [Digestum, X, 4, 19] non oportere ius civile calumniari neque verba captari, sed qua mente quid dicatur animadvertere convenire« und I, th. 9, Nr. 22, S. 38f.; Hunnius: Brevis commentarius in institutionum iuris Iustiniani imperatoris libros IV., I, 2, S. 12. Zu Hubert van Giffen (1534–1604), der mit Hugues Doneau einer der berühmtesten Vertreter der Rechtsschule in Altdorf war, vgl. Schirmer: Giphanius, Hubertus, in: Allgemeine Deutsche Biographie, 1879, Bd. 9, S. 182–185; Hans Liermann: Giphanius (Gifanius, van Giffen), Hubertus (Obertus), in: Neue Deutsche Biographie, 1964, Bd. 6, S. 407. Vgl. auch Doneau: Commentariorum de iure civili tomus primus, I, 6, Sp. 34f.: »Ne ius quidem igitur inter bruta. Quod ignorare, vix credo esse eius, qui se hominem esse noverit, nedum putemus esse Ulpiani tanti Iurisconsulti. Quid est ergo, quod ait, naturam ius naturale omnia animalia docuisse; hoc ius omnium animalium, etiam brutorum, esse commune? Abusive dictum accipiendum est, ut recte Baro admonuit in eam definitionem Ulpiani, ut et illud, quod sequitur, caetera quoque animalia istius juris peritia censeri, id est, ut ille recte interpretatur, inter ea censeri, quae huius iuris perita sunt. Abusive haec, inquam, ita esse dicta sunt, non quia sunt revera; sed quia esse

legen[176] – darin eher eine grobe und zum Teil fehlerhafte Andeutung der menschlichen Rechtsverhältnisse sehen.[177]

---

videntur, et maxime quidem videntur propter similitudinem rerum, quae in animantibus brutis pene expressa cernitur.« Vgl. nächste Anmerkung.

176 Éguinaire Baron: D. Iustiniani sacratissimi principis perpetuo Augusti, iuris enucleati, ex omni veteri iure collecti, digestorum seu pandectarum liber primus[–quartus], I, 1, 1, in: Opera omnia in tres tomos divisa [...], Lutetiae 1562, t. 2, S. 28: »Non inficior abusive aut metaphora quadam legem et ius ad bruta et res etiam inanimes interdum respicere, sed frequentior est verborum usus, quem dixi. Abusive ergo dicit Ulpianus, ius quod natura omnia animalia docuit, et paulo post istius iuris peritia censeri, id est haberi inter perita iuris vel referri: ducta metaphora ab iis qui censentur capite, vel patrimonio«; François Hotman: Commentarius in quatuor libros institutionum iuris civilis, Basileae 1560, I, 1, 1, S. 11, B: »Dicendum est igitur, eodem modo nos iuris nomine in hoc genere disputationis abuti, quo modo, cum hanc ipsam vim naturae legem appellamus«; Jean de Coras: Commentarii [...] in pandectarum titulum de iusticia et iure, (1. Aufl. 1557), in: Coras: Opera quae haberi possunt omnia, collata, et in duos tomos distributa [...], hg. von Valentin Wilhelm Forster, Witebergae 1603, in Digestum, I, 1, 1, 3, »Omnia animalia«, t. 1, S. 6: »Omnia animalia) Hoc quatenus ad bruta refertur per abusionem dictum puta: proprie siquidem in feris, cum ratione careant, non potest jus considerari. L. 1. ff. si quadru. paupe. [Digestum, IX, 1, 1]. Ulpianus ergo juris abutitur nomine«; Joachim Mynsinger: Apotelesma, sive corpus perfectum scholiorum ad quatuor libros institutionum iuris civilis [...], Basileae 1572, in Institutiones, I, 2, pr., Nr. 4, S. 11: »Sunt autem aliquanto licentius locuti, nec satis distinxerunt ius naturale ab affectibus naturalibus: forte ut deservirent teneris studiosorum ingenijs, et populariter rem explicarent. Neque vero rarum est, ut verba aliquanto crassius accipiantur in iure civili.«

177 Vgl. Ungepaur: Exercitium secundum, II, 1, S. 45–49: »Num jus naturale cadat in bruta? [...] Nego: Quod improprie. Diss. Dd. comm. qui 1. ita argumentantur. In brutum non cadit injuria. Ergo neque jus [...]. Ratio conseq. est, quia jus et injuria sunt contraria. Opposita autem ita se habent, ut possint esse in eodem subjecto, licet non uno et eodem tempore [...]. 2. Argum. Quod nullum jus sit absque ratione, qua bestiae destituuntur [...]. 3. Argum. Jus gentium, civile et divinum in regulatis praesupponere rationem [...]. 4. Assert Donell. lib. 1. comm. jur. civil. c. 6. [vgl. oben S. 175, Anm. 174] talem rationem: Jus est, inquit, quod recta ratione praecipit, prohibetque contraria; illa, ut voluntate et judicio quis faciat justitiae servandae caussa: haec ut eodem judicio animi et delectu vitet. Proinde ut utrumque ratione faciat: sine qua nec voluntas est, nec judicium, aut delectus. Nihil horum in animantibus brutis. Nec jus quidem igitur inter bruta [...]. 5. [...] Si bruta habent jus, utique etiam habent justitiam [...]. Unde etiam jus a justitia appellatur [...]. Quare nec fingi, aut concipi ullum jus sine justitia poterit. Ubi autem est justitia, ibi quoque est virtus. Sed bruta habere virtutem vel justitiam asserere, ineptissimum et absurdissimum foret. Ergo etiam sine absurdo eis jus naturale tribui non poterit [...]. 6. Si largiamur brutis competere jus naturae, [...] concedendum etiam foret, jus divinum iisdem esse dandum et assignandum, quia secundum divum Paulum ad Rom. 2. v. 14. et Theologorum sentientiam, jus divinum cum jure naturae caeteris paribus idem est. Nam utrumque praecipit amorem Dei et proximi, de quo agitur in Decalogo. At quis unquam sine blasphemia adstruere possit aut velit, brutis animalibus, veluti asinis et equibus et apibus decalogum latum et proditum. Ergo non nisi impie et blaspheme brutis tribui poterit jus naturae [...]. 7. [...] Si bruta haberent jus naturae, cur

François Connan und François Hotman, die sich im allgemeinen dieser Interpretation anschlossen, berücksichtigten in ihrer Erklärung auch die geschichtliche Dimension und sahen im Naturrecht die erste Rechtsform, die die Menschheit in ihrem ursprünglichen Zustand praktizierte. Die ersten Menschen dürften sich wohl von den Tieren nicht unterschieden haben und handelten aus denselben Trieben: Begattung, Zeugung und Erziehung der Kinder erfolgten also kraft natürlicher Zuneigung und nicht durch Anerkennung der gegenseitigen Rechte und Pflichten. Nachdem sich aber die Menschen allmählich in Städten zusammengeschlossen hatten, wurde dieses erste Naturrecht durch das Völkerrecht abgelöst, das auf dem Gebrauch der Vernunft beruht: Somit ersetzte das ›ius‹ die ›vis‹, die jetzt nur unter den Tieren fortwirkt.[178] Die Vorschriften des ›ius naturae‹ gelten also in erster

---

non etiam jus gentium et civile haberent? Jus enim naturae fundamentum est reliquorum jurium, ita ut ex jure naturae primo jus gentium primaevum, secundario vero jus politicum descendat et oriatur. At quid stultius est, quam si assererem, bruta habere domesticam aut politicam societatem vel rempubl. ubi monstrarem illas politias asinorum ac beluarum. Non minus ergo stulte asinis et equis, aliisque animalibus jus naturale tribuitur [...]. Si instinctus in brutis pro jure esse et reputari debent, quidni et caeterorum corporum naturalium, quae procul dubio instinctu naturali moventur, trahuntur, ducuntur, utpote ignis tendit sursum et quodvis leve, grave vero movetur et tendit deorsum, eadem deberet esse ratio? Sed posterius est erroneum et falsum. Ergo etiam prius.«

178 François Hotman: Epitomarum in pandectas, libri XXII., in: Hotman: Operum tomus primum, [Genevae] 1599, I, 1, 11, Sp. 4f.: »Hoc [scil. ius naturae] est quod fuisse putant prima hominum aetate, cum homines fusi per agros pecudum ritu vagarentur. Quis ignorat (inquit in Sextiana Cicero) [Pro Sestio, 42, 91] ita naturam rerum tulisse, ut quodam tempore homines, nondum neque naturali, neque civili iure descripto, fusi per agros, ac dispersi vagarentur, tantumque haberent, quantum manu ac viribus per caedem ac vulnera, aut eripere, aut retinere potuissent? Qui igitur primi virtute et iustitia praestanti exstiterunt, ij perspecto genere humanae docilitatis atque ingenij dissipatos unum in locum congregarunt, eosque ex feritate illa ad iustitiam atque mansuetudinem traduxerunt. Naturale ergo ius appellatum est, quod fuit in illa hominum feritate, ante ius gentium descriptum, ante civitates conditas et Imperia constituta, cum homines non multum a belluis differrent: neque aliud esset ius coniunctionis, marium ac foeminarum inter homines, quam inter pecudes, quam naturae caecitatem etiam nunc in Insulis novis conspicari licet, multarumque veterum gentium exempla docuerunt, apud quas non modo fratrum et sororum, verum etiam parentum et liberorum concubitus probro non fuerunt [...]. Itaque si quo naturae iure atque imperio feri homines ad liberorum procreationem et natorum educationem incitabantur, quam quo ceterae animantes, ut non incommode dicere possimus, animantia omnia istius naturalis iuris peritia, vel (ut concinnius loquamur) non expertia censeri. Verum posteaquam ea vis Naturae, a gentium iure ad honestatis regulam revocata est, tum ius naturale inter homines dici coepit, quod inter belluas proprie vis nomen retinuit.« Vgl. Hotman: Commentarius in quatuor libros institutionum iuris civilis, I, 1, 1, S. 11.

Linie nur für den alleinlebenden Menschen, soweit dieser sich nicht von einem Tier unterscheidet.[179]

Die Einteilungen des Naturrechts

So unterschiedlich die Auslegungen sein können, zu denen die Definition Ulpians Anlaß gibt, eines steht fest: Zwischen Menschen und Tieren kann keine Rechtsgemeinschaft bestehen, und das Naturrecht muß ausschließlich als menschliche Angelegenheit angesehen werden. In dieser Hinsicht wird die Dreiteilung des Rechtes folgendermaßen betrachtet: Naturrecht ist das, was die Vernunft die Menschen von Geburt aus lehrt; Völkerrecht ist das, was die Vernunft unter den zusammenlebenden Menschen entwickelt, und Zivilrecht ist das, was die verschiedenen Völker selbst erfinden. Auf die Bedeutung dieser Teilung und auf die daraus entstehenden Fragen konzentrierte sich die weitere Arbeit der Rechtskommentatoren in der zweiten Hälfte des sechzehnten und in den ersten Jahrzehnten des siebzehnten Jahrhunderts. In diesen Auslegungsversuchen, die zum Teil als kollektives Unternehmen zu deuten sind, kann man zwei Entwicklungslinien feststellen. Einerseits greift man auf die spätmittelalterliche Tradition zurück und teilt sowohl das Natur- als auch das Völkerrecht in einen ursprünglichen und einen sekundären Teil. Die daraus entstehenden vier Bereiche werden dann so geordnet, daß sie sich teilweise decken. Andererseits wird die Dreiteilung immer öfter auf eine Zweiteilung zurückgeführt, in der das Natur- mit dem Völkerrecht gleichgestellt wird, während beide vom Zivilrecht getrennt werden. Wenn man ferner bedenkt, daß das ›ius naturae‹ im wörtlichen Sinn, d.h. als Folge des tierischen Instinkts, vom Rechtssystem ausgeschlos-

---

[179] Connan: Commentariorum iuris civilis libri X., I, 5, 1, S. 20: »Ius itaque naturale proprium est hominis solitarij, vitam agentis in agro cum uxore et liberis. Sed cum ad hominum societates et coetus suapte natura ferretur, paulatim exijt foras, cognationibus primum, tum affinitatibus, deinde amicitijs, postea vicinatibus, et tandem commerciorum usu totum genus humanum complexus est [...]. In quo necesse fuit iustitiam colere, fidem servare contractuum, neminem dicto factove laedere, cum extraneis et sibi ignotis hominibus eadem probitate agere, qua soliti erant cum uxore et liberis. Atque ad eam aequitatem constituendam aut ostendendam nihil fuit opus legibus: ad eam sua sponte ferebantur, nihil ut esset tam coniunctum, quam omnes inter se. Nemo tam similis sibi, quam omnes omnium. Ius idem omnes magna voluntate amplectebantur, quod gentium dicitur, ab illo naturali diversum in eo, quod naturale est hominis qua animal est, providum quidem et sagax, caeterum inclusum domi, paulum admodum differens a brutis. Ius hoc gentium hominis est qua homo, plenus rationis et consilij, et iam hominum societate implicatus.« Zur ›distributio‹ des Rechtes bei Connan vgl. Christoph Bergfeld: Franciscus Connanus (1508–1551). Ein Systematiker des römischen Rechts, Graz 1968, S. 82–98.

sen wird, bleiben nur das Zivilrecht einerseits und das Völkerrecht andererseits übrig; letzteres läßt sich in ein ursprüngliches und ein sekundäres Völkerrecht aufteilen. Dies ist aber dieselbe Gliederung, die in der neuzeitlichen Disziplin des Natur- und Völkerrechts verwendet wird.

Die Zweiteilung des Rechtes wurde von Hermann von Vulte und Helfrich Ulrich Hunnius verteidigt, die sich auf die Autorität des Hugues Doneau stützten.[180] Die Natur – so argumentierten beide Autoren – muß als einzige Quelle sowohl des Natur- als auch des Völkerrechts betrachtet werden, und daher sollten diese zwei Rechtsarten eigentlich als ›Recht der Natur‹ gelten. Es ist aber ebenfalls gewiß, daß sie bei allen Völkern zu finden sind, so daß sie auch als Formen eines ursprünglichen ›Rechts der Völker‹ verstanden werden können. Offensichtlich besteht kein wesentlicher Unterschied zwischen diesen Rechtsformen, und sie sind letzten Endes identisch.[181] Nur hinsichtlich ihrer Entstehung darf man sie als getrennt betrachten. Das eine ruht nämlich direkt auf der Natur, während das andere von der natürlichen Vernunft kommt.[182] Das eine ist ein Produkt der Triebe, während das andere Diskurse und logische Schlußfolgerungen benötigt. Das eine wirkt unmittelbar, das andere mittelbar. Natur- und Völkerrecht sind also zwei Arten derselben Gattung, die unterschiedslos mit dem einen oder mit dem anderen Namen bezeichnet werden kann und dem Zivilrecht entgegengesetzt ist, weil dieses von der menschlichen Willkür abhängt.[183]

---

[180] Doneau: Commentaria de iure civili, cit., I, 6, 6, Sp. 34: »Et facilius quis dederit omne ius gentium esse ius naturale, ut naturali ratione constitutum. Sed fortasse non statim omne naturale idem et gentium esse concesserit [...]. Sed si omne ius naturale non tantum est omnium hominum, sed etiam solum hominum, nullum autem ius brutorum aut inter bruta, efficitur multo citius, quod naturale est, id et gentium ius dici debere.«

[181] Hunnius: Variarum resolutionum iuris civilis libri IV., I, 19, S. 56–58: »Distinguuntur atque differunt invicem ius naturale et ius gentium definitionibus, causis efficientibus, subiectis atque effectis, cum accipiuntur specialius minusque proprie. At vero sunt idem cum ius naturae, itemque ius gentium proprie ac generalius capiuntur« (S. 58).

[182] Favre: Iurisprudentiae Papinianeae scientia, II, 2, S. 35: »Observandum autem est nos in hoc Principio intelligere de eo iure naturali quod non sic dicatur ad differentiam iuris gentium quomodo dicitur illud quod circa eas res versatur quae hominibus communes sunt cum brutis animantibus, sed quod e contrario non discrepet fere quicquam a iure gentium. Nam et ius gentium aestimatur ex ratione naturali, ut dicemus in sequentibus. Nec in alio differt ius gentium a iure naturali proprie ac separatim sumpto, nisi quod illud consistit in ijs rebus quas caetera quoque animalia faciunt instinctu naturae, hoc vero in ijs quas soli homines, et quidem ratione naturali duce.«

[183] Vulte: In institutiones iuris civilis a Iustiniano compositas commentarius, I, 2, S. 13f.: »Certum est jus naturale et jus gentium origine idem esse, nempe natura. Utrunque igitur est naturale, sed et hoc certum est, quod utrunque commune sit omnium gentium. Utrunque igitur est gentium. Quare jus naturale a jure gentium non est separandum, sed distinguendum. Quomodo? Ratione et modo utriusque introducendi diverso, qui tamen in re ipsa diversitatem non facit. Jus enim [naturale] a natura est simpliciter, jus gentium

Sic etiam ex eodem fundamento respondetur ad ultimum argumentum, duo esse summa genera iuris, civile et naturale, sive gentium: Hoc vero posterius rursus subdividi in alia duo, nempe in illud ius, quod quodammodo et per similitudinem quandam brutis competere dicitur, atque in specie naturale appellatur, et in illud, quod nec re, nec similitudine aliorum sit, quam hominum. Ut ita duo sint genera summa, civile et naturale sive gentium; Tria vero, si posterius in species suas subdividatur.[184]

---

est a ratione naturali. Naturale jus, quilibet natura sive naturae instinctu, sine ullo rationis discursu, protinus, ubi de eo cogitat, aut audit, pro jure agnoscit; Jus autem gentium per ratiocinationem et discursum aliquem introducitur: atque ita illud a natura est immediate, hoc mediate, nimirum ratiocinatione ex principiis naturae, quibus homo quilibet, qui non sit naturae omnino distortae, assentiatur, deducta. Qua ratione illud non immerito quis jus naturale sive gentium prius, hoc jus naturale sive gentium posterius appellaverit, et secundum distinctionem illam juris gentium distributionem ab Interpretibus confictam, qua primarium aliud, aliud secundarium dicitur, defenderit. Juxta eandem explicandum est, quod servitus juri naturali dicitur esse contraria, § Jus autem gentium in hoc tit. [Institutiones, I, 2, 1], et tamen eadem dicitur esse jure gentium introducta, § Manumissio in de libertin. [Institutiones, I, 5]. Prius enim verum est respectu juris naturalis sive gentium per ratiocinationem collecti, quod est a ratione naturali. Et tamen utrunque peculiari nomine a se invicem distinguitur, non quod sint diversa in genere, sed in specie. Genus est jus gentium sive naturale: species sunt jus gentium, sive naturale prius, cui servitus est contraria, et jus gentium sive naturale posterius, quo servitus est introducta.« Vulte übernimmt dieses Argument von Wesenbeck: Commentarius in institutionum iuris libros IIII., I, 2, 4, S. 21; Althusius: Iurisprudentiae Romanae methodice digestae libri duo, I, 1, S. 1f. und Althusius: Epitome et brevis ἀνακεφαλαίωσις dicaeologicae Romanae, S. 1: »Naturale est, quod ratio simplex noetica docet ad sancte et pie vivendum, ut: Quod tibi non vis fieri, alteri ne feceris [...]. Gentium est, quod per ratiocinationem, dianoiam vel discursum mentis constitutum est ad bene et commode vivendum, ut iustum est, ut rerum dominia sint distincta et maleficiis poena constituatur, quia alias humana societas conservari non posset.« Vgl. oben S. 70, Anm. 160. Vgl. auch Althusius: Dicaeologicae libri tres, I, 13, 18, S. 37f.: »Hoc commune ius, alii distinguunt in ius naturale, vel gentium [...]. Alii vero utrumque hoc rectius naturale vocant [...] et quod ius gentium dicitur, hoc saepe naturale a Ictis vocatur [...]. Ius naturale quod vocant, dicitur, quod ratio simplex noetica, ἀναποδεικτικῶς, hominem, quatenus homo et animal rationale, docet [...] ad sancte et pie vivendum [...]. Unde a quibusdam ius rationis vocatur [...], ius innatum [...] quamvis idipsum non innascatur proprie, sed tantum ἔννοιαι, notiones eiusdem, seu potius facultas iuris huius cognoscendi a natura ingeneretur. Vocatur quoque lex naturae [...], naturalis aequitas [...]. Quod ius bruta animalia nonnunquam imitantur, et cuius simulacra quaedam habere dicuntur [...]. Ius gentium dicitur illis, quod per dianoiam, ratiocinationem, vel discursum mentis, homo, quatenus ille animal rationale et sociale politicum, humanam societatem colens, colligit [...] ad bene, beate et commode vivendum, in vita hac communi humana [...]. Bene et commode vivere docet, quando utilia et necessaria ad vitam humanam constituit [...] et humanae societati adcommodatur [...]. Unde huius simulacrum in brutis non conspicitur.« Zu Hermann von Vulte und den deutschen Systematikern (Nikolaus Vigel, Johann Thomas Freigius, Dethard Horst, Hieronymus Treutler, Johannes Althusius) des späten sech-

Man muß natürlich erklären, warum Ulpian das Recht in drei Teile und nicht in zwei gegliedert hat. Offensichtlich hat er einen logischen Fehler begangen. Während das Recht aus zwei Gattungen und drei Arten besteht, muß der römische Rechtsgelehrte die drei Arten als drei Gattungen verstanden haben – was an sich ein verständlicher und verzeihlicher Fehler ist.[185]

Die mittelalterlichen Kommentatoren hatten auch den Tieren den Gebrauch des Naturrechts gegönnt und mußten daher eine besondere Schwierigkeit überwinden, weil die Menschen kein Rechtsverhältnis mit den Tieren eingehen können, obwohl sie eine gemeinsame Sphäre des Naturrechts anerkennen. Die Frage ließ sich lösen, indem man das Naturrecht in zwei Teile gliederte: den Bereich der Triebe und den Bereich der Vernunft.[186]

---

zehnten Jahrhunderts vgl. Stintzing: Geschichte der Deutschen Rechtswissenschaft, I, S. 424–477.

[184] Hunnius: Variarum resolutionum iuris civilis libri IV., I, 20, S. 58. Zu Helfrich Ulrich Hunnius (1583–1636), Rechtsprofessor in Gießen, Vizekanzler in Marburg und Rat der Bischöfe von Trier, Speyer und Köln, vgl. Stintzing: Hunnius, Helfrich Ulrich, in: Allgemeine Deutsche Biographie, 1881, Bd. 13, S. 418f.

[185] Doneau: Commentaria de iure civili, I, 6, 7, Sp. 36f.

[186] Coras: De iuris arte liber, II, 5, S. 120f.: »Porro autem, ut ius naturale fecerunt interpretes duplex: primarium, instinctu constans et inclinatione naturali, quod non hominibus modo, sed caeteris quoque animantibus commune est, et secundarium, restrictius, quod solis hominibus convenit, cuiusmodi sunt omnia, quae recensuit Ulpianus exempla; ita ius quoque gentium in duas species diduxerunt, primarium appellantes, quod non impetu illo naturali, sed ultroneo vigentis in homine rationis iudicio, eo ipso quo gentes esse coeperunt, hominibus innatum est, et quasi in animo insculptum: ut Deum colere, parentes honorare, patriae magistratibusque obedire, pacta servare, et id genus alia; cuiusmodi gentium ius, primarium, ob id naturale dicitur, quod sola naturae ratione excitetur in homine, gentium vero ideo, quia solae gentes, uti dictum est, non etiam bruta, eo utantur. Quod vero secundarium nominari volunt, non statim ab initio, simul atque rationem Deus insevit animis hominum, ita fuit, sed usu exigente, et ex humani convictus necessitate postea introductum est, natura etiam quodammodo repugnante, ut bella, servitutes, et contractus, naturali siquidem iure, omnia communia erant, et omnes homines aequales, liberique nascebantur«; Bronkhorst: Ἐναντιοφανῶν centuriae sex, I, 3, S. 3: »Contra hanc ICrum distinctionem, aliam vulgo interpretes excogitarunt, qua ius naturale, item gentium, aliud primaevum, aliud secundarium appellant. Ius naturale primaevum statuunt, quod omnibus animantibus commune est. Ius naturale secundarium, seu ius gentium primaevum vocant, quod natura homini in prima creatione insevit, ut sunt normae et discrimina honestorum et turpium. Cuius exempla sunt, religio erga Deum, pietas in patriam et parentes, alterum non laedere, neminem locupletari debere cum alterius iactura [...]. Ius gentium secundarium dicunt, quod non a simplici ratione naturali proficiscitur, sed per ratiocinationem, usu et humanis necessitatibus exigentibus, homines communi consensu constituerunt. Cuius iuris sunt bella, servitutes, distinctiones dominiorum, et contractus«; Ungepaur: Exercitium secundum, II, 2, S. 49: »Num jus commune sit duplex? [...] Nego: Si utrumque jus iterum dividas in primaevum et secundarium, cum Dd. communiter. Jus naturale primaevum sive primarium appellant, quod cum bestiis homini est commune, et secundarium, quod hominis est pro-

Wie es im Völkerrecht möglich war, das ›ius gentium primaevum‹ vom ›ius gentium secundarium‹ zu unterscheiden, so wurde auch das ›ius naturae primaevum‹ vom ›ius naturae secundarium‹ getrennt.[187]

Von den somit erhaltenen vier Rechtsarten sind zwei, die äußeren oder das ›ius naturae primaevum‹ und das ›ius gentium secundarium‹, deutlich getrennt und entsprechen in der Tat den instinktiven Handlungen der Tiere und den durch Vereinbarung entstandenen menschlichen Abkommen. Die zwei mittleren Formen aber, d.h. das ›ius naturae secundarium‹ und das ›ius

---

prium, et ex mera ratione naturali oritur, veluti est religio, pietas in parentes et c. Jus gentium autem primaevum vocant Dd. quod procedit, sive oritur ex ratione naturali; et secundarium, quod non a simplici ratione naturali proficiscitur, sed per ratiocinationem, usu et humanis necessitatibus exigentibus, homines communi consensu constituerunt. Unde illud a Dd. vocatur jus rationis, hoc jus ratiocinationis.« Unter den alten ›Domini‹ sind Bassianus, Azo und Bartolus gemeint. Vgl. oben S. 127f., Anm. 50–52. Éguinaire Baron: Institutionum seu elementorum Iustiniani sacratiss. principis libri IIII. [...], I, 2, in: Baron: Opera omnia in tres tomos divisa [...], Lutetiae 1562, t. 2, S. 13 und Duaren: In primam partem pandectarum sive digestorum methodica enarratio, I, 1, 5, S. 6 betrachten Isidorus Hispalensis: Etymologiarum libri XX., V, 2–6 und Decretum, dist. 1, c. 9 als die Quellen der Unterscheidung zwischen ›ius gentium primaevum et secundarium‹.

187 Mynsinger, Apotelesma, sive corpus perfectum scholiorum ad quatuor libros institutionum iuris civilis, in Institutiones, I, 2, pr., Nr. 1–14, S. 11f.; Duaren: In primam partem pandectarum sive digestorum methodica enarratio, I, 1, 5, S. 6; Stucke: Repetitae praelectionis, exercitationum Iustinianearum [...] partes duae, I, 1, 4, c, S. 96; Goeddaeus: Theses iuridicae de iustitia et iure, §§ 67–70: »Et hac ratione, jus naturale definitur, quod natura omnia animalia docuit a) quoniam affectus et inclinationes illas naturales, homines cum caeteris animantibus communes habent; b) a Doctoribus jus naturale primaevum, seu primarium appellatur [...]. Idque non respectu brutorum, quae cum rationis et orationis expertia sint, nulla cum illis vitae societas, nulla juris communio esse potest: sed respectu hominis tantum, qui solus rationis, cuius particeps est, lumine regitur, et gubernatur [...]. Deinde jus naturale dicitur: quod naturalis ratio inter omnes homines constituit. Hoc Doctores, ad differentiam prioris, jus naturale secundarium, et Gentium primaevum nuncupant.« Gegen die Einteilung sowohl des Natur- als auch des Völkerrechts in ›primaevum‹ und ›secundarium‹ sind: Baron: Institutionum seu elementorum Iustitinaini sacratiss. principis libri IIII., I, 2, S. 13; Jean de Coras: Miscellaneorum iuris civilis liber primus[-septimus], VI, 25, in: Coras: Opera quae haberi possunt omnia, Bd. 2, S. 741f.; Coras: De iuris arte liber, II, 5, S. 122; Favre: Iurisprudentiae Papinianeae scientia, II, 2, S. 35: »De distinctione iuris naturalis in primaevum et secundarium. Contra hoc principium pugnat vulgaris traditio interpretum nostrorum distinguentium ius naturale in primaevum ut loquuntur et secundarium. Nam si ius naturale omne ex ratione naturali aestimandum est, ratio autem naturalis illa dicitur quae hominibus omnibus insita est a natura, fieri nullo modo potest ut quod ius ab initio et primum naturale non fuit, evadat in naturale, non magis quam ut hodie ratio naturalis aliqua sit quae aliquando antea non fuerit. Quod sane non nisi absurde quis dixerit. Ratio enim naturalis perpetua est et immutabilis, ideoque ius naturale perpetuum et immutabile«; Bronkhorst: Ἐναντιοφανῶν centuriae sex, I, 3, S. 2f.; Ungepaur: Exercitium secundum, II, 2, S. 49–51.

gentium primaevum‹, enthalten dieselben Normen und sind im Grunde ein und dasselbe: das Recht, das die Menschen durch Anwendung der Vernunft anerkennen.[188]

Aus der Übereinstimmung beider mittleren Rechtsarten folgt, daß das vernünftige Handeln der Menschen, das auch unter den Tieren beobachtet wird, dem Bereich des Naturrechts entzogen wird, um als Völkerrecht zu gelten. Letzteres beansprucht das gesamte vernünftige Recht, während das Naturrecht nur das instinktive Verhalten umschließt, das so nicht einmal als echtes Recht verstanden werden darf, weil es nicht rational ist. Dieser Schluß wird von Christoph Besold mit Argumenten aus der aristotelischen Psychologie unterstützt. Mit den Tieren haben die Menschen einen Teil ihrer Seele gemeinsam, mit dem sie die Gegenstände der Welt begehren können, aber die vernünftige Seele ist Alleinbesitz der Menschen. Was die erste verlangt, muß als Naturrecht angesehen werden, aber diesem fehlt das Vernünftige, das nur dem Völkerrecht angehört.[189]

---

188 Mynsinger: Apotelesma, sive corpus perfectum scholiorum ad quatuor libros institutionum iuris civilis, in Institutiones, I, 2, pr., Nr. 1–10, S. 11: »Ut ergo iuris tyrones totam hanc rem recte accipiant, sciendum est, ius naturale bifariam in legibus accipi. Primum in largissima significatione, a causa efficiente definitur esse illud, quod natura omnia animalia docuit: id est, quod solo instinctu constat, et inclinatione naturali, tam hominibus quam caeteris animantibus commune. Huius exempla sunt, seipsum diligere, sese conservare, declinare ea quae nocitura videntur, vim vi repellere, quaerere et parare ad vitam necessaria, sui simile procreare, curam habere eorum quae progenita sunt [...]. Hoc autem ius Doctores vulgo naturale primaevum, sive primarium appellant, ad differentiam scilicet alterius iuris, quod vere et proprie naturale est, hominibus tantum conveniens, et in sola naturali ratione conquiescens, quo a caeteris brutis animantibus distamus, et separamur; potestque illud sic recte definiri: Ius naturale est, quod natura, atque adeo Deus ipse, omnes homines in creatione, prima quaedam praecepta et formulas honestatis docuit [...]. Item huius iuris exempla sunt: amor parentum, patriae, obligatio ad antidora, servare pacta, stare promissis, neminem laedere, et caetera id genus [...]. Hoc autem naturae ius a Doctoribus vulgo secundarium, dicitur, ad differentiam prioris: quod (ut diximus) potius impetus naturae est, quam ius. Sed et hoc plerunque iurisconsulti, ius gentium antiquum appellant, tanquam id, quod naturalis ratio inter omnes gentes constituit, et apud omnes populos custoditur ac observatur. Nam hoc ius est omnibus et solis hominibus inter se commune [...]. Est porro et aliud ius gentium, quod ex naturali quidem iudicio, sive ratione, proficiscitur, sed non simpliciter, imo per discursum aliquem practicum, et ex moribus populi adprehensis: quod naturale secutum est. Hoc enim ius gentium, non lege naturali ab initio, ac ultro iudicante ratione ita fuit, sed usu exigente, et ex humani convictus necessitate, discursu quodam practico rationis introductum est [...]. Doctores nominant secundarium ius gentium, ut a naturali iure secerneretur, quod etiam ius gentium dici solet.«

189 Eine ähnliche Gliederung befindet sich auch bei Bolognetti: De lege, iure et aequitate disputationes, XXIII, 2–7, t. 1, Bl. 312^{v}–313^{r}: »Ea igitur totius iuris dividendi rectissima ratio esse mihi videtur, ut illud generatim, atque universe consideratum duplex tantum esse statuamus. Unum ius est quo ea continentur, quae determinate (ut ita loquar) a natura vel imperantur, vel prohibentur, ac propterea per se iustorum, vel

Planissima mihi responsio videtur: Id quod, anima sensitiva dictitante et simplici saltem ratione informata, ab hominibus pro jure receptum, si et in brutis animadvertatur, recte dici Jus Naturale [...]. Sensitivae [scil. facultatis] itaque intuitu Jus Naturae homini cum brutis est commune; rationalis ad Jus gentium primaevum spectat.[190]

---

iniustorum distinctionem habent [...]. Et haec Cicero [De inventione, II, 22, 65–67 und 53, 161] magis proprium quendam in modum naturali iuri tribuenda esse existimat. Alterum ius complectitur ea quae natura non determinate vel praecepit, vel prohibuit, sed hominum arbitrio, ac potestati tanquam differentia permisit, ut id potissimum decernerent, quod sibi magis expedire iudicarent. Quare ut in primo honestas potissimum, et iustitia inspicitur, ita in hoc utilitas maxime attenditur. Moderatur enim eas commoditates quae ad vitam instituendam pertinent. Ideoque recte ad hoc ius referamus non tantum dominia, commercia, bella, captivitates, servitutes, contractus, quae nostri interpretes dicunt esse iuris gentium secundarij, sed etiam rerum omnium communionem, unam omnium libertatem, promiscuos concubitus, acquisitionem eorum, quae coelo, terra, marique nascuntur, et si qua alia primo illo aevo servabantur, anteaquam homines ex illo naturali statu quicquam immutassent. Nam haec quoque in hominum potestate posita erant, ita ut salva iustitiae ratione mutari, corrigi, rursusque restitui, ac saepius variari possent. Hoc ius, si Ciceronis [De inventione, II, 22, 67 und 54, 162] testimonio aliquid dabimus, ius naturae non proprie dicemus [...]. Quod vero humanum ius est, idem mihi videtur ius gentium non absurde dici posse [...]. Quod attinet ad primum illud ius, quod ex Tullij sententia diximus magis proprie naturale esse, ego illud unicum statuo, nec recte subdividi posse iudico. Quod attinet vero ad alterum ius, quod Aristoteles [Ethica Nicomachea, V, 7, 1135 a 3–6] ἀνθρώπινον nominavit, nos humanum, aut etiam gentium non absurde possumus appellare. Huic ego existimo recte convenire distinctionem primaevi et secundarij, quam nostri frequentius probant. Primaevi iuris ea sunt, quibus homines primo illo aevo utebantur anteaquam ex naturali, qui tunc erat, statu aliquid mutassent. Quo tempore servabantur haec omnia, communis rerum possessio, una omnium libertas, concubitus promiscui, acquisitio eorum, quae in caelo, terra, marique nascuntur. Iuris vero secundarij ea sunt, quae postea servari coeperunt cum hominum crevit malitia, suntque ijs, quae proxime diximus pene contraria. Etenim loco illius universalis communionis distinctio dominiorum successit, loco libertatis servitus multos oppressit, indeque etiam processit manumissio [...]. Nunc videamus an singulae istae species iuris gentium, quas hucusque constituimus, rursus dividi possint. In quo breviter dico, ius illud primaevum, quoniam peraeque ab omnibus servabatur, nullam amplius divisionem admittere. In secundario vero duas adhuc species distinguo (et hanc postremam statuo iuris divisionem) nam aut commune, aut proprium est.«

190 Christoph Besold: Ad tit. I. III. IV. V. et VI. lib. I. pandectarum commentarii succincti: ultra CC. iuridicas et politicas quaestiones decidentes [...], Tubingae 1516, lex I, 1, 1, 20, S. 39. Vgl. auch Besold: Delibata iuris, I, 5–7, S. 10–19, besonders das Schema, S. 17; Christoph Besold: Dissertatio de libris utriusque juris, in: Besold: Delibatorum juris, pars secunda. Ubi praecipue quaestiones, in XI. XII. XIII. XIV. XV. XVI. Ac item in quatuor posterioribus libris, obviam quae fiunt, succincte enodantur [...], Tubingae 1629, VII, S. 39. Dieselbe Gliederung findet sich auch in Hermann von Vulte: Jurisprudentiae Romanae a Justiniano compositae libri II., Marpurgi 1598, (1. Aufl. 1590) I, 1, S. 1: »Jus naturale est jus apud omnes populos peraeque custoditum: idemque commune dicitur. Hoc si ab ipsa natura, jus naturale in specie dicitur; quod primaevum seu primarium aliis est. Si ratio naturalis constituerit, dicitur jus Gentium, aliis jus secundarium.«

Die juristische Debatte über die Einteilung des Naturrechts hatte einige Auswirkungen auch im benachbarten Bereich der Philosophie. Hier hielt man an der aristotelischen Gliederung fest und erkannte nur das Naturrecht und das positive Recht an. Es ließ sich aber nicht vermeiden, daß die Unterschiede des römischen Rechtes zum Teil in die aristotelische Rechtslehre übertragen wurden. So teilten Vertreter des frühneuzeitlichen Aristotelismus wie Hippolyt Hubmeier,[191] Christian Matthiae oder Klemens Timpler[192] das Naturrecht in ein ›ius primaevum‹ und ein ›ius secundarium‹, wobei das erstere mit dem eigentlichen Naturrecht zusammenfällt, während das zweite nichts anderes als das ›ius gentium‹ ist.

> Porro jus duplex est: naturale et positivum. Jus naturale est, quod omnibus hominibus a natura est insitum, quodque semper et ubique eandem vim obtinet, vel, ut Melancht. in Epit. Phil. Mor. p. 103. [Philosophiae moralis epitome, Sp. 70] definit, jus naturale est recti et justi praeceptum in conscientia hominum post lapsum relictum. Jus naturale est duplex; primarium et secundarium. Jus naturale primarium est, ad cujus notitiam et obedientiam homo, qua homo, per primam naturae inclinationem disponitur: ut, Deum esse colendum; parentes esse venerandos. Et de hoc jure Cicero graphice et emphatice in orat. pro Milone [4, 10] loquitur, cujus verba haec sunt: Est enim (Judices) non scripta, sed nata lex, quam non didicimus, accipimus, legimus, verum ex natura ipsa arripuimus, hausimus, expressimus, ad quam non docti, sed facti, non instituti, sed imbuti sumus, ut si vita nostra in aliquas insidias, si in vim, in tela, aut latronum, aut inimicorum incidisset, omnis honesta ratio esset expediendae salutis. Jus naturale secundarium est ad cuius notitiam et obedientiam homo per secundam naturae inclinationem disponitur, quatenus videlicet membrum humani generis sive societatis est. Unde alias gentium appellatur, quod omnium gentium consensu constitutum sit, ut, legatos non esse laedendos.[193]

Bartholomaeus Keckermann, der in seinem *Systema ethicae* dieses Thema ausführlich behandelte, bemühte sich, die Kategorien der romanistischen

---

[191] Hippolyt Hubmeier: De iusticia, resp. Johannes Reichardus, Ienae 1603, disp. XII, in: Hubmeier: Exercitationes ethicae in quatuordecim disputationes conclusae [...], Ienae 1603, §§ 88–91, Bl. a2^{r-v}: »Ius naturae vel est primaevum, quod ab ipsa natura constitutum et hominibus ὁμόχρονον, quod non differt a principijs practicis quam ἀξιώματα dictitant, et vel simplicia vel complexa efficiunt [...]. Vel secundarium quod ex priori deductum et cum necessitas exigeret communi gentium usu sancitum est: ut bella gerenda, capiendos hostes, legatos non violandos. Hoc itaque ex primaevo constat ex cuius principijs consequentiae eiusmodi extruuntur; quare contrarietas nulla his intercedit. Cicero [De inventione, II, 53, 160–161] huic juri subijcit religionem, pietatem, gratiam, vindictam, observantiam, quas tamen superius iustitiae partes potentiales nonnullos efficere diximus.«

[192] Klemens Timpler: Philosophiae practicae systema methodicum; in tres partes digestum [...]. Pars prima complectens ethicam generalem, libris IV. pertractatam, Hanoviae 1612, III, 10, 7, S. 333f.

[193] Matthiae: De iustitia distributiva et commutativa, §§ 9–13, S. 148f. = Matthiae: Systema ethicum, III, 9, 9–13, S. 251.

Tradition mit der Einteilung der *Nikomachischen Ethik* in Einklang zu bringen, und stützte seinen Versuch auf die Beobachtung, daß Aristoteles mit dem Ausdruck ›ius politicum‹ nicht das Zivilrecht, sondern das Recht einer Gemeinde im allgemeinen bezeichnet.[194]

---

[194] Keckermann: Systema ethicae, tribus libris adornatum, S. 820f.: »Ius est vel naturale vel positivum. Ius naturale est, quod homo novit et exequi potest sine peculiaribus aliorum praeceptis et decretis. Estque iterum vel primarium vel secundarium. Primarium est, ad quod cognoscendum et exequendum homo primario et a prima infantia insito impetu fertur; ut est illa lex: Defende te ipsum. Aristoteles 5. Ethic. c. 6. [1134 a 24–30] omne ius dividit in absolutum et simplex, quod etiam appellat Ius politicum, et deinde in ius secundum quid, quod etiam vocat ius secundum similitudinem, item ius domesticum sive oeconomicum et privatum. Ius simplex, sive politicum et civile dicit esse id, quod est inter homines in genere consideratos, atque aequali vitae societate constitutos. Et hoc ius dividit iterum in φυσικόν, et νομιμόν, naturale et legale, sive ut alii vertunt, legitimum, c. 7. [1134 b 18–20]. Quae Arist. divisiones quomodo conciliari possint cum divisionibus Iurisconsultorum, facile ut spero, patebit per sequentia praecepta. Illud summum est ad intelligendam conciliationem, quod Arist. nomine iuris politici sive civilis generalissime utatur pro omni iure publico tam naturali quam positivo; Iurisconsulti autem Ius civile usurpent non pro omni iure publ. sed tantum pro publico positivo, quod naturali contradistinguitur. Canones de Iure naturali primario sunt hi: 1. Ius naturale primarium non differt a principiis practicis, ad quae credenda et exequenda homo per impetum naturae rapitur. 2. Ius naturale, quia est regula ratione et voluntate concipienda, proprie inest in solo homine, per similitudinem autem etiam in bestiis, et iterum per minorem quandam similitudinem in omnibus rebus naturalibus. Canon hic ponitur ad explicandam definitionem iuris naturalis, quae est 1. lib. Inst. Tit. 2. [Institutiones, I, 2, pr.] ubi inquit: Ius naturale est, quod natura omnia animantia docuit, ut est appetere conservationem sui, item generare sibi simile, defendere seipsum, et c. Nam etsi hae regulae a solo homine cognoscuntur, tamen effectus per similitudinem quandam inest omnibus animalibus, imo omnibus rebus naturalibus. Arist. autem soli homini tribuit, nempe proprie et primario, quia solus homo est rationum et conclusionum et regularum capax; unde et ius naturale complexus est Arist. sub iure civili, quia homo per naturam est animal πολιτικόν, sive propensum ad sociale illud ius, quod Aristoteles [Ethica Nicomachea, V, 5, 1134 a 26] politicum vocat. 3. Ius naturae propinquam a Deo originem trahit, unde et πρῶτον δίκαιον ab Aristot. [Ethica Nicomachea, V, 10, 1136 b 34] vocatur. Cic. 3. de Legib. [scil. De republica, III, 22, 33] unus est, inquit, quasi magister et imp. Deus, legis naturae inventor, lator et disceptator. 4. Ius naturae suam vim magis exerit in hominum voluntate et affectu cogendo, quam ullum aliud ius. 5. Ius naturae est immutabile, nempe si spectes eius vim et efficaciam, non vero accommodationem ad circumstantias certas. Utrumque dicit Aristoteles [Ethica Nicomachea, V, 6, 1134 b 25–26 und 30]: Ius naturae esse immutabile, et esse etiam mutabile. Est nempe immutabile, quia abrogari non potest, et quia vim suam amittere non potest in obligandis et cogendis hominum voluntatibus: sed mutabile dicitur, quasi variabile et accommodabile ad certas circumstantias. Secundarium ius naturale est, quod omnes gentes acceperunt, tanquam fluens ex iure naturali primario, unde et Ius gentium dicitur, ut est illa lex: Legati non sunt violandi; Naufragorum bona non sunt praedae exponenda. Ipse etiam ICtus loco citato [Institutiones, I, 2, 1] ius gentium ad ius naturae reducit, et Cic. c. 3. Offic. [III, 5, 23] ius naturae et ius gentium pro eodem sumit. Ius positivum est, quod praeceptis et decretis hominum traditur, et quod ita ex nobis ipsis non noscimus.«

Bisher haben sich zwei Entwicklungslinien in der Naturrechtslehre des sechzehnten Jahrhunderts abgezeichnet: Einerseits versuchte man von Budé über Cujas bis auf Connan und Doneau, die Tiere und das mit ihnen verbundene Naturrecht vom Rechtssystem auszuschließen; andererseits mündete die aus der Tradition geerbte zweifache Teilung des Natur- und Völkerrechts in die Gleichstellung alles vernünftigen Rechtes mit dem Völkerrecht und alles unvernünftigen Rechtes mit dem Naturrecht. Der nächste Schritt erfolgte, als beide Linien sich kreuzten, was zur Folge hatte, daß nur das Völkerrecht, soweit es vernünftiges Recht ist, in die Rechtssystematik aufgenommen wurde.

Diese weitere Entwicklung ist an der Rechtslehre Hubert van Giffens abzulesen, in der die zwei genannten Richtungen zusammenliefen. Giffen zog die letzten Konsequenzen aus der juristischen Argumentation, auch wenn er sich dazu gezwungen sah, den Autoritäten der Tradition zu widersprechen. Wenn man nämlich einräumt, daß das menschliche Recht mit den Handlungen der Tiere nichts gemein hat, muß man auch annehmen, daß das Naturrecht der ulpianischen Definition keine Bedeutung für die Jurisprudenz hat und entfallen muß. Dementsprechend soll das ganze natürlich-menschliche Recht im Völkerrecht enthalten sein, weil dieses mit dem Handeln nach der Vernunft übereinstimmt.

Ausgangspunkt in der Argumentation Giffens ist die Ablehnung sowohl der dreiteiligen Gliederung als auch der Einteilung des Naturrechts in ursprünglich und sekundär. Was die Gliederung des Ulpian betrifft, muß man sie für fehlerhaft und ungültig erklären und sie durch die Zweiteilung des Gaius und des Paulus ersetzten, weil den Tieren keine Rechtsform zuerkannt werden kann.

> Ulpiano, quem et Imp. Justinianus sequitur, Jus est triplex, Naturale, Gentium, et Civile. Et Naturale recentiores quidam doctissimi Jurisconsulti (Baro, Connanus, Goveanus, Cujacius, Raevardus, Wesenbecius) ita accipiunt, ut hoc Jus Naturale, quatenus Jus, solis conveniat hominibus. Quae interpretatio, cum repugnet verbis Ulpiani, quibus Jus hoc Naturale cum bestiis communicatur, cumque revera tamen Jus non cadat in bestias: verior Divisio Juris esse videtur, eaque et veteres Philosophi (Aristoteles, Cicero), et plerique Jurisconsulti sunt usi, Gajus, Paulus, et c. illa bimembris, qua Jus, vel est Naturale sive Gentium, quod et Commune et Humanum, vel est Civile; idque ea de causa, quia et Ratio, et Societas, quae sunt causae Juris, est duplex, Naturalis sive Humana, id est omnium hominum et gentium communis, et Civilis, sive certae Civitatis et populi propria. Nam Societatis Oeconomicae Jus non satis proprie dicitur.[195]

---

[195] Hubert van Giffen: Commentarius de divisionibus juris novis interpretum quorundam, maxime glossographorum, in theses aliquot conjectis [...], [resp. Matthias Indenius], Altdorphii 1641, (1. Aufl. 1586), § 5, S. 4f.

Das Recht gliedert sich also in zwei Bereiche, deren einer allen Menschen gemein ist, während der andere jeder besonderen Gesellschaft eigen ist.[196] Die erste Form darf man unterschiedslos ›Naturrecht‹ oder ›Völkerrecht‹ nennen, weil sie aus der menschlichen Natur, d.h. aus der Vernunft herkommt, die sich in allen Menschen kundtut. Demzufolge ist sie ein Gemeinbesitz aller Menschen und wirkt bei allen Völkern. Die zweite Rechtsform ist das Zivilrecht, dessen Geltungsanspruch sich nur über das Gebiet einer Stadt erstreckt und so viele Gestalten hat, wie es Städte gibt.

Wer zwischen ›ius naturae primaevum‹ und ›secundarium‹ unterscheidet – argumentiert Giffen weiter –, begeht zwei logische Fehler und kommt zu einem haltlosen Schluß: Einerseits werden die Arten derselben Gattung nach der bloßen Reihenfolge ihres Erscheinens und nicht kraft ihrer begrifflichen Bestimmung unterschieden; andererseits setzt man zwei unvereinbare Ursachen voraus, weil eine Rechtsform aus der Natur kommt, während die andere ein Produkt der Vernunft ist. Aber wo zwei Gegenstände

---

[196] Coras: De iuris arte liber, II, 5, S. 122: »Ut vere unum sit ius naturale, unumque ius gentium [...], omneque ius gentium, ab eodem naturae fonte procedere, neque aliud quicquam esse, quam quod naturalis et recta ratio faciendum, aut non faciendum, cuique praescribit. Amplius videtur, veteribus non aliud fuisse Ius naturale a gentili, quod M. Cicero (De officiis, III, 5, 23) diserte significat cum ait: Neque vero hoc solum natura, id est, iure gentium, sed etiam legibus populorum, in singulis civitatibus Respublica continetur: eodem modo constitutum est, ut non liceat sui commodi causa noceri alteri. Ut ita tutius sit, cum veteribus duas tantum iuris species constituere, naturalem videlicet et civilem, quibus et nostri Iurisconsulti praeter unum Ulpianum diserte consentiunt (Digestum, I, 1, 9 und I, 1, 11), naturale ius appellantes, quod naturalis ratio inter homines constituit, ideoque ius gentium nuncupatum, quasi quo iure gentes omnes utantur, in quo bonum et aequum, semper esse, Iulius Paulus ait (Digestum, I, 1, 11). Ius vero civile, quod quisque populus, in quaque civitate, velut omnibus, aut pluribus utile, sibi constituit. Civile vocatum, quasi ius proprium ipsius civitatis.« Dieselbe Teilung wird auch von Jacques Cujas verteidigt. Vgl. Jacques Cujas: Observationum lib. XXVIII. [...], XV, 33, in: Cujas: Opera omnia in decem tomos distributa: tomus tertius operum postumorum, quae de jure fecit, sive observationum lib. XXVIII. [...], hg. von Charles Annibal Fabrot, Neapoli 1758, Sp. 451: »Et vulgaris illa divisio juris in naturale, gentium et civile, ita commodissime bimembris fiet, si statuas aliud civile et naturale: rursus aliud naturale, aliud gentium« und Cujas: Recitationes solemnes ad titulum I. lib. I. digestorum de iustitia et iure, Sp. 12. Cujas beruft sich auf Digestum, II, 14, 5 (Ulpianus): »Conventionum autem tres sunt species. aut enim ex publica causa fiunt aut ex privata: privata aut legitima aut iuris gentium. publica conventio est, quae fit per pacem, quotiens inter se duces belli quaedam paciscuntur.« Eine zum Teil abweichende Lösung wird von Mynsinger: Apotelesma, sive corpus perfectum scholiorum ad quatuor libros institutionum iuris civilis, in Institutiones, I, 2, pr., Nr. 14, S. 12 vorgeschlagen: »Nam ius gentium, si proprie loquamur, alias ad ius naturale referetur, alias ad ius humanum: per se autem speciem non facit. Errant ergo, qui ius naturale et gentium distinguunt specie: quia etsi in modo producendi varient, substantia tamen et origine sunt unum. Verum crassius loquendo, nihil vetat docendi gratia quasi tertiam speciem studiosis proponere, sicut Iurisconsulti faciunt.«

zwei unterschiedlichen Ursachen ihr Wesen verdanken, da ist kein gemeinsamer Oberbegriff vorhanden.[197]

Die richtige Gliederung muß sich also auf das Völkerrecht beschränken, das in ›ius gentium merum et mixtum‹ eingeteilt werden darf, wenn man damit nicht eine Reihenfolge, sondern den unterschiedlichen Ursprung meint, weil seine Vorschriften teils unmittelbar von der menschlichen Vernunft, teils von einer späteren Vereinbarung unter den Völkern herstammen.

> Plane quod Idem, Jus gentium aliud faciunt Primum, aliud Secundum; et Primum vocant, quod procedat sive oriatur ex Ratione naturali; Secundum, quod ex Usu Gentium: recte sentiunt, non satis recte loquuntur. Nam Jus Gentium, quia plerumque generaliter sumitur de omni eo Jure, quod omnium hominum est commune, id autem partim est ex Mera Ratione naturali, partim ex Ratione quasi Mixta cum usu et necessitatibus humanis, potest non incommode tribui in duas species, quarum una dicatur Merum Jus gentium, altera velut Mixtum. Sic enim et Tryphoninus [Digestum, XVI, 3, 31, pr.] fere, Merum Jus Gentium appellat. Primi et Secundi appellationes tempus tantum notant, non rem aut causam.[198]

Dieselbe Entwicklung, die zur Ausschließung des den Tieren zugesprochenen Naturrechts aus der systematischen Gliederung führt, ist auch in der

---

[197] Giffen: Commentarius de divisionibus juris, § 6, S. 5f.: »Jus Naturale Glossograph. (Bartolus et alii, Schneidewinus) faciunt duplex, Primum et Secundum: ipsi appellant Primaevum sive Primarium, quod cum bestiis homini sit commune, et Secundarium, quod hominis sit proprium, ut est id, quod ex Mera ratione Naturali oritur, Religio, pietas in parentes, et c. Non recte. 1. quia species non distinguuntur tempore, (sunt enim fere simul tempore,) sed differentiis et causis. 2. quia illorum Jus Naturale Primaevum a Natura, Secundarium non a Natura, sed a Ratione naturali venit, quae causae cum toto genere differant: non possunt inde duae species effici ἀντιδιῃρημέναι et contrariae. Sola nominis communio illos induxit, quod scilicet viderent Jus Gentium interdum dici Naturale, interdum ab eo distingui.«

[198] Giffen: Commentarius de divisionibus juris, § 7, S. 6f. Zu einem ähnlichen Schluß kommt auch Besold: Delibata iuris, I, 5–7, S. 10–19, dessen Lehre im folgenden Schema (S. 17) zusammengefaßt wird:

Jus est
- vel Naturale
  1. Ex natura brutali procedens, hocque mere Naturale, nobis cum brutis commune vocatur.
  2. Jus Naturale humanum seu rationale, Jus Gentium primaevum est.
- vel Positivum.
  3. A Gentibus communi consensu, ob necessitatem vel utilitatem compositum, Gentium Secundarium vulgo dictum.
  4. Jus Civile: a Populo, vel Civitate introductum
     - 4. a. Generale totius Regni, ut Hebraeorum, Romanorum et c.
     - 4. b. Provinciale, seu Locale, vulgo Statutum indigitatum.

Da aber »ius quidem haud cadere videtur in bruta: Ius enim est quid rationale« (S. 11), wird die erste Definition nicht berücksichtigt, und nur die zweite, dritte und vierte werden in der Rechtslehre behandelt.

Behandlung des Selbstverteidigungsrechts zu beobachten, weil die Abwehr, die im römischen Recht sowohl dem ›ius naturae‹ als auch dem ›ius gentium‹ zugeteilt wird,[199] von einigen Autoren mit dem ganzen ›ius gentium primaevum‹ identifiziert wird.

Antonio Da Gouvea[200] räumt der Selbstverteidigung eine ansehnliche Stelle im Naturrecht ein, weil »nullum enim animal est tam infirmum, tam

---

[199] Digestum, I, 1, 1, 4–I, 1, 3 (Ulpianus und Florentinus): »[I, 1, 1, 4] Ius gentium est, quo gentes humanae utuntur. quod a naturali recedere facile intellegere licet, quia illud omnibus animalibus, hoc solis hominibus inter se commune sit. [I, 1, 2] Veluti erga deum religio: ut parentibus et patriae pareamus: [I, 1, 3] ut vim atque iniuriam propulsemus: nam iure hoc evenit, ut quod quisque ob tutelam corporis sui fecerit, iure fecisse existimetur, et cum inter nos cognationem quandam natura constituit, consequens est hominem homini insidiari nefas esse«; Digestum, XLIII, 16, 1, 27 (Ulpianus): »Vim vi repellere licere Cassius scribit idque ius natura comparatur: apparet autem, inquit, ex eo arma armis repellere licere«; Digestum, IX, 2, 4, pr. (Gaius): »Itaque si servum tuum latronem insidiantem mihi occidero, securus ero: nam adversus periculum naturalis ratio permittit se defendere.« Wenn Digestum, I, 1, 1–3 nach der Reihenfolge gelesen wird, kommt die dritte ›lex‹ als eine Erweiterung der zweiten vor, und diese knüpft an die letzten Worten der ersten ›lex‹ an, die das ›ius gentium‹ einführt. Florentinus redet also scheinbar über das Völkerrecht. Diese Auslegung wurde aber von denjenigen bestritten, die das Selbstverteidigungsrecht dem Naturrecht zuschrieben. Vgl. Connan: Commentariorum iuris civilis libri X., I, 4, 9, S. 19: »At vero capitum ordo quae sunt in hoc tractatu, fefellit credo eos qui iuri gentium attribuunt hanc periculi propulsationem. Primo enim cap. ius naturale quid sit tradit Ulpianus, tum de iure gentium agit ad finem, cui continuo supponitur cap. secundum ex Pomponio, quod iuris gentium exemplum ponit: Veluti, inquit, erga deum religio, ut parentibus et patriae pareamus. Post subijcitur caput illud tertium Florentini, mox quintum et sextum de iure gentium tractant. Ex quo putaverunt omnia quae a primo afferuntur capita, solius iuris gentium exponere exempla. Enimvero cum de utroque iure dixisset Ulpianus primo cap. de utroque postea interiecta sunt exempla ex aliis iurisconsultis petita, quo utriusque iuris vim naturamque facerent illustriorem. Haec igitur sunt iuris naturalis, maris et foeminae procreandi causa coniunctio, procreatorum educatio, vis depulsio, quia multis signis etiam in brutis animantibus declarat natura, quid his in rebus velit aut permittat ut faciamus.«

[200] Da Gouvea: Lectionum variarum libri duo, I, 20, S. 804: »Florentinus in L. ut vim. de iusti. et iure. [Digestum, I, 1, 3] vim et iniuriam propulsare iuris gentium facit. Cicero in Topicis [23, 90] naturale hoc ius vocat. Quin et Caius in L. itaque. ad L. Aquiliam [Digestum, IX, 2, 4, pr.] naturalem hanc rationem vocat. Si servuum (inquit) tuum latronem insidiantem mihi occidero, securus ero. Nam adversus periculum naturalis ratio permittit se defendere. Haec Caius. Neque dubitandum sane est, quin ius hoc sit naturale: nullum enim animal est tam infirmum, tam pusillum, quod vim non propulset, seque, et sua non tuetur.« Du Faur de Saint Jorry: Semestrium liber secundus, II, 2, S. 22: »Quo autem iure inferiora superioribus cedunt: eo iure et vim inferre, et vim propulsare, ac vindicare, singulis animalibus est a natura insitum: quamobrem non desunt, quibus et mirum et prope absurdum videatur: quod vis atque iniuriae propulsationem, Florentinus (Digestum, I, 1, 3) aut ex Florentino Tribonianus, iuri gentium adscripserit: quod tamen haud improbabiliter ipse interpretatione aliqua fulciri posse crediderim, hoc modo: ut homines quidem barbari, quibus iura distinguit modus virium,

pusillum, quod vim non propulset, seque, et sua non tuetur«, während sie Doneau, Hunnius und Besold teils aus dem Naturrecht und teils aus dem Völkerrecht herleiten.[201] Jean de Coras erklärt die Gründe für diese Schwankungen und zeigt zugleich das ausschlaggebende Argument für die Zuschreibung zum Völkerrecht auf.

Es ist unbestreitbar, daß jedes lebendige Wesen von einem angeborenen Trieb beherrscht wird, seinen Körper gegen fremde Gewalt zu schützen, und daß also die Selbstverteidigung eine Urbestimmung alles Lebendigen ist. Als solche ist sie aber noch kein Recht, sondern nur eine abwehrende Reaktion. Das Recht zur Selbstverteidigung, das von den Menschen ausgeübt wird, schließt in sich auch das Anerkennen eines Unrechts ein, das erlitten wird oder zu geschehen droht. Es geht damit über das bloße Naturrecht hinaus und kann sich erst dann äußern, wenn die Vernunft festgelegt hat, was Recht und was Unrecht sein soll. Wie wir gesehen haben, gehört aber das vernünftige Recht zum Völkerrecht, welchem dementsprechend auch die Gegenwehr zuerkannt werden soll.

> Nam fateor, vim solam arcere atque propulsare, seque vitam et corpus quoquomodo tueri, natura inditum cuicunque animali. Nulla quippe est fera [...] cui non sit ira, non sit animus, iniuriae impatiens et prompta si noceas, ad se defendendum alacritas. Inest quoque, ut est in diverbio, Formicae sua bilis. At non omnia animalia, acceptam iniuriam ulciscuntur, aut ulcisci curant. Etenim non naturalis sensus id est, sed maioris cuiusdam rationis. Ideoque non simpliciter dixit Iurisconsultus, vim vi repellere, iuris gentium esse: sed vim simul et iniuriam repellere, a naturali ratione (Digestum, IX, 2, 4), hoc est ex solo iure gentium proficisci. Nam et iniuria (qua omne id quod non iure fit, significamus) hominibus tantum convenit. Neque animal quod sensu caret, significanter dici potest, aut pati, aut iniuriam fecisse. Unde et illud, quod viris bene doctis placuisse video, confirmatur, instantis violentiae depulsionem, iuris esse naturalis, quo

---

sed et ipsa quoque animalia impulsu aliquo naturae ad vim atque iniuriam a se amovendam incitentur: ideoque ius illud de vi per vim repellenda, comparatum a natura esse Ulpianus dicat (Digestum, XLIII, 16, 1, 27): quod omni generi animantium natura sit inditum.«

201 Doneau: Commentarii de iure civili, I, 7, S. 17: »Sed ut hoc breviter attingam, [...] utrius iuris ex istis hanc propulsationem esse dicamus, dum constet esse a natura et iuris gentium itidem ut est religio«; Hunnius: Variarum resolutionum libri IV., I, 21, S. 58–61; Besold: Ad lib. I. pandectarum commentarii, lex III, 1, 1, 1, S. 48; Dominicus Arumaeus: Ad praecipuas pandect. et cod. leges disputatio prima [...]. Ad L. 3. ff. de justit. et jure, resp. Eusebius Menius, in: Arumaeus: Disputationes ad praecipuas pandectarum et codicis leges, consuetudines feudales, quatuor institutionum libros [...], Jenae 1613, § 1, S. 2: »Verum nihil facilius est, quam dare huic rei convenientem ordinem. Paulus, in d. l. 45. § 4. [Digestum, IX, 2, 45, 4] ait, vim vi repellere licere, omnes leges omniaque jura permittunt, quod generice propositum per omnes suas species derivari debet. Defensio est Juris naturae respectu inclinationis, Juris gentium respectu moderaminis inculpatae tutelae, quod postmodum melius Jus civile explicavit, sicque et Juris civilis defensio erit.«

animantia cuncta feruntur, ad sese tuendum. At iniuriam non imminentem modo propulsare, sed acceptam longo etiam post intervallo vindicare, Iuris esse gentium.[202]

Philipp Heinrich von Hoen schließt die natürliche Abwehr von jeder juristischen Betrachtung aus und erkennt nur die rechtmäßige Selbstverteidigung als Recht an, die als der wichtigste Gegenstand des ›ius gentium primaevum‹ angesehen wird.[203]

Jus gentium primaevum est, quod naturalis ratio inter omnes homines statim ab initio constituit, et apud omnes populos peraeque custoditur. Huic originem defensionis adscribimus legitimae, quae contra vim suscipitur injuriosam. L. ut vim 3. ff. de just. et jur. [Digestum, I, 1, 3] L. itaque si servum 4. [Digestum, IX, 2, 4] L. scientiam 45. § qui cum 4. ff. ad L. Aquil. [Digestum, IX, 2, 45, 4] L. 2. 3. et 4. C. ad L. Corneli. de sic. [Codex, IX, 16, 2–4]. Qui textus loquuntur de vi injuriosa; non de ea vi, qualem brutae animantes, furiosi et dormientes inferunt; sed de ea, qualem solae gentes rationis participes contra aliquem committunt [...]. Caeterum, ut sit legitima defensio, in continenti ut fiat necesse est [...]. Deinde, ut, si possit, fugiat potius, quam aggressorem occidat insultatus.[204]

---

202 Coras: De iuris arte liber, II, 8, S. 130f. Vgl. auch Cramer: De justitia et jure, resp. Faber, §§ 10–12: »Jus naturale est, quod natura omnia animalia docuit. Jus igitur quoddam etiam cadit in bestias [...]. Hujus juris inter caetera est propulsatio vis seu violentiae [...]. Jus gentium aliud ingenitum et nobiscum natum est, aliud postea ortum [...]. Juris ingeniti ex caeteris est etiam propulsatio injuriae, quae tantum competit hominibus.«

203 Das Selbstverteidigungsrecht bildet in der Lehre eines Reformierten wie Heinrich von Hoens die theoretische Voraussetzung dafür, daß das Volk ein Widerstandsrecht gegen den tyrannischen Magistrat hat, der seine Untertanen zum Aberglauben nötigen will. Vgl. Philipp Heinrich von Hoen: De subditis, prima civitatis parte, resp. Wilhelmus Stoeverus, §§ 14–16, in: Hoen: Liber primus disputationum politicarum, S. 20–24. Philipp Heinrich von Hoen (1576–1649) lehrte in Herborn von 1604 bis 1608, als er Hofrat des nassauischen Hauses wurde. Vgl. Eduard Manger: Hoen, Philipp Heinrich v. (Hoenonius), in: Allgemeine Deutsche Biographie, 1880, Bd. 12, S. 550f.; Hermann Heck: Hoen (Hoenonius) v. (Reichsadel 1629), Philipp Heinrich, in: Neue Deutsche Biographie, 1972, Bd. 9, S. 341f.

204 Philipp Heinrich von Hoen: De justitia et jure naturali, gentium et civili, personarumque divisione [...], resp. Johannes-Theodoricus Geyer, 1605, in: Hoen: Liber primus disputationum juridicarum continens quaestiones seu controversias juris illustres, ex libris quatuor institutionum imperatoris Justiniani excerptas [...], (1. Aufl. 1608), §§ 11–13, S. 13–15, in: Hoen: Disputationum juridicarum libri tres ad principis augustissimi et sacratissimi imperatoris Justiniani jus civile [...], Herbornae Nassoviorum, 1614. Vgl. auch Heinrich Bocer: Ad primam partem pandectarum disputatio prima. De iustitia et iure, resp. Ioannes Ludovicus König, in: Bocer: Ad tres priores pandectarum partes disputationes [...], Tubingae 1588, §§ 8–12, S. 5–7: »Ius gentium est, quo tantum omnes gentes utuntur [...]. Estque duplex: aut enim cum ipso genere humano illud natura prodidit, aut naturalis ratio usu exigente et humanis necessitatibus id constituit [...]. Prioris generis est religio erga Deum, obedientia erga parentes et patriam, defensio contra vim atque iniuriam; posterioris generis sunt bella, servitutes, manumissiones, distinctiones

Durch die letzten Bemerkungen vervollständigt sich unser Gesamtbild der Rechtssystematik. Das Recht unterteilt sich jetzt in einen zivilen und einen nicht-zivilen Bereich. Dieser umfaßt sowohl das Natur- als auch das Völkerrecht, aber ersteres hat keine juristische Bedeutung, weil es nur unter den Tieren erscheint. Nur letzteres, das auf der Vernunft gegründet ist, soll als das eigentliche nicht-zivile Recht angesehen werden und gliedert sich wiederum in ›ius gentium primaevum‹ und ›secundarium‹, weil es entweder unmittelbar der natürlichen Vernunft als angeborene Idee entspringen kann oder von einer vernunftmäßigen Vereinbarung vermittelt wird. Der letzte Schritt in diese Richtung geschieht, wenn das ›ius gentium primaevum‹ ›Naturrecht‹ und das ›ius gentium secundarium‹ einfach ›‹Völkerrecht« genannt werden.

Recentiores, alii, ut Connanus, priorem speciem vocant Jus naturale, alteram Jus gentium: non male, si Jus gentium stricte accipias, ut in d. L. 64. D. de Cond. ind. [Digestum, XII, 6, 64]. Alii vocant simplex, et compositum: Alii constitutum, et non constitutum: non admodum male [...]. Illud non recte, quod quidam concinne illud vocant jus rationis, hoc jus ratiocinationis. Nam Ratio illis hic est νοῦς, mens, et Ratiocinatio illius actus. Differunt igitur haec duo, non ut species ejusdem generis contrariae, sed ut δύναμις καὶ ἐνέργεια, vis et res ipsa. Verba quoque illa, Jus Rationis et Jus Ratiocinationis, sunt inusitata. Etsi autem re intellecta, faciles in verbis esse debemus: Verba tamen recepta et rebus consentanea usurpare malim.[205]

---

dominiorum, et omnes fere contractus, eorumque obligationes [...]. In tantum autem permissa est defensio contra vim atque iniuriam, ut nec primum adversarij exspectare ictum, nec eum fugere quis teneatur [...]. Moderamine vero inculpatae tutelae defensio et repercussio fieri debet, hoc est non causa ulciscendi, sed propulsandi iniuriam. Item confestim laborante adhuc maleficio, non ex intervallo, licet pro rebus nostris recuperandis suscipiatur, et denique similibus armis. Quae tamen similitudo et paritas armorum geometrica potius, quam arithmetica proportione aestimanda est, habito diligenti omnium circumstantiarum respectu.«

[205] Giffen: Commentarius de divisionibus juris, § 7, S. 7. Der Ausdruck ›ius gentium stricte acceptum‹ bezieht sich eigentlich auf Digestum, XVI, 3, 31, pr. (Tryphoninus): »Bona fides quae in contractibus exigitur aequitatem summam desiderat: sed eam utrum aestimamus ad merum ius gentium an vero cum praeceptis civilibus et praetoriis?« Der Text von Digestum, XII, 6, 64 (Tryphoninus) lautet: »Ut enim libertas naturali iure continetur et dominatio ex iure gentium introducta est, ita debiti vel non debiti ratio in condictione naturaliter intellegenda est.« Vgl. auch Connan: Commentariorum iuris civilis libri X., I, 6, 1, S. 25f. und I, 6, 4, S. 27: »De civili iure post dicemus: quod ad naturale attinet, bipartita mihi videtur eius induci posse ratio. Una quidem iustorum et iniustorum lex est, nullo vel tempore vel loco mutabilis; altera moderatrix earum utilitatum est, quae sunt ad vitam degendam necessariae. Haec ut dicere auderem, adductus sum authoritate Pauli [Digestum, I, 1, 11], qui ius naturale ponit in aequi et boni ratione, civile et legitimum ab utilitate ducit. Monuit me et hic Aristotelis locus [Ethica Nicomachea, V, 6, 1134 b 25–30], qui mihi non videtur explanari posse, nisi duplicem naturam in iure naturali posuerimus, aequitatis unam, utilitatis alteram. Illa spectat hoc unum, ut sancte,

Man erhält somit ein Naturrecht, das den rein menschlichen Handlungen entspricht. Diesem wird ein Völkerrecht gegenübergestellt, das aus den Vereinbarungen und Verträgen unter den Völkern zusammengesetzt ist. Ersteres umfaßt jedes juristische Handeln, das auf Grund der bloßen menschlichen Vernunft ausgeübt wird, auch unabhängig von der menschlichen Gesellschaft besteht und sich in der Frage nach der Selbsterhaltung erschöpft. Letzteres ist das moderne internationale Recht.

Benedikt Winckler und die Systematisierung des alten Naturrechts

Die juristische Reflexion über das Naturrecht, vollziehe sie sich in der Form des propädeutisch-methodologischen Traktats oder des Kommentars zum römischen Recht, bildet nur eine Tradition in der Naturrechtsgeschichte des sechzehnten Jahrhunderts. Eine zweite Überlieferung erfolgt im philosophisch-theologischen Bereich und ist durch drei Hauptelemente gekenn-

---

ut pie, ut iuste vivamus: haec ut commode et idonee. Ius illius dicitur ius naturale vere et proprie, quod illud ratio naturalis cuique praescribit, estque aeternum, et sibi perpetuo constans. Ex quo ceu fonte manant ea praecepta quae nos invitant ad iustitiam, in quibus sunt illa quae Ulp. [Digestum, I, 1, 10] refert, honeste vivere, neminem laedere, suum cuique tribuere. Quia omnia diriguntur ad eam quae delapsa de coelo est regulam: Alteri ne feceris, quod tibi fieri non vis. Hac enim regula, et iudicio ab ea constituto, iusti ab iniusto distinctio traditur. Qua sublata tollitur omnis ratio vitae degendae; et ea servata ab aequitate non possumus aberrare. Nec possunt vel populorum iussa, vel principum constitutiones, vel iudicum sententiae ius hoc naturale perfringere aut mutare: quia sine iniustitia non potest violari. Alterum et secundum ius est quod in utilitate versatur, quod genus sunt dominia, regna, bella, servitutes, manumissiones, contractus, et caetera huiusmodi commercia, quibus aptiores sumus ad participandum alium cum alio, communicandumque inter nos, quod, ni fallor, non inscite ius gentium vocabitur, quod non tam natura ipsa, quam hominum iudicio constitutum sit; et tamen iuris naturalis pars est.« Vgl. auch Wolfgang Heinrich Ruprecht: Lucubratiunculae logicae, ethicae et politicae, cum jurisprudentia collatae, in: Ramus: Commentaria [...] ad epistolas ππ praemissas, S. 59: »Recte mihi videtur, ius ita primum distingui posse ut aliud sit naturale, aliud civile; naturae, rursus subdividatur in naturale simplex, et compositum: simplex est quod una nobiscum nascitur, compositum quod ex ratiocinatione defluxit. Scio, communiter ius dividi in naturale, gentium, et civile: sed gravi errore. Si enim sub iure gentium est aliquod ius specialius, quod non ex ratiocinatione, sed ex sola ratione profluxit, necessum est ut ius gentium non sit omnino diversum a iure naturali; sed prius verum: subdividunt enim communiter ius gentium, in primaevum et secundarium. Primaevi originem ex ratione, secundarij ex ratiocinatione deducunt: ergo et posterius. Ratio connexionis est, quia genus, suam naturam communicat speciebus. Si ergo genus, speciei suae talem naturam, ut sit ex ratione naturali, communicavit, necessum est, ut et ipsum genus hanc habeat naturam; natura autem ista non a iure naturali diversa, sed eadem est.«

zeichnet: 1. das Naturrecht kommt von Gott; 2. es ist im menschlichen Herzen eingeschrieben; 3. es ist in den zehn Geboten zusammengefaßt, und zwar derart, daß die erste Tafel die Normen des Naturrechts beschreibt, während die zweite das Völkerrecht enthält. Die juristische Tradition setzt sich hauptsächlich mit den Fragen nach dem Prinzip und nach der Gliederung des ›ius naturae‹ auseinander und kommt zu folgendem Schluß: Das Naturrecht ist ein Erzeugnis der Vernunft und teilt sich in unmittelbare Gebote und vermittelte Vereinbarungen. Die zwei Überlieferungen argumentieren mit unterschiedlichen Materialien und Autoritäten und bleiben trotz mehrerer Überschneidungen voneinander unabhängig. Ein Autor, in dessen Werk sich die verschiedenen Linien der Naturrechtsgeschichte kreuzen, ist Benedikt Winckler, der das von Gott gestiftete und in den mosaischen Tafeln enthaltene Recht in den Gliederungen des römischen Rechtes präsentiert.

In seinen *Principiorum iuris libri quinque* (1615) wählt Winckler die Form des Traktates, um diejenigen Themen zu behandeln, die bisher in der eher unsystematischen und begrenzten Form des Kommentars dargeboten wurden. Indem er die theologisch-philosophische und die juristische Naturrechtslehre des späten sechzehnten und des frühen siebzehnten Jahrhunderts vereinigt und zur Reife bringt, stellt Winckler die letzte Etappe der romanistischen Tradition vor Hugo Grotius dar. Er bildet gleichsam die höchste Stufe, die das frühneuzeitliche Naturrecht erreichte, bevor die moderne Disziplin des ›ius naturae et gentium‹ begründet wurde. Die nächste Etappe werden nämlich die *De iure belli ac pacis libri octo* des Hugo Grotius (1625) sein, der – wie auch immer man ihn betrachten will: als den letzten der ›Antiken‹ oder als den ersten der ›Modernen‹ – die Grenze zwischen beiden Traditionen zieht.

Es bleibt unstreitig, daß Hugo Grotius die spätscholastischen Autoren der Schule von Salamanca kannte und benutzte. Man sollte sie aber nicht als seine einzige Quelle darstellen.[206] Neben ihnen wirkten bis ins siebzehnte

---

[206] Die Diskontinuität zwischen Winckler und der Spätscholastik wird von Proeleus: Kurtze Historie des Rechts der Natur, § 25, S. 110 betont: »Atque adeo post Reformationem quoque usque ad tempora Grotii Disciplina iuris naturalis in Scholasticis tenebris et squaloribus sepulta jacebat. Prodiit quidem jam ante Grotium A. 1615. Tractatus Benedicti Winckleri de Principiis juris, in quo longe ab ineptiis Scholasticorum divertit, ostendens praecipue L. 1. c. 3. 4. omnem justitiam ad voluntatem Dei referri debere, neque aliam esse Legem Dei aeternam, de qua Scholastici multa fabulantur, adeoque hic liber, licet distinctio inter jus naturale et positivum non ubique accurate servetur, inter optimos ejus quidem temporis referendus est. Nescio tamen quo malo fato effectum sit, quod liber hic utilissimus neglectus, seu, ut rectius dicam, mole ineptiarum Scholasticarum oppressus fuerit, ubi ad eas infringendas utilissime adhiberi potuisset.« Andererseits sind die Werke Wincklers und Meisners als eine Reaktion auf die spänische Spätscholastik, besonders gegen Suarez zu verstehen.

Jahrhundert hinein sowohl die philosophische Linie Philipp Melanchthons als auch die juristische Tradition, die, wie wir gesehen haben, im sechzehnten Jahrhundert ein breites Spektrum von Fragestellungen und Lösungen entwickelt hatte. Auch das römische Recht ist zu den Wurzeln des modernen Naturrechts zu zählen, weil weder das spätscholastische Naturrecht noch das Werk des Grotius ohne seine Begriffe denkbar wären. Benedikt Winckler kann also als ein Wendepunkt in der Geschichte des Naturrechts angesehen werden: Einerseits geht mit ihm eine alte Tradition zu Ende, andererseits überliefert er dem siebzehnten Jahrhundert Materien, die in den neuen Naturrechtssystemen Platz finden werden.[207]

Winckler gestaltet seinen juristischen Diskurs ausdrücklich als Reflexion über die Prinzipien des Rechtes und versteht sie als eine Rechtsphilosophie, die programmatisch die Jurisprudenz begründen soll, obwohl sie der Jurisprudenz nicht angehört. Im ersten Buch der *Principiorum iuris libri quinque*, das der Behandlung des Begriffs ›Gesetz‹ gewidmet wird, geht er den Fragen des Prinzips und der Begründung des Rechtes nach und beantwortet sie durch einen Rückgriff auf die platonische Philosophie und die theologische Tradition der ›lex divina‹. Er stützt sich hier sowohl auf die melanchthonianische Lehre[208] als auch auf die juristischen Bemühungen um eine philosophische Begründung der Philosophie.

> In tota Jurisprudentia nihil est quod minus legaliter tractari possit quam ipsa principia. Nam qui de contractu vel alia legali quaestione scribunt, simpliciter ad leges provocare

---

[207] Die Bedeutung Benedikt Wincklers für das moderne Naturrecht wurde schon in den ersten historischen Darstellungen dieser Disziplin erkannt. Vgl. Proeleus: Kurtze Historie des Rechts der Natur, § 25, S. 110; Eisenhart: Institutionum juris naturalis [...] repraesentatio, II, 6, S. 39; Ludovici: Delineatio historiae juris divini naturalis, § 24, S. 15f.; Thomasius: Paulo plenior historia juris naturalis, VI, 1, S. 68f., der Winckler mit Grotius vergleicht; Beyer: De utili et necessaria [...] notitia schediasma, S. 60–65; Meister: Exercitatio VII. exhibens brevem historiam historiae iurisprudentiae universalis, § 3, S. 77f.; Schmauß: Neues ›systema‹, S. 179–188, wo Wincklers Naturrechtslehre ausführlich behandelt wird.

[208] Winckler bestimmt zum Beispiel das Naturrecht durch die ›definitio illustris‹ von Philipp Melanchthon: Examen eorum qui audiuntur ante ritum publicae ordinationis [...], Witebergae 1554, (1. deutsche Aufl. 1552), Bl. B3^r: »Lex moralis est aeterna et immota sapientia, et regula iustitiae in Deo, discernens recta et non recta, et horribiliter irascens contumacibus, seu denuncians horrendam iram adversus contumaciam, repugnantem huic ordini in Deo, et patefacta est hominibus in creatione, et postea saepe repetita, et declarata voce divina, ut sciamus quod sit Deus, et qualis sit, obligans omnes creaturas rationales, et postulans, ut omnes sint conformes Deo, et damnans ac destruens omnes non conformes Deo, nisi fiat remissio et reconciliatio propter Filium mediatorem. Huius legis summa comprehensa est in Decalogo.« Vgl. Benedikt Winckler: Principiorum iuris libri quinque. In quibus genuina iuris, tam naturalis quam positivi, principia, et firmissima iurisprudentiae fundamenta ostenduntur, eiusdem summus finis ob oculos ponitur, et divina autoritate probatur, Lipsiae 1615, III, 1, S. 234.

possunt, et sufficit iis si vel ex verbis, vel ex ratione et mente legis quae statuunt, probent [...]. Quotiescunque autem ita ad leges provocatur, praesupponitur legem esse tale praeceptum cui, propter rationem boni et autoritatem praecipientis, sine reluctatione obediendum esse omnes sciant. Et hoc est illud generale omnium legum prooemium seu praesuppositum, quod in principijs juris demonstrandum [...]. Confestim cuivis id ratio suggerit, non posse leges in hac status sui controversia sibi ipsis sententiam aut testimonium ferre, ideoque probationes aliunde quam ex legibus sumendas fore: quod et Philosophorum axioma vult, cum dicunt nullam artem sua principia demonstrare.[209]

In dieser Begründung des Rechtes werden sowohl theologische als auch philosophische Elemente eingesetzt, mit deren Hilfe bewiesen wird, daß das Naturgesetz mit dem Wesen Gottes zusammenfällt.[210] Laut der philosophischen Definition besteht das Gesetz in einer Kraft, die einen Gegenstand in Bewegung setzt und ihn nach der Beschaffenheit seiner Natur regiert. Dementsprechend muß das Befehlende dem Befohlenen vorausgehen, weil ersteres das Prinzip der Bewegung ist und den Handelnden zu einer gewissen

---

[209] Winckler: Principiorum iuris libri quinque, I, 2, S. 12f. Von Benedikt Winckler ist auch eine juristische Disputation bekannt, die 1616 in Basel ohne ›praeses‹ verteidigt wurde: Benedikt Winckler: Disputatio juridica de emptione-venditione quam Deo praesidente, ex decreto et authoritate magnifici, amplissimi et prudentissimi JCtorum in inclyta Basiliensium academia ordinis, pro doctoris in utroque jure gradu et privilegiis obtinendis, publicae examinationi subjicit Benedictus Wincler Soltquellensis, Die 17. April. 1616. Hora locoq; consuetis, [Basileae 1616], in: Volumen IV. disputationum historico-politico-iuridicarum [...], Basileae 1619, Bl. Z1–4. Vgl. Johann Jakob Grasser: Virtuti et honori cl. et consultissimi viri, D. Benedicti Wincleri, Soltquellensis, cum singulari suo merito, in celeberr. Basil. Athenaeo, iuris utrisque docturam solemniter susciperet, Basileae 1616. Benedikt Winckler wurde 1579 in Salzwedel/Neumark – daher der Ortsname ›Soltquellensis‹ – geboren und, nachdem er zum ›doctor utriusque iuris‹ in Basel ernannt wurde, war er als Professor in Leipzig und danach als Syndicus in Lübeck tätig. Vgl. Kaltenborn: Die Vorläufer des Hugo Grotius, S. 239–246; Krause: Naturrechtler des sechzehnten Jahrhunderts, S. 130–146. Ein großer Teil seines Traktates ist als Benedikt Winckler: Principiorum iuris libri quinque, in quibus genuina iuris, tam naturalis quam positivi, principia et firmissima iurisprudentiae fundamenta ostenduntur, eiusdem summus finis ob oculos ponitur, et divina autoritate probatur. Lipsiae 1615, in: Kaltenborn: Die Vorläufer des Hugo Grotius, II, S. 45–148 nachgedruckt worden.

[210] Solches pantheistische oder pansophische Gepräge gab Johann Jakob Schmauß Anlaß, über Winckler wegen seiner Vermischung von Jurisprudenz, Theologie, christlicher und heidnischer Philosophie abwertend zu urteilen. Vgl. Schmauß: Neues ›systema‹, S. 179: »Nicht lang hernach ist von einem ICto, Bened. Winckler, der Syndicus zu Lübeck worden, zu Leipzig A. 1615. ein Werck unter dem Titul: *Principiorum Iuris libri quinque*, heraus gekommen, und mit nicht geringem Beyfall aufgenommen worden. Ich will dessen Inhalt etwas ausführlich vorstellen, damit man den Geschmack des damaligen ›Seculi‹, und die beständige Vermengung der Vernunft und Schrift, der heydnischen und christlichen Religionen und ›principiorum‹ in der ›disciplina Iuris Nat.‹ deutlich erkennen möge.«

Handlung veranlaßt.[211] So unterscheidet sich das Gesetz vom Recht wie das Befehlende vom Befohlenen. Der Terminus ›ius‹ kommt nämlich aus dem Wort ›iussum‹, d.h. aus dem Gebot, das jedes echte Gesetz aus sich erzeugt.[212] Diese Voraussetzungen werden von vier Arten des Gesetzes erfüllt: von der ›lex divina‹, ›coelestis‹, ›naturalis‹ und ›humana‹.[213] »Divina Lex nihil aliud quam aeterna Dei voluntas, qua omnia regit ac gubernat: et perinde est ac si dicamus, justitiae principium, et fons juris primo ac proprie sic dictus est Deus ipse, ille summa lex, norma et regula est omnium humanarum actionum. Voluntatem enim et virtutes Dei, ab essentia ejus non differre apud omnes in confessio est.«[214] Da man auf keinen Fall an der Ewigkeit, Güte und Allmacht Gottes zweifeln darf, muß er das Prinzip der Gerechtigkeit sein oder er muß die Gerechtigkeit selbst und die Quelle alles Guten sein. Das himmlische Gesetz besteht in der Harmonie der Himmelskörper, während die ›lex naturalis‹ dasjenige Prinzip bildet, kraft dessen alle

---

211 Winckler: Principiorum iuris libri quinque, I, 4, S. 26: »Hanc philosophi faciunt primam et propriam legis significationem, quae describi posset quod sit mentis verbum, regula, virtus et potentia voluntatis in movente, quae imperat et gubernat certum actionis modum.« Diese Argumente werden aus Platons *Minos* entliehen, wo der Philosoph den Unterschied zwischen Prinzip und Inhalt des Gesetzes darlegt. Vgl. Plato: Minos or on Law, 313 A–314 B, in: Plato: Plato in Twelve Volumes. XII. Charmides, Alcibiades I and II, Hipparcus, The Lovers, Theages, Minos, Epinomis, hg. von W.R.M. Lamb, Cambridge Massachusetts 1986, (1. Aufl. 1927), S. 388–391.

212 Winckler: Principiorum iuris libri quinque, II, 3, S. 176.

213 Diese Vierteilung, die Ähnlichkeiten mit der Lehre Melanchthons aufweist, geht durch die Vermittlung von Bolognetti: De lege, iure et aequitate disputationes, III, Bl. 290v–292v auf Thomas von Aquin und Platon zurück. Vgl. III, 2, Bl. 291r: »Quatuor autem illae legis species [scil. Plato] esse statuit, divinam, coelestem, naturalem et humanam, ut ex Timaeo, Phaedro et Gorgia colligitur«; III, 8, Bl. 291r: »Unde fit, ut lex naturalis non prorsus dici possit essentiam ab aeterna lege diversam ac separatam habere, immo enim pars ipsius est, ab illa sola pendet et promanat, ab illa denique vim et robur omne suum assumit. Lex aeterna (ut diximus) in sola divinae mentis ratione consistit, lex vero naturalis, quocunque illam applices nihil aliud est, ut divus Thomas ibidem [Summa theologiae, Ia IIae, q. 91, art. 2] declarat, quam divini numinis impressio, cuius solius communicatione res omnes innatam illam vim assumunt, qua bonum semper aliquod suapte natura appetunt« und III, 29, Bl. 292r: »Haec est illa lex quae non ab hominibus scripta, sed a Deo ipso lata et mentibus nostris insculpta est, adeoque omnibus est cognita, ut nemo illam ignorare aut dissimulare possit, quae tacito quodam jussu atque praecepto compellit nos ad ea, quae honesta sunt, et amovet a contrarijs; quam denique non didicimus aut accepimus, sed natura ipsa, et sola rationis facultate, ob divinae rationis communicationem hausimus, expressimus, arripuimus.«

214 Winckler: Principiorum iuris libri quinque, I, 4, S. 30f. Vgl. Lactantius: Divinarum institutionum liber primus[–septimus], I, 5, Sp. 129–137; Anitius Manlius Torquatus Severinus Boetius: Philosophiae consolationis libri V., IV, 6, 35–37, in: The Theological Tractates, hg. von E.K. Rand und S.J. Tester, Cambridge Massachusetts 1978, (1. Aufl. 1926), S. 374: »Sedet interea conditor altus / Rerumque regens flectit habenas / Rex et dominus fons et origo / Lex et sapiens arbiter aequii.«

Elemente der irdischen Welt zusammengesetzt werden, denn diese stehen im Zusammenhang mit Gott und den Menschen nach einer »harmonica omnium rerum consonantia et continuatio«, in der »a Deo omnia per gradus et media ad homines devenire videtur«.[215] Es gibt also eine enge Kontinuität zwischen der göttlichen Gerechtigkeit und allen möglichen Gesetzen, und Gott soll als der Ursprung aller Normen betrachtet werden.[216]

Aus diesem Zusammenhang aller Dinge der Welt im Willen Gottes ist auch das menschliche Gesetz erschaffen worden: Es ist dem Menschen als Wesensbestimmung von dem Schöpfer gegeben worden. Es muß also im ursprunglichen Zustand der Menschheit, d.h. in ihrer Beschaffenheit vor dem Sündenfall, gesucht werden. Der Ursprung und die Norm der menschlichen Handlungen ist die Seele, die aus Verstand und Willen zusammengesetzt ist. Da aber der Verstand, der sich nach den Bestimmungen der Vernunft richtet, dem Willen übergeordnet ist und ihn in den Beschlüssen über das Gute und das Nützliche leitet, muß das menschliche Gesetz mit der Vernunft zusammenfallen.[217]

> Est enim in homine una lex rationis, quae bona et a Deo naturae insita est, vocaturque naturalis, quia est de essentia ejus naturae qua homo est homo. Ea est vera et prima lex humana, ad gubernationem vitae humanae homini naturaliter a Deo data; quae etiam recte praeesset et regeret, nisi per legem peccati infirmata esset. Nunc autem, etsi propter inhaerentem pravam qualitatem nullum pure bonum opus praestare possit, nihilominus est in homine, et adhuc praestare potest naturaliter opera non pure bona, ad vitam tamen coram homine politice degendam non inutilia.[218]

---

215 Winckler: Principiorum iuris libri quinque, I, 5, S. 32.

216 Ebd., I, 4, S. 40f.: »Quanquam vero tanta sit coelestium cum elementaribus conspiratio, ut quemadmodum corpus et anima unum hominem, ita coelum et elementa unam tantum naturam constituant, et ob id plerumque appellatione legis naturalis tam coelestium quam elementarium virtus et operatio intelligatur, ut et nos infra sub uno fati nomine utramque significabimus, nunc tamen Platonem sequimur, qui legem coelestem a naturali distinxit [...]. In ea significatione etiam Plato legem naturalem a lege coelesti distinguit, ut per legem naturalem intelligat seriem causarum elementarium et operationem naturae, qua se in elementaribus, quae alterationi obnoxia sunt, perpetuo conservat et regenerat [...]. Putabat itaque Plato legem divinam gradatim per legem coelestem ad hanc naturalem, et ab ea tandem ad hominem descendere. Id si eo sensu dictum interpretabimur, quod Deus omni naturae et creaturae inclinationem quandam ad idem bonum, quod in homine beneficio rationis perficitur, cognoscitur et appetitur, indiderit, et quod tota natura perfectionem hominis pro viribus juvet, omni caret vitio: si vero ita accipiatur, quasi coelum et natura aliquid cooperentur ad necessitatem actionum humanarum, et regendam ipsam humanam rationem, erroneum est.«

217 Ebd., I, 7, S. 47f. Winckler stützt sich auf Francesco Piccolomini: Universa philosophia de moribus [...], Francofurti 1595, (1. Aufl. Venetiis 1583), II, 41, S. 222–225.

218 Winckler: Principiorum iuris libri quinque, I, 7, S. 50.

Das menschliche Gesetz gliedert sich seinerseits in die ›lex humana naturalis‹ und die ›lex humana civilis‹. Erstere gebietet, nach der Ordnung der Natur, d.h. nach den Vorschriften der Vernunft zu leben, die der ursprunglichen Beschaffenheit der Menschen vor dem Sündenfall entsprechen. Da aber die Sünde eine untilgbare Eigenschaft des menschlichen Zustands ist, muß auch ein Gesetz da sein, das das Leben unter diesen verdorbenen Umständen ermöglicht. Hier handeln die Menschen nicht nach den Vorschriften der Tugend, sondern nach denen der Klugheit, die in einer moralisch unvollendeten Welt die erforderliche Führung bietet. »Hujus vitae rationem seu legem definire possis quod sit ratio inter homines, quales in naturae depravatione sunt, bene prudenterque vivendi«,[219] und sie wird Völkerrecht oder sekundäres Naturrecht genannt. Das Zivilgesetz entsteht aus der menschlichen Neigung, sich in Gesellschaften zu vereinigen, die aber nicht zustande kommen können, wenn die Menschen auf Gleichheit Anspruch erheben. Die Vernunft lehrt dann, daß sie natürlich ungleich sind und daß sie sich in die Ordnung einfügen sollen, die durch die politischen Ämter und die bürgerlichen Gesetze verwirklicht wird.[220]

Nachdem Winckler im ersten Buch die Prinzipien der Jurisprudenz mit den vier unterschiedlichen Weltgesetzen identifiziert hat, fährt er mit der Behandlung des Begriffs ›Recht‹ fort und knüpft an die Diskussion über die Gliederung und die Eigenschaften des Naturrechts an, deren Ergebnisse er als einen festen Bestand der juristischen Lehre voraussetzt. Somit verbindet er die philosophische und die juristische Tradition und schlägt eine Brücke zwischen beiden Überlieferungssystemen. Bewußt benutzt er die Argumente der Philosophen und der Theologen, um eine allgemeine Begründung der Rechtslehre zu entwerfen, die er dann mit den Methoden, Hilfsmitteln und Kategorien der Juristen durchführt.

---

219 Ebd., I, 10, S. 97.

220 Ebd., I, 10, S. 97: »Cum enim naturaliter abhorreat solitudines, et sit animal sociale magis quam reliqua animantia, eo quod corpore et anima ita est constitutus, ut dulcedinem amicitiae et societatis fructum magis percipiat quam omnia bruta animalia, naturaliter appetit in societate vivere. Ratio autem docet, quia homines inaequales sunt, non posse societatem constare si quisque sibi suo ingenio et commodo vivere velit, ideoque ordinem aliquem esse introducendum, ut omnia congrue et concinne gubernentur. Sic ratio constituit personas et leges publicas, et humanas societates ordinat, quarum perfectissima est civilis, ut quae omnes alias in se complectitur. Eo modo lex civilis vitae nascitur, quam definio quod sit recta ratio civilem societatem bene constituendi, et recte in ea vivendi.« Anhand desselben Arguments läßt John Selden zwei Jahrzehnte später das Naturrecht mit den Gesetzen der Nachkommen Noahs zusammenfallen. Das Gesetz, das Gott in die Herzen der Menschen eingeschrieben hat und sich auch bei den Heiden äußert, soll nämlich dasselbe sein, das die Sitten der Israeliten geleitet hat, bevor ihnen die mosaischen Tafeln gegeben wurden. Vgl. Selden: De iure naturali et gentium iuxta disciplinam Ebraeorum, libri septem, I, 3, S. 37–43.

Neben den vier Arten des Gesetzes und im Zusammenhang mit ihnen muß man auch vier Arten des Rechtes einräumen, die zu jenen wie das Bewegte zum Bewegenden stehen. Im Hinblick auf die Jurisprudenz ist das ›ius humanum‹ die wichtigste unter diesen vier Rechtsformen, die aus jener ›lex humana‹ hergeleitet wird, die schon im ersten Buch als Gebot der Vernunft bestimmt wurde. Solche Definition schließt schon vom Anfang an die umstrittene Lehre des Ulpian aus, die auch den Tieren den Gebrauch des Naturrechts zuerkennt. Wer die Ehre des großen ›iurisconsultus‹ retten will, muß gestehen, daß er in Metaphern geredet hat, um die Einbildungskraft des Lesers zu erwecken, so daß er mit seiner Behauptung – »Ius naturae est, quod natura omnia animalia docuit: nam ius istud non humani generis proprium, sed omnium animalium, quae in terra, quae in mari nascuntur, avium quoque commune est« –[221] die Natur in ihrer Gesamtheit gemeint hat.[222]

Auch das menschliche Recht teilt sich wie das menschliche Gesetz in Natur- und Zivilrecht auf. Ersteres betrifft den Menschen im unschuldigen Zustand – und als solches heißt es Naturrecht im eigentlichen Sinn – oder den Menschen nach dem Sündenfall, und in diesem Fall nennt es sich ›ius gentium‹. Diese Unterscheidung kann auch intuitiv erfaßt werden, wenn man bedenkt, daß in den Menschen ein Recht wirkt, kraft dessen sie alle gleich und frei sind und keine Unterschiede zugeben. Aber sie erkennen zugleich auch ein Recht an, das das Eigentum rechtfertigt und Krieg, Knechtschaft und Ungleichheit zuläßt.[223]

Winckler gliedert das Recht im allgemeinen in Natur- und Zivilrecht. Das Naturrecht wird in das Naturrecht im engeren Sinn und in das Völkerrecht geteilt.[224] Dieses Schema widerspricht nicht im mindesten den Ergebnissen

---

221 Digestum, I, 1, 1, 3 (Ulpianus).

222 Winckler: Principiorum iuris libri quinque, II, 8, S. 212–229, besonders S. 224: »Quis dubitat eum [scil. Theophilus Antecessor: Institutiones, I, 2, pr.] verba Ulpiani [Digestum, I, 1, 1, 3] et Imperatoris [Institutiones, I, 2, pr.] de natura elementari accepisse, cum alia natura non sit quae omnibus animalibus formam det eaque propaget? De hac natura itaque recte affirmat Iureconsultus quod in omnibus animalibus conspiciatur, quodque ea perita sint quomodo sese convenienti speciei et sexui sociare et propagare debeant.« Sonst verfällt man in Widerspüche und lächerliche Irrtümer: »Dicit [scil. Ulpianus, in: Digestum, I, 1, 1, 3] illud commune esse cum omnibus terrestribus et aquatilibus. Non loquitur de elephantis, leonibus, vulpeculis, gruibus, apibus et c. de quibus singularia quaedam referuntur, sed de omnibus animalibus quae in terra et mari nascuntur, ergo de lupis quoque, asinis, porcis, anseribus et ranis«, ebd., II, 8, S. 223. Vgl. oben S. 165f., Anm. 151.

223 Ebd., II, 9, S. 231.

224 Ebd., IV, 5, S. 374–378, besonders S. 376f.: »Si quis nunc quaerat, utrum rectius tres faciamus primas juris humani species, naturale videlicet, gentium et civile; an vero duas tantum, naturale vel gentium et positivum, ita ut naturale iterum subdividamus in naturale et gentium? puto permagni non referre. Naturale jus nobis insitum et innatum est simpliciter, civile ex cohabitatione et ordine civili nascitur, jus gentium est quasi inter-

der juristischen Debatte über die Klassifikation der Rechte, sondern nimmt sie in sich auf. Wincklers Naturrecht enthält in der Tat diejenigen Elemente, die dem ›ius gentium‹ angehören: die angeborene Vernunft und die menschlichen Vereinbarungen. Er geht aber von der Annahme aus, daß Natur- und Völkerrecht wesentlich nicht unterschieden sind und daß man also die eine oder die andere Benennung verwenden darf. Was andere Autoren wie Bolognetti als ›ius gentium primaevum‹ und ›secundarium‹ bezeichnet haben, läßt sich mit derselben Konsequenz auch als ›ius naturae‹ und ›ius gentium‹ bezeichnen.[225] Winckler steht somit auf der letzten Stufe der natur-

---

medium, quod de utroque participat: de naturali, quia naturali ratione etiam extra civiles societates docetur, de civili, quia perinde ut civilis ratio naturalem imitatur ut cives unius urbis coordinet et a laesione defendat, ita etiam jus gentium naturalem rationem sequitur, ut nos omnes unius orbis cives per mutua commercia et contractus efficiat et componat; ut jus civile societates, familias, gentes et aliquot contractus ordinat, ita etiam jus gentium. Unde Cato apud Cicer. 3. de finib. [III, 20, 67] ex mente Chrysippi statuit jus naturale respectu omnium hominum esse quasi jus civile unius societatis. Rectius tamen videntur duae constitui primae juris species, ut naturale subdividatur in naturale et gentium, idque ita secuti sumus, quia videbatur menti jurisconsultorum convenientius, ad docendum accommodatius, et in dividendo artificiosius esse, ne nobis Cic. 2. de finib. [II, 9, 26] obiiceret: divisit ineleganter. Duo enim genera quae erant, fecit tria: hoc non est dividere sed frangere rem. Vitiosum enim est in dividendo partem in genere numerare. Reprehendendum vero non est, quod appellatio generis etiam uni speciei tribuitur, ut cum naturale ius dividitur in naturale et gentium, adoptio in adoptionem et arrogationem: hoc enim fit vocabulorum defectu, cum una tantum species peculiare nomen est sortita, ut Pompon. L. 2. de orig. iur. [Digestum, I, 2, 2, 5] de interpretationibus prudentium testatur, eas ideo retinuisse nomen commune ut jus civile vocarentur, quia specialem appellationem non fuerint adeptae. Habebantur illae prudentium responsiones pro ipsa mente legum civilium quas interpretabantur, ergo etiam illud nomen obtinuere cum specialius non haberent. Nec absurdum est in logicis, unam eandemque rem diverso respectu pro genere et specie haberi. Si quis ex hac promiscua appellatione confusionem metuit, potest jus humanum dividere in naturale et positivum, et naturale subdistinguere in prius et posterius, vel in simplex et compositum, vel aliquo simili modo.«

225 Ebd., IV, 5, S. 375f.: »Albert. Bolognet. de lege iure et aequit. cap. 24. [scil. 23] et seq. putat etiam jus gentium in primarium et secundarium dividi posse, prout alii dividere solent jus naturale: et primarium jus gentium putat esse illud quod alias naturale vocatur, secundarium vero quod juris gentium nomine significatur. Argumento hoc utitur, quod jus gentium dicitur servos pro nullis habere [...] adeo ut nec dominium habere possint, [...] nec stipulari queant [...] nec possessionem habere putentur [...] et tamen naturalis ratio, quae jus gentium vocatur [...] introduxit ut servus sibi dominum ad fidem promissi servandam (quod inter omnes gentes aequum est, [...] nec ulla humana ratione mutari potest) naturaliter obligare possit [...]. Putat ergo duplex jus gentium constituendum esse, aliud naturale quod agnoscit servos in contractibus, aliud quod non agnoscit, qua de re plura ex dicto eius libello peti possunt. Nos hanc quaestionem lib. 2. cap. 5. et 9. decisam arbitramur, ubi docuimus jus naturale et gentium interdum confundi, et saepe sub alterutra appellatione utramque speciem juris humani naturalis tam priorem quam posteriorem significari, ut et Ulpian. fecit L. 1. § ult. D. de iust. et iure. [Digestum, I, 1, 1, 4] et Caius in dicta juris naturalis sive gentium definitione [Diges-

rechtlichen Entwicklung, wo das ›ius gentium primaevum‹ und ›secundarium‹ als ›ius naturae‹ und ›ius gentium‹ umbenannt werden.

Das Naturrecht im engeren Sinn, dessen Zweck ist, »ut [scil. homo] sua in perfectione sit imago Dei, per constantem et perpetuam inquisitionem et fruitionem boni, ad Dei gloriam et hominis salutem«,[226] ist ewig und unwandelbar und kann nicht einmal von Gott geändert werden, weil es mit Gott selbst zusammenfällt.[227] Zum Naturrecht gehören: Religion, Wahrheit, Ehrlichkeit, Treue, Selbstliebe, Verlangen nach dem Guten, gegenseitige Liebe, Gesellschaft, Keuschheit, Rechtschaffenheit, Erziehung der Kinder, Elternliebe, Vaterlandsliebe, Gleichheit, Freiheit, gemeinsamer Gebrauch der äußeren Güter, Friede und Freigebigkeit.[228] Wie dieses Verzeichnis zeigt, setzt Winckler sein Naturrecht aus allen zur Verfügung stehenden Traditionen zusammen. Ein bedeutender Teil der naturrechtlichen Vorschriften wird aus den zehn Geboten entnommen. Andere Bestimmungen wie Gleichheit, Freiheit und Gebrauch der gemeinsamen Güter kommen offensichtlich aus der römischrechtlichen Überlieferung.

Diejenigen, die nur das Naturrecht anerkennen, »introduci ergo postulant omnium rerum communionem, promiscuum mulierum usum, jubent tolli magistratus et ordinationes humanas: ita putant maxime ex Dei et juris naturae voluntate vitam pulcherrimam agi«;[229] zu denselben Schlüssen kommen auch alle jene religiösen Sekten, die die Anstalten des Völker- und Zivilrechts ablehnen.[230] Dabei vergißt man aber, daß die Verwirklichung des

---

tum, I, 1, 9]. Perinde ergo est sive dicam, ius humanum naturale est vel naturale vel gentium: sive dicam, ius gentium (quod item naturale et humanum vocatur) vel est naturale vel gentium: quia idem est naturale humanum ius de quo utrobique loquor, quodque duas in species subdivido. Confirmat autem haec quaestio opinione nostram, quod lib. 2. cap. 8. docuimus Ulpianum in L. 1. D. de Iust. et iure [Digestum, I, 1, 1, 2–3] iuris naturalis et gentium appellatione aliter quam vulgo fieri solet accepisse, et § ult. [Digestum, I, 1, 1, 4] per ius gentium significasse eam iuris humani speciem quam alias vocamus naturalem, eamque promiscuam usurpationem in iure non esse inusitatam.« Vgl. Bolognetti: De lege, iure et aequitate disputationes, XXIII–XXVI, t. 1, Bl. 312ᵛ–316ᵛ.

226 Ebd., III, 1, S. 234.

227 Ebd., III, 8, S. 289: »Principio nemo ignorat, omnia in Deo essentialia esse, et mutationem divinae essentiae non dari. Est autem aeterna et essentialis voluntas in Deo, quae vult ac jubet bonum, quod et ipsum est de essentia Dei. Bonum est ipsa vis et mens decalogi seu juris naturae, ut supra docuimus: sequitur ergo, Deum ab aeterno essentialiter velle id, quod lege naturali jubetur.«

228 Ebd., III, 3–5, S. 247–282.

229 Ebd., IV, 1, S. 362. Vgl. auch Piccolomini: Universa philosophia de moribus, II, 45, S. 233f., wo von den Epikureern die Rede ist.

230 Winckler: Principiorum iuris libri quinque, IV, 1, S. 362: »Invenias etiam nostris in ecclesiis qui iura gentium et civilia vel imprudentius vel occultius oppugnent, et aegerrime ferant sibi non licere omnibus rebus frui ut communibus, se ad contractus et legum

Naturrechts in seiner ursprünglichen Gestalt wegen des Sündenfalls unmöglich geworden ist. Während die Menschen in ihrem ersten unschuldigen Zustand alle ihnen zur Verfügung stehenden Güter gemeinsam genossen, weil sie nur von der Freigebigkeit und der Freundschaft geleitet wurden, wurde die Großzügigkeit nach dem Sündenfall durch die Habsucht, die Menschlichkeit durch die Begierde und die Liebe durch den Haß ersetzt. Nur die Vernunft konnte die Menschen vor dem Verderben retten, indem sie ihnen einige Normen eingab, mit denen sie der Bosheit Einhalt gebieten konnten. Das auf diese Weise erfundene Völkerrecht ist erst dann möglich, wenn die Menschen im schuldhaften Zustand leben, und es ist das Mittel, dessen sich die Vernunft bedient, um die göttliche Vollkommenheit des Naturrechts aufrechtzuerhalten.[231]

> Ideo ergo jus gentium conservamus, ideo leges civiles ferimus, ne jus naturale amittamus; nam hi sunt muri quibus naturae jus cingimus. Qui vero jura gentium et civilia abjiciunt, et quemque suo ingenio vivere sinunt, jus naturae simul abolent, et nullo prorsus jure humano utuntur, sed in beluinam vitam transeunt, vel potius se totos legi peccati tradunt.[232]

Da das Völkerrecht ein Hilfsmittel für das Naturrecht ist, besteht es wesentlich in der rechtmäßigen Verteilung der natürlichen Güter[233] und in der Selbstverteidigung;[234] auch in diesem letzten Punkt setzt Winckler die juristische Tradition des sechzehnten Jahrhunderts fort.

---

civilium observationem, interdum ad bella et alia iuri naturali simplicissimo ignota, compelli. Tum itaque ius naturae prius ita commendant, ut gentium et civile haud obscure despiciant.«

231 Ebd., IV, 5, S. 374.

232 Ebd., IV, 2, S. 367.

233 Ebd., IV, 8–11, S. 384–423 über die Selbstverteidigung und IV, 12, S. 423–432 über die Verteilung des Eigentums.

234 Ebd., IV, 8, S. 384.

Schlußbemerkungen

Aus der Fülle der juristischen Schriften, die gegen das Ende des sechzehnten Jahrhunderts dem Fragekomplex des Naturrechts gewidmet wurden, kann man eine Vielzahl von Schlüssen und Folgerungen ziehen, die zum Teil mit der Wissenschaftsgeschichte der Rechtslehre – d.h. mit der Gestaltung und Übertragung des juristischen Wissens und mit seiner Funktion innerhalb der Gesamtheit der menschlichen Kenntnisse – und zum Teil mit der Begriffsgeschichte des Naturrechts verbunden sind. Die Ergebnisse lassen sich daher nach einer formalen und einer inhaltlichen Seite ordnen.

Was den formalen Aspekt angeht, kann man von vornherein feststellen, daß das Naturrecht des sechzehnten und des frühen siebzehnten Jahrhunderts auf einer breiten Tradition ruht, die keinesfalls nur auf einige wenige Rechtsdenker, wie Melanchthon, Oldendorp oder Suarez, zurückgeführt werden kann.[1] Diese Überlieferung läßt sich nicht mit der Methode ›von Gipfel zu Gipfel‹, also mit der Betrachtung einzelner hervorragender Autoren, erfassen, weil diese lediglich die Spitzen eines breiten, von den unteren und mittleren Schichten der intellektuellen Welt getragenen Diskurses bilden, der in der althergebrachten Ordnung der universitären Disziplinen eingebettet ist. Das System des akademischen Wissens besitzt selbst einen ausgeprägt topologischen Aufbau und begünstigt die Ausbildung und das Wachsen fester Traditionen, die sich nur langsam wandeln.

In diesem System hat die Thematik des Naturrechts eine zentrale Rolle sowohl im philosophischen als auch im juristischen Kulturbereich inne. Innerhalb der philosophischen Fakultät gehört dieses Thema zum ›collegium ethicum‹ und wird ausführlich in der Disputation/Dissertation *De iustitia* behandelt, in der die Kardinaltugend der Gerechtigkeit und nicht die Rechtsprechung behandelt wird. Obwohl die Reformation eine Spaltung im theologischen Denken verursachte, ist dieselbe Entwicklung, in deren Mitte das Naturrecht und die aristotelische Lehre stehen, in den philosophischen Fakultäten sowohl der evangelischen als auch der katholischen Universitäten zu beobachten. In den katholischen Ländern wurde das Interesse der

[1] Deswegen bleibt die Darstellung von Krause: Naturrechtler des sechzehnten Jahrhunderts, die das Bild des frühneuzeitlichen Naturrechts um einige wichtige Gestalten vermehrt, noch unzureichend.

Philosophen für das Naturrecht von der spanischen Spätscholastik wiederbelebt, wobei es offenbleibt, inwieweit die Schule von Salamanca als eine Ablehnung des spätmittelalterlichen Nominalismus (Wilhelm von Ockham) und eine plötzliche Rückkehr zu Thomas von Aquin und Aristoteles, also als eine Wende zu verstehen ist oder inwieweit sie schon vorhandene Überlieferungen aufnimmt und diese in den Vordergrund rückt. Zu derselben Zeit und unabhängig von der spätscholastischen Linie entwickelt der Reformator Philipp Melanchthon eine entsprechende Naturrechtslehre, die sich auf Aristoteles und Cicero beruft. Auch in diesem Fall sollte man sich fragen, ob Melanchthon einen direkten Zugang zu Aristoteles finden konnte, ob dies aus eigener Kraft möglich war, oder ob er sich auf eine schon vorhandene schulmäßige aristotelische Tradition stützen konnte. Beide philosophischen Traditionen, die katholische und die evangelische, blieben im sechzehnten Jahrhundert getrennt, und die spanischen Scholastiker wurden in den Schriften aus protestantischen Hochschulen erst in den ersten Jahrzehnten des siebzehnten Jahrhunderts bekämpft – wie es bei Meisner und Winckler der Fall ist – und dann ab der Mitte des Jahrhunderts als Autoritäten angeführt.

Die philosophische und die theologische Überlieferung werden in der Forschung gewöhnlich als die wahren Quellen des frühneuzeitlichen Naturrechts dargestellt, und man betont die Abhängigkeit des Hugo Grotius von der einen oder der anderen Linie. Obwohl dies auf keinen Fall bestritten werden kann, läßt diese Lösung wichtige und zahlreiche Quellen unberücksichtigt, da auch eine juristische, genauer eine römischrechtliche, Tradition des Naturrechts im sechzehnten Jahrhundert wirkte.

In der Jurisprudenz, die ebenso topologisch wie die Philosophie gegliedert ist, ist die Behandlung des Naturrechts, seines Inhalts und seiner Stellung zum Völker- und Zivilrecht mit den ersten Titeln des *Digestum* und der *Institutiones* verbunden und bildet ein besonderes und unentbehrliches Kapitel in allen Darstellungen des römischen Rechtes. Der einführende Teil aller Kommentare zum *Corpus iuris civilis* enthält eine Darstellung des ›ius naturae‹ und bietet eine Antwort auf alle diejenigen Fragen, die sich im Laufe der Zeit zu diesem Thema angesammelt hatten. Das Naturrecht bildet dann einen beträchtlichen Teil der Dissertation *De iustitia et iure* und genießt eine Schlüsselstellung auch in den propädeutischen und methodologischen Traktaten. Betrachtet man die gesamte literarische Produktion der Jahre 1550–1620 zum Thema ›Naturrecht‹, gewinnt man den Eindruck einer ständigen Debatte, die durch eine kollektive Arbeit zur Ausbildung neuer Begriffe und neuer Lösungen führte.

Beide großen Traditionen des Naturrechts, die philosophische und die juristische, bleiben im späten sechzehnten Jahrhundert und Anfang des siebzehnten Jahrhunderts voneinander getrennt, berufen sich auf zwei verschiedene Reihen kanonischer Autoren und sind als zwei selbständige Systeme von Verweisen und Zitaten anzusehen. Sie benutzen außerdem zwei unterschiedliche Erklärungsmuster. Die juristische Tradition geht von den Aussagen des *Corpus iuris civilis* als von ihren eigentlichen und einzigen Quellen aus und legt sie anhand bestimmter topologischer Fragestellungen aus: ob auch die Tiere das Recht genießen, wie das Recht gegliedert werden soll, wie sich das Naturrecht zum Völkerrecht verhält. In der philosophischen Darstellung werden dagegen drei spezifische Argumente behandelt: 1. das Naturrecht besteht aus angeborenen Ideen; 2. das Naturrecht ist eine Wirkung des göttlichen Gesetzes, und 3. das Naturrecht ist in den Tafeln der zehn Gebote enthalten.

Mit den letzten Bemerkungen befinden wir uns schon auf der zweiten, d.h. auf der inhaltlichen Ebene der frühneuzeitlichen Naturrechtsgeschichte, die uns ein Szenar anbietet, in dessen Mitte die Frage nach der Entstehung des modernen ›ius naturae et gentium‹ steht. Man kann diese zwar unterschiedlich beantworten; eines steht aber fest: daß der Hintergrund mannigfaltig ist und daß sich keine vereinfachte oder lineare Lösung dafür eignet. Wenn man die Quellen des Hugo Grotius ausschließlich mit der spanischen Spätscholastik oder mit dem protestantischen Voluntarismus identifiziert, läuft man Gefahr, ein unvollkommenes Bild anzubieten.

Die ältere Geschichtsschreibung über das Naturrecht läßt die moderne Disziplin des Natur- und Völkerrechts mit Hugo Grotius beginnen, und auch die neuere Forschung sieht ihn als den Vater des Völkerrechts an. Es bleibt unstreitig, daß die *De jure belli ac pacis libri tres* (1625) einen außerordentlichen Erfolg im siebzehnten Jahrhundert genossen und als anerkanntes Lehrbuch des ›ius naturae et gentium‹ dienten, bis sie von den *De officio hominis et civis libri duo* (1673) des Samuel Pufendorf verdrängt wurden. Unter den Quellen, aus denen Grotius sein Naturrecht geschöpft hat, sollte auch das frühneuzeitliche römische Recht genannt werden, dessen Begriffe und Gliederungen jedem zeitgenössischen Juristen selbstverständlich waren und das seinen Einfluß besonders auf die Gliederung der Rechtsarten ausübte.

Die jüngere Forschung hat mit Nachdruck darauf hingewiesen, daß das Werk des Hugo Grotius keinesfalls als ein Einschnitt in der Tradition der scholastischen Lehre anzusehen ist, sondern vielmehr im Bann der Schule von Salamanca steht.[2] Als Beweis dafür führt man die Tatsache an, daß Grotius sein Naturrecht auf die menschliche Vernunft gründet. Auch seine Aussage, daß das Naturrecht weiterhin gültig wäre, auch wenn Gott nicht existierte, sei letzten Endes eine Behauptung des mittelalterlichen Rationali-

---

[2] Vgl. S. 4, Anm. 11.

smus und hätte auch von jedem Autor der Spätscholastik oder des neuzeitlichen Aristotelismus vertreten werden können.[3]

Es ist unstreitig, daß Grotius die systematische Frage nach dem wahren Prinzip des Naturrechts bewußt in den Vordergrund seiner Behandlung rückt und daß er dieses Thema mit einer philosophischen Gründlichkeit behandelt, die vorher sowohl der juristischen als auch der theologisch-philosophischen Tradition unbekannt war; nichtsdestoweniger ist die Gleichstellung von Naturrecht und Vernunft – wie wir zum wiederholten Male gesehen haben – ein eigentümliches Element sowohl der römischrechtlichen Überlieferung als auch der philippistischen Philosophie. Sie gehört zur intellektuellen Umwelt des frühen siebzehnten Jahrhunderts und bringt weder einen Einschnitt in der traditionellen Lehre mit sich noch ist sie das Zeichen einer besonderen Bindung an das spätscholastische Denken. Da die Materialien der römischrechtlichen Tradition einem Juristen wie Grotius selbstverständlich waren und zu seiner Ausbildung gehörten, ist die Quelle seines Naturrechts wohl eher in ihnen als in fachfremden Überlieferungen zu suchen.[4]

Die ausgeprägt rationalistischen Züge in der Lehre des Hugo Grotius bieten also keine besondere Schwierigkeit und können leicht anhand der traditionellen römischrechtlichen Jurisprudenz ausgelegt werden. Problematischer könnte dagegen die Erklärung der voluntaristischen Elemente und

---

3 James Gordley: The Philosophical Origins of Modern Contract Doctrine, Oxford 1991, S. 122.

4 Die Tatsache, daß Grotius die Autoren der spanischen Spätscholastik durch die Vermittlung seines Mitbürgers und Lehrers in Löwen, Leonardus Lessius, gut kannte, bleibt außer Frage. Vgl. Thieme: Qu'est ce-que nous, les juristes, devons à la seconde scolastique espagnole?, S. 910f., wo die Hinweise auf spanische Theologen in den *De iure belli ac pacis libri tres* gezählt werden: 56 mal Vitoria, 53 mal Covarruvias, 30 mal Soto und Vasquez, während Alciato und Cujas nur 7 mal angeführt werden. Vgl. auch Robert Feenstra: Quelques remarques sur les sources utilisées par Grotius dans ses travaux de droit naturel, in: The Grotius Committee of the Royal Netherlands Academy of Arts and Sciences (Hg.): The World of Hugo Grotius (1583–1645). Proceedings of the International Colloquium organized by The Grotius Committee of the Royal Netherlands Academy of Arts and Sciences. Rotterdam 6–9 April 1983, Amsterdam and Maarssen 1984, S. 65–81, besonders S. 76–80. Fragwürdig ist die Annahme derer, die im protestantischen Naturrecht das voluntarische Element hervorheben und dabei vergessen, daß auch die Naturrechtslehre Melanchthons auf der Idee einer ewigen und unveränderlichen ›lex Dei‹ beruht. Vgl. Krause: Naturrechtler des sechzehnten Jahrhunderts, S. 103f. Dasselbe läßt sich sogar für Gnesiolutheraner wie Matthias Flacius Illyricus behaupten, die das Naturrecht der ›notitiae inditae‹ als eine Beschränkung der göttlichen Allmacht strikt ablehnen, aber nichtsdestoweniger die Idee eines ewigen göttlichen Gesetzes weiter hegen. Vgl. Haikola: Gesetz und Evangelium, S. 34–39: »In seiner Auffassung des Gesetzes als einer ewigen, unveränderlichen Ordnung nähert sich Flacius der Auffassung des Thomismus (›lex aeterna‹)« (S. 35).

deren Einbeziehung in die Gattung des ›ius voluntarium‹ sein. Auch dafür sind aber Beispiele in der juristischen Literatur des späten sechzehnten Jahrhunderts bekannt, die als Quelle der grotianischen Lehren angesehen werden dürfen. So findet man die Einteilung des Rechtes in ›naturale‹ und ›voluntarium‹ oder ›hominum arbitrio permissum‹ schon bei Alberto Bolognetti, der – wie es auch Grotius tat – das eine mit der Vernunft und das andere mit dem Nutzen verbindet.[5] Die Gleichstellung von ›ratio‹ und ›ius naturae‹ einerseits und ›utilitas‹ und ›ius gentium‹ andererseits ist dann ein Gemeingut in den Kommentaren zum *Corpus iuris civilis.*[6]

Wenn feststeht, daß Grotius der juristischen und vor allem der römischrechtlichen Überlieferung verpflichtet ist – die Verbindung zur Spätscholastik kann man außer Frage lassen –, bleibt aber noch eine wichtige Frage zu beantworten, nämlich ob seine Lehre tatsächlich den Anfang des modernen Naturrechts bildet, womit aber zugleich auch nach dem Wesentlichen des neuzeitlichen ›ius naturae et gentium‹ gefragt wird. Die überlieferte Meinung, die schon zur Zeit Pufendorfs und des Thomasius gebräuchlich war, nach der Grotius der Vater des modernen Naturrechts sei, wird auch dadurch gestützt, daß seine Lehre das philosophische Naturrecht,

---

[5] Bolognetti: De lege, iure et aequitate disputationes, XXIII, 7–8, Bl. 313^{r}: »In secundario vero duas adhuc species distinguo (et hanc postremam statuo iuris divisionem): nam aut commune, aut proprium est. Commune ea continet, quibus omnes gentes utuntur; cuiusmodi sunt ea, quae proxime commemoravimus, soletque hoc ius praecipuo quodam vocabulo ius gentium appellari. Proprium vero est, quod quisque sibi populus constituit, atque in nostris legibus passim ius civile dicitur. Nam quae utilitatis gratia post primum illud et aureum seculum ab hominibus fuerunt excogitata, aut ad communem omnium utilitatem spectant, et iurisgentium sunt, aut ad varias singularum civitatum opportunitates inventa fuerunt, et inde ius civile constituitur, quod iuri communi solet semper aliquid vel addere, vel detrahere.« Vgl. oben S. 183f., Anm. 189. Zur Funktion des Nutzens für die Begründung des ›ius civile‹ vgl. Hugo Grotius: De jure belli et pacis libri tres, cum annotatis ipsius autoris, et clarissimi Gronovii; tum noviter accuratis commentariis perpetuis Joh. Tesmari [...], Francofurti ad Moenum 1696, (1. Aufl. 1625), Prolegomena, § 16, S. 21f.: »Quod ergo dicitur non Carneadi tantum, sed et aliis, Utilitas justi prope mater et aequi, [Horatius: Satirae, I, 3, 98] si accurate loquamur, verum non est: nam naturalis juris mater est ipsa humana natura, quae nos, etiamsi re nulla indigeremus, ad societatem mutuam appetendam ferret; civilis vero juris mater est ipsa ex consensu obligatio, quae cum ex naturali jure vim suam habeat, potest natura hujus quoque juris quasi proavia dici. Sed naturali juri utilitas accedit: voluit enim naturae Auctor nos singulos et infirmos esse, et multarum rerum ad vitam recte ducendam egentes, quo magis ad colendam societatem raperemur; juri autem civili occasionem dedit utilitas: nam illa quam diximus consociatio, aut subjectio utilitatis alicujus causa coepi institui. Deinde et qui jura praescribunt aliis, in eo utilitatem aliquam spectare solent, aut debent.«

[6] Vgl. zum Beispiel oben S. 134f., Anm. 70; S. 179f., Anm. 183; S. 183f., Anm. 189; S. 189, Anm. 198; S. 192f., Anm. 204; S. 193f., Anm. 205.

das in der Ethik noch bis in die ersten Jahrzehnte des siebzehnten Jahrhunderts vertreten wird, zu verdrängen und zu ersetzen scheint.[7]

Versucht man das Naturrecht des sechzehnten Jahrhunderts mit dem modernen ›ius naturae et gentium‹, wie es vom siebzehnten bis ins neunzehnte Jahrhundert hinein gelehrt wurde, zu vergleichen, muß man feststellen, daß verschiedene Denkstrukturen vorliegen.

In der Antike und in der frühneuzeitlichen Rezeption unterscheiden sich Natur- und Völkerrecht durch die Herkunft und durch den Inhalt ihrer Vorschriften. Die naturrechtlichen Normen, die mit den Gesetzen des menschlichen Urzustandes übereinstimmen, haben ihren Ursprung in der Natur oder in Gott und betreffen die elementarsten Handlungen (Erhaltung und Fortpflanzung). Das Völkerrecht enthält dagegen diejenigen Vorschriften, die, von den Menschen erfunden, in einer späteren Phase der menschlichen Geschichte eingeführt worden sind und eher den Nutzen des Einzelnen betreffen. In der alten Tradition sind also Herkunft, Entstehungszeit und Inhalt von Natur- und Völkerrecht unterschiedlich und können einander gegenübergestellt werden. Die Folge davon ist, daß beide Rechtsbereiche sowohl für Individuen als auch für Gesellschaften gelten: Einige Normen sowohl des Naturrechts als auch des Völkerrechts gelten für die Einzelnen, während andere die Beziehungen zwischen den menschlichen Gemeinschaften regeln.

Das neuzeitliche ›ius naturae et gentium‹ kennt keinen Unterschied in Herkunft, Zeit und Inhalt zwischen Natur- und Völkerrecht: Beide sind Erzeugnisse der Vernunft, sind gleichzeitig entstanden und regeln dieselben Materien. Inhaltlich und formal sind sie ein und dasselbe und unterscheiden sich nur dadurch, daß sie auf verschiedene Gegenstände angewandt werden. Das Naturrecht ist dasjenige Recht, das ausschließlich für einzelne Menschen in Betracht gezogen wird. Wenn es auf Gesellschaften, die als Individuen gelten, angewandt wird, heißt es ›Völkerrecht‹. Während die Antike zwei verschiedene Rechte in denselben Bereichen gelten ließ, kennt die Moderne nur ein Recht, das sich in zwei verschiedenen Bereichen äußert.

Ein weiterer Unterschied zwischen den Epochen der Naturrechtsgeschichte ergibt sich, wenn man die Zusammensetzung und die logische Kohärenz beider Komplexe betrachtet. Das vormoderne Naturrecht erscheint als ein Konglomerat von Vorschriften und Prinzipien, die als geltendes Recht anerkannt werden. Unter allen Normen, die in einer Gemeinschaft beachtet werden, gehören einige zum Zivilrecht, andere kommen aus dem Naturrecht und andere sind dem Völkerrecht zuzuschreiben.

---

[7] Vgl. oben S. 74–76 und besonders die Bemerkungen zur Ethik des Konrad Hornejus, der das Naturrecht als individuelle Deduktion allgemeiner Regeln aus vorausgesetzten Prinzipien versteht.

Was die Gültigkeit der betreffenden Vorschriften angeht, besteht also kein wesentlicher Unterschied zwischen den Gesetzen des Zivil- und denen des Natur- und Völkerrechts. Das moderne Naturrecht ist dagegen keineswegs als geltendes Recht zu verstehen und vermischt sich nicht mit dem Zivilrecht, sondern ist eine Art theoretisches Recht, das auf einer höheren Ebene angesiedelt ist und eine abstrakte Konstruktion bildet, die keine unmittelbare Anwendung auf konkrete Tatbestände erfährt, sondern als ein reines System wirkt, worauf alle Normen zurückgeführt werden müssen.

An der Spitze dieses theoretischen Gebäudes steht ein Prinzip, das als Inbegriff und Ursprung der systemimmanenten Rationalität gilt. Zwischen dem System und dem Prinzip besteht ein wechselseitiges Verhältnis.

Einerseits ist das Prinzip Ursprung aller Normen, so daß der Wahrheitsgehalt oder die Gültigkeit jedes Gesetzes an ihm gemessen werden soll. Eine Vorschrift ist dann nur insofern gültig, als sie mit dem Prinzip übereinstimmt oder von ihm hergeleitet wird. In dieser Hinsicht ist das Prinzip das Unbewegliche und Ursprüngliche, das am Anfang der Deduktion ist und dem das Bewegliche oder das System entspringt.

Dieses Verhältnis kann aber auch umgekehrt werden, d.h. das System kann als der Ursprung des Prinzips angesehen werden, denn letzteres ist in der Tat die Rationalisierung aller Normen, die in der gesamten Rechtslehre enthalten sind. Das bedeutet, daß alle gerechten Handlungen schon von vornherein gegeben sind und als solche anerkannt werden: Der Grundsatz stellt eine einfache und ökonomische Lösung dar, um sie zur Einheit zu bringen. Das ganze System ist somit im Prinzip mitenthalten und bestimmt es fortwährend. Eine festgesetzte logische und/oder zeitliche Beziehung zwischen Prinzip und System wird damit in Frage gestellt, so daß man nicht denken darf, daß das Prinzip das logische oder zeitliche ›primum‹ ist, worauf und woraus alles Weitere als etwas Sekundäres folgt. Prinzip und System, Ursache und Folge sind gleichzeitig und nur in der Darstellung kann eine zeitliche oder logische Ordnung zustande kommen. Ein solches Verhältnis kann anhand eines Beispiels deutlich gemacht werden.

In der euklidischen Geometrie gelten die Axiome (»Zwei Parallelen laufen ins Unendliche, ohne sich zu schneiden«, »Gegenüberliegende Winkel sind gleich» usw.) als Prinzipien, während die Theoreme aus jenen gewonnen werden, als ob sie Folgen wären. Man könnte aber auch eine Darstellung der Geometrie erfinden, in der das pythagorische Theorem als Axiom gilt und dementsprechend das Parallelen-Postulat als Theorem gewonnen werden muß. Die Ordnung in einem kohärenten System ist also etwas Beliebiges: Alles Obere kann ein Unteres werden. Daß man den einen oder den anderen Satz als Axiom annimmt, ist eine Frage der Deutlichkeit oder der Ökonomie: Man beginnt in der Geometrie mit der Definition des Punktes, weil dies einfacher ist, nicht weil es wahrer ist. Eher als durch das Bild einer

Pyramide von ober- und untergeordneten Sätzen müßte ein System also durch das Bild des Kreises erfaßt werden, denn im Kreis kann man von jedem beliebigen Punkt aus anfangen und zu jedem Punkt kommen. Das geschieht, weil ein System ein logisch homogenes und kohärentes Ganzes ist, in dem jedes Element mit allen anderen Elementen logisch verbunden ist und von ihnen impliziert wird. Ein Axiom oder ein Prinzip ist somit ein Kondensationspunkt des ganzen Systems: Im Prinzip, wenn nur eines eingeräumt wird, oder in der Summe der Axiome ist der ganze Komplex aller Lehrsätze und aller ihrer möglichen Verbindungen implizit enthalten. Obwohl diese Kondensierung auf unterschiedlichen Punkten geschehen kann, ändert sich die Gesamtheit der möglichen Inhalte durchaus nicht. Die Deduktion ist also nicht ein Schaffen von dem, was vorher nicht existierte, sondern eine Entfaltung von dem, was zuvor implizit war.

Auch in der modernen Disziplin des ›ius naturae et gentium‹ wirkt diese Vorstellung von System und Prinzip; auch sie konzipiert das Prinzip als eine auf einen Punkt zusammengedrängte Wiederspiegelung des ganzen Systems.[8] Das setzt voraus, daß die gerechten und ungerechten Tatbestände schon von Anfang an gegeben sind. Die naturrechtliche Deduktion ist dann der Weg, den der individuelle Verstand von einer besonderen Handlung hinauf bis zum Prinzip geht, um dann wieder zum Ausgangspunkt hinunterzusteigen. Wenn dieser Weg gegangen ist, ist die Konsequenz der Handlung mit dem ganzen System sowie ihre Verbindung zu jedem anderen Tatbestand festgelegt. Die nächste Folge davon ist, daß eine Vorschrift insofern vernünftig ist, als sie mit dem ganzen Normensystem übereinstimmt. Die Gültigkeit eines Gesetzes liegt also in seiner Folgerichtigkeit. Sie beruht auf der Strenge der vernünftigen Beweisführung. Man gehorcht einem Gesetz, nicht weil es gerecht ist, sondern weil es vernünftig, d.h. folgerichtig ist.

Andererseits ist das Prinzip keineswegs ein absoluter Anfang, der sich selbst setzt und keine Ursache hat, denn er ist selbst ein Produkt oder eine Folge des Systems. Wenn ein absolutes Prinzip vorhanden ist, ist alles folgerichtig, was sich aus ihm durch logische Berechnung oder Deduktion herleiten läßt: Ist das Prinzip gut, sind auch die aus ihm gewonnenen Schlußfolgerungen gut, denn die Eigenschaften der Ursache gehen in die Wirkungen über. Das moderne Naturrecht ist aber vernünftig oder vernunftgemäß nicht nur in diesem einfachen und relativen Sinn, sondern auch in einer anderen und wichtigeren Hinsicht, weil das Prinzip kein eigentlicher

---

8 Die Erfindung des wahren Prinzips ist die dauernde Sorge der naturrechtlichen Disziplin und mündet in eine besondere literarische Form, die Dissertation *De principio iuris naturalis* und in eine eigene Bibliographie. Vgl. Kemmerich: Praecognita juris divini, S. 183–303.

Anfang ist, sondern auf seine Folgen als auf seinen Ursprung zurückgreift. Die Vernunft ruht hier auf keinem festen Boden. Wie der Freiherr von Münchhausen muß sie sich selbst am Zopf aus dem Sumpf herausziehen. Das moderne Naturrecht ist also vernünftig im vollkommensten Sinn, weil es eine reine Konstruktion der Vernunft ist, die auf die Vernunft als auf ihre deduktive Grundlage verweist.

Aus dieser absoluten oder perfekten Vernunftmäßigkeit des modernen Naturrechts ergeben sich zwei Folgen, die zwei gravierende Unterschiede gegenüber dem vormodernen Naturrecht ausmachen. Einerseits kennt das moderne Naturrecht keine angeborenen Ideen, weil diese jeder Möglichkeit einer logischen Berechnung entzogen sind. Wenn man voraussetzt, daß bestimmte Prinzipien in der menschlichen Seele schon von selbst vorhanden sind, dürfen diese von der Vernunft nicht angezweifelt werden, sondern müssen bedingungslos angenommen werden und als Anfangspunkt der Deduktion dienen. Vernünftig ist aber im modernen Naturrecht nicht das, was sich als solches ›durchsetzt‹, sondern das, was als solches ›anerkannt‹ wird. Maßstab ist dann nicht eine allgemeine, göttliche oder kosmische Vernunft, sondern das logische Berechnungsvermögen oder der Verstand des Individuums. Wenn es auch angeborene Vorstellungen gäbe, müßten sie immer vom Individuum anerkannt werden und hörten dann auf, angeborene Prinzipien zu sein, weil ihre Gültigkeit nicht von ihnen selbst, sondern vom anerkennenden Akt des Einzelnen ausgehen würde. Da nur das, was von der individuellen Vernunft zugelassen wird, als Recht oder im allgemeinen als ethische Vorschrift gelten darf, ist die Existenz angeborener Prinzipien von Anfang an vom modernen Naturrecht ausgeschlossen. Daß einige Ideen allgemeingültig sind, ergibt sich dann daraus, daß sie gleichermaßen von allen Einzelnen anerkannt werden. Da aber die Individuen, nach ihrer wesentlichen Natur betrachtet, vollkommen gleich sind, werden die Handlungen eines Einzelnen immer allgemeingültig sein, wenn sie den Vorschriften der individuellen Natur, d.h. der Vernunft entsprechen.

Aus dieser durchaus auf der individuellen Vernunft gegründeten Verfassung des Rechtssystems ergibt sich der zweite Grundunterschied gegenüber dem vormodernen Naturrecht. Das Prinzip des ›ius naturae‹ ist nicht praktischer, sondern theoretischer Art. Es handelt sich also nicht um ein Gesetz, das im Inneren des Menschen vorhanden ist und wirkt, indem es durch seine Kraft die Handlungen des Einzelnen steuert. Das Prinzip wird von der neuzeitlichen Disziplin des ›ius naturae et gentium‹ vielmehr als eine Urnorm dargestellt, aus der alle weiteren Vorschriften gewonnen werden sollen, die aber nur durch die logische Notwendigkeit der Argumentation verbindlich ist. Ihre Wirkung besteht also nicht darin, daß sie bestimmte Handlungen zustande bringt, sondern darin, daß sie zeigt, welche Handlungen vernünftig sind und daher zustande gebracht werden sollen. Pufendorf setzt zum Beispiel die Geselligkeit als höchstes Prinzip des ›ius naturae‹, und deduziert aus ihm unter anderen auch das Verbot des Diebstahls und des Mordes. Der Grund aber, warum der gerechte Mensch das Eigentum und das Leben der Mitmenschen oder der Mitbürger achtet, ist nicht die Tatsache, daß er einen unwiderstehlichen Trieb zur Geselligkeit spürt. Er geht vielmehr von der Überzeugung, also vom reinen Gedanken aus, daß alle Menschen gesellig sind, und von diesem Grundsatz aus kommt er, der einfache Bürger, durch eine Reihe von Schlußfolgerungen zur Notwendigkeit des Diebstahlsverbotes.

Die Gültigkeit einer Naturrechtsnorm hängt unmittelbar von der logischen Folgerichtigkeit der Deduktion ab, durch die sie mit dem Prinzip verbunden wird. Die Vernunft ist also die wahre Quelle des Rechtes, und andere Gründe, aus denen sich das Recht rechtfertigen läßt, sind nicht denkbar. Das heißt ferner, daß ein gerechter Mensch, wenn er eine gerechte Handlung ausführen will, immer das ganze System des Naturrechts durchgeht und überprüft, ob diese mit einem allgemeinen Prinzip übereinstimmt und ob sie folgerichtig in bezug auf dieses Prinzip ist.

Diese Vorstellung, in der das System des ›ius naturae‹ als ein komplexer Gedankenvorgang erscheint, gilt nicht ausschließlich für neuzeitliche Autoren wie Hobbes und Spinoza, die auf einer geometrischen Darstellungsweise bestanden haben,[9] sondern bildet den wesentlichen Kern der Disziplin und ist bei allen ihren Vertretern aufzuspüren. Bezeichnenderweise findet man die Lehren der angeborenen Prinzipien und des gesellschaftlichen Triebes am Anfang und am Ende der Geschichte des neuzeitlichen Naturrechts, also bevor es zu einer Disziplin konstituiert wurde und nachdem die ersten Zeichen seiner Auflösung in die Staats- und Gesellschaftswissenschaften sichtbar wurden.[10]

---

[9] Vgl. Wolfgang Röd: Geometrischer Geist und Naturrecht. Methodengeschichtliche Untersuchungen zur Staatsphilosophie im 17. und 18. Jahrhundert, München 1970.

[10] Vgl. Johann Friedrich Hombergk zu Vach: Dubia juris naturae, Duaci 1719; Johann Jakob Schmauß: Programma de quaestione, an ex utilitate jus ortum sit?, Gottingae 1735; Johann Jakob Schmauß: Dissertationes juris naturalis, quibus principia novi systematis hujus juris, ex ipsis naturae humanae instinctibus extruendi, proponuntur, Gottingae 1740; Johann Christian Claproth: Schreiben von den natürlichen Trieben des Menschen, in: Claproth: Sammlung juristisch- philosophisch- und critischer Abhandlungen, Göttingen 1743, St. 1, S. 404–524; Karl Ferdinand Hommel: Propositum de novo systemate juris naturae et gentium ex sententia veterum j.ctorum concinnando sive de jure quod natura omnia animalia docuit commentatio, Lipsiae 1747; Johann Jakob Schmauß: Vorstellung des wahren Begriffs von einem Rechte der Natur, Göttingen 1748; Johann Christian Claproth: Anmerkung über Herrn Johann Friedrich Hombergk zu Vach dubia juris naturae, Göttingen 1748; Johann Christian Claproth: Grundriß des Rechts der Natur, Göttingen 1749, §§ 32–99, S. 17–78; Schmauß: Neues ›systema‹, S. 459–466; Johann Jakob Schmauß: Kurze Erläuterung und

Zum Schluß sei noch bemerkt, daß der Zwang des modernen Naturrechts und des auf ihm gegründeten Rechtssystems ausschließlich in der Überzeugungskraft der logischen Deduktion besteht. Diese ist aber keinesfalls ausreichend, um die Schwäche und die Verdorbenheit der menschlichen Natur zu überwinden. Solch ein Mangel kann nur mit Hilfe der staatlichen Herrschaft behoben werden, die, was die äußerlichen Handlungen angeht, als Bürge des Rechtes auftritt.[11]

Versucht man die vorangegangenen Bemerkungen in Stichworten zusammenzufassen, können die Hauptunterschiede zwischen dem vormodernen und dem modernen Naturrecht auf folgende vier Elemente zurückgeführt werden: 1. das moderne Naturrecht erkennt nur ein einziges Prinzip an, das die Grundlage des ganzen Rechtssystems bildet; das Naturrecht der Antike hat entweder kein Prinzip oder kennt mehrere Prinzipien zugleich oder versteht unter diesem Begriff die allgemeinen Vorkenntnisse zur Jurisprudenz; 2. das moderne Naturrecht leitet durch ein logisches Verfahren alle juristischen Bestimmungen aus dem ersten Grundsatz her und baut ein konsequentes System, dessen Teile sich gegenseitig und folgerichtig bedingen; das vormoderne Naturrecht erkennt gleichzeitig mehrere konkurrierende Rechtsquellen (Gott, die Natur, die Völker ...) an; 3. das moderne Naturrecht schließt das Vorhandensein angeborener Ideen oder Prinzipien völlig aus; im vormodernen Naturrecht sind die allgemeinen Gesetze der menschlichen Natur im menschlichen Herzen eingeschrieben; 4. das Prinzip des modernen Naturrechts ist theoretischer Natur und bildet den reinen Maßstab jeder naturrechtlichen Deduktion; die Gebote des vormodernen Naturrechts sind dagegen Teil des geltenden Rechtes und wirken als Triebe.

Die Autoren der philosophischen und juristischen Tradition im späten sechzehnten und frühen siebzehnten Jahrhundert gehören ohne Zweifel zum Typus des vormodernen Naturrechts. Es bleibt aber zu prüfen, welchem Lager Grotius zuzuschreiben ist, von dem behauptet wird, er habe das moderne Naturrecht begründet.

In den *Prolegomena* zu seinem berühmtesten Werk stellt Hugo Grotius den ›appetitus societatis‹ als ein Wesensmerkmal des Menschen dar, der ihn von allen übrigen Tieren unterscheidet, da diese nur vom ›studium utilitatum suarum‹ getrieben werden.[12] Die Liebe zum gesellschaftlichen Leben,

---

Vertheidigung seines ›systematis iuris naturae‹, Göttingen 1755. Zur Göttinger Naturrechtslehre der Instinkte vgl. Merio Scattola: La nascita delle scienze dello stato. August Ludwig Schlözer (1735–1809) e le discipline politiche del Settecento tedesco, Milano 1994, S. 120–127.

[11] Vgl. Scattola: Imperium virtutis, Kap. IV, § 11.

[12] Grotius: De jure belli ac pacis libri tres, Prolegomena, §§ 6–7, S. 9f. und § 12, S. 18: »Verum quod hic dicit Philosophus [scil. Carneades], et sequitur Poeta [Horatius: Satirae, I, 3, 113]: Nec natura potest justo secernere iniquum, admitti omnino non debet,

die in der menschlichen Natur wurzelt, kann daher als das einzige Prinzip des Naturrechts angesehen werden. Grotius behauptet, daß sie die wahre Quelle alles menschlichen Rechtes sei.

Haec vero, quam rudi modo jam expressimus, societatis custodia, humano intellectui conveniens, fons est ejus juris quod proprie tali nomine appellatur: quo pertinent alieni abstinentia, et si quid alieni habeamus aut lucri inde fecerimus restitutio, promissorum implendorum obligatio, damni culpa dati reparatio, et poenae inter homines meritum.[13]

Die zwei ersten Voraussetzungen unseres Schemas – Vorhandensein eines Prinzips und Herleitung aller weiteren Gesetze aus ihm – dürfen damit als erfüllt angesehen werden.

Trotz der bekannten Ausklammerung des göttlichen Einflusses oder gerade deshalb kann man kaum im Geselligkeitstrieb ein Produkt der individuellen Vernunft und einen naturrechtlichen Grundsatz im modernen Sinne finden. Die Prinzipien des Rechtes bleiben nämlich eine unveränderliche Entscheidung des göttlichen Willens, die ›actus per se debiti‹[14] erschafft. Die Vernunft kann zeigen, was erlaubt oder nicht erlaubt ist, indem sie jede Handlung mit der menschlichen Natur vergleicht. Es müssen also einige ewige Bestimmungen im Menschen vorhanden sein, die als Maßstab für die Vernunft dienen sollen. Dementsprechend umfaßt die menschliche Natur

---

nam homo animans quidem est, sed eximium animans, multoque longius distans a caeteris omnibus, quam caeterorum genera inter se distant; cui rei testimonium perhibent multae actiones humani generis propriae. Inter haec autem quae homini sunt propria est appetitus societatis, id est communitatis, non qualiscunque, sed tranquillae, et pro sui intellectus modo ordinatae, cum his qui sui sunt generis: quam οἰκείωσιν Stoici appellabant. Quod ergo dicitur natura quodque animal ad suas tantum utilitates ferri, ita universe sumptum concedi non debet. Nam et caeterorum animantium quaedam utilitatum suarum studium, partim foetuum suorum, partim aliorum sibi congenerum respectu, aliquatenus temperant: quod in illis quidem procedere credimus ex principio aliquo intelligente extrinseco, quia circa actus alios, istis neutiquam difficiliores, par intelligentia in illis non apparet. Idemque de infantibus dicendum, in quibus ante omnem disciplinam ostendit se ad bene aliis faciendum propensio quaedam [...]: sicut et in ea aetate misericordia sponte prorumpit. Homini vero perfectae aetatis, cum circa similia similiter agere norit cum societatis appetitu excellente, cujus peculiare solus inter animantes instrumentum habet sermonem, inesse etiam facultatem sciendi agendique, secundum generalia praecepta, par est intelligi, cui quae conveniunt ea jam sunt non omnium quidem animantium, sed humanae naturae congruentia [...]. Et haec jam alia juris origo est praeter illam naturalem, veniens scilicet ex libera Dei voluntate, cui nos subjici debere intellectus ipse noster nobis irrefragabiliter dictat. Sed et illud ipsum de quo egimus naturale jus, sive illud sociale, sive quod laxius ita dicitur, quamquam ex principiis homini internis profluit, Deo tamen adscribi merito potest, quia ut talia principia in nobis existerent ipse voluit.«

13 Ebd., Prolegomena, § 8, S. 13.

14 Ebd., I, 1, 10, 2, S. 11.

einige ›principia interna‹, die als ›notitae connatae‹ wirken und als Richtlinien für das ethische und juristische Handeln dienen.[15] Da die menschliche Natur ein Komplex von festgesetzten Normen ist, bleibt auch eine rein theoretische Funktion des Prinzips, die im dritten und vierten Punkt unseres Schemas festgelegt wird, ausgeschlossen.

Trotz mehrerer Anzeichen für einen Neuansatz bleibt Grotius im Bann der älteren Tradition. Seine Aussagen über das Prinzip des Rechtes, die Natur des Menschen und die Vernunft lassen sich nicht mehr in die überlieferten Meinungen einreihen, aber sie bleiben unvollkommen und dunkel, und ihre Bedeutung kann erst ›a posteriori‹, d.h. aus der darauffolgenden Entwicklung des ›ius naturae et gentium‹ erkannt werden. Das Werk des Hugo Grotius kann also als eine mittlere Entwicklungsstufe zwischen dem antiken und dem modernen Naturrecht angesehen werden:[16] Das Alte hat schon aufgehört, aber das Neue hat noch nicht angefangen.[17]

---

[15] Ebd., Prolegomena, § 13, S. 19: »Accedit, quod illa quoque ipsa principia Deus datis legibus magis conspicua fecit, etiam iis quibus imbecillior est ad ratiocinandum vis animi; et in diversa trahentes impetus, qui nobis ipsis, quique aliis consulunt, vagari vetuit, illos quippe vehementiores adductius regens et fine ac modo coercens.« Vgl. auch § 12, S. 18 angeführt oben S. 215f., Anm. 12.

[16] Diese Mittelposition wird auch von Sauter: Die philosophischen Grundlagen des Naturrechts, S. 98 und Paul Ottenwälder: Zur Naturrechtslehre des Hugo Grotius, Tübingen 1950, S. 24f. anerkannt. Vgl. auch Alfred Dufour: Grotius et le Droit naturel du dix-septième siècle, in: The Grotius Committee of the Royal Netherlands Academy of Arts and Sciences (Hg.): The World of Hugo Grotius, S. 39f.

[17] Dies ist wahrscheinlich der Grund, warum das Werk des Hugo Grotius so unterschiedliche Auslegungen hervorrufen hat. Vgl. Gordley: The Philosophical Origins of Modern Contract Doctrine, S. 122–124.

Literatur

Quellen

Accursius, Franciscus: Glossa in digestum vetus, Venetiis 1488, ND. Augustae Taurinorum 1969.
– Glossa in volumen, Venetiis 1489, ND. Augustae Taurinorum 1969.
Achenwall, Gottfried: Ius naturae in usum auditorum [...], Gottingae [7]1774, (1. Aufl. 1750).
Agricola Rudolf: De inventione dialectica libri tres. Drei Bücher über die ›inventio dialectica‹. Auf der Grundlage der Edition von Alardus von Amsterdam (1539), hg. von Lothar Mundt, Tübingen 1992.
Albericus de Rosate: Commentarii in primam digesti veteris partem, Venetiis 1585, ND. Bologna 1974.
Albertus Magnus: Super ethica commentum et quaestiones, hg. von Wilhelmus Kübel, in: Albertus Magnus: Opera omnia, hg. vom Institutum Alberti Magni Coloniense, Monasteri Westfalorum 1968, t. 16, p. 1–2.
Alciato, Andrea: Iudicium, quos legum interpretes potissimum parare sibi studiosi debeant, in: Varii iuxta ac utiles clarissimorum tam veterum quam recentium I.C. tractatus, S. 146–147.
Alexander de Ales: Glossa in quatuor libros sententiarum Petri Lombardi, hg. von den PP. collegii S. Bonaventurae, Quaracchi Florentiae 1957.
– Summa theologica seu sic ab origine dicta ›Summa fratris Alexandri‹ [...], hg. von den PP. collegii S. Bonaventurae, Ad claras aquas prope Florentiam (Quaracchi) 1948.
Alsted, Johann Heinrich: Encyclopaediae liber tertius et vigesimus, exhibens politicam, in: Tomus quartus encyclopaediae, S. 1388–1504.
– Encyclopaediae liber primus et vigesimus, proponens ethicam, in: Alsted: Tomus quartus encyclopaediae, S. 1235–1360.
– Tomus quartus encyclopaediae, in quo philosophia practica quattuor hisce libris repraesentatur: I. Ethica. II. Oeconomica. III. Politica. IV. Scholastica, in: Alsted: Encyclopaedia, Herbornae Nassoviorum 1630, ND. Stuttgart 1990.
Althusius, Johannes: Dicaeologicae libri tres [...], Francofurti 1618, (1. Aufl. Herbornae Nassoviorum 1617).
– Epitome et brevis ἀνακεφαλαίωσις dicaeologicae Romanae, 1592, in: Althusius: Iurisprudentiae Romanae methodice digestae libri duo, S. 1–47.
– Iurisprudentiae Romanae methodice digestae libri duo [...], Herbornae 1592, (1. Aufl. Basileae 1586).
– Politica methodice digesta [...], Herbornae Nassaviorum 1603.
– Politica methodice digesta [...], Herbornae Nassaviorum [3]1614.
Ambrosius: De fuga saeculi, in: Ambrosius: Opera omnia, Bd. 14, Sp. 569–596.
– Epistulae in duas classes distributae [...], in: Ambrosius: Opera omnia, Bd. 16, Sp. 875–1286.
– Libri VI. Hexaemeron, in: Ambrosius: Opera omnia, Bd. 14, Sp. 123–274.

Ambrosius: Opera omnia, hg. von Jacques-Paul Migne, Bd. 1–4, in: Migne (Hg.): Patrologiae cursus completus. Series Latina, 1845, Bd. 14–17.

[Amsdorff, Niclas]: Bekentnis/ Unterricht und vermanung/ der Pfarrhern und Prediger/ der Christlichen Kirchen zu Magdeburgk. Anno 1550. Den 13. Aprilis [...], Magdeburgk [1550].

– Bekänntnüß/ Unterricht und Vermahnung/ der Pfarrherrn und Prediger der Christlichen Kirchen zu Magdeburg/ Anno M.D.L. den 13. Aprilis [...], Magdeburg [1550], in: Hortleder (Hg.): Der Römischen Keyser- und königlichen Maiesteten/ [...] Handlungen und Außschreiben, IV, 7, S. 1053–1091.

– Confessio et apologia pastorum et reliquorum ministrorum ecclesiae Magdeburgensis. Anno 1550. Idibus Aprilis [...], Magdeburgi [1550].

[Anonym]: De vita recte a studioso instituenda et de officio veri discipuli, carmen elegiacum, in: Varii iuxta ac utiles clarissimorum tam veterum quam recentium I.C. tractatus, S. 284–286.

– Σχόλια εἰς τὸ β[-ῆτα] τῶν ἐθικῶν Νικομαχείων, in: Eustratius, Michael [Ephesius] et anonymus: In ethica Nicomachea commentaria, hg. von Gustav Heylbut, Berolini 1892, S. 122–460.

– Grundtlicher bericht aus heilliger schrifft/ wie ferne man den Oberherrn/ gehorsam schüldig/ auch wer/ wie/ unnd in welcherley fellen/ man den verderblichen Tyrannen/ möge widerstand thun [...], [Magdeburg] 1552.

Apel, Johannes: Methodica dialectices ratio ad iurisprudentiam adcommodata [...], Noribergae 1535, in: Primum volumen tractatuum ex variis iuris interpretibus collectorum, Bl. 270vb–278va.

Aristoteles: History of Animals Books VII–X, hg. von D.M. Balme, Cambridge Massachusetts 1991.

– Magna Moralia, hg. von G. Cyril Armstrong, in: Aristoteles: Metaphysics. Books X–XIV. Oeconomica and Magna Moralia, hg. von Hugh Tredennick und G. Cyril Armstrong, Cambridge Massachusetts 1947, (1. Aufl. 1935), S. 425–683.

– Nikomachische Ethik, übers. von Franz Dirlmeier, Darmstadt 1956.

– The Nicomachean Ethics, in: Aristoteles: Aristotle in Twenty-Three Volumes. XIX: The Nicomachean Ethics, hg. von H. Rackham, Cambridge Massachusetts 1982, (1. Aufl. 1934).

– Rhetorik, übers. von Franz B. Sieveke, München 1980.

Arnim, Hans F.A. von (Hg.): Stoicorum veterum fragmenta, Leipzig 1903–1924. Bd. 1–4.

Arnold, Lorenz: Collationis philosophiae moralis cum iure scripto partes duae [...], Francofurti 1601.

– Iurisprudentia ethica, sive iuris civilis et canonici, publici ac privati, tam veteris Romani, quam novi imperialis et ecclesiastici collatio cum philosophia morali, id est, politica, ethica et oeconomica [...], Francofurti 1615.

Arumaeus, Dominicus: Ad praecipuas pandect. et cod. leges disputatio prima [...]. Ad L. 3. ff. de justit. et jure, resp. Eusebius Menius, in: Arumaeus: Disputationes ad praecipuas pandectarum et codicis leges, consuetudines feudales, quatuor institutionum libros [...], Jenae 1613, S. 1–18.

Augustinus, Aurelius: Contra Faustum Manichaeum libri triginta tres, in: Augustinus: Opera omnia, 1845, Bd. 42, S. 209–518.

– De diversis quaestionibus LXXXIII. liber unus, in: Augustinus: Opera omnia, 1845, Bd. 40, Sp. 11–102.

– De natura boni contra Manichaeos liber unus, in: Augustinus: Opera omnia, 1845, Bd. 42, Sp. 551–572.

Augustinus: Opera omnia, hg. von den Monachi ordinis Sancti Benedicti e congregatione S. Mauri und Jacques–Paul Migne, 1841, Bd. 1–16, in: Migne (Hg.): Patrologiae cursus completus. Series Latina, 1845–1849, Bd. 32–47.

Azo Portius: Summa institutionum, in: Azo Portius: Summa super codicem. Instituta. Extraordinaria, Papiae 1506, ND. Augustae Taurinorum 1966, S. 346–383.

Baron, Éguinaire: D. Iustiniani sacratissimi principis perpetuo Augusti, iuris enucleati, ex omni veteri iure collecti, digestorum seu pandectarum liber primus[–quartus], in: Opera omnia in tres tomos divisa [...], Lutetiae 1562, t. 2.

– De ratione docendi discendique iuris civilis ad iuventutem, in: Varii iuxta ac utiles clarissimorum tam veterum quam recentium I.C. tractatus, S. 141–145.

– Institutionum seu elementorum Iustiniani sacratiss. principis libri IIII. [...], in: Baron: Opera omnia in tres tomos divisa [...], Lutetiae 1562, t. 2.

– Pandectarum iuris civilis oeconomia, in adversariis mire vetustatis apud Pictones recens inventa, Pictavis 1535.

Barter, Johannes: Disputatio ex tit. 1. 2. 3. et 4. libr. 1. pandectarum de iustitia et iure, legibus et constitutionibus [...], resp. Henricus Ernestus Hartmannus, Helmaestadii 1609.

Bartolus a Saxoferrato: In primam digesti veteris partem commentaria cum additionibus, 1589, in: Bartolus: Opera quae nunc extant omnia, pars 1.

– In II. partem digesti veteris [...] commentaria, in: Bartolus: Opera quae nunc extant omnia, pars 2.

– Opera quae nunc extant omnia [...], [hg. von Simon Schardius], Basileae 1588–1589, pars 1–11.

– [vielmehr Jacobus de Ravanis]: Super institutionibus iuris civilis commentaria [...], in: Bartolus: Super authenticis et institutionibus commentaria [...], 1588, in: Bartolus: Opera quae nunc extant omnia, pars 9, S. 161–286.

Bebio, Ludwig: De compendiaria ratione discendi iura, 1542, in: Winckel (Hg.): Varia opuscula de exercitatione iurisconsultorum, S. 445–457.

Benckendorff, Martin: De iustitia et iure, resp. Johann Georg von Miltzitz, Ienae 1605.

Besold, Christoph: Ad tit. I. III. IV. V. et VI. lib. I. pandectarum commentarii succincti: ultra CC. iuridicas et politicas quaestiones decidentes [...], Tubingae 1516.

– Delibata iuris, continentia congeriem, succinctamque resolutionem praecipuarum quaestionum quae in X. prioribus pandectarum libris occurrunt [...], Tubingae 1627.

– Dissertatio de libris utriusque juris, in: Besold: Delibatorum juris, pars secunda. Ubi praecipue quaestiones, in XI. XII. XIII. XIV. XV. XVI. Ac item in quatuor posterioribus libris, obviam quae fiunt, succincte enodantur [...], Tubingae 1629, S. 1–52.

Beyer, Georg: De utili et necessaria autorum juridicorum et juris arti inservientium notitia schediasma [...], Lipsiae 1698.

Biel, Gabriel: Epitome et collectorium ex Occamo circa quatuor sententiarum libros, [Tubingae 1501], ND. Frankfurt a. M. 1965.

Blumelius, Jacobus: De iustitia et iure [...], resp. Johannes Fritzsch, in: Blumelius: Florilegium partis prioris selectissimarum et difficillimarum materiarum et controversiarum iuris [...], Lipsiae 1618.

Bocer, Heinrich: Ad primam partem pandectarum disputatio prima. De iustitia et iure, resp. Ioannes Ludovicus König, in: Bocer: Ad tres priores pandectarum partes disputationes [...], Tubingae 1588, S. 1–16.

Boethius, Heinrich: Disputatio theologica de viribus humanis, seu hominis libero arbitrio [...], resp. Albertus Westphalus, Helmaestadii 1595.

Boetius, Anitius Manlius Torquatus Severinus: Philosophiae consolationis libri V., in: The Theological Tractates, hg. von E.K. Rand und S.J. Tester, Cambridge Massachusetts 1978, (1. Aufl. 1926), S. 130–435.

Bolognetti, Alberto: De lege, iure et aequitate disputationes, in: Tractatus universi iuris, duce et auspice Gregorio XIII. [...], Venetiis 1584, (1. Aufl. Romae 1570).

Boltz, Johann Christoph: De republica creaturarum, occasione pr. I. d. I. N. G. et civ. et L. 1. ff. d. I. et I., resp. Christoph Boltz, Regiomonti [1705].

Bonaventura a Balneoregio: Commentaria in quatuor libros sententiarum magistri Petri Lombardi. Tomus IV. In quartum librum sententiarum, in: Bonaventura a Balneoregio: Opera omnia [...], hg. von den PP. Collegii a S. Bonaventura, Ad claras aquas prope Florentiam (Quaracchi) 1899.

Borcholten Johannes: Commentaria in quatuor institutionum Iustiniani imperatoris libros [...], hg. von Statius Borcholten, Helmaestadii 1599, (1. Aufl. 1590).

Bornitz, Jakob: Discursus politicus de prudentia politica comparanda, hg. von. Johann Bornitz, Erphordiae 1602.

Bricherius Columbus, Dominicus (resp.): De iustitia et iure, Lipsiae 1739.

Bronkhorst, Everhard van: De iustitia et iure, legibus, consuetudine, ac statu hominum, resp. Franciscus Dehnius, Lugduni Batavorum 1598.

– De iustitia et iure, resp. Johannes Vitellius, Lugduni Batavorum 1604.

– Ἐναντιοφανῶν centuriae sex et conciliationes eorundem [...], Lugduni Batavorum 1621, (1. Aufl. 1595).

Brueckner, Wilhelm Hieronymus: Specimen iuris naturalis ejusque descriptionem exhibens [...], resp. Georgius Wolfgangus Schürstabius, Ienae [1715].

Brunnen, Balthasar von: De iustitia et iure naturali gentium et civili personarumque divisione, resp. Erasmus Störbeck, Wittenbergae 1620.

Buddeus, Johann Franz: Historia juris naturalis, Halae Magdeburgicae [1701], in: Philipp Reinhard Vitriarius: Institutiones juris naturae et gentium [...] ad methodum Hugonis Grotii conscriptae [...], Lugd. Batavorum 1711.

– Synopsis juris naturae et gentium juxta disciplinam Ebraeorum, in: Buddeus: Historia juris naturalis, S. 25–90.

Budé, Guillaume: Annotationes in libros pandectarum, (1. Aufl. 1508), in: Budé: Operum tomus III. in quo annotationes in pandectas tam priores quam posteriores comprehenduntur [...], Basileae 1557, ND. Westmead 1966.

Caccialupi, Giovanni Battista: Tractatus de modo studendi in utroque iure [...], in: Varii iuxta ac utiles clarissimorum tam veterum quam recentium I.C. tractatus, S. 1–72.

Cantiuncula, Claudius: De ratione studij legalis paraenesis ad amicum anonymum, in: Varii iuxta ac utiles clarissimorum tam veterum quam recentium I.C. tractatus, S. 73–119.

– Topica tractata per exemplo legum [...], Basileae 1535, in: Primum volumen tractatuum ex variis iuris interpretibus collectorum, Bl. 253^r–283^v.

Casmann, Otto: Doctrinae et vitae politicae methodicum ac breve systema [...], Francofurti 1603.

Chytraeus, David: Catechesis, Wittebergae 1556.

– Der fürnembsten Heubstück christlicher Lehr nützliche und kurtze erklerung. Durch Valentinum Schachtium aus dem lateinischen Catechismo Davidis Chytraei zum mehrerteil verdeutsch, Rostock 1572.

– Regulae vitae. Virtutum descriptiones methodicae [...], Lipsiae 1570 (1. Aufl. Witebergae 1567).

Cicero, Marcus Tullius: De finibus bonorum et malorum, in: Cicero: Cicero in Twenty-Eight Volumes. XVII: De finibus bonorum et malorum, hg. von H. Rackham, Cambridge Massachusetts, 1983, (1. Aufl. 1931).

– De inventione, in: Cicero: Cicero in Twenty-Eight Volumes. II: De inventione, De optimo genere oratorum, Topica, hg. von H.M. Hubbell, Cambridge Massachusetts 1976, (1. Aufl. 1949), S. 1–345.

Cicero, Marcus Tullius: De legibus, in: Cicero: Cicero in Twenty-Eight Volumes. XVI: De republica, De legibus, Cambridge Massachusetts, 1987, (1. Aufl. 1928), S. 287–519.
– De officiis, in: Cicero: Cicero in Twenty-Eight Volumes. XXI: De officiis, hg. von Walter Miller, Cambridge Massachusetts 1975, (1. Aufl. 1913).
– De re publica, in: Cicero: Cicero in Twenty-Eight Volumes. XVI: De re publica, De legibus, hg. von Clinton Walker Keyes, Cambridge Massachusetts 1988, S. 1–285.
– Pro T. Annio Milone, in: Cicero: Cicero in Twenty-Eight Volumes. XIV: Pro T. Annio Milone, In L. Calpurnium Pisonem, Pro M. Aemilio Scauro, Pro M. Fonteio, Pro C. Rabirio Postumo, Pro M. Marcello, Pro Q. Ligario, Pro rege Deiotaro, hg. von N.H. Watts, Cambridge Massachusetts, 1979 (1. Aufl. 1953), S. 1–136.
– Tusculanae disputationes, in: Cicero: Cicero in Twenty Eight Volumes. XVIII: Tusculan Disputations, hg. von J.E. King, Cambridge Massachusetts 1971, (1. Aufl. 1927).
Cinus de Pistoia: In digesti veteris libros commentaria [...], Francofurti ad Moenum 1578, in: Cinus: In codicem et aliquot titulos primi pandectorum tomi, id est, digesti veteris, Torino 1964, in:.
Claproth, Johann Christian: Anmerkung über Herrn Johann Friedrich Hombergk zu Vach dubia juris naturae, Göttingen 1748.
– Grundriß des Rechts der Natur, Göttingen 1749.
– Schreiben von den natürlichen Trieben des Menschen, in: Johann Christian Claproth: Sammlung juristisch- philosophisch- und critischer Abhandlungen, Göttingen 1743, St. 1, S. 404–524.
Concenatius, Iacobus: Epitomes oeconomicae artis iuris civilis libri duo, Basileae 1562.
Connan, François: Commentariorum iuris civilis libri X. [...], Basileae 1567, (1. Aufl. 1553).
Conring, Hermann: Dissertatio epistolica de varia et maxime vera jurisprudentia, resp. Henricus Langenbeck, 1656, in: Conring: Propolitica, S. 113–155.
Coras, Jean de: Commentarii [...] in pandectarum titulum de iusticia et iure, (1. Aufl. 1557), in: Coras: Opera quae haberi possunt omnia, t. 1, S. 1–22.
– De iuris arte liber, quatuor partibus conclusus, 1560, in: Coras und Hopper: Tractatus de iuris arte, S. 1–292.
– Miscellaneorum iuris civilis liber primus[–septimus], in: Coras: Opera quae haberi possunt omnia, Bd. 2, S. 581–761.
– Opera quae haberi possunt omnia, collata, et in duos tomos distributa [...], hg. von Valentin Wilhelm Forster, Witebergae 1603, t. 1–2.
Coras, Jean de und Joachim Hopper: Tractatus de iuris arte duorum clarissimorum iurisconsultorum, Ioannis Corasii, et Ioachimi Hopperi [...], Coloniae Agrippinae 1582.
Cotta, Bonaventura: Collegii iurium imperialium disquisitio 1. de iustitia et iure, legibus, longa consuetudine, et moderamine inculpatae tutelae, resp. Johannes Zessel, Witebergae 1607.
Covarrubias y Leiva, Diego de: Regulae, peccatum. De regulis iuris lib. 6. relectio [...], Salmanticae 1558.
Cramer, Jakob: De iustitia et iure, resp. Johannes Weiß, Ienae 1602.
– De justitia et jure, resp. Euchardius Faber, in: Cramer Disceptationes [...] XXVI. juxta ordinem IV. librorum institutionum imperialium dispositas [...], Jenae 1611, (1. Aufl. 1608).
Cubach, Quirinus: Brocardicorum Dd. liber generalis. Quo in communiores diversae Dd. regulae ex probatiss. JC. collectae sui 1. LL. et autoritatibus 2. probantur, intellectu 3. (sicubi opus) donantur [...], Jenae 1616.
Cujas, Jacques: Ad titulum XVII. commentarius repetitae praelectionis, in: Cujas: Recitationes solemnes ad titulum I. [...] libr. XXXVII. digest.[–tit. XVII. libr. L. digest.], in:

Cujas: Opera omnia in decem tomos distributa: tomus octavus vel quarti operum postumorum, quae de jure reliquit, pars posterior [...] hg. von Charles Annibal Fabrot, Neapoli 1758, Sp. 656–888.
Cujas, Jacques: De ratione docendi iuris oratio [...], Argentorati 1585.
– De ratione docendi iuris oratio [...], Argentorati 1585, in: Cujas: Opera omnia in decem tomos distributa: tomus octavus, Sp. 1172–1176.
– Domini nostri Iustiniani [...] institutionum sive elementorum per Tribonianum [...] et Theophilum, et Dorotheum [...] libri IIII. emendatissimi [...], (1. Aufl. 1556), in: Cujas: Opera, quae de iure fecit et edi volvit [...] in tomos quatuor distincta [...], Francofurti 1595, t. 1.
– Observationum lib. XXVIII. [...], in: Cujas: Opera omnia in decem tomos distributa: tomus tertius operum postumorum, quae de jure fecit, sive observationum lib. XXVIII. [...], hg. von Charles Annibal Fabrot, Neapoli 1758.
– Paratitla in libros quinquaginta digestorum seu pandectarum imperatoris Iustiniani [...], Lugduni 1570.
– Praelectiones in tit. D. de diversis regulis iuris antiqui. Nunc primum in lucem editae [...], Basileae 1594.
– Recitationes solemnes ad titulum I. lib. I. digestorum de iustitia et iure, in: Cujas: Opera omnia in decem tomos distributa: tomus septimus vel quarti operum postumorum, qua de jure reliquit, pars prior [...], hg. von Charles Annibal Fabrot, Neapoli 1758.
Curtius, Franciscus: Index copiosissimus paratitlorum seu (ut vulgo dicunt) summariorum omnium quibus illustratur et quasi vivae vocis oraculo clara redditur utraque lectura D. Francisci Curtii Iunioris Papiensis in undetriginta codicis Iustinianei et decem et septem digesti veteris rubricas [...], Lugduni 1552.
Da Gouvea, Antonio: Lectionum iuris variarum iuris civilis libri duo (1. Aufl. 1552), in: Opera. Quae civilis disciplinae claustra continent et reserant [...], Lugduni 1599, t. 1.
Daneau, Lambert: Politices Christianae libri septem [...], [Genevae] 1596.
De Soto, Domingo, De iustitia et iure libri decem (1556–1557), hg. von Venancio Diego Carro, Madrid, 1967.
Diels, Hermann und Kranz, Walter (Hgg.): Die Fragmente der Vorsokratiker, Zürich [12]1951, Bd. 1–3.
Diogenes Laertius: De clarorum philosophorum vitis, dogmatibus et apophthegmatibus libri decem [...], hg. von C. Gabr. Cobet, Ant. Westermannus und J.F. Boissonadius, Parisiis 1929.
Doneau, Hugues: Commentariorum de iure civili tomus primus cum notis Osvaldi Hilligeri, in: Doneau: Opera omnia, Lucae 1762.
Duaren, François: Ad Andream Guillartum [...] de ratione docendi discendique iuris conscripta epistola, 1544, in: Varii iuxta ac utiles clarissimorum tam veterum quam recentium I.C. tractatus, S. 120–140.
– Ad Andream Guillartum [...] de ratione docendi, discendique iuris epistola, 1544, in: Duaren: Epistolae et orationes, in: Duaren: Opera omnia [...]. Volumen quartum [...], Lucae 1768, S. 363–371.
– In primam partem pandectarum sive digestorum methodica enarratio, (1. Aufl. Lugduni 1570), in: Duaren: Opera omnia [...]. Volumen primum quo in digestorum priores quatuor partes et in Justinianei codicis titulos aliquot commentarii continentur, Lucae 1765.
Du Faur de Saint Jorry, Pierre: Commentar. ad tit. I. De iustitia et iure D., in: Du Faur de Saint Jorry: Semestrium liber unus, S. 148–168
– Semestrium liber secundus, Lugduni 1592, (1. Aufl. 1573).

Du Faur de Saint Jorry, Pierre: Semestrium liber unus. Cui accesserunt eiusdem authoris commentarii, De iustitia et iure. De origine iuris. De magistratibus Romanis, Lugduni 1590, (1. Aufl. 1570).

Duns Scotus, Ioannes: Lectura in librum primum sententiarum. A distinctione octava ad quadragesimam quintam, in: Ioannes Duns Scotus: Opera omnia, Civitas Vaticana 1966, t. 17.

– Ordinatio. Liber primus. A distinctione vigesima sexta ad quadragesimam octavam, in: Ioannes Duns Scotus: Opera omnia, hg. von der Commissio Scotistica, Civitas Vaticana 1963.

Ehem, Christoph: De principiis iuris. Quibus iurisprudentiam arte, methodo, ordineque tradi, propriisque finibus circumscribi posse [...], Hanoviae 1601, (1. Aufl. Basileae 1555).

Eichel, Johannes: Dissertatio civilis de iustitia et iure, resp. Iustus Wisenhaven, Helmestadii 1655.

Eisenhart, Ioannes Fridericus: De iure publico populi Romani ad L. 1. § 2. d. de I. et I., resp. Carolus Antonius Keuffel, Helmestadii [1764].

Eisenhart, Johannes: Institutionum juris naturalis in moralis philosophiae doctrina repraesentatio [...], Helmstadii 1684.

Everaerts, Nicolaas: Loci argumentorum legales, Francofurti 1581, (1. Aufl. Lugduni 1568).

Faber, Timaeus: Disputationes anniversariae ad 4. libros institut. imperial. propositae in academia Franequerana [...], Franequerae Frisiorum 1622.

– Disputatio prima. Ad tit. 1., resp. Gerardus Scheppingius, in: Faber: Disputationes anniversariae, Bl. A1^{r}–F4^{v}.

– Disputatio secunda. Ad tit. 2., resp. Luca a Thungel, in: Faber: Disputationes anniversariae, Bl. C3^{r}–D2^{v}.

Favre, Antoine: Iurisprudentiae Papinianeae scientia, ad ordinem institutionum imperialium efformata [...], Lugduni 1607.

– Rationalia in primam et secundam partem pandectarum [...], Coloniae Allobrogorum 1631, (1. Aufl. 1604).

Flacius Illyricus, Matthias: Clavis scripturae sacrae seu de sermone sacrorum literarum [...]. Pars prima [...], Basileae 1580, (1. Aufl. 1567).

– Clavis scripturae, seu de sermone sacrarum literarum, plurimas generales regulas continens altera pars [...], Basileae 1581, (1. Aufl. 1567).

Fomann, Ortolph: Disputatio civilis de iustitia, iure, legibus, et consuetudine, resp. Ernestus Starck, Ienae 1599.

Forcadel, Étienne: Commentarius, in titulum digestorum de iustitia et iure plane gemmeus, in: Étienne Forcadel: Opera ab eo ita recognita et aucta [...], Parisiis 1595.

Franzius, Thomas: De iustitia et iure [...], resp. Leonhardus Koppelius, Witebergae 1593.

Freigius, Johann Thomas: De compendiaria iuris discendi ratione brevis admonitio, in: Freigius: Quaestiones Iustinianeae in institutiones iuris civilis, Bl. *7^{r}–**2^{r}.

– De logica iureconsultorum libri duo, Basileae 1590, (1. Aufl. Basileae 1582).

Freigius, Johann Thomas: Paratitla seu synopsis pandectarum iuris civilis, Basileae 1583.

– Quaestiones in institutiones iuris, in: Freigius: Quaestiones Iustinianeae in institutiones iuris civilis, S. 1–228.

– Quaestiones Iustinianeae in institutiones iuris civilis [...], Basileae 1578.

– Zasius. Hoc est in pandectas iuris civilis commentarii a U. Zasio olim diffuse tractati nunc in compendium redacti, Basileae 1576.

Frosch, Franz: Isagoge in iuris civilis studium [...], in: Winckel (Hg.): Varia opuscula de exercitatione iurisconsultorum, S. 275–444.

Gaius: The Institutes of Gaius. Part I: Text with Critical Notes and Translation, hg. von Francis de Zulueta, Oxford 1946, vol. 1–2.
Galenus, Claudius: Ars medica, in: Galenus: Opera omnia, 1821, Bd. 1, S. 305–412.
– De cuiusque animi peccatorum dignotione atque medela libellus, in: Galenus: Opera omnia, 1823, Bd. 5, S. 58–103.
– De placitis Hippocratis et Platonis libri novem. Liber primus sine principio, in: Galenus: Opera omnia, 1823, Bd. 5, S. 181–805.
– De pulsuum differentiis liber I.[–IV.], in Galenus: Opera omnia, 1824, Bd. 8, S. 493–694.
– Methodi medendi liber I.[–XIV.], in Galenus: Opera omnia, 1825, Bd. 10.
– Opera omnia, hg. von Karl Gottlob Kühn, Lipsiae 1821–1833, Bd. 1–21.
Gambilionibus, Angelus a: In quatuor institutionum Iustiniani libros commentaria [...], Venetiis 1609.
Gammaro, Pietro Andrea: De modo disputandi ac ratiocinandi liber primus[–tertius], Bononiae 1514, in: Primum volumen tractatuum ex variis iuris interpretibus collectorum, Bl. 278vb–290ra.
Gebauer, Georg Christian: Nova juris naturalis historia [...], hg. von Ericus Christian Klevesahl, Wetzlariae 1774.
Gebhardi, Heinrich, [genannt] Wesener: De principiis et dignitate jurisprudentiae. Tractatus philosophico-iuridicus longe pulcherrimus. Quo veri et sinceri iuris tam publici quam privati fontes ex omni fere disciplinarum et facultatum etiam superiorum genere succincte ac dilucide aperiuntur [...], [Gerae] 1613.
Gerhard, Johannes: Decas decima, resp. Wolfgangus Schiltelius, in: Gerhard: Centuria quaestionum politicarum [...], Ienae 1608, Bl. $P4^v$–$S1^r$.
Giffen, Hubert van: Antinomiarum iuris civilis sive disputationum [...] libri quatuor [...], hg. von Konrad Olemann, Francofurti 1605.
– Commentarii in titulum digestorum de diversis regulis juris antiqui, perutiles et necessarii [...], Francofurti 1606.
– Commentarius de divisionibus juris novis interpretum quorundam, maxime glossographorum, in theses aliquot conjectis [...], [resp. Matthias Indenius], Altdorphii 1641, (1. Aufl. 1586).
– Commentarius [...] in quatuor libros institutionum iuris civilis [...], Francofurti 1606.
– Theses de principiis iuris: sumptae ex D. et C. tit. de iustitia et iure, et tit. de legibus [...], resp. Paulus Volkamer, Altorphii 1598.
– Tractatus de diversis regulis iuris antiqui [...], Argentorati 1607.
Gilken, Peter: De iure, iustitia, et iusto, resp. Sigismundus Steinson, Wirceburgi 1602.
Glafey, Adam Friedrich: Vollständige Geschichte des Rechts der Vernunft [...], Leipzig 1739, (1. Aufl. Francofurti et Lipsiae, 1723), ND. Aalen 1965.
Goclenius, Rudolf: Oratio de nativa et haereditaria in nobis labe et corruptione: in qua refutatur philosophice Flacianum dogma, pigmentis Aristotelis fucatum, quod est: Peccatum originis esse ipsam hominis naturam et essentiam, non vero qualitatem accidentalem: et philosophiae verus usus et abusus ostenditur [...], Marpurgi 1588.
Goclenius, Rudolf: Philosophiae practicae Mauritianae: in qua ethicorum libri duo, oeconomicorum totidem, politicorum tres, methodice traduntur [...], pars prima, Cassellis 1604.
Godefroy, Denis: Dissertatio I. de iustitia et iure tam naturali quam gentium et civili ex lib. 1. institut. titulo 1. et 2. desumpta [...], resp. David Kuglerus, Argentorati 1597.
– De iustitia, iure, legibus, plebiscitis, edictis magistratuum [...] disputatio 1. Ex 1. D. tt. 1. 2. 3. 4., resp. Daniel Fabinus, Argentorati 1603.

Goeddaeus, Johannes: De iustitia et iure, eius principiis et divisione, resp. Henricus Berlagius, in: Goeddaeus: Thesium sive disputationum iuris [...] pars I.[–III.], Marpurgi Cattorum 1595.

– Theses iuridicae de iustitia et iure [...], resp. Georgius Haunschildt, Marpurgi Cattorum 1596.

Graseck, Paul: Theses de iustitia et iure eiusque partibus seu speciebus atque causis [...], resp. Philippus Reinhartus, Argentorati 1594.

Grasser, Johann Jakob: Virtuti et honori cl. et consultissimi viri, D. Benedicti Wincleri, Soltquellensis, cum singulari suo merito, in celeberr. Basil. Athenaeo, iuris utrisque docturam solemniter susciperet, Basileae 1616.

Gratianus: Decretorum canonicorum collectanea, ex divite illa scriptorum ecclesiasticorum, summorum pontificum, conciliorumque oecumenicorum suppellectile, D. Gratiani labore concinnata et in suas classes digesta. Praefixa sunt ab Antonio Demochare singulis fere distinctionibus et causarum quaestionibus παράτιτλα summam rei succincte complectentia necnon ad marginem additi librorum et capitum ex quibus ista Decretorum farrago compacta est, numeri indicatorii [...], Antverpiae 1570.

– Decretum magistri Gratiani, hg. von Aemilius Ludovicus Richterus und Aemilius Friedberg, in: Corpus iuris canonici, hg. von Richterus und Friedberg, Leipzig 1879, ND. Graz 1959.

Gregoire, Pierre: De qualitate quae in iure et circa eius antistites consideranda sit, ex P. Gregorij Tholosani I.C. de artis Methodo, praefationis loco adiecta, in: Varii iuxta ac utiles clarissimorum tam veterum quam recentium I.C. tractatus, Bl. A2^{r}–8^{r}.

Gregorius de Valentia: Commentariorum theologicorum tomus secundus complectens materias primae secundae divi Thomae [...], 1592, in: Gregorius de Valentia: Commentariorum theologicorum tomi quatuor in quibus omnes materiae quae continentur in summa theologica divi Thomae Aquinatis ordine explicantur [...], Ingolstadii 1591–1597, Bd. 1–4.

Gröningen, Johann: Bibliotheca juris gentium communis [...], Hamburgi 1701.

Groß, Georg: Compendium jurisprudentiae: non nisi ea tradens, quae ad scripturam s. (inprimis autem ad Mosaicam decalogi legem) recte intelligendam, explicandam, vindicandamque accommodata sunt [...], Basileae 1620.

Grotius, Hugo: De jure belli et pacis libri tres, cum annotatis ipsius autoris, et clarissimi Gronovii; tum noviter accuratis commentariis perpetuis Joh. Tesmari [...], Francofurti ad Moenum 1696, (1. Aufl. 1625).

Grynaeus, Simon: Epistola D. Simonis Grynaei de methodo iuris ad D. Ioannem Fichardum, in: Winckel (Hg.): Varia opuscula de exercitatione iurisconsultorum, S. 487–499.

Guilelmus Alvernus: De legibus, in: Guilelmus Alvernus: Opera omnia [...], Parisiis 1674, ND. Frankfurt a. M. 1963.

Guilelmus Antissiodorensis: Summa aurea in quattuor libros sententiarum [...], Parisiis [1500], ND. Frankfurt a. M. 1964.

Guilelmus de Ockham: Dialogus de imperio et pontificia potestate, in: Guilelmus de Ockham: Opera plurima, Bd. 1.

– Opera plurima, [Lugduni 1494–1496], ND. London 1962, Bd. 1–4.

Guilelmus de Ockham: Super 4 libros sententiarum. In sententiarum I., in: Guilelmus de Ockham: Opera plurima, Bd. 3–4.

Gundling, Nikolaus Hieronymus: De statu naturali Hobbesii in corpore iuris civilis defenso et defendendo occasione L. 5. de iust. et i., Halae Magdeburgicae 1735.

Hahn, Heinrich: De iustitia et iure, resp. Petrus-Ernestus Soetefleisch, Helmaestadii 1647.

Hannesen, Johann Andreas: De iustitia et iure, resp. Joh. Heinr. Ludew. Augspurg und Aug. Wilh. Berckelmann, Gottingae [1750].

Harpprecht, Johannes: Commentariorum in quatuor libros institutionum iuris civilis, divi Iustiniani [...] tomus primus [...], Francofurti 1658, (1. Aufl. 1615).
Hegendorff, Christoph: De compendiaria discendi iura civilia ratione, ad Mauricium Breunlerum consilium, in: Konrad Lagus: Methodica iuris utriusque traditio [...], Lugduni 1562, S. 998–1008.
– Dialectica legalis sive disserendi, demonstrandique ars, ita iuri civili accommodata, ut et nihilominus sit omni studiorum generi usui futura [...], Lipsiae 1531, in: Primum volumen tractatuum ex variis iuris interpretibus collectorum, Bl. 237ra–252vb.
– Epitome tyrocinij iuris civilis, ad Ioannem iuniorem Eberhausen, Praefatio, in: Varii iuxta ac utiles clarissimorum tam veterum quam recentium I.C. tractatus, S. 148–197.
Heider, Wolfgang: Philosophiae politicae systema [...], Jenae 1628.
Heige, Peter: Commentarii super IIII. institutionum imperialium D. Iustiniani libros, hg. von Ludovicus Person, Witebergae 1603.
Hemmingsen, Niels: De lege naturae apodictica methodus [...], Witebergae 1562.
– De lege naturae apodictica methodus [...], Vittebergae 1564.
– De lege naturae apodictica methodus [...], Wittebergae 1577.
– De lege naturae apodictica methodus, concinnata per Nicolaum Hemmingium. Witebergae (1562, 1564.) 1577, in: Kaltenborn: Die Vorläufer des Hugo Grotius, II, S. 26–44 (Textauswahl).
– Enchiridion theologicum praecipua verae religionis capita breviter ac simpliciter explicata continens [...], Lipsiae 1562.
Henich, Johann: Disputatio moralis de lege naturae [...], resp. Johannes Georgius Bohsius, Helmaestadii 1638.
Heresbach, Konrad: Christianae iurisprudentiae epitome [...], Neostadii in Palatinatu 1586.
Hilgund, Christoph: Selectiorum iuris civilis positionum, ex lib. 1. instit. iur. tit. 1. et 2. disputatio prima. De iustitia et iure [...], resp. Andreas Rhor, Helmaestadii 1605.
Hoen, Philipp Heinrich von: De iustitia et iure, naturali, gentium et civili, personarumque divisione ex proem. tit. 1. 2. 3. et 6. lib. 1. institutionum Iustiniani, resp. Johannes Theodoricus Geyer, Ienae 1605.
– De justitia et jure naturali, gentium et civili, personarumque divisione [...], resp. Johannes-Theodoricus Geyer, 1605, in: Hoen: Liber primus disputationum juridicarum continens quaestiones seu controversias juris illustres, ex libris quatuor institutionum imperatoris Justiniani excerptas [...], (1. Aufl. 1608), S. 1–27, in: Hoen: Disputationum juridicarum libri tres ad principis augustissimi et sacratissimi imperatoris Justiniani jus civile [...], Herbornae Nassoviorum, 1614.
– De subditis, prima civitatis parte, resp. Wilhelmus Stoeverus, in: Hoen: Liber primus disputationum politicarum, in: Hoen: Libri duo disputationum: prior politicarum methodice digestarum, posterior juridicarum ad selectas aliquot pandectarum materias [...], Herbornae Nassoviorum 1608, S. 14–43.
Hofmann, Daniel: Disputatio prima. De peccato originis, quod non sit substantia, seu per se subsistens [...], resp. Paulus Musaeus, Helmstadii 1580.
– Disputatio II. De peccato originis, quod non sit substantia, seu per se subsistens [...], resp. Georgius Henningus, Helmstadii 1581.
– Disputatio III. De peccato originis, quod non sit substantia, seu per se subsistens [...], resp. Paulus Musaeus, Helmstadii 1581.
– Disputatio IV. De peccato originis, quod non sit substantia, seu per se subsistens [...], resp. Paulus Musaeus, Helmstadii 1581.
– Disputatio V. De peccato originis [...], resp. Heinrich Boethius, Helmstadii [1586].
– Explicatio discriminis inter theologicum et philosophicum hominem, quod ad excusationem recentis Manichaeismi praetenditur [...], Helmstadii 1580.

Hofmann, Daniel: Theses de hominis creatione, integritate, corruptione et peccatis [...], resp. Henricus Papaeburgerus, Helmaestadii 1597.

– Theses de noticiis Dei et voluntatis ipsius, humanis animis natura insitis et disciplina excultis, resp. Kaspar Pfaffrad, Helmaestadii 1593.

– Theses de viribus humanis seu libero arbitrio in rebus spiritualibus per peccatum deperdito [...], resp. Johannes Pandocheus et Gotfridus Schulterus, Helmaestadii 1598.

Hombergk zu Vach, Johann Friedrich: Dubia juris naturae, Duaci 1719.

Hommel, Karl Ferdinand: Propositum de novo systemate juris naturae et gentium ex sententia veterum j.ctorum concinnando sive de jure quod natura omnia animalia docuit commentatio, Lipsiae 1747.

Hopper, Joachim: De iuris arte, libri tres, 1553, in: Coras und Hopper: Tractatus de iuris arte, S. 293–608.

– De principiis sive elementis iuris, tractatus Ioachimi Hopperi I.C. in compendium contractus ex quatuor libris eiusdem Hopperi, et nunc primum editus a Martino Antonio Del Rio iurisconsulto, in: Martin Antonio Del Rio: Exercitatio ad L. contractus 23. D. de divers. regulis iuris antiqui, totam culpae praestandae materiam complectens et epit. ex lib. 1. et 2. elementorum iuris cl. viri Ioachimi Hopperi, nunc primum in lucem prodiens, in: Del Rio: Ex miscellaneorum scriptoribus digestorum, codicis, et institutionum iuris civilis interpretatio [...], Parisiis 1580, Bl. 58–64.

– Elementorum iuris, sive principiorum iusti et iniusti liber primus[–quartus], in: Hopper: In veram iurisprudentiam isagoges ad filium libri octo, S. 261–503.

– Excerpta ex Joachimi Hopperi Frisii J.C. libris de vera iurisprudentia, in: Hermann Conring: Propolitica sive brevis introductio in civilem philosophiam. Adjecta sunt eiusdem ut et J. Hopperi nonnulla de varia et vera iurisprudentia, Helmestadii 1663, S. 156–192.

– In veram iurisprudentiam isagoges ad filium libri octo. Nempe. Paratitlωn iuris civilis, sive de divinarum et humanarum rerum principiis, libri IIII. Elementorum iuris, sive de principiis iusti et iniusti, libri IIII., Coloniae 1580.

– Paratitlωn iuris civilis, sive de divinarum et humanarum rerum principiis, libri IIII., in: Hopper: In veram iurisprudentiam isagoges ad filium libri octo, S. 1–260.

– Seduardus, sive de vera iurisprudentia ad regem, libri XII. Nempe: Νομοϑεσίας, sive de iuris et legum condendarum scientia, libri IIII. Rerum divinarum et humanarum, sive de iure civili publico, libri IIII. Ad pandectas, sive de iure civili privato, libri IIII. [...] Adiectus est eiusdem auctoris de institutione principis liber singularis, hg. von Hermann Conring, Magdeburgi et Helmstadii 1656, (1. Aufl. Antverpiae 1590), S. 1–728.

Hornejus, Konrad: Disputationes ethicae X. depromptae ex Eth. Aristot. ad Nicomachum [...], Helmaestadii 1618.

– De iustitia et iure, ex V. libr. Eth. Aristot., resp. Augustus Stiffer, in: Hornejus: Disputationes ethicae X., Bl. A1–S4.

– De natura, partibus et instrumentis philosophiae, resp. Henricus Wesenbecius, in: Hornejus: Disputationes ethicae X., Bl. B1–D4.

– De principiis actionum moralium, deque fortitudine et temperantia. Ex III. lib. Ethic. Aristot., resp. Henningus Criccovius, in: Hornejus: Disputationes ethicae X., Bl. E5–G2.

– Ethicae sive civilis doctrinae de moribus libri IV. [...], Francofurti 1625.

Hortleder, Friedrich (Hg.): Der Römischen Keyser- und königlichen Maiesteten/ [...] Handlungen und Außschreiben/ [...] Von Rechtmässigkeit/ Anfang/ Fort- und endlichen Außgang deß Teutschen Kriegs Keyser Carls deß Fünfften/ wider die Schmalkaldische Bundsoberste [...]. Vom Jahr 1546. biß auff das Jahr 1558. [...], Gota 1645 (1. Aufl. Frankfurt, 1617), Buch 1–6.

Hotman, François: Commentarius in quatuor libros institutionum iuris civilis, Basileae 1560.
– Epitomarum in pandectas, libri XXII., in: Hotman: Operum tomus primum, [Genevae] 1599, S. 2–434.
Hubmeier, Hippolyt: De iusticia, resp. Johannes Reichardus, Ienae 1603, disp. XII, in: Hubmeier: Exercitationes ethicae in quatuordecim disputationes conclusae [...], Ienae 1603, Bl. Z1–a4.
Hunnius, Helfrich Ulrich: Brevis commentarius in institutionum iuris Iustiniani imperatoris libros IV. [...], Giessae 1617.
– De iustitia et iure ac libertate et servitute ad titulos priores octo libri primi [...], resp. Christophorus Crusius, in: Hunnius: Collegii institutionum Iustinianearum disputationes XXII. [...], Giessae 1609.
– Variarum resolutionum iuris civilis libri IV. [...], Francofurti ad Moenium 1616.
Iacobus de Belviso: Commentarii in authenticum et consuetudines feudorum, Aureliae 1511, ND. Bologna 1971.
Innocentius V papa: In IV. librum sententiarum commentaria [...], Tolosae 1651.
Isidorus Hispalensis: Etymologiarum libri XX., in: Isidorus Ispalensis: Opera omnia, hg. von Faustinus Arevalus, in: Migne (Hg.): Patrologiae cursus completus. Series Latina, 1850, Bd. 82.
Iulianus Antecessor: Iuliani Antecessoris Constantinopolitani novellarum Iustiniani imp. epitome, additis Latinis quibusdam novellis constitutionibus eiusdem Imp., cum paratitlis sive scholiis, Ilerdae 1567.
Iustinianus imperator: Iustiniani digesta, hg. von Theodor Mommsen und Paul Krüger, Berolini-Turici 1965, (1. Aufl. 1872).
– Iustiniani institutiones, hg. von Paul Krüger, Berolini/Turici 1965, (1. Aufl. 1872).
Johannes Buridanus: Super decem libros ethicorum, Parrhisiis 1513, ND. Frankfurt 1968.
Keckermann, Bartholomaeus: Systema disciplinae politicae [...], Hanoviae 1608.
– Systema ethicae, tribus libris adornatum [...], Hanoviae 1607, in: Keckermann: Systematis systematum [...] tomus secundus [...], in: Keckermann: Systema systematum [...] omnia huius autoris scripta philosophica uno volumine comprehensa lectori exhibens, idque duobus tomis [...], Hanoviae 1613, S. 768–889.
Kemmerich, Dietrich Hermann: Praecognita juris divini vulgo naturae et gentium dicti quibus tum historia huius iuris tum generalia eiusdem fundamenta ac genuina honesti et iusti principia, concinno ordine disposita, continentur [...], Ienae 1737.
Kitzel, Johann: De iustitia et iure, resp. Salomon Grimmius, Giessae Hassorum 1606.
Kirchner, Hermann: Respublica [...], Marpurgi Cattorum 1608.
Koch, Marsilius und Puteo, Bernardus de: Theses de iustitia et iure ex D. [...], resp. Henricus Kerckerinck, Coloniae Agrippinae 1588, in: Theses sive conclusiones materiarum iuris digesti veteris, ordinarie iuxta receptam et antiquam, celeberrimi utriusque iuris collegii Agrippinensis, consuetudinem, publice disputatae, anno 1588. et 1589. [...], Coloniae Agrippinae 1589.
Koselitz, Gottfried Reinhold: De praecognitis iurisprudentiae, iustitia et iure, resp. Christianus Gotlieb Beichius, Lipsiae 1733.
Konkordienformel. ›Formula concordiae‹, in: Die Bekenntnisschriften der evangelisch-lutherischen Kirche, Göttingen [9]1982, (1. Aufl. 1930), S. 735–1102.
Kortte, Gottlieb: Vindiciae leg. I. § IV. d. de I. et l. de iure quod natura omnia animalia docuit, resp. Henricus Gottlieb Schellhaffer, Lipsiae [1727].
Lactantius, Lucius Caecilius Firmianus: Divinarum institutionum liber primus[–septimus], in: Lactantius: Opera omnia [...], hg. von Nicolas Lenglet Dufresnoy, in: Migne (Hg.): Patrologiae cursus completus. Series Latina, 1844, Bd. 6, Sp. 111–822.

Leuber, Johann: De iustitia et iure nec non de feudorum origine et definitione, resp. Andreas a Grunthal, in: Leuber: Ad Dn. nostri Iustiniani sacratissimi principis 4. libros institutionum iuris civilis et ius feudale, disceptationum selectarum prima[–septima ...], Wittebergae 1613.

Liebenthal, Christian: De constitutione politices, resp. Henricus Heisen, in: Liebenthal: Collegium politicum, in quo de societatibus, magistratibus, juribus majestatis, et legibus fundamentalibus [...] methodice et perspicue tractatur, Gissae Hessorum 1619, S. 1–20.

Lipsius, Justus: Politicorum sive civilis doctrinae libri sex. Qui ad principatum maxime spectant [...], Lugduni Batavorum 1590, (1. Aufl. Amstelodami 1589).

Loriot, Pierre: De iuris apicibus tractatus VIII., et de iuris arte tract. XX. [...]. Eiusdem commentarius de regulis iuris [...], Lugduni 1545.

Ludovici, Jakob Friedrich: Delineatio historiae juris divini naturalis et positivi universalis [...], Halae Magdeburgicae 1701.

Ludwell, Wilhelm: De iustitia et iure, resp. Ernst Cregel, Altdorphii 1653.

Luther, Martin: Die Zirkulardisputation über das Recht des Widerstandes gegen den Kaiser. (Matth. 19, 21). 9. Mai 1539, in: Luther: D. Martin Luthers Werke. Kritische Gesamtausgabe, Weimar 1932, Bd. 39, Abt. 2, S. 34–91.

– Erklerung D. Mart. Lutheri von der frage/ die Notwehr belangend. Mit Vorreden Philippi Melanthonis und Doct. Johan. Bugenhagen Pomers/ Pastors der Kirchen zu Wittemberg, Wittemberg 1547.

– Etliche Schluß-Reden D. Martini Lutheri in offentlicher Disputation vertäidigt/ Anno 1539, in: Hortleder (Hg.): Der Römischen Keyser- und königlichen Maiesteten/ [...] Handlungen und Außschreiben, II, 18, S. 97–99.

– Etliche Schlüsse D. Mart. Luth. Das man dem Bapst und seinen Schutzherrn wider unrechte gewalt und Kriege/ widerstand thuen sol, [o. O.] 1546.

– Genesisvorlesung, in: Luther: Werke. Kritische Gesamtausgabe, Weimar 1911, Bd. 42.

– Von weltlicher Oberkeit, wie weit man ihr Gehorsam schuldig sei, 1523, in: Luther: Werke. Kritische Gesamtausgabe, Weimar 1900, Bd. 11, S. 229–281.

– Warnung an seine lieben Deutschen. 1531, in: Luther: Werke. Kritische Gesamtausgabe, Weimar 1910, Bd. 30, S. 252–320.

[Maior, Georg]: Ewiger: Göttlicher/ Allmechtiger Maiestat Declaration/ Wider Kaiser Carl/ König zu Hispanien etc. Und Bapst Paulum den dritten [...], [Wittenberg] [1546].

– Ewiger/ Göttlicher/ Allmechtiger Maiestat Declaration/ Wider Kayser Carl/ Künig zu Hispanien etc. Und Bapst Paulum den dritten [...], [Wittenberg?] [1546].

– Ewiger: Göttlicher/ Allmechtiger Maiestat Declaration/ Wider Kaiser Carl/ König zu Hispanien etc. Und Bapst Paulum den dritten [...], [Wittenberg] [1546], in Hortleder (Hg.): Der Römischen Keyser- und königlichen Maiesteten/ [...] Handlungen und Außschreiben, II, 23, S. 122–136.

Malquytius, Ludovicus, Marquard Freher und Guillame Doujat: Triga libellorum rarissimorum. Primus, Ludovici Malquytii vera non simulata JCtorum philosophia. Alter, Marquardi Freheri decisiones Areopagiticae. Tertius, Guilielmi Doviatii enarrationes in responsa jurisconsultorum naturalia, hg. von Nikolaus Hieronymus Gundling, Halae Magdeburgicae 1727.

– Vera iurisconsultorum philosophia, Parisii 1606.

Martini, Jakob: De iustitia et iure, Wittebergae 1614.

Martinius, Matthias: Christiana pietas et aequitas, sive lex divina naturae, gratiae, politiae, perspicue, et ad privatos publicosque usus apposite explicata [...], Bremae 1618.

– Disputatio III. De lege in genere, ubi de natura legis, deque legibus divinis et humanis, resp. Bernhardus Crusius, in: Martinius: Christiana pietas et aequitas, S. 54–66.

Martinius, Matthias: Disputatio IV. De lege Mosis in genere et communiter de morali, resp. Johannes-Felix Colerus, in: Martinius: Christiana pietas et aequitas, S. 67–85.

– Memoriale biblicum; hoc est, versus in singulos veteris et novi testamenti libros [...], Herbornae Nassoviorum 1614, (1. Aufl. 1603).

– Synopsis sacrae theologiae, brevis et methodica, in quatuor libellos distincta: quorum est 1. De Deo, 2. De decretis Dei, 3. De exsequutione providentiae, 4. De exsequutione praedestinationis [...], [Herbornae] 1605.

Mascov, Christian: De iustitia et iure, resp. Thomas Münnichow, Helmestadii 1604.

Massa, Antonio: De exercitatione iurisperitorum libri tres, in: Winckel (Hg.): Varia opuscula de exercitatione iurisconsultorum, S. 1–274.

Matthaeus ab Aquasparta: Quaestiones de legibus, in: Matthaeus ab Aquasparta: Quaestiones disputatae de anima separata, de anima beata, de ieiuno et de legibus, hg. von den PP. collegii S. Bonaventurae, Quaracchi Florentiae 1959.

Matthiae, Christian: De iustitia distributiva et commutativa [...], resp. Casparus Friderus, in: Matthiae: Collegium ethicum III. Θετικὸς καὶ ζητητικός [...], Giessae 1613, S. 137–192.

– Systema ethicum in tres libros distributum [...], Marpurgi 1626.

Matthiae, Dietrich Wilhelm: De iustitia et iure, Erffurti 1674.

Meisner, Balthasar: Coronis de essentia virtutis, qua tanquam genuino medio felicitatis arcem adscendimus, in: Meisner: Dissertatio de summo bono, cui praemissa sunt praecognita ethica, et annexa coronis de virtute, Witebergae 1632, (1. Aufl. 1614), S. 351–382.

– Dissertatio de legibus, in quatuor libellos distributa, quorum primus agit de lege in genere. Secundus de lege aeterna. Tertius de lege naturae. Quartus de legibus humanis, tum politicis tum ecclesiasticis [...], Wittebergae 1616.

Meister, Christian Friedrich Georg: Bibliotheca iuris naturae et gentium, Gottingae 1749–1757.

– Exercitatio VII. exhibens brevem historiam historiae iurisprudentiae universalis [...], resp. Henricus Iustus Ludovicus Schlemmius, Gottingae [1743].

Melanchthon, Philipp: Enarratio symboli Niceni complectens ordine doctrinam ecclesiae Dei fideliter recitatam, Wittebergae 1550, in: Melanchthon: Opera quae supersunt omnia. Volumen XXXIII., Sp. 193–346.

– Enarrationes aliquot librorum ethicorum Aristotelis, 1560, in: Melanchthon: Opera quae supersunt omnia. Volumen XVI., Sp. 277–416.

– Ethicae doctrinae elementorum libri duo, 1550–1560, in: Melanchthon: Opera quae supersunt omnia. Volumen XVI., Sp. 165–276.

– Examen eorum qui audiuntur ante ritum publicae ordinationis [...], Witebergae 1554, (1. deutsche Aufl. 1552).

– Explicatio symboli Niceni, Witebergae 1561, in: Melanchthon: Opera quae supersunt omnia. Volumen XXXIII., Sp. 355–584.

– In officia Ciceronis prolegomena, in: Melanchthon: Opera quae supersunt omnia. Volumen XVI., Sp. 534–614.

– Loci communes rerum theologicarum seu hypotyposes theologicae, Witebergae 1521, in: Melanchthon: Opera quae supersunt omnia. Volumen XXI., Sp. 60–230.

– Loci communes Phil. MDXXXIII. altera post ascensionis, Vorlesungsmitschrift Johann Bugenhagens, hg. von Moritz Rödiger, in: Melanchthon: Opera quae supersunt omnia. Volumen XXI., Sp. 253–333.

– Loci communes theologici recens collecti et recogniti a Philippo Melanthone [...], Vitebergae 1535, in: Melanchthon: Opera quae supersunt omnia. Volumen XXI., Sp. 334–560.

Melanchthon, Philipp: Loci praecipui theologici. Nunc denuo cura et diligentia summa recogniti, multisque in locis copiose illustrati, cum appendice disputationis de coniugio, Lipsiae 1559, in: Melanchthon: Opera quae supersunt omnia. Volumen XXI., Sp. 560–1160.
– Lucubratiuncula Philippi Melanthonis, 1520, in: Melanchthon: Opera quae supersunt omnia. Volumen XXI., Sp. 3–59.
– Opera quae supersunt omnia. Volumen XVI. Scripta Philippi Melanthonis ad ethicen et politicen spectantia et dissertationes iis annexae, hg. von Karl Gottlob Bretschneider und Heinrich Ernst Bindseil, Halis Saxonum 1850.
– Opera quae supersunt omnia. Volumen XXI. Libri Philippi Melanthonis in quibus dogmata doctrinae Christianae exposuit, hg. von Karl Gottlob Bretschneider und Heinrich Ernst Bindseil, Brunsvigae 1854.
– Opera quae supersunt omnia. Volumen XXXIII. Libri in quibus dogmata doctrinae Christianae exposuit, hg. von Karl Gottlob Bretschneider und Heinrich Ernst Bindseil, Brunsvigae 1855.
– Oratio de dignitate doctrinae legum et iurisconsultorum, recitata a viro clarissimo et nobili Ioachimo a Beust doctore iuris [...] anno 1553, Wittebergae 1553.
– Philosophiae moralis epitome [...], Argentorati, 1538.
– Philosophiae moralis epitomes libri duo, 1540–1546, in: Melanchthon: Opera quae supersunt omnia. Volumen XVI., Sp. 21–164.
– Vorrede Philippi Melanthon, in: Martin Luther: Warnunge D. Martini Luther an seine lieben Deudschen/ vor etlichen Jaren geschrieben auff diesen fall/ so die feinde Christlicher Warheit diese Kirchen unnd Land/ darinne reine Lere des Evangelij geprediget wird/ mit Krieg uberziehen/ unnd zerstören wolten. Mit einer Vorrede Philippi Melanthon, Witteberg 1546, Bl. a2^{r}–c3^{v}.
– Philippi Melanchthonis Vorrede/ vor die Warnunge D. Martini Lutheri an seine liebe Teutschen/ vor etlichen Jahren geschrieben/ auff diesen Fall/ so die Feinde Christlicher Warheit diese Kirchen unnd Landt/ darinne reine Lehre deß Evangelij geprediget wird/ mit Krieg uberziehen unnd zerstören wolten, Wittemberg 1546, in: Hortleder (Hg.): Der Römischen Keyser- und königlichen Maiesteten/ [...] Handlungen und Außschreiben, II, 24, S. 136–139.
– Vorrede Philippi Melanthonis, in: Martin Luther: Erklerung D. Mart. Lutheri von der frage/ die Notwehr belangend, Bl. *1–**3.
Menius, Justus: An die Hochgeborne Furstin/ Fraw Sibilla Hertzogin zu Sachssen/ Oeconomia Christiana/ das ist/ von Christlicher Haushaltung [...], Wittemberg 1543.
– Von der Notwehr unterricht/ Nützlich zu lesen [...], Wittemberg 1547, 1. Aufl. Bl. B1^{r}: »Was der Bapst zu Rom«.
– Von der Notwehr unterricht: Nützlich zu lesen [...], Witteberg 1547, 2. Aufl. Bl. B1^{r}: »Der allmechtig Gott«.
– Von der Notwehr unterricht: Nützlich zu lesen, in Hortleder (Hg.): Der Römischen Keyser- und königlichen Maiesteten/ [...] Handlungen und Außschreiben, II, 29, S. 152–171.
Migne, Jacques-Paul (Hg.): Patrologiae cursus completus. Series Latina, Lutetiae Parisiorum 1844–1891, Bd. 1–221.
Monner, Basilius [Ps. Regius Selinus]: (Quod defensio sit ex lege naturali.) Von der Defension und Gegenwehr/ Ob man sich wieder der Obrigkeit Tyranney und unrechte Gewalt wehren/ und Gewalt mit Gewalt (Jure) vertreiben müge [...], [o. O.] 1632, (1. Aufl. 1546).
Mudaeus, Gabriel: De contrahenda emptione et venditione titulus primus decimioctavi libri digesti veteris, in: Mudaeus: De contractibus quatuor digestorum tituli facile praecipui,

et ad communem quotidianumque usum maxime necessarij; qui sunt: I. Pro socio, II. De contrahenda emptione et venditione, III. De actionibus empti et venditi, IV. De pignoribus et hypothecis [...], Francofurti ad Moenum 1586, S. 61–140.

Mynsinger, Joachim: Apotelesma, sive corpus perfectum scholiorum ad quatuor libros institutionum iuris civilis [...], Basileae 1572.

Neidecker, Lorenz: Dialectica iuris civilis [...], Moguntiae 1601.

Neller, Georg Christoph: Principia iuris de iure, quod tribuit iustitia, eiusque tribuendi ratione, resp. Adamus Nicolaus de Palmer, Augustae Trevirorum 1754.

– Principia iuris de iustitia et iustis, resp. Ioannes Wilhelmus Emmericus Wittich, Augustae Trevirorum 1754.

Nevizzano, Giovanni: An libros multos habere oporteat, in: Varii iuxta ac utiles clarissimorum tam veterum quam recentium I.C. tractatus, S. 265–277.

– De resecanda librorum multitudine quaestio, in: Varii iuxta ac utiles clarissimorum tam veterum quam recentium I.C. tractatus, S. 277–283.

Nicasius de Voerda: Lectura [...] super quatuor libros institutionum [...], Lipsiae 1549, (1. Aufl. Coloniae 1493).

Nicolai , Johann Baptist (Hg.): Regularum iuris tam civilis quam pontificii, ex celeberrimis et excellentissimis doctoribus, utputa Azone, Andrea Tiraquello, Antonio Corseto, Bartholomaeo Socino, Benedicto Vadio, Bernardo Diazio, Claudio Batandro, Donato Fina, Damaso, Francisco Turzano, Georgio Vivienno, Henrico Rysvvichio, Jacobo Novello Veneto, Joanne Nicolai, Matthaeo Chaeriano, Petro Duenna, Pandulpho [sic] Prateio, Scipione Januario et Sebastiano Medices; praeterea Bartolo, Baldo, Jasone aliisque [...] cum suis ampliationibus, limitationibus et fallentiis, tomi duo [...], Francofurti ad Moenum 1586.

Obrecht, Georg: De iustitia et iure, Argentorati 1604.

Oelinger, Paul: Ethicorum legalium liber primus, iuxta ordinem quodammodo, et omnino ex verbis Aristotelis, philosophorum omnium facile principis, legibus et civilibus iuribus adiectis [...], Argentorati 1555.

– Iuris artis totius, atque methodi absolutissimae verae et principalissimae divisionis, quae hactenus plerosque iure consultos excellentissimos latuit, singularis et brevissima quaedam elucidatio [...], Argentorati 1555.

Oldendorp, Johann: Iuris naturalis, gentium et civilis εἰσαγωγή. Leges XII. tabularum, interpretationibus ad forum adcommodatis, illustratae. Epitome successionis ab intestato, et alia quaedam pro tyronibus iuris [...], Coloniae 1539.

– Iuris naturalis, gentium et civilis εἰσαγωγὴ per Johannem Oldendorpium Coloniae 1539, in: Kaltenborn: Die Vorläufer des Hugo Grotius, II, S. 3–25 (Textauswahl).

– Παράτιτλα seu annotationes in librum primum pandectarum: quibus vera iuris et aequitatis principia, ad communem studiosorum utilitatem, populariter explicantur, in: Johann Oldendorp: Opera [...], Basileae 1559, S. 1–234.

– Topicorum legalium hoc est locorum seu notarum ex quibus argumenta et rationes legitime probandi sumuntur [...] traditio, Lugduni 1555.

Oldradus de Ponte de Laude: Utrum expediat multos habere libros, in: Varii iuxta ac utiles clarissimorum tam veterum quam recentium I.C. tractatus, S. 262–265.

Olevian, Kaspar: De substantia foederis gratuiti inter Deum et electos, itemque de mediis, quibus ea ipsa substantia nobis communicatur, libri duo e praelectionibus Gasparis Oleviani excerpti, Genevae 1585.

– Der Gnadenbund Gottes/ Erkläret in den Artikeln unsers allgemeynen/ ungezweifelten Christlichen Glaubens/ und in den angehengten zeichen und sigeln/ welche man die H. Sacramenta nennet [...], Herborn 1590.

Osiander, Andreas: Ain Trostschrifft wider die Gottlosen verfolger des worts Gottes/ auß den Ersten dreyen bitten des hailigen Vater unsers gezogen [...], Augspurg 1546.

Ostorodt, Christoph: Unterrichtung Von den vornemsten Hauptpuncten der Christlichen Religion/ in welcher begriffen ist fast die gantze Confession oder Bekentnis Der Gemeinen im Königreich Polen/ Großfürstenthumb Littawen/ und anderen zu der Kron Polen gehörenden Landschafften/ welche/ weil sie bekennen/ das allein der Vater unsers Herren Jesu Christi der Einige Gott/ Jesu Christus aber von Nazareth/ welcher von der Jungfrawen Maria geboren ist/ und kein ander/ vor oder ausser ihm sein eingeborner Sohn sey verächtlicher weise/ wiewohl mit höchster unbilligkeit/ Arrianer und Ebioniten genennet werden [...], Rackaw 1612.

Paulus de Castro: In secundam digesti veteris partem [...], Lugduni 1553.

Payva de Andrada, Diogo: Orthodoxarum explicationum libri decem [...], Coloniae 1564.

Petrus de Aquila: Quaestiones in 4 libros sententiarum, [Spirae] 1480, ND. Frankfurt a. M. 1967.

Phreislebius, Christophorus: Paratitla seu annotationes ad iuris utriusque titulos, legitimae scientiae studiosis praesertim tyronibus non minus necessaria quam utilia [...], Ludguni 1544.

Piccolomini, Francesco: Universa philosophia de moribus [...], Francofurti 1595, (1. Aufl. Venetiis 1583).

Placentinus: In summam institutionum sive elementorum D. Iustiniani sacratissimi principis [...] libri IIII., in: Placentinus: In summam institutionum sive elementorum D. Iustiniani sacratissimi principis [...] libri IIII. [...] De Varietate actionum libri VI., Moguntiae 1535, ND. Augustae Taurinorum 1973.

Plato: Minos or on Law, in: Plato: Plato in Twelve Volumes. XII. Charmides, Alcibiades I and II, Hipparcus, The Lovers, Theages, Minos, Epinomis, hg. von W.R.M. Lamb, Cambridge Massachusetts 1986, (1. Aufl. 1927), S. 389–421.

Plinius, Natural History [...] in Ten Volumes. Volume III: libri VIII–XI, hg. von H. Rackham, Cambridge Massachusetts 1983, (1. Aufl. 1940).

Portius, Johannes Christophorus: In tres priores institutionum libros eruditissimi commentarii [...], Venetiis 1606.

Primum volumen tractatuum ex variis iuris interpretibus collectorum, continens eos tractatus, qui de cognitione et interpretatione iuris, ac verborum significatione summatim et in genere tractant [...], Lugduni Batavorum 1549.

Proeleus, Immanuel: Kurtze Historie des Rechts der Natur, in: Proeleus: Grundsätze des Rechts der Natur [...], Leipzig 1709, S. 91–122.

Rachel, Samuel: De iustitia universali, resp. Caius Henricus Naehrman, Kiloni 1675.

Ramus, Johannes: Commentaria [...] ad epistolas ππ praemissas, titulum de iustitia et iure, et titulum de origine iuris, inde a reconditis antiquitatum, et philosophiae praeceptis repetita [...], hg. von Wolfgangus Heinricus Ruprecht, Swinfurti Franconum 1607.

– Commentariorum in omnes regulas iuris tam civilis, quam canonici [...], eleganti ac singulari methodo, universae iurisprudentiae oeconomiam, locorumque communium dispositionem et enodationem, artificiose complectens, libri duo [...], hg. von Ioannes Forsterus, Francofurti ad Moenum 1606, (1. Aufl. 1557).

– Cynosura utriusque iuris: sive commentariorum in omnes regulas iuris, tam civilis, quam canonici, eleganti ac singulari methodo, universae iurisprudentiae oeconomiam, locorumque communium dispositionem et enodationem, artificiose complectentium, libri duo [...], hg. von Ioannes Forsterus, Francofurti 1604, (1. Aufl. 1557).

– Οἰκονομία seu dispositio regularum utriusque iuris in locos communes, brevi interpretatione subiecta [...], Coloniae Agrippinae 1576, (1. Aufl. 1557).

Reyger, Arnold von: De iustitia et iure, et concordante tit. instit. de iustitia et de iure natur. gent. et civili, in: Axiomata sive enunciata digestorum, iuris civilis Romani, disputationum exercitio in inclyta academia Julia, quae est Helmstadii proposita, Helmstadii 1585.

Reimmann, Jakob Friedrich: Versuch einer Einleitung In die historiam literariam Derer Teuschen [...], Halle im Magdeburg 1713.

Reusner, Jeremias: De iustitia et iure, resp. Johannes Berchelman, Wittebergae 1617.

Reusner, Nikolaus: Partitio sive oeconomia iuris utriusque, Argentorati 1585.

– Χειραγωγία: sive cynosura iuris: quae est, farrago selectissimorum libellorum isagogicorum, de iuris arte, omninoque ratione docendae discendaeque iurisprudentiae, a summis et praestantissimis seculi nostri iureconsultis conscriptorum. Accessit Hotom. et Io. T. Freigii I.C. item anonymi liber, de iureconsulto perfecto [...]. Item Iulii Pacii I.C. oratio de iuris civilis difficultate ac docendi methodo [...], Spirae 1588–1589.

Rhamacker, Hermann: Collegii institutionum privato-publici exercitium primum de iustitia et iure ac personis ad titulos 9. priores libr. 1. inst., resp. Gerhardus Holtzbrinck, Teutopoli 1655.

Richardus de Mediavilla: Super quatuor libros sententiarum Petri Lombardi quaestiones subtilissimae [...], Brixiae 1591, ND. Frankfurt a. M. 1963.

Ruprecht, Wolfgang Heinrich: Lucubratiunculae logicae, ethicae et politicae, cum jurisprudentia collatae, in: Ramus: Commentaria [...] ad epistolas ππ praemissas, (Anmerkungen).

Ryswichius, Henricus: Paratitla et notae breves in tit. de diversis regulis iuris antiqui [...], Coloniae Agrippinae 1572.

Sagittarius, Thomas: De gratitudine et justitia, resp. Martinus Sorgius, in: Sagittarius: Exercitationes ethicae exotericae templo virtutis dudum apparato et praeparato, emisso et praemisso, Jenae 1609, (1. Aufl. 1607), S. 341–364.

– De iustitia, et commutativa et distributiva [...], resp. Christophorus Mylius, Jenae 1601, in: Sagittarius: Exercitationes ethicae [...], Jenae 1602, Bl. Cc1–Dd4.

Schedius, Daniel: Theses de iustitia et iure [...], resp. Fabianus a Kotwitz, Francofurti 1569.

Schmauß, Johann Jakob: Dissertationes juris naturalis, quibus principia novi systematis hujus juris, ex ipsis naturae humanae instinctibus extruendi, proponuntur, Gottingae 1740.

– Kurze Erläuterung und Vertheidigung seines ›systematis iuris naturae‹, Göttingen 1755.

– Neues ›systema‹ des Rechts der Natur, Göttingen 1754.

– Historie des Rechts der Natur, in: Schmauß: Neues ›systema‹, Buch 1, S. 1–370.

– Programma de quaestione, an ex utilitate jus ortum sit?, Gottingae 1735.

– Vorstellung des wahren Begriffs von einem Rechte der Natur, Göttingen 1748.

Schmechel, Martin: De iustitia et iure, resp. Nicolaus Gryphanius, Gryphiswaldii [1608].

Schott, August Friederich: Ad tit. de iustitia et iure, resp. Andreas Adolphus Harnisch, Lipsiae [1775].

Schulting, Anton: De propulsanda iniuria, resp. Gebhardus Garbers, Lugduni Batavorum [1729].

Selden, John: De iure naturali et gentium iuxta disciplinam Ebraeorum, Londini 1640.

Seneca, Lucius Annaeus: De ira, in: Seneca: Seneca in Ten Volumes. Moral Essays in Three Volumes. I, hg. von John W. Basore, Cambridge Massachusetts 1985, (1. Aufl. 1958), S. 106–355.

Sickius, Petrus: Praefatio, 1554, in: Chytraeus: Regulae vitae, Bl. $A2^r$–5^v.

Sleidanus, Johannes: De statu religionis et reipublicae Carolo Quinto Caesare commentarii, Argentorati [1557], (1. Aufl. Argentorati 1555).

Spangenberg, Cyriacus: Historia Manichaeorum de furiosae et pestiferae huius sectae origine et propagatione, doctoribus, discipulis, et propugnatoribus: eorumque actis et scriptis, vita et doctrina, flagitiis et erroribus, vanitate et inconstantia ex ecclesiasticis historiis, et patrum scriptis collecta, et libris tribus comprehensa, Ursellis 1578.

Stephani, Matthias: De iustitia et iure, resp. Ioannes Dithmar, in: Stephani: Disputationes, Gryphiswaldii 1604.

– Dialectica iuris exactissima et absolutissima. Ex omnibus optimorum iurisconsultorum libellis dialecticis et topicis [...], [Francofurti] 1610.

– Methodica tractatio de arte juris, Gryphiswaldii 1615.

Stephanus Tornacensis: Die Summa über das Decretum Gratiani, hg. von Johann Friedrich von Schulte, Gießen 1891, ND. Aalen 1965.

Stolle, Gottlieb: Anleitung zur Historie der Juristischen Gelahrheit [...], hg. von Christian Gottlieb Buder, Jena 1745.

Stramburgus, Ioannes: De ratione in iure versandi ad Ulrichum Mordeisen epistola, in: Winckel (Hg.): Varia opuscula de exercitatione iurisconsultorum, S. 469–483.

Stucke, Johann: De iure certorum locorum singulari, sive, ut vulgo vocant statutario ad L. omnes populi 9. ff. de iustitia et iure, resp. Andreas Babbius, Helmestadii 1623.

– Repetitae praelectionis, exercitationum Iustinianearum, ad quatuor libros institutionum iuris civilis accommodatorum partes duae [...], Francofurti 1611, (1. Aufl. 1608).

Stypmann, Franz: De iustitia et iure, resp. Christianus Fridericus a Rammin, Gryphiswaldii 1648.

Suarez, Francisco: Tractatus de legibus et Deo legislatore in decem tomos distributus [...], Lugduni 1619, (1. Aufl. 1612).

Tallinger, Andreas: Collegium imperialium institutionum de iustitia et iure, resp. Johannes Schnell, Wittebergae 1601.

Theophilus Antecessor: Ἰνστίτουτα Θεοφίλου Ἀντικένσωρος. Institutiones Theophilo Antecessore, Graeco interprete. Imper. Iustiniani institutionum libri IIII. paratitla et notae ad eundem Theophilum Graecum, Latinumque ipsis institutionibus Latinis ἐκ παραλλήλου coniunctum commissumque [...], hg. von Denis Godefroy, [o. O.] 1587.

Thomas Aquinas: Sententia libri ethicorum, in: Thomas Aquinas: Opera omnia. 4: Commentaria in Aristotelem et alios, hg. von Roberto Busa, Stuttgart-Bad Cannstatt 1980, S. 143–248.

– Summa theologiae, in: Thomas Aquinas: Opera omnia. 2. Summa contra gentiles autographi deleta. Summa theologiae, hg. von Roberto Busa, Stuttgart-Bad Cannstatt 1980, S. 184–926.

Thomas de Argentina: Commentaria in IIII. libros sententiarum [...], Venetiis 1564, ND. Ridgewood New Jersey 1965.

Thomasius, Christian: Paulo plenior historia juris naturalis [...], Halae Magdeburgicae 1719.

Timpler, Klemens: Philosophiae practicae pars tertia et ultima complectens politicam integram libris V. pertractatam [...], Hanoviae 1611.

– Philosophiae practicae systema methodicum; in tres partes digestum [...]. Pars prima complectens ethicam generalem, libris IV. pertractatam, Hanoviae 1612.

Treutler, Hieronymus: De iustitia et iure, resp. Ioannes Rem, in: Treutler: Selectae disputationes ad pandectarum iuris civilis Iustinianei part. I. II. et III. [...], Marpurgi 1592.

Tulsnerus, Gregorius: De iustitia et iure, resp. Ernestus Hattorff, Giessae Hassorum 1658.

Turamini, Alessandro: Ad rubricam pandectarum de legibus libri tres, et in eiusdem tituli leges commentarii [...], Florentiae 1592.

Turrecremata, Johannes de: In Gratiani decretorum primam [partem] doctissimi commentarii. Tomus primus [...], Venetiis 1578.

Ungepaur, Erasmus: Exercitium secundum. Ad tit. 2. et quatuor seqq. libr. 1. inst., resp. Christophorus Heidfeldt, in: Ungepaur: Exercitia Justinianea, sive disputationes ad IV. libros institutionum imperatoris Justiniani [...], Jenae 1650, S. 45–108.

Ursinus, Zacharias: Refutatio obiectionis, quod Religio armis non propagetur, in: Ursinus, Exercitationum liber secundus [...], Neustadii Palatinorum 1590, S. 563–567.

Vacuna, Vaconius a: Declarationum cum novis additionibus liber primus[–sextus], 1564, in: Vaconius a Vacona, Antonio De Gouvea, Antoine Leconte, Jacobus Raevardus, Rinaldo Corso und Niccolò Belloni: Novae declarationes et variae lectiones resolutionesque iuris clarissimorum iurisconsultorum recentium [...], Venetiis 1585.

Varii iuxta ac utiles clarissimorum tam veterum quam recentium I.C. tractatus in duos libros digesti: quorum prior viam ac rationem de studio legali recte instituendo, alter brevissimam civilis et pontificij iuris oeconomiam continet [...], Coloniae 1580.

Velstenius, Henricus: De iustitia [...], resp. Jacobus Blumelius, Wittebergae, 1609, in: Velstenius: Viridarium ethicum seu collegium morale [...], Wittebergae 1609, Bl. A1–C2.

Vermigli, Pietro Martire: In duos libros Samuelis prophetae qui vulgo priores libri regum appellantur [...] commentarij doctissimi [...], Tiguri 1567, (1. Aufl. Tiguri 1564).

– In epistolam S. Pauli apostoli ad Romanos [...] commentarij doctissimi [...], Basileae 1560, (1. Aufl. Basileae 1558).

– In librum Iudicum [...] commentarij doctissimi [...], Tiguri 1571, (1. Aufl. Tiguri 1561).

– In primum librum Mosis, qui vulgo Genesis dicitur, commentarii [...], Tiguri 1569.

– Loci communes [...], Tiguri 1587, (1. Aufl. Londini 1576).

Vermigli, Pietro Martire und Johannes Wolf: Melachim id est regum libri duo posteriores cum commentarijs Petri Martyris Vermilii et Ioannis Wolphii Tigurini, Tiguri 1571, (1. Aufl. Tiguri 1566).

Vigelius, Nikolaus: Dialectices iuris civilis libri III., iurisprudentiam omnibus rebuspublicis accommodatam continentes. Accessit de litis contestatione, item paradoxorum libellus eiusdem authoris [...], Basileae 1573.

Volschovius, Joachim: Pro fusiore leg. 3. dig. de iustitia et iure intellectu, Gryphiswaldii 1652.

Vulte, Hermann von: In institutiones iuris civilis a Iustiniano compositas commentarius [...], Marpurgi 1598.

– Jurisprudentiae Romanae a Justiniano compositae libri II., Marpurgi 1598, (1. Aufl. 1590).

Wegner, Henning: De iustitia et iure, resp. Thomas Dammann, Helmestadii 1605.

Wernher, Johann Balthasar von: De ortu atque progressu disciplinae juris naturalis, in: Wernher: Dissertationes iuris naturalis quibus inprimis genuinum, idemque unicum et adaequatum illius principium stabilitur, Vitembergae 1721.

Wesenbeck, Matthaeus: Codicis Iustiniani imp. oeconomia, in qua non solum titulorum eiusdem omnium series et ordinatio ordinisque causa et ratio traditur, sed et ipsiusmet Iustinianei codicis lectio [...] explicatur [...], Basileae 1565.

– Commentarius in institutionum iuris libros IIII. [...], Basileae 1576, (1. Aufl. 1569).

– De finibus iurisprudentiae προλεγόμενα, 1569, in: Wesenbeck: Prolegomena iurisprudentiae, S. 1–81.

– De studio iuris recte instituendo, ex prolegomenis Matthaei Wesenbecij ad Paratitla in pandectas iuris civilis, 1563, in: Varii iuxta ac utiles clarissimorum tam veterum quam recentium I.C. tractatus, S. 198–262.

– In pandectas iuris civilis et codicis Iustinianei libr. IIX. commentarii: olim paratitla dicti [...], Basileae 1593, (1. Aufl. 1563).

– Προλεγόμενα de studio iuris recte constituendo, 1563, in: Wesenbeck: Prolegomena iurisprudentiae, S. 81–167.

Wesenbeck, Matthaeus: Prolegomena iurisprudentiae. De finibus et ratione studiorum librisque iuris, Lipsiae 1584.

Winckel, Johannes (Hg.): Varia opuscula de exercitatione iurisconsultorum. De vera et compendiaria ratione docendi, et discendi iura. Orationes de laudibus iuris. Disputationes et alia [...], Argentorati 1554, S. 637–656.

Winckler, Benedikt: Disputatio juridica de emptione-venditione quam Deo praesidente, ex decreto et authoritate magnifici, amplissimi et prudentissimi JCtorum in inclyta Basiliensium academia ordinis, pro doctoris in utroque jure gradu et privilegiis obtinendis, publicae examinationi subjicit Benedictus Wincler Soltquellensis, Die 17. April. 1616. Hora locoq; consuetis, [Basileae 1616], in: Volumen IV. disputationum historico-politico-iuridicarum [...], Basileae 1619, Bl. Z1–4.

– Principiorum iuris libri quinque. In quibus genuina iuris, tam naturalis quam positivi, principia, et firmissima iurisprudentiae fundamenta ostenduntur, eiusdem summus finis ob oculos ponitur, et divina autoritate probatur, Lipsiae 1615.

– Principiorum iuris libri quinque, in quibus genuina iuris, tam naturalis quam positivi, principia et firmissima iurisprudentiae fundamenta ostenduntur, eiusdem summus finis ob oculos ponitur, et divina autoritate probatur. Lipsiae 1615, in: Kaltenborn: Die Vorläufer des Hugo Grotius, II, S. 45–148.

Winter, Martin: De naturae lege summa et prima: ratio praesit, appetitus obtemperet, theses ethicae, propositae in Academia Regiomontana a M. Martino Wintero Torgense, [Regiomonti?], 1579.

Woldenberg, Christian: De iustitia et iure: dissertatio, Rostochii 1657.

Xenophon: Memorabilia, in: Xenophon: Xenophon in Seven Volumes. IV. Memorabilia and Oeconomicus. Symposium and Apology, hg. von E.C. Marchant und O.J. Todd, Cambridge Massachusetts 1979, S. 3–359.

Zasius, Ulrich: Epistola D. Udalrici Zasii de methodo iuris ad D. Ioannem Fichardum, in: Winckel (Hg.): Varia opuscula de exercitatione iurisconsultorum, S. 484–487.

– In primam partem digesti veteris paratitla sive tabulariae annotationes, Basileae 1537.

Zwingli, Huldrych: Christianae fidei a Hulderycho Zvinglio praedicatae, brevis et clara expositio [...], Tiguri 1536.

Sekundärliteratur

Abril Castelló, Vidal: Las Casas contra Vitoria, 1550–1552, Madrid 1987 (Revista de Indias 47, Nr. 179).

Adams, James Luther: The Law of Nature in Greco-Roman Thought, in: Journal of Religion 25 (1945), S. 97–118.

Albertario, Emilio: Concetto classico e definizioni postclassiche del ›ius naturale‹, in: Albertario: Studi di diritto romano, Milano 1937, Bd. 5, S. 281–290.

Ambrosetti, Giovanni: Il diritto naturale della Riforma Cattolica, Milano 1951.

Archi, Gian Gualberto: ›Lex‹ e ›natura‹ nelle *Istituzioni* di Gaio, in: Horst Heinrich Jakobs, Brigitte Knobbe-Keuk, Eduard Picker und Jan Wilhelm (Hgg.): Festschrift für Werner Flume zum 70. Geburtstag. 12. September 1978, Köln 1978, Bd. 1, S. 3–24.

Atti del Congresso internazionale di diritto romano. Bologna e Roma, 17–27 aprile 1933, Pavia 1934–1935, Bd. 1–2.

Barker, Ernest: The Political Thought of Plato and Aristotle, New York 1959.

Bauer, Clemens: Melanchthons Naturrechtslehre, in: Archiv für Reformationsgeschichte 42 (1951), S. 64–100.

Bauer, Clemens: Die Naturrechts-Lehre Melanchthons, in: Hochland 44 (1951–1952), S. 313–323.

Bechillon, Denis de: Retour sur la nature. Critique d'une idée classique du droit naturel, in: J.-F. Niort und G. Vannier (Hg.): Michel Villey et le droit naturel en question, Paris 1994, S. 53–76.

Beck, Heinrich: Natürliche Theologie. Grundriß philosophischer Gotteserkenntnis, München-Salzburg 1986, S. 134–147.

Bergfeld, Christoph: Franciscus Connanus (1508–1551). Ein Systematiker des römischen Rechts, Graz 1968.

– Katholische Moraltheologie und Naturrechtslehre, in: Coing (Hg.): Handbuch. Zweiter Band. Erster Teilband, S. 999–1033.

Bien, Günther: Die menschlichen Meinungen und das Gute. Die Lösung des Normproblems in der aristotelischen Ethik, in: Manfred Riedel (Hg.): Rehabilitierung der praktischen Philosophie. Bd. 1: Geschichte, Probleme, Aufgaben, Freiburg i. Br. 1972, S. 345–371.

– Einleitung, in: Aristoteles: Nikomachische Ethik, Hamburg ^{4}1985, (1. Aufl. 1972), S. XVII–LIX.

– Die Grundlegung der politischen Philosophie bei Aristoteles, Freiburg ^{2}1980, (1. Aufl. Freiburg, 1973).

Bilokapic, Ante: Die Erbsünde in der Lehre des Matthias Flacius Illyricus, in: Josip Matesic (Hg.): Matthias Flacius Illyricus. Leben und Werk, München 1993, S. 43–52.

Biondi, Biondo: Il diritto romano cristiano, in: Atti del Congresso internazionale di diritto romano e di storia del diritto tenuto in Verona nel Sett. 1948, Milano 1951, S. 253–260, ND. in: Biondi: Scritti giuridici. I. Diritto romano. Problemi generali, Milano 1965, S. 543–550.

– Il diritto romano cristiano, Milano 1952–1954, Bd. 1–3.

– Il cristianesimo nel *Corpus iuris civilis* e nella tradizione giuridica orientale, in: Atti del convegno internazionale sul tema: L'Oriente cristiano nella storia della civiltà (Roma 31 marzo–3 aprile 1963. Firenze 4 aprile 1963), Roma 1964, S. 273–296.

– ›Lex‹ e ›ius‹, in: Revue internationale des droits de l'antiquité, Reihe 3, 12 (1965), S. 169–202.

Blänsdorf, Jürgen: Griechische und römische Elemente in Ciceros Rechtstheorie, in: Würzburger Jahrbücher 2 (1976), S. 135–147.

Bleicken, Jochen: ›Lex publica‹. Gesetz und Recht in der römischen Republik, Berlin 1975.

Brandt, Reinhard: Naturrecht. Antike, in: Erik Wolf, Reinhard Brandt, Rainer Specht, Anton Hügli, Rudolf Ruzicka und Kristian Kühl: Naturrecht, in: Ritter und Gründer (Hgg.): Historisches Wörterbuch der Philosophie, 1984, Bd. 6, Sp. 566f.

Bayer, Oswald: Gesetz und Evangelium, in: Martin Brecht und Reinhard Schwarz (Hgg.): Bekenntnis und Einheit der Kirche. Studien zum Konkordienbuch, Stuttgart 1980, S. 155–173.

Breuer, Stefan: Sozialgeschichte des Naturrechts, Opladen 1983.

Brufau Prats, Jaime: La Escuela de Salamanca ante el descubrimiento del Nuevo Mundo, Salamanca 1989.

Brunner, Otto: Das ›ganze Haus‹ und die alteuropäische ›Ökonomik‹, 1958, in: Brunner: Neue Wege der Verfassungs- und Sozialgeschichte, Göttingen ^{2}1968, S. 103–127.

Burdese, Alberto: Il concetto di ›ius naturale‹ nel pensiero della giurisprudenza classica, in: Rivista italiana per le scienze giuridiche, ser. 3, 8, 1954, S. 407–421.

– La nozione classica di ›naturalis obligatio‹, Torino 1955.

Carro, Venancio: La teologia y los teólogos-juristas españoles ante la conquista de América, Salamanca 1951.

Castilla Urbano, Francisco: El pensamiento de Francisco de Vitoria. Filosofía política e indio americano, Barcelona 1992.

Chroust, Anton-Hermann: Hugo Grotius and the Scholastic Natural Law Tradition, in: The New Scholasticism 17 (1943), S. 101–133.

– The Function of Law and Justice in the Ancient World and Middle Ages, in: Journal of the History of Ideas 7 (1946), S. 298–304.

Coing, Helmut: Zum Einfluß der Philosophie des Aristoteles auf die Entwicklung des römischen Rechtes, in: Zeitschrift der Savigny-Stiftung für Rechtsgeschichte. Romanistische Abteilung, 69 (1952), S. 24–59.

Coing, Helmut (Hg.): Handbuch der Quellen und Literatur der neueren europäischen Privatrechtsgeschichte. Erster Band: Mittelalter (1100–1500), Die gelehrten Rechte und die Gesetzgebung, München 1973.

– Handbuch der Quellen und Literatur der neueren europäischen Privatrechtsgeschichte. Zweiter Band: Neuere Zeit (1500–1800), Das Zeitalter des gemeinen Rechts. Erster Teilband: Wissenschaft, München 1977.

Colish, Marcia L.: The Stoic Tradition from Antiquity to the Early Middle Age. I: Stoicism in Classical Latin Literature, Leiden 1985.

Cortese, Ennio: La norma giuridica. Spunti teorici nel diritto comune classico, Milano 1962–1964, Bd. 1–2.

– Il diritto nella storia medievale. II: Il Basso Medioevo, Roma 1995.

Costa, Emilio: La filosofia greca nella giurisprudenza romana, Parma 1892.

– Storia delle fonti del diritto romano, Torino 1909.

D'Addio, Mario: Il tirannicidio, in: Firpo (Hg.): Storia delle idee politiche, economiche e sociali. Volume terzo, S. 511–609.

Darbellay, Jean: Le notion de nature chez Aristote et les origines du droit naturel, in: Louis Carlen (Hg.): Festschrift für Eugen Isele, Freiburg/Schweiz 1973, S. 61–94.

Deckers, Daniel: Gerechtigkeit und Recht. Eine historisch-kritische Untersuchung der Gerechtigkeitslehre des Francisco de Vitoria (1483–1546), Freiburg 1991.

Delaruelle, Louis: Guillaume Budé. Les origines, les débuts, les idées maitresses, Paris 1907, ND. Genève 1970, S. 103–129.

Despotopoulos, Constantin: Les concepts de juste et de justice selon Aristote, in: Archives de philosophie du droit 14 (1969), S. 283–308.

Diels, Hermann: Ein antikes System des Naturrechts, in: Internationale Monatschrift für Wissenschaft, Kunst und Technik 2 (1916), S. 81–102.

Dierse, Ulrich: Ordnung. III. Neuzeit, in: Ritter und Gründer (Hgg.): Historisches Wörterbuch der Philosophie, 1984, Bd. 6, S. 1280–1303.

Dießelhorst, Malte: Zur Zwei-Reiche-Lehre Martin Luthers, in: Luigi Lombardi Vallauri und Gerhard Dilcher (Hgg.): Cristianesimo, secolarizzazione e diritto moderno, Baden-Baden und Milano 1981, S. 141–198.

Dingel, Irene: ›Concordia controversa.‹ Die öffentlichen Diskussionen um das lutherische Konkordienwerk am Ende des 16. Jahrhunderts, Gütersloh 1996.

Dirlmeier, Franz: Anmerkungen, in: Aristoteles: Magna Moralia, übers. von Franz Dirlmeier, Berlin 1958, S. 149–475.

Duchrow, Ulrich: Christenheit und Weltverantwortung. Traditionsgeschichte und systematische Struktur der Zweireichelehre, Stuttgart ^{2}1983.

Duchrow, Ulrich, Hoffmann, Heiner und Windhorst, Christof (Hgg.): Die Vorstellung von Zwei Reichen und Regimenten bis Luther, Gütersloh ^{2}1978.

Dufour, Alfred: Grotius et le Droit naturel du dix-septième siècle, in: The Grotius Committee of the Royal Netherlands Academy of Arts and Sciences (Hg.): The World of Hugo Grotius, S. 15–41.

Eikema Hommes, Hendrik Jan van: Naturrecht und positives Recht bei Johannes Althusius, in: Karl-Wilhelm Dahm, Werner Krawietz und Dieter Wyduckel (Hgg.): Politische Theorie des Johannes Althusius, Berlin 1988, S. 371–390.

Eßer, Hans Helmut: Die politische Theorie Caspar Olevians und des Johannes Althusius, in: Giuseppe Duso, Werner Krawietz und Dieter Wyduckel (Hgg.): Konsens und Konsoziation in der politischen Theorie des frühen Föderalismus, Berlin 1997, S. 83–97.

Feenstra, Robert: L'influence de la scolastique espagnole sur Grotius en droit privé: quelques expériences dans de questions de fond et de forme, concernant notamment les doctrines de l'erreur et de l'enrichissement sans cause, in: Grossi (Hg.): La seconda scolastica, S. 377–402.

– Quelques remarques sur les sources utilisées par Grotius dans ses travaux de droit naturel, in: The Grotius Committee of the Royal Netherlands Academy of Arts and Sciences (Hg.): The World of Hugo Grotius, S. 65–81.

Finger, Philipp: Die drei Grundlagen des Rechts im I. Buche von Ciceros Schrift *De legibus*, in: Rheinisches Museum für Philosophie 81 (1932), S. 155–177 und 243–262.

Firpo, Luigi (Hg.): Storia delle idee politiche, economiche e sociali. Volume terzo: Umanesimo e Rinascimento, Torino 1987.

Flashar, Hellmut: Aristoteles, in: Friedrich Ueberweg: Grundriß der Geschichte der Philosophie. Die Philosophie der Antike. Bd. 3. Ältere Akademie, Aristoteles, Peripatos, Basel und Stuttgart 1983, S. 340–343.

Flückiger, Felix: Geschichte des Naturrechts. Erster Band: Altertum und Frühmittelalter, Zürich 1954.

Foriers, Paul: Le droit naturel, évolution d'une notion, in: Hervé Hasquin: Histoire de la Laïcité principalement en Belgique et en France, Bruxelles 1981.

La formazione storica del diritto moderno in Europa. Atti del Terzo convegno internazionale della Società italiana di storia del diritto, Firenze 1977, Bd. 1–2.

Forschner, Maximilian: Die stoische Ethik. Über den Zusammenhang von Natur-, Sprach- und Moralphilosophie im altstoischen System, Stuttgart 1981.

Frank, Günter: Die theologische Philosophie Philipp Melanchthons (1497–1560), Leipzig 1995.

Frede, Michael: On Galen's Epistemology, in: Nutton (Hg.): Galen: Problems and Prospects, S. 65–86.

Gatzemeier, Matthias und Ebert, R.: Kosmos, in: Ritter und Gründer (Hgg.): Historisches Wörterbuch der Philosophie, 1976, Bd. 4, Sp. 1167–1173.

Gauthier, René Antoine und Jolif, Jean Yves: Commentaire, in: Aristoteles: L'éthique à Nicomaque. Introduction, traduction et commentaire, hg. von René Antoine Gauthier und Jean Yves Jolif, Louvain 1958–1959, tt. 1–3.

Giannini, Giorgio: Ordine, in: Centro di Studi Filosofici di Gallarate (Hg.): Enciclopedia filosofica, Venezia und Roma 1957, Bd. 3, Sp. 1061–1068.

Gigon, Olof: Literarische Form und philosophischer Gehalt von Ciceros *De legibus*, in: Ciceroniana 2 (1975), S. 59–72.

– Studien zu Ciceros *De re publica*, in: Gigon: Die antike Philosophie als Maßstab und Realität, Zürich und München 1977, S. 208–355.

Gilbert, Neal W.: Renaissance Concepts of Method, New York 1960.

Girardet, Klaus M.: Die Ordnung der Welt. Ein Beitrag zur philosophischen und politischen Interpretation von Ciceros Schrift *De legibus*, Wiesbaden 1983.

Glaser, Karl-Heinz (Hg.): David und Nathan Chytraeus: Humanismus im konfessionellen Zeitalter [...], Ubstadt-Weiher 1993.

Gordley, James: The Philosophical Origins of Modern Contract Doctrine, Oxford 1991.

Gottwald, Heinz: Vergleichende Studie zur Ökonomik des Aegidius Romanus und des Justus Menius: ein Beitrag zum Verhältnis von Glaubenslehre einerseits und Wirtschaftsethik sowie dem Sozialgebilde ›Familie‹ andererseits, Frankfurt a. M. 1988.

Gould, Josiah B.: The Stoic Conception of Fate, in: Journal of the History of Ideas 35 (1934), S. 17–32.

Grabmann, Martin: Das Naturrecht der Scholastik von Gratian bis Thomas von Aquin, in: Grabmann: Mittelalterliches Geistesleben, 1926, Bd. 1, S. 65–103.

– Methoden und Hilfsmittel des Aristotelesstudiums im Mittelalter, München 1939.

– Das Studium der aristotelischen Ethik an der Artistenfakultät der Universität Paris in der ersten Hälfte des 13. Jahrhunderts, in: Grabmann: Mittelalterliches Geistesleben, 1956, Bd. 3, S. 128–141.

– Die Geschichte der Scholastischen Methode. Zweiter Band: Die Scholastische Methode im 12. und beginnenden 13. Jahrhundert, Darmstadt 1961.

– Mittelalterliches Geistesleben. Abhandlungen zur Geschichte der Scholastik und Mystik, München 1926–1956, ND. Hildesheim 1984, Bd. 1–3.

Grewe, Wilhelm G.: Epochen der Völkerrechtsgeschichte, Baden-Baden 1984.

Grossi, Paolo (Hg.): La seconda scolastica nella formazione del diritto privato moderno. Incontro di studio. Firenze, 16–19 ottobre 1972, Milano 1973.

The Grotius Committee of the Royal Academy of Arts and Sciences (Hg.): The World of Hugo Grotius (1583–1645). Proceedings of the International Colloquium organized by The Grotius Committee of the Royal Netherlands Academy of Arts and Sciences. Rotterdam 6–9 April 1983, Amsterdam and Maarssen 1984.

Gualazzini, Ugo: »Natura, idest Deus«, in: Studia Gratiana 3 1955, S. 411–424.

Guarino, Antonio: Equità. Diritto romano, in: Antonio Azara und Ernesto Eula (Hgg.): Novissimo digesto italiano, Torino 1960, Bd. 6, S. 619–624.

Guibal, Maurice Philibert: De l'influence de la philosophie sur le droit romain et la jurisprudence de l'époque classique: essai de synthèse historique, Paris 1937.

Haakonssen, Knud: Natural Law and Moral Philosophy. From Grotius to the Scottish Enlightenment, Cambridge 1996.

Hager, Fritz-Peter: Natur. I. Antike, in: Ritter und Gründer (Hgg.): Historisches Wörterbuch der Philosophie, 1984, Bd. 6, Sp. 421–441.

Hägerström, Axel: Der römische Obligationsbegriff im Lichte der allgemeinen römischen Rechtsanschauung, Uppsala und Leipzig 1927–1941, Bd. 1–2.

Haggenmacher, Peter: La doctrine de la guerre juste chez les théologiens et les juristes du siècle d'or, in: Hecke (Hg.): L'Espagne et la formation du droit de gens moderne, S. 27–37.

Haikola, Lauri: Gesetz und Evangelium bei Matthias Flacius Illyricus. Eine Untersuchung zur lutherischen Theologie vor der Konkordienformel, Lund 1952.

Heck, Hermann: Hoen (Hoenonius) v. (Reichsadel 1629), Philipp Heinrich, in: Neue Deutsche Biographie, 1972, Bd. 9, S. 341f.

Hecke, Georges van (Hg.): L'Espagne et la formation du droit de gens moderne. Acta colloqui Bruxelensis, 22 X 1985, Lovanii 1988.

Heckel, Johannes: ›Lex charitatis‹. Eine juristische Untersuchung über das Recht in der Theologie Martin Luthers, München 1953.

Heinzmann, Richard: Philosophie des Mittelalters, Stuttgart 1992.

Hentschke, Ada: Zur historischen und literarischen Bedeutung von Ciceros Schrift *De legibus*, in: Philologus 115 (1971), S. 118–130.

Herberger, Maximilian: Dogmatik. Zur Geschichte von Begriff und Methode in Medizin und Jurisprudenz, Frankfurt a. M. 1981.

Hervada, Javier: Historia de la ciencia del derecho natural, Pamplona 1987.

Hildebrandt, Esther: The Magdeburg Bekenntnis as a Possible Link between German and English Resistance Theories in the Sixteenth Century, in: Archiv für Reformationsgeschichte 71 (1980), S. 227–253.
Hinrichs, Hermann Friedrich Wilhelm: Geschichte der Rechts- und Staatsprinzipien seit der Reformation bis auf die Gegenwart in historisch-philosophischer Entwicklung, Leipzig 1848, ND. Aalen 1962.
Hofmann, Hasso: Hugo Grotius, in: Michael Stolleis (Hg.), Staatsdenker im 17. und 18. Jahrhundert. Reichspublizistik, Politik, Naturrecht, Frankfurt a. M. ^{2}1987, S. 59–65.
Horn, Norbert: Die legistische Literatur der Kommentatoren und der Ausbreitung des gelehrten Rechts, in: Coing (Hg.): Handbuch. Erster Band, S. 261–364.
Hübener, Wolfgang: Ordnung. II. Mittelalter, in: Ritter und Gründer (Hgg.): Historisches Wörterbuch der Philosophie, 1984, Bd. 6, Sp. 1254–1279.
Huber, Max: Natürliche Gotteserkenntnis. Ein Vergleich zwischen Thomas von Aquin und Huldrych Zwingli, Bern 1950.
Ilting, Karl-Heinz: Naturrecht, in: Otto Brunner, Werner Conze und Reinhart Koselleck (Hgg.): Geschichtliche Grundbegriffe. Historisches Lexikon zur politisch-sozialen Sprache in Deutschland, Stuttgart 1978, Bd. 4, S. 245–313.
Joachimsen, Paul: *Loci communes*. Eine Untersuchung zur Geistesgeschichte des Humanismus und der Reformation, in: Luther-Jahrbuch 8 (1926), S. 27–97, ND. in: Joachimsen: Gesammelte Aufsätze, hg. von Notker Hammerstein, Aalen ^{2}1983, S. 387–442.
Johann, Horst-Theodor: Gerechtigkeit und Nutzen. Studien zur ciceronianischen und hellenistischen Naturrechts- und Staatslehre, Heidelberg 1981.
Kaltenborn, Karl von: Kritik des Völkerrechts. Nach dem jetzigen Standpunkte der Wissenschaft, Leipzig 1847.
– Die Vorläufer des Hugo Grotius auf dem Gebiete des ›ius naturae et gentium‹ sowie der Politik im Reformationszeitalter, Leipzig 1848, ND. Frankfurt a. M. 1965.
– Grundsätze des praktischen Europäischen Seerechts, besonders im Privatverkehre [...], Berlin 1851.
Kamphuisen, Pieter Wilhelmus: L'influence de la philosophie sur la conception du droit naturel chez les jurisconsultes romains, in: Revue historique de droit français et étranger, 4. Reihe, 11 (1932), S. 389–412.
Kaser, Max: Ius gentium, Köln 1993.
Kaufmann, Thomas: Die Brüder David und Nathan Chytraeus in Rostock, in: Glaser (Hg.): David und Nathan Chytraeus, S. 103–116.
Keller, Rudolf: Der Schlüssel zur Schrift. Die Lehre vom Wort Gottes bei Matthias Flacius Illyricus, Hannover 1984.
– David Chytraeus und die *Confessio Augustana*, in: Hans-Christoph Rublack: Die lutherische Konfessionalisierung, Gütersloh 1992, S. 235–247.
– Der Beitrag von David Chytraeus zur Einigung des Luthertums, in: Glaser (Hg.): David und Nathan Chytraeus, S. 117–128.
– David Chytraeus (1530–1560). Melanchthons Geist im Luthertum, in: Scheible (Hg.): Melanchthon in seinen Schülern, S. 361–371.
Kimminich, Otto: Die Entstehung des neuzeitlichen Völkerrechts, in: Iring Fetscher und Herfried Münkler (Hgg.): Pipers Handbuch der politischen Ideen. Band 3: Neuzeit: Von den Konfessionskriegen bis zur Aufklärung, München-Zürich 1985, S. 78–95.
Kingdon, Robert MacCune: The First Expression of Theodore Beza's Political Ideas, in: Archiv für Reformationsgeschichte 46 (1955), S. 93–95, ND. in: Kingdon: Church and Society, Nr. X.
– The Political Resistance of Calvinists in France and in the Low Countries, in: Church History 27 (1958), S. 220–233, ND. in: Kingdon: Church and Society, Nr. XI.

Kingdon, Robert MacCune: The Political Thought of Peter Martyr Vermigli. Selected Texts and Commentary, Genève 1980.
– Introduction, in: Kingdon: The Political Thought of Peter Martyr Vermigli, S. I–XXVI.
– The Political Thought of Peter Martyr Vermigli, in: Joseph C. McLelland (Hg.): Peter Martyr Vermigli and Italian Reform, Waterloo Ontario 1980, S. 121–139, ND. in: Kingdon: Church and Society, Nr. XV.
– Church and Society in Reformation Europe, London 1985.
– Calvinism and Resistance Theory, in: The Cambridge History of Political Thought. 1450–1700, hg. von James Henderson Burns, Cambridge 1991, S. 193–218.

Kisch, Guido: Erasmus und die Jurisprudenz seiner Zeit, Basel 1960.

Kleinheyer, Gerd und Schröder, Jan: Deutsche Juristen aus fünf Jahrhunderten, Heidelberg ^{3}1989.

Koester, Helmut: Νόμος φύσεως: The Concept of Natural Law in Greek Thought, in: Jacob Neusner (Hg.): Religions in Antiquity. Essays in Memory of Erwin Ramsdell Goodenough, Leiden 1970, S. 521–541

Kölmel, Wilhelm: Das Naturrecht bei Wilhelm Ockham, in: Franziskanische Studien 35 (1953), S. 39–85.
– Von Ockham zu Gabriel Biel: Zur Naturrechtslehre des 14. und 15. Jahrhunderts, in: Franziskanische Studien 37 (1955), S. 218–259.

Kohler, Josef: Die spanischen Naturrechtslehrer des 16. und 17. Jahrhunderts, in: Archiv für Rechts- und Wirtschaftsphilosophie 10 (1916–1917), S. 235–263.

Kolb, Robert: Nikolaus von Amsdorf (1483–1565). Popular Polemics in the Preservation of Luther's Legacy, Nieuwkoop 1978.
– The Flacian Rejection of the Concordia. Prophetic Style and Action in the German Late Reformation, in: Archiv für Reformationsgeschichte 73 (1982), S. 196–217.
– Confessing the Faith. Reformers Define the Church, 1530–1580, St. Louis Missouri 1991.

Krabbe, Otto: David Chytraeus, Rostock 1870.

Krause, Otto Wilhelm: Naturrechtler des sechzehnten Jahrhunderts. Ihre Bedeutung für die Entwicklung eines natürlichen Privatrechts, Frankfurt a. M. 1982, (Göttinger Dissertation, 1949).

Krings, Hermann: Das Sein und die Ordnung. Eine Skizze zur Ontologie des Mittelalters, in: Deutsche Vierteljahrsschrift für Literaturwissenschaft und Geistesgeschichte 18 (1940), S. 233–244.
– Ordo. Philosophisch-historische Grundlegung einer abendländischen Idee, Halle 1941.

Kuebler, Bernhard: Griechische Einflüsse auf die Entwicklung der römischen Rechtswissenschaft gegen Ende der republikanischen Zeit, in: Atti del Congresso internazionale di diritto romano, Bd. 1, S. 79–98.

Kuhn, Helmut: Ordnung, in: Hermann Krings, Hans Michael Baumgarten und Christoph Wild (Hgg.): Handbuch philosophischer Grundbegriffe, München 1973, S. 1037–1050.

Kuhn, Helmut und Wiedmann, Franz (Hgg.): Das Problem der Ordnung. 6. Deutscher Kongreß für Philosophie, München-Meisenheim 1962.

Lagarde, Georges de: La naissance de l'esprit laïque au déclin du moyen age. VI. L'individualisme ockhamiste. La morale et le droit, Paris 1946.

Laube, Adolf: Widerstandspflicht um 1530, in: Zeitschrift für Geschichtswissenschaft 37 (1989), S. 976–983.

Lesky, Albin: Zum Gesetzesbegriff der Stoa, in: Österreichische Zeitschrift für öffentliches Recht 2 (1950), S. 587–599.

Levy, Ernst: Natural Law in Roman Thought, 1949, in: Ernst Levy: Gesammelte Schriften, hg. von Wolfgang Kunkel und Max Kaser, Köln-Graz, 1963, Bd. 1, S. 3–19.

Leyden, Walter von: Aristotle on Equality and Justice, London 1985.

Liebing, Heinz: Chytraeus, (gräzisiert aus ›Kochhafe‹) David, in: Die Religion in Geschichte und Gegenwart. Handwörterbuch für Theologie und Religionswissenschaft, hg. von Kurt Galling, Tübingen [3]1986, Bd. 1, Sp. 1823.

Liermann, Hans: Giphanius (Gifanius, van Giffen), Hubertus (Obertus), in: Neue Deutsche Biographie, 1964, Bd. 6, S. 407.

Lorenz, S., Mojsisch, Burkhard und Schröder, Wilfried: Naturphilosophie. I–III. Antike–Renaissance, in: Ritter und Gründer (Hgg.): Historisches Wörterbuch der Philosophie, 1984, Bd. 6, Sp. 535–548.

Lübtow, Ulrich von: ›De iustitia et iure‹, in: Zeitschrift der Savigny-Stiftung für Rechtsgeschichte. Romanistische Abteilung 66 (1948), S. 458–565.

Luig, Klaus: Zur Verbreitung des Naturrechts in Europa, in: Tijdschrift voor Rechtsgeschiedenis 40 (1972), S. 539–557.

Macke, Peter: Das Rechts- und Staatsdenken des Johann Oldendorp, Diss., Köln 1966.

MacKendrick, Paul: The Philosophical Books of Cicero, London 1989.

Maffei, Domenico: La *Lectura super digesto veteri* di Cino da Pistoia. Studio sui Mss. Savigny 22 e Urb. lat. 172, Milano 1963.

– La donazione di Costantino nei giuristi medievali, Milano 1964.

Maffei, Domenico und Maffei, Paola: Angelo Gambiglioni. Giureconsulto aretino del Quattrocento. La vita, i libri, le opere, Roma 1994.

Mangas Martín, Araceli (Hg.): La Escuela de Salamanca y el derecho internacional en América. Jornadas Iberoamericanas de la Asociación Española de Profesores de Derecho Internacional y Relaciones Internacionales, Salamanca 1993.

Manger, Eduard: Hoen, Philipp Heinrich v. (Hoenonius), in: Allgemeine Deutsche Biographie, 1880, Bd. 12, S. 550f.

Maschi, Alberto: La concezione naturalistica del diritto e degli istituti giuridici romani, Milano 1937.

Mayer-Maly, Theo: Gemeinwohl und Naturrecht bei Cicero, in: Völkerrecht und rechtliches Weltbild. Festschrift A. Verdross, Wien 1960, S. 195–206, ND. in: K. Büchner (Hg.): Das neue Cicerobild, Darmstadt 1971, S. 371–387.

Mazzacane, Aldo: Umanesimo e sistematiche giuridiche in Germania alla fine del Cinquecento: ›equità‹ e ›giurisprudenza‹ nelle opere di Hermann Vultejus, in: Annali di storia del diritto 12–13 (1968–1969), S. 256–319.

– Scienza, logica e ideologia nella giurisprudenza tedesca del sec. XVI, Milano 1971.

– Teoria delle scienze e potere politico nelle sistematiche tedesche del secolo XVI, in: La formazione storica del diritto moderno in Europa, Bd. 1, S. 289–316.

Meijers, Eduard Maurits: L'université d'Orléans au XIIIe siècle, in: Meijers: Etudes d'histoire du droit. Tome III: Le droit romain au moyen âge, hg. von Robert Feenstra und H.F.W.D. Fischer, Leyde 1959, S. 68–71.

Meinhardt, Helmut: Ordnung. I. Antike, in: Ritter und Gründer (Hgg.): Historisches Wörterbuch der Philosophie, 1984, Bd. 6, Sp. 1249–1254.

Menk, Gerhard: Die Hohe Schule Herborn in ihrer Frühzeit (1584–1660). Ein Beitrag zum Hochschulwesen des deutschen Kalvinismus im Zeitalter der Gegenreformation, Wiesbaden 1981.

Miller, Fred D.: Nature, Justice, and Rights in Aristotle's *Politics*, Oxford 1995.

Molinero, Marcelino Rodríguez: La doctrina colonial de Francisco de Vitoria o el derecho de la paz y de la guerra: un legado perenne de la Escuela de Salamanca, Salamanca 1993.

Muck, Otto: Ordnung, in: Lexikon für Theologie und Kirche, Freiburg i. Breisgau [2]1962, Bd. 7, Sp. 1210–1212.

Nocera, Guglielmo: ›Jus naturale‹ nella esperienza giuridica romana, Milano 1962.
Nörr, Knut Wolfgang: Die kanonistische Literatur, in: Coing (Hg.): Handbuch. Erster Band, S. 365–397.
Nussbaum, Martha C.: The Fragility of Goodness. Luck and Ethics in Greek Tragedy and Philosophy, Cambridge 1986.
Nutton, Vivian (Hg.): Galen: Problems and Prospects, [Cambridge 1981].
Nys, Ernest: Le droit de la guerre et les précurseurs de Grotius, London-New York-Paris 1882.
– Le droit des gens et les anciens jurisconsultes espagnoles, La Haye 1914, ND. von S. 75–116 in: Hecke (Hg.): L'Espagne et la formation du droit de gens moderne, S. 66–97.
Oberman, Heiko Augustinus: The Harvest of Medieval Theology. Gabriel Biel and Late Medieval Nominalism, Cambridge Massachusetts 1963.
Olson, Oliver K.: Theology of Revolution: Magdeburg, 1550–1551, in: The Sixteenth Century Journal 3 (1972), S. 56–79.
Ott, Georg: Recht und Gesetz bei Gabriel Biel: Ein Beitrag zur spätmittelalterlichen Rechtslehre, in: Zeitschrift der Savigny-Stiftung für Rechtsgeschichte. Kanonistische Abteilung 69 (1952), S. 251–296.
Ottenwälder, Paul: Zur Naturrechtslehre des Hugo Grotius, Tübingen 1950.
Palladini, Fiammetta: Discussioni seicentesche su Samuel Pufendorf. Scritti latini: 1663–1700, Bologna 1978.
– Samuel Pufendorf discepolo di Hobbes. Per una reinterpretazione del giusnaturalismo moderno, Bologna 1990.
Peterson, Luther D.: Justus Menius, Philipp Melanchthon, and the 1547 Treatise, *Von der Notwehr Unterricht*, in: Archiv für Reformationsgeschichte 81 (1990), S. 138–157.
– Melanchthon on Resisting the Emperor: The *Von der Notwehr Unterricht* of 1547, in: Jerome Friedman (Hg.): Regnum, Religio et Ratio. Essays Presented to Robert MacCune Kingdon, Kirksville Missouri 1987, S. 133–144.
Pfister, Hermann: Die Entwicklung der Theologie Melanchthons unter dem Einfluß der Auseinandersetzung mit Schwarmgeistern und Wiedertäufern, Freiburg 1968.
Pfister, Rudolf: Die Seligkeit erwählter Heiden bei Zwingli. Eine Untersuchung zu seiner Theologie, Zürich 1952.
Piano Mortari, Vincenzo: Considerazioni sugli scritti programmatici dei giuristi del secolo XVI, in: Studia et documenta historiae et iuris 21 (1955), S. 276–302, ND. in: Piano Mortari: Diritto, logica, metodo nel secolo XVI, S. 265–317.
– Dialettica e giurisprudenza. Studio sui trattati di dialettica legale del sec. XVI, in: Annali di Storia del diritto 1 (1957), als Sonderdruck: 1955, ND. in: Piano Mortari: Diritto, logica, metodo nel secolo XVI, S. 115–264.
– Diritto, logica, metodo nel secolo XVI, Napoli 1978.
– Gli inizi del diritto moderno in Europa, Napoli 1980.
– Il pensiero politico dei giuristi del Rinascimento, in: Firpo (Hg.): Storia delle idee politiche, economiche e sociali. Volume terzo, S. 411–509.
Pohlenz, Max: Die Stoa: Geschichte einer geistigen Bewegung, Göttingen 1948, Bd. 1–2.
Portugal de Faria, Antonio de: Portugal e Italia. Literatos portuguezes na Italia, Leorne 1905, in: Archivio Biográfico de España, Portugal e Iberoamerica, hg. von Victor Herrero Mediavilla und L. Rosa Aguayo Nayle, München [o. J.].
Preger, Wilhelm: Matthias Flacius Illyricus und seine Zeit, Erlangen 1859–1861, Bd. 1–2.
Pringsheim, Fritz: ›Jus aequum et jus strictum‹, in: Zeitschrift der Savigny-Stiftung für Rechtsgeschichte. Romanistische Abteilung 42 (1921), S. 643–668.

Pringsheim, Fritz: ›Bonum et aequum‹, in: Zeitschrift der Savigny-Stiftung für Rechtsgeschichte. Romanistische Abteilung 52 (1932), S. 78–155.

Rawson, Elisabeth: The Interpretation of Cicero's *De legibus*, in: Hildegard Temporini und Wolfgang Haase (Hgg.): Aufstieg und Niedergang der römischen Welt, Berlin 1979, I, Bd. 4, S. 334–356.

Reibstein, Ernst: Die Anfänge des neueren Natur- und Völkerrechts. Studien zu den *Controversiae illustres* des Fernandus Vasquius (1559), Bern 1949.

– Deutsche Grotius-Kommentatoren bis zu Christian Wolff, in: Zeitschrift für ausländisches öffentliches Recht und Völkerrecht 15 (1953–1954), S. 76–102.

Reinhard, Wolfgang: Vom italienischen Humanismus bis zum Vorabend der Revolution, in: Hans Fenske (Hg.): Geschichte der politischen Ideen. Von Homer bis zur Gegenwart, Königstein 1981, S. 203–316.

Riccobono, Salvatore: L'influsso del cristianesimo sul diritto romano, in: Atti del Congresso internazionale di diritto romano, Bd. 1, S. 73–77.

Riedel, Manfred: Über einige Aporien in der praktischen Philosophie des Aristoteles, in: Riedel (Hg.): Rehabilitierung der praktischen Philosophie, S. 79–97, ND. in: Riedel: Metaphysik und Metapolitik. Studien zu Aristoteles und zur politischen Sprache der neuzeitlichen Philosophie, Frankfurt a. M. 1975, S. 85–105.

Riedel, Manfred (Hg.): Rehabilitierung der praktischen Philosophie. Bd. 1: Geschichte, Probleme, Aufgaben, Freiburg i. Br. 1972.

Ritter, Joachim: Zur Grundlegung der praktischen Philosophie bei Aristoteles, in: Archiv für Rechts- und Sozialphilosophie 46 (1960), S. 179–199.

– ›Naturrecht‹ bei Aristoteles. Zum Problem einer Erneuerung des Naturrechts, Stuttgart 1961.

Ritter, Joachim und Gründer, Karlfried (Hgg.): Historisches Wörterbuch der Philosophie, Darmstadt 1971–(1992), Bd. 1–(8).

Röd, Wolfgang: Geometrischer Geist und Naturrecht. Methodengeschichtliche Untersuchungen zur Staatsphilosophie im 17. und 18. Jahrhundert, München 1970.

Rommen, Heinrich: Die Staatslehre des Franz Suarez S.J., Mönchengladbach 1926.

– Die ewige Wiederkehr des Naturrechts, München ^{2}1947, (1. Aufl. Leipzig 1936).

Salomon, Max: Der Begriff der Gerechtigkeit bei Aristoteles nebst einem Anhang über den Begriff des Tauschgeschäftes, Leiden 1937.

– Le droit naturel chez Aristote, in: Archives de philosophie du droit et de sociologie juridique 7 (1937), S. 120–127.

Sauter, Johann: Die philosophischen Grundlagen des Naturrechts. Untersuchungen zur Geschichte der Rechts- und Staatslehre, Wien 1932, ND. Frankfurt a. M. 1966.

Scattola, Merio: La nascita delle scienze dello stato. August Ludwig Schlözer (1735–1809) e le discipline politiche del Settecento tedesco, Milano 1994.

– Il concetto di tirannide nel pensiero politico dell'età moderna, in: Filosofia politica 10 (1996), S. 391–420.

– Imperium virtutis. Idee della politica nell'età moderna, Milano im Druck.

Scheible, Heinz (Hg.): Das Widerstandsrecht als Problem der deutschen Protestanten. 1523–1546, Gütersloh 1969.

– Melanchthon in seinen Schülern, Wiesbaden 1997.

Scherillo, Gaetano: Lezioni sulle obbligazioni. Corso di diritto romano, hg. von Franco Gnoli, Milano 1994.

Schilling, Heinz: Die Konfessionalisierung im Reich – Religiöser und gesellschaftlicher Wandel in Deutschland zwischen 1555 und 1620, in: Historische Zeitschrift 246 (1988), ND. als Schilling: Confessionalization in the Empire: Religious and Societal Change in Germany between 1555 and 1620, in: Schilling: Religion, Political Culture and the

Emergence of Early Modern Society. Essays in German and Dutch History, Leiden 1992, S. 205–245.

Schirmer: Giphanius, Hubertus, in: Allgemeine Deutsche Biographie, 1879, Bd. 9, S. 182–185.

Schmidt, Gustav Lebrecht: Justus Menius, der Reformator Thüringens, Gotha 1867, ND. Nieuwkoop 1968, Bd. 1–2.

Schmidt, Kurt Dietrich: Luthers Staatsauffassung, 1961, in: Schmidt: Gesammelte Aufsätze, hg. von Manfred Jacobs, Göttingen 1967, S. 157–168.

Schmidt-Biggemann, Wilhelm: ›Topica universalis.‹ Eine Modellgeschichte humanistischer und barocker Wissenschaft, Hamburg 1983.

Schulze, Winfried: Zwingli, lutherisches Widerstandsdenken, monarchomachischer Widerstand, in: Peter Blickle, Andreas Lindt und Alfred Schindler (Hgg.): Zwingli und Europa. Referate und Protokoll des Internationalen Kongresses aus Anlaß des 500. Geburtstags von Huldrych Zwingli vom 26. bis 30. März 1984, Zürich 1985, S. 199–216.

Scott, James Brown: The Spanish Origin of the International Law: Francisco de Vitoria and his Law of Nations, Oxford 1934.

Senn, Félix: De l'influence grecque sur le droit romain de la fin de la République (Les principes du droit), in: Atti del Congresso internazionale di diritto romano, Bd. 1, S. 99–110.

Siegfried, Walter: Der Rechtsgedanke bei Aristoteles, Zürich 1942.

Soest-Zuurdeeg, Liesbeth Josephina van: La ›lectura‹ sur le titre ›de actionibus‹ (Inst. 4, 6) de Jacques de Révigny, Leiden 1989.

Sparn, Walter: Wiederkehr der Metaphysik. Die ontologische Frage in der lutherischen Theologie des frühen 17. Jahrhunderts, Stuttgart 1976.

Specht, Rainer: Naturgesetz und Bindung Gottes, in: Jan P. Beckmann, Ludger Honnenfelder, Gangolf Schrimpf und Georg Wieland (Hgg.): Philosophie im Mittelalter. Entwicklungslinien und Paradigmen, Hamburg 1987.

Stabile, Giampiero: Natur. IV. Humanismus und Renaissance, in: Ritter und Gründer (Hgg.): Historisches Wörterbuch der Philosophie, 1984, Bd. 6, Sp. 455–468.

Steiger, Heinhard: Völkerrecht und Naturrecht zwischen Christian Wolff und Adolf Lasson, in: Diethelm Klippel (Hg.): Naturrecht im 19. Jahrhundert. Kontinuität – Inhalt – Funktion – Wirkung, Goldbach 1997, S. 45–74.

Stein, Peter: Regulae iuris. From Juristic Rules to Legal Maxims, Edinburgh 1966.

Steinwenter, Artur: ›Utilitas publica – utilitas singulorum‹, in: Rechts- und Staatswissenschaftliche Fakultät der Friedrich-Wilhelm-Universität Berlin und Leipziger Juristenfakultät (Hgg.): Festschrift Paul Koschaker, Weimar 1939, Bd. 1, S. 84–102.

Stintzing, Roderich: Geschichte der Deutschen Rechtswissenschaft, München 1880, Abt. I.

– Hunnius, Helfrich Ulrich, in: Allgemeine Deutsche Biographie, 1881, Bd. 13, S. 418f.

Stolleis, Michael: Geschichte des öffentlichen Rechts in Deutschland. Erster Band: Reichspublizistik und Policeywissenschaft (1600–1800), München 1988.

Strehle, Stephen: Calvinism, Federalism and Scholasticism. A Study of the Reformed Doctrine of Covenant, Bern und Frankfurt 1988.

Stroux, Johannes: Die griechischen Einflüsse auf die Entwicklung der römischen Rechtswissenschaft, in: Atti del Congresso internazionale di diritto romano, Bd. 1, S. 111–132, ND. in: Johannes Stroux: Römische Rechtswissenschaft und Rhetorik, Potsdam 1949, S. 81–107.

Thieme, Hans: Das Naturrecht und die europäische Privatrechtsgeschichte, Basel 1947, ND. in: Thieme: Ideengeschichte und Rechtsgeschichte, Bd. 2, S. 822–870.

Thieme, Hans: Natürliches Privatrecht und Spätscholastik, in: Zeitschrift der Savigny-Stiftung für Rechtsgeschichte. Germanistische Abteilung 70 (1953), S. 230–266, ND. in: Thieme: Ideengeschichte und Rechtsgeschichte, Bd. 2, S. 871–878.
– Qu'est ce-que nous, les juristes, devons à la seconde scolastique espagnole?, in: Grossi (Hg.): La seconda scolastica, S. 7–21, ND. in: Thieme: Ideengeschichte und Rechtsgeschichte, Bd. 2, S. 908–922.
– Naturrecht und Römisches Recht, in: La formazione storica del diritto moderno in Europa, Bd. 1, S. 95–111, ND. in: Thieme: Ideengeschichte und Rechtsgeschichte, S. 923–939
– Ideengeschichte und Rechtsgeschichte. Gesammelte Schriften, Köln-Wien 1986, Bd. 1–2.
Todescan, Franco: Lex, Natura, Beatitudo. Il problema della legge nella scolastica spagnola del sec. XVI, Padova 1973.
Troeltsch, Ernst: Das stoisch-christliche Naturrecht und das moderne profane Naturrecht, (1911), in: Troeltsch: Gesammelte Schriften. Vierter Band, S. 166–191.
– Das christliche Naturrecht. Übersicht, 1913, in: Troeltsch: Gesammelte Schriften. Vierter Band, S. 156–166.
– Gesammelte Schriften. Vierter Band. Aufsätze zur Geistesgeschichte und Religionssoziologie, hg. von Hans Baron, Tübingen 1925.
Troje, Hans Erich: Die Literatur des gemeinen Rechts unter dem Einfluß des Humanismus, in: Coing (Hg.): Handbuch. Zweiter Band. Erster Teilband, S. 615–795.
Trude, Peter: Der Begriff der Gerechtigkeit in der aristotelischen Staatsphilosophie, Berlin 1955.
Truyol Serra, Antonio: Les théologiens et juristes espagnols du siècle d'or et la naissance du droit des gens moderne, in: Hecke (Hg.): L'Espagne et la formation du droit de gens moderne, S. 1–9.
Vasoli, Cesare: La dialettica e la retorica dell'Umanesimo. ›Invenzione‹ e ›Metodo‹ nella cultura del 15. e 16. secolo, Milano 1968.
Verdross, Alfred: Primäres Naturrecht, sekundäres Naturrecht und positives Recht in der christlichen Rechtsphilosophie, in: Juristische Fakültat der Universität Freiburg/Schweiz (Hg.): ›Ius et lex.‹ Festgabe zum 70. Geburtstag von M. Gutzwiller, Basel 1959, S. 447–455.
– Naturrecht, in: Karl Strupp und Hans-Jürgen Schlochauer (Hgg.): Wörterbuch des Völkerrechts, Berlin 1961, S. 572–575.
Visser, Derk: The Covenant in Zacharias Ursinus, in: The Sixteenth Century Journal 18 (1987), S. 531–534.
– Zacharias Ursinus (1534–1583). Melanchthons Geist im Heidelberger Katechismus, in: Scheible (Hg.): Melanchthon in seinen Schülern, S. 373–390.
Villey, Michel: Logique d'Aristote et droit romain, in: Revue historique de droit français et étranger 29 (1951), S. 318–320.
– Deux conceptions du droit naturel dans l'antiquité, in: Revue historique de droit français et étranger 31 (1953), S. 475–497.
– Une définition du droit, in: Archives de philosophie du droit 1959, S. 55–57.
Voggensperger, René: Der Begriff des ›Ius naturale‹ im Römischen Recht, Basel 1952.
Voigt, Moritz: Das ›ius naturale, aequum et bonum‹ und ›ius gentium‹ der Römer. Band 1: Die Lehre vom ›ius naturale, aequum et bonum et ius gentium‹ der Römer, Leipzig 1856, ND. Aalen 1966.
Vollhardt, Friedrich: Die Grundregel des Naturrechts. Definitionen und Konzepte in der Unterrichts- und Kommentarliteratur der deutschen Aufklärung, in: Frank Grunert und

Friedrich Vollhardt (Hgg.): Aufklärung als praktische Philosophie. Werner Schneiders zum 65. Geburtstag, Tübingen 1997, S. 129–147.
Wagner, Herbert: Studien zur allgemeinen Rechtslehre des Gaius. ›Ius gentium‹ und ›ius naturale‹ in ihrem Verhältnis zum ›ius civile‹, Zutphen 1978.
Waldeck, Oskar: Die Publizistik des Schmalkaldischen Krieges I., in: Archiv für Reformationsgeschichte 7 (1909–1910), S. 1–55.
Watson, Gerard: The Natural Law and Stoicism, in: Antony A. Long (Hg.): Problems in Stoicism, London 1971, S. 216–238.
Wear, Andrew: Galen in the Renaissance, in: Nutton (Hg.): Galen: Problems and Prospects, S. 229–262.
Weigand, Rudolf: Die Naturrechtslehre der Legisten und Dekretisten von Irnerius bis Accursius und von Gratian bis Johannes Teutonicus, München 1967.
Weimar, Peter: Die legistische Literatur der Glossatorenzeit, in Coing (Hg.): Handbuch. Erster Band, S. 39–260.
Weir, David A.: The Origins of the Federal Theology in Sixteenth-Century Reformation Thought, Oxford 1990.
Welzel, Hans: Die kulturphilosophischen Grundlagen der Naturrechtslehre Samuel Pufendorfs und ihre kulturhistorische Bedeutung, in: Deutsche Vierteljahrsschrift für Literaturwissenschaft und Geistesgeschichte 9 (1931), S. 585–606.
– Naturrecht und materiale Gerechtigkeit, Göttingen [4]1980, (1. Aufl. 1951).
Wenger, Leopold: Naturrecht und römisches Recht, in: Wissenschaft und Weltbild 1 (1948), S. 148–154.
– Zur christlichen Begründung des Naturrechts, in: Zeitschrift der Savigny-Stiftung für Rechtsgeschichte. Romanistische Abteilung 69 (1952), S. 5–23.
Wengert, Timothy J.: Georg Major (1502–1574). Defender of Wittenberg's Faith and Melanchthonian exegete, in: Scheible (Hg.): Melanchthon in seinen Schülern, S. 129–156.
Werner, Karl: Die Scholastik des späteren Mittelalters. Bd. 4.1: Der Endausgang der mittelalterlichen Scholastik, Wien 1887, ND. New York [o. J.].
Wieacker, Franz: Privatrechtsgeschichte der Neuzeit unter besonderer Berücksichtigung der deutschen Entwicklung, Göttingen [2]1967.
– ›Contractus‹ und ›obligatio‹ im Naturrecht zwischen Spätscholastik und Aufklärung, in: Grossi (Hg.): La seconda scolastica, S. 223–239.
– Römische Rechtsgeschichte. Quellenkunde, Rechtsbildung, Jurisprudenz und Rechtsliteratur. Erster Abschnitt: Einleitung, Quellenkunde, Frühzeit und Republik, München 1988.
Wilkin, Robert N.: Cicero and the Law of Nature, in: Arthur L. Harding (Hg.): Origins of the Natural Law Tradition, Dallas 1954, S. 1–25.
Wolf, Erik: Große Rechtsdenker der deutschen Geistesgeschichte, Tübingen [4]1963.
Wolodkiewicz, Witold: Stato e diritto nel *De legibus*, in: Ciceroniana. Atti del VII Colloquium Tullianum, Varsavia, 11–14 maggio 1989, N.S. 7 (1990), S. 74–82.
Yack, Bernard: The Problem of a Political Animal. Community, Justice, and Conflict in Aristotelian Political Thought, Berkeley 1993.
Zanatta, Marcello: Note, in: Aristoteles: Etica Nicomachea, ital. Übers. von Marcello Zanatta, Milano 1986, S. 389–571.
Zedelmaier, Helmut: ›Bibliotheca universalis‹ und ›bibliotheca selecta‹. Das Problem der Ordnung des gelehrten Wissens in der frühen Neuzeit, Köln 1992.
Ziegler, Karl-Heinz: Völkerrechtsgeschichte, München 1994.

Bei Fragen zur Produktsicherheit wenden Sie sich bitte an:
If you have any questions regarding product safety,
please contact:

Walter de Gruyter GmbH
Genthiner Straße 13
10785 Berlin
productsafety@degruyterbrill.com